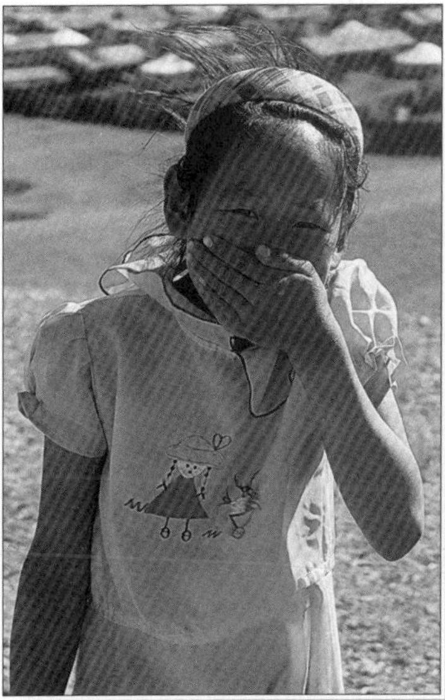

001mo Foto: st

Fred Forkert
Barbara Stelling
Mongolei

„Wer sich beeilt, friert.“

Mongolisches Sprichwort

d8 Foto: st

Impressum

Fred Forkert, Barbara Stelling
Mongolei

erschienen im
Reise Know-How Verlag Peter Rump GmbH
Osnabrücker Str. 79
33649 Bielefeld

4., komplett aktualisierte und neu gestaltete Auflage 2003

Gestaltung
Umschlag: M. Schömann, P. Rump (Layout); K. Werner (Realisierung)
Inhalt: Günter Pawlak (Layout); Klaus Werner (Realisierung)
Fotos: Thomas und Baraba Stelling (st), Fred Forkert (ff)
Titelfoto: Barbara Stelling
Karten: Catherine Raisin, der Verlag

Lektorat (Aktualisierung): Klaus Werner

Druck und Bindung
Fuldaer Verlagsagentur

ISBN 3-8317-1165-8
Printed in Germany

Dieses Buch ist erhältlich in jeder Buchhandlung der BRD, Österreichs, Belgiens, der Niederlande und der Schweiz.
Bitte informieren Sie Ihren Buchhändler über folgende Bezugsadressen:

BRD
Prolit GmbH, Postfach 9, 35461 Fernwald
sowie alle Barsortimente

Schweiz
AVA-buch 2000
Postfach 27, CH-8910 Affoltern

Österreich
Mohr Morawa Buchvertrieb GmbH
Sulzengasse 2, A-1230 Wien

Niederlande, Belgien
Willems Adventure
Postbus 403, NL-3140 AK Maassluis

Wer im Buchhandel trotzdem kein Glück hat, bekommt unsere Bücher auch direkt bei:
Rump Direktversand
Heidekampstraße 18, 49809 Lingen (Ems)
oder über
unseren **Büchershop im Internet:**
www.reise-know-how.de

Wir freuen uns über Kritik, Kommentare und Verbesserungsvorschläge.

Fred Forkert
Barbara Stelling

Mongolei

Reise Know-How im Internet

Aktuelle Reisetipps und Neuigkeiten
Ergänzungen nach Redaktionsschluss
Büchershop und Sonderangebote
Weiterführende Links zu über 100 Ländern

www.reise-know-how.de
info@reise-know-how.de

Wir freuen uns über Anregung und Kritik.

Inhalt

Menschen und Kultur

Ulan Bator

Auf in die Steppe

Quer durch die Aimaks

Anhang

Farbkartenatlas I–XXIV

Exkurse

Hinweis zur Benutzung

Die Kopfzeilen im Kapitel „Quer durch die Aimaks“ enthalten einen Hinweis auf die jeweils passende Seite im Farbkartenatlas.

Das Register am Ende des Buches verweist bei wichtigen Orten auch auf die entsprechende Farbkarte und das jeweilige Planquadrat. Zusätzlich sind diese Orte, nach Aimaks geordnet, im „Ortsverzeichnis Deutsch und Mongolisch“ auf Seite 390 mit ihrer genauen geographischen Lage aufgeführt. Damit sind sie vor Ort leicht per GPS-Navigation zu finden.

o2 Foto: st

Vorwort

Wer kennt sie nicht, die Bilder von den wilden Reiterhorden, die wie verwachsen mit ihren Pferden über die endlosen Weiten der Steppe dahinfliegen, die Bilder von stolzen, unbezähmbaren Männern und riesigen Pferdeherden, die sich frei über endloses Weideland bewegen. Monglei: Das sind Vorstellungen von einem tiefblauen wolkenlosen Himmel und einem unbegrenzten Horizont, von Rundzelten aus weißem Filz, Kamelherden und sehnsuchtsvollen Liedern mandeläugiger Schönheiten.

Kein Besucher der Mongolei wird sich der Faszination eines der letzten unberührten Gebiete unserer Erde entziehen können. Wer als Kind unserer modernen Zivilisation einmal einsam und allein auf einem der unendlich vielen Gipfel dieses zentralasiatischen Landes stand, seinen Blick über hunderte Kilometer unbebauten Graslandes schweifen ließ und das Gefühl nicht los wurde, um ein Haar mit dem Kopf den ewig blauen Himmel zu berühren, wird fortan mit einem anderen Blick sein Leben und das anderer betrachten.

Über Jahrhunderte isoliert von den sibirischen Wäldern im Norden und der großen chinesischen Mauer im Süden, haben die Steppennomaden ihre den Unbilden der Natur trotzende, weitgehend autarke Lebensweise bis heute bewahrt und weiterentwickelt.

Nach dem Fall des Eisernen Vorhangs haben nun auch Reisende aus dem Westen Gelegenheit, die Mongolei auf eigene Faust kennen zu lernen. Die wenigen Jahre der Öffnung reichten jedoch nicht aus, um ein umfassendes Netz touristischer Dienstleistungen aufzubauen.

Diesem Problem stellt sich das vorliegende Buch. Wir haben versucht, die Lücken zu füllen, die gewöhnlicher Tourismus zwangsläufig offenlassen muss. Der Reiz einer individuell organisierten Tour ist aus unserer Sicht gerade in der Mongolei jedoch weitaus größer, als eine Gruppenreise in ein Touristencamp, wie man es überall auf der Welt finden kann.

Das Buch möchte ein möglichst weites Spektrum von Alternativen zu Pauschalreisen anbieten und nützliche Tipps, Tricks und Hinweise für eine maßgeschneiderte Individualtour oder Expedition vermitteln. Gut vorbereitet, wird jeder Mongoleireisende mit Sicherheit voller unvergleichlicher Eindrücke zurückkehren.

Gute Reise!

Dank

Für Geduld und Verständnis danken wir Tom und Bajanaa. Ohne Bajanaas Unterstützung und ohne Toms Fotos wäre das Buch in der vorliegenden Form sicher nicht zustande gekommen. Ferner danken wir allen unseren mongolischen Freunden, die uns ihr Land, ihre Sitten und Gebräuche nahebrachten und so manches Abenteuer mit uns durchstanden haben.

a8 Foto: st

Vor der Reise

q6 Foto: st

a1 Foto: st

Die jungen Leute haben keine Scheu vor moderner Technik

Auf dem Weg zum Markt in Ulan Bator

„Altes“ und „neues“ Beförderungsmittel

Die Mongolei im Überblick

- **Staatsname:** Mongolei
- **Staatsform:** Republik
- **Staatsoberhaupt** ist der Staatspräsident. Bei den 3. Präsidentschaftswahlen nach 1993 und 1997 wurde 2001 im ersten Wahlgang der Kandidat der MRVP, *Nazagijn Bagabandi* wieder gewählt. Die Verfassung lässt keine dritte Amtsperiode zu.
- **Regierungschef:** *Nambaryn Enkbajar*

Staatsgründung: 26.11.1924

Abb.: sojombo

- **Währung:** Landeswährung ist der Tugrik. 1 Tugrik = 100 Mungu.
- **Administrative Gliederung:** Das Staatsgebiet ist in die Hauptstadt Ulan Bator (Ulaanbaatar) und 21 Aimaks gegliedert. Ein Aimak setzt sich aus mehreren Sum zusammen (manchmal auch als Somon bezeichnet). Ein Sum besteht aus mehreren Bag. Die Bag sind die kleinste administrative Einheit.
- **Hauptstadt:** Ulan Bator (Ulaanbaatar), ca. 812.500 Ew.
- **Weitere wichtige Städte:** Darchan (ca. 86.000 Ew.) und Erdenet (ca. 76.500 Ew.)
- **Gesamtbevölkerung:** 2.398.000 (lt. Statistischem Jahrbuch für 2002) Deutschland: 82,56 Millionen
- **Bevölkerungsdichte:** Mit nur 2 Ew./km² (Deutschland: 231) ist die Mongolei eines der am dünnsten besiedelten Länder.
- **Anteil Stadtbevölkerung:** 1979 überschritt der Anteil der Stadtbevölkerung an der Gesamtbevölkerung erstmals die 50-%-Marke. Heute liegt ihr Anteil bei 59 % (Deutschland 86 %). Zum Vergleich: 1927 lebten erst 13 % aller Mongolen in Städten, 1956 waren es 21,6 %.
- **Natürliches Bevölkerungswachstum:** 1,14 %, Deutschland: 0,6 %.
- **Volksgruppen:** 85 % der Bevölkerung sind Mongolen, davon der größte Teil Chalcha-Mongolen. Weitere mongolische Ethnien sind die Durwut, die Buriat, die Bajat, die Dariganga, die Dsachtschin die Torgut

Das Nationalemblem der Mongolei

und die Öölt. Die wichtigste nichtmongolische Minderheit sind mit 7 % die Kasachen, die ebenso wie die Urianchaj (1,3 %) zu den Turkvölkern zählen.

- **Religion:** Die verbreitetste Religion ist der tibetische Buddhismus. In den letzten Jahren gewannen besonders in den großen Städten auch christliche Kirchen an Einfluss. Die Kasachen sind überwiegend Moslems.
- **Sprache:** Amtssprache ist Mongolisch.
- **Fläche:** 1,566 Mio. km²; damit ca. 4,4mal so groß wie Deutschland und der Fläche nach auf Platz 17 in der Welt.
- **Ausdehnung und Lage:** Die Mongolei liegt in Zentralasien, auf einer geografischen Breite, die etwa dem Gebiet zwischen der Mitte Deutschlands und Italien entspricht. Die größte Ost-West-Ausdehnung beträgt 2405 km, die größte Nord-Süd-Ausdehnung 1263 km.
- **Grenzen:** Die Länge der Grenze beträgt 8313 km, davon nehmen 4670 km die Grenze zum südlichen Nachbarn China ein, erst 2001 wurde die Grenze zu Russland mit 3643 km neu vermessen.
- **Topographie:** Mit einer durchschnittlichen Höhe von 1580 m ist die Mongolei ein ausgesprochenes Hochland. Selbst der tiefste Punkt liegt immer noch 532 m hoch. Von dieser Höhenlage werden Klima und Vegetation maßgeblich bestimmt.
- **Gebirge:** Wichtige Gebirge sind der Chentij im Nordosten, der Changaj im mittleren Westen sowie der Mongolische und der Gobi-Altai im äußersten Westen und Südwesten. Höchste Erhebung ist der Chujten uul (4374 m) im Mongolischen Altai.
- **Flüsse:** Die wichtigsten mongolischen Flüsse sind der Orchon (1124 km), der Cherlen (1090 km), die Tuul (819 km) und die Selenge (593 km).
- **Seen:** Die Seenfläche der Mongolei macht insgesamt ca. 1 % des Territoriums aus. Der bedeutsamste See ist der Chuwsgul (2620 km²), der Fläche nach der größte der Uws nuur (3350 km²).
- **Landschaftszonen:** Von Norden nach Süden wechseln sich die Gebirgstaiga, die Gebirgswaldsteppe, die Gebirgssteppe, die Wüstensteppe und die Wüste ab. Im Bereich der Gebirgsformationen wird diese Abfolge unterbrochen durch vertikale Höhenstufen.
- **Klima:** Charakteristisch ist ein trockenes Kontinentalklima mit extremen jahres- und tageszeitlichen Temperaturunterschieden. Die Temperatur erreicht im Sommer 30 °C und mehr, im Winter fällt sie bis unter –40 °C. Auch Temperaturen unter –50 °C wurden bereits gemessen. Mit Ausnahme der Gobi liegt die Jahresdurchschnittstemperatur unter dem Gefrierpunkt. Die Jahresniederschlagsmenge liegt zwischen 400 und weniger als 100 mm. Die Niederschläge fallen überwiegend in den Monaten Juni bis August. Ausgiebige Schneefälle kommen selten vor.

Die richtige Einstellung

Um es mit einem Wort zu sagen: Man braucht für eine Reise in die Mongolei viel - sehr viel - **Langmut.**

Wer sich in dieses Land begibt, lässt sich auf zahlreiche **Unwägbarkeiten** in allen Bereichen ein. Doch gerade dies macht auch den Reiz des Landes aus. Wenn man nicht darauf versessen ist, genau seine eigenen Vorstellungen durchzusetzen, sondern flexibel auf die sich jeweils bietenden Möglichkeiten eingeht, wird man mit Sicherheit eine wunderbare Zeit in der Mongolei verbringen. Sie wollten eigentlich in die Nordmongolei, und jetzt ist vor lauter Schlamm kein Durchkommen, und geschneit haben soll es dort auch noch in der vergangenen Woche? Sparen Sie sich den Frust, diese Reise unbedingt durchziehen zu wollen, auf die Gefahr hin, kurz hinter Ulan Bator tagelang im Matsch festzusitzen, sondern fahren Sie stattdessen in den Westen oder Süden. Die Mongolei ist überall schön.

Und ärgern Sie sich nicht, wenn Sie glauben, das eine oder andere hätte vielleicht besser, effektiver, pünktlicher oder gründlicher passieren können. In Europa vielleicht schon - aber nicht in den Weiten der Steppen. Passen Sie sich also dem **Rhythmus** des Gastlandes an, lassen Sie alles etwas langsamer laufen, und genießen Sie die Ruhe und die Zeitvergessenheit der Nomaden.

014mo Foto: st

Persönliche körperliche Eignung

Das harte Klima und die im Bedarfsfall keineswegs optimale medizinische Betreuung bringen es mit sich, dass man für eine Reise in die Mongolei auch gewisse körperliche Voraussetzungen erfüllen sollte. Zwar ist dies keineswegs nur ein Reiseland für durchtrainierte Muskelmänner und -frauen, aber je weiter man sich aus der Stadt entfernt, desto strapaziöser wird jeder Tag, und eine Abkürzung im Sinne *„Dann fahr ich eben heute schon nach Ulan Bator zurück"* ist kaum möglich. Grundsätzlich kann man sagen, dass Leute mit **Kreislaufbeschwerden** eine Reise in die Mongolei nur nach vorheriger Rücksprache mit ihrem Arzt antreten sollten. Dies gilt vor allen Dingen im mongolischen Frühling mit seinen extremen Temperatur- und Luftdruckschwankungen. **Chronisch Kranke** und **ältere Menschen** sollten sich ebenfalls vor der Abreise genau überlegen, was Sie sich zumuten können und wollen.

Impfungen

Die beiden Impfungen, die für einen Besuch der Mongolei unabdingbar sind, sind die Auffrischung von **Tetanus** und **Polio,** falls kein Impfschutz mehr besteht. Empfohlen wird auch eine **Diphterie-Schutzimpfung** und ein **Hepatitis-A-Schutz.** Die Hepatitis-A-Prophylaxe mit Gammaglobulinen wird inzwischen nicht mehr empfohlen; stattdessen gibt es einen wirksamen, aber recht teuren Impfstoff. Es lohnt sich aber, prüfen zu lassen, ob man nicht bereits (unbemerkt) eine Hepatitis-A-Infektion durchgemacht und dadurch Immunität erworben hat.

Die seit einiger Zeit mögliche Impfung gegen **Hepatitis-B** (sehr teuer und zeitaufwändig) ist nur für Langzeitexperten empfehlenswert oder für diejenigen, die beabsichtigen, sich munter und ungeschützt in das promiske mongolische Treiben zu mischen.

Im Sommer 1996 traten erstmals in der Geschichte der Mongolei einige **Cholerafälle** auf, so dass eine diesbezügliche Prophylaxe nicht schaden kann, bei der Einreise aber nicht gefordert wird. (Zum Impfschutz siehe auch Kap. Gesundheitstipps.)

Versicherungen

Wer nicht ohnehin schon umfassend versichert ist, sollte für die Mongolei den Abschluss von zwei Versicherungstypen erwägen. Erstens eine **Reisegepäckversicherung,** möglicherweise eine Variante mit Einschluss einer **Diebstahlversicherung** für die Dauer des gesamten Aufenthaltes. Allerdings muss man mit vielen Einschränkungen des Versicherungsschutzes rechnen, z.B. für Wertsachen,

Einmal unterwegs, ist ein vorzeitiger Abbruch der Reise kaum noch möglich

Fotoapparate und Dokumente, sowie mit bürokratischem Aufwand (Kaufbelege!). Im Versicherungsfall sollte man auf detaillierte Angaben in den polizeilichen Protokollen bestehen.

Zweitens raten wir unbedingt zum Abschluss einer **Reisekrankenversicherung mit Einschluss von Rücktransport.** Zum einen zahlt die normale Krankenversicherung nicht für Behandlungen in der Mongolei, zum anderen ist bei einem Unfall in der Mongolei, beispielsweise einem offenen Bruch, der Rücktransport zur Behandlung in Deutschland (oder nach Peking, siehe unter „Gesundheit") in jedem Fall einer Behandlung vor Ort vorzuziehen. Vor Abschluss der Versicherung sollte man allerdings darauf achten, ob auch wenn der Aufenthalt krankheitsbedingt länger als geplant dauert, der Versicherungsschutz bestehen bleibt. Außerdem lohnt es sich, die Bedingungen für eine Rückführung und die Einschränkungen bei einer Vorerkrankung zu studieren. Im Krankheitsfall benötigt man eine Diagnose des Arztes und exakte Quittungen über die gesamte Behandlung.

Packliste

Kleidung

Für eine Reise in die Mongolei empfiehlt es sich immer, lieber etwas mehr **warme Kleidung** mitzunehmen als zu wenig, was nicht heißen soll, dass im Sommer nicht auch leichte Bekleidung angebracht ist.

Als **Mindestausrüstung** sollte man folgendes einpacken:

- mehrere Paar **warme Socken** (besonders geeignet sind dünnere Socken aus reiner Wolle, die man dann auch übereinander tragen kann, ohne dass deswegen gleich die Schuhe drücken)
- **lange Unterwäsche**
- **lange, strapazierfähige Hosen**
- **lange T-Shirts,** die auch die Nierengegend gut abdecken
- **Sweatshirt** (lang geschnitten)
- **langen Pullover** (Pullover aus Polarfleece haben einem normalen Pullover gegenüber den Vorteil, wesentlich weniger zu wiegen und schnell zu trocknen und sind deshalb besonders zu empfehlen.)
- **lange, winddichte Jacke**
- **Regenschutz:** siehe unten

Die Betonung von langen Kleidungsstücken hat ihren guten Grund. In der Mongolei sitzt man viel im Freien auf dem Gras oder auf niedrigen Schemelchen in der Jurte. Bei kurzen Pullovern, kurzen Jacken und Blousons bleibt dabei die Rückenpartie weitgehend ungeschützt, was sehr schnell zu Verkühlungen und Krankheit führen kann. Die im Sommer erreichbaren Höchsttemperaturen um 30 °C dürfen nicht den Eindruck erwecken, man halte sich in den Tropen auf. Sobald die Sonne weg ist, wird es auch im Juli/August empfindlich kalt. Ab 2500 m Höhe ist in der Nacht immer mit Frost zu rechnen. Selbst hartgesottene Männer sollten ihre Nieren etwas schützen: Mongolische Männer tun es schließlich auch.

Zusätzlich zu dieser Mindestausrüstung an Kleidern sollten in den Monaten **September bis Mai** unbedingt

017mo Foto: st

Schal, Handschuhe und ein Stirnband aus Polarfleece mitgebracht werden. Bei dem Stirnband ist vor allem der Schutz der Ohren wichtig, weswegen sich ein winddurchlässiges Strickstirnband nicht eignet.

Formale Kleidung

Wer als Dienstreisender, Kurzzeitexperte oder in anderer (halb)-offizieller Funktion die Mongolei bereist, muss damit rechnen, zu offiziellen Empfängen, protokollarischen Maßnahmen oder Gesprächen in Behörden eingeladen zu werden. Auch ein normaler Tourist kann schnell in die angenehme Verlegenheit kommen, von alten oder neuen Freunden und Bekannten zu einer Familienfeier – etwa einer Hochzeit – oder zu einem Theater- oder Konzertbesuch eingeladen zu werden. Deshalb sollte auch etwas „Vernünftiges" für alle Fälle nicht im Gepäck fehlen. Die mongolische Stadtbevölkerung kleidet sich überraschend modisch. Offizielle Mongolen dagegen bevorzugen in fast allen Lebenslagen den Anzug oder das Kostüm.

Als Minimum empfehlen wir daher für **Männer** die Mitnahme einer dunklen Hose und eines hellen Oberhemdes mit passender Krawatte. Das Jackett kann auch durch eine Sommerjacke ersetzt werden.

Wo selbst Autos mit Fellen gegen die Kälte geschützt werden, sollte man an warmer Kleidung nicht sparen

Für **Frauen** empfiehlt sich ein überknielanger, dezenter Rock mit passendem Oberteil. Im Bedarfsfall bitte auf gepflegte Haartracht achten. Lange, offene Haare gelten auch frisch gewaschen als unpassend für offizielle Anlässe.

Regenschutz

In den Monaten September bis April wird ein Regenschutz kaum nötig sein, denn was es zu dieser Zeit an wenigen Niederschlägen gibt, kommt in der Regel als extrem trockener Pulverschnee vom Himmel. Im Sommer empfiehlt es sich, eine leichte Regenjacke oder ein Regencape aus Plastik mitzubringen. Besonders geeignet für diejenigen, die hier eine Neuanschaffung tätigen wollen, ist ein Regenponcho, der im Falle eines Notbiwaks als Zeltersatz verwendet werden kann.

Kopfbedeckung

Abgesehen von manchem milden Frühlingstag wird eine wie auch immer geartete Kopfbedeckung stets nötig sein. Das gilt auch für diejenigen, die in Europa niemals etwas auf dem Kopf tragen würden. Der Körper verliert einen erheblichen Anteil seiner Wärme über den Kopf – ein Verlust, den sich in der kühlen Mongolei keiner leisten kann. Im **Winter** (September bis April) eignet sich eine Skimütze aus Polarfleece oder aber eine mit Lammfell gefütterte Ledermütze mit Ohrenklappen, die man gegebenenfalls in Ulan Bator kaufen kann. Von einfachen Strickmützen ist wegen deren Winddurchlässigkeit abzuraten. Wer Sinn für Ethno-Kleidung hat, kann sich auch in Ulan Bator in den Souvenirläden oder auf dem Markt eine mongolische Viehzüchtermütze kaufen. Sie ist aus Seidenbrokat genäht, mit Pelz verbrämt und sehr kleidsam. Kostenpunkt: etwa 40 US$.

Für die **Sommermonate** braucht man aufgrund der intensiven Sonneneinstrahlung unbedingt eine Kopfbedeckung als Schutz gegen Sonnenbrand und Sonnenstich. Auch hier gilt, dass man nicht von der eigenen Sonnentoleranz in Europa Rückschlüsse auf die Notwendigkeit einer Mütze in der Mongolei ziehen kann. Am besten eignet sich eine breitkrempige Varian-

018mo Foto: st

Sonnenschutz mit Hut und Brille – eine Selbstverständlichkeit

te, etwa im Stile eines Cowboyhuts. Wer einen solchen nicht besitzt oder aus Kostengründen nicht anschaffen will, kann in Ulan Bator auf dem Markt einen schwarzen Einheitshut für ca. 10 US$ erwerben. Zwar ist er nicht ganz im Stile *Humphrey Bogarts* gehalten – aber er erfüllt seinen Zweck. Von Baseballkappen als Sonnenschutz ist hingegen abzuraten, da sie die Nackenpartie völlig ungeschützt lassen.

Sonnenschutz

Für eine Reise in die Mongolei sollte man unbedingt genügend Sonnenschutzmittel einpacken. Hier gilt die Faustregel (wie in vielen Dingen, die Mongolei betreffend): Besser klotzen statt kleckern. Wir empfehlen unbedingt Sonnencreme oder Sonnenmilch mit dem **Lichtschutzfaktor 20** oder mehr, sowie einen **Sonnenblocker** für die Nase und einen UV-filternden Lippenschutz. Ferner eine **Sonnenbrille mit UV-Schutz** – vor allem auch im Winter!

Schuhwerk

Im **Winter** sind unbedingt **hohe Stiefel** erforderlich; zu anderen Jahreszeiten **feste Schnürschuhe,** am besten knöchelhoch wegen des Halts. Besonders empfehlenswert sind dabei glattlederne Schuhe mit wenig Nähten, da diese sich mit Lederfett gut imprägnieren lassen, und auch die Nähte wasserdicht versiegelt werden können. Abzuraten ist hingegen von Schuhen aus neuzeitlichen Materialien wie Goretex, da man bei jedem Ausflug aufs Land damit rechnen muss, mit dem Schuh irgendwann knöcheltief im Schlamm zu stehen. Will man einen Kunstfaserschuh anschließend richtig reinigen, so bleibt einem nur, ihn vollkommen zu waschen, wonach er nicht schnell genug trocknet und auch seine Imprägnierbarkeit verliert.

Es ist ebenfalls unbedingt anzuraten, ein zweites Paar feste Schuhe mitzubringen, da ein Paar Schuhe, wie eben erwähnt, durchaus für einige Zeit zum Trocknen ausfallen kann.

Sandalen, offene Birkenstockschuhe und ähnlich leichtes Schuhwerk können bei einer Reise in die Mongolei getrost zu Hause bleiben. Wer noch Platz im Rucksack hat, sollte im Sommer stattdessen die Mitnahme von **Gummistiefeln** erwägen.

Reiseapotheke

Man sollte **alles mitbringen, was man möglicherweise braucht,** denn in der Mongolei kann man nicht damit rechnen, Arzneimittel erwerben zu können. Die Apotheken führen ein Sammelsurium von Präparaten aus aller Welt, darunter auch viele in Deutschland nicht zugelassene Medikamente. Nicht selten ist die Haltbarkeitsdauer bereits überschritten oder es ist einfach nicht das in der Packung, was die Aufschrift verheißt. Auch bei Ärzten oder Krankenhäusern wird sich nicht notwendigerweise ein geeignetes Medikament finden lassen.

Es empfiehlt sich also, als Erstes all die Medikamente einzupacken, die man sowieso immer mal wieder braucht, oder die man ständig einnimmt. Schwachstellen des eigenen Körpers sollten prophylaktisch medikamentös abgedeckt werden. Neigt man beispielsweise zu Durchfallerkrankungen, dann sollten entsprechende Mittel in der Reiseapotheke nicht fehlen.

Reisen über Land

Die **Grundausstattung** für Reisen über Land sollte umfassen:

- **Zelt**
- **Isomatte**
- warmer **Schlafsack**
- **Taschenlampe** (wer keine Solartaschenlampe besitzt, sollte an Batterien denken)
- **Insektenschutzmittel**
- gutes, möglichst multifunktionales **Messer**
- **Essgeschirr** und **Besteck**
- **Wasserkanister** oder Wasserbeutel (spart Platz!), bruchfeste, nicht zu kleine **Wasserflasche**
- **Wasserentkeimungsmittel**
- **Feuerzeug** oder **Sturmstreichhölzer**

Was abgesehen von diesem Minimum noch alles nützlich werden könnte, aber nicht unbedingt nötig ist, ist im Kapitel „Übernachtungen in der Steppe" beschrieben.

Selbst in den abgelegensten Gebieten ist beliebt, wer ein Fernrohr mitbringt

Nützliche Extras

Um es vorweg zu sagen: Allen Gerüchten zum Trotz ist es schon seit Jahren nicht mehr nötig, sein eigenes **Toilettenpapier** nach Ulan Bator mitzubringen. Lediglich auf dem Land ist es nach wie vor so gut wie nirgendwo aufzutreiben. Entsprechend sollte man sich in Ulan Bator eindecken.

Was in jedem Fall nützlich mitzubringen ist, sind **Kerzen,** die es in Ulan Bator nur in minderwertiger Qualität zu kaufen gibt. Bei Übernachtungen in „Hotels" auf dem Lande, die oft keinen Strom haben, oder in der Jurte, derem Besitzer die Kerzen oft schon vor langem ausgegangen sind, ist selbst ein einfaches Teelicht überaus willkommen.

Womit man nicht nur anderen, sondern auch sich selbst eine Freude macht, ist ein **Fernglas.** Die unendliche Weite der Steppe reizt immer wieder dazu, den einen oder anderen Punkt in der Ferne etwas genauer anzuvisieren; insbesondere auch dann, wenn man irgendwo mit dem Wagen festsitzt und der Punkt von einem Adler über einen Reiter bis hin zum rettenden Traktor alles sein könnte.

Wer eine **Outdoor-Weste mit vielen Taschen** besitzt, sollte diese einpacken. Wenn man in diesem Land in der freien Steppe unterwegs ist, schleppt man binnen kurzem viel mehr Praktisches mit sich herum, als die Hosentaschen fassen können, ohne dass man deswegen gleich seine Jacke tragen oder seinen Rucksack umschnallen möchte.

020mo Foto: st

Außerdem möchten wir die Mitnahme einer Rolle **Plastiktüten** dringend empfehlen. Sie sollten ca. 20 l fassen und nicht zu dünn sein. Verwendung finden sie z.B. zum wasserdichten Einpacken von Ersatzschuhen und Kleidung bei Flussdurchfahrten, zum Abdichten von Autos oder zum Einkauf von Milch oder Joghurt bei Nomaden.

Wer bei seinem Trip nicht auf aktuelle Nachrichten verzichten möchte, benötigt einen **Weltempfänger.**

Handtücher und Seife werden von den meisten Hotels außerhalb der Hauptstadt nicht gestellt.

Für die sichere Unterbringung von **Dokumenten und Reisekasse** gibt es mehrere Möglichkeiten, siehe unter „Sicherheit".

Lebensmittel

Wer nicht gerade eine Wanderung oder Fahrradtour plant, wird in der Mongolei in der Regel sein Gepäck nicht auf das Kilo genau berechnen müssen. Als **Notreserve** an Lebensmitteln empfiehlt sich kalorienreiches „Studentenfutter" (gemischte Nüsse und Trockenfrüchte) oder Müsli, mancher erfreut sich auch am „heimischen" Geschmack von dehydrierten Lebensmitteln, die man in Läden für Reisebedarf kaufen kann. In der Mongolei selbst gibt es lediglich getrocknetes Rindfleisch, von dessen Genuss wir wegen Verwurmungsgefahr abraten. Für längere Touren sind heimische **Dauerwürste** (am besten mehrere

Die heiße Kiste

Stahlblech- oder Aluminiumkisten kann man außer zur Beförderung von Gegenständen auch noch zu einem anderen wichtigen Zweck verwenden. In der Mongolei kann es auch im Sommer empfindlich kalt werden. In solchen Situationen, zumal wenn man schon seit Tagen unterwegs ist, lohnt es sich, sich ab und zu richtig aufzuwärmen. Man erhitzt dazu in einem offenen Feuer Flusskiesel oder ähnliche Steine, füllt diese dann in die Kiste und setzt sich darauf. Es ist erstaunlich, wie heiß der Deckel wird, und wie lange er es bleibt. Wir selbst haben auf diese Weise schon stundenlange Picknicks im Schneetreiben bei Minusgraden nicht nur veranstaltet, sondern auch genossen.

kleine, eventuell luftdicht verpackt) eine angenehme Bereicherung des Speiseplans.

Koffer oder Kiste?

Wer aus der Packliste nur das für sich ausgewählt hat, was für einen **Hotelurlaub mit Tagesausflügen** gebraucht wird, kann getrost mit einem Koffer und einem kleinen Rucksack anreisen. Wer aber **größere Ausflüge oder Expeditionen** plant, sollte den Erwerb einer Aluminium- oder Stahlblechkiste in Erwägung ziehen. Probleme beim Einchecken am Flughafen gibt es damit nicht; im Gegenteil, die Fluglinien sind meistens recht kulant bei etwaigem Übergepäck, da sie das Leergewicht der Kiste nur schlecht einschätzen können. Wir persönlich haben beispielsweise niemals Schwierigkeiten beim Einchecken von bis zu 34 kg schweren Stahlblechkisten bekommen – schwierig wird es erst dann, wenn man zusätzlich noch ein, zwei Reisetaschen und einen kleinen Koffer einchecken will. Solange die Kiste das einzige Gepäckstück ist, dürfte es keine Probleme geben. Gegebenenfalls kann man immer noch etwas in das Handgepäck umpacken, oder in seiner vieltaschigen Outdoor-Weste und der zweckmäßigerweise ebenfalls vieltaschigen Jacke verstauen. Ein Handgepäckstück mit den zulässigen Maximalmaßen und zudem auf Rädern ist für diese Zwecke ideal. Sein Gewicht ist dann nicht so augenfällig.

Was die **Wahl der Kiste** betrifft, so sollte sie nicht mehr als 70 l Fassungsvermögen haben, da sie ansonsten zu sperrig für die Mitnahme im Geländewagen ist. Prinzipiell gibt es zwei Arten von Metallkisten: solche, die wasserdicht abschließen und solche, die dies nicht tun. Wer ein schmales Budget hat, wird sich in jedem Fall für die billigere, wasserundichte Variante entscheiden und den Inhalt mit Plastiktüten schützen. Reist man zu zweit oder in der Gruppe, kann man sich möglicherweise auf die Anschaffung einer wasserdichten Kiste (bekanntester Hersteller ist die Firma *Zarges)* für den gemeinsamen Gebrauch einigen. In diese Kiste wird dann bei Expeditionen ein Satz trockener Kleidung, die Fotoausrüstung etc. eingepackt.

Die Kisten sollten auf jeden Fall **abschließbar** sein. Stahlblechkisten, die mittels Laschen und Eisenstab geschlossen werden, sind zwar leicht zu schließen, aber ebenso leicht auch zu knacken, indem das rundgebogene Ende des Eisenstabs geradegebogen und dieser dann einfach durch die Laschen gezogen wird. Wer solch eine Kiste erwirbt, sollte sie mit zwei Schlössern, die direkt an den Laschen vorgehängt werden, sichern.

Auch die Anreise mit dem **Rucksack** ist denkbar. Wenn allerdings Expeditionen geplant sind, bei denen z.B. ein offenes Begleitfahrzeug das Gepäck auf der Ladefläche transportiert, ist die Kiste wiederum deutlich dem Rucksack vorzuziehen.

Hat man allzu viel **Übergepäck,** sollte man sich rechtzeitig vor dem Abflug über die Möglichkeiten zur Versendung von unbegleitetem Luftgepäck informieren.

Reisezeit

Die günstigste Zeit für eine Reise in die Mongolei liegt zwischen Anfang Juni und Mitte September. Für Überlandtouren in der Changaj- und Chentij-Region sind wegen in manchen Jahren starken hochsommerlichen Regenfällen die Zeiträume von Ende Mai bis Ende Juni und dann wieder von Mitte August bis Mitte September am besten. In der Gobi kann es im Sommer tagsüber extrem heiß werden.

Informationsstellen

Reiseveranstalter

Seit einigen Jahren wird die Bedeutung des **Tourismus** als Wirtschaftsfaktor von den mongolischen Regierungen stärker gewichtet. Die schnelle Verbreitung des **Internets** tut ein Übriges, dass aktuelle Reiseinformationen schnell den Weg um den Globus finden. Wer dennoch die persönliche Beratung, insbesondere zu aktuellen Ereignissen, kurzfristigen Flugplanumstellungen usw. sucht, oder zumindest telefonisch Auskunft einholen möchte, kann sich in Deutschland an folgende Adressen wenden:

Das grösste Tourismusunternehmen, die Firma *Juulchin,* unterhält mit der Fluggesellschaft *MIAT* in Berlin ein Verkaufs- und Beratungsbüro.

- **Juulchin / MIAT Berlin**
Repräsentanz für Europa
Chaussestrasse 84
10115 Berlin
Tel. (030) 28498142, Fax 28498140

Mobil (0177) 2395744 oder (0173) 2092032
E-Mail: jlncorp@magicnet.mn oder jlncorp.repofficeuro@berlin.snafu.de
Internet: www.mol.mn/juulchin oder www. MongoliaJuulchin.com

Ein anderer Ansprechpartner ist:
- **MongoleiOnline**
Infos über Land und Leute
www.mongolei.de
E-Mail: info@mongolei.de
P.O. Box 130154, D-53061 Bonn
Tel. (0228) 2421710, Fax 2421712

Von Zuhause aus kann man auch die **Reisebüros in der Mongolei** kontaktieren, siehe „Auf in die Steppe", unter „Ansprechpartner vor Ort".

Deutsch-Mongolische Gesellschaft

Eine Anlaufstelle, besonders auch für längerfristig an der Mongolei Interessierte, ist die *Deutsch-Mongolische Gesellschaft e.V.*, der man für einen Jahresbeitrag von 40 €, ermäßigter Beitrag 20 € beitreten kann. Die *Deutsch-Mongolische Gesellschaft* gibt jährlich einmal eine Zeitschrift mit Namen *Mongolische Notizen* heraus, in der im Allgemeinen landeskundliche Informationen veröffentlicht werden, in der aber auch immer wieder aktuelle Reise- und Erfahrungsberichte aus der Mongolei zu lesen sind. Außerdem enthält jede Ausgabe eine Zusammenfassung der wichtigsten Ereignisse der letzten Monate. Die Gesellschaft hat ihren Internet-Service in den letzten Jahren deutlich ausgebaut, und auch E-Mails mit individuellen Anfragen werden beantwortet.

- **Deutsch-Mongolische Gesellschaft e.V.**
c/o Frank Vossen, Rochusstrasse 84, 53123 Bonn, Tel. (0228) 6203894, Fax 6203893, E-Mail: gesellschaft@mongolei.org
Internet: www.mongolei.org

Auswärtiges Amt

Informationen zur **allgemeinen Sicherheitslage** findet man auf der Homepage des deutschen Auswärtigen Amtes: www.auswaertiges-amt.de Bei Drucklegung dieses Buches hatte das Amt hinsichtlich der Mongolei keine besonderen Bedenken. Lediglich die Sicherheitsvorkehrungen am Flughafen in Ulan Bator seien verstärkt worden, was zu längeren Abfertigungszeiten führen könne. Recht interessant und aktuell sind auch die Länderinformationen zur Mongolei.

Internet

- Wer sich über sein Reiseziel im Internet informieren möchte, findet auf der **Homepage dieses Verlages** Informationen und Links. In der Rubrik: „Latest News/ Mongolei" erscheint u.a. auch eine Waypoint-Liste mit den GPS-Koordinaten wichtiger Orte (siehe Kap. „In die Steppe, Kompass und GPS-Geräte"). www.reise-know-how.de
- Unter E-Mail: ganbold@magicnet.mn ist die aus zwei Seiten bestehende **The Email Daily News** orderbar. Sie erscheint fünfmal in der Woche.
- **Rain or Shine Weather:**
www.rainorshine.com/weather/index/sites/national?site=&city=Ulaan+Baatar+Mongolia. Hier erfährt man das aktuelle Wetter in Ulan Bator.
- **Pictures from Mongolia:**
http://userpage.fu-berlin.de/~corff/im/Picture/overview.Picture.html
Nette Seite zum Schmökern mit Bildern aus der Mongolei.

- **Mongolia Resource Page**
www.soros.org/mongolia.html
Guter Startpunkt im Internetdschungel.
- **Infosystem Mongolei, An Internet-based Journal on Mongolian Affairs**
http://userpage.fu-berlin.de/~corff/
Der Sinologe und Mongolist *Dr. Oliver Corff* von der FU Berlin unterhält ein sehr umfangreiches und äußerst aktuelles Infosystem Mongolei, das auch viele Gebiete abdeckt, die nicht Gegenstand dieses Buches sein können, u. U. jedoch für die Vorbereitung des Mongolei-Besuches, der unter einem speziellen Thema steht, interessant sein können. Die wohl umfangreichste Seite über die Mongolei. Ein Muss für alle Informationssuchenden.
E-Mail: infomong@zedat.fu-berlin.de
- **MongoleiOnline:** www.mongolei.de
Was vor einigen Jahren als Hobby des Kinder- und Jugendrings Bonn entstand, hat sich im Laufe der Jahre mit 300 Seiten und 875.000 Zugriffen als die bedeutendste Mongolei-Info-Seite im deutschsprachigen Raum gemausert. Im Chat-Bereich sind bis zu 4500 Leute online. Insgesamt haben bisher 1,3 Mio Menschen weltweit über die Mongolei geplaudert.
Im Gegensatz zu vielen anderen Seiten wird MongoleiOnline immer auf dem aktuellsten Stand gehalten. Ferner sind die Beiträge weder akademisch noch in Fachchinesisch geschrieben, sondern erfrischend lebensnah. Sollte in der breiten Palette der Informationsangebote dennoch nicht das Richtige dabei sein, beantwortet Frank Vossen per E-Mail auch gern individuelle Anfragen oder verweist Sie zumindest an jemanden, der weiterhelfen kann.
- **Kubon & Sagner Mongolei Übersicht:**
www.kubon-sagner.de/153.html
Übersichtsseite der Firma *K&S,* über die Bücher und/oder Audio-CDs und Videos, die aus der Mongolei zu beziehen sind.
- **Mongolia WWW Virtual Library:**
http://mcni.net/~mongolia/monglink.htm
Sehr große und umfangreiche Sammlung von interessanten Internetadressen über die Mongolei.
- **Mongolei:** http://userpage.zedat.fu-berlin.de/~johabeck/mongol2.html
Private Homepage mit umfangreichen Informationen über verschiedene ethnische Minderheiten in der Mongolei und deren Sprachen.
- **Magicnet:** www.magicnet.mn
In der Mongolei selbst gibt es erste Homepages, in denen man blättern kann.
- **MongoliaOnline:** www.mol.mn
MongoliaOnline ist das größte Portal zur Mongolei aus dem Land selbst. Anfang 2003 waren hier über 400 Firmen gelistet, darunter viele mongolischer Reisebüros, Hotels, Bars und Restaurants. In der Anzeigenliste finden sich auch hin und wieder Angebote zu Wohnungen mit Langzeitmiete oder zu privaten Mietwagen. Das Ganze hat aber einen Haken: Der größte Teil ist nur in Mongolisch verfügbar.
- **ulaanbaatar.net:**
Auch dies ist eine sehr brauchbare Seite für den Einstieg. Sie bietet aktuelle Informationen über das Wetter, die Nachrichtenlage, den Umtauschkurs und weitere interessante Hinweise in englischer Sprache. Sie funktioniert zudem zuverlässig und schnell, was bei MongoliaOnline nicht immer zutrifft.

Geld

Preisniveau

Da die Mongolei so gut wie alle **Konsumgüter** und mit Ausnahme von Fleisch auch alle **Lebensmittel** importieren muss, ist das Preisniveau bemerkenswert hoch. Lediglich in den Sommermonaten, wenn auch Frischwaren aus mongolischem Anbau im Angebot sind, sind die Lebensmittel vergleichsweise preiswert. **Fleisch** kostet dagegen nur umgerechnet 1,00 bis 1,50 US$ pro Kilo.

Reisekosten

Wie viel Geld man für eine Reise in die Mongolei braucht, hängt von verschiedenen Faktoren ab und kann sich von Jahr zu Jahr ändern. Sinnvoll ist es, von folgenden **Grundkosten pro Tag** auszugehen:

- Grundbedarf Lebensmittel etc.: ca. 10 US$,
- Billighotel ca.: 20–30 US$,
- Hotels der mittleren Preisklasse: 50–80 US$
- Hotels der gehobenen Preisklasse: 90–120 US$
- Privatunterkünfte: 10–15 US$
- Hotels auf dem Land: 5–35 US$
- Touristencamps einschließlich Frühstück: 25–50 US$
- Gemieteter Jeep inklusive Fahrer: 0,40 bis 0,50 US$ pro km, Tendenz steigend

Daraus ergibt sich, dass die Mongolei keineswegs ein Land für Reisende mit allzu kleinem Budget ist. Neben diesen Grundkosten sollte im Übrigen unbedingt ein **großzügig kalkulierter Notgroschen** eingesteckt werden. Groß ist die Enttäuschung, wenn sich, in Ulan Bator angekommen, plötzlich unerwartete Möglichkeiten z.B. zu einem Doppeldeckerflug oder einem Hubschrauberpicknick bieten, die aus Liquiditätsmangel nicht wahrgenommen werden können.

Zahlungsmittel

Landeswährung

Landeswährung der Mongolei ist der **Tugrik.** Ihn gibt es momentan in der **Stückelung** Einer, Dreier, Fünfer, Zehner, Zwanziger, Fünfziger, Hunderter, Fünfhunderter, Tausender, Fünftausender und Zehntausender. Bis einschließlich der Hunderter werden alte und neue **Scheine** gleichzeitig und mit der gleichen Kaufkraft verwendet. Ab 500 (das war vor der Wende ein knappes Monatsgehalt) gibt es dann nur noch neue Scheine, die alle das gleiche Porträt *Tschingis-Khans* tragen. Kleinere **Münzen** als 1 Tugrik sind nie

026mo

Wechselkurse (Stand Mai 2003)

1 US$	=	1140 Tugrik
1 Euro	=	1234 Tugrik
1 Russ. Rubel	=	36 Tugrik
1 Chin. Yuan	=	138 Tugrik
1 Brit. Pfund	=	1811 Tugrik
1 Jap. Yen	=	10 Tugrik

Die tagesaktuellen, offiziellen Kurse finden Sie unter: www.mongolbank.mn/public/en/index

offiziell aus dem Verkehr gezogen worden, sie sind allerdings nicht mehr im Umlauf, weil es nichts gibt, was weniger als einen Tugrik kostet. Eine Packung Streichhölzer kostet bereits 20 Tugrik.

1999 wurden wieder Münzen mit höherem Nennwert eingeführt, die vor allem zur Benutzung von Automaten aller Art vorgesehen sind. Es gibt sie in der Stückelung 20er, 50er, 100er und 200er.

Der Tugrik musste auch 2001 und 2002 eine Abwertung gegenüber dem Dollar hinnehmen, die allerdings wesentlich moderater ausfiel als in den ersten Nachwendejahren. Zwischenzeitlich konnte er auch wieder einmal um bis zu 8 % an Boden gut machen und pendelte im Frühjahr 2003 in einem Korridor von 1:1110 bis 1:1140.

Tugrik, Motiv Tschingis Khan

„Zweitwährung" Dollar

Die Zentralbank unternimmt immer wieder Versuche, den Dollar als de facto Zweitwährung aus dem öffentlichen Umlauf zu verdrängen. Allerdings halten sich selbst Staatsbehörden kaum daran. So kassieren z.B. das Außenministerium, das Arbeitsministerium, die Polizei, die Fluggesellschaft, die Eisenbahn, die meisten Hotels u.a. Anlaufstellen von Ausländern ungerührt weiter in Dollar. Auch Mieten in Privatquartieren sind in der Regel in Dollar zu zahlen. Das gleiche gilt für die guten Restaurants, vor allem, wenn sie von Ausländern betrieben werden.

Umtausch und Devisen

Von zu Hause Tugrik in die Mongolei mitzubringen, wird daran scheitern, dass diese Währung von keiner Bank außerhalb der Mongolei geführt wird. Ein Tausch ist daher nur vor Ort möglich. **Privater Umtausch** von Devisen ist in der Mongolei legal. Vom Tausch auf dem Schwarzmarkt ist aus Sicherheitsgründen aber abzuraten. Einen gleich guten Kurs erhält man am Devisenschalter der Firma „Zogtschandmani" im ersten Obergeschoss des Kinotheaters „Ard" Ард кинотеатр дахъ Цогтчандманъ төв (vgl. vordere Umschlagkarte).

Man ist gut beraten, wenn man eine gewisse Summe an US$ in bar mitbringt. **Den höchsten Umtauschkurs erzielen Hundert-Dollar-Scheine, die nach 1995 gedruckt wurden.** Sie heißen hier im Volksmund „Großkopfdollar". Empfehlenswert ist eine Mischung aus großen Scheinen und Kleingeld. Scheine, die stark verschmutzt, abgewetzt, bestempelt oder beschrieben sind, wird man z.T. nicht oder nur schlecht und unter Kursverlust los. Der Devisenumtausch auf dem freien Markt ist nicht verboten.

Der **Euro** hat sich gleich bei seiner Einführung fest auf den Devisen-Umtauschmärkten etabliert und kann problemlos auch in größeren Mengen gewechselt werden. Als direktes Zahlungsmittel konnte er dem Dollar jedoch noch nicht den Rang ablaufen. Ungeachtet dessen kann die Reisekasse dennoch zum größten Teil aus Euro bestehen. Dies erspart die Umtauschgebühren für Dollar, die bei deutschen Banken fällig werden. Der Euro-Dollar-Kurs wird auf den mongolischen Banken anhand der Vorgaben der Hongkonger Börse ermittelt. Auf den freien Devisenmärkten herrscht das Gesetz von Angebot und Nachfrage, wobei jedoch kaum gravierende Abweichungen zum Börsenkurs entstehen. Auch die mongolischen und englischsprachigen Tageszeitungen drucken die aktuellen Kurse.

Reiseschecks und Kreditkarten

US-Dollar-Reiseschecks können inzwischen problemlos mit 2 % Gebühr auf den großen Banken eingelöst werden. Außerhalb der Hauptstadt weiß damit freilich niemand etwas anzufangen. **Kreditkarten** sind in der Mongolei ebenfalls kaum einsetzbar. In einigen großen Hotels kann man sie beim Erwerb von Souvenirs und Alkoholika verwenden, oder seine Restaurant-Rechnung damit begleichen; ansonsten sind sie nicht nur auf dem Land sondern auch in der Hauptstadt ungebräuchlich.

In einigen Hotels und Restaurants sind **Geldautomaten** aufgestellt, die allerdings nur Karten annehmen, die von mongolischen Banken ausgegeben wurden.

Bargeld in US$ oder Euro bekommt man ohne Ausgabeaufschlag unter Vorlage einer **American-Express-Karte** und eines **Schecks** – auch **Euroschecks** werden akzeptiert – in der Kreditabteilung der *Bank for Trade & Development* im 1. Obergeschoss (Худалдаа Хөгжлийн банк, 2-р давхар). Dort wird anhand der Karte per Computer Ihre Bonität geprüft und anschließend können Sie am Auszahlungsschalter Ihren Scheck einlösen. Besitzer einer **Visakarte** haben diese Möglichkeit nicht, sie müssen für Barabhebungen immer 3 % Provision zahlen. Der entsprechende Schalter befindet sich im Erdgeschoss, Eingang von der Südseite.

Handeln

Im Gegensatz zu anderen asiatischen Ländern kann man in der Mongolei davon ausgehen, dass die Preise, die genannt werden, feste Preise sind. Handeln ist sehr **unüblich,** und auch die Gefahr, dass man flugs überhöhte Ausländerpreise findet, ist gering.

Der Gebrauch doppeläugiger Ferngläser ist in der Mongolei eher unüblich

028mo Foto: st

Geschenke

Wer plant, als Tourist irgendwann auch einmal die städtische Hotelsphare zu verlassen und sich auch auf Kontakte mit der einheimischen Bevölkerung einzulassen, sollte auf jeden Fall reichlich Geschenke mit sich führen. Als Gastgeschenk, das sich in Ulan Bator leicht zukaufen lässt, bietet sich in erster Linie eine „Flasche" an, entweder einheimischer **Wodka,** oder, wenn man Eindruck schinden oder Großzügigkeit demonstrieren will, **Whiskey** aus dem Dollarshop. **Konfekt** und **Schokolade** sind geeignete Aufmerksamkeiten für Frauen und Kinder.

Als **Geschenke für die Landbevölkerung** kann man aus Deutschland vor allem folgende Dinge mitbringen: Sonnenbrillen, Taschenmesser, Feuerzeuge, Zigarettenpapier, Kinderspielzeug, gut erhaltene Kinderkleidung, Aufkleber, Seife, Hautcremes, alles, was man üblicherweise als Werbegeschenk bekommen kann und selbst nicht verwenden will (Stichwort: Kugelschreiber). Ein sehr schönes Geschenk ist auch ein einfaches **Fernglas.** Mongolen benutzen übrigens so gut wie nie ein Doppelfernglas, vielmehr teilen sie ein zweiäugiges Glas und machen so zwei Fernrohre daraus.

Beliebt sind vor allem **Süßigkeiten,** die man am besten gleich kiloweise mitbringt. Hier eignen sich insbesondere einfache harte Bonbons in möglichst buntem Papier. Niemand wird es einem verübeln, wenn man Schleckereien gleich händeweise austeilt. Im Gegenteil. Ein besonderer Hit sind übrigens Bonbons, die in Blechbüchsen verpackt sind, da diese anschließend als Tabakgefäß oder Nähkästchen verwendet über Jahre hinweg an den ausländischen Gast erinnern und zu Gesprächen anregen können.

Eine recht großzügige Auswahl an Bonbons kann man in Ulan Bator unterdessen im sogenannten Touristenshop hinter dem Hotel *Bajangol* kaufen und mit Kreditkarte bezahlen. Vom Zukauf von Zuckerwaren in China raten wir dagegen dringend ab, da Mongolen gegenüber chinesischen Lebensmitteln ein ausgesprochenes Unbehagen entwickelt haben.

Geschenke werden in der Regel **bei der Verabschiedung überreicht** und nicht gleich bei der Ankunft. Wer seine Geschenke unbedingt verpackt überreichen will, sollte entsprechend Geschenkpapier und Schleifen mitbringen; er darf sich dann allerdings nicht wundern, wenn das Geschenk kommentarlos und unausgepackt zur Seite gelegt wird; dies ist das übliche Verhalten. Auspacken und erstaunte „ah"- und „oh"-Rufe gelten in der Mongolei nicht als korrektes Verhalten seitens des Beschenkten. Die Kosten und Mühen für attraktive **Geschenkverpackungen** kann man sich im Übrigen sparen. Geschenke einzupacken, ist in der Mongolei vollkommen unüblich. Wichtig ist lediglich, dass man Geschenke mit beiden Händen überreicht und auch Geschenke für die Kinder den Eltern aushändigt.

An- und Weiterreise

Visa

Für eine Reise in die Mongolei benötigt man einen **Reisepass,** der noch mindestens 6 Monate gültig sein muss. Dasselbe gilt für den **Transit** von China und/oder Russland.

Visum für die Mongolei

Kaum eine Regelung war in den letzten Jahren so vielen Veränderungen unterworfen wie die **Visabestimmung.** Nach der erneuten Machtübernahme durch die Postkommunisten im Sommer 2000 wurden die Zügel wieder angezogen. Abgeschafft wurde leider die verbraucherfreundliche Möglichkeit, dass Kurzentschlossene ihr einmaliges Einreisevisum mit 30 Tagen Gültigkeit gegen ein erhebliches Aufgeld auch noch am Flughafen in Ulan Bator oder an einem anderen offiziellen Grenzübergang erwerben können. Entsprechend verwirrend sind die Angaben verschiedener Quellen. Einzig verbindlich sind die Auskünfte des mongolischen Außenministeriums http://extmin.mn und der jeweils zuständigen Botschaft.

Deutschsprachige Informationen bietet die noch im Aufbau befindliche Seite der mongolischen Botschaft in Berlin, www.mongolian-embassy.de.

Benötigt werden ein Reisepass mit mindestens halbjähriger Gültigkeit, ein Passfoto sowie ein ausgefüllter **Visaantrag.** Dieser kann von der angegebenen Seite herunter geladen, ansonsten direkt von der Botschaft oder dem Konsulat besorgt werden. Grundlage für die Visaerteilung bildet die **Einladung** eines mongolischen oder eines in der Mongolei wohnenden ausländischen Bürgers, einer Behörde oder einer Firma. Touristen müssen, soweit sich das Reisebüro nicht selbst darum kümmert, die Buchung einer Reise nachweisen, Transitpassagiere die Anschlusstickets. Bei privaten Einladungen muss ferner die Zahlungsfähigkeit des Einladenden nachgewiesen werden, d. h., er muss erklären, dass er seinen Gast unterbringen und ernähren kann.

Für 25 US$ oder den entsprechenden Gegenwert in der Landeswährung bekommt man dann in ungefähr einer Woche ein drei Monate gültiges **einmaliges Ein- und Ausreisevisum.** Wer das Visum gleich mitnehmen will, zahlt 50 US$ dafür.

Ferner gibt es noch Visa für die **mehrfache Ein- und Ausreise** für ein halbes (65 bzw. 130 US$) oder ein ganzes Jahr (130 bzw. 260 US$).

Visaverlängerungen kosten 15 US$ pro Woche und 2 US$ für jeden weiteren Tag.

- **Botschaft der Mongolei in Deutschland**
Dietzgenstr. 31, 13156 Berlin
Tel. (030) 474806-0, Fax 474806-16
Konsularabteilung: Tel. (030) 44735122, 474806-20, Fax 474806-26
Sprechzeit: Mo-Fr 8.00-12.00, 12.30-16.30 Uhr, Mo, Di, Do 8.00-12.00 Uhr (Konsularangelegenheiten).
- **Honorarkonsul der Mongolei**
Herr Henning Melchers, Honorarkonsul,
Schlachte 39/40
28195 Bremen
Tel. (0421) 1769230, Fax (0421) 1769315
Sprechzeiten: Mo-Fr 9.00-13.00 Uhr
Amtsbezirk: Länder Bremen, Hamburg, Niedersachsen und Schleswig-Holstein
- **Honorarkonsul der Mongolei**
Herr Dirk Pfeil, Honorarkonsul
Eschersheimer Landstraße 60-62
60322 Frankfurt
Tel. (069) 15309610, Fax (069) 15309666.
Sprechzeiten: Mo-Fr 9.00-16.00 Uhr.
Amtsbezirk: Länder Hessen, Rheinland-Pfalz und Thüringen.
- **Honorarkonsul der Mongolei**
Herr Dr. Andreas Pitum, Honorarkonsul
Reitmorstr. 13
80538 München
Tel. (089) 233616, Fax (089) 98105609
Öffnungszeiten: Mo, Mi, Fr 9.00-13.00 Uhr
Amtsbezirk: Länder Bayern und Baden-Württemberg
- **Botschaft der Mongolei in der Schweiz**
Mission Permanente de la Mongolie,
4, Chemin des Mollies
1293 Bellevue/GE, Schweiz
Tel. +41 (22) 7741974, Fax 7743201
E-Mail: mission.mongolia@itu.ch, mongolia@ties.itu.int
- **Honorarkonsul der Mongolei**
Mr. Stephan C. Saladin
Bahnhofstraße 11
CH-6300 Zug, Schweiz
Tel. +41 (711) 8025, Fax 8055
E-Mail: mongolia@zugerming.com
- **Honorarkonsul der Mongolei in Österreich**
Mr. Johannes Stiedl jun. III
Auhofstraße 65
A-1130 Wien
Tel. +43 (1) 8773733, Fax 877373340,
E-Mail: mong.consulate.vienna @jagdstiedl.co.at

Visum für Russland

Ein Visum für Russland (kostet je nach Geschwindigkeit der Bearbeitung 35 bis 120 €) benötigt man nur dann, wenn man sich **länger als 24 Stunden** dort aufhält. Das wird dann der Fall sein, wenn man die gesamte oder einen Teil der Strecke in die Mongolei mit der Bahn oder evtl. auch mit einem Auto zurücklegen will. Bei Flugreisen wird man Ihnen zumeist eine Buchung vorschlagen, die garantiert, dass der Anschluss an die Mongolei-Maschine bequem zu schaffen ist und die Wartezeit in der Transitzone des Flughafens nicht zu lang wird. Wer sich erst auf dem Flughafengelände entschließt, doch noch einen Blick nach draußen zu werfen, kann sich auch bei den Grenztruppen auf dem Flughafen noch ein Visum ausstellen lassen. Weitere Einzelheiten entnehmen Sie bitte der vorbildlich und übersichtlich gestalteten Seite der russischen Botschaft in Deutschland www.russische-botschaft.de

● **Konsularabteilung der Russischen Botschaft**
Behrenstr. 66
10117 Berlin
Tel. (030) 229 12 07 (Konsularabteilung)
Zusätzlicher kostenpflichtiger Beratungs- und Informationsservice: Tel. (0190) 884445 – Visafragen (Eingang der Einladungen, Bearbeitungsstand etc. – 1,27 €/Min.).
Tel. (0190) 773314 – Beratung und zusätzliche Informationen hinsichtlich der anderen konsularischen Fragen (Staatsbürgerschaft, Notariat etc. – 0,78 €/Min.).
Fax für schriftliche Anfragen: (0190) 773313 (0,78 €/Min.).
Sprechzeit: Mo–Fr 9.00–13.00 Uhr (außer an russischen Nationalfeiertagen), 9.00–12.00 Uhr – Annahme der Unterlagen, 12.30–13.00 Uhr – Ausgabe der Unterlagen.
Russische Nationalfeiertage: 1., 2., 7. Januar, 8. März, 1., 2., 9. Mai, 12. Juni, 7. November, 12. Dezember.

● **Bonn, Generalkonsulat**
Waldstr. 42
53177 Bonn
Tel. (0228) 312085 (Keine Auskunft zu konsularischen Fragen)
Fax (0228) 311563
Sprechzeit: Mo–Fr 8.30–12.30 Uhr, 9.00–12.00 Uhr – Annahme der Unterlagen, 12.00–12.30 Uhr – Ausgabe der Unterlagen.
Konsularbezirk: Länder Nordrhein-Westfalen, Baden-Württemberg, Hessen, Rheinland-Pfalz und Saarland

● **Hamburg, Generalkonsulat**
Am Feenteich 20
22085 Hamburg
Tel. (040) 2295201, 2295301, Fax 2297727
E-Mail: general.konsulat-hamburg@debitel.net
Sprechzeit: Mo–Fr 9.00–12.00 Uhr
Konsularbezirk: Länder Hamburg, Bremen, Niedersachsen und Schleswig-Holstein.

● **Leipzig, Generalkonsulat**
Kickerlingsberg 18
04105 Leipzig
Tel. (0341) 5902923
Fax (0341) 5649589
E-Mail: rusgenkon_leipzig@t-online.de
Sprechzeit: Mo bis Fr 9.00–12.30 Uhr
Konsularbezirk: Länder Sachsen, Thüringen

● **München, Generalkonsulat**
Seidlstr. 28
80335München
Tel. (089) 592528, 592503
Fax (089) 5503828
Sprechzeit: Mo–Fr 9.00–13.00 Uhr
Visafragen: Mo, Di, Mi, Fr 9.00–13.00 Uhr
Konsularbezirk: Land Bayern

● **Nürnberg, Honorarkonsulat**
Nikolaus Knauf, Honorarkonsul
Rudolphstr. 28
90489 Nürnberg
Tel. (0911) 5307762
Fax (0911) 5307763
Konsularbezirk: Mittel-, Ober-, Unterfranken und Oberpfalz im Land Bayern

● **Botschaft der Republik Russland in Österreich**
Reisnerstr. 45
1080 Wien
Tel. (0222) 7121229, Fax 7123388
Mo–Fr 8.00–14.00 Uhr

● **Botschaft der Republik Russland in der Schweiz**
Brunnaderrain 37
3006 Bern
Tel. (031) 3520566, Fax 3525595
Mo, Mi, Fr 9.00–12.00 Uhr
E-Mail: rusbotschaft@dplanet.ch

Visum für China

Will man auf dem Hinflug in China einen Stopover einlegen, braucht man schon in Deutschland ein chinesisches Visum. Allerdings gibt es auch die Möglichkeit, auf dem Pekinger Flughafen ein **Transitvisum** (gültige Aufenthaltsdauer bis maximal 24 Stunden) zu kaufen. Preislich liegt das direkt am Flughafen gelöste Transitvisum in der Regel nicht günstiger als das bei der chinesischen Botschaft in Berlin erhältliche Aufenthaltsvisum, es erspart aber die normale Wartezeit.

Die **Kosten** für ein Aufenthaltsvisum für China belaufen sich derzeit auf 20 € bei einer Bearbeitungszeit von vier Arbeitstagen; für eine Ausstellung am selben Tag zahlt man 50 €, wobei man persönlich in Berlin vorbeischauen muss.

Manche deutsche Reisebüros bieten unterdessen die Beschaffung eines chinesischen Visums über **professionelle Visa-Vermittler** an. Nimmt man diesen Service in Anspruch, empfiehlt es sich unbedingt, vorab nach dem zu erwartenden Preis zu fragen.

Eine Einladung seitens einer chinesischen Person oder Organisation ist nicht mehr nötig; auch nicht der Nachweis einer Hotelbuchung.

- **Botschaft der Volksrepublik China in Deutschland**
Märkisches Ufer 54
10179 Berlin
Tel. (030) 275880, Fax 27588227
Konsularabteilung: Heinrich-Mann-Str. 9, 13156 Berlin, Tel. (030) 48839722/15, Fax 48839731
- **Generalkonsulat der Volksrepublik China in Deutschland**
Elbchaussee 268
22605 Hamburg
Tel. (040) 8227600, Visaabteilung:
Tel. (040) 82276018, Fax 82276022
- **Generalkonsulat der Volksrepublik China in Deutschland**
Romanstr. 107
80639 München
Tel. (089) 173016111214, Fax 17301623
- **Botschaft der Volksrepublik China in Österreich**
Metternichgasse 4
1030 Wien
Tel. (0222) 714314948, Fax 7136816
- **Botschaft der Volksrepublik China in der Schweiz**
Kalcheggweg 10
3006 Bern
Tel. (031) 3527333, Fax 3514573
Mo, Mi, Fr 9.00–12.00 Uhr, 15.00–17.30 Uhr

Visum für China in der Mongolei

Das Visum für eine eventuelle **Rückreise über China** mit längerem Aufenthalt lässt sich bei der Chinesischen Botschaft in Ulan Bator wesentlich unkomplizierter beschaffen als in Deutschland. Dasselbe gilt selbstredend für diejenigen, die über Moskau gekommen sind und über Peking ausreisen wollen. Auch sie brauchen sich vorab in Deutschland kein chinesisches Visum besorgen.

In Ulan Bator kann man jeden **Typ des chinesischen Visums** bekommen. Die üblichsten Typen sind *Single Transit* (Aufenthaltsdauer bis 7 Tage), *Double Transit* (Aufenthaltsdauer zweimal 7 Tage), *Single Entry* (übliche Aufenthaltsdauer bis zu 30 Tagen), *Multiple Entry* (übliche Aufenthaltsdauer mehrmals 30 Tage). Über längere Aufenthaltsdauern lässt sich relativ problemlos verhandeln. Beispielsweise ist es recht einfach, ein *Single-Transit*-Visum (billigster Visumstyp) auch für eine Aufenthaltsdauer bis zu 10 Tagen ausgestellt zu bekommen.

Die **Kosten** für das Visum berechnen sich nach dessen Art sowie danach, wie schnell man es haben möchte. Ist man bereit, seinen Pass zur Bearbeitung eine Woche dazulassen, wird das Visum entsprechend billiger. Ein Visum, das man direkt auf die Hand haben möchte, kostet etwas mehr – aber zumindest ist es möglich! Und im Vergleich zu ca. 3 Wochen Wartezeit in Deutschland sind ein paar Euro mehr oder weniger vielleicht nicht für jeden relevant.

Alles in allem muss man für sein Visum 20 bis 60 US$ einplanen. Außerdem braucht man ein Passfoto. Dies kann auch eine alte, beschädigte, bereits gebrauchte, schwarzweiße oder missratene Aufnahme sein – keinen stört es.

Die **chinesische Botschaft** (Хятадын ЭСЯ) befindet sich in **Ulan Bator,** östlich vom Gebäude der Staatsuniversität. Die Visastelle hat nur Mo, Mi und Fr von 9.30 Uhr bis 12.30 Uhr geöffnet.

Direkte Anreise

Im Sommer 1998 führte die mongolischen Fluggesellschaft *MIAT* (in Flugplänen mit *OM* abgekürzt) einen Direktflug von Deutschland nach Ulan Bator ein. Die Flüge gingen im **Sommer** montags und donnerstags und im **Winter** nur noch sonntags. Zunächst war Frankfurt/M. der Abflughafen. Nach einer Zwischenlandung in Berlin Schönefeld ging der Flug direkt bis nach Ulan Bator weiter. Jetzt startet die Maschine in Berlin Tegel und steuert dann Moskau an. Die Zwischenlandung wäre technisch nicht notwendig, denn die Reichweite des verwendeten Airbus A 310 ist gross genug, um Ulan Bator nonstop zu erreichen. Es zeigte sich aber, dass die Maschine rentabler fliegt, wenn Moskau angesteuert wird, um Passagiere abzusetzen und neue aufzunehmen. So haben nicht nur Mongolen, die nach Russland wollen, Gelegenheit, in der Gegenrichtung die *MIAT* anstelle der *Aeroflot* zu nutzen. Auch für manchen

032mo Foto: st

Volltanken, bitte!

Westeuropäer ist es günstiger, von seinem Heimatflughafen aus direkt Moskau anstelle von Berlin anzufliegen und erst dort zuzusteigen.

Die Flugzeit erhöht sich damit leicht auf 7½ Stunden, was angesichts weitaus mühseligerer und zudem zeitaufwändigerer Anreise über Peking immer noch sensationell schnell ist.

Vor der Touristensaison 2000 wurde der Airbus leider auch mit weiteren 40 Sesseln in der Economy class nachbestuhlt, womit sich der Sitzkomfort erheblich verschlechterte. Trotzdem bleibt dieser Flug so zeitsparend und zudem preiswert, dass uns nur wenige Gründe einfallen, ihn nicht zu nutzen und stattdessen eine Anreise über die Metropolen der Nachbarländer zu wählen. Für diejenigen, die eine **Mehrländerreise** planen, seien an dieser Stelle einige Hinweise gegeben.

Anreise über Peking

Transit

Plant man bei der Einreise über China keinen Aufenthalt, so kann man als deutscher Staatsangehöriger mit einem Ticket zum Weiterflug am Pekinger Flughafen einen **Transitschein für 24 Stunden** bekommen, mit dem man das Flughafengebäude auch verlassen kann. Der Pass bleibt in diesem Fall bei der Flughafenbehörde und erwartet einen am nächsten Tag nach Rückgabe des Transitscheines an der Passkontrollstelle nach dem Einchecken des Gepäcks. In den letzten Jahren ist kein einziger Fall bekannt geworden, in dem dies nicht geklappt hätte.

Wer keinen Wert auf einen Abstecher in die Stadt legt, kann sich selbst diesen Aufwand sparen. Dazu muss die Flugverbindung zwischen Europa und der Mongolei via Peking jedoch so gebucht und auch als O.K. bestätigt sein, dass der **Flug noch am gleichen Tag** fortgesetzt wird.

Eine Besonderheit des Pekinger Flughafens ist es, dass selbst **Transitpassagiere mit einem direkten Anschlussflug ihr Gepäck abholen** und damit durch Passkontrolle und Zoll gehen müssen, um es dann wenig später in einem anderen Stockwerk wieder einzuchecken. Verlassen Sie sich im Übrigen auf keinen Fall auf Aussagen europäischer Fluggesellschaften, dass Ihr Gepäck bis Ulan Bator durchgecheckt sei. Es erscheint unweigerlich immer auf dem Förderband der Gepäckrückgabe. Die einzige uns bekannte Ausnahme, bei der einmal Gepäck bis Ulan Bator ab Berlin durchgecheckt wurde, war bei einem Flug Berlin/Peking der *Air China* mit Direktanschluss Peking/Ulan Bator ebenfalls mit *Air China*. Aber selbst bei dieser Wahl kann man sich schlicht nicht auf einen Weitertransport des Gepäcks verlassen; und ist man erst einmal in Ulan Bator, dann lässt sich von dort nicht mehr viel bewegen, um wieder an seine Sachen heranzukommen.

In Peking muss man außerdem in jedem Fall die **Flughafensteuer** in Höhe von 90 RMB (ca. 7 €) entrichten, es sei denn, man verlässt das Land innerhalb von 24 Stunden nach der Einreise wieder. In diesem Fall zeigt man dem Beamten, der den Zugang zum inneren Teil der Abfertigungshalle bewacht, den Pass mit dem Einreisestempel der chinesischen Grenztruppe. Eine **Wechselbank** gibt es gleich nach der Ankunft beim Verlassen des Zolls *(Bank of China);* in der Abflughalle befinden sich ebenfalls Bankschalter.

Wer bei der Abreise in Peking auf dem Flughafen sein allerletztes Geld noch rücktauschen möchte, kann dies an einem der dortigen Schalter der *Bank of China* erledigen. Ohne Umtauschquittung ist jedoch kein **Rücktausch** möglich!

Vergessen Sie nicht, die geforderten 90 RMB für die Flughafensteuer zurück zu behalten.

Nach Passieren der Passkontrolle gibt es übrigens nochmals Gelegenheit, Souvenirs und Erfrischungen zu kaufen, so dass es sich beim Weiterflug nach Ulan Bator, der sich oft um Stunden verzögert, empfiehlt, etwas Geld für Essbares übrig zu behalten.

Sofortiger Weiterflug

In der Regel fliegen die Maschinen der großen Fluggesellschaften in Deutschland am frühen Nachmittag ab und erreichen Peking nach einem etwa neunstündigen Flug über Russland, Sibirien und die Mongolei (!) am frühen Vormittag des darauffolgenden Tages. Der Preis liegt je nach Saison und Buchungsklasse zwischen 614 und 1380 €. Die Zeitverschiebung beträgt nach Peking je nach Jahreszeit 7 oder 8 Stunden (China hat keine Sommerzeit).

Bucht man einen **Weiterflug** mit *Air China* (in Flugplänen mit CA abgekürzt), so besteht fast immer extreme Zeitknappheit, will man den Anschlussflug nach Ulan Bator noch am selben Tag erreichen.

Diese Flüge müssen im Übrigen 72 Stunden vor Abflug **rückbestätigt** werden. In Deutschland routinemäßig von den Fluggesellschaften rückbestätigte Flüge erreichen selten die Computerterminals in China; der sicherste Weg ist also, dass man die Rückbestätigung telefonisch selbst vornimmt. Im Winter mag dies nicht unbedingt nötig sein. Wenn im Sommer dagegen die Flüge alle ausgebucht und überbucht sind, verhindert die Rückbestätigung, dass man am Pekinger Flughafen erfährt, dass der eigene Sitzplatz schon lange weiterverkauft wurde. Das englischsprechende Personal von *Air China International Reservation* in Peking erreicht man unter Tel. 0086 (10) 66016667.

Zwischenaufenthalt in Peking

Ein kurzer Stopover in Peking lohnt sich allemal, auch in finanzieller Hinsicht. Will man nämlich für größere Expeditionen in der Mongolei auch reichlich Lebensmittel mit sich führen, wird man schnell an die Grenzen seines erlaubten Gepäckgewichts kommen. Pro Kilogramm **Übergepäck** zahlt man von Deutschland aus nach Peking 36 €; von Peking nach Ulan Bator beträgt der Preis dagegen nur 1 US$. In den Monaten September bis Mai kann man sein Übergepäck dank der selten ausgebuchten Flüge häufig kostenlos mitnehmen, da das Flughafenpersonal oft großzügig über die zusätzlichen Kilos hinwegsieht. Wir selbst haben schon oft genug bis zu 40 kg pro Person kostenlos eingecheckt.

Ähnliches gilt im Übrigen auch für das Handgepäck. Solange man nur ein einziges Handgepäckstück mit sich führt, das einigermaßen ordentlich aussieht (Flughafenpsyche) und die Maximalmaße nicht überschreitet, interessiert sich in der Regel niemand für dessen Gewicht. Dies ist eine gute Gelegenheit, noch reichlich Extrapfunde einzupacken.

Weiterreise mit dem Zug

Ab Peking kann man auf einem Teilstück der Transsibirischen Eisenbahn nach Ulan Bator fahren. Auf der 1550 km langen Strecke – landläufig als Transsib bekannt – fahren verschiedene Züge. Im **Winter** verkehren nur **Lokalzüge,** von deren Gebrauch man zurzeit nur dringend abraten kann. Sie sind für den Einzelreisenden, aber auch für die Kleingruppe schlicht **zu gefährlich.** Das gleiche gilt für die Lokalzüge im Sommer, wobei man im Sommer auf der – relativ kurzen Strecke Peking – Ulan Bator (ca. 36 Stunden) eventuell erwägen kann, ein ganzes Abteil zusammen mit anderen Ausländern zu mieten und auch immer dafür zu sorgen, dass mindestens zwei Personen aus der Gruppe das Abteil ständig bewachen.

Bei aller Sympathie sollte man auf gar keinen Fall ein Abteil mit Mongolen, Chinesen oder Russen teilen. Zu häufig kam es hier zu Zwischenfällen, sei es Schmuggelgut oder die unliebsame Bekanntschaft mit einer Messerklinge. Einen Vorteil haben jedoch die Lokalzüge: Man kann für sie fast immer in Peking noch Tickets bekommen. Aber es sei nochmals betont: Im Winter unbedingt die Finger davon lassen, im Sommer nur in der Gruppe und – so Leid es uns tut: Nicht als reine Frauengruppe! Zwei Männer sollten mindestens dabei sein.

Im Sommer hat man freilich noch eine andere Wahl. In der Regel fahren zwischen Anfang Juni und Ende August auf der Strecke auch die sogenannten **„Internationalen Züge".** Dabei werden in der Regel an die lokalen Züge einige Waggons für Ausländer angehängt, die vom Rest des Zuges abgeriegelt sind und die auch von anderem Zugpersonal betreut werden. Ein Wechseln zwischen den Waggons der „Internationalen Klasse" und dem Einheimischen ist nicht möglich. Dies mag man bedauerlich finden, doch ist die Zugfahrt auf dieser Strecke mit Sicherheit der falsche Zeitpunkt, um Kontakt zur einheimischen Bevölkerung aufzunehmen. Auch mongolische Reisende, die nicht selbst Händler sind, tun sich nach Möglichkeit ebenfalls in Grüppchen zusammen, um ein ganzes Abteil zu belegen und sich auf der Fahrt zumindest ein bisschen entspannen zu können.

Wer trotz des bisher gesagten von Peking aus die Weiterreise nach Ulan Bator mit dem Zug antreten möchte und die entsprechenden **Fahrkarten** noch nicht in Deutschland besorgt hat, kann die Tickets auch noch in Peking direkt buchen. Hier gibt es zwei

Tipps zum Kurzaufenthalt in Peking

Geld

Chinesische **Währung** ist der **Renminbi** (RMB), aufgeteilt in Dezimaleinheiten. 10 *Fen* (wörtlich: Pülverchen, entsprechend unserem Cent) ergeben dabei einen *Jiao*, zehn *Jiao* einen *Yuan* (entprechend einem Euro). Preise auf Schildern werden als Y oder RMB abgekürzt angegeben. Für Yuan und Jiao gibt es auch umgangssprachliche Ausdrücke, nämlich Kuai und Mao, wobei der Ausdruck Kuai in Peking sehr ungebräuchlich ist.

Bis vor wenigen Jahren gab es bis hinab zu einem „Pülverchen" **Geldscheine.** Zum Teil sind sie heute noch in Gebrauch, und wer einen erwischt, mag diesen – nicht zuletzt der Motive wegen – als ein Souvenir aus Chinas revolutionären Jahren aufbewahren wollen. Neuerdings sind vor allem für das Kleingeld zunehmend wieder **Münzen** in Gebrauch. Die Yuan-Scheine gibt es in 1-, 2-, 5-, 10-, 50- und 100-Stückelung. Die meisten der Scheine gibt es darüber hinaus in alter und neuer Variante. Bei den neuen Hundertern sind viele Chinesen recht vorsichtig: Hier gibt es nicht unerheblich viele Fälschungen. Bleibt zu erwähnen, dass der bis in die frühen neunziger Jahre noch übliche Gebrauch einer separaten Ausländerwährung nicht mehr aktuell ist: Der sagenumwobene *FEC (Foreign Exchange Certificate)* wurde vor einigen Jahren abgeschafft.

In China kann man problemlos **Reiseschecks und Devisen tauschen.** Die *Bank of China* am Flughafen hat immer geöffnet, wenn Flüge ankommen, und der Wechselkurs unterscheidet sich in der Regel nicht von dem, der an den großen Hotelrezeptionen gilt – allenfalls hebt er sich positiv davon ab. Seit Jahren liegt er für den Euro relativ konstant bei einer Quote von ca. 1 € zu 12 Yuan. Angebote zum **Schwarztausch** von Geld empfehlen wir nicht anzunehmen, da man hier oft betrogen wird – wer von uns kann schon auf den ersten Blick chinesische „Blüten" erkennen. Abgesehen davon ist bei einem Rücktausch des übrig gebliebenen Geldes bei der Ausreise stets eine **offizielle Umtauschquittung**, die man sowohl beim Umtauschen in der Bank als auch in den Hotels erhält, vorzulegen. Ohne Quittung kein Geldrücktausch!

RMB bereits in Deutschland zu besorgen, lohnt sich nicht, da die Umtauschquote fast 25 % schlechter ist als in China.

Unterkunft

Peking ist keineswegs preiswert. Prinzipiell gibt es **zwei Varianten,** in der Stadt eine Unterkunft zu finden. Entweder man bleibt in Flughafennähe in einem etwas teureren Hotel und spart an Taxikosten, oder man fährt etwas weiter in die Stadt hinein, wohnt preisgünstiger, gibt aber mehr für sein Taxi aus.

Hotels in Flughafennähe

In Flughafennähe sind der **Hotelkomplex Lido-Holiday Inn** (*Lidu Fandian,* Tel. 0086-10-64367618, Fax 64367656), das **Novotel Park View** (Tel. 0086-10-64362288, Fax

4361818) und das **Yanxiang Hotel** (*Yanxiang Fandian,* Tel. 0086-10-64376666, Fax 64376231) besonders empfehlenswert. Das *Yanxiang Hotel* ist das preiswerteste von den dreien. Bei den anderen sollte man unbedingt versuchen, schon ab Deutschland über ein Reisebüro zu speziellen **Stopover-Tarifen** zu buchen. Dabei sind Preisnachlässe bis zu 40 % möglich. Ohne Vergünstigungen muss man für das *Lido* oder *Novotel Park View* in der Saison für ein Doppelzimmer ca. 90 US$ zahlen; für das *Yanxiang Hotel* hingegen nur die Hälfte.

Hotels in der Stadt

Von den billigeren Hotels ist das **Tiantan-Sports-Hotel** (*Tiantan Tiyu Binguan,* Tel. 0086-10-67113388, Fax 67115388) zu empfehlen. Es liegt direkt am Himmelstempel (Tiantan), so dass die Lage touristisch besonders reizvoll ist. Vorsicht ist bei der Anfahrt mit dem Taxi geboten, da sich in derselben Straße, der Tiyuguan Lu, auch das Tiantan-Hotel (*Tiantan Fandian*) befindet, das wesentlich teurer ist. Im **Tiantan-Sports-Hotel** kostet 2003 in der Hauptsaison ein Zimmer 260 RMB (etwa 20 €), Doppelzimmer und Einzelzimmer haben in China grundsätzlich denselben Preis. Das *Tiantan-Sports-Hotel* vermietet zudem Fahrräder, was die Transportkosten innerhalb Pekings erheblich senkt, falls man sich den innerstädtischen Verkehr und die oft weiten Entfernungen zumuten mag.

Mit den kostenlos in jedem besseren Hotel ausliegenden Stadtkarten kann man sich vom Tiantan-Sports-Hotel entlang der stets exakt in den vier Himmelsrichtungen verlaufenden Hauptachsen der Stadt auch als Unkundiger sicher zu den Haupttouristenattraktionen bewegen.

Von **Billigunterkünften** in Vielbett-Schlafsälen raten wir aus Sicherheitsgründen ab.

Transport

Für diejenigen, die sich in Peking nicht auskennen und die auch kein chinesisch sprechen, empfehlen wir, sich für den Zeitraum eines kurzen Stopovers, der möglicherweise zum Besorgen von verschiedenen noch in die Mongolei mitzubringenden Dingen dienen soll, das Experimentieren mit öffentlichen Verkehrsmitteln zu lassen. **Taxis** sind überall zu haben und recht preisgünstig. Am Flughafen wird man, sobald man den Zoll verlassen hat, von Taxifahrern angesprochen. Diese sollte man auf keinen Fall beachten; sie verlangen in der Regel ein Vielfaches des Preises, lassen nicht mit sich handeln und fahren dann noch, um Mautgebühren zu sparen auf kleinen Straßen nach Peking hinein, so dass man, anstatt bequem in einer halben Stunden am Hotel zu sein, mitunter in einer alten Knattermühle stundenlang nach Peking hineinstottert. Solche „Taxis" brechen auch schon mal zusammen!

Die bessere Variante ist also, sich an der **normalen Taxischlange** anzustellen, die beim Verlassen des Flughafengebäudes unübersehbar ist. Dort bekommt man zügig ein Taxi angewiesen. Preisbewusste sollten darauf achten, dass das Taxi im rechten hinteren Fenster die Preismarkierung „1.60" – 1,60 RMB pro Kilometer – hat (meist kleinere Wagen mit Schrägheck) und nicht „2.00". Bei einer Fahrt in die Stadt kann das 20% an Mehrkosten einsparen. Eine Fahrt zu dem o.g. Hotelkomplex darf ungefähr 70 bis 80 RMB kosten, die Fahrt zum *Tiantan-Sports-Hotel* dagegen um die 120 RMB. Verlangt der Taxifahrer mehr von Ihnen, und Sie wollen das nicht bezahlen, dann rufen Sie den Hotelportier ans Taxi und klären die Situation. Achten Sie beim Einsteigen ins Taxi darauf, dass das Taxameter eingestellt wird.

Einkauf

Die berühmteste **Einkaufsstraße** Pekings ist die Wangfujing Dajie, kurz Wangfujing oder Wangfu. Sie hat einen unverwechselbaren Namen, den jeder Taxifahrer selbst dann noch erkennt, wenn er vollkommen falsch ausgesprochen wird. Die Straße liegt genau im Stadtzentrum unweit der Verbotenen Stadt. Zu Fuß findet man sie nach einem Bummel durch die Verbotene Stadt, wenn man diese wieder durch das Haupttor (Richtung Tiananmen-Platz) verlässt und sich auf der Jianguo Menwai Dajie (das ist die große Hauptstraße, die vor der Verbotenen Stadt vorbeiläuft) links hält. Die zweite große Straße links (etwa 10 Minuten zu Fuß) ist dann die Wangfu, unverwechselbar zu erkennen an einem *McDonalds*-Restaurant gleich an der Ecke. Wenn Sie mit dem Taxi zur Wangfujing fahren wollen, wird man Sie möglicherweise – je nachdem, von welcher Seite Sie kommen – am *Peking Hotel* absetzen. Laufen Sie dann einfach entlang der Hauptstraße vor dem *Peking Hotel* vorbei und halten Sie nach dem Schild *„McDonalds"* Ausschau.

Wer **Kleidung** kaufen möchte, lässt sich entweder zum **Ritan Park** fahren, wo aus kleinen Bretterbuden von T-Shirts über Pyjamas bis zu Daunenjacken alles mögliche verkauft wird; wer es aber auf Seide abgesehen hat, besucht den einschlägigen **Seidenmarkt**. Man findet ihn am leichtesten, wenn man sich zum *Jianguo-Hotel* fahren lässt und vom Hoteleingang aus rechts etwa fünf Minuten die Straße hinunterläuft, bis man eine ganz kleine Gasse entdeckt, an deren Beginn schon unverkennbar viele Seidensachen feilgeboten werden. Auf den Märkten kann man übrigens handeln. Die meisten Händler können die Preise ihrer Waren auch auf Englisch, zur Not kann man sich mit einem Taschenrechner behelfen. Ein Viertel weniger als den genannten Preis sollte man schon anvisieren.

Möglichkeiten. Zum einen kann man versuchen, sich die Fahrkarten auf eigene Faust am **Hauptbahnhof** zu besorgen *(Beijing Huoche Zhan),* was aber nicht immer ganz einfach ist und in jedem Fall einer gehörigen Portion Geduld, Langmut und Verhandlungsgeschick bedarf. Der einfachere Weg ist es, sich die Fahrkarten über ein **Reisebüro** zu besorgen. Die Adresse Nummer Eins ist hier sicherlich nach wie vor das *CITS (China International Travel Service),* das zwar mitunter etwas teurer ist, als seine Konkurrenten, aber über die besten Kontakte verfügt, was einfach die größtmögliche Sicherheit in Bezug auf Reservierungen bedeutet.

- **CITS Headoffice Peking**
103 Fuxingmennei Dajie
Tel. 0086 (10) 65129933, Fax 66012013

Alternativen sind die Reisebüros:
- **CTS (China Travel Service) Headoffice Peking**
8 Dongjiaomin Xiang
Tel. 0086 (10) 65129933, Fax 65129008
- **CYTS (China Youth Travel Service) Headoffice Peking**
23b Dongjiaomin Xiang
Tel. 0086 (10) 65127770, Fax 65138691

Schließlich sollte im Zusammenhang mit dem Ticketkauf noch erwähnt werden, dass die vorgeschlagene Vor-Ort-Buchung der Zugfahrkarten nur für die Teilstrecke Peking – Ulan Bator gilt. Wer mit dem Gedanken spielt, eventuell die **ganze Rückreise mit dem Zug** anzutreten, also entweder Peking – Berlin oder Ulan Bator – Berlin, sollte unbedingt schon in Deutschland buchen, denn in Peking ist ein Ticketkauf vor Ort aufgrund der meist mehrmonatigen Wartezeiten in der Regel nicht möglich. Glück mag hingegen haben, wer ab Ulan Bator kurzentschlossen doch noch den Zug buchen will. Hier hat die klassische Transsib-Strecke schon angefangen und es ist manchmal möglich, gewissermaßen last-minute noch „auf den Zug aufzuspringen". Doch was macht man dann mit dem vorhandenen Flugticket?

Wer sich also nicht ganz sicher ist, ob er nicht doch **ein Stückchen Transsib-Flair** in seine Reise einplanen möchte, dem sei folgendes geraten: Anreise per Flugzeug über Peking, wobei die Teilstrecke Peking – Ulan Bator nur einfach gelöst wird. In Ulan Bator kann man entweder die Strecke zurück nach Peking mit dem Zug antreten (hier gibt es meist noch kurzfristig Tickets zu kaufen), oder aber ab Ulan Bator wieder einen Flug zurück nach Peking buchen. In letzter Zeit wird es hier jedoch zunehmend knapp mit den Flugkapazitäten und vor allem im Sommer kann man sich nicht darauf verlassen, quasi über Nacht einen Rückflug nach Peking zu bekommen. Dies zumal die Strecke nach wie vor nicht täglich beflogen wird.

In Ulan Bator angekommen, gilt sinngemäß das gleiche, wie bei der Ankunft mit dem Flugzeug. Es gibt am Bahnhof keine Wechselstube und man benötigt US$ in kleinen Scheinen, um ein Taxi zur Unterkunft bezahlen zu können.

Fahrtzeiten und Preise siehe unter „Anreise über Moskau", „Mit der Transsibirischen Eisenbahn".

Anreise über Moskau

Flug

Der kürzeste Weg von Europa in die Mongolei führt, unabhängig vom Verkehrsmittel, über Moskau. Beim Fliegen hat man für die Strecke Moskau – Ulan Bator nur die Wahl zwischen der russischen *Aeroflot* und der mongolischen *MIAT*. Für welche Gesellschaft man sich entscheidet, hängt von verschiedenen Erwägungen ab. Günstig ist die *MIAT* vor allem für Reisende aus dem Berliner Raum, denn in Deutschland wird Tegel zweimal wöchentlich angeflogen. Ab April 2003 wird der Donnerstag-Flug für die gesamte Tourismussaison allerdings nach Frankfurt. umgeleitet. Zwischenzeitlich diskutierte Lösungen, in der Hochsaison wöchentlich noch einen weiteren MIAT-Flug von und nach Deutschland einzuführen, scheiterten bislang noch an der Tatsache, dass das Land nur über ein modernes Langstreckenflugzeug verfügt, das auch eine Reihe asiatischer Routen bedienen muss.

Für die *MIAT* spricht ferner, dass die Zwischenlandung in Moskau nur eine knappe Stunde dauert. Die Passagiere müssen zwar aussteigen, damit der Jet – ein Airbus A-310-300 – für den 5½-stündigen Weiterflug fit gemacht werden kann. Dabei werden allerdings keine Formalitäten fällig. Das Gepäck wird nicht umgeladen.

Der Airbus ist im Vergleich zur TU-154 der Aeroflot das modernere Flugzeug, mit 189 Sitzen in der Economy- und weiteren 27 Sesseln in der Busi-

042mo Foto: st

ness-Class aber ungewöhnlich eng bestuhlt. Im bordeigenen Fernsehprogramm laufen Werbespots der einschlägigen Tourismusanbieter und Tierfilme. Nach unserer Erfahrung ist der Flug in die Mongolei, der überwiegend nachts stattfindet, recht angenehm. Anders sieht es allerdings in der Gegenrichtung aus, wo überschwänglich feiernde Mongolen die Reise bisweilen zur Geduldsprobe werden lassen. Ferner handelt es sich um einen reinen Nichtraucherflug. Bei *Aeroflot* ist man da kulanter und lässt das Rauchen über Sibirien in den hinteren Reihen noch zu.

MIAT verlangt von Ausländern für das billigste Return-Ticket stolze 868 €. Studenten mit internationalem Studentenausweis zahlen 778 €. Die Preise ändern sich jedoch ständig und hängen ab vom Umtauschkurs zum Dollar, und auch von der Jahreszeit. In der Hauptsaison im Sommer ist es teurer als z. B. zum Jahreswechsel, wo man mitunter ein Schnäppchen machen kann.

Für die **Aeroflot** spricht, dass man ganzjährig nicht nur aus Berlin, sondern auch aus Frankfurt/M., Düsseldorf, München und Hamburg sowie aus Wien, Zürich und Genf nach Moskau kommt. Bis hierhin fliegen moderne Maschinen, da die russischen nicht mehr die Fluglärmvorschriften in Europa erfüllen. Aus Deutschland kostet das Ticket bis Ulan Bator mit 775 € einen knappen Hunderter weniger als bei der mongolischen Konkurrenz. Zum Aeroflot-Flugschein ab Deutschland kann sogar noch ein **kostenfreies DB Rail & Fly-Ticket** innerhalb von Deutschland zum Flughafen ausgestellt werden. Dafür muss man allerdings einen mehrstündigen Aufenthalt auf den wenig anheimelnden Moskauer Flughäfen in Kauf nehmen. Für die Zubringerflüge aus Europa muss man schon morgens oder vormittags am jeweiligen Flughafen sein, weiter nach Ulan Bator geht es dann erst um 22.00 Uhr Ortszeit. Bis zum Sommer 2002 gab es für Aeroflot-Transitpassagiere noch einen Imbiss in der Flughafen-Gaststätte, der inzwischen allerdings gestrichen wurde.

Je nach eingesetzter Maschine und Beladung wird zudem eine Zwischenlandung in Omsk oder Nowosibirsk gemacht, was gerade im Winter nicht angenehm ist. Dafür kommt man erst kurz vor 10.00 Uhr an, zu einer Zeit also, zu der die Gastgeber wahrscheinlich am Flughafen sind. Eine Stunde später tritt dieselbe Maschine mit neuer Besatzung den Rückflug an, so dass man schon am Vormittag wieder in Moskau sein kann und noch einen Anschlussflug nach Westeuropa erreicht. Wenn das Ticket einen Anschlussflug noch am gleichen Tag ausweist, ist ein russisches Visum nicht erforderlich. Kurzentschlossene können, wenn die Zeit einen Abstecher in die Stadt erlaubt, auch auf dem Flughafen bei den Grenzbehörden ein Visum erstehen. Der in der Öffentlichkeit denkbar

Wenn Sie mit dem Flugzeug anreisen, könnte das der erste Eindruck sein schlechte Ruf der *Aeroflot* kann von uns für beide Teilstrecken (Deutschland – Moskau und Moskau – Ulan Bator) nicht nachvollzogen werden.

Besonders preisgünstig sind vor allem **Gruppenreisen** mit fester Buchung. Der Kinder- und Jugendring Bonn hat schon seit Jahren Sonderkonditionen ausgehandelt, die unter www.mongolei.de abgerufen werden können.

Neben dem niedrigen Preis hat ein Aeroflot-Flug auch noch den Vorteil, in Moskau eine **bevorzugte Behandlung** zu erfahren, die sich in einer schnellen und weitgehend formalitätsfreien Abfertigung ausdrückt. Die Vorlage des Tickets und des Reisepasses reicht, um, ohne ein Wort Russisch zu verstehen, seine Bordkarte für den Weiterflug zu erhalten. Wenn man seinen Koffer in Deutschland als Transitgepäck bis Ulan Bator aufgegeben hat, braucht man sich auch darum nicht zu kümmern.

Anreise mit der Transsibirischen Eisenbahn

Wer zeitlich nicht unter Zwängen steht und die Verhältnisse in Osteuropa hautnah erleben möchte, kann von Berlin aus in knapp einer Woche mit dem Zug bis nach Ulan Bator oder sogar weiter bis nach Peking fahren. Entgegen aller sich hartnäckig haltenden Gerüchte von wochenlang im Schnee feststeckenden Zügen, die von den Passagieren mit bloßen Händen freigeschaufelt werden und dabei von garstigen Wölfen und zottigen Räubern überfallen werden, hat sich die Transsib in den letzten Jahren zu einem sicheren, komfortablen und zudem preiswerten Verkehrsmittel gewandelt. Die 6300 km von Moskau bis nach Ulan Bator legt man dank der Elektrizität in 4 Tagen und 5 Nächten erstaunlich schnell zurück, so dass für Langeweile keine Zeit bleibt. Immerhin durchquert man auf dem russischen Abschnitt der Strecke vier verschiedene Landschaften: die Wolga-Ebene, den Ural, die westsibirische Steppe und die ostsibirische Bergtaiga, außerdem 16 große Flüsse. Zuvor muss man allerdings **in Moskau umsteigen** und vom Belorussischen zum Jaroslawler Bahnhof gelangen, wozu einige Grundkenntnisse des Russischen sicher ganz nützlich sind.

Je nachdem, ob man einen für Touristen gedachten Sonderzug benutzt, oder sich in einen regulären Zug setzt, wird man einen mehr oder weniger tiefen Einblick in die **Lebensumstände entlang der Strecke** erhalten. Dazu zählt z. B., dass die Transsib von so genannten Rucksackhändlern bevölkert wird, die nicht immer legale Waren transportieren. Entsprechend gründlich und langwierig fällt die Zollabfertigung am russisch-mongolischen Grenzbahnhof aus, wo buchstäblich alles, aber auch alles auseinander genommen wird. Die Grenzformalitäten selbst gleichen denen, die unter der Anreise mit dem Flugzeug beschrieben wurden. Bitte beachten Sie auch: Auf mongolischer Seite schmuggeln sich gerne streunende Kinder in den Zug, die durch den Verkauf von Limonade und Süßigkeiten, oder ganz ein-

Zugverbindungen mit der Transsibirischen Eisenbahn

Moskau – Peking (Zug Nr. 4)

Tag	Ankunft	Ort	Abfahrt
Di		Moskau	**22.03**
Sa		Irkusk	**06.45**
So	**7.20**	Ulan Bator	

Moskau – Ulan Bator (Zug Nr. 6, 6306 km)

Tag	Ankunft	Ort	Abfahrt
Mi, Do (nicht im Winter)		Moskau	**22.03**
So, bzw. Mo		Irkusk	**06.44**
Mo, bzw. Di	**07.20**	Ulan Bator	

Irkusk – Ulan Bator (Zug Nr. 264, 1113 km)

Tag	Ankunft	Ort	Abfahrt
Täglich		Irkusk	**20.27**
+2 Tage	**05.53**	Ulan Bator	

Ulan Bator – Peking (Zug Nr. 24, 1561 km)

Tag	Ankunft	Ort	Abfahrt
Do		Ulan Bator	**08.50**
+1 Tag	**15.33**	Peking	

fach durch Taschendiebstahle zu Geld kommen wollen.

Eine Vielzahl weiterer nützlicher Informationen zum Thema finden Sie im Praxis-Führer **„Transsib – von Moskau nach Peking"** aus dem Reise Know-How Verlag.

Ausgewiesener Spezialist unter den deutschen Reisebüros in Sachen Transsib ist:

- **Lernidee Erlebnisreisen GmbH**
Dudenstraße 78
D-10965 Berlin
Tel. (030) 7860000
Fax (030) 7865596
kontakt@lernidee.de
www.lernidee-reisen.de

Anreise über andere Länder und Städte Asiens

Inzwischen gibt es verschiedene Möglichkeiten, die Mongolei mit dem Flugzeug auch über andere asiatische Flughäfen zu erreichen. Damit vergrößern sich für Individualreisen die Gestaltungsmöglichkeiten für **Mehrländerreisen.**

Flüge der Gesellschaft *MIAT* gibt es ein- oder zweimal wöchentlich ab/nach Irkutsk (Russland), Seoul (Süd-Korea), Huhe-Hot (Hohot, Innere Mongolei) und im Sommer auch nach Osaka (Japan).

Fluggesellschaften

MIAT

Im Internet finden Sie die aktuellen Flugpläne, Flugwetterinformationen und weitere nützliche Hinweise zu einer Reise mit der *MIAT* bis hin zum aktuellen Unterhaltungsprogramm unter www.miat.mn.

- **Head Office Ulan Bator**
(МИАТ-ийн хотын салбар)
P.O. Box 45, Buyant-Ukhaa
Ulan Bator 34, Mongolia
Tel. 00976 (11) 379935
Fax 00976 (11) 379973, 379919
E-Mail: marketing@miat.com.mn
Internationales Ticketbüro Ulan Bator
Tel. 00976 (11) 313385, 325633
Fax 00976 (11) 313385
- **Niederlassung Berlin**
Chaussestr. 84, Berlin 10115
Tel. (030) 28498142
Fax (030) 28498140
- **Niederlassungen Moskau**
Moscow 121099
Spasopeskovskii Pereulok D7/1
Tel. 007 (095) 2410754, 2411052, 2413757
Fax 007 (095) 2410752, 2411052
Airport Office: Sheremetevo -2, Room 635
Tel. 007 (095) 5782759
- **Niederlassungen Irkutsk**
Ul. Sheryomova -13
Tel. 007 (3952) 544087, 266778
Fax 007 (3952) 274 853
Airport Office: Ul. Sheremova -13, Irkutsk
- **Niederlassung Seoul**
9th Floor, Soonhwa Building
5–2 Soonhwa-Dong, Chung-Gu,
Seoul 100–130, Korea
Tel. 0082 (2) 7569761
Fax 0082 (2) 7569762
- **Niederlassung Tokio**
2F, Kudan Ashikawa Bldg. 5–14
Kudan Minami -4 Chome, Chiyoda-ku
Tokyo 102-0074, Japan
Tel. 0081 (3) 32371851
Fax 0081 (3) 32371853
Reservierung: Tel. 0081 (3) 32371852

Flugplan der MIAT 2003

Zeitraum	Route
	Tegel/Berlin – Ulan Bator
	Ulan Bator – Berlin/Tegel
ab April	Frankfurt – Ulan Bator
ab April	Ulan Bator – Frankfurt
	Tegel/Berlin – Moskau
	Moskau – Berlin/Tegel
	Moskau – Ulan Bator
	Ulan Bator – Moskau
bis 24. Feb ab 03. Mar bis 26. Feb ab 05. Mar	Peking – Ulan Bator
	Ulan Bator – Peking
	Irkutsk – Ulan Bator
	Ulan Bator – Irkusk
	Hohhot – Ulan Bator
	Ulan Bator – Hohhot
	Seoul – Ulan Bator
	Ulan Bator – Seoul
	Tokyo – Ulan Bator
	Ulan Bator – Tokyo
ab Juni	Hong Kong – Ulan Bator
ab Juni	Ulan Bator – Hong Kong

Anmerkung: Die Zahlen unter „Flugtage“

Flugplan der Air China

Zeitraum	Route
	Frankfurt – Peking
	Peking – Ulan Bator
	Ulan Bator – Peking
	Peking – Frankfurt

Flug-Nr.	Flugtage	Abflug	Ankunft	Flugzeug
OM 136	4 7	14:20	+1 07:15	A 310
OM 135	4 7	9:00	12:45	A 310
OM 136	4	15:50	+ 09:20	A 310
OM 135	4	9:00	13:10	A 310
OM 136	4 7	14:20	18:55	A 310
OM 135	4 7	12:00	12:45	A 310
OM 136	4 7	19:55	+1 07:15	A 310
OM 135	4 7	9:00	11:00	A 310
OM 224	1	14:35	16:50	A 310
	1	16:50	19:05	A 310
	3 6	14:35	16:50	B 737
	3 6	16:50	19:05	B 737
OM 223	1 3 6	0:00	12:35	A 310 B 737
OM 130	3 6	12:00	13.30	AN 24
OM 129	3 6	9:00	10:45	AN 24
OM 226	1 4	12:20	15.00	AN 24
OM 225	1 4	0:00	10:40	AN 24
OM 502	1 5	20:20	22:55	B 737
OM 501	1 5	0:00	12:45	B 737
OM 502	1 5	16:55	22:55	B 737
OM 501	1 5	0:00	15:55	B 737
OM 228	3 6	21:00	+1 00:30	B 737
OM 227	2 5	0:00	8:10	B 737

verdeutlichen die Wochentage von Mo = 1 bis So = 7

Flug-Nr.	Flugtage	Abflug	Ankunft	Flugzeug
CA 932	tgl.	20:15	+1 11:35	B 747
CA 9020	tgl.	17:25	+1 08:30	
CA 901	2 5 3	0:00 13:45	0:00 17:00	B 737-300
CA 902	2 5 3	13:30 18:00	14:20 19:00	B 737-300
CA 931	tgl.	14:15	18:25	B 747
CA 9021	tgl.	0:00	14.25	

● **Niederlassung Peking**
China Golden Bridge Building
East Gate, Ai Jian Guo Men Avenue
100020 Beijing, China
Tel. 0086 (10) 65079297
Fax 0086 (10) 65077397
Airport Office: Beijing Capital Airport
Tel. 0086 (10) 64590225

● **Niederlassung Hohhot**
Xin Cheng Qu Ulan Aiao Qu 5
Hao Lou Hohhot P.R.China
Tel. 0086 (471) 430 3590
Fax 0086 (471) 430 2015

Air China

● **Air China in Ulan Bator**
Sansar district, Ikh Toiruu, nördlich der Tankstelle Sansar, gelbes Einfamilienhaus
Tel. 00976 (1) 3288838, Fax 312324

● **Air China in Peking**
Für Ausländer ist die zugänglichste **Anlaufstelle** die Niederlassung im *Lido-Holiday-Inn*. Dort wird im Gegensatz zu den anderen *Air-China-Büros* auch Englisch gesprochen.

Sowohl *MIAT*- als auch *Air-China*-Tickets müssen auf der Linie Ulan Bator – Peking **rückbestätigt** werden. Dazu muss das Büro der jeweiligen Gesellschaft aufgesucht und das Ticket vorgewiesen werden. Das Personal überprüft, ob die Buchung im Computer enthalten ist und macht dann einen Vermerk in das Ticket.

Für **telefonische Rückbestätigungen** gibt es die *Air China International Reservation* Tel. 0086 (10) 6016667.

Aeroflot

Im Winter werden einige der angeführten Flüge gestrichen. Zu Spitzenzeiten, z.B. um das Naadam-Fest, werden oft zusätzliche Charterflüge eingesetzt. Die Abflugs- bzw. Ankunftszeiten können sich vor allem im Win-

Flugplan der AEROFLOT

Zeitraum	Route
	Brüssel - Moskau
	Berlin - Moskau
	Wien - Moskau
	Hamburg - Moskau
	München - Moskau
	Amsterdam - Moskau
	Zürich - Moskau
	Frankfurt/Main - Moskau
	Düsseldorf - Moskau
	Warschau - Moskau
ab April 4.6.- 10.9.	Moskau - Ulan Bator
ab April 5.6. - 11.9.	Ulan Bator - Moskau
ab April	Moskau - Düsseldorf
	Moskau - Berlin
	Moskau - Frankfurt/Main
	Moskau - Amsterdam
	Moskau - Warschau
	Moskau - München
	Moskau - Brüssel
	Moskau - Wien
	Moskau - Zürich
	Moskau - Hamburg

Flug-Nr.	Flugtage	Abflug	Ankunft	Flugzeug
SU 232	tgl.	23:55	+1 06:05	B 737-400
SU 116	tgl.	0:01	4:35	B 737-400
SU 112		0:00	13.35	
SU 114		17:55	22:30	
SU 262	tgl.	11:10	15:50	B 737-400
SU 126	tgl.	0:00	0:00	B 737-400
SU 122	tgl.	0:00	0:00	B 737-400
SU 124		23:25	+1 04:25	
SU 230	tgl.	13:15	18:35	B 737-400
SU 266	tgl.	13:15	18:45	B 737-400
SU 106	tgl.	. 0:00	19.00	B 737-400
SU 108		18:50	23:59	
SU 110		23:55	+1 05:05	
SU 118	tgl.	14.00	0:00	A 310
SU 102	tgl.	11:00	14:55	TU 154
SU 462		16:05	20:05	B 737-400
SU 563	5 1 3	21.55	+1 08.45	TU 154
SU 564	6 2 4	0:00	0:00	TU 154
SU 117	tgl.	0:00	0:00	A 310
SU 119	5 6 7	13:35	15:00	TU 154
SU 111	tgl.	8:05	8:55	B 737-400
SU 113		16.00	16.55	
SU 115		21:40	23:30	
SU 105	tgl.	0:00	0:00	A 310
SU 107		16.20	17:45	B 737-400
SU 109		21.45	22.55	B 737-400
SU 229	7 1 2 3 4 5 6	10:35 19:50	12:10 21:25	B 737-400
SU 101	tgl.	0:00	0:00	TU 154
SU 461		21.00	21:05	B 737-400
SU 121	tgl.	0:00	0:00	B 737-400
SU 123		21.15	22:30	
SU 231	tgl.	21:20	22:55	B 737-400
SU 261	tgl.	9:50	10:50	B 737-400
SU 265	tgl.	10:25	12:05	B 737-400
SU 125	tgl.	0:00	0:00	B 737-400

ter bei schlechtem Wetter um Stunden verschieben. Der Auskunftschalter der *Aeroflot* am Flughafen hat die Telefonnummer 119.

- **Aeroflot in Ulan Bator**
(АЭРОФЛОТ-ын хотын салбар;
Наран их дэлгүүрийн хойд талд)
Tel. 00976 (1) 320720

MIAT TOUR &Co

Miat Tour & Co. ist eine Tochterfirma der *MIAT,* die Tickets großer europäischer Fluglinien für unter 1000 US$ (Return-Ticket) von Ulan Bator via Peking nach Europa vermittelt.

Darüber hinaus hat sich das Unternehmen in den letzten Jahren als Ausrichter der *Camel Trophy 1997* und weiterer logistisch anspruchsvoller Veranstaltungen wie der Organisation der Beobachtung der totalen Sonnenfinsternis im Frühjahr des gleichen Jahres einen guten Ruf erworben.

- **Büro der Miat Tour & Co.**
östlich des Hotels *Bajangol* im *Mongolian National Recriation Centre*
Tel. 00976 (1) 312759, Fax 311129
E-Mail: miattour@magicnet.mn
www.miattour.mn

Air Express

Einen ähnlichen Service, allerdings erst ab Peking, bietet auch die Firma Air Express: Tel. 00976 (1) 99116504 (6451) Fax 00976 (1) 329360 (урт цагаан, ТАВЛАГ компаний байр)

Korean Air

Die *Korean Air* unterhält in Ulan Bator im *Hotel Tschingis Khan* ein Büro. Tel. 00976 (1) 326643, 326712, Fax 00976 (1) 326712. Jeden Montag und Donnerstag gibt es um 7.40 Uhr einen Flug von Seoul nach Ulan Bator (Ankunft 10.30 Uhr). Zurück geht es am gleichen Tag um 11.30 Uhr (Ankunft 15.55 Uhr).

Billigflüge nach Ulan Bator

Discountflüge gibt es mit der *Aeroflot.* Für den Hin- und Rückflug zahlt man bei Online-Buchung ab 715 €, 2x in der Woche. Die Flugzeit beträgt höchstens 9,5 Stunden, die gesamte Reisezeit ca. 13 Stunden. Aktuelle Informationen bietet u.a.:

- **Jet-Travel**
Buchholzstr. 35
52137 Bonn
Tel. (0228) 284315
Fax (089) 284086
info@jet-travel.de
www.jet-travel.de

Ankunft am Flughafen Ulan Bator

Die Abfertigung bei der Ankunft auf dem mongolischen Flughafen ist recht unkompliziert und verläuft zügig. Auszufüllen ist vor dem Passieren der Grenzkontrolle eine **Einreiseerklärung,** was in Englisch, Russisch oder in Mongolisch erfolgen kann.

Die **Passkontrolle** kann nur dann zum Problem werden, wenn das Passfoto und das aktuelle Gesicht kaum mehr Ähnlichkeiten aufweisen, etwa dann, wenn ein Vollbart hinzugekommen oder verschwunden ist.

Anschließend nimmt man seinen Koffer in Empfang. Vor allem, wenn man über Moskau anreist, wird es spätestens hier zum ersten Mal richtig

Jet Lag – Probleme mit der Zeitverschiebung

Ärzte definieren Jet Lag als „die Summe sämtlicher subjektiver **Befindlichkeitsstörungen,** die durch Zeitverschiebung eintreten", stellen aber auch fest, dass es keine Krankheit ist.

Die **Umstellung der inneren Uhr** dauert einige Tage, und es ist dementsprechend ganz normal, wenn man nach einem langen Flug nicht oder nur schlecht schlafen kann. Die Anpassung der inneren Uhr an die Ortszeit verläuft mit einer Geschwindigkeit von ein bis drei Stunden pro Tag.

Bei der Beachtung einiger Regeln treten die Jet-Lag-Symptome nicht so stark auf:

- So früh wie möglich an die **Zeit im Zielland** anpassen. Die **Schlafzeiten** in den ersten drei Nächten nach der Zeitumstellung auf etwa 8 Stunden beschränken. Sonst besteht die Gefahr, dass man nach einem „erholsamen" Schlaf von vielleicht 10 oder 12 Stunden in der nächsten Nacht partout nicht einschlafen kann.
- Nach der Zeitumstellung in der ersten Woche tagsüber nicht schlafen und möglichst viel im Freien aufhalten, denn **Sonnenlicht** erleichtert das Wachbleiben und die Zeit-Kompensation.
- Im Flugzeug wenig oder besser gar keinen **Alkohol** trinken, stattdessen Fruchtsäfte oder Wasser. **Schlaf- und Aufputschmittel** meiden.
- Oftmals kommt die **Verdauung** nach einer großen Zeitverschiebung nicht so recht in Gang. Wer im Flugzeug vegetarisches Essen bestellt und im Zielland ballaststoffreiche Kost zu sich nimmt, tut sich da erheblich leichter ...

spannend. Leider kommt es immer wieder vor, dass das aufgegebene **Reisegepäck** gar nicht oder erheblich beschädigt und seines Inhalts erleichtert ankommt. Üblicherweise sind es die teuer anmutenden Koffer, die gern geplündert werden, offenbar weil eine wertvolle Hülle auf einen ebenfalls wertvollen Inhalt schließen lässt. Bei nicht angekommenem Gepäck besteht noch eine gewisse Hoffnung, dass tatsächlich nur ein Irrläufer vorliegt. Diese und **Fälle von Diebstahl und Beschädigung** sollten der Gepäckabfertigung auf dem Flughafen gemeldet werden. Dazu muss man freilich warten, bis die gesamte Abfertigung vorüber ist, um dann ein Protokoll aufsetzen zu können. Das Personal spricht mittlerweile recht gut Englisch und manchmal auch Deutsch und reagiert professionell. Versuche, bei der *Aeroflot* Schadenersatzansprüche geltend machen zu wollen, sind die Mühe nicht wert. Besser beraten ist man mit einer in Deutschland abgeschlossenen Reisegepäckversicherung.

Ob die Maschine pünktlich ankommt, erfährt man ab ca. zwei Stunden vor der Landung bei der **Flughafenauskunft** unter Tel. 198. Die Damen sprechen allerdings leider nur Mongolisch.

049mo Foto: st

Zoll

Vor dem Passieren des Zolls ist in jedem Fall eine **Zollerklärung** auszufüllen. Das Papier ist bei der Ausreise wieder vorzulegen. Achten Sie darauf, dass die bei der Einreise angegebene Geldsumme inzwischen geschrumpft ist. Andernfalls macht man sich der steuerpflichtigen Erwerbstätigkeit verdächtig. **Bargeld** in Fremdwährungen darf bislang unbegrenzt eingeführt werden. **Wertvolle Gegenstände** wie Schmuck, Foto- und Videoausrüstungen u. Ä., die wieder ausgeführt werden sollen, sollten bei der Einreise möglichst genau vermerkt werden.

In der Regel zeigt sich der Zoll gegenüber Ausländern bei der Einreise großzügig und kontrolliert nur selten das mitgeführte Gepäck. **Nicht eingeführt** werden dürfen natürlich all die Dinge, die auch in anderen Ländern verboten sind, auch pornographische Artikel werden eingezogen. Zigaretten und Alkohol werden im Rahmen des persönlichen Bedarfs geduldet. Von beidem brauchen Sie übrigens nicht viel mitzubringen. Zigaretten amerikanischen Ursprungs sind in Ulan Bator überall erhältlich und erheblich billiger, als in Deutschland. Alkohol liegt in der aus Europa bekannten Preisklasse.

Das könnte Ihr Taxi sein: Jedes Privatfahrzeug, das bereit ist, einen Fremden aufzunehmen, gilt in der Mongolei als Taxi

Zum Verlassen des inneren Teils des Flughafengebäudes muss der **Gepäckschein** vorgewiesen werden. Damit soll verhindert werden, dass sich ein einzelner zerstreuter Passagier in der Aufregung der Ankunft im Zeitalter der Uniformität von Koffern und Kisten etwas Falsches oder, schlimmer noch, etwas zu viel unter den Arm klemmt.

Vom Flughafen aus lässt sich nur per **mongolischer Telefonkarte** in die Stadt telefonieren. Münzapparate gibt es bislang nicht. Selbst wenn diese einmal aufgestellt werden sollten, dürfte der frisch Eingereiste keine nationale Währung in Münzen zur Hand haben. Die mongolische Landeswährung, den Tugrik, führt keine Bank der Welt. Auch der Geldumtausch direkt am Flughafen ist inzwischen möglich. Für die Fahrt in die Stadt reichen 20 €. Größere Beträge können später zu einem besseren Kurs in der Stadt getauscht werden.

Der Flughafen Bujant Uchaa liegt 17 km westlich vom Stadtzentrum. Wer nicht den stets überfüllten und alle Vororte abklappernden **Linienbus** nehmen will – ein Vergnügen, das man sich vielleicht für später aufheben sollte, zumal man den Fahrschein in bar in Tugrik bezahlen muss – und nicht vom Reiseunternehmen oder von Freunden abgeholt wird, muss auf ein **Taxi** zurückgreifen.

Obwohl sich in der mongolischen Hauptstadt inzwischen mehrere private Taxiunternehmen etabliert haben (die freilich alle andere Insignien tragen und noch keinen Dachverband haben), ist das Flughafengeschäft weiterhin fest in der Hand privater (Schwarz-)Taxis. Diese kennen natürlich die Nöte sitzengelassener Ausländer und sprechen sie oft direkt an. Ein **Preis** bis zu 10 US$ für die Strecke in die Innenstadt, für zeitweilig Orientierungslose am besten in das Hotel *Ulan Bator* oder *Bajangol* zum Telefonieren, kann durchaus toleriert werden, auch wenn der übliche Taxipreis bei umgerechnet nur 0,25 US$/km liegt.

Die **Taxifahrer** sind in der Regel recht nett und hilfsbereit, wobei man sich über den technischen Zustand ihrer Gefährte und den Fahrstil nicht wundern sollte. Wundern Sie sich auch nicht, wenn die linken hinteren Türen selten benutzbar sind. Die Taxi-Fahrer entfernen zumeist den inneren Griff, um zu vermeiden, dass der Passagier auf der linken Seite aussteigt und vom Verkehr erfasst wird.

Verhaltenstipps

Gastfreundschaft und Hilfsbereitschaft

In kaum einem Reisebericht über die Mongolei fehlt ein Hinweis auf die **Gastfreundschaft** der Mongolen. Wird man schon in der Stadt sehr schnell und unkompliziert bei neuen Bekannten und Freunden zum Essen (und Trinken!) eingeladen, so gilt dies in noch viel stärkerem Maße für die Nomaden. Kein Viehzüchter wird es sich nehmen lassen, einen vorbeikommenden Gast zu bewirten. Sie dürfen mit einer Einladung zum Tee oder gar zur Suppe rechnen; in Ausnahmefällen wird man für Sie vielleicht sogar ein Schaf schlachten. Seien Sie darauf vorbereitet und packen Sie immer genügend **Geschenke** ein, um die erwiesene Gastfreundschaft durch eine Geste ihrerseits abrunden zu können.

Auch auf die **Hilfsbereitschaft** von Mongolen dürfen Sie immer zählen. Hintergrund hierfür ist der jahrtausendelange Kampf der Viehzüchter ums Überleben, den sie nur gemeinsam gewinnen konnten. So ist eben nicht nur die Bewirtung vorbeiziehender Fremder zur Selbstverständlichkeit geworden, sondern auch die großzügige Hilfestellung in jeder Notlage. Nur zu leicht könnte man selbst schließlich der nächste sein, der die Unterstützung anderer braucht. So wird man also auch Ihnen willig zur Hand gehen, wenn es darum geht, Ihr Fahrzeug aus einem Schlammloch zu befreien oder nur einen Reifen zu wechseln. Auch mit Übernachtungsangeboten in Jurten oder Jurtennähe können Sie jederzeit rechnen und damit, dass man Ihnen gerne und freiwillig Tipps gibt, wie Sie am besten weiterfahren, wo die am besten passierbaren Wege und Brücken sind etc.

In letzter Zeit hat allerdings mit dem Einzug der Marktwirtschaft in die Steppe gerade auch unter den Kraftfahrern der Sinn für Business die althergebrachte Selbstlosigkeit mehr und mehr verdrängt, so dass man neuerdings da-

050mo Foto: st

mit rechnen muss, dafür zu **bezahlen,** wenn man sich mit seinem Gefährt über einen Fluss oder aus dem Morast schleppen lässt.

Offenheit

Was die meisten Mongoleireisenden überraschend angenehm berührt, ist die augenfällige Offenheit der Mongolen. Wer glaubt, sich hier ins ferne verschlossene Asien zu wagen, der hat sich gewaltig getäuscht. Im Gegenteil; die Menschen gehen **unbefangen und herzlich** auf Fremde zu und lassen sich auch selbst gerne ansprechen. Hier steht kein undurchsichtiges Lächeln zwischen Ihnen und den Einheimischen und keine überzogenen Höflichkeitsriten können zu Fallstricken Ihrer Beziehungswünsche werden. Soweit die sprachlichen Brücken halten, werden Sie schon bald das Gefühl haben, Ihre neuen Bekannten schon Ewigkeiten zu kennen und wirkliche Freundschaften geschlossen zu haben.

Es ist vor allem auf dem Land üblich, dass jeder Ortsfremde oder Neuankömmling von den Einheimischen nach dem Wohin und Woher **befragt** wird. Dies hat nichts mit unangemessener Neugier zu tun, sondern stellt ein über Jahrhunderte im Steppenleben gewachsenes Verhalten dar, das unter Umständen lebenserhaltend sein kann.

Gäste sind in einer Jurte immer willkommen

Flexibilität

Das Nomadenleben zwingt die Menschen, flexibel auf Situationen zu reagieren. Daraus ergibt sich zwangsläufig eine sehr **lockere Sicht** der Dinge des Lebens, die auch den Stadtmongolen nicht abhanden gekommen ist. **Kleine Schlampereien und Ungenauigkeiten** werden in liebenswerter Art überspielt und auch von Ihnen selbst wird nicht immer erwartet, dass Sie impulsiv gemachte Versprechungen später tatsächlich umsetzen oder einhalten. Umgekehrt wollen selbstredend auch Mongolen nicht gerne so richtig beim Wort genommen werden. Am Vorabend getroffene **Absprachen** klingen am nächsten Morgen oft wieder ganz anders, worüber man sich aber weder wundern noch ärgern sollte. Es wird seinen Grund haben. Am Ende klappt dann doch alles immer irgendwie und wenn Sie erst einmal draußen in der Steppe sind, wird sich auch Ihr Blick für die Bedeutung von eingehaltenen Abfahrtzeiten und einem pünktlichen Frühstück sehr schnell verschieben.

Stolpersteine

Bei all den positiven Überraschungen, auf die Sie sich bei einer Reise in die Mongolei freuen dürfen, wird es dennoch nicht ausbleiben, dass Sie sich hier und da auch einmal missverstanden, frustriert und verärgert fühlen werden. Grund hierfür ist, dass Sie, als Europäer, selbst bei der besten Vorbereitung auf ein erstes Zusammentreffen mit Menschen einer so vollkommen anderen Kultur, unweigerlich auf manchen Gebieten unangenehme Erfahrungen machen werden.

Als Tourist haben Sie diese Erfahrungen in erster Linie da zu erwarten, wo Sie mit ihrer knapp bemessenen Zeit und Ihrem genau kalkulierten Budget auf das Phlegma und die Gelassenheit der Steppenbewohner treffen. Damit Sie solchen Situationen angemessen begegnen können, möchten wir Ihnen hier einige Informationen über mögliche Reibungspunkte zwischen Ihnen und Ihren mongolischen Reiseorganisatoren oder -begleitern geben.

Unprofessionalität

Der erste Punkt betrifft eine gewisse Unprofessionalität von Seiten **mongolischer Reisebüros.** Bis vor wenigen Jahren gab es hier nur ein einziges staatliches Reiseunternehmen *(Juulchin),* das lediglich eine Handvoll Standardrouten für pflegeleichte, im Kollektiv erzogene Gruppenreisende aus Ostblockländern organisiert hat, die eigene Ansprüche an die Reise weder angemeldet noch durchgesetzt haben. Unterdessen gibt es ein gutes Dutzend verschiedener auch privater Reisebüros, an die Sie sich wenden können. In ihrem Bestreben, einen Kundenstamm aufzubauen, neigen diese dazu, Ihnen aus dem Ärmel heraus das Blaue vom Himmel herunter zu versprechen. Was immer Sie sich wünschen, selbstverständlich hätten Sie genau den einzig richtigen Partner zur Umsetzung Ihrer Pläne gefunden. dass solche Zusagen in der Realität dann nicht notwendigerweise eingehalten werden können, steht auf einem ganz anderen Blatt.

Sie sollten sich auch vor Reiseantritt immer vergewissern, dass die gestellte **Ausrüstung und Verpflegung** Ihren eigenen Vorstellungen gerecht wird. Das, was ein Mongole unter einem anständigen Proviantpaket und einer hinlänglichen Übernachtungsausrüstung versteht, und das, was Sie als Europäer erwarten, wird sich sehr voneinander unterscheiden. Oder wollten Sie in einen muffigen Mantel gehüllt im Auto schlafen und Trockenfleisch kauen? – Mongolen sind extrem genügsam und können hervorragend auf Sparflamme leben. Wir können das in der Regel nicht.

Ein weiterer Punkt, den Sie beachten sollten: Mongolen, die zurzeit in Ulan Bator als Reiseveranstalter auftreten, sind in der Regel **Stadtmongolen**, die möglicherweise selbst kaum aus Ulan Bator herausgekommen sind und oft weit weniger über ihr eigenes Land wissen, als Sie aus unserem Buch erfahren können. Trauen Sie sich also nach der Lektüre ruhig auch ein kritisches Urteil in Bezug auf Planung und Durchführbarkeit einer Reise zu.

Zeit und Phlegma

Genauso endlos wie die Steppe ist auch das **Zeitgefühl** ihrer Bewohner. Hier drängt und hetzt niemand von einem Termin zum anderen und Pläne, die über den Tag hinausgehen, wird von sich aus auch niemand machen, denn wer weiß schon, was das Morgen bringt. Der nächste Tag gestaltet

sich sozusagen stets von selbst, wobei Wetter und Unwetter eine weit wichtigere Rolle spielen als Ihr Willen oder Unwillen. Das Phlegma der Mongolen hat noch keiner geändert, und Sie werden es in wenigen Wochen auch nicht tun. Bringen Sie sich also eine Pfeifenrauchermentalität mit und schwimmen Sie mit dem Strom und nicht dagegen. Das spart Nerven und führt, wenn auch langsam, so doch gewiss zum Ziel. Wenn Sie zu sehr drängeln, wird man in diesem Land für Sie irgendwann gar nichts mehr tun, selbst wenn Sie noch so sehr mit Ihrem Geld wedeln und auf ihre Rechte pochen.

Diese auf einen Europäer befremdlich wirkenden Besonderheiten in der Psychologie der Mongolen hängen zweifelsohne mit dem über Jahrtausende überlieferten Nomadenleben zusammen. Eine urbane Bevölkerung gibt es de facto erst seit einer Generation, und auch bei der sind **nomadische Denkmuster** noch stark ausgeprägt. Nomaden leben immer allein auf sich gestellt. Sie sind, abgesehen von der Bewältigung einiger saisonaler Arbeiten wie die Schafschur oder die Anfertigung von Filz, nie gezwungen, sich zur Bewältigung ihrer Ziele zusammenzuschließen. Ja mehr noch, das begrenzte Nahrungsangebot auf

Mongolen haben immer Zeit, Eile und Stress sind völlig unbekannt den Weiden zwingt sie förmlich dazu, über das ganze Land verteilt zu siedeln und sich in keine Abhängigkeit von anderen zu begeben. Große Gemeinschaftsaktionen, etwa die Anlage von Bewässerungssystemen, von Großbauten oder Palästen, an denen viele Menschen arbeitsteilig beteiligt waren, hat es historisch kaum gegeben. In einem solchen Umfeld bilden sich **keine Blicke** aus für die **Belange der Gemeinschaft.**

Deshalb nimmt es nicht wunder, wenn die Stadtbevölkerung beispielsweise keinen Wert auf die Pflege und Erhaltung **kommunaler Anlagen** legt. Diese gehören dem Staat, denn er ließ Städte bauen. Folglich soll sich auch der Staat darum kümmern. Das eigene Reich beginnt erst wieder hinter der eigenen Haustür, sei es eine Jurtentür oder eine Tür in einem Hochhaus. Schließen Sie also aufgrund eines total heruntergekommenen Treppenaufgangs mit deutlich urinaler Duftnote nicht auf die Reinlichkeit und die Qualität der rechts- und linksseitig gelegenen Wohnungen!

In diesem Sinne unterscheiden sich Mongolen extrem von den meisten anderen Asiaten, die sich selbst noch im Privatleben oder im Urlaub nicht von ihrer Gruppe trennen mögen oder dürfen. Offenbar war es dieser Unterschied, der dem mongolischen Volk bis heute seine Unabhängigkeit bewahrte, obwohl es in einer politisch wie geographisch sensiblen Lage war, *„eingequetscht, wie ein rohes Ei zwischen zwei Steinen"*, wie ein geflügeltes Wort die Nähe zu den übermächtigen Nachbarn China und Russland plastisch umschrieb.

Kommunikationsprobleme

Rechnen Sie nie damit, dass ein Mongole Sie versteht oder verstanden hat. Selbst wenn Sie eine gemeinsame Sprache sprechen, sind die Welten, die sich hinter Ihren Worten verbergen, so unterschiedlich wie sie nur eben sein können. Haken Sie also lieber einmal zu viel als einmal zu wenig nach, und versuchen Sie, sich in eine mongolische Welt so gut Sie nur können hineinzudenken, um mögliche Missverständnisse gar nicht erst aufkommen zu lassen. Ein konkretes Beispiel: Sie fragen Ihren Reisebegleiter vor der Abfahrt, ob es unterwegs auch eine Waschgelegenheit geben wird. Sie denken dabei an eine Dusche oder zumindest an ein Waschbecken, in jedem Fall aber an fließendes und vermutlich sogar warmes Wasser. Ihr Reisebegleiter bejaht Ihre Frage und denkt dabei an einen eiskalten Fluss oder an einen brackigen Teich.

Selbstverständnis der Mongolen

Auch wenn Sie das vielleicht nicht nachvollziehen können: Auch das mongolische Weltbild dreht sich stets um die eigene Achse. Im Mittelpunkt stehen die Mongolen selbst mit ihrer einzigartigen Kultur inmitten einer atemberaubenden Natur als Kulisse. Wo Sie vielleicht auf Anhieb nur zerfallende Plattenbauten, tropfende Wasserhähne, kaputte Klospülungen und ähnliches wahrnehmen, sieht der Mongole die Einzigartigkeit des ewig blauen Himmel, der sich gnädig über all die kleinen Unzulänglichkeiten spannt. Gegen den ungetrübten **Nationalstolz** der Mongolen anzugehen, sollten Sie erst gar nicht versuchen. Nehmen Sie lieber die Gelegenheit wahr, einmal ihre eigene Perspektive zu wechseln – zur Not eben mit einem Schmunzeln.

Hygiene und Sanitäres

Wer in die Mongolei reist mit der Vorstellung, er träfe hier auf europäische Hygiene und sanitäre Standards, der irrt sich sehr. Schon in der **Stadt** muss man hier mit Umständen rechnen, die sich in Europa selbst bei nachdrücklichem Suchen nur selten werden finden lassen; **auf dem Land** gibt es in der Regel keine schlechten sanitären Anlagen, sondern schlicht gar keine. Dies hat den Vorteil, dass man sich um deren Zustand in puncto Sauberkeit keine Sorgen machen muss – eine Wiese zum Verrichten der Notdurft und ein kleines Flüsschen zum Händewaschen dürfte die meisten von uns weit weniger stören als ungepflegte Toiletten.

Auch dann, wenn man **zu Gast in einer Jurte** ist, darf man nicht davon ausgehen, seine Speisen in einem blitzblank gescheuerten Gefäß angeboten zu bekommen. Üblicher ist es, dass irgendein Porzellanschälchen vor den Augen des entsetzten Gastes mittels eines Geschirrtuchs undefinierbarer Farbe oder besser noch mit dem Jackenärmel notdürftig ausgewischt wird. Das gleiche gilt für das Essbesteck. Hier hilft nur eins: Augen zu und durch – bisher hat sich noch keiner von uns „Langzeitern" je vergiftet. Wer sich ein derart beherztes Auftreten nicht zutraut, sollte eine Jurte besser erst gar nicht betreten.

Gerüche

Die Wohlgerüche – oder besser gesagt: der Wohlgeruch – der Mongolei wird Sie bereits am Flughafen oder Bahnhof empfangen: **Hammel, Hammel, Hammel.** Angefangen von den Kleidungsstücken über die Treppenhäuser bis hin zu den abgegriffenen Geldscheinen riecht in diesem Land alles nach Hammel. Nicht jeder Gast empfindet das als störend, aber gewöhnungsbedürftig ist es für die meisten schon. Hat man die städtische Hammellektion schließlich gemeistert, so erwartet einen bei einer Reise auf das Land die verschärfte Hammel-Sauermilchprodukt-Geruchsvariante in den Jurten. Sollte Ihnen der kombinierte Duft von vergorener Stutenmilch und Hammelsuppe eher abträglich als zuträglich sein – halten Sie die Luft an und setzen Sie sich dennoch zu Ihren Gastgebern. Die menschliche Nase meldet Gerüche nur wenige Minuten lang an das Gehirn weiter – danach nehmen Sie gar nichts mehr wahr, bis sich ein neuer Geruch dazugesellt.

Das Problem der **einseitigen Ernährung** der Mongolen plagte übrigens sogar den Kaiser von China. Als *Kaiser Kanxi* 1695 mit 100.000 Soldaten einen 98 Tage währenden Feldzug gegen den aufsässigen Oiraten-Führer *Galdan* führte, beklagte er sich in einem Brief an seine Gattin: *„Hier gibt es nichts anderes zu essen als Hammel".*

b7 Foto: st

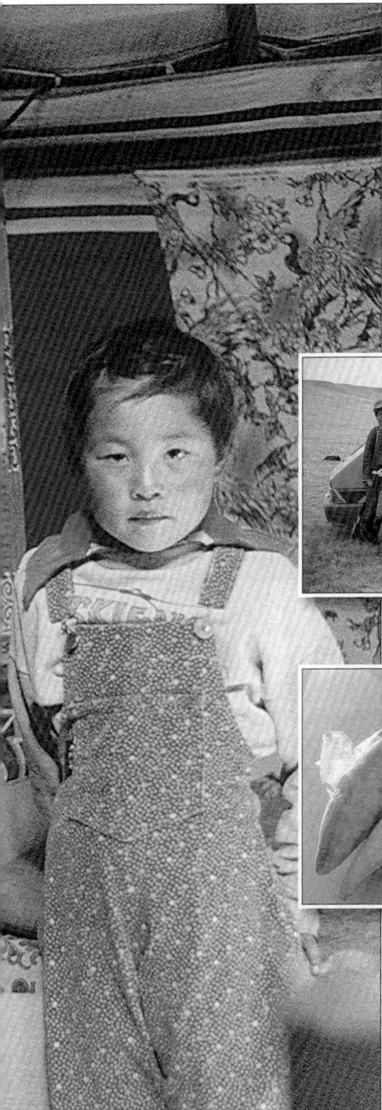

Praktische Reisetipps von A bis Z

e8 Foto: st

l5 Foto: st

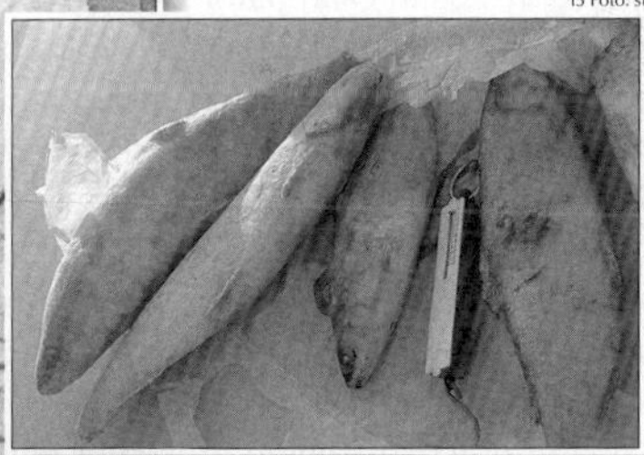

Auch in die Jurte hält Technik Einzug

Wenn Besuch kommt, wird Pause gemacht

Köstlich: mongolischer Weißfisch

Alkohol

Der Konsum von alkoholischen Getränken ist in der Mongolei sehr verbreitet. Neben der im Westen als **Kumys** bekannten **vergorenen Stutenmilch** (Airag, айраг) und dem selbstgebrannten **Milchschnaps** (шимийн архи) ist es in erster Linie in der Mongolei produzierter oder auch importierter **Wodka** (Archi, цагаан архи), der in Strömen fließt. Es gibt verschiedene Sorten, von der Marke *Tschingis-Khan* für 16 US$ bis hin zum namenlosen, in Limonadenflaschen abgefüllten Wodka für den einheimischen Verbrauch für umgerechnet etwa 2,50 US$. Beim Erwerb dieser einfacheren Sorte ist darauf zu achten, dass die Verschlusskappe intakt ist, da mitunter auch mit Wasser vermischter Feinsprit als „Wodka" feilgeboten wird.

Wer lieber ein Gläschen Wein oder Bier trinkt, der kann sich in Ulan Bator auch damit versorgen. **Bier** gibt es meist in Dosen aus China oder Deutschland, wobei die deutschen Sorten von bekannten Namen wie *Löwenbräu* bis zu unbekannten wie *Goldblätter-Pils* reichen. Selten taucht auch deutsches oder tschechisches Flaschenbier auf dem Markt auf. 1996 öffnete die erste deutsche Kneipe in Ulan Bator ihre Pforten. Dort wird mit großem Erfolg die hauseigenen Sorte *Khan-Bräu* verkauft. Inzwischen ist die ganze Stadt mit weiteren Filialen überzogen, und auch viele andere Gaststätten werden beliefert. Größter Konkurrent ist das Gasthaus *Chinggis-Beer,* das einem schweizer Unternehmer gehört, der mit moderner deutscher Technik braut, die sich durch ein Fenster vom Schankraum aus besichtigen lässt. Für gleichbleibende Qualität sorgt ein regelmäßig einfliegender deutscher Braumeister.

Wein gibt es nur in Hotels oder Dollarshops zu kaufen und ist unverhältnismäßig teuer. Das gleiche gilt für Sprituosen, die nicht in der Mongolei hergestellt sind.

Ausrüstung

Siehe Kapitel „Vor der Reise".

Autofahren

Nur wenige Mongolei-Besucher werden Gelegenheit haben, selbst ein Auto zu chauffieren. In der Stadt gibt es keinen vernünftigen Grund, sich der Mühe und der Gefahr des chaotisch anmutenden Strassenverkehrs auszusetzen, zumal ein selbst verschuldeter Unfall zu unüberschaubarem Ärger führen kann.

Die **Taxis,** die es inzwischen reichlich gibt, fahren für etwas mehr als 0,26 € pro Kilometer konkurrenzlos billig, billiger sogar noch als die Besitzer von Privatwagen, die etwa 0,31 € fordern. Wer es dennoch versuchen möchte, möge beachten, dass Privatwagen nur gelenkt werden dürfen, wenn der Besitzer zuvor eine notariell beglaubigte Zustimmung dazu gegeben hat. Für Firmenwagen gilt das nicht. Seit 1999 kann ein in der Mongolei zugelasse-

057mo Foto: st

nes Fahrzeug mit dem nationalen Führerschein maximal 3 Monate und mit dem internationalen bis zu einem Jahr lang bewegt werden, wobei selbstredend die entsprechende Fahrzeugklasse eingehalten werden muss.

Eine **Anschnallpflicht** kennt auch die mongolische Straßenverkehrsordnung. Allerdings wird nicht verlangt, dass Wagen, die noch nicht mit Gurten ausgestattet sind, nachgerüstet werden. Wundern Sie sich also nicht, wenn weder Ihr Geländewagen noch Ihr Taxi über Gurte verfügt.

Seit einiger Zeit gilt in der Mongolei eine neue **Straßenverkehrsordnung,** die sich wie eine Übersetzung der deutschen liest. Selbst an Autobahnen wurde gedacht, obwohl es bislang keine gibt. Freilich richtet sich kaum ein Autofahrer in allen Belangen danach. Typische **Regelabweichungen** sind das Fahren zwischen den Fahrspuren, der plötzliche Richtungswechsel ohne zu blinken, das Nichtbeachten der Fußgängerüberwege und in der Nacht das Fahren ohne Scheinwerferlicht auch in der Stadt.

Zu den Besonderheiten des Fahrens in der Steppe: siehe „Fahrtechniken" im Kapitel „Auf in die Steppe".

Ein Verkehrsschild? Was soll es bedeuten?

Banken

Es gibt in Ulan Bator inzwischen eine Reihe von Banken; die empfehlenswerteste ist die Trade and Development Bank (Худалдаа Хөгжлийн Банк), Tel. 321051. Das Personal ist den Umgang mit ausländischem Publikum, darunter den Vertretern der Weltbank und der Asiatischen Entwicklungsbank, gewöhnt. Viele Schalterangestellte sprechen gut englisch.

Die Bank befindet sich im Zentrum westlich des Regierungspalastes in einem rot geklinkerten Hochhaus. Geöffnet: 9.00–15.30 Uhr (Mittagspause 12.00–14.00 Uhr), samstags 9.00–12.00 Uhr. Hier kann man problemlos mit einer Kreditkarte US$ oder Euro bis Auszahlungsrahmen bar abheben. Allerdings kostet jede Abhebung 3% Provision. Kostenlos ist dagegen das Abheben per *Euro-Scheck* und *American-Express-Karte. Visa-Karten* werden dafür nicht akzeptiert.

Bestechung

Mongolen sind viel zu stolz, um offen Bestechungsgelder – etwa in der Art eines Bakschisch – für kleinere Dienste anzunehmen. Ein nettes Geschenk hingegen ...

Diplomatische Vertretungen

In Europa

Siehe Kapitel „An- und Weiterreise" im Abschnitt „Vor der Reise".

In Ulan Bator

- **China:** Tel. 323940, 320955 (Хятадын ЭСЯ)
- **Deutschland:** Tel. 323325, 323915, Fax 323905 (ХБНГУ-ын ЭСЯ)
- **Großbritannien:** Tel. 358133, 358238, Fax 00976 (1) 358036 (Английн ЭСЯ)
- **Japan:** Tel. 320777, Fax 313332 (Японы ЭСЯ)
- **Republik Korea:** Tel. 321548, 310153, Fax 311157 (Өмнөд Солонгосын ЭСЯ)
- **Russland:** Tel. 327018 (Konsularabteilung), Tel. 326037, Fax 324425 (Оросын ЭСЯ)
- **USA:** Tel. 329095, 329606, Fax 320776 (АНУ-ын ЭСЯ)

Einkauf

Lange vorbei sind die Zeiten, in denen man nach oft stundenlanger Warterei in staatlichen Geschäften lediglich sozialistische Standardprodukte erwerben konnte. Nirgendwo sonst ist die Entwicklung der letzten Jahre so augenscheinlich wie im **Einzelhandel,** der nunmehr vollständig **privatisiert** ist. Das Angebot ist vergleichsweise riesig, nur hat man Mühe, etwas Bestimmtes zu finden, da die Läden in den seltensten Fällen Fachgeschäfte sind. So kann es schon einmal passieren, dass in einer Apotheke auch Motorkettensägen feilgeboten werden. Wer einen Kassenbon oder eine Quittung benötigt, wird das mittlerweile auch meist bewerkstelligt bekommen. Wundern sollte man sich im Übrigen nicht, dass das Verkaufspersonal oft wenig Beflissenheit an den Tag legt, ja bisweilen die Kunden schlichtweg ignoriert. Solche Verkäuferinnen sind nicht am Umsatz beteiligt und entsprechend niedrig ist ihre Motivation.

Ein- und Ausreisebestimmungen

Im Rahmen der Liberalisierung der Visa- und Einreisebestimmungen wurde 1997 die **polizeiliche Meldepflicht** für Ausländer aufgehoben, die weniger als 4 Wochen in der Mongolei bleiben. Für alle anderen ist der Gang zur Meldestelle weiterhin ein Muss. Allerdings weist sie keine mongolische Behörde, also weder die Botschaft noch der Grenzschutz, auf diese Pflicht hin. Die Gebühr für die Registrierung liegt zwischen 2000 und 10.000 Tugrik. Dafür erhält man einen Stempel im Pass und die Auflage, sich vor der Abreise wieder abzumelden. Wer mit dem Flugzeug ein- und ausreist, wird im Versäumnisfall kaum Schwierigkeiten bekommen. Im allerschlimmsten Fall kann man sich damit rechtfertigen, es nicht gewusst zu haben. Bei Zugreisen wird schon eher geprüft, ob auch eine polizeiliche An- und Abmeldung erfolgte. Die entsprechende Polizeistelle (иргэний бүртгэл мэдээллийн улсын төв) befindet sich nahe am Stadtzentrum. Der **Meldeschalter** ist im ersten Stock und hat englischsprechendes Personal.

Näheres zu **Visabestimmungen** findet sich im Kapitel „Vor der Reise".

Elektrizität

Die **Stromspannung** in Ulan Bator beträgt wie in Deutschland 220 Volt, 50 Hertz. Die **Steckdosen** sind zum größten Teil ebenfalls mit deutschen Steckern benutzbar. Oft sind die Klemmen in den Steckdosen zu eng. Schutzkontaktschaltungen sind unbekannt. Weltstecker oder Adapter sind hier nutzlos.

Stromausfälle waren in der Vergangenheit nicht selten. Seit 1996/97 hat sich die Lage im Energiesektor jedoch deutlich entspannt. Stromausfälle kommen nur noch sehr selten vor. Störungen und Beschädigungen von elektrischen und elektronischen Geräten durch Stromschwankungen können nicht ausgeschlossen werden. Probleme mit Überspannung kann es im Sommer mit ungeerdeten Netzen geben, wenn der **Blitz** einschlägt.

061mo Foto: st

Das Leibgericht aller Mongolen: mit Hammelhack gefüllte Teigbällchen

Essen und Trinken

Freunden kulinarischer Höhepunkte ist die Mongolei ganz sicher schwer schmackhaft zu machen. Vor allem in den langen Wintermonaten, wenn sich das Angebot an Nahrungsmitteln im wesentlichen auf **viel Fleisch und Mehlprodukte** beschränkt, reduziert sich der Sinn des Essens darauf, möglichst fettreich neue Energie aufzunehmen, um der Kälte zu trotzen. Jedem, der einen Jurtenofen in Betrieb gesehen hat, wird einleuchten, dass sich darauf nur schwer mehrgängige Menüs zaubern lassen. Diese aus dem Nomadenleben überlieferte Sicht auf das Essen als Akt der Nahrungsaufnahme ist sogar den Restaurants der Hauptstadt anzumerken.

Gegessen wird überall mit **Messer und Gabel.** Die Ausnahme bilden einige wenige chinesische, japanische und koreanische Spezialitätenrestaurants, wo man allerdings auf spezielle Bitte auch ein Besteck bekommt.

Die Anfang der 1990er Jahre sehr schlechte **Lebensmittelversorgung** hat sich vollkommen entspannt. Das Angebot ist vielfältig und reichlich. Inzwischen kann man zumindest in den großen Städten selbst im strengsten Winter exotische Südfrüchte kaufen. Die Versorgung mit Grundnahrungsmitteln ist absolut kein Problem mehr.

Zur **Verpflegung unterwegs** siehe das Kapitel „Auf in die Steppe, Verpflegung unterwegs".

Mongolische Bekannte werden Sie möglicherweise einladen, einen kleinen Happen zur Stärkung in einer kleinen Imbissbude (гуанз) am Straßenrand zu sich zu nehmen. Solch ein Bissen mag vielleicht einen Mongolen stärken – mit Ihrem europäischen Magen laufen Sie jedoch Gefahr, das Gegenteil zu erfahren. Wenn kein Weg an einem gemeinsamen Imbiss vorbeigeht, dann laden Sie Ihre Freunde doch „ganz spontan" in eines der besseren Restaurants ein. Niemand wird diese Einladung ablehnen, allzu teuer ist es auch nicht und Sie schonen Ihren Verdauungstrakt.

Speisen

Eine typische mongolische Speisekarte **in der Stadt** bietet – zumindest in den Sommermonaten – verschiedene Rohkostsalate, fast überall einen Kartoffelsalat, der dem europäischen Geschmack sehr entgegenkommt, verschiedene Suppen und zum Hauptgang zumeist Gerichte aus Hammel- und Rindfleisch, das mit Reis, Kartoffeln und Gemüsebeilagen garniert wird. Zur Suppe können *Mantuu,* das ist eine Art Hefekloß, oder Brot geordert werden. Teurere Häuser führen auch Gerichte aus Schweinefleisch und Geflügel. Wild- und Fischgerichte sind selten.

Auf dem Lande bieten Gaststätten mongolische Hausmannskost an. **Nationalgericht** sind die *Buuds,* das sind mit Gehacktem gefüllte gedünstete Teigtaschen, typisch sind auch *Chuuschuur* aus dem gleichen Material, allerdings in Fett gebraten. Als besonders lecker gelten *Buuds* oder *Chuuschuur* dann, wenn beim Reinbeißen das flüssig gewordene Hammelfett aus ihnen heraustrieft. Bleibt zu erwähnen, dass Mongolen das abwechselnde Einerlei dieser beiden Hauptgerichte niemals müde werden und nach einem Tag ohne *Buuds* jeder sich bereits wieder auf den unweigerlich nächsten Tag mit *Buuds* freut. Unterbrochen wird diese für uns recht eintönige Speiseauswahl nur durch das Kochen einer **Suppe** – wobei selbstredend die beliebteste Suppe eine fette Hammelsuppe ist. Rindfleisch gilt als zu trocken für eine gute Suppe, Geflügel ist so gut wie unbekannt, und Schweinefleisch wird in der Mongolei nur selten gegessen – nicht aus religiösen Gründen, sondern schlicht, weil die Schweinehaltung in der Mongolei keine Tradition hat. Schweine lassen sich nicht kostenlos auf der Weide halten, sondern müssen gefüttert werden. Das setzt eine erhebliche Logistik voraus, die das Fleisch letztlich viel zu teuer macht.

Eine Modeerscheinung lediglich am Rande der eigentlichen Ernährungsgewohnheiten ist neuerdings das Kochen von **Spaghetti** für Kinder. Als Soße dient meist Ketchup.

In den Nomadenfamilien wird an normalen Tagen fast immer eine **Hammelsuppe mit Nudelstreifen** gegessen, wobei die Nudeln selbst aus Mehl und Wasser, ohne weitere Zusätze, hergestellt werden.

Bei besonderen Gelegenheiten gibt es eine besonders schmackhafte Art, ein **Schaf** oder eine **Ziege** zuzubereiten und zwar **in der Milchkanne.** Gemeint ist damit natürlich keine kleine Literkanne, sondern eine große Kanne, in der das zerlegte, frisch geschlachtete Tier vollkommen Platz hat. Zur Zubereitung wird zunächst ein Feuer gemacht, in dem Flusssteine erhitzt werdeb. Wenn diese richtig heiß sind, wird die Milchkanne gefüllt: Einer Schicht Fleisch folgt eine Schicht Steine, dann wieder Fleisch. Dazwischen werden wilde Kräuter eingestreut. Schließlich wird die Kanne fest verschlossen auf das Feuer gestellt und das Fleisch gart wie in einem Dampfkochtopf. Nach dem Öffnen wird das Fleisch in eine Schüssel gelegt, aus der sich dann jeder bedient. Besonders beliebt ist es auch, die heißen, nun fettigen Steine zwischen den Händen hin- und herzuwenden und sie sich in die Nierengegend zu legen. Dies soll der Gesundheit förderlich sein. Bleibt zu erwähnen, dass sich in der Milchkanne unten eine kleine Menge sehr kräftiger und kräftigender Brühe gebildet hat, die gemeinsam getrunken wird. Jeder, der Gelegenheit hat, sich unter freiem Himmel zu solch einem Festschmaus einladen zu lassen, sollte unbedingt annehmen! Es wird mit Sicherheit ein unvergessliches Erlebnis.

Übertroffen wird es möglicherweise nur noch durch den Genuss eines **Murmeltierbratens,** der im eigenen Balg mit heißen Steinen gegart wird (siehe auch den Exkurs bei „Verpflegung unterwegs").

So arm die mongolische Küche also in Bezug auf die Vielfalt der Gerichte sein mag, so glanzvoll sind dennoch ihre Höhepunkte!! Und Lagerfeuerromatik gibt es gratis dazu.

Der beliebteste landestypische Snack ist übrigens der *Aaruul* – ein an der Luft getrockneter steinharter **Magerquark,** der auch gezuckert sein kann. Meist ist er jedoch extrem sauer und lässt sich nur unter den allergrößten Anforderungen an die Gesichtsmuskulatur lächelnd lutschen!

Getränke

Verbreitetestes Getränk in Stadt und Land ist **gesalzener Milchtee.** Zum Frühstück werden in ihn auch kalte **Fleischstreifen** eingelegt, so dass daraus eine Fleischsuppe wird. So befremdend das klingen mag, so gut kann es in der Realität schmecken. Manch einer mag sich mit dem Gedanken behelfen, er esse eine Suppe. Übrigens werden auch eine kleinere

Airag

Airag (in vielen Veröffentlichungen auch *Airak* oder *Kumys*) ist **vergorene Stutenmilch.** Der Milchzuckeranteil von Stutenmilch liegt höher als der von Kuhmilch, wodurch sie besonders gärfähig ist.

Die **Herstellung** von Airag, die nur von Juni bis September erfolgt, ist eine sehr arbeitsaufwändige Angelegenheit, an der die ganze Familie beteiligt ist. Im Morgengrauen reiten die Männer aus, um die Stuten mit ihren Fohlen, die die Nacht über auf der Weide verbracht haben, neben der Jurte zusammenzutreiben. Dort angekommen, trennen die Frauen die Stuten von den Fohlen, indem sie die Fohlen an einem straffen, kurz über der Erde gespannten Lederseil befestigen. Die Bindestricke sind so bemessen, dass die Fohlen nicht mehr an die Euter ihrer Mütter reichen. In dieser bemitleidenswerten Stellung müssen sie nun den ganzen Tag oft in der prallen Sonne ausharren. Die meisten Familien haben nur wenige Fohlen, bei reichen Familien hängt die Zahl der angebundenen Fohlen vor allem von den zur Verfügung stehenden Arbeitskräften ab. Eine erfahrene Melkerin kann etwa 15 Tiere bewältigen. Den ganzen Tag über werden die Stuten nun etwa alle zwei Stunden oder sechs- bis achtmal zusammengetrieben. Sie stellen sich meist selbst neben ihre durstigen Fohlen, die der Strick daran hindert, den Kopf zu heben. Die Melkerinnen lösen die Fohlen nacheinander von der Leine und lassen sie kurz am Euter der Stuten säugen, um den Milchreflex auszulösen. Anschließend wird die sogenannte Mittelmilch abgemolken, wobei nie mehr als maximal ein Liter entnommen wird, um für das Fohlen noch genügend Milch im Euter zu belassen. Die Fohlen saugen den Rest aus dem Euter und kommen wieder an die Leine, bis sich der Vorgang nach etwa zwei Stunden wiederholt. Am Abend werden sie wieder freigelassen und können die Nacht mit den Stuten auf der Weide verbringen. Die Stuten gewöhnen sich schnell an das Melken. Nur wenigen Tieren müssen die Melkerinnen die Hinterläufe zusammenbinden, um Verletzungen zu vermeiden.

Die Milch wird **nach dem Melken** durch ein Tuch geschlagen, um Fliegen und Haare aus ihr zu entfernen und anschließend in einen Lederbeutel, der aus einer ganzen Rinderhaut genäht wurde, gegeben. Der Beutel hängt in der Jurte unmittelbar links neben der Tür an einem stabilen Gestell. Es ist Sitte, dass jeder, der zur Tür hereinkommt, einige Male den Stampfer betätigt, um die Gärung anzuregen. In den letzten Jahren findet man aber auch immer häufiger, dass große Plastikfässer die Rinderhäute ersetzen. Guter Airag muss mindestens 4000 bis 5000-mal gestampft worden sein, bevor er sich in ein köstlich prickelndes, erfrischendes Getränk verwandelt. Das Stampfen ist die Aufgabe der Kinder und Frauen.

Zum Ende der Saison, wenn die Gräser wieder trocken werden und die Milchleistung nachlässt, muss eine kleine Menge des letzten Airags als Starterkultur für das nächste Jahr aufbewahrt werden. Der Ledersack kommt unausgespült ins Lager.

Airag **fördert die Verdauung** und das so heftig, dass die ersten Schalen schon nach wenigen Minuten den Verdauungstrakt komplett passiert haben und nach dem Ausgang drängen. Das passiert übrigens nicht nur Ausländern. Auch die Mongolen werden davon betroffen und haben dafür den netten Begriff *„gujlgech"* geprägt, was soviel bedeutet wie „er lässt mich laufen". Für gewöhnlichen Durchfall wird ein anderes Wort benutzt. Man sollte sich als Gast auf diesen Effekt einstellen und schon vor dem Trinken der ersten Schale sondieren, wohin man sich in der flachen Steppe zurückziehen kann. Nach einigen Tagen hat sich die Verdauung an den Airag gewöhnt und reagiert nicht mehr überempfindlich.

Unbestritten ist, dass Airag den **Stoffwechsel anregt** und die körperlichen **Abwehrkräfte stärkt.** Das Trinken des Airags ist gerade für die Steppennomaden, die außerhalb der Vegetationsperiode fast ausschließlich von

Fleisch, Nudeln und Reis leben, von großer Bedeutung, um dem Körper Vitamine zuzuführen und zu entschlacken. Auch im Sommer nehmen die Nomaden so gut wie kein Obst oder Gemüse zu sich, so dass Airag ihre wichtigste Vitaminquelle darstellt. In den östlichen Aimaks der Mongolei hat die Herstellung von Airag keine Tradition. Die heilende und prophylaktische Wirkung des Airags ist den Mongolen seit Jahrhunderten bekannt. Aber erst 1946 wurde damit begonnen spezielle Airag-Sanatorien einzurichten, in denen vor allem Menschen aus der Stadt den Sommer verbringen. Inwiefern Stutenmilch auch die **Schönheit** fördert oder konserviert können wir nicht beurteilen, bemerkenswert ist aber, dass Mongolen, die 60, 70 Jahre oder noch älter sind, oft noch tadellose, schneeweiß glänzende Gebisse haben, was bei Kindern in den Städten oft nicht mehr der Fall ist.

Airag wird nicht nur im Sommer in großen Mengen besonders zu festlichen Anlässen getrunken. Der **Alkoholgehalt** ist vergleichbar mit dem von Leichtbier. Wer also eine entsprechende Menge trinkt, kann durchaus einen Schwips bekommen, richtig betrinken kann man sich kaum.

Die vergorene Milch wird auch zu **rituellen Handlungen** verwendet. So erhalten die Pferde, die beim Naadam-Fest die vorderen Plätze belegt haben, keine Kränze, wie man es aus Europa kennt. Vielmehr wird ihnen während der Siegerehrung aus einer Silberschale Airag über Kopf und Hals gegossen. Die Siegerpferde heißen deshalb nicht Sieger oder Champion, sondern „das mit Airag Begossene".

Auch in den **Wintermonaten** trinkt man zu Feierlichkeiten Airag. Dazu wird der letzte Airag im Lederbeutel so lange aufbewahrt und immer wieder gestampft, bis es kalt genug geworden ist, dass er in gefrorener Form aufbewahrt werden kann.

In geringen Mengen exportiert die Mongolei auch getrocknete Stutenmilch, also Rohmilch, die entrahmt und danach industriell getrocknet wird. Käufer ist die pharmazeutische und die Kosmetik-Industrie.

Variante von *Buuds* in Tee gekocht und als besondere Leckerei verspeist.

Neben Milchtee trinkt man **in den Städten** zum Essen aber auch löslichen Kaffee, Schwarztee, Bier oder Limonade.

Feste und Feiertage

- **Neujahr:** 1. Januar
- **Neumondfest:** 3-tägiges Fest Ende Januar bis Mitte Februar, abhängig vom buddhistischen Mondkalender, entsprechend dem buddhistischen Neujahrsfest, aber stark von animistischen Elementen geprägt.
- **Naadam:** 11.–13. Juli
- **Verfassungstag:** 26. November

Alle andere Feiertage aus der sozialistischen Zeit wie der Frauentag, der Tag der Armee, der Tag des Sieges usw. wurden nach der Wende aus politischen Gründen, aber auch um den Alkoholkonsum in Behörden und Betrieben einzudämmen, abgeschafft. Diese „Feiertage" werden nur noch inoffiziell begangen.

Fototipps

- **Respekt** vor dem Gegenüber ist bei der Fotografie von anderen Menschen erstes Gebot. Es handelt sich schließlich um Menschen, nicht um Fotoobjekte. In der Mongolei kann man **Menschen** recht ungeniert fotografieren. In der Regel reagieren Leute nicht aggressiv auf fotografierende Touristen; ohne Einverständnis der Abgebildeten sollte man aber nicht knipsen. Auf dem Land wird man eventuell sogar

066mo Foto: st

gebeten, Familienfotos zu machen. Dazu wird sich dann die ganze Familie in Schale werfen und vor der Jurte, dem Familien-LKW o. Ä. posieren. Mit ernsten Gesichtern – versteht sich. Schnappschüsse sind eher unbekannt. Auch wenn es einen noch so sehr reizt, sollte man in einer Jurte, die man gerade erst betreten hat, nicht gleich die Kameraausrüstung zücken. Dafür wird keiner Verständnis haben.

- Hemmungsloses **Blitzen** in Situationen oder Räumen, die für andere Menschen privat oder gar heilig sind, zeugt von Respektlosigkeit und ist sehr lästig.
- Fotografieren von **Militäreinrichtungen, und Flughäfen** ist nicht erlaubt, das von **Polizisten und Wachpersonal** zumindest nicht ratsam.
- **Fotoverbote oder -einschränkungen in Sehenswürdigkeiten und Museen** sollten beachtet werden. Wer unbedingt ein Bild braucht, sollte um Erlaubnis fragen. Manchmal, wie etwa in Kara-Korum, ist dafür saftig zu zahlen.
- Überhaupt nicht gern gesehen wird, wenn man fotografiert, **was den mongolischen Stolz kränkt.** Das können tumultartige Szenen auf dem Markt sein, aber auch die Ecke in der Jurte, in der neben allerlei Krimskrams der pittoresk vergammelte alte Sattel liegt.
- **Überlegen, was man fotografiert** und warum – die zwanzigste Jurte oder immer nur Tempel?

- Das **Detail nicht vergessen** – Gesamtaufnahmen werden schnell langweilig. Versteckte Reize in Kleinigkeiten oder scheinbaren Nebensächlichkeiten zu entdecken, schult den eigenen Blick für das Besondere.
- **Geduldig sein:** Es lohnt sich, eine Situation zu beobachten, gutes Licht abzuwarten, nach einem geeigneten Blickwinkel zu suchen.
- Lieber **mal ein Bild mehr fotografieren** – schließlich kann ein schönes Foto noch nach Jahren an ein Reiseerlebnis erinnern. Deswegen aber ständig den Sucher vor dem (inneren) Auge zu haben, **begrenzt den eigenen Blickwinkel** für andere Aspekte des Reisens. Man muss nicht jedes Bild „eingefangen" haben.
- Möchte man seinen mongolischen Reisebegleitern noch vor der Abreise Bilder von gemeinsam erlebten Stunden zukommen lassen, kann man seine Farbfilme in Ulan Bator am besten im *Fuji-Studio* auf der Westseite des Suchbaatar-Platzes recht kostengünstig und mit guter Qualität entwickeln lassen.
- **Buchtipps:** Helmut Hermann: „Reisefotografie", Volker Heinrich: „Reisefotografie digital". Die beiden Praxis-Ratgeber aus dem Reise Know-How Verlag geben Foto-Anfängern und leicht Fortgeschrittenen eine Fülle an Informationen von der richtigen Ausrüstung bis hin zu Tipps für bessere Fotos unterwegs.

Mongolen lassen sich gern fotografieren – am liebsten so richtig formell

Flussdurchquerungen

Muss man nach einer missglückten Flussdurchquerung das Fahrzeug schwimmend verlassen und hat keine zweite Garnitur trockener Kleidung dabei, sollte man alle Kleidung ausziehen, die Hosenbeine unten verknoten oder mit den Schnürsenkeln verschnüren, daraufhin die Schuhe und den Rest der Kleider in die Hosenbeine stopfen und sich die Hose um den Hals schlingen oder turbanartig auf den Kopf legen, bevor man durchs Wasser watet oder schwimmt. Solchermaßen bringt man unserer Erfahrung nach am ehesten seine Kleidung hinreichend trocken ans andere Ufer. Und trockene Kleidung ist bei Wind und Kälte wichtiger als eine „anständige" Flussdurchquerung, die aus falschem Schamgefühl heraus in voller Montur erfolgte. Wer unbedingt will, kann ja die Unterwäsche anbehalten.

Frauen allein unterwegs

Wer als Frau durch die Mongolei reisen will, kann dies durchaus tun. Aber als Frau **alleine** eine Reise durch die Steppe zu planen, führt zu vielen **Komplikationen und Schwierigkeiten.** Alleinreisende Frauen gelten in der Mongolei immer als „schutzlos" und dürfen von jedem Mann sozusagen „beschützt" werden. Dieses „Beschützen" kann dabei durchaus **sexuelle Übergriffe** mit beinhalten.

Das Problem dabei ist nicht zuletzt ein **kulturelles Missverständnis.** Als

069mo Foto: st

Frau alleine unterwegs freut man sich über Hilfestellungen und ist auf diese auch angewiesen. Wie schön, dass die Hilfe mongolischer Männer in solchen Fällen nie auf sich warten lässt. Und wie schön auch, wie unkompliziert man sich versteht, wie freundlich und herzlich man unterstützt wird. Man unterhält sich mit Händen und Füßen, freut sich über die Hilfsbereitschaft, trinkt vielleicht zusammen Tee oder einen kleinen Wodka und setzt, ohne es zu merken, Signale, die vollkommen falsch aufgefasst werden. Mongolische Männer haben durchaus einen Sinn fürs Erotische, und ein kesser **Flirt** kommt leicht zustande. Wofür mongolische Männer aber überhaupt keinen Sinn haben, ist, wenn es dann beim Flirt bleiben soll. In Ulan Bator mag frau glimpflich davonkommen und sich – wie unangenehm auch immer – aus der entstandenen Situation befreien können. Hat sie sich aber auf dem Land auf einen Flirt eingelassen, dann ist der Rückzug verbaut. **Von Flirts ist daher dringend abzuraten, sofern man selbst auf der verbalen Ebene zu verbleiben gedenkt.** Die Mongolei ist ein sexuell sehr freizügiges Land und es ist sehr schwer, „nur" beim Flirt zu bleiben. Auch **offen getragene lange Haare** sind in der Mongolei – zumindest auf dem Land – unüblich und gelten als sehr freizügiges Signal.

In der **unterschiedlichen Interpretation** von Verhalten oder Signalen liegt das eigentliche Problem. In der

Stadt zumindest ist es denkbar, sich mit mongolischen Männern einfach nur so zu treffen, zu reden, etwas zu unternehmen. Aber der Gedanke an einen Flirt und „ein bisschen Spaß" wird nie weit sein. Ein durchtanzter Abend in einer Disco, eine fröhliche Runde bei Wodka oder Tee, all das, was bei uns harmlos mit guten Freunden möglich ist, ist in der Mongolei auch möglich - aber eben in der Regel nicht harmlos. Sich gar spät nachts von einem Mongolen, mit dem man den ganzen Abend geflirtet hat, nach Hause bringen zu lassen, damit einem nichts passiert, bedeutet mitunter, den Bock zum Gärtner zu machen.

Und um es nochmals zu betonen: Wer als Frau **allein über Land reist,** handelt grob fahrlässig. Schon als Mann alleine zu reisen, ist nicht gefahrlos, als Frau ist es schlicht und ergreifend dumm. Auch **mongolische Frauen reisen nicht allein,** und dies nicht nur, weil sie sich vor fremden Männern schützen wollen, sondern auch, weil man in diesem Land alleine einfach zu leicht in Schwierigkeiten gerät und sich als Frau doppelt schwer aus diesen befreit. Die Mongolei ist einer der letzten nahezu unberührten Naturräume dieser Erde. Bei aller Faszination gilt es da, die vorhandenen **Gefahren** richtig einzuschätzen und sich auch darüber im Klaren zu sein, dass **physische Kraft** oft das einzige Mittel ist, beispielsweise ein bis zur Achse im Schlamm festsitzendes Gefährt wieder freizusetzen oder zum sechsten Mal am selben Tag den Reifen zu reparieren, wobei hier immer der Reifen von der Felge zu wuchten ist und nach Reparatur des Schlauchs wieder aufzuwuchten ist - von Hand.

Physische Kraft ist oft das einzige Mittel zum Weiterkommen

Wer sich von einer Reise in die Mongolei ein Stück Selbstverwirklichung und Herausforderung erhofft, sei indes beruhigt: Auch das Reisen in Kleingruppen stellt genügend Ansprüche an die Einzelne und bietet viel Gelegenheit, auch außergewöhnliche Selbsterfahrungen zu sammeln.

Geldfragen

Siehe auch unter „Vor der Reise".

Wechselgeld

In Läden, in denen mit Dollars bezahlt wird, gibt es oft kein Wechselgeld; Cent-Münzen sind kaum im Umlauf. Oft wird man mit Kaugummi oder Bonbons als Wechselgeld entschädigt. Wenn man dieses Angebot nicht angemessen findet, kann man um Wechselgeld in Tugrik bitten. Diese Bitte wird inzwischen fast überall erfüllt.

Geldrücktausch

Der Rücktausch von Tugrik in eine gängige Währung ist zwar möglich, aber ein zeitraubender und abenteuerlicher Akt. Den besten Kurs erzielt man auf dem sogenannten **Devisenschwarzmarkt** bei den Geldwechslern (ченжүүд), wobei wir aus Sicherheitsgründen nicht empfehlen, sich selbst darauf einzulassen. Am besten, man lässt das von einem mongolischen Vertrauten erledigen, der bestimmt einen besseren Kurs herausholt, und beobachten das Kaufen und Verkaufen von Tugrik, Dollar, Yuan und Rubeln aus der Entfernung.

Gegen **Ende der Reise** empfiehlt es sich, nur noch kleine Beträge zu tauschen, damit man nicht auf Bündeln von Tugrik sitzen bleibt.

Achtung: Bei der **Ausreise** muss auf dem Flughafen eine **Flughafengebühr** in Höhe vom Gegenwert von 12 US$ entrichtet werden. Am besten ist, seine letzten Tugrik dafür aufzuheben, denn der Wechselkurs am Gebührenschalter ist deutlich schlechter als der in den Wechselstuben im Zentrum. Der Betrag ist auch dann zu entrichten, wenn er bereits von ihrem Reisebüro berechnet wurde. Das Vorlegen einer bezahlten europäischen Rechnung interessiert das Flughafenpersonal herzlich wenig.

Gesundheit

Informationen zu benötigen **Impfungen** finden sich unter „Vor der Reise", **weitere Tipps** zur Gesundheit unterwegs im Kapitel „Gesundheitstipps für Fernreisen".

Notruf

Der landeseinheitliche Notruf der schnellen medizinischen Hilfe ist **103.**

Notfall

Leider verfügt die deutsche Botschaft über keinen Arzt mehr, so dass man auch in Notfällen wieder auf die im nächsten Abschnitt erwähnten Krankenhäuser angewiesen ist.

Ein rund um die Uhr besetztes **Notfalltelefon** bietet die *Mongolian First Assistance.* Darüber hinaus gehören Hausbesuche, die Organisation des Krankenrücktransports (wenn nötig, auch in Begleitung von medizinischem Personal) und sogar die Bergung von Verletzten auf dem Land zum Service.
- Tel. 311801, 326939,
Mobil 99114848, 99190038,
99191881,
E-Mail: ubassist@magicnet.mn

Im ernsten Krankheitsfall sollte man seine **Auslandsvertretung** unterrichten bzw. unterrichten lassen, damit im Notfall rechtzeitig der **Rücktransport** organisiert werden kann. Es kamen bereits Fälle vor, dass schwer erkrankte Bürger der EU mit Sonderflugzeugen aus der Mongolei ausgeflogen werden mussten. In leichteren Fällen kommt man natürlich auch täglich außer sonntags mit einem Linienflug nach Peking. Viermal wöchentlich fliegen *MIAT* und *Aeroflot* über Moskau nach Berlin bzw. Frankfurt. In dringenden Fällen kann der Patient auch schon auf dem Moskauer Flughafen von deut-

Mineralwasser in Dosen eignet sich hervorragend als Wasserreserve und kann direkt am Feuer erhitzt werden

schem Personal in Empfang genommen und gegebenenfalls zu einem anderen europäischen Flughafen begleitet werden. Die *MIAT* zeigt sich in Krankheitsfällen äußerst kooperativ; auch wenn die Maschine offiziell ausgebucht ist, kommt man immer mit.

Krankenhäuser

In der Mongolei sollte man sich nur in lebensbedrohlichen Notfällen zur Behandlung ins Krankenhaus begeben. In allen anderen Fällen ist zumindest eine **Weiterreise bis nach Peking** zu empfehlen, wo die Deutsche Botschaft über einen eigenen Regionalarzt verfügt, der auch Durchreisende und Touristen behandelt und berät (Tel./Fax 0086-10-5324960).

Zur **stationären Behandlung** ist das russische Krankenhaus (орос эмнэлэг, Tel. 450007) in Ulan Bator zu empfehlen. Ein koreanisches Krankenhaus (солонгос эмнэлэг, Tel. 310945), das eigentlich eher eine Poliklinik ist, behandelt nur ambulant. Unter den mongolischen Krankenhäusern ist das sogenannte Regierungskrankenhaus (2-р эмнэлэг) die beste Adresse.

Wasser

Es gibt in der Mongolei durchaus Flüsse, deren Wasser man im Prinzip trinken könnte. Wer aber weiß, ob nicht hinter der nächsten Biegung eine Tierleiche im Wasser liegt? Wer hier kein Risiko eingehen will (auch, weil 1996 erstmals in der Geschichte des Landes

072mo Foto: st

Cholerafälle aufgetreten sind) sollte sein **Wasser entkeimen.** Das gilt auch für **Leitungswasser**. Um hygienisch unbedenkliches Wasser zu erhalten, gibt es vier Möglichkeiten: nur abgefülltes Wasser trinken, das Wasser abkochen, es filtern oder chemische Wasserentkeimer verwenden.

Abkochen

Um sicher zu sein, dass Wasser unbedenklich ist, muss es zehn Minuten lang sprudelnd gekocht haben. Grobe Verunreinigungen sollte man vorher abgefiltert haben.

Chemische Entkeimungsmittel

Heute handelsübliche (Reiseausrüster) und gesundheitlich unbedenkliche Wasserentkeimungsmittel gibt es entweder auf Chlor- oder auf Silberbasis. Sie alle wirken nur bei klarem Wasser zuverlässig. Mittel auf **Silberbasis** sind geschmacksneutral, brauchen aber zur Entfaltung ihrer Wirkung mindestens zwei Stunden, bei sehr kaltem Wasser bis zu doppelt so lange. Nicht geschmacksneutral sind Mittel auf **Chlorbasis,** die allerdings schon nach 30 bis 60 Minuten sicher wirken. Mongolische Reisebegleiter lehnen den Genuss von entsprechend entkeimtem Wasser in der Regel ab. Es gibt allerdings Mittel, mit denen nach der Entkeimung das Chlor beseitigt werden kann.

Wasserfilter

Eine sichere Methode zur Wasserentkeimung und zum Entfernen von Schwebstoffen sind Keramik- oder Aktivkohlefilter. Sie alle gibt es den verschiedensten Größen und Preisstufen, billig sind sie allerdings nicht. Zudem benötigen sie Wartung und teure Ersatzfilter. Hier lohnt sich eine eingehende Beratung vor dem Kauf (Reiseausrüster).

Milch

Milch wird in Ulan Bator offen verkauft, meist vor den Märkten und Geschäften, und zwar von Privatleuten. Leider ist diese Milch oft mit Mehl und Wasser, oder noch schlimmer, mit Schlämmkreide und Wasser versetzt. Die rohe Milch beim Einkauf zu probieren, um ihre Reinheit zu prüfen, empfiehlt sich wiederum wegen der **Brucellosegefahr** (siehe unten) nicht. Es empfiehlt sich zu beobachten, bei welchem Verkäufer die Mongolen ihre Milch erstehen. Vor dem Gebrauch unbedingt abkochen! Am besten ist es jedoch, in Plastiktüten abgepackte Milch aus der Molkerei zu erstehen, die es leider nicht immer und nicht überall zu kaufen gibt.

Brucellose

Brucellose ist eine in der Mongolei weit verbreitete **Tierkrankheit,** die sich auch **auf den Menschen überträgt.** Eine Infektion riskiert jeder, der frische, unabgekochte Milch trinkt oder Milchprodukte isst, die aus Rohmilch hergestellt wurden. Auch der Kontakt mit Frischfleisch sollte bei offenen Wunden, beispielsweise Schnittwunden an den Händen, vermieden werden. Die Symptome für eine Brucelloseerkrankung beim Menschen sind schweres Kopfweh, Gelenk- und Gliederschmerzen, Müdigkeit und Fieber. Die Krankheit kann chronisch verlaufen. Dann ist in gewissen Zeitabständen mit malariaähnlichen Fieberschüben zu rechnen. Eine Behandlung kann mit Tetracyclinen oder Streptomycin erfolgen.

Pest

Der Gedanke an die Pest ruft in den meisten von uns noch immer ungeahnte Schrecken wach. Um so schockierender wird es manchen berühren, zu erfahren, dass es in der Mongolei auch heute noch die Pest gibt. Sie wird durch die Murmeltiere und andere Nager übertragen, die den Pestfloh in ihrem Pelz beherbergen. Die Pest kann durch den Floh auch auf den Menschen übertragen werden. Pestfälle werden in der Mongolei jedes Jahr bekannt; zu Epidemien kommt es aufgrund der extrem niedrigen Bevölkerungsdichte und energischen Quarantänemaßnahmen jedoch nicht. Für Reisende stellt die Pest in der Regel keine Gefahr da, es sei denn, sie wollen selbst auf die Murmeltierjagd gehen. Sollten man dergleichen nicht vorhaben, lohnt sich auch eine Pestimpfung nicht. Wir selbst haben in all den Jahren unseres Aufenthaltes nie von einem Ausländer gehört, der sich mit Pest infiziert hätte. Zur Beruhigung noch dies als Information: Pest ist heute mit Tetracyclinen und Streptomycin durchaus heilbar.

074mo Foto: st

Es kann allerdings passieren, dass man eine geplante Fahrtroute ändern muss, wenn sie durch ein unter Quarantäne stehendes Gebiet führt.

Hygiene

Auf Probleme der Hygiene wird an verschiedenen Stellen dieses Buches im Zusammenhang mit dem Essen und Schlafen hingewiesen. Insbesondere Frauen ist anzuraten, ihre Toilettenartikel von zu Hause mitzubringen. Das soll nicht heißen, dass es in Ulan

Der Leckerbissen Murmeltier hat einen entscheidenden Nachteil: In seinem Pelz kann der Pestfloh sitzen

Bator unmöglich ist, einen Grundbedarf an Hygieneartikeln zu erwerben. Das Angebot ist in den letzten Jahren zunehmend besser geworden. Aber ob ein bevorzugtes Produkt dabei ist, muss bezweifelt werden.

Mit Kindern unterwegs

Von Reisen mit Säuglingen und Kleinkindern ist aufgrund der unsicheren Versorgungslage gerade auch im medizinischen Bereich dringend abzuraten. Reisen mit campingbegeisterten Jugendlichen oder Kindern, die gerne auch mal auf Wochen hinaus auf ihr Speiseeis u. Ä. verzichten, steht hingegen nichts im Wege.

Kino

Ein Kinobesuch in der Mongolei mag landeskundlich interessant sein, mongolische Filme bekommt man in der Regel jedoch nicht zu sehen. Der größte Teil der gezeigten Streifen besteht aus schlecht synchronisierten internationalen Kinohits und vor allen Dingen herzzerreißenden indischen Liebesfilmen. Wer einmal wieder richtig schluchzen will, lässt sich am besten zu einem der großen Kinos fahren (Ялалт oder Од). Die Vorstellungen beginnen meist um 19.00 Uhr und kosten weniger als 0,50 €.

Action ist auch in der Mongolei beliebt

Landkarten

In Ulan Bator kann man eine Reihe von Land- und Autokarten in den Buch- und Souvenirläden sehr preiswert erwerben. Neben großen Karten, die das gesamte Land darstellen, findet man auch einzelne und gebundene Karten der einzelnen Aimaks, z.T. mit Entfernungsangaben bis nach Ulan Bator oder zwischen den Aimakzentren und den Zentren der Sum; sehr hilfreich für die Kalkulation des Treibstoffbedarfs. Die maßstäbliche Auflösung und die Genauigkeit der Karten ist jedoch nicht sehr hoch. Die Beschriftung ist in Mongolisch, was durchaus von Vorteil sein kann. Wenn man sich verfahren hat, kann man mit einer mongolischen Landkarte jeden Nomaden nach dem Weg fragen, indem man einfach auf den Punkt deutet, den man erreichen will. Selbst wenn man dagegen die Umschrift von einer englisch oder deutsch beschrifteten Karte vorliest, versteht einen mit Sicherheit kein Mensch.

Das mongolische Institut für Geodäsie und Kartographie verkauft einen Kartensatz im Maßstab 1:1.000.000, mit mongolischer Beschriftung in aktueller Bearbeitung für ca. 30 € als Loseblattsammlung. Außerdem gibt es noch einen Kartensatz mit der Auflösung 1:500.000. Seit Ende 1997 fallen auch Landkarten mit einer Auflösung bis zu 1:25.000 nicht mehr unter die Geheimhaltung, werden aber im Handel nicht angeboten. Wissenschaftliche Einrichtungen, Explorationsfirmen, Straßenbauunternehmen usw. verfügen aber darüber und machen sich nunmehr nicht mehr strafbar, wenn sie sie an Ausländer weitergeben.

Wer schon **vor der Reise** genaue Karten benötigt, kann bei der Firma *Därr* in München **russische Generalstabskarten** (mit russischer Beschriftung) in den Maßstäben 1:1.000.000 und 1:500.000 bestellen (Tel. 089-282032). Ein kompletter Satz, der die ganze Mongolei abdeckt, ist jedoch teuer. Für die Navigation sind sie gut, die Koordinaten sind sehr exakt eingezeichnet, allerdings ist der Bearbeitungsstand unterschiedlich, stammt z.T. noch aus den 1970er Jahren. Manche neuen Siedlungen und Straßen fehlen daher, auch die Haupttrassen in die Aimakzentren sind nicht immer dort, wo sie eingezeichnet sind. Das ist aber nicht ungewöhnlich, da viel befahrene Steppenpisten ihren Verlauf ändern, wenn sie zu schlecht werden.

Inzwischen gibt es die Mongoleikarte auch auf **CD-ROM,** die der ehemalige Botschaftsarzt, *Herr Michael Frank,* auf der Grundlage der o.g. beiden mongolischen Kartensätze erarbeitet hat. Das Programm erlaubt in Verbindung mit einem modernen **GPS-Gerät,** das den Anschluss an eine Computerschnittstelle zulässt, die Routenplanung am Bildschirm vor der Abreise ebenso wie das Betrachten des tatsächlich gefahrenen Weges online (dazu muss freilich ein Laptop im Beförderungsmittel eingebaut werden) oder nach der Reise am heimischen Gerät. Interessante Touren kann man so als Track-File auf das GPS von Freunden überspielen.

Lange Haare

So arm dieses Land sein mag, so sehr sind seine Bewohner bemüht, aus dem Wenigen das Beste zu machen. Dies betrifft vor allem auch ein gepflegtes Aussehen. Nach mongolischen Maßstäben gehört dazu auch gepflegtes Haar, was für **Frauen** bedeutet, dass langes Haar unbedingt in irgendeiner Form zu einer Frisur „verarbeitet" werden sollte, sei dies ein einfacher Pferdeschwanz oder eine aufwändigere Hochsteckfrisur. Allerdings nehmen es die jungen Damen in den großen Städten mit der Tradition heute nicht mehr ganz so ernst. Für **Männer,** die lange Haare haben, gilt als Mindestmaß, dass die Haare regelmäßig gewaschen und gekämmt sein sollten. Der Träger einer verwachsenen, stumpfen und zur Verfilzung neigenden Haartracht wird in diesem Land nicht viele Freunde finden.

Maße und Gewichte

Die Mongolei verwendet in jeder Hinsicht das in international übliche metrische System, so dass es hier keine Umstellungsprobleme geben wird, von der Schrift vielleicht einmal abgesehen. Meter heißt метр *(metr),* Kilogramm heißt килограмм *(kilogramm),* Liter heißt литр *(litr).* Archaische Bezeichnungen wie *Ald* für die Länge, *Quadratald* für die Fläche, *Suulga* als Raummaß und *Dsin* für das Gewicht sind nicht mehr üblich.

076mo Foto: st

Mücken

In den Sommermonaten muss man an Flussläufen oder anderen Gewässern mit dem massiven Auftreten von Stechmücken rechnen, um so schlimmer, je weiter man nach Norden kommt. Die mongolischen Stechmücken unterscheiden sich dabei von ihrem europäischen Verwandten dadurch, dass selbst eine Jeans ihrem Stachel kein Hindernis bietet. Hier hilft nur noch, sich ausreichend mit Insektenschutzmittel einzudecken und bei der Wahl eines Zeltes auf einen angemessenen Moskitoschutz zu achten.

Ein gepflegtes Aussehen und eine würdevolle Erscheinung – lange, offene Haare passen nach mongolischem Verständnis nicht is Bild

Nachtleben

Das Nachtleben in Ulan Bator ist aufregender und vielseitiger als es auf den ersten Blick erscheinen mag. Einzelheiten zu den einschlägigen Anlaufpunkten der Ausländergemeinde, Restaurants und Bars finden sich im Kapitel „Ulan Bator". Inzwischen hat sich eine bunte Kneipen- und Bierstubenlandschaft entwickelt, die für jeden Geschmack etwas Passendes bietet. Die Nachtbars sind fast ausnahmslos in großer Zahl von Prostituierten besiedelt.

Notruf

- **Feuerwehr** (гал команд): 101
- **Polizei** (цагдаагийн газар): 102
- **Schnelle medizinische Hilfe** (түргэн тусламж): 103
- **Deutsche Botschaft** (ХБНГУ-ын ЭСЯ): 320908 (24h)
- **Krankenhaus Nr. 1** (1-р эмнэлэг): 323372
- **Krankenhaus Nr. 2** (2-р эмнэлэг): 310945 (Notaufnahme), 450129
- **Russisches Krankenhaus** (орос эмнэлэг): 450007 (Notaufnahme)

Öffnungszeiten

Behörden arbeiten offiziell von 9.00 bis 18.00 Uhr mit einer Mittagspause von 13.00 bis 14.00 Uhr. Vor 10.00 Uhr morgens wird jedoch selten ein Besucher empfangen. Nach 16.00 Uhr braucht man auch nirgends mehr aufzutauchen. Selbstredend wird die Mittagspause um mindestens 30 Minuten nach vorn und hinten überzogen. Dass am Aushang ausgewiesene Öffnungszeiten von Behörden eingehalten werden, ist nicht üblich, aber zumindest die **Konsularabteilung** des Außenministeriums, eine Anlaufstelle, die von vielen Ausländern frequentiert wird, richtet sich meistens danach.

Der **Samstag** ist seit Ende 1996 kein behördlicher Arbeitstag mehr.

Die **Zentralpost** hält die wichtigsten Schalter rund um die Uhr offen. Die kleinen **Postämter** arbeiten wie die Behörden.

Die **Geschäfte** sind bis auf ganz wenige Ausnahmen inzwischen im Privatbesitz und öffnen, wann sie wollen. Kernzeit ist in etwa zwischen 9.00 und 18.00 Uhr. Sonntags ist ein Teil der Geschäfte geschlossen. Einige Kioske und Geschäfte, vor allem für Lebensmittel, arbeiten auch rund um die Uhr.

Viele **Restaurants** sind nur bis gegen 21.00 Uhr geöffnet. Die **Bars und Klubs** schließen zwischen 1.00 und 4.00 Uhr. Genauere Angaben finden sich im Kapitel „Ulan Bator" unter dem Stichwort „Restaurants und Bars".

Polizei

Sie ist erkennbar an dunkelblauen Uniformen, über die schwarze Lederjacken getragen werden, die am linken Ärmel ein rundes weißes Emblem und eine Registriernummer haben. Die Herren pflegen einen eher rüden Umgang mit ihrer Bevölkerung und schrecken auch vor Ausländern nicht zurück. Man geht ihnen am besten aus dem Wege. Die augenscheinliche

Die Hauptpost in Ulan Bator ist weithin an ihrem bizarren Turm zu erkennen

Hauptbeschäftigung der Polizei ist die Durchführung von Verkehrskontrollen, in denen es weniger um den technischen Zustand der Fahrzeuge oder die Ahndung von Regelverstößen der Chauffeure geht. Obwohl hier erheblicher Handlungsbedarf bestünde, beschränkt man sich ausschließlich auf die Kontrolle von Papieren. Da dies aber an fast jeder Ecke und auch auf Landstraßen, Brücken und an anderen neuralgischen Punkten passiert, kann man hier viele Nerven, Geld und Zeit verlieren.

Post und Kurierdienste

Der Postverkehr zwischen Europa und der Mongolei verläuft in beide Richtungen relativ reibungslos. Normale **Luftpostbriefe** sind zwischen 7 und 10 Tagen unterwegs. **Päckchen** benötigen etwas länger und müssen in der Regel vor den Augen der Post- und Zollbeamten geöffnet werden.

Post empfangen

Ein **Postzustelldienst** ist in der Mongolei unbekannt. Wer sich Post nach Ulan Bator kommen lassen möchte, muss sich auf der Hauptpost (Төв шуудан) oder einem anderen Amt (шуудангийн салбар) ein **Postfach** (шуудангийн хайрцаг) mieten oder das eines Bekannten oder einer Partnereinrichtung angeben und von Zeit zu Zeit nachfragen, ob etwas angekommen ist.

Eine andere, wenngleich nicht unbedingt zuverlässige Methode ist, sich als **Selbstabholer** (өөрөө хүлээн авагч) deklarieren zu lassen. Man schreibt auf den Umschlag nur den Namen des Empfängers, Ulan Bator, Mongolia und darunter das in Klammern stehende mongolische Wort für Selbstabholer. Der Brief kommt dann auf der Hauptpost in einen großen Haufen und wird auf Nachfrage herausgesucht. Diese Methode ist natürlich für spontane Grüße ungeeignet, denn woher sollte der Empfänger wissen, dass man an ihn geschrieben hat und er sich seine Post abholen kann.

Post versenden

In die umgekehrte Richtung, d.h. von der Mongolei nach Europa, funktioniert der Postdienst überraschend schnell und gut. **Briefkästen** sind äußerst selten und werden nicht regelmäßig geleert. Am besten erledigt man seine Postangelegenheiten in den großen Hotels oder auf der Hauptpost (төв шуудан) am Suchbaatar-Platz. Auch die **Frankierung** sollte man lieber dem Schalterangestellten überlassen. Nur er kennt die sich angesichts der Inflation ständig ändernden Luftpost-Tarife. Für europäische Verhältnisse ist das Porto recht preiswert.

Kurierdienst

Postsendungen, die eine schnelle und zuverlässige Beförderung erfordern, können Sie mit dem **DHL-Kurierdienst** kommen lassen oder von Ulan Bator aus versenden. Das DHL-Büro befindet sich unmittelbar nordöstlich des Hotels Amarbayasgalant (Амарбаясгалант зочид буудал, 1-р эмнэлэгийн зүүн талд байрладаг) in einem vieretagigen, weißgetünchten Neubau mit drei Zierstreifen in DHL-Farben an der Dachkante, Tel. 325772, 310919.

Radio und Fernsehen

Radio

Neben mongolischer Volksmusik, die im **staatlichen Radio,** das in jeder Wohnung über Kabel fest installiert ist, erklingt, gibt es unterdessen von *Radio Ulan Bator* einen **Popmusiksender.** Er bietet rund um die Uhr einen Mix aus aktuellen internationalen Hits und mongolischem Rock und Pop. Ausgestrahlt wird die Discowelle auf 104,0 MHz UKW. Die Suchfunktion Ihres Radios wird ferner auf private UKW-Sender auf den Frequenzen 100,9 MHz, 102,5 und 107,5 MHz stoßen, die sich aus Werbeeinnahmen finanzieren müssen. Auf 103,0 MHz sendet eine Station mit englischsprachiger Moderation, die auch **internationale Nachrichten** anbietet. Alle UKW-Sender sind nur im unmittelbaren Stadtgebiet zu empfangen und verlieren sich leider schon in den Vororten.

081mo Foto: st

Radio Ulan Bator strahlt täglich 30 Minuten auf Kurzwelle ein Nachrichten- und Kulturprogramm in **Englisch** für Hörer in Amerika, Europa Australien und Asien aus. Das Programm für Europa läuft um 19.30 Uhr Weltzeit auf 9745 und 12085 kHz.

Deutsche Welle Radio ist fast überall in der Mongolei zu empfangen, wobei der konkrete Standort und die Wetterlage Einfluss auf die Empfangsqualität haben. Gesendet wird zwischen 19.00 und 23.00 Uhr Ortszeit: Band MW 41 m/7340 kHz (Oktober), 25 m/12000 kHz (April–September) sowie 22 m/13780 kHz. Im April sowie im September/Oktober ist ein Empfang auch in den Morgenstunden zwischen 5.00 und 7.00 Uhr (Ortszeit) möglich bzw. auf Band 41 m/7340 oder auf 25 m/11795 kHz von Mai bis August.

Im Sommer 2002 ging der erste Online-Sender unter der Bezeichnung **InfoRadio 105,5** ins Netz, allerdings sendet er nur zwischen 7.00 und 24.00 Uhr Ortszeit. Unter www.inforadio.mn kann man also schon von zu Hause aus die ersten Höreindrücke von der mongolischen Sprache sammeln und sich informieren, welche Beats in Ulan Bator angesagt sind.

Kannst du den Apparat reparieren? – Das Fernsehen hält auch in den Jurten Einzug

Fernsehen

Die mit TV-Geräten ausgestatteten Hotelzimmer in Ulan Bator sind alle an das **Kabelnetz** angeschlossen, das auch in anderen Städten verbreitet ist. Empfangbar sind neben dem mongolischen Nationalsender *Mongol-TV* (18.00 bis 23.00 Uhr) und dem Stadtsender *UB-TV* auch der private mongolische Sender *Channel-25*. Wer sich für die Ergebnisse der jüngsten Bundesligaspiele oder deutsche Politik interessiert, kann sich über **Deutsche Welle Fernsehen** informieren. Gute internationale Nachrichten bieten auch *BBC Newsdesk* und *CNN* sowie *CNBC* in ihren Asienausgaben. Ansonsten tummeln sich auf den ca. 30 Programmplätzen noch mehrere russische und chinesische, je ein innermongolischer, indischer, japanischer, französischer sowie ein australischer Sender, ein Kinderkanal u.v.a.m. In den ländlichen Regionen können bislang nach wie vor nur sehr wenige Haushalte **Satelliten-Fernsehen** empfangen.

Sicherheit

Verhaltenstipps

Die Zeiten, als ein abendlicher Spaziergang durch Ulan Bator zwangsläufig mit großen Sicherheitsrisiken verbunden war, sind vorbei. Dennoch sollte man einige Punkte beachten, wenn man nicht unbedingt mit den Hühnern ins Bett gehen möchte.

Wenn es sich irgendwie verhindern lässt, sollten Sie **nach Einbruch der Dunkelheit** (im Sommer ist das immerhin erst gegen 23 Uhr) besser nicht alleine unterwegs sein. Es gibt in den Straßen nach wie vor recht viele **Betrunkene,** die auch ohne offensichtlichen Anlass zu Aggressivität neigen, und die einem Einzelnen viel eher zum Problem werden können als einer Gruppe von Leuten.

Sind Sie in einer **Gruppe** unterwegs, empfiehlt es sich, nicht unbedingt auf Ihr Vorhandensein dadurch hinzuweisen, dass Sie laut redend oder gar grölend durch die Straßen ziehen: Man kann sich auch leise sehr gut unterhalten, und diejenigen Grüppchen, die Sie auf dem Nachhauseweg abends akustisch ausmachen können, sind in der Regel nur Betrunkene oder Ausländer. Machen Sie mögliche Aggressoren nicht unnötig auf sich aufmerksam!

Ein weiteres beliebtes Mittel von Ausländern, auf sich aufmerksam zu machen, ist der Gebrauch einer **Taschenlampe** auf dem Nachhauseweg. Unterlassen Sie solchen Unsinn – Ihre Augen gewöhnen sich von alleine an die Dunkelheit.

Wenn Sie eine Bar oder ein Tanzlokal besucht haben, zücken Sie beim **Bezahlen** nicht auffällig ein Dollarbündel aus der Tasche und nesteln Sie bitte auch nicht den Brustbeutel mit Ihren gesamten Finanzen unter dem Pullover hervor. Führen Sie einen **Geldbeutel** mit einer angemessen unauffälligen Summe bei sich und zahlen Sie damit. Dieser „kleine" Geldbeutel kann auch im Fall des Falles nützlich werden. Geben Sie ihn einfach her, wenn man Sie unfreundlich dazu auffordert. Besser 25 US$ und eine Handvoll Tugrik verloren als die Schneidezähne.

Eine fast sichere Methode, sich in Schwierigkeiten zu bringen, ist im Übrigen das Mitführen von **Wodkaflaschen** in Jackentaschen oder Plastiktüten.

Taschendiebe

Wer einen der Märkte in Ulan Bator besucht oder öffentliche Verkehrsmittel benutzt, läuft starke Gefahr, Opfer von Taschendieben zu werden, die ihm mit Messern u. Ä. eine Tasche aufschneiden und mit deren Inhalt schnell wieder verschwunden sind. Die Diebe arbeiten entweder allein oder in **Banden.** Die Banden wiederum arbeiten häufig zusammen mit **Kindern,** die ihrer geringeren Größe wegen leichter an die Taschen kommen, um die Schnitte auszuführen. Männer arbeiten in der Regel mit Messern, Frauen und Kinder mit Rasierklingen. Achten Sie also bei Marktbesuchen stets darauf, ob sich Kinder auffallend nahe an Sie herandrücken oder auf Frauen, die längere Zeit in Ihrer Nähe bleiben. Taschendiebe erkennt man auch daran, dass sie entweder ein Kleidungsstück oder eine Tüte oder ähnliches über dem Arm tragen.

Passiert Ihnen dennoch das Unerfreuliche, und Sie bemerken plötzlich einen Ruck an Ihrer Tasche: Selbst wenn Sie den (mutmaßlichen) Täter zu fassen bekommen – halten Sie ihn nicht zu lange fest! Auf ihn warten bereits im Verdachtsfall harte Tage in Polizeigewahrsam; und bevor die Aussicht darauf zu konkret wird, haben Sie vermutlich ein Messer in den Rippen.

Auch der **Gang zur Polizei** lohnt sich hinterher nicht, falls Sie sich davon erhoffen, Ihr Geld wiederzusehen. Ein Kontakt zu den Behörden lohnt sich allenfalls im Vorfeld, denn die Zivilfahnder der Taschendiebstahlsabteilung frequentieren sowieso täglich den Markt und sind durchaus bereit, Besucher auf den Markt zu begleiten und zu schützen. Wenn Sie sich für einen solchen Dienst erkenntlich zeigen wollen, wird man das vermutlich nicht ablehnen.

Sichere Unterbringung von Geld

Dass man seine gesamte Reisekasse nicht in einem **Portemonnaie** unterbringt, sollte selbstverständlich sein. **Brustbeutel** waren vor Jahren eine gute Idee; unterdessen kennt sie aber jeder, und sie sind bei dem Großteil der Kleidung auch deutlich zu sehen. Ein sicherer Hinweis, wo viel Geld zu holen ist. Ein aus Leder gearbeiteter **Geldgürtel,** der wie ein normaler Gürtel zu tragen ist und auf seiner ganzen Länge mit einem Reißverschluss Zugriff auf sein Geheimfach gibt, ist in den meisten Ländern noch vollkommen unbekannt. Er trägt nicht auf, ist optisch nicht von einem einfachen Gürtel zu unterscheiden und lässt sich weder wegreißen noch wegschneiden. Einziger Nachteil: Man muss sein Geld oder seine Schecks zur Unterbringung klein falten und kann auch nicht eben schnell mal nach Nachschub greifen. Das sollte man jedoch sowieso nicht, da man dadurch sein Versteck preisgibt. Unter der Kleidung zu tragende **Bauchgurte** für Dokumente und Geld, **Schulterhalfter** oder **Wadentaschen** sind ebenfalls gute Verstecke, man kann auch Geld in Kleidung einnähen oder in die Schuhe stecken.

Ein weiterer Tipp ist, sich eine Tasche mit losem Innenfutter zu besorgen. Solche Taschen geben selbst bei Mehrfachschnitten ihren Inhalt in der Regel nicht frei, da der Dieb lediglich die Außenhülle der Tasche zerschneiden kann, das bewegliche Innenfutter mit seinem Schneidwerkzeug aber nur wegdrückt. **Am besten** ist es jedoch, einfach alles, was man während seines Ganges über den Markt nicht benötigt, im Hotel oder bei Freunden zu lassen.

Sperrstunde

Eine Sperrstunde im eigentlichen Sinne gibt es nicht. Viele Restaurants sind jedoch nur bis gegen 21.00 Uhr geöffnet. Die Bars und Klubs schließen zwischen 1.00 und 4.00 Uhr. Genaue Angaben finden sich im Kapitel „Ulan Bator" unter „Restaurants und Bars".

Schlangen und Gifttiere

Schlangen sind in der Mongolei **äußerst selten.** Insgesamt sind nur neun Arten bekannt, davon sind sechs giftige (Dionenatter, Sandrennnatter, Halysotter, Kreuzotter, Wiesenotter, Amurnatter). Es besteht kaum die Gefahr, dass sich Schlangen unter Steinen verbergen oder es sich in den vor dem Zelt abgestellten Schuhen bequem machen. Uns ist nie ein Fall bekannt geworden, dass ein Tourist oder ein Einheimischer von einer Schlange gebissen wurde oder gar dem Biss zu Opfer gefallen ist.

Spinnen, deren Netze in den Steppen und Waldgebieten gut im Morgentau erkennbar sind, stellen alle **keine Gefahr** für den Menschen dar.

Flirten

Frauen, vor allem wenn sie blond sind, sollten nicht aus Jux versuchen, ihre Anziehungskraft auf unerschrockene Jünglinge aus der Steppe zu erproben. Diese könnten dies gründlich missverstehen, da es ein solches Verhalten unter mongolischen Mädchen nicht gibt, wenn man einmal von den „Gewerbetreibenden" unter ihnen absieht. Siehe auch die besonderen Tipps im Abschnitt „Frauen allein unterwegs".

Drogen

Eine für alle offensichtliche **Drogenszene** gibt es in der Mongolei bislang nicht. Andererseits wird in den Medien immer mehr auf die **Zunahme von Drogenschmuggel** und Konsum, insbesondere an Schulen, aufmerksam gemacht. Die Einfuhr von Drogen, auch von solchen, die in einigen europäischen Ländern zugelassen sind, ist selbstredend verboten.

Sport und Erholung

Das, was in Deutschland der Fußball ist, ist in der Mongolei das **Ringen.** Es vergeht kaum ein Monat, in dem es keinen Anlass gibt, einen großen Ringerwettbewerb durchzuführen. Wenn man nicht von Feunden eingeladen wird, ist es schwer, einen Platz im Stadion oder in der Ringerhalle zu erwischen. Mehr zu diesem Sport findet sich im Kapitel „Sitten und Bräuche“ unter dem Stichwort „Naadam“.

Alle anderen Sportarten treten dagegen in den Hintergrund, selbst das **Reiten,** das mehr eine Sache der Kinder und vor allem der Züchter ist.

Modesportarten, wie Tennis oder Golf, stecken noch in den Anfängen.

Da in der Mongolei fast immer schönes Wetter herrscht, kann man sich als **Erholungssuchender** an den Stadtrand oder den großen Park im Stadtzentrum zurückziehen. Der Erholungssuchende als zahlungswilliger Kunde wurde von den mongolischen Geschäftsleuten noch kaum entdeckt.

In Ulan Bator gibt es zwei **Schwimmhallen,** die in den letzten Jahren jedoch stark vernachlässigt wurden und nur noch sporadisch öffnen. Der Mongolei-Urlauber wird ohnehin kaum auf die Idee kommen, ausgerechnet hier planschen zu wollen. Für den eher unwahrscheinlichen Fall, dass man von mongolischen Freunden – der größte Teil der Bevölkerung kann nicht schwimmen – in eines dieser Bäder eingeladen wird, sollte man dankend ablehnen; zur Not könnte man auf eine Chlorallergie verweisen.

Sprache und Schrift

Sprachen in der Mongolei

Amtssprache der Mongolei ist das **Chalch-Mongolisch,** das von mehr als 70 % der Bevölkerung gesprochen wird. Daneben existiert eine Reihe von **Dialekten,** die von ethnischen Minderheiten gesprochen werden, die zumeist im äußersten Westen (oiratische Dialekte), Norden (burjatische Dialekte) und Südosten (Dialekte der sogenannten Südländer) des Landes ansässig sind.

Zu den Turksprachen gehört das **Kasachische,** das in allen Sum des Bajan-Ulgij-Aimaks und in zwei Sum des Chowd-Aimaks gesprochen wird.

Mongolische Sprachen

Insgesamt sprechen mehr als 6 Mio Menschen eine mongolische Sprache, davon neben den etwas mehr als 2 Mio Mongolen der Mongolei 3,6 Mio Chinesen im autonomen Gebiet der Inneren Mongolei, ca. 500.000 in der GUS (vor allem die Kalmücken an der Wolga) und ca. 30.000 in Afghanistan.

Das Erlernen der mongolischen Sprache ist für Sprecher einer indoeuropäischen Muttersprache außerordentlich kompliziert.

Genetisch gehört das Mongolische in die **altaische Sprachfamilie,** zu der u.a. auch das Türkische und die mandschurisch-tungustischen Sprachen gerechnet werden. Allerdings ist umstritten, ob diese Sprachen tatsächlich mit-

einander verwandt sind und auf einen gemeinsamen altaischen Ursprung zurückgehen.

Der **Satzaufbau** (Syntax) ist streng hierarchisch. Nebensätze sind unbekannt und müssen als Attributsätze dem Objekt vorangestellt werden. Bestimmende Merkmale des Mongolischen sind **Vokalharmonie und Agglutination** (von lat. *agglutinare*, „ankleben“). Die Wortbildung erfolgt durch das „Ankleben“ von Suffixen an einen ein- oder zweisilbigen unveränderlichen Wortstamm. Die Vokale der Suffixe richten sich nach dem Vokal, der im Wortstamm vorkommt (Vokalharmonie). Unterschieden werden vorder- und hintervokalische Stämme. Wie breit die Sinnveränderung durch das Ankleben von Suffixen an Stämme gehen kann, soll das Beispiel im Kasten zeigen.

Eine **kleine Sprachhilfe** mit wichtigen mongolischen Begriffen befindet sich im Anhang. Wer für die Reise ein wenig Mongolisch **lernen** will, kann auf den Kauderwelsch-Band *Mongolisch – Wort für Wort* zurückgreifen, der im gleichen Verlag wie dieses Buch erscheint. Auf leicht verständliche Weise werden die Grundlagen der Grammatik und ein auf das Reisen

Am Bretterzaun eines Kindergartens: ringkämpfende Kinder, flankiert von Schriftzügen in der traditionellen mongolischen Schrift

zugeschnittener Grundwortschatz vermittelt. Wer auch noch die korrekte mongolische Aussprache lernen will, kann sich die dazu passende Kasette kaufen.

Mongolische Schriften

Das älteste erhalten gebliebene Dokument in **altmongolischer Schrift** ist der Stein des *Tschingis-Khan*. Die 21 Wörter, die den 2,02 m hohen und 74 cm breiten Stein zieren, konnten über 100 Jahre nicht entziffert werden. Inzwischen haben sich die Wissenschaftler auf eine allgemein anerkannte Formulierung geeinigt. Berichtet wird davon, dass *Esunhe Mergen,* ein Enkel *Tschingis-Khans,* anlässlich eines Volksfestes 335 Klafter weit geschossen haben soll. Denmach muss das Denkmal zu Lebzeiten des großen Herrschers, also vor 1227 entstanden sein. Eine Kopie des Steines steht in der Eingangshalle der Staatsbibliothek in Ulan Bator, das Original wird im Fundus der Eremitage in St. Petersburg aufbewahrt.

In der um 1240 verfassten *Geheimen Geschichte der Mongolen,* der Chronik der Tschingisiden, wird davon berichtet, dass *Tschingis-Khan* den Uiguren *Tatatunga* mit der Protokollierung seiner Erlasse beauftragt hat. Er **modifizierte** seine **uigurische Schrift** dazu so, dass sie für die verschiedenen mongolischen Dialekte gleichsam geeignet war. Diese von oben nach un-

Sinnveränderung durch die Anfügung von Suffixen (Agglutination)

муу	muu	Wortstamm mit der Grundbedeutung schlecht
муувтар	muuwtar	ziemlich schlecht
муудах	muudach	schlecht werden (verderben)
муудалцах	muudalzach	sich zerstreiten
муудуулах	muuduulach	schlecht werden (verderben) lassen
муужрах	muudshrach	die Besinnung verlieren
муужруулах	muudshruulach	betäuben (die Besinnung verlieren lassen)
муулах	muulach	jmdn. schlechtmachen (verleumden)
муулуулах	muuluulach	schlechtgemacht (verleumdet) werden
муутгах	muutgach	verderben
муухай	muuchaj	schlimm, scheußlich
муухайвтар	muuchajwtar	ziemlich übel, schlimm
муухайдах	muuchajdach	verdrecken
муухайрах	muuchajrach	scheußlich sein
муухан	muuchan	recht schlecht
муучлах	muutschlach	entwürdigen, schmähen
муучлуулах	muutschluulach	geschmäht oder entwürdigt werden
муушаал	muuschaal	Rüge, Tadel
муушаалгах	muuschaalgach	gerügt, getadelt werden
муушаах	muuschaach	bemängeln

ten zu schreibende Schrift wurde über die Jahrhunderte mehrfach modifiziert und reformiert, dennoch bestand immer ein erheblicher Unterschied zwischen der gesprochenen Sprache und der Schrift, der das Erlernen erschwerte. Die Stadt Ulaanbaatar müsste in der alten Schrift „ulaγanbaγadur", das heute gesprochene Wort „ööröö" (selbst) in der alten Schrift „uber-ijen" geschrieben werden. Rechtschreibregeln, wie sie etwa für das Deutsche mit dem Duden gesetzt werden, hat es nie gegeben. Ohnehin war die Zahl der Schriftkundigen im Mittelalter im wesentlichen begrenzt auf die Angehörigen der buddhistischen Klöster und des Adels. Diese altmongolische Schrift wird bis heute in der Inneren Mongolei verwendet.

In den Jahren zwischen 1930 und 1933 wurden Anstrengungen unternommen, Schrift und Sprache einander weitgehend anzugleichen und eine **modifizierte Lateinschrift** einzuführen. Diese Bemühungen fielen dann ideologischen Kampagnen zum Opfer. Stattdessen beschloss der Ministerrat im März 1941, die **kyrillische Schrift** einzuführen, die das komplette russische Alphabet übernahm, allerdings zwei weitere Vokale (das ө und das ү) nutzt. Durch die Kriegswirren verzögerte sich die Einführung dieser Schrift, die bis heute verwendet wird, bis in das Jahr 1946.

Seit den frühen 90er Jahren gibt es eine starke Bewegung zur **Reaktivierung der alten Schrift.** Das mongolische Parlament fasste mehrere fest datierte Beschlüsse, bis wann die alte Schrift wieder zur Amtsschrift zu machen sei. Ihre Umsetzung scheiterte bislang aber an den fehlenden materiellen Voraussetzungen. In der Bevölkerung werden die Beschlüsse allgemein begrüßt, allerdings ist das Erlernen dieser archaischen Schrift eine Sache, die auch für Mongolen nicht in wenigen Wochen zu schaffen ist.

Die **Gegner der Schriftreform** räumen ein, dass man mit der Einführung der alten Schrift per Dekret große Teile der Bevölkerung schlagartig zu Analphabeten machen würde, dass es keinen praktischen Grund gebe, der die Reform rechtfertige, dass sie den Staat sehr teuer kommen und dass sich das Land mit diesem Rückfall ins philologische Mittelalter international selbst isolieren würde.

Stadtpläne

Der Erwerb eines Stadtplans lohnt, wenn überhaupt, nur für Ulan Bator. Sie werden in Hotelkiosken, Buchläden und auch auf der Straße angeboten. Alle anderen Ortschaften sind so klein, dass man sich auch ohne Plan einen guten Überblick verschaffen kann.

Studentenausweis

Hat sich der internationale Führerschein inzwischen durchsetzen können, so gilt das für den internationalen Studentenausweis noch lange nicht. Man erhält mit ihm **keine** der sonst damit verbundenen **Vergünstigungen.**

Telefon, Fax, Internet

Telefonieren innerhalb der Mongolei

Außerhalb Ulan Bators ist es sehr schwierig, zu telefonieren. Am besten klappen noch Verbindungen nach oder ab Ulan Bator. Innerhalb der verschiedenen Aimags lässt sich kaum eine Telefonverbindung herstellen.

Wenn die **Telefonnummer** eines gewünschten Gesprächspartners nicht bekannt ist, kann man sich auf der Hauptpost danach erkundigen. Dort wird man Ihnen zumindest die wichtigsten Nummern, also die der Aimak- oder Sumverwaltung und der gängigen Hotels sagen können. Auf Wunsch händigt man Ihnen auch ein Telefonverzeichnis des gewünschten Aimaks aus. **Gespräche** führt man nach Vorbestellung auf der Hauptpost. Wer kein Mongolisch kann wird dabei allerdings Schwierigkeiten bekommen, denn alle Angaben auf dem Bestellformular müssen in Landessprache gemacht werden.

Ortsvorwahlen in der Mongolei

Stadt oder Aimak	аймаг, хот	Vorwahl
Ulan Bator	Улаанбаатар	00976 11
Darchan, Darchan-Uul	Дархан хот, Дархан-Уул	00976 137
Erdenet, Orchon	Эрдэнэт хот, Орхон	00976 135
Archangaj	Архангай	00976 133
Bajanchongor	Баянхонгор	00976 144
Selenge	Сэлэнгэ	00976 136
Gobi-Altai	Говь-Алтай	00976 148
Bajan-Ulgij	Баян-Өлгий	00976 142
Bulgan	Булган	00976 134
Ostgobi	Доноговь	00976 152
Uwurchangaj	^{2}v^{3}rxangaj	00976 132
Tschojr, Gow'-Sumber	Чойр хот, Говь-Сүмбэр	00976 154
Chentij	Хэнтий	00976 156
Dornod	Дорнод	00976 158
Dsawchan	Завхан	00976 146
Suchbaatar	Сүхбаатар	00976 151
Chowd	Ховд	00976 143
Mittelgobi	Дундговь	00976 159
Baganuur	Багануур	00976 121
Südgobi	Өмнөговь	00976 153
Chuwsgul	Хөвсгөл	00976 138
Uws	Увс	00976 145
Zentralaimak	Төв	00976 127
Nalajch	Налайх	00976 123
Vorwahl zum Eisenbahnnetz		00976 1 94
Vorwahl von Skytel		00976 95
Vorwahl von MobiCom		00976 99

Mobilfunknetz

Mit bemerkenswerter Geschwindigkeit hat sich in den Metropolen das Telefonieren im Funknetz durchgesetzt. Jahrelang nur ein Privileg der Reichen, können sich seit dem Auftauchen eines billigen Konkurrenzanbieters nun auch weniger Bemittelte ein **Handy** leisten. Viele nutzen vor allem die Möglichkeit, jederzeit erreichbar zu sein, ohne selbst telefonieren zu können. Wer Letzteres möchte, kann zwischen dem teureren Anbieter *Mobicom,* der am Monatsende eine Rechnung schickt, und dem Pre-Pay-Anbieter *Skytel* wählen, der Gesprächseinheiten, ähnlich wie bei einer Telefonkarte, verkauft. Beide Unternehmen haben ihren Sitz unmittelbar nordwestlich der Hauptpost. Eine **Handynummer** erkennt man an einer 8-stelligen Rufnummer, die mit 9 beginnt.

Telefonnummern

Die Telefonnummern in Ulan Bator hatten früher 5 Stellen, wobei die erste Ziffer immer indizierte, in welchem Stadtgebiet die entsprechende Nummer lag. Unterdessen ist die Umstellung des hauptstädtischen Telefonnetzes auf Glasfasertechnik abgeschlossen. Die Zahl der Anschlüsse hat sich dadurch erheblich erweitert. Deshalb machte sich eine Erweiterung der Rufnummern auf 6 Ziffern erforderlich. Den alten Rufnummern wurde eine Ziffer vorangestellt, die je nach Amt 3, 4, 6 oder 8 lauten kann. Wir hoffen – schon im eigenen Interesse – dass damit eine gewisse Konsolidierung bei den Telefonnummern eintritt.

Auch die meisten **Aimakzentren** können inzwischen im Selbstwählverfahren erreicht werden, wenn der Apparat, von dem gesprochen wird, dafür freigeschaltet ist. Die Vorwahlnummern findet man in nebenstehender Tabelle.

Telefonate ins Ausland

Telefonieren nach Europa ist **von Ulan Bator aus** inzwischen kein Problem mehr. In vielen Hotels kann man direkt von seinem Zimmer aus durchwählen, oder man wendet sich an die Rezeption. Wer in einer Herberge abgestiegen ist, wird diesen Service natürlich nicht vorfinden. Dann sollte man zum Telefonieren in eines der großen Hotels oder auf die Hauptpost gehen.

Von den Aimaks und Sums aus kann man nur noch innerhalb des Landes vermittelt werden. Auslandsgespräche sind technisch an sich nicht unmöglich, die Wahrscheinlichkeit, dass eine Sum-Telefonistin so etwas für möglich hält oder gar schon probiert hat, dürfte aber gering sein.

Internationale Vorwahlen
China: 0086, Peking 10, Hohot 471
Deutschland: 0049
Japan: 0081, Osaka 6, Tokyo 3
Kasachstan: 007, Almaty 0073272
Korea: 0082; Seoul 2
Mongolei: 00976
Österreich: 0043
Russland: 007, Moskau 007095
Irkutsk 007 3952
Schweiz: 0041

Bereiten Sie Ihre Familie und Freunde also entsprechend vor, dass Sie, einmal aus Ulan Bator heraus, sich erst wieder melden können, wenn Sie zurück sind. Da plötzliche Regenfälle o. Ä. die Straßen zeitweise unpassierbar machen können, kann man nicht damit rechnen, pünktlich zurückzukehren. Erfahrungsgemäß reagieren auf ein Telefonat wartende Freunde oder Angehörige nervös, wenn der Anruf tagelang auf sich warten lässt. Versprechen Sie also nicht, sich an einem bestimmten Tag wieder zu melden, sondern „irgendwann nach dem Soundsovielten".

Die Zeiten, wo eine Gesprächsminute nach Europa 7–9 US$ kostete, sind vorbei. Aber mit 2,70 US$ (zzgl. Hotelaufpreis) ist ein Auslandsgespräch noch immer nicht ganz billig.

089mo Foto: st

Wo bitte kann ich hier mal telefonieren?

Fax

Das Verschicken von Faxen ist in Ulan Bator kein Problem mehr. Auch die Postämter der Aimaks werden nach und nach mit solchen Geräten ausgestattet. Neben den großen Postämtern bieten viele Hotels diesen Service. Wegen der sehr hohen Telefongebühren nach Europa lohnt es sich durchaus, zu faxen. Auf einer Seite, die in weniger als einer Minute durchgelaufen ist, lässt sich viel mehr an Information festhalten, als man in einer Minute sagen kann!

Internet

Auch das Internet hat die Mongolei erobert. Noch vor wenigen Jahren für die Öffentlichkeit kaum zugänglich, gibt es inzwischen mindestens ein Dutzend empfehlenswerter Internet-Service-Anbieter, die Preise verlangen, die auch von Einheimischen aufgebracht werden können. Der Service wird gerne genutzt, denn die Ausstattung der Familien mit Computern und Netzanschluß ist noch rudimentär.

- Am gemütlichsten ist es sicher im **Internetcafé** der Firma **Bodicomputer,** das allerdings erst um 10.00 Uhr öffnet und bereits um 19.00 Uhr wieder schließt (Seoulyn Gudamj, **Solongo Restaurant,** Erdgeschoss, erkennbar am Showroom der Automobilfirma *Isuzu,* Tel. 318485, 318436)

Spartanischer eingerichtet, dagegen aber länger geöffnet sind folgende Anbieter:

- **I Cafe,** Baga Toyruu street, Gebäude des Zentrums für Wissenschaft und Information, Tel. 312061
- **Internet House 1,** Baga toyruu, Gebäude des Mongolischen Revolutionären Jugendverbandes, Erdgeschoss, am Ende der Eingangshalle
- **Internet House 2,** Enkh Tayvan Avenue, Gebäude der Mongolischen Revolutionären Volkspartei, Erdgeschoss
- **Internet & Information,** Seoulyn Gudamj, Zentrale Bibliothek der Stadt Ulan Bator, Am Ende der Eingangshalle, Tel. 99115986, 310317

Die Aufzählung ist nur exemplarisch. Es ist zu erwarten, dass die Angebotsfülle weiter wachsen wird. Die Preise pro Stunde liegen bei 1,5 bis 2 US$.

Telegramme

Ein Telegramm in ein Land mit lateinischer Schrift zu schicken, ist eine Übung, die man sich eher nicht zumuten sollte, obwohl es prinzipiell möglich ist.

Trampen

Trampen ist in der Mongolei als Fortbewegungsart unüblich. Zwar wird man auf dem Land immer wieder Mongolen sehen, die an der Straße versuchen, ein Fahrzeug anzuhalten. Meist ist dies jedoch in Stadtnähe der Fall, und die Strecken, die man kostenlos mitgenommen werden kann, sind meist sehr kurz. Trampende Ausländer sind hier unbekannt, und die Chance, eine Mitfahrgelegenheit zu bekommen, gering. Selbst wenn man eine bekommt, lässt sich aus unserer Sicht davon eigentlich nur abraten, denn man weiß nicht, bei wem man im Auto sitzen wird, wie weit man mitfahren kann und wie man von dort dann weiterkommen soll.

Trinkgeld

Trinkgeld ist in der Mongolei nach wie vor nicht üblich. Ausnahmen bilden lediglich die großen Nachtbars in Ulan Bator. Es kann jedoch vorkommen, dass sich das Servierpersonal so lange Zeit mit dem Heraussuchen des Wechselgeldes lässt, bis der Kunde darauf verzichtet.

Unterkunft

Außerhalb von Ulan Bator, Darchan und Erdenet finden sich nur wenige empfehlenswerte Hotels. Mehr dazu im Kapitel „Übernachten in der Steppe“. Die einzelnen Unterkünfte und ihre Kategorien in Ulan Bator sind dort ausführlich beschrieben.

Hier soll nur gesagt sein, dass es sich bewährt hat, immer seine eigene Seife und sein eigenes Handtuch sowie Toilettenpapier und eventuell auch Pantoffeln mitzunehmen, weil diese Dinge gerade auf dem Land nicht zum Service der Unterkünfte gehören. Auch mit einem eigenen Schlafsack ist man gut beraten.

Buddhistische Zeiteinteilung

Jahre, Monate und Stunden werden mit zwölf Tiernamen bezeichnet (Hase, Drache etc.). Die Jahre werden zusätzlich mit Bezeichnungen für die Elemente bzw. Farben versehen (rotes Hasenjahr), so dass sich Zyklen zu 60 Jahren ergeben.

Stunden

Der Tag wird in 12 Stunden eingeteilt. Die Stunde (120 Minuten) unterteilt sich in 5 Perioden, eine Periode hat 60 *tschinluur.* Ein Tag hat 21600 Atemzüge *(amisgal).*

05–07 Uhr	Hase
07–09 Uhr	Drache
09–11 Uhr	Schlange
11–13 Uhr	Pferd
13–15 Uhr	Schaf
15–17 Uhr	Affe
17–19 Uhr	Hahn
19–21 Uhr	Hund
21–23 Uhr	Schwein
23–01 Uhr	Maus
01–03 Uhr	Rind
03–05 Uhr	Tiger

Die fünf Elemente oder Farben

Die 12 Jahre werden durch die fünf Elemente oder Farben zum 60er Zyklus ergänzt, außerdem wechseln sich männliche und weibliche Jahre ab.

Feuer	rot
Erde	gelb
Eisen	weiß
Wasser	schwarz
Holz	blau

Die 60er Zyklen

Nach dem buddhistischen Kalender befinden wir uns momentan im siebzehnten 60er Zyklus (tib. *rawdshin*). Der Beginn des ersten 60er Zyklus datiert auf das Jahr 1027 unserer Zeit. Der jetzt laufende Zyklus begann 1987 mit dem weiblichen roten Hasenjahr. Er wird im Jahr 2046 enden.

1993	weibliches schwarzes Hahnjahr
1994	männliches blaues Hundejahr
1995	weibliches blaues Schweinejahr
1996	männliches rotes Mausejahr
1997	weibliches rotes Rinderjahr
1998	männliches gelbes Tigerjahr
1999	weibliches gelbes Hasenjahr
2000	männliches weißes Drachenjahr
2001	weibliches weißes Schlangenjahr
2002	männliches schwarzes Pferdejahr
2003	weibliches schwarzes Schafsjahr
2004	männliches blaues Affenjahr
2005	weibliches blaues Hahnjahr

Monate

erster Frühlingsmonat	Januar	Tiger
mittlerer Frühlingsmonat	Februar	Hase
letzter Frühlingsmonat	März	Drachen
erster Sommermonat	April	Schlange
mittlerer Sommermonat	Mai	Pferd
letzter Sommermonat	Juni	Schaf
erster Herbstmonat	Juli	Affe
mittlerer Herbstmonat	August	Hahn
letzter Herbstmonat	September	Hund
erster Wintermonat	Oktober	Schwein
mittlerer Wintermonat	November	Maus
letzter Wintermonat	Dezember	Rind

Zeitungen und Zeitschriften

Siehe unter „Staat und Gesellschaft, Medien".

Zeitverschiebung

Der Zeitunterschied zu Deutschland beträgt +7 Stunden, in der Sommerzeit +6. Nach einigen Jahren, in denen das Land auch die Umstellung zwischen Sommer- und Winterzeit mitmachte, hat man seit 1999 wieder darauf verzichtet, da sich der ökonomische Nutzen nicht zeigte. Die Zeitumstellung stieß bei den Bürgern auf wenig Gegenliebe. Außerhalb der großen Städte fand sie ohnehin nie Akzeptanz. Damit ist nun der zeitliche Gleichklang zu China wieder hergestellt, das auch nicht umstellt.

Einreise

Siehe Abschnitt „Vor der Reise" unter „An- und Weiterreise".

Ausreise

Bei der Ausreise sollte man unbedingt darauf achten, dass sich im Gepäck nichts befindet, was Schwierigkeiten beim Zoll machen könnte. Im Groben sind das **Antiquitäten** (selbst wenn man sie problemlos erwerben konnte), religiöse Gegenstände, Dinosauriereier, Jagdtrophäen, Felle, Mineralien, Pflanzen, Gegenstände aus Metall (vor allem Silber, Messing und Kupfer – es sei denn, sie sind überdeutlich als neu zu erkennen), alter Schmuck o. Ä. Große Souvenirläden und *„Art-Shops"* stellen auf Wunsch eine Bescheinigung aus, die dem Zoll signalisiert, dass es sich um für Touristen hergestellte Artikel oder um rechtmäßig erworbene Antiquitäten handelt.

Man kann sich nicht darauf verlassen, dass das Zollpersonal sachkundig ist. In den letzten Jahren wurden Touristen z.T. sogar wegen einiger als Andenken gesammelter Kieselsteine am Zoll festgehalten – schließlich ist die Ausfuhr wertvoller Mineralien verboten! Verlassen kann man sich auch nicht darauf, dass das Gepäck schon nicht so genau durchsucht wird – die Röntgengeräte am Flughafen in Ulan Bator sind auf dem neuesten Stand der Technik. Und man wird hier eher das Flugzeug zu spät starten lassen, als nicht jede Tasche genau kontrolliert zu haben. Im Zweifelsfalle fliegt man später – mitunter Tage später.

Bei der **Einreise in europäische Länder** gelten die jeweiligen nationalen Bestimmungen. Selbstverständlich verboten und strafbar ist die Einfuhr von geschützten Pflanzen, Tieren und Tierprodukten nach dem **Washingtoner Artenschutzabkommen.**

m4 Foto: st

Land und Natur

l2 Foto: st

m6 Foto: st

Einer der acht Seen von Naiman Nuur

Einsamkeit im Norden der Mongolei

Im Frühjahr bekommt die Steppe Farbe

Geographie

Überblick

Das **Staatsgebiet** der Mongolei umfasst 1.566.500 km² (Deutschland 356.973 km²). Es erstreckt sich von 41 bis 51 Grad nördlicher Breite (das ist etwa zwischen Neapel und Bielefeld) über 1250 km und von 88 bis 118 Grad östlicher Länge über 2370 km.

Historisch umfasste die Mongolei das Hochland zwischen der Chinesischen Mauer und Sibirien, begrenzt im Westen durch das Altaigebirge, im Osten durch den Großen Chingan. Die **Wüste Gobi** bildet das Zentrum dieses Gebietes und teilt das Land in die nördliche „Äußere Mongolei", das Staatsgebiet der heutigen Mongolei und die „Innere Mongolei", die ein autonomes Gebiet innerhalb der Voksrepublik China ist.

Die Mongolei ist ein typisches **Hochland,** in dem Wüsten- und Steppengebiete dominieren. Etwa 80 % des Territoriums liegen höher als 1000 m; die Durchschnittshöhe beträgt 1580 m. Der **höchste Punkt** des Landes ist mit 4374 m der Chujten uul (auch Nairamdal-Gipfel) im Mongolischen Altai, der **niedrigste Punkt** mit 532 m der Chuche nuur im Dornod-Aimak.

Fast zwei Drittel des Landes nehmen die **Gebirgsmassive** des Changaj, des Mongolischen und des Gobi-Altai ein. Ihre höchsten Gipfel erreichen mehr als 4000 m. Diese schließen weiträumige Becken ein, in denen sich zahlreiche **Endseen** befinden. Der Osten der Mongolei wird geprägt von flachwelligen, wenig abwechslungsreichen Landschaften.

Durch die Mongolei verläuft die **Hauptwasserscheide Asiens,** die das Land in ein abflussloses zentralasiatisches Becken im Süden und in zwei Abflussgebiete teilt, die in Richtung Nördliches Eismeer bzw. Stillen Ozean entwässern. Die abflusslosen Gebiete machen etwa zwei Drittel der Landfläche aus.

Klima

Das Land in seiner gewaltigen territorialen Ausdehnung gliedert sich in **verschiedene Klimazonen.** Von den südlichen Ausläufern der sibirischen Taiga im Norden bis in die extrem trockenen Regionen der Gobi im Bereich der chinesischen Grenze im Süden ist eine große Bandbreite an klimatischen Besonderheiten zu beobachten, die das Bereisen der Mongolei zu einem Erlebnis werden lassen.

In der Mongolei scheint bis zu 3200 Stunden die Sonne, das sind etwa 260 Tage. Sie zählt damit zu den **sonnenreichsten** Ländern der nördlichen Hemisphäre. Es herrscht ein **extremes Kontinentalklima** mit schneearmen, sehr langen und strengen **Wintern,** die durch kurze, niederschlagsreiche, warme, aber selten wirklich heiße **Sommer** abgelöst werden. Die **Übergangsjahreszeiten** dauern kaum länger als 4 bis 5 Wochen. Innerhalb eines Tages können die **Temperaturen** bis zu 30 °C und mehr schwanken.

Flüsse

In Richtung **Nördliches Eismeer** entwässernd:

Orchon	1124 km
Tuul	819 km
Selenge	593 km
Eg	475 km
Ider	452 km
Delger	445 km
Chanuj	421 km
Tschuluut	415 km
Jeröö	323 km
Charaa	291 km

In Richtung **Stiller Ozean** entwässernd:

Cherlen	1090 km
Ulds	420 km
Onon	296 km
Chalchyn gol	233 km

In Richtung **zentralasiatisches Becken** entwässernd:

Dsawchan	808 km
Chowd	516 km
Ongi	435 km
Tes	430 km
Bajdrag	310 km
Bulgan	250 km
Tujn	243 km

Seen

Uws	3350 km²
Chuwsgul	2620 km²
Char us	1852 km²
Chjargas	1407 km²
Bujr nuur	615 km²
Char nuur	575 km²
Durgun	305 km²
Atschit	297 km²
Böön zagaan nuur	252 km²
Uureg	238 km²
Telmen	194 km²
Sangijn dalaj	165 km²
Airag	143 km²
Orog	140 km²
Terchijn zagaan nuur	61 km²

Berge

Mongolischer Altai

Chujten uul	4374 m
Munk chajrchan uul	4204 m
Tzast uul	4193 m
Tzambagaraw uul	4165 m
Sutaj uul	4090 m
Charchiraa uul	4037 m
Ich turgen uul	4029 m
Baatar chajrchany nuruu	3984 m
Sajr uul	3984 m
Turgen uul	3965 m
Tengel chajrchan uul	3943 m
Adsh bogd uul	3802 m
Dshargalant chajrchan uul	3797 m
Gitschgenij nuruu	3769 m
Burchan buudaj uul	3765 m
Chasagt chajrchan uul	3578 m
Bumbat chajrchan uul	3464 m
Serch uul	3155 m
Chan tajscharyn nuruu	3070 m

Gobi Altai

Ich bogd uul	3957 m
Baga bugdo uul	3590 m
Bajan tzsgaan uul	3452 m
Garwan sajchny nuruu	2825 m
Sewree uul	2632 m
Attz bogd uul	2477 m

Changaj

Otgon tenger uul	4021 m
Erchet chajrchan uul	3535 m
Dulaan chajrchan uul	3266 m
Dsurchijn chunch uul	3227 m
Suwrage chijrchan uul	3179 m
Duulga uul	2928 m

Chuwsgul

Munk saridag uul	3491 m
Delger chan uul	3093 m
Buren togtoch uul	2532 m
Ulaan tajga uul	3022 m

Chentij

Asral chajrchan uul	2800 m
Chijdijn saridag uul	2665 m
Chentej chan uul	2362 m
Bogd chan uul	2265 m

Durchschnittstemperatur in °C *Durchschnitt -2,9°C*

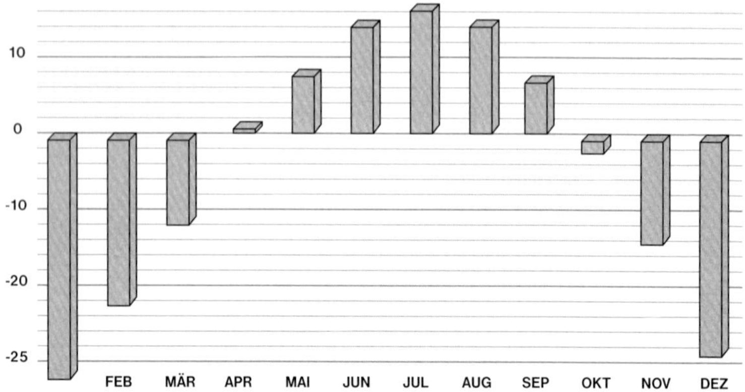

Luftfeuchtigkeit in Prozent

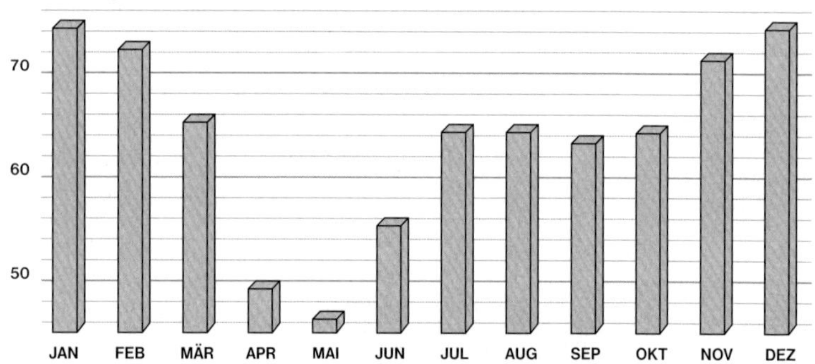

Mittlere Niederschlagsmenge pro Monat in mm *insgesamt 233 mm*

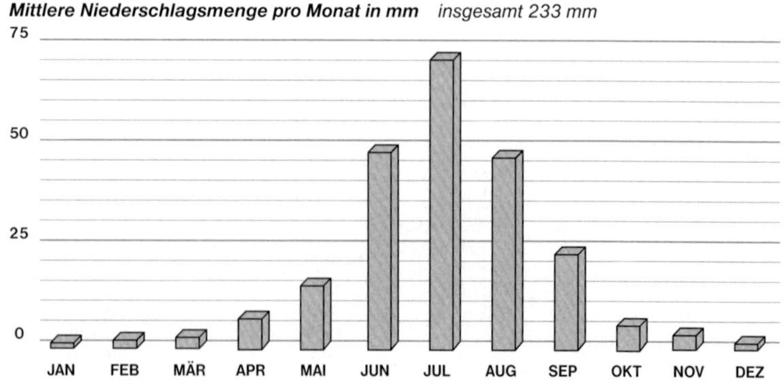

Schwarze und weiße Dürre, Wald- und Steppenbrände

Anders als in Europa, wo das Wort **Dürre** mit dem Ausbleiben von Niederschlägen in Verbindung gebracht wird, verstehen die Mongolen unter Dürre *(zud)* den Umstand, dass dem Vieh der **Zugang zur Weide unmöglich** wird. Dies kann nicht nur in trockenen Sommern passieren, wenn die Vegetation förmlich auf dem Halm verdorrt oder gar nicht erst wächst, sondern auch im Winter, wenn starker Schneefall das auf dem Halm stehende Heu unter sich begräbt. Gegen die sommerliche „schwarze Dürre" *(char zud)* können sich die Viehhalter, sofern sie lokal begrenzt bleibt, noch wehren, indem sie in Gegenden ziehen, wo das Gras gut gedeiht. Aus der „weißen Dürre" *(cagaan zud)* gibt es jedoch kaum ein Entrinnen. Der hohe Schnee, verbunden mit oft tagelangen eisigen Stürmen, verhindert jeglichen Umzug. Oft können den im Schnee eingeschlossenen Familien selbst schwere Kettenfahrzeuge nicht mehr zur Hilfe kommen. In den Wintern 1999 und 2000 erreichte der Schnee in den westlichen Landesteilen und sogar in der Gobi bisher nie dagewesene Höhen. Etwa 10 % des gesamten Viehbestandes und eine größere Zahl von Menschen kam in den weißen Fluten um.

Dieses Beispiel erklärt, was die Viehzüchter meinen, wenn sie davon reden, mit ihrer Wirtschaft in vollem Maße von der „Gnade des Himmels" abhängig zu sein. Nicht zufällig haben die Steppenbewohnern bis heute starke animistische Religionsvorstellungen bewahrt

Eine gewisse **Prävention** gegen beide Formen der Dürre stellt die **Heubevorratung** dar. Problematisch hierbei ist, dass die Vegetation in potentiell dürregefährdeten Gebieten auch in normalen Jahren kaum eine Heumahd zulässt. In planwirtschaftlichen Zeiten fuhren alljährlich ganze Kolonnen von abenteuerlich hoch mit Heuballen beladenen Lastzügen aus den nördlichen in die südlichen Landesteile. Heute, da die Herden wieder im Privatbesitz der Nomaden sind, kann dieses System nicht aufrecht erhalten werden, kostet ein Kilogramm Heu am Zielort doch fast soviel wie ein Kilogramm Fleisch.

Ein anderes, den Herdenbesitz und Leib und Leben der Viehhalter permanent bedrohendes Problem sind **Wald- und Steppenbrände.** Jeder von uns kennt sicher die Fernsehbilder von ähnlichen Katastrophen in Australien oder den USA. Selbst modernste Löschtechnik und ein gewaltiger Einsatz von Menschen und Material können die Flammen nicht nennenswert eindämmen. Es bleibt nur die Hoffnung auf einen starken Regenguss. Steppenbrände in der Mongolei sind eine alljährlich dutzendfach wiederkehrende Erscheinung. Sie werden ausgelöst durch den unachtsamen Umgang mit Feuer, durch Funkenflug aus Jurtenschornsteinen oder aus Auspuffanlagen usw. Besonders wenn der Brand von starkem Wind begleitet wird, bleibt jede Mühe vergeblich, ihn eindämmen zu wollen. Wo sollen in der weiten Steppe auch innerhalb kürzester Zeit genug Löschfahrzeuge und Feuerwehrmänner herkommen, die den Brand bekämpfen, solange er noch überschaubar ist. Nicht selten sind von einem Brand mehrere Sums betroffen. Selbst Fälle des „unerlaubten Grenzübertritts" nach China oder Russland kommen immer wieder in beiden Richtungen vor.

Wildtiere fallen Wald- und Steppenbränden ebenso zum Opfer wie die Herden der Nomaden. Nicht selten reicht die Zeit nicht, um die Jurte abzubauen, so dass auch sie innerhalb von Minuten zu Asche wird. Selbst wenn die Nomadenfamilie den Flammen noch einmal entkommen sein sollte, steht sie vor dem Problem, oft lange Wege zurücklegen zu müssen, um andere Weideflächen zu erreichen. Da sie nicht die einzige Familie ist, sondern bisweilen Tausende andere ihr Schicksal teilen, kann das mitunter eine Wanderung von mehreren hundert Kilometern bedeuten.

Winter

Die absoluten **Tiefsttemperaturen** erreichen im Winter in Tallagen −40 °C und weniger. Der Frost dringt bis zu 4 Meter tief in den Boden ein. Der kurze Sommer reicht in bestimmten Gebieten nicht aus, um den Boden gänzlich aufzutauen. Ulan Bator ist mit einer **Jahresdurchschnittstemperatur** von −4 °C und Tiefsttemperaturen bis −47 °C nicht von ungefähr die kälteste Hauptstadt der Welt. Bedingt durch das aride Klima ist der Winter jedoch auch für Europäer gut zu ertragen und hat mit seinem garantiert wolkenlosen Postkartenhimmel seine Reize. Eine geschlossene **Schneedecke** bildet sich nur in wenigen Wintern aus.

Sommer

Im Sommer ist es im Allgemeinen warm, nur in der **Gobi** muss mit extremer Hitze von über +40 °C gerechnet werden. Sobald die Sonne aber untergegangen ist, wird es selbst dort recht frisch. Überhaupt muss man bis Anfang Juni und dann wieder ab Ende August nachts mit Bodenfrost rechnen. Die in manchen Jahren reichhaltigen **hochsommerlichen Regenfälle** lassen die Changaj- und Chentij-Region im Schlamm versinken und stellenweise unpassierbar werden. Deshalb eignen sich für Touren über Land die Zeiträume von Ende Mai bis Ende Juni und dann wieder von Mitte August bis Mitte September am besten.

Die Grassteppe zieht sich über weites Hügelland

Flora

Unabhängig von der **sehr kurzen Vegetationsperiode** überrascht die Mongolei mit einer **äußerst vielfältigen Flora.** Besonders reizvoll sind der mongolische Frühling und Sommer, wenn die Steppe innerhalb weniger Wochen in ungeahnter Farbenpracht und Artenvielfalt – bekannt sind fast 2500 verschiedene Pflanzenarten – erblüht. Vor allem seltene und hochalpine Gewächse begeistern nicht nur den Kenner. Wer jemals knöcheltief in einer bis an den Horizont reichenden Wiese voller Edelweiß oder Enzian stand oder bis zu den Knien in einem Teppich aus feuerroten Türkenbund-Lilien versunken ist, wird nicht glauben wollen, dass der ganze Zauber in wenigen Wochen schon wieder vorbei sein soll. Besonders faszinierend ist es, wenn man von den Höhen des Changaj-Gebirges oder dem Rücken des Gobi-Altai in einer guten Tagesreise bis in die Wüste Gobi hinabsteigt und dabei fast alle Vegetationszonen durchläuft.

Vegetationszonen

Hochgebirgszone

Diese alpine Landschaft des Chentij-, Changaj-, Altai- und Chuwsgul-Gebirges ist charakterisiert durch niedrigwachsende Nadelbäume und Wiesen-

101mo Foto: st

flächen. Weniger verbreitet sind zwischen Gletscherflächen und Geröllfeldern liegende Hochmoore und Gebirgstundra.

Gebirgstaiga

Sie ist vor allem im Chentij- und Chuwsgul-Gebirge anzutreffen und wird charakterisiert von geschlossenen Zedern-, Fichten,- Kiefern- und vor allem Lärchenwäldern. In tieferer Lage sind ausgedehnte Flächen mit Strauchbewuchs, Farnen und Flechten auf sumpfigem Boden typisch.

Gebirgswaldsteppe

Charakteristisch für diese Vegetationszone, die etwa die Hälfte des Gesamtterritoriums der Mongolei ausmacht, sind kleinere Bestände an reinen Birken oder Birken-Lärchen-Mischwald, die durch starkes Unterholz durchsetzt sind. Wo Wassermangel infolge starker Sonneneinstrahlung oder niedrige Temperaturen die Lebensbedingungen für den Wald verschlechtern, breitet sich die Steppe aus. Dieser Umstand ist für die grobe Orientierung im Gelände recht nützlich: Immer da, wo Baumwipfel in der Form eines Irokesenschnittes über die Hügel ragen, ist Norden.

Steppe

Der Name Mongolei wird im Allgemeinen mit unendlich weiten Steppen verbunden, wobei Steppe oft gleichgesetzt wird mit Grasland. Dabei besteht die Steppe nicht nur – wie vielfach angenommen – aus Grasgewächsen, sondern ist durchsetzt von einer großen Vielfalt an Blumen und Kräutern. In der traditionellen mongolischen Heilkunst werden etwa 400 verschiedene Heilkräuter verwendet, die in letzter Zeit auch zunehmend exportiert werden.

Besucher der Mongolei wundern sich oft über den intensiven Wermutduft, den die Steppe vielerorts verströmt. Wer ausgedehnte Steppenflächen wogenden Graslandes erleben möchte, sollte den Osten der Mongolei bereisen. Im zentralen Teil der Steppenzone sind in den 50er und 60er Jahren große Neulandflächen zu Äckern umgebrochen worden.

Wüstensteppe

Je weiter man nach Süden kommt, desto spärlicher wird die Vegetation. Dominant sind hier Federgräser und wilde Zwiebelgewächse. Die Art der pflanzlichen Nahrung nimmt offensichtlich Einfluss auf den Geschmack des Fleisches der Herdentiere. Wir kennen eine Reihe von Mongolen, die behaupten, unterscheiden zu können, ob der Hammel, den sie gerade zu sich nehmen, aus der Gobi oder aus dem Changaj-Gebirge stammt.

Wüstenzone

Zwischen unendlichen Geröllfeldern und gelegentlichen Sanddünen gedeiht nur noch eine begrenzte Artenzahl. Die an extreme Trockenheit angepassten Pflanzen aber sind es, die tierisches und damit auch menschliches Leben in der Gobi überhaupt erst ermöglichen. Kennzeichnend sind neben verschiedenen anspruchslosen Gräsern und Salzkräutern vor allem knorrige Saxaul-Gewächse, die sehr langsam wachsen und in Jahrhunderten ein weit verzweigtes, tiefes Wurzelnetz entwickeln. Die Bäume sind für die Eindämmung der Winderosion in der Wüste von großer Bedeutung.

Fauna

Als einer der größten zusammenhängenden, von Menschenhand nahezu unberührten Naturräume Asiens bietet die Mongolei auch im Hinblick auf die Tierwelt einige Superlative. Hier leben die letzten **Wildkamele** der Welt ebenso wie **wilde Steinböcke** (Jangir) und **Wildschafe** (Argali), die ob ihres gewaltigen Gehörns eine begehrte Jagdtrophäe sind. Den Gobi-Altai durchstreifen **Schneeleoparden,** die im Roten Buch der geschützten Tiere stehen. Südlich davon, im Transaltai-Gebiet, lebt eines der seltensten Säugetiere der Welt, der **Gobi-Bär,** den allerdings kaum ein Besucher jemals zu sehen bekommen wird. Im Gegensatz dazu werden die östlichen Steppengebiete von schier unüberschaubar großen **Gazellenherden** bevölkert, auf die ein Reisender ganz zwangsläufig treffen wird.

Auch domestizierte Kamele leben frei. Die Hengste kehren nur zur Brunftzeit zur Herde zurück

Zu den Besonderheiten der Stadt Ulan Bator gehört es, dass riesige **Maral-Hirsche** ohne Scheu bis in die Innenstadt kommen und in den kleinen Parkanlagen des Zentrums äsen. Autofahrer haben allen Grund sich zu beschweren, dass die Hirsche die Ampelanlagen beim Außenministerium missachten.

Entgegen allen Jägerlateins ist uns in der Hauptstadt jedoch noch nie ein **Wolf** über den Weg gelaufen, obwohl der Bestand größer sein soll als die Einwohnerzahl der Mongolei und phantasiebegabte Zeitgenossen hartnäckig behaupten, man könne sie nachts am Stadtrand heulen hören. Wölfe sind extrem scheu und greifen Menschen nur dann an, wenn sie sich in einer ausweglosen Lage sehen. Für die Nomaden jedoch stellen Wölfe ein echtes Problem dar, weil sie vor allem im Frühjahr, wenn die Jungtiere geboren werden, in die Herden einfallen und erhebliche Schäden anrichten. Deshalb zahlt der Staat für den Abschuss der Wölfe hohe Prämien. Interessant ist, dass das Wolfsfell von Mongolen nicht geschätzt und nicht einmal zum Auskleiden von Stiefeln genutzt wird. Im Gegensatz dazu werden dem Wolfsfleisch Heilkräfte bei Lungenkrankheiten zugeschrieben. Noch weiter in den Bereich der Magie geht die Vorstellung, dass der Wunsch nach einem Kind erfüllt wird, wenn man Sprunggelenkknochen von Wölfen bei sich trägt.

In noch weitaus größerer Zahl als Wölfe besiedeln **Murmeltiere** die Steppe. Alljährlich werden weit mehr als eine Million der großen Nager gejagt. Genutzt wird in erster Linie das Fell, das zur Herstellung von Winterbekleidung dient. Murmeltierfett ist ein pharmakologisch anerkanntes

Foto: st095mo

Heilmittel bei Rheumaerkrankungen und wird in großen Mengen zur Salbenherstellung exportiert. Der wahre Grund für die hohe Wertschätzung des Murmeltiers ist jedoch, dass das Fleisch als Leckerbissen gilt, der jedem Mongolen das Wasser im Munde zusammenlaufen lässt.

Zu den sehr seltenen Spezies gehören **Przewalski-Pferde,** die sich durch eine kurze stehende Mähne und einen dunkelbraunen Rückenstrich auszeichnen. Przewalski-Pferde wurden Anfang der 90er Jahre im Gobi-Altai und ca. 100 km westlich von Ulan Bator im Gebiet Chustajn Nuruu in zwei Herden von nachgezüchteten Tieren ausgesiedelt, die sich heute gut an das Leben in der Steppe gewöhnt haben. Inzwischen ist der Bestand allein in Chustajn Nuruu auf über 100 angewachsen, darunter auch 47 dort geborene Jungtiere. Wenn der Bestand ca. 400 Exemplare erreicht hat, kann mit der Auswilderung begonnen werden. Die auch als Urpferde geltenden Tiere, kamen zum Ende der Eiszeit selbst in Europa vor. Sie waren in den 50er Jahren als lästiger Nahrungskonkurrent für die Nomadenherden in der Mongolei ausgerottet und nur noch in geringer Zahl in europäischen Zoos gehalten worden.

Greifvögel, die in Europa kaum noch in freier Natur anzutreffen sind, gibt es in der Mongolei in großer Zahl. Besonders beeindruckend sind die **Adler,** die man hier und dort in der Steppe antrifft. Will man sich ihnen zum Fotografieren nähern, stellt man bald fest, dass sie die Größe eines deutschen Schäferhundes erreichen. Mitunter haben sie sich am Aas so sattgefressen, dass sie der Mageninhalt regelrecht an den Boden kettet und sie sich nur noch als „Fußgänger" fortbewegen können.

Der **Fischreichtum** der Mongolei ist überraschend. Besonders begeistert die Angler das Vorkommen von **großen Raubfischen** wie Hecht und Lachs. Forellen findet man in fast jedem größeren, fließenden Gewässer. Verwunderlich ist, dass die Mongolen dem Verzehr von Fisch im Allgemeinen keinen Geschmack abgewinnen können, so dass die Bestände in den meisten Seen und Flüssen nach wie vor üppig sind. Weil kaum geangelt wird, schnappen die Räuber bedenkenlos nach allem, was interessant aussieht. Man braucht hier zum Angeln keine aufwändige Spezialausrüstung, mongolische Kinder fischen buchstäblich mit umgebogenen Nägeln als Haken, die sie ohne eine Angelrute ins Wasser werfen.

Umwelt- und Naturschutz

Natur pur

Der Grund, aus dem vermutlich die meisten Leute in die Mongolei reisen, ist die **Unberührtheit der unendlich weiten Steppe.** Und tatsächlich ist dies auch der erste Eindruck, den man bereits bei der Anreise erhält. Sei es aus dem Zug oder vom Flugzeug herab – soweit das Auge reicht, reichen auch Grasland, Gebirge und Gobi. Nur sehr selten eine Straße oder Stadt, an der sich das Auge verfängt, nur hier und da ein Punkt - eine einsame Jurte - oder die Staubwolken hinter davonpreschenden Pferden.

Auch wenn der optische Eindruck von Ulan Bator zunächst durch die Silhouette seines hässlichen Heizkraftwerks geprägt ist, kann man, kaum in der Stadt angekommen, auch hier die Steppe spüren. Die Straßen sind weit und großzügig angelegt und geben fast überall den Blick auf Berge und Grasland frei. Die Fahrt in die Stadt selbst wird nicht selten begleitet durch erste Reiter, die in ihrer farbenfrohen Nationaltracht den Autos nachjagen.

Überall in der Mongolei wird man täglich Reiter und **Tiere** zu sehen bekommen; sei es ein Nomade, der sein Pferd an der roten Ampel zügelt oder die grasende Kuh vor dem Parlament. Es ist schon ein Erlebnis, wenn man, kaum aus der Stadt heraus, riesige Pferdeherden durchs Grasland streifen sieht, wenn eine Kamelkarawane über den Horizont zieht oder die berühmten mongolischen Fettschwanzschafe zu Hunderten den Wegrand säumen. Aber auch wilde Tiere gibt es genug zu bestaunen. In den Sommermonaten kann man überall Ziesel und Murmeltiere in ihre Löcher huschen sehen. In der Dämmerung kommen die großen Maralhirsche bis in die Stadt und wer sich ins Hochgebirge wagt, kann darauf hoffen, eines der letzten Wildschafe dieser Erde zu sehen.

Wer **Blumen** liebt, sollte Mitte Juni bis Mitte August die Mongolei bereisen. In dieser Zeit blühen in der Steppe Lilien und Orchideen in allen nur erdenklichen Farben um die Wette. Wo bei uns der Fund eines einzigen Edelweiß das Herz eines Blumenfreundes auf Jahre hinaus höher schlagen lässt, kann man sich hier in Wiesen sinken lassen, die bis zum Horizont Blüte an Blüte mit Edelweiß übersät sind. Bei diesen Mengen ist es kein Wunder, dass Edelweiß in der Mongolei nicht unter Naturschutz steht und Sie ruhig einen Strauß pflücken können.

Nicht nur Blumenfreunde kommen auf ihre Kosten. Der berühmte, ewig blaue mongolische Himmel, die reine Luft, die kristallklaren Flüsse (wann haben Sie zum letzten Mal aus einem Fluss getrunken?), Gebirge und Hochgebirge, Taiga, Steppe und Wüste belohnen alle Besucher gleichermaßen für die Strapazen der langen Anreise. Und wer nur ein einziges Mal nachts Hunderte von Kilometern von der nächsten Lichtquelle entfernt in den Sternenhimmel geblickt hat, der wird - wieder zu Hause - noch lange sehnsüchtig an die Mongolei und ihre Unberührtheit zurückdenken.

Naturschonung in der Vergangenheit

Es ist offensichtlich, dass der schonende Umgang mit der Natur für ein Nomadenvolk eine Frage des eigenen Überlebens und das der Kinder und Enkel ist. Außerdem war die mongolische Bevölkerung Jahrhunderte lang so gering, dass die Steppe ihre Bewohner problemlos ernähren konnte.

Fragen des Umgangs mit der Natur wurden erstmals im 13. Jahrhundert in der von *Tschingis-Khan* verabschiedeten **Yassa,** dem ersten Gesetzbuch der Mongolen, schriftlich fixiert. Geregelt wurden u.a. die Jagd- und Schonzeiten, selbst für Pflanzen. So war z.B. das Sammeln von Zwiebelgewächsen erst erlaubt, wenn die Samen ausgefallen waren. Auch Bestimmungen für die Hygiene gab es. Verboten war u.a. das Urinieren oder das Schlachten in Wassernähe. An Quellen durfte nicht gesiedelt werden. Siedlungsabfall durfe nicht am verlassenen Standort der Jurte zurückbleiben usw. Bei Missachtung der Vorschriften drohten harte Strafen. Zweifelsohne reicht der Ursprung dieser Regelungen jedoch viel weiter in die Geschichte zurück.

Einen ehrerbietigen Umgang mit der Natur zu pflegen, war und ist auch wesentlicher Inhalt animistischer und schamanistischer **Glaubensauffassungen.** Verehrt werden neben dem „ewig blauen Himmel" auch Berge, Flüsse und Quellen. Auch aus vielen geographischen Bezeichnungen ist die Achtung vor der Natur abzulesen.

Die an vielen Stellen des Landes vor allem auf Berggipfeln und Pässen anzutreffenden, mit Opfergaben geschmückten **Steinsetzungen,** die *Owoos,* symbolisieren die Ehrfurcht sowohl der Ortsansässigen wie der Reisenden vor den Berg- und Wegegeistern.

Vielfach wird die Frage nach der eigenwilligen Form der mongolischen **Reiterstiefel** mit den nach oben gebogenen Spitzen so beantwortet, dass es für jeden gläubigen Buddhisten strenges Gebot war, jegliche Kreatur zu achten. Dazu gehören auch die Bewohner des Erdreiches, denen mit einer normalen Schuhspitze eventuell Schaden zugefügt werden könnte.

Die Nomaden verstehen es bis heute gut, aus Naturerscheinungen Rückschlüsse auf die Wetterentwicklung zu ziehen. Ein prächtiger Bewuchs der Steppe mit Edelweiß deutet auf einen schneereichen Winter hin. Der gleiche Schluss ist aus einer frühen Brunst der Hirsche oder aus einem besonders kräftiger Fettansatz der Murmeltiere zu ziehen.

Mit Stolz berichten die Mongolen ihren Besuchern, dass der Bogd-Uul, das Gebirgsmassiv unmittelbar südlich von Ulan Bator, **seit 1778 unter Naturschutz** steht und damit eines der ältesten, wenn nicht gar das älteste Schutzgebiete der Welt überhaupt ist.

Umweltprobleme in der Gegenwart

Zu nennenswerten Umweltproblemen kam es eigentlich erst im 20. Jahrhundert im Zuge der **Industrialisierung und Urbanisierung.** Der Bau von Häusern, Industrieanlagen und Straßen erforderte große Mengen von Bauholz, Sand, Kies, Schotter, Zement usw., deren Gewinnung und Herstellung immer mit massiven Eingriffen in die Natur verbunden sind.

Besonders augenfällig ist die zumeist durch Kahlschlag betriebene **Dezimierung des Waldes.** Innerhalb der letzten 40 Jahre ging der Waldbestand von über 9 % auf 6,4 % der Gesamtfläche der Mongolei zurück. Das Holz fand nicht nur als Bau- und Brennholz in den neu entstandenen Städten und Siedlungen Verwendung, ein erheblicher Teil wurde und wird auch exportiert. Rekultivierungsmaßnahmen stecken noch in den Anfängen. Eine Regeneration auf natürliche Weise erfolgt wegen des trockenen Kontinentalklimas nur sehr langsam.

Im Frühjahr 1996 gingen Bilder von brennenden mongolischen Wäldern und Steppen durch die internationalen Medien. Solche **Brände** sind für das Land an sich nichts außergewöhnliches, in dieser Dimension waren sie jedoch bislang unbekannt. Die Folgen für die Steppe sind nur marginal. Auch der Wald regeneriert sich nach einem solchen Brand bemerkenswert schnell. Nachhaltige Schäden entstehen vor allem dann, wenn die Wurzeln oder die Rinde stark angegriffen werden. Derart tiefgreifend geschädigt werden jedoch die wenigsten Bäume.

Ende der 1950er, Anfang der 1960er Jahre wurden die Viehhalter in staatlichen Genossenschaften zusammengefasst und damit de facto enteignet. Aus ökologischer Sicht hatte die **Kollektivierung** den Effekt, dass die traditionelle Weidewirtschaft mit einem gemischten Herdenbestand verloren ging. Die Zahl der Tiere je Herde wurde stark vergrößert und der Gesamttierbestand nach Art und Geschlecht umsortiert. Die hohe Haustierdichte, gepaart mit den jeweils unterschiedlichen Fressverhalten einzelner Arten, die bestimmte Pflanzenarten bevorzugen, führte zur **lokalen Überweidung** und der Ausrottung von Arten an bestimmten Standorten.

Die großflächige Neulandgewinnung, die ebenfalls in dieser Zeit einsetzte, zeigte nur in den ersten Jahren gute Ernteergebnisse. Schnell war der Boden ausgelaugt und von der **Erosion** abgetragen. Angriffspunkte für die Erosion sind ferner Bergwerke, Gruben zur Gewinnung von Sand und Schotter sowie Flächen, die durch militärische Nutzung geschädigt wurden.

Eines der Kernprobleme ist, dass eine immer größer werdende Bevölkerung, die ihre Einkommen überwiegend oder ausschließlich über ihren Besitz an Herdentieren realisiert, sich eine immer kleiner werdende Weidefläche teilen muss. Auch der Verfall von in den 60er bis 80er Jahren mit großem technischen und finanziellen Aufwand angelegten mechanischen oder mit Motorkraft betriebenen Tiefbrunnen, die ansonsten für die Weidewirtschaft nicht nutzbare Flächen erschlossen, trägt zur **Zunahme der Weidelast** bei.

Mongoleibesucher können sich, wenn sie mit dem Flugzeug über Ulan Bator anreisen, bereits während des Landeanfluges und dann während ihrer Fahrt in die Stadt einen guten Eindruck von Erosion und Überweidung verschaffen.

Moderner Umweltschutz

Bis 1990 spielte der Umwelt- und Naturschutz in der Politilk der Mongolei eine äußerst untergeordnete Rolle.

Hochwasser

Entgegen allen Klischees, nach denen die Mongolei ein Wüstenstaat oder zumindest ein sehr trockenes Land ist, gehören Hochwasser zu den regelmäßig vorkommenden Naturkatastrophen des Landes. Mit zunehmender Urbanisierung, die einhergeht mit massivem Holzeinschlag um die Städte und Siedlungen herum, sowie den schweren Erscheinungen der **Bodenerosion** durch Entwaldung, unsachgemäßen Ackerbau, Aufschließung von neuen Bergwerken, Kiesgruben, Steinbrüchen u.a. m. werden die vom Hochwasser angerichteten Schäden jährlich größer. Sie wären bei einer dichteren Besiedlung zweifelsohne noch weitaus höher.

Unterschieden werden Hochwasser infolge von kurzen, kräftigen Regenfällen (Juni bis September), heftiger Schneeschmelze durch plötzliche drastische Erwärmung (April, Mai) und hohen Pegelständen der Gebirgsflüsse nach lang anhaltenden Regenfällen (Sommermonate).

Besonders **stark betroffen** sind naturgemäß die Gebirgsregionen des Changaj, Chentij und die im Gebiet des Chuwsgul-Sees. Im Altai ist die Hochwassergefahr durch seine weiter südliche Lage geringer. Hier hat lediglich das Schmelzhochwasser Bedeutung. Selbst in der Wüste Gobi kommt es in den Sommermonaten immer wieder zu Hochwassern, denen mitunter Vieh oder gar Menschen zum Opfer fallen.

Eine selten vorkommende Sonderform des Hochwassers ist das **Hagel-Hochwasser.** Am 6.8.1987 gegen 17.00 Uhr kam es im Suchbaatar-Aimak, also einem Gebiet, das der Halbwüste und Wüste zugeordnet wird, im Bereich der Brigade Chongor zu einem heftigen Hagelschauer, der 532 Schafe, die sich in einer Umzäunung aufhielten, erschlug. Ein Teil der Hagelkörner schmolz und verwandelte den Boden in tiefen Schlamm, in dem die Kadaver versanken. Andere Körner versiegelten diese Masse aus Schlamm und toten Tieren unter Eis, das selbst drei Tage danach noch nicht völlig geschmolzen war. Nur unter großen Anstrengungen konnten die Kadaver aus dem hart gefrorenen Boden geborgen werden.

Neben **menschlichen Opfern** und dem Verlust von Herdenvieh richten Hochwasser erhebliche **Schäden** an Brücken, Uferbefestigungen sowie Jurten und Gebäuden an, die im Einzugsbereich des Hochwassers liegen. Unter den Toten befinden sich besonders viele Kinder und alte oder gebrechliche Menschen. Da so gut wie kein Mongole schwimmen kann, werden aber auch gesunde, erwachsene Menschen bisweilen Opfer der Fluten.

Auch die Stadt **Ulan Bator** liegt in einem von Sommerhochwassern bedrohtem Gebiet. Zu einem besonders folgenschwerem Hochwasser kam es im 20. Jahrhundert z.B. 1915, 1934, 1959, 1966, 1967, 1982, 1987 und 1994, als die gesamte Innenstadt bis an den Fuß des Gandan-Hügels überflutet war. Im Hochwasser vom 10. bis 12.7.1966 kamen über 100 Menschen um, über 2000 vom Wasser Eingeschlossene konnten aus den Fluten geborgen werden. Über 13.000 Familien mussten evakuiert werden. Das öffentliche Leben lag nahezu eine Woche lahm. Die unterdimensionierte Kanalisation der Hauptstadt kommt aber auch bei normalen Regengüssen an den Rand ihrer Leistungsfähigkeit. Am 3.8.1982 fielen im Raum Ulan Bator innerhalb von nur 20 Minuten 44,2 mm Niederschlag. 87 Menschen verloren ihr Leben in den Fluten, die große Mengen Schlamm, Geröll und Holz mitführten.

Dem Staat fehlt es für wirkungsvolle **Schutzmaßnahmen** an Geld und qualifiziertem Personal. Die bestehenden Hochwasserschutzmaßnahmen in einer Gesamtlänge von 80,3 km sind fast ausnahmslos in sogenannten „Subbotniks", das sind „freiwillige" Arbeitseinsätze von Schülern, Studenten und Stadtbewohnern, errichtet worden. Modernen Anforderungen an die Konstruktion werden sie kaum gerecht.

Der schonende Umgang mit Ressourcen passte nicht in das planwirtschaftliche System. Erst **nach der politischen Wende** wurde am 15.07.1991 ein Regierungsbeschluss über die *Regelung der Schutzgebiete der Mongolei* verabschiedet, der später zu einem Schutzgebietsgesetz ausgebaut wurde, in dem internationale Schutzgebietskriterien berücksichtigt wurden.

Aufnahme in das Gesetz fand auch eine umfängliche Liste von Gebühren, die auf das Betreten von **Schutzgebieten** und die Nutzung natürlicher Ressourcen erhoben werden. Der Eintritt in ein Schutzgebiet ist in jedem Fall genehmigungs- und gebührenpflichtig, wobei sich die Tarife nach der Einstufung des Gebietes, der Anzahl der Personen und Fahrzeuge und der Dauer des Aufentalts richten. Jagd und Fischfang sind für Ausländer, wenn überhaupt erlaubt, auch außerhalb der Schutzgebiete gebührenpflichtig.

Wie aus der Vorstellung der Aimaks ersichtlich ist, hat sich seither einiges getan. Den vom Rio-Umwelt-Gipfel (1992) ausgegangenen Impulsen folgend, wurde im Frühjahr 1992 zwischen dem *WWF-International* und der mongolischen Regierung ein Vertrag über die **Ausweisung von Großschutzgebieten** geschlossen und das WWF-Projekt *Nationalparkprogramm der Mongolei: Schutzgebiete als Beitrag zur regionalen Entwicklung* begonnen.

Seit 1993 läuft ein Projekt der deutschen *Gesellschaft für Technische Zusammenarbeit* zum *Naturschutz und der Randzonenentwicklung*. Schwerpunkte dieses Projektes sind die Schutzgebiete Chentij (in den Aimaks Tuw, Chentij und Selenge) und Bogd gurwan sajchan (Südgobi). Der mongolische Staatspräsident P. Otschirbat, der bis 1997 amtierte, hat sogar mehrfach erklärt, sein Land strebe mittelfristig an, ein Drittel der Gesamtfläche unter Schutz stellen zu wollen. Erreicht waren Ende 1999 ca. 18,25 Mio ha. Das sind 11,6 % des Landesterritoriums. Die 42 Schutzgebiete werden in vier verschiedene Kategorien eingeteilt, in denen unterschiedlich strenge Auflagen gemacht werden.

Probleme nach der Wende

Den verstärkten Anstrengungen der mongolischen Regierung und der internationalen Gemeinschaft zur Wahrung der Natur und ihrer Ressourcen steht ein wachsender **illegal** gegenüber. Auf eine aus dem Wohlstandsschub in China resultierenden, drastisch gewachsene Nachfrage nach Heilkräutern, „Wunder- und Potenzmitteln" wird in der Mongolei durch eine verstärkte Wilderei reagiert. Illegal über die südliche Grenze verschoben werden u.a. verschiedene geschützte Heilkräuter, Bast- und Horngeweihe von Hirschen und Rentieren, Genitialien und Föten von Hirschen und die Drüsen von Moschustieren. Illegale Exportschlager sind auch Sauriereier und -knochen. Sie gelten in China als Relikte von Drachen, und die Einnahme von Trünken, denen pulverisierte „Drachenknochen" beigemischt sind, gilt als besonders lebensverlängernd.

e23 Foto: st

Staat und Gesellschaft

a7 Foto: st

f4 Foto: st

Gastfreundschaft wird groß geschrieben

Für ein kleines Pfeifchen ist immer Zeit

Nationalsport Ringkampf

Staatssymbole

Die aktuellen Staatssymbole wurden mit der Annahme der neuen Verfassung vom 14.2.1992 festgelegt.

Staatswappen

Das Staatswappen ist von runder Gestalt. Es wird umrandet von einem **Glücksknotenband,** das im unteren Teil in einen Fuß aus Lotusblüten des zehntausendjährigen Lebens mündet. Im Zentrum des Wappens befindet sich auf hellblauem, den ewig blauen Himmel symbolisierendem Hintergrund ein nach rechts schauendes, stilisiertes, von einem *Sojombo* durchwobenes **Pferd.**

112mo Foto: st

Das Sojombo, Staatssymbol der Mongolen

Das **Sojombo,** das auch in der Staatsflagge vorkommt, steht insgesamt für die Freiheit und Souveränität der Mongolei. Die dreizüngige Flamme symbolisiert die Vergangenheit, Gegenwart und Zukunft des Landes. Das Feuer selbst erinnert an die besondere Bedeutung das Herdfeuers im Brauchtum der Nomaden. Sonne und Mond, die darunter angeordnet sind, symbolisieren den Himmel und sind schon in sehr frühen historischen Etappen verwendet worden. Feuer, Mond und Sonne zusammen stehen für das Aufblühen der Nation. Die beiden nach unten zeigenden Dreiecke stellen Speerspitzen dar, die die Feinde des Landes niederhalten. Die beiden das Fischsymbol flankierenden Rechtecke stehen für Gerechtigkeit und Aufrichtigkeit. Die beiden Fische stehen für Fruchtbarkeit und Wachsamkeit, denn sie schließen nie die Augen und haben zahlreiche Nachkommen. Das gleiche Symbol steht in der ostasiatischen Philosophie für das männliche und weibliche Prinzip (Yin-Yang-Symbol). Die beiden senkrechten Balken symbolisieren eine Mauer und damit die Geschlossenheit des mongolischen Volkes.

Unterhalb des Pferdes steht, umgeben von einem Ehrerbietung symbolisierenden seidenen *Chadag,* einem **Zeremonienband,** das **Rad der Lehre,** das Symbol des Buddhismus.

113mo Foto: st

Grabanlage aus frühgeschichtlicher Zeit

Staatsflagge und Staatssiegel

Die **Staatsflagge** besteht aus drei gleich großen senkrechten Streifen in rot-blau-rot. Im oberen Teil des dem Fahnenmast zugewandten roten Streifens befindet sich ein goldenes Sojombo-Zeichen.

Das **Staatssiegel** wird vom Staatspräsidenten aufbewahrt und ist von quadratischer Form. Den Griff ziert die Gestalt eines sitzenden Löwen. Das Siegel trägt ebenfalls das Staatswappen und die Inschrift „Mongolei".

Geschichte

Vor- und Frühgeschichte

1996 stieß eine archäologische Expedition in der Zagaan-Aguj, einer Höhle im Bajanlig-Sum des Bajanchongor-Aimaks, auf die bis zu diesem Zeitpunkt frühesten Zeugnisse **urmenschlicher Besiedlung** in der Mongolei. Das Alter der Fundstücke wurde auf **700.000 Jahre** geschätzt. Im Sommer 1998 fanden jedoch mongolische Archäologen in einer Höhle im Bajanchongor-Aimak Steingeräte, deren Altersbestimmung sogar noch einmal 50.000 Jahre weiter zurückreichen soll.

Die frühen Wurzeln der Geschichte der Mongolen, d.h. der Stämme, die das Territorium der heutigen Mongolei besiedelten, ist noch unzureichend erforscht. In der **Bronzezeit** (Mitte 2. Jahrtausend bis Mitte 1. Jahrtausend v. Chr.) gingen sie dazu über, neben der Jagd und dem Fischfang auch extensive Nomadenviehwirtschaft zu betreiben.

Hunnen und andere „Barbaren“

Der erste besser erforschte große reiternomadische Stammesverband, der im **3. Jh. v. Chr.** das Gebiet zwischen der Großen Mauer, dem Baikal-See, dem Altai-Gebirge und der Chingan-Kette besiedelte, waren die asiatischen Hunnen oder **Xiongnu.** Sie schöpften ihre Stärke aus einer den sesshaften Chinesen überlegenen Bewaffnung und Kriegstechnik sowie einer straffen, der Dezimalordnung folgenden Organisation. Dem Imperium gehörten mindestens 25 Völker an, die verschiedenen Sprachfamilien und Kulturen zuzuordnen sind. Die Rangstellung des einzelnen Kriegers bestimmte – von der bisherigen Praxis abweichend – nicht seine ethnische oder sprachliche Zugehörigkeit zu einem Stamm, sondern seine Loyalität gegenüber seinem Anführer und das Ausmaß seiner Verdienste. Im Jahre **155 v. Chr.** wurden die Xiongnu aus Nordchina vertrieben und so die hunnische Wanderung ausgelöst. Im **4. Jh. n. Chr.** errichteten die Hunnen ihr Reich am Schwarzen Meer. Die Spur der Hunnen verliert sich nach dem Tod *Attilas* **453 n. Chr.** nach der Schlacht auf den Katalaunischen Feldern.

Der Bau der **Großen Mauer,** mit dem bereits im 7 Jh. v. Chr. in Form von einzelnen, nicht miteinander verbundenen Grenzwällen begonnen worden war, war eine Reaktion der sesshaften Chinesen auf die ständigen Raubzüge der „Barbaren aus dem Norden“, wie die Steppennomaden abschätzig bezeichnet wurden. Für die Nomaden ihrerseits waren solche Raubzüge keineswegs, wie vielfach in chinesischen Quellen behauptet wird, Ausdruck ihrer angeborenen Eroberungslust und Brutalität, sondern immer dann notwendig, wenn ihr Viehbestand durch Naturkatastrophen gefährlich dezimiert wurde. Da der Feldbau nur gering entwickelt war, zwangen sie in solchen Situationen sesshafte Bauern mit militärischer Gewalt zur Abgabe ihrer Produkte.

Mitte des 6. Jh. n. Chr. drangen **Turkstämme** in das Gebiet der heutigen Mongolei ein und errichteten das türkische Khanat.

116mo Foto: st

745 n.Chr. wurden die Turkvölker von den **Uighuren** geschlagen und vertrieben. Sie errichteten am Orchon ihrerseits ein Staatsgebilde, das **840 n. Chr.** zerfiel. Die Herrschaft über die heutige Mongolei ging in der **2. Hälfte des 9. Jh.** an **Kirgisen** über.

Im Jahre **907** etablierten **tungusische Stämme** in Nordchina das **Kitan-Reich** (Liao-Dynastie), das **924** bis in das Kernland der Mongolei (Orchon-Gebiet) ausgedehnt werden konnte. **1125** zerfiel das Kitan-Reich, das zurzeit seiner größten Macht auch die Mandschurei und Nordkorea umfasste. Teile der Kitan siedelten sich später unter der Bezeichnung Kara-Kitan in Turkestan an.

Die Einigung der mongolischen Stämme

In der Zeit von etwa **1130 bis 1150** gelang es dem Großvater *Tschingis-Khans, Khabul-Khan,* erstmals, mongolische Clans zu einem **Stammesverband** zusammenzuschließen. Dieser Stammesverband nannte sich selbst **Mongol** – also Mongolen. Ihr Siedlungsgebiet lag in den Steppen zwischen den Flüssen Onon und Cherlen in der Ostmongolei. Nach dem Tod *Khabul-Khans* lockerte sich das Bündnis wieder. Stärkster Einzelclan dieser Zeit waren die Bortschigid, denen *Tschingis-Khans* Vater, *Jesugej-Baatar,* vorstand.

Zwischen **1155 und 1167,** die Quellen geben hier die unterschiedlichsten Daten an, wird **Temudshin, der spätere Tschingis-Khan** und Begründer des mongolischen Großreichs geboren. Im Alter von 9 Jahren wird der junge Prinz *Temudshin* mit *Börte,* der Tochter eines Adligen vom Stamme der Chonggirad verlobt. Kurz darauf stirbt sein Vater *Jesugej-Baatar* durch die Hand eines Mörders vom Stamme der Tatar, den Erbfeinden der Bortschigid. Der Tod des charismatischen *Jesugej-Baatar* forcierte den Zerfallsprozess des Mongolen-Verbandes. Vor allem der einflussreiche Clan der Taitschigut stellte sich gegen die Bortschigid und nahm *Temudshin* gefangen. Er konnte sich durch eine abenteuerliche Flucht aus der Gefangenschaft befreien. Dennoch wurden seine Familie und seine enge Anhängerschaft weiterhin hart von den Taitschigut bedrängt und lebten in ständiger Angst und unter äußerst ärmlichen Verhältnissen. Die Flucht und die komplizierteste Zeit im Leben des jungen *Temudshin* wird in zahlreichen mongolischen Chroniken glorifizierend beschrieben. Weiter wird berichtet, dass er sich alsdann mit einer kleinen Gefolgschaft abenteuerlustiger Gleichgesinnter umgab, denen es nach und nach gelang, ihre Anhängerschaft zu vergrößern und schließlich sogar den Schwurbruder *Jesugej-Baatars,* den Khan des mächtigen Stammes der Kereid, auf ihre Seite zu bringen. So gestärkt zogen sie gegen die Merkid, einen Stamm, der im Gebiet des Baikalsees siedelte. Die Merkid hatten während eines früheren Raubzuges *Börte,* die Verlobte *Temudshins,* entführt und sich so zum Erbfeind des jungen Waghalses gemacht. In einer großen Schlacht im Jahre **1197** wurden die Merkid schwer geschlagen und *Börte* zurückgewonnen.

Befestigungswall aus der Kitan-Zeit

Im Streit verließ *Dshamucha,* ein junger Heißsporn aus der Gefolgschaft des Merkit-Khans, das Lager *Temudshins* und versuchte selbst, möglichst viele Stämme unter seiner Fahne zu versammeln.

1202 unterwarf *Temudshin* die Tatar und nahm blutige Rache für die Ermordung seines Vaters. Bis **1205** hatte er auch alle Stämme, die *Dshamucha* gefolgt waren, unterworfen und war damit zum Herren über alle mongolischen Völker geworden. Dies wurde im Folgejahr formal auf einer Art Reichstag an der Onon-Quelle, an dem Abgeordnete aller unterworfenen Stämme teilnahmen, bestätigt. Bereits **1195** war *Temudshin* der Titel *Tschingis-Khan* verliehen worden, was mit diesem Reichstag seine Bekräftigung erfuhr.

Die Mongolen unter Tschingis-Khan

Ähnlich wie die Hunnen organisierte *Tschingis-Khan* sein Vielvölkerreich nicht nach altüberlieferten generischen Prinzipien, sondern nach politisch-militärischen Überlegungen. Kern der Staatsorganisation war das bereits erwähnte Dezimalsystem. Entscheidend für eine Karriere unter seiner Herrschaft war nicht die Clanzugehörigkeit, sondern die erworbenen Verdienste gegenüber dem Herrscher. Die Leitung seiner Zehntausenderschaften übertrug *Tschingis-Khan* seinen ältesten und getreuesten Gefolgsleuten.

Unmittelbar nach der **Neuorganisation** seines Reiches begann er eine Serie von **Eroberungszügen** gegen die Nachbarvölker, die bis zu seinem Tod anhalten sollte. Wie die zahlreicher Steppenfürsten vor ihm, richtete sich auch *Tschingis-Khans* Begehrlichkeit vor allem auf China. Bevor der südliche Nachbar aber angegriffen wurde, stießen seine Truppen nach Westen vor und unterwarfen die Oiraten, die türkischen Kirgisen und andere Stämme, die ihnen hätten in die Flanke fallen können. Andere, wie die Uiguren, schlossen sich ihm freiwillig an.

1209 belagerte das mongolische Heer unter der persönlichen Führung *Tschingis-Khans* die Hauptstadt der Tanguten. Der Tanguten-Khan zeigte sich angesichts seiner hoffnungslosen Lage kooperativ, so dass der Weg nach China damit offenstand. Zu dieser Zeit herrschten in Nordchina tungusische Dshurdshen (Jin), die die Fremdherrschaft der Kitan abgelöst hatten. Der Feldzug begann im Frühjahr **1211** mit der **Bestürmung der Großen Mauer.** Im Folgejahr fiel die Hauptstadt der Jin, **1213** stießen drei Heeresabteilungen in die Tiefen Chinas vor. Ein Jahr später verhandelten die Jin über einen **Waffenstillstand** und sagten den Mongolen reiche Tributzahlungen zu. Als das mongolische Heer daraufhin abzog, wurde die Jin-Hauptstadt eiligst aus dem Gebiet des heutigen Peking weiter nach Süden verlegt und die Tributzahlungen nicht getätigt. Dies bildete den Anlass für einen **erneuten Einfall** der Mongolen. Im Mai **1214** fiel ihnen die neue Hauptstadt in die Hände. Chinesische Quellen schildern anschaulich die Grausamkeit, mit denen die Mongolen Rache an den vertragsbrüchigen Jin genommen haben sollen.

Tschingis-Khan kehrte anschließend in die Mongolei zurück und überließ die weitere Führung des Feldzugs gegen die Jin seinen Generälen. Die mongolische Armee bestand zu diesem Zeitpunkt bereits haupsächlich aus unterworfenen oder übergelaufenen Kämpfern fremder Völker. Das Heer sammelte in diesen Jahren große Erfahrungen in der Kriegs- und Belagerungstechnik, die gegenüber befestigten Städten anzuwenden ist und die ihm während späterer Feldzüge gegen Russland, Osteuropa und den Orient von großem Nutzen sein sollten. Dennoch konnte die **Eroberung des Jin-Reiches** zu Lebzeiten *Tschingis-Khans* **nicht abgeschlossen** werden. **1222/23** geriet der Feldzug ins Stocken. Die Tanguten verrieten die Mongolen und verließen das Heer.

Während *Tschingis-Khan* im mongolischen Stammland weilte, fand eine **Mission islamischer Kaufleute** den Weg zu ihm. Der Herrscher nahm sie freundlich auf und bat sie bei ihrer Abreise, ihrem Herrscher, dem Schah des Chwarism-Reiches, seinen Wunsch nach der Herstellung von diplomatischen und kommerziellen Beziehungen auszurichten. Der Schah fasste diesen Wunsch eines Steppenfürsten als Anmaßung auf und ließ die Kaufleute ermorden. Dies war für *Tschingis-*

Bogenschütze

Khan Anlass, einen weiteren **Rachefeldzug nach Westen** zu planen. Er begann **1218** mit der **Unterwerfung der Kara-Kitai,** der versprengten Reste der Kitan in Turkestan. Von diesem Aufmarschgebiet aus stießen Truppen *Tschingis-Khans* direkt nach Transoxanien vor. **1219** fiel **Otrar,** die Stadt, in der der *Chwarism-Schah* die Kaufmannsmission hinrichten ließ, **1220** nach kurzer Belagerung auch die reichen Handelsstädte **Samarkand** und **Buchara.** An der Bevölkerung der eroberten Städte wurde nach muslimischen Quellen grausam Rache genommen. Der *Chwarism-Schah* selbst konnte auf eine Insel im Kaspischen Meer fliehen, wo er wahrscheinlich noch im gleichen Jahr starb.

Das Heer überwinterte **1220/21** am Amu-Darja. Kleinere Einheiten brachen von dort aus zu kurzen **Erkundungs- und Eroberungszügen** in andere Gebiete Transoxaniens auf. Weitere blühende Städte konnten erobert und zerstört werden. Der Wiederstand der schlecht organisierten muslimischen Truppen stellte für die kampferprobten Krieger *Tschingis-Khans* keine nennenswerte Gefahr dar. Nur einmal musste ein mongolischer Verband eine Niederlage in einer Schlacht mit Muslimen, die vom Sohn des verstorbenen *Chwarism-Schah* befehligt wurden, hinnehmen. Er wurde fortan von *Tschingis-Khan* persönlich gejagt und bis zum Indus verfolgt, wo seine Begleiter aufgerieben wurden, er selber aber entkam. Im Winter **1221/22** war das Chwarism-Reich fest in mongolischer Hand.

Mongolische Verbände unter den Generälen *Dshebe* und *Subedej* überschritten **1221** den **Kaukasus** und drangen tief in die Kiptschaken-Steppe und weiter bis auf **russisches Gebiet** vor. Erst im Winter **1223** kehrten sie vom Dnepr kommend mit Beute reich beladen zum Winterlager ihres Herrschers zurück.

In diesem Winter erfuhr *Tschingis-Khan* von den Problemen im Feldzug gegen den südlichen Teil des Jin-Reiches und beschloss die **Heimkehr. 1224** erreichte er wieder das mongolische Stammland und begann sogleich mit den Vorbereitungen eines Straffeldzuges gegen die verräterischen Tanguten. Bis **1227** war der tangutische Staat ausgelöscht. Während der Rückreise aus dem Tanguten-Land erkrankte **Tschingis-Khan** schwer und **starb.** Über die Art des Leidens gibt es in der Literatur verschiedene Interpretationen. Vielfach wird von einem Jagdunfall gesprochen, bisweilen aber auch eine unbekannte Infektionskrankheit angenommen. Andere Forscher behaupten, eine enttäuschte Konkubine habe sich an seiner besten Stelle vergriffen. Die sterblichen Überreste des Herrschers sollen in die Mongolei überführt und an einem bis heute nicht bekannten Ort begraben worden sein. Das Grab wird vielfach im östlichen Chentij-Gebirge vermutet.

Der Ausbau des Großreiches

Die Geschichte der weiteren Ausdehnung des Mongolischen Großreichs durch die Söhne und Enkel *Tschingis-Khans* kann im Rahmen dieses Buches nicht umfassend beschrieben werden. Es erstreckte sich in seiner Blütezeit über das gewaltige Territorium vom Pazifik bis zum heutigen Polen und von den innerasiatischen Steppen bis in die südlichen Kulturländer des eurasischen Kontinents und war damit **das territorial größte Weltreich, das je existierte.** Wir beschränken uns deshalb auf einige Kernereignisse.

Ögödei-Khan

Von den Gesetzen der Steppe abweichend übernahm *Ögödei,* der drittälteste Sohn *Tschingis-Khans* den Thron. Seit **1229** führte er den Titel Khagan – **Großkhan.** Teile der bislang eroberten Gebiete wurden der Regentschaft der vier Söhne *Tschingis-Khans* und ihren Clanen unterstellt. Alle vier Clans machten sich daran, dem Beispiel des Reichsgründers zu folgen und jeder für sich weitere Territorien zu erobern.

1230 wurde der abgebrochene Feldzug gegen das nordchinesische **Jin-Reich** wieder aufgenommen, das **1234** zerschlagen wurde. **1232** besetzten andere Truppen **Armenien** und **Georgien.**

1235 wurde auf einem Reichstag ein neuer **großer Westfeldzug** beschlossen und der **Oberbefehl Batu-Khan,** einem Enkel *Tschingis-Khans* anvertraut. Er hatte sich Anfang der

30er Jahre in Kämpfen gegen die Perser und die Wolgabulgaren ausgezeichnet.

Es bedurfte keiner drei Jahre, bis zahllose **russische Städte,** darunter **Moskau, Wladimir** und **Rostow** vom Mongolensturm überrant waren. Im **Dezember 1240** fiel auch die Stadt **Kiew,** die damals als Mutter der russischen Städte galt. Von Kiew aus zog das Heer weiter nach Nordwesten und erreichte im **Frühjahr 1241 Polen.** Nachdem **Krakau** gefallen war, drangen Teile des Batu-Khan-Heeres über Oberschlesien ins Odertal vor und zerstörten die junge deutsche Stadt **Breslau.** Am **9. April 1241** wurde **bei Liegnitz das deutsche Ritterheer ausgelöscht.** Zeitgleich drangen weitere mongolische Formationen, eine Spur der Verwüstung hinterlassend, **über Ungarn bis an die Adria** vor.

1240 drang ein Stoßtrupp mongolischer Reiterei erstmals vom Kokonor-Gebiet aus bis in das **Kernland Tibets** vor. Diesem blutigen Erkundungsritt folgte bald darauf ein größeres Heer, das fast alle tibetischen Teilstaaten unterwerfen konnte.

Ende 1241 starb *Großkhan Ögödei.* In der „Geheimen Geschichte der Mongolen" heißt es dazu, er habe sich vom Traubenwein besiegen lassen. Als die Kunde von seinem Tod *Batu-Khan* erreichte, **brach er im Frühjahr 1242 den Feldzug gegen Europa ab.** Die Tataren, wie die Mongolen in zeitgenössischen Chroniken genannt wurden, verschwanden ebenso schnell in den unendlichen Weiten Russlands und der zentralasiatischen Steppe, wie sie gekommen waren. Es besteht kaum ein Zweifel daran, dass *Batu-Khan,* wäre seine Anwesenheit in Kara-Korum bei der Neubestimmung des Großkhans nicht notwendig gewesen, seinen Plan, bis nach Rom und von da aus weiter bis zum letzten Meer, also bis an die Atlantikküste vorzustoßen, ausgeführt hätte. Nur ein Zufall hat Mitteleuropa also vor der kompletten Eroberung bewahrt.

Die bisherigen Schilderungen zahlreicher, oft äußerst grausam vorgetragener Eroberungszüge dürfen nicht den Eindruck erwecken, dass die einzige Tätigkeit der Mongolen des frühen Mittelalters der Krieg war.

In diesem Tal stand einst Kara-Korum

Unter *Ögödei* wurden auch Anstrengungen zum **Aufbau einer Reichsverwaltung** unternommen und neben einem **Steuersystem** auch ein äußerst schnell und zuverlässig arbeitender **Postdienst** eingerichtet sowie **Staatsspeicher** angelegt. **1236** wurde erstmals mongolisches **Papiergeld** in Umlauf gebracht.

Witwe Ögödeis und Gujuk

Batu-Khan, dem die Thronfolge eigentlich zustand, verzichtete aus Altersgründen auf den Großkhantitel. 4 Jahre lang saß eine Frau, die Witwe *Ögödeis,* auf dem Großkhan-Thron, bis **1246 Gujuk,** der Sohn *Ögödeis,* an die Stelle seiner Mutter trat.

Obwohl das mongolische Großreich bislang noch lange nicht seine größte Ausdehnung erreicht hatte, wurden unter der Herrschaft der Ogödei-Witwe bereits **erste Zerfallserscheinungen** sichtbar. Vor allem *Batu-Khan,* der von Sarai aus, der Hauptstadt des Teilreiches der „Goldenen Horde", den eroberten Teil Russlands verwaltete, ignorierte zunehmend die Macht des Großkhans und traf unlegitimierte Entscheidungen.

Dem lateinischen Abendland indes war die fortbestehende Bedrohung durch einen jederzeit möglichen erneuten Westfeldzug der Mongolen keineswegs bewusst. Papst *Innozenz IV.* schmiedete sogar den Plan, den mongolischen Großkhan zunächst zum Christentum zu bekehren und anschließend seine Heere zu nutzen, um Jerusalem aus den Händen der Muslime zu befreien. Mit diesem Auftrag entsandte er eine **Mission** unter dem Franziskaner-Mönch *Giovanni dal Piano del Carpine* über Sarai nach Kara-Korum. Als sie am **22. Juli 1246** dort eintraf, erlebte sie wenige Tage später die Erhebung *Gujuks* zum Großkhan mit. Der missionarische Erfolg der Abgesandten des Papstes hielt sich in Grenzen. Sie übergaben ihrem Entsender im **Herbst 1247** einen Brief, in dem *Gujuk* die Anmaßung des Papstes scharf zurückwies und mit Krieg drohte. Historisch wertvoll ist jedoch der in Latein verfasste Reisebericht der Missionare, der dem Abendland erstmals eine klare Vorstellung von den Umständen im Mongolenimperium verschaffte.

Der kränkliche *Gujuk* überlebte seine Thronerhebung nur knapp zwei Jahre. In seiner Herrschaftszeit wäre es beinah zum Bruderkrieg zwischen ihm und *Batu-Khan* gekommen, der nur durch seinen Tod abgewendet wurde. Dies verdeutlich die weitere Zunahme der Zentrifugalkräfte im Großreich, das bald in einzelne Teilreiche zerfallen sollte.

Möngke

Die Regentschaft übernahm bis zum nächsten Reichstag, der erst **1251** stattfand, erneut die Witwe des Großkhans. Auf der Fürstenversammlung gelang es *Batu-Khan* und seinen Anhängern, dem Ögödei-Clan die Thronfolge zu entreißen und *Möngke,* den Sohn des jüngsten Sohnes *Tschingis-Khans, Tolui,* in das Amt des Großkhans wählen zu lassen.

Möngke ging hart gegen seine **Widersacher** aus dem Hause *Ögödei* vor, die Gujuk-Witwe ließ er sogar hinrichten. Seinem Bruder *Khubilai* übertrug er die Verwaltung der bisher botmäßig gemachten Gebiete in Nordchina, seinem Bruder *Hülegü* gab er den Auftrag, die **Eroberungen in Vorderasien** fortzusetzen. Große Anstrengungen unternahm er auch, um die **Verwaltung** des Großreichs neu zu ordnen und zu straffen. Widerspenstige oder korrupte Beamte sollen zur Abschreckung in Wasser zu Tode gekocht worden sein.

Neben der weiteren **Ausdehnung des Reiches im Westen** forcierte *Möngke* auch den **Krieg im Osten** wieder. Zwischen **1252** und **1258** konnten in mehreren, schnell vorgetragenen Operationen zahlreiche Städte **Koreas** genommen werden, die fortan unter mongolischer Herrschaft blieben.

Den Schwerpunkt der Eroberungspolitik in Ostasien bildete jedoch das **Song-Reich in Südchina.** Im Herbst **1257** wurde begonnen, die Song mit einem großen Heer zu erobern. Der Gebietsgewinn im dichtbesiedelten Südchina ging jedoch nicht mit der erwarteten Geschwindigkeit voran. Deshalb übernahm *Möngke* im folgenden Jahr persönlich die Führung der Truppen. Mit dem **Tod Möngkes** während der Belagerung einer Song-Festung im **September 1259** wurde die weitere Eroberung Chinas zunächst wieder zurückgestellt.

Parallel dazu gingen die **Gebietsgewinne in Vorderasien** zügig voran. **1257** fiel der Norden **Persiens** in mongolische Hand, im Februar **1258** ergab sich **Bagdad** den Belagerern, Anfang **1260** drangen mongolische Krieger in **Damaskus** ein.

Drei Teilreiche

Nach dem Tod *Möngkes* löste sich das Mongolische Großreich nun endgültig in **drei Teilreiche** auf. *Berke-Khan,* der zum Islam übergetretene Bruder des *Batu-Khan* (gestorben 1255), herrschte über die **Goldene Horde in Russland,** *Hülegü-Khan* regierte das **Il-Khanat in Persien** und *Khubilai-Khan* berief im Mai **1260** einen Reichstag ein, auf dem er sich zum Großkhan erklärte, obwohl *Möngke* vor seinem Ableben einem anderen Bruder, nämlich *Arigh Böke,* das Staatssiegel anvertraut hatte. **1264** konnte der selbsternannte Großkhan seinen Bruder *Arigh Böke* besiegen und die Macht auch über das **Zentralkhanat** an sich reißen. In den westlichen Teilreichen wurden die Mongolen von der ortsansässigen Bevölkerung in den kommenden etwa einhundert Jahren völlig assimiliert oder vernichtet. Das Il-Khanat geht bereits 1335 unter, der Goldenen Horde wird 1380 von russischen Truppen eine vernichtende Schlacht aufgezwungen.

Die Mongolen auf dem Drachenthron

Khubilai-Khan

Seit 1260 war Peking der Wintersitz von **Großkhan Khubilai** und damit gleichzeitig Hauptstadt des Teilreiches, das neben dem Jin und den bislang eroberten Teilen des Song-Reiches auch das mongolische Stammland einschloss. **1267** ließ *Khubilai* nordöstlich vom alten Peking eine neue Stadt errichten, in die **1272** alle zentralen Regierungsbehörden verlegt wurden.

Der **Feldzug gegen die Song** wurde **1268** wieder aufgenommen. Erneut sahen sich die Mongolen dem Problem gegenüber, Städte und Festungen z.T. über Jahre belagern zu müssen. Mit Hilfe von arabischen Ingenieuren wurden weitreichende Katapulte entwickelt, die die Eroberung von Festungen erleichterten. Außerdem hielt *Khubilai* seine Truppen an, keine Grausamkeiten gegenüber der Zivilbevölkerung zuzulassen, was manchem Festungskommandanten die Entscheidung erleichtert haben mag, sich zu ergeben. **1276** war die Eroberung der Song mit dem Fall ihrer Hauptstadt im wesentlichen abgeschlossen, noch verbliebene Teile wurden bis **1279** unter mongolische Botmäßigkeit gebracht. Zum ersten Mal in seiner langen Geschichte war Festlandchina komplett in die Hände eines fremden Eroberers gefallen. Bereits **1271** hatte Khubilai, wohl etwas im Vorgriff auf noch kommende Ereignisse, seinem Reich den dynastischen Namen **Yuan** gegeben, was soviel wie „Uranfang" bedeutet.

Von Korea aus unternahmen die Mongolen zweimal, 1274 und 1281, den Versuch, nach Japan überzusetzen. In beiden Fällen scheiterte das Landungsmanöver an den „göttlichen Winden", also am schlechten Wetter. Selbst bis nach Java wurden zweimal Kriegsschiffe entsandt.

Mehr Erfolg als mit der Seefahrt hatten die Mongolen bei der Landnahme im heutigen **Nordvietnam (1257)** und bei der Eroberung der **nördlichen Teile Burmas (1278 und 1283).** Die Gebiete in Südostasien konnten jedoch nicht lange gehalten werden. Offenbar machte das feuchtheiße Klima den Mongolen ebenso Schwierigkeiten wie der Aufbau einer neuen Verwaltung.

Khubilai-Khan **starb 1294** als angesehener, weitsichtiger und feinsinniger Kaiser eines stabilen Chinas.

Niedergang der Yuan-Dynastie

Khubilais Nachfolge trat, da der Kronprinz bereits vor ihm verstorben war, sein Enkel **Timur** an. *Timur* **starb 1307,** ohne einen Erben zu hinterlassen. Um die Thronfolge kam es zu einem heftigen, in einer Palastrevolte endenden Streit, aus dem **Chaishan,** Vertreter der Steppenaristrokatie, als Sieger hervorging. Sein Bruder *Ajurbarwada* stand dagegen für die Kräfte, die die Yuan losgelöst vom mongolischen Steppenreich als eigenständiges Staatsgebilde sehen wollten.

Chaishans Regierungszeit dauerte bis **1311.** Er starb im Alter von nur 30 Jahren. Damit war die Zeit für **Ajurbarwada** gekommen, der erstmals den Thron nach chinesischer Manier, ohne die Abhaltung eines Reichstages, bestieg. Chinesische Bildung und Lebensweise hatte auf den neuen Herrscher stark abgefärbt. Infolgedessen war auch in der Regierungspolitik ein zunehmender **Sinisierungsprozess** zu beobachten. Die Innere Verwaltung wurde wieder überwiegend in die Hände von dem Konfuzianismus verpflichteten chinesischen Beamten gelegt. Nur einige Spitzenämter blieben, der Tradition aus *Khubilai-Khans* Zeiten verplichtet, mit Ausländern, zumeist keinen Mongolen, sondern Mittelasiaten oder Arabern, besetzt.

Der **Tod Ajurbarwada 1320** löste erneut eine Regierungskrise und interne Kämpfe unter den verschiedenen Machtgruppierungen aus. Der nächste **Kaiser Shidebala** überlebte nur drei Jahre im Amt. Auch der darauffolgende Herrscher regierte nur bis **1328,** starb aber eines natürlichen Todes. Nicht besser erging es seinem Nachfolger, der vier Jahre dem zunehmend schärfer werdenden Intrigenspiel trotzen konnte. Der nächste Kaiser, ein 6-jähriger, überlebte nur ganze 2 Monate.

Erst **1333,** als der damals 13-jährige **Togoon Tumur** den Thron bestieg, gelangte wieder Kontiniutät in das Herrschaftsgefüge. Dennoch gelang es ihm nicht mehr, die Herrschaft der den Chinesen zahlenmäßig weit unterlegenen und aus einem völlig anderen Kulturkreis kommenden Mongolen dauerhaft zu sichern. Die Yuan-Dynastie driftete unter *Togoon Tumur* ihrem Ende entgegen. Fortwährende Palastrevolten und Machtrangeleien in der engeren Führungsriege, schwere Abgabenlasten für das Volk, ein dem Konfuzianismus verpflichteter Beamtenapparat, der für die mongolischen Machthaber nur Verachtung übrig hatte, Naturkatastrophen, Hungersnöte, hohe Inflation, sich ausbreitende Gesetzlosigkeit und schwere Fehleinschätzungen der Regierung über die Realisierbarkeit und den Nutzen von Großbauprojekten förderten den **Niedergang.** Der letzte Kaiser hatte sich gänzlich aus dem Regierungsgeschäft zurückgezogen und soll sich überwiegend der Liebe zugewendet haben.

1355 entglitten erste Gebiete der mongolischen Kontrolle und fielen **Rebellenorganisationen** in die Hände. Eilig abgezogene mongolische Einheiten entblößten andere Regionen, in denen Rebellen, Schmuggler und Piraten Fuß fassen konnten. Der Autoritätsverfall ging soweit, dass der Mongolenhof, um keine weitere Eskalation der Rebellenbewegung und von Gebietsverlusten hinzunehmen, sogar einen ehemaligen Schmuggler zum Gouverneur der Provinz Zhejiang berufen musste. Dies war für den Süden Chinas das Signal, die völlige **Vertreibung der Mongolen aus China** einzuleiten.

Zu allem Überfluss rückte **1360** ein aus der Mongolei kommendes Herr unter einem Nachfahren *Ögödeis* gegen Nordwestchina vor, um *Togoon Tumur* vom Thron zu vertreiben. Dadurch wurden weitere Yuan-Truppen gebunden, die im Süden fehlten. Der Norden Chinas konnte **1361** noch einmal neu geordnet werden, aber der Süden entglitt der mongolischen Kontrolle immer weiter.

1367 waren die Rebellengebiete in Südchina zu einem einheitlichen Gebilde zusammengewachsen. Selbst als Führer der Befreiungsbewegung das **Königreich Wu** ausriefen, war dies für den mongolischen Hof kein Anlass, militärisch einzugreifen. Noch im gleichen Jahr griff dann ein Heer aus dem von Mongolen befreiten Süden den Norden an, ohne auf nennenswerten Widerstand zu stoßen. Der Vormarsch wurde im Folgejahr auf breiter Front vorgetragen. Kaiser *Togoon Tumur* floh mit seinem ganzen Hofstaat – insgesamt etwa 60.000 Menschen – über mehrere Stationen in das mongolische Stammland und starb **1370.** Bereits **1368** wurde eine neue, diesmal **nationale chinesische Dynastie,** die **Ming** ausgerufen.

Die Zeit der feudalen Zersplitterung (1368 bis 1691)

Gut 150 Jahre nach *Tschingis-Khans* Thronerhebung waren seine Nachfahren wieder da angekommen, von wo aus sie angetreten waren, vom Rücken ihrer Pferde aus die Welt zu erobern. Formal blieb der Anspruch auf die Großkhanwürde bis 1634 weiter in der Tolui-Linie, in der Praxis war der **mongolische Adel** aber über Jahrzehnte hinweg **heillos zerstritten** und folgte einem Individualismus, der sich für das weitere Schicksal des Landes als fatal erweisen sollte.

Aus den Rivalenkämpfen nach dem Tod *Togoon Tumurs* konnte sich keiner der Konkurrenten dauerhaft durchsetzen. Von **1388 bis 1410** lösten sich in kurzer Folge fünf Großkhane ab, von denen nur einer eines natürlichen Todes starb.

Ende des 14. Jahrhunderts waren die Mongolen in zwei große Lager geteilt; dies waren zum einen die **Ostmongolen,** die sich im wesentlichen aus den Nachkommen aus der Tolui-Linie und ihren Gefolgsleuten rekrutierten. Sie besiedeln bis heute das Territorium, das in diesem Buch beschrieben wird. Das andere Lager bildeten die **Westmongolen oder Oiraten,** später auch unter der Bezeichnung Dzungaren zusammengefasst. Die Oiraten hatten sich unter *Tschingis-Khan* den Ostmongolen angeschlossen und waren durch Heiratsverbindungen eng mit den Ostmongolen verbunden. Daraus leiteten die Oiraten ihrerseits einen Anspruch auf die Großkhanwürde ab, dem sie mit militärischen Mitteln Nachdruck zu verleihen suchten. Die **kriegerischen Auseinandersetzungen** zwischen den Mongolenlagern hielten beide Parteien jedoch nicht davon ab, regelmäßig auch die chinesischen Ming anzugreifen. Anfänglich mag dabei noch der Gedanke eine Rolle gespielt haben, die verlorene Macht zurückzuerobern, später ging es nur noch um die Erbeutung lebenswichtiger Güter und Kriegsmaterials. Die Ming-Kaiser nahmen das Problem so ernst, dass sie die große Mauer auf die heutige Länge von insgesamt 6.200 km ausbauen und mit 40.000 massiven Wachtürmen ausstatten ließen. Die Chinesen versuchten sich der Barbaren aber vor allem politisch dadurch zu erwehren, dass sie den jeweils unterlegen erscheinenden Flügel der Mongolen stützten. Da dies nicht immer zum gewünschten Erfolg führte, sich die beiden Pole auf diese Art nicht völlig neutralisieren ließen, gingen die Ming dazu über, ihrerseits die Mongolei anzugreifen.

Als **1410** ein chinesisches Heer den Ostmongolen am Onon eine Niederlage beibrachte, nutzten die Oiraten die Gunst der Stunde und machten einen ihnen genehmen Tschingisiden zum Großkhan. Dieser Machtzuwachs der Oiraten lag weder im Interesse der Ming noch der Ostmongolen, worauf sie **1414** eine gemeinsame Streitmacht aufstellten und die Oiraten an der Tula schlugen. Dieses **Dreiecksspiel der Kräfte** setzte sich in ähnlicher Weise zunächst bis **1424,** dem Todesjahr des Ming-Kaisers *Yongle* fort, ohne dass die **Dominanz der Oiraten** über die Ostmongolen gebrochen werden konnte. Sie konnten ihre Macht und territoriale Ausdehnung bis **1440** weiter ausbauen. Im Jahre **1449** drangen die Oiraten sogar bis nach Peking vor, mussten die Belagerung aber erfolglos abbrechen.

1470 bestieg **Bat-Munk Dajan Khan** den Thron des Großkhans, den er bis zu seinem Tod **1543** behalten sollte. Erst ihm gelang es wieder, die **tschingisidische Macht** in gewisser Weise zu **restaurieren** und die mongolischen Völkerschaften zu einen. Es gelang ihm sogar, die Oiraten zur Gefolgschaft zu bringen.

Zur Inthronisierung vor den acht Weißen Zelten des *Tschingis-Khans* war *Bat-Munk* ein Knabe im Alter von sieben Jahren. Die Stelle der Mutter – die leibliche war in oiratischer Gefangenschaft – und später auch die der Ehefrau nahm die damals 23-jährige **Mandchaj Zezen Chatan** ein, die Witwe des 1467 verstorbenen Großkhans *Manduul.* Die wegen ihrer Schönheit, Tatkraft und Entschlossenheit noch heute in der mongolischen Volkskunst gewürdigte *Mandchaj Zezen Chatan* leitete in der Kindheit des *Bat-Munk* de facto die Regierungsgeschäfte. Noch bevor *Bat-Munk* offiziell zum Großkhan berufen war, leitete sie persönlich einen erfolgreichen Feldzug gegen die Oiraten.

Zwischen **1483** und **1488** gelang es dann *Bat-Munk Dajan Khan,* in mehreren Kriegszügen die Oiraten so zu schwächen, dass ihre Vorherrschaft über die mongolischen Völkerschaften beendet wurde. Auch seine **Attacken gegen China** waren erfolgreich und einträglich. **1517** und **1523** drang er mit seinen Reitern bis kurz vor Peking vor.

Gegen Ende der Regierungszeit *Bat-Munks* und viel stärker noch in der Zeit seines Enkels *Bodi alag* **(1504–1547)** verlor die Großkhanwürde wieder an Autorität, immer mehr Stämme verweigerten Gefolgschaft und Gehorsam. Durch die - auch aus der Erbfolge bedingte - Zersplitterung von Land und Vermögen wurde der erneute Aufstieg regionaler Herrscher gefördert.

Zu den bedeutendsten **Lokalfürsten des 16. Jh.** gehörte *Altan-Khan* **(1507–1582)** vom Volk der Tümed, einer der vielen Enkel *Bat-Munks. Altan Khan* förderte den Ackerbau und den Handel mit China und ließ die Stadt Köke qota (heute Hauptstadt des Autonomen Gebietes der Inneren Mongolei) bauen. Seine **Militärexpeditionen** führten ihn bis nach Turfan und Tibet. Im Jahre **1552** vertrieb er die Oiraten aus der Gegend um Kara-Korum, wodurch sich die Chalch-Stämme weiter nach Westen ausbreiten konnten.

Von seinem Hof aus nahm die **Ausbreitung des Buddhismus** unter den mongolischen Völkerschaften ihren Ausgang. Einer seiner Urenkel wurde **1650** sogar vom *Dalai Lama* zum ersten *Dshubsundamba Chutugt*, zum Oberhaupt der mongolischen Buddhisten ernannt, besser bekannt als *Undur Gegeen Dsanabadsar* (1635–1723).

Nach *Altan Khans* Tod breitete sich erneut der **Stammesindividualismus** aus, der Zusammenhalt der mongolischen Völkerschaften zerfiel. Auf der historischen Plattform in Ostasien erschien ein neuer Machtfaktor, der über 300 Jahre das Geschehen bestimmen sollte - die tungusischen Mandschuren.

Unter Einfluss der Mandschus

Die Mandschuren - oder kurz **Mandschus** - lebten ursprünglich in den Wäldern der nördlichen Mandschurei und gingen einer ähnlich nomadischen Wirtschaft nach wie die Mongolen. Die Beziehungen der Mongolen zu ihnen liefen zunächst gut an. Mongolische Gesandtschaften wurden durch den Mandschu-Khan freundlich aufgenommen, es bildeten sich durch Heiratsverbindungen enge Verknüpfungen zwischen den Adelsgeschlechtern heraus. Das hinter dieser Bündnispolitik steckende, weitreichende Ziel der Mandschuren war, ähnlich wie die Mongolen es im 13. Jh. taten, China unter ihre Botmäßigkeit zu bringen und vorher dafür zu sorgen, dass keine Überraschungsangriffe von der Westflanke zu erwarten sind und darüber hinaus ausreichend Bündnistruppen für den aufreibenden China-Feldzug zur Verfügung stehen.

Zur Zeit der Machtentfaltung der Mandschus war **Ligden (1592–1634),** ein dreifacher Urenkel *Bat-Munks,* Großkhan. Er unternahm die letzten Versuche, die Zersplitterung der Völkerschaften zu beenden und sie unter seiner Gefolgschaft zu vereinen. Gleichzeitig galt er als Förderer des Buddhismus, ließ neue Klöster bauen und das Schrifttum pflegen. Andererseits berichten Chroniken von seinem tyrannischen. **1618** erklärte *Ligden* dem **Ming-Kaiser den Krieg** und brachte damit das ausgewogene Machtgefüge zwischen Mandschuren, Mongolen und Chinesen zum Einsturz.

In dieser Zeit begannen die **Mandschus, schrittweise Nordchina zu erobern,** wodurch sich der Zugang der Mongolen zu Ackerbauprodukten und Märkten deutlich verschlechterte. Als Gefolgsleute *Ligdens* und die Mandschus **1619** die gleiche chinesische Stadt belagerten, kam es zum Dissens.

Ligden unterlag im Muskelspiel mit den Mandschus. Aus Protest gegen das arrogante Verhalten des Großkhans schlossen sich die meisten mongolischen Stämme den Mandschus an. Das Volk *Ligdens* zählte kaum noch 100.000 Menschen, als er im Mai **1632** von einem großen mandschurisch-mongolischen Heer gejagd wurde. *Ligden* stellte sich nicht zur Schlacht, sondern floh, sich der sicheren Niederlage bewusst, in das kaum besiedelte Qinghai-Gebiet am Rande Tibets. Dort starb er zwei Jahre später wahrscheinlich an Pocken. Die Familie *Ligdens* und vermutlich auch das Siegel der Yuan-Kaiser fiel den Mandschus in die Hände. Seither wurde **kein Erbanspruch auf die Großkhanwürde** mehr geltend gemacht. **1675** wurde der letzte Enkel *Ligden-Khans* von den Mandschuren hingerichtet und damit das Geschlecht ausgelöscht.

1636 erklärte sich der **Mandschu-Herrscher** *Hung-Taidsh* unter dem dynastischen

Namen *Da-Qing* (der Große Klare) zum **Kaiser über Teilchina** und begründete damit die **Qing-Dynastie.** An den Inthronisierungsfeierlichkeiten nahmen 49 mongolische Fürsten von 16 Stämmen teil, die ins Reich eingegliedert werden sollten. Die 49 Fürsten wurden administrativ in 49 Banner eingeteilt, die den Rumpf des Territoriums der heutigen „Inneren Mongolei" bildeten. Damit war die bis heute anhaltende **Teilung der Mongolei vollzogen.** Peking konnte erst **1644** besetzt werden.

Bereits **1638** wurde von den Mandschus das **„Amt für die Belange der Mongolei"** oder auch kurz Barbaren-Amt gegründet, das über die gesamte Dauer der Qing-Dynastie die Funktion eines Kolonialministeriums wahrnahm. Später wurde dem Amt auch die Verwaltung aller weiteren Außenprovinzen, z.B. Tibets, aufgetragen. Die Mandschu-Kaiser waren bis ins 19. Jahrhundert hinein jedoch, obwohl sie administrativ und militärisch durchaus dazu in der Lage waren, nicht daran interessiert, allzu direkt den Kolonialcharakter ihrer Herrschaft zu dokumentieren, um keine unnötigen Konflikte zu provozieren.

Mitte des 17. Jahrhunderts gelangten die **Oiraten** erneut zu großer Macht. **1688** brachten sie den Ostmongolen eine vernichtende Niederlage bei, die den Verlust von Vieh und Besitz sowie die Vertreibung von den Weideflächen zur Folge hatte. Die Chalch-Fürsten sahen keinen anderen Ausweg, als sich unter den Schutz des Qing-Kaisers zu stellen. Diese **Unterwerfung** wurde **1691** in Doloonnuur, einer Ortschaft ca. 300 km nördlich von Peking, durch 550 Chalch-Fürsten, darunter auch der *Bogd Gegeen* sowie die 49 Bannerfürsten der Inneren Mongolei, gegenüber Qing-Kaiser *Kangxi* feierlich bekräftigt.

Die Oiraten wurden von den Mandschus unter freiwilliger Beteiligung vieler Mongolen erst **1760** vernichtend geschlagen und nahezu ausgerottet. Die Reste der dzungarischen Stämme lebt heute überwiegend in der nordwestchinesischen Qinghai-Region und ein kleiner Teil auch im äußersten Westen der Mongolei. Die an der Wolga verbliebenen Mongolen heißen heute Kalmücken.

Die Mongolei unter mandschurischer Herrschaft (1691 bis 1911)

Sinisierung der Inneren Mongolei

Im 19. Jh. wurde in der Inneren Mongolei ein **brutaler Sinisierungsprozess** vorangetrieben. Die **Verschuldung** der prunksüchtigen Adligen und der Geldbedarf der Klöster für immer neue und aufwändigere Bauvorhaben war so gewaltig, dass Ende des 19. Jh. ganze Banner komplett an chinesische Händler verpfändet waren. Um die Schulden zu tilgen, vermachten Adel und Klöster schließlich sogar Teile ihres Landes den Händlern, die ihrerseits chinesische Bauern in die Innere Mongolei holten und systematisch die **Weiden in Ackerland** verwandelten. Aber auch verarmte Nomaden sahen keine andere Möglichkeit, als sich anstelle von der Viehhaltung nunmehr vom Feldbau zu ernähren. Die **Verarmung** produzierte auf dem Land marodierende Räuberbanden und in den Städten Tagelöhner, Bettler, Diebe und Prostituierte. Letztere hatten vor allem in den zum Zölibat verpflichteten Lamas ihr Klientel. Anfang des 20. Jh. war Syphilis die Volkskrankheit Nummer Eins in beiden Teilen der Mongolei. Als **1911** der letzte Manschu-Kaiser abdanken musste, war die Sinisierung der Inneren Mongolei so weit vorangeschritten, dass sie weiter **im Bestand der chinesischen Republik** blieb und nicht wie die Äußere Mongolei und Tibet ihre Autonomie erlangte. Heute bilden die Mongolen der Inneren Mongolei in ihrem eigenen Land eine verschwindend geringe Minderheit.

Äußere Mongolei

Die „Äußere Mongolei", wie das Gebiet, das geographisch fast genau dem der heutigen Mongolei entsprach, aus der Sicht der sino-mandschurischen Herrscher hieß, hatte für das Qing-Reich eine fast ausschließlich **militärische Bedeutung.** Zum einen sollte durch die Reichseingliederung den seit Jahrtausenden praktizierten Barbareneinfällen ein Riegel vorgeschoben werden, zum anderen ließen sich mongolische Reiterheere als

„schnelle Eingreiftruppe", wie man heute wohl sagen müsste, bestens zur Niederschlagung von Unruhen im Reich einsetzen.

Das ehemalige freundschaftliche Verhältnis zwischen mandschurischen und mongolischen Stammesfürsten war dem von Herr und Knecht gewichen. Mongolische Adlige waren nichts anderes mehr als Amtsträger in der mandschurischen Verwaltung. Der Umbau des Verwaltungssystems war ein langer Prozess der erst Anfang des 19. Jh. abgeschlossen war.

Im Vergleich zur Inneren Mongolei bewahrte die Äußere Mongolei eine größere Unabhängigkeit. Eine **umfassende Kolonialisierung** durch chinesische Bauern **unterblieb** hier. Die wirtschaftliche Entwicklung stagnierte. Das Land blieb über mehr als 200 Jahre außenpolitisch vollkommen isoliert.

Den **Bannerfürsten** ging es unter dem mandschu-chinesischen Kaiser nicht schlecht. Die Loyalität eines Bannerfürsten im Range eines Tschin wan – mongolische Adelstitel wurden durch mandschurische ersetzt – ließ sich der Kaiser jährlich 2000 Unzen Silber und 25 Rollen Satin kosten. Allein die Äußere Mongolei hatte 86 Banner. Das **Volk** gliederte sich in gewöhnliche Steuerzahler *(albat)*, in persönliche Leibeigene des Adels *(chamdshlaga)*, Sklaven *(bool)* und in die Sondergruppe der Leibeigenen der hohen Geistlichkeit *(schawi)*.

Neben Steuern erbrachten die Mongolen **Dienstleistungen für das Reich.** Dazu gehörte die Betreuung der kaiserlichen Pferdeherden, die Bewirtschaftungen von Feldern für die Ernährung des Heeres, die Betreibung von Grenzwachposten im Norden (47) und Westen (23) sowie der Unterhalt von 76 Pferdepostrelaisstationen. Allein der Unterhalt des Post- und Kurierdienstes kostete jährlich 3 Mio Stück Vieh.

Jeder Mongole zwischen 18 und 60 war **wehrpflichtig** und musste bei der Einberufung sein Reitpferd und die Ausrüstung selbst mitbringen. Allerdings erhielten die Mongolen keine Feuerwaffen. Der taktische Vorteil von Pfeil und Bogen – über Jahrhunderte das Erfolgsrezept mongolischer Überlegenheit im Krieg – war im Kriegseinsatz hinweg. Aber zur Niederschlagung von Bauernaufständen, die im 19. Jh. den Thron beschäftigten, waren mongolische Krieger immer noch gut.

Auch in der Äußeren Mongolei erreichte der **Verschuldungsgrad** des schwarzen (weltlichen) und gelben (geistlichen) Adels eine unüberschaubare Höhe. Das Gesamtvermögen der Region Chowd z.B. soll Ende des 19. Jh. nicht ausgereicht haben, um auch nur die Hälfte der bei chinesischen Händlern aufgelaufenen Schulden zu decken. Deutlich wird, dass die Mongolen in der Qing-Zeit aufhörten, selbst auf chinesische Märkte zu ziehen. Vielmehr unterhielten **Chinesen** in allen größeren mongolischen Ortschaften **Handelsniederlassungen.** Anfänglich war es ihnen durch das „Barbaren-Amt" noch verwehrt, feste Häuser zu errichten und sich mongolische Frauen zu nehmen. Mit zunehmendem Reichtum unterliefen die Händler diese Anweisungen immer mehr. Die soziale Entwicklung ähnelte im Wesentlichen der in der Inneren Mongolei.

Erst **1906** setzte eine **massive Welle der chinesischen Besiedlung ein.** Der Kolonialisierungsprozess kam zum Erliegen, als im **Oktober 1911 die Qing-Dynastie zusammenbrach** und der letzte Kaiser abdanken musste. Im **Dezember 1911** verließ der letzte mandschurische Amban (Statthalter) mit 150 Garnisonssoldaten unbehelligt Urga.

Die autonome Mongolei im Spannungsfeld der Interessen in Fernost (1911–1924)

Am 30.12.1911 wurde der achte *Bogd Gegeen* zum **Bogd Khan** und damit zum weltlichen Oberhaupt der neuen, autonomen Mongolei berufen.

Der Zusammenbruch des Kaiserreichs fiel in eine Zeit der Neuordnung der Interessen der Mächte Russland, China und Japan im Fernen Osten. Das Interesse aller drei Länder an der Etablierung eines weiteren unabhängigen Landes in dieser Region war denkbar gering.

Schon im **Juni 1911** mündete der einhellige **Unmut** des Volkes, des Adels und des Klerus über die unverhohlene Besiedelungspolitik der Qing in zwei Geheimsitzungen beim Bogd, auf denen der Wille zur Unabhängigkeit betont und beschlossen wurde, eine Delegation mit einem die Unterschrift des Bogd tragenden **Hilfegesuch an den russischen Zaren** nach St. Petersburg zu schicken. Die Gesandten trafen am **15.8.1911** in der Zarenhauptstadt ein. Für die Russen kam das Ansinnen ebenso überraschend wie ungelegen. Zugesichert wurde den Mongolen lediglich diplomatische Unterstützung. Tatsächlich ließ der Zar seinen Botschafter in Peking erklären, dass die massive Besiedelung der Äußeren Mongolei als feindlicher Akt aufgefasst werde. Bevor aber das diplomatische Spiel in die zweite Runde gehen konnte, brach das chinesische Reich zusammen. Damit war der Weg frei für die **mongolische Unabhängigkeitserklärung.**

Chinesisches Recht blieb ebenso weiter in Kraft wie die Symbole des Kaiserreiches. Anstelle des Kaisers verlieh nunmehr der Bogd Titel und Ränge und nahm die Tributzahlungen entgegen. Neu eingerichtet wurden fünf Ministerien (Innen, Außen, Justiz, Finanzen und Krieg). Erste Amtshandlung der autonomen Regierung war die Vertreibung der verbliebenen Garnisonstruppen aus Chowd und Uliastai.

Anfänglich hoffte die Autonome Regierung darauf, dass sich auch die Innere Mongolei von China loslösen und mit der Äußeren vereinigen würde. Dazu kam es, wie weiter oben erwähnt wurde, nicht.

Bestrebt, **internationale Anerkennung** zu erlangen, schickte der Bogd **1913** eine zweite Delegation zum Zaren. Der Aufenthalt sollte genutzt werden, um auch die Botschaften der Westmächte und Japans aufzusuchen. Der diplomatische Erfolg blieb aus, niemand wollte in der spannungsgeladenen Zeit am Vorabend des 1. Weltkrieges zusätzliches Konfliktpotential im Fernen Osten schüren. Russland waren ohnehin durch die Geheimverträge im Ergebnis des russisch-japanischen Krieges die Hände gebunden. Es suchte nach einem Kompromiss, der auf **Autonomie der Äußeren Mongolei im Innern bei Fortbestehen chinesischer Suzeränität** hinauslief. So erhielt die mongolische Delegation lediglich einen Kredit von 2 Mio Rubel und eine Zusage auf Waffenlieferungen. Selbst dieser Vorschlag Russlands ging dem chinesischen Präsidenten *Yuan Shih-kai* zunächst zu weit. Er sprach sich für die Umwandlung der Mongolei in eine gewöhnliche Provinz aus.

Suchbaatar, der Volksheld

127mo

Es muss deshalb als großer Erfolg für die autonome Regierung gewertet werden, dass am **7.6.1915** in Kjachta ein **Vertrag zwischen Russland, der Republik China und der Mongolei** geschlossen wurde, der im Kern auf die russischen Vorschläge – Autonomie gekoppelt mit chinesischer Suzeränität – hinauslief. Die Mongolei war nicht berechtigt, territoriale Fragen selbst zu regeln, Russland behielt seine Handelsvorrechte, und China durfte wieder fünf Amban entsenden. Die außenpolitische Isolation wurde zementiert, selbst Russland wollte keinen mongolischen Gesandten aufnehmen.

Die folgenden Jahre brachten für das Land wenig Neues; die alte gesellschaftliche Ordnung blieb weitestgehend bestehen. Erst die **Folgeereignisse der russischen Oktoberrevolution** brachten wieder Bewegung ins Dreiecksverhältnis. Die autonome Regierung betrachtete die Auswirkungen des politischen Wandels in Russland als Bedrohung für ihre Sicherheit und gestattete den erneuten **Einmarsch chinesischer Garnisonstruppen Ende 1918.** Als die Mongolei ihre errungene Autonomie dennoch nicht aufgeben wollte, wurde sie durch die Entsendung eines großen Truppenkontingents gezwungen, am **16.11.1919** ein Dokument zu unterzeichnen, das die **Rückgabe der Macht an China** besiegelte. Die Ministerien wurden aufgelöst, die Armee entlassen, ihre Ausrüstung konfisziert und Widerständler in Haft gebracht.

Unter diesen Bedingungen formierte sich in Form traditioneller Geheimbünde *(dugujlan)* **politischer Widerstand.** Es entstanden in Urga zwei zunächst unabhängig voneinander operierende Zirkel, von denen einer von Anfang an im Kontakt zu Anhängern der russischen Revolution stand. Die Zahl der zu dieser Zeit in Urga ansässigen Russen wird auf 2000 geschätzt, von denen natürlich ein Teil Sympathie für die Revolution zeigte oder gar in ihrem Auftrag in der Mongolei wirkte. Im **März 1920** drang die **Rote Armee bis nach Irkutsk** und damit de facto bis fast an die Grenze zur Mongolei vor. Die neue sowjetrussische Regierung ließ erklären, dass alle zaristischen Verträge, die in Bezug auf die Mongolei mit China und Japan geschlossen worden waren, als ungültig betrachtet würden. Die Äußere Mongolei habe einen Rechtsanspruch auf Unabhängigkeit.

Diese Entwicklung der Lage gab den Geheimbündlern zusätzlichen Ansporn. Im März/April nahmen beide Zirkel Beziehungen zueinander auf und intensivierten ihre Kontakte zu den russischen Revolutionsanhängern in Urga, die ihnen schließlich Kontakte zum Büro der Kommunistischen Partei Russlands in Irkutsk verschafften. Auf dessen Empfehlung hin formierte sich am **25.6.1920** aus den Zirkeln die **Mongolische Volkspartei (MVP),** die bald darauf eine Delegation nach Sowjetrussland entsandte. Der Bogd, den auch die russischen Kommunisten nach wie vor als den obersten Repräsentanten der Mongolei ansahen, setzte nur sehr widerwillig sein Siegel auf das **Hilfsgesuch an die Lenin-Regierung.** Ende **Juli 1920** machte sich die Delegation auf den Weg nach Moskau. Bevor sie wieder in der Heimat eintraf, nahmen die Ereignisse eine unerwartete Wende. Im **Oktober 1920** marschierte der deutschstämmige weißgardistische **Generalleutnant Baron von Ungern-Sternberg** mit ca. 1000 Gefolgsleuten in die Mongolei ein. Damit wurde die Mongolei zum **Schauplatz des russischen Bürgerkrieges.** Vom **26.10. bis 7.11.1920** belagerten seine Truppen Urga, konnten jedoch die chinesische Garnison nicht zerstreuen und zogen unter hohen Verlusten ab. Hernach kam es zu schrecklichen Pogromen der Chinesen unter der mongolischen Zivilbevölkerung. Der Bogd geriet in Arrest, die Volkspartei wurde zerschlagen und ihre Führer verhaftet. *Von Ungern-Sternberg* sammelte im **Winter 1920/21** neue Kräfte und griff mit ca. 5000 Mann, nunmehr überwiegend Mongolen, am **3./4. Februar** Urga erneut an. Er verursachte ein **Blutbad unter den Chinesen,** setzte den Bogd wieder in seine Ämter ein und reaktivierte die autonome Regierung. Der daraufhin als Befreier gefeierte *von Ungern-Sternberg* zeigte bald sein wahres Gesicht. Mit äußerster Brutalität verfolgte er sein Ziel, sich auf einen Gegenschlag gegen die Rote Armee in Sibirien vorzubereiten. Während der **Zwangsrekrutierung von mongolischen Soldaten** kam es zu reihenweisen Erschießungen; Vieh und Besitz wurde in großem Umfang konfisziert.

Die Delegation der *Mongolischen Volkspartei* hielt sich drei Monate in Moskau auf und hatte u.a. Treffen mit *Lenin,* Außenminister *Tschitscherin* sowie dem Oberbefehlshaber der Roten Armee, *Kamenew.* Am 10. November sagte die **sowjetrussische Regierung,** offenbar in Reaktion auf den Vorstoß des Barons, die **Lieferung von Waffen** zu. Im Februar des folgenden Jahres wurden Einheiten der Roten Armee unmittelbar an die mongolische Grenze nach Troitskosawsk verlegt.

Am 16. Februar formierte sich die *MVP* in der russisch-mongolischen Grenzsiedlung Chiagta neu und beschloss die **Aufstellung**

von Partisanenverbänden. Hier hatten sich die von Baron *von Ungern-Sternberg* zerstreuten Reste der chinesischen Garnisonstruppen aus Urga verschanzt. Bis Ende Februar konnte *Suchbaatar,* später als Volksheld gefeiert, ca. 400 dürftig ausgerüstete Soldaten aufstellen, die sich der Revolutionstruppe nicht immer ganz freiwillig anschlossen. Mit typischen Partisanenmethoden erleichterten sie die chinesischen Soldaten schrittweise ihrer Waffen.

Unterdessen tagte vom **1. bis 3. März** im russischen Troitskosawsk der **1. Parteitag der MVP,** der neben dem Parteiprogramm und einem Aufruf an das mongolische Volk auch die Bildung eines Kommandostabs für die Partisanenarmee beschloss. Der Stab arbeitete einen gewagten Angriffsplan gegen die ca. 2500 Chinesen aus, der am **18. März** umgesetzt wurde. Der **Überraschungsangriff** gelang, der triumphale Sieg ließ auch andernorts den chinesischen Widerstand sinken.

Nächster Gegner war damit die Truppe des Barons, die zu vernichten die in Troitskosawsk stationierten Einheiten der Roten Armee als ihre Aufgabe ansahen. Am 28. Juni überquerte die Hauptmacht der ca. 7500 Mann starken Truppe die Grenze, nachdem es *von Ungern-Sternberg* seinerseits gewagt hatte, Troitskosawsk anzugreifen. *Von Ungerns* Einheiten wurden vernichtend geschlagen. Am **6. Juli 1921** zog die **Rote Armee** in Begleitung mongolischer Partisanenverbände **in Urga** ein. Der Generalleutnant wurde von seinen eigenen Leuten gefangen genommen, an die Roten ausgeliefert und in Russland vor Gericht gestellt. Sein Todesurteil wurde am 15.9. in Nowosibirsk vollstreckt. Der **Partisanenkrieg** dauerte im Westen noch **bis Ende 1921.**

Im **November** wurde die Bildung einer **Revolutionären Volksregierung** ausgerufen, der Bogd blieb jedoch bis zu seinem Tod im

Die mongolisch-russische Grenze bei Chiagta

Jahre **1924** formal Staatsoberhaupt und das Land damit eine theokratische Monarchie.

Ein am **31.5.1924** geschlossenes **russisch-chinesisches Abkommen** bestätigte de jure das Festhalten an der chinesischen Suzeränität, de facto aber behandelte die Sowjetunion die Mongolei als einen ihr sehr nahe stehenden selbstständigen Staat.

Am **26.11. 1924** wurde eine neue, auf der Ideologie des Marxismus-Leninismus fußende **Verfassung** angenommen, die die Grundlage für die später eingeleiteten grundlegenden Veränderungen im gesellschaftlichen und politischen Bereich bildete.

Die Mongolische Volksrepublik (1924–1990)

Unmittelbar nach dem Einmarsch der Roten Armee in Urga 1921 wurde damit begonnen, das mongolische Staatssystem mit Hilfe russischer Berater nach dem sowjetischen Vorbild umzugestalten. Bald danach setzte sich in der Richtungsdiskussion um den weiteren Entwicklungsweg die **Gruppe um Suchbaatar** durch, die sich, den Ratschlägen *Lenins* folgend, für den **Aufbau des Sozialismus** unter der - wie es damals hieß - Auslassung des kapitalistischen Entwicklungsweges aussprach. Andere Persönlichkeiten aus der *Dugujlan-Bewegung*, die sich stattdessen für eine Annäherung an die entwickelten Länder des Westens und das Einschlagen eines eigenständigen Weges aussprachen, konnten sich nicht durchsetzen.

Als sich der Richtungsstreit nach dem **Tode Suchbaatars im Februar 1923** noch einmal zuspitzte, mischte sich das in Irkutsk ansässige Fernostbüro der Kommunistischen Internationale massiv in den Streit ein und ließ Gegner des nichtkapitalistischen Weges eliminieren. Der **III. Parteitag der Mongolischen Volkspartei,** auf der die Partei das Attribut „revolutionär“ in ihren Namen aufnahm, beschloss im **August 1924** den Aufbau des Sozialismus als Fernziel.

Dieser weit in die Zukunft weisende Beschluss bedeutete jedoch keineswegs, dass der Widerstand innerhalb der mongolischen Gesellschaft gegen diese Perspektive bereits gebrochen gewesen wäre. In den **30er Jahren** konzentrierte sich die **Ablehnung der Politik** der *Mongolischen Revolutionären Volkspartei (MRVP)* **in den lamaistischen Klöstern** und ihrem Umfeld. Das nimmt nicht wunder, denn die Kommunisten geißelten den Lamaismus als zutiefst reaktionäre Lehre, die ein Hemmnis für die weitere geistige und kulturelle Entwicklung des Landes darstellen würde und Schuld sei an seiner Zurückgebliebenheit. Die *MRVP* war bemüht, gewissermaßen die Nachfolge der Lamas anzutreten und den Marxismus-Leninismus der zutiefst gläubigen Bevölkerung als Ersatzreligion anzubieten, in deren Mittelpunkt die Verheißung auf ein besseres Leben noch in dieser Welt stand. Dies und ein **1928** begonnener erster Anlauf, das Vieh der Nomaden zu kollektivieren, steigerten jedoch die Wertschätzung des Volkes für ihre Führung nicht. Die allgemeine Unzufriedenheit und Ablehnung der Politik der *MRVP*, die allzu mechanisch das sowjetische Vorbild kopierte, mündeten **1932** schließlich im **Ausbruch eines Aufstandes,** der einen beachtlichen Teil des Landes erfasste. Die *MRVP* ließ die Armee, die von sowjetischen Einheiten unterstützt wurde, überaus rigoros gegen die Aufständischen vorgehen. Weit über **700 Klöster und Gebetsstätten wurden bis 1938 in Schutt und Asche gelegt;** unersetzbare Zeugnisse der geistigen und materiellen Kultur der Mongolei gingen unwiederbringlich verloren. Die Schicht der **Lamas wurde physisch regelrecht ausgelöscht.** Wer nicht freiwillig das Kloster verließ und eine weltliche Arbeit annahm, teilte das Schicksal seines Klosters. Die Welle der Gewalt griff anschließend auf das einfache Volk und selbst auf Parteimitglieder über. Den **Säuberungsaktionen,** die der Statthalter *Stalins* in der Mongolei, *Ch. Tschoibalsan,* anordnete, fielen Opponenten des radikalen sowjetischen Weges zum Sozialismus zum Opfer, darunter viele Revolutionäre aus der Umgebung *Suchbaatars* und junge mongolische Intellektuelle, die Ende der 1920er Jahre in einer liberalen Phase der mongolischen Innenpolitik eine Hochschulausbildung in Deutschland und anderen europäischen Ländern genießen durften und mit ihren Vorstellungen ganz und gar nicht in die offizielle Parteilinie passten. Bekanntester Vertreter letzterer Gruppe ist *D. Nazagdordsh,* der in Leipzig studierte und der heute als mongolischer Nationaldichter der Neuzeit geehrt wird.

Die innenpolitischen Probleme der *MRVP* am Ende der 30er Jahre wurden im Bereich der Außen- und Verteidigungspolitik potenziert durch die wachsenden **Großmachtambitionen Japans** im Fernen Osten. **Seit 1935** kam es im äußersten Osten der Mongolei im Gebiet des Chalchyn gol zu **Grenzzwischenfällen,** die die seit 1932 in der Mandschurei stationierte japanische Kwantung-Armee provozierte. In Reaktion darauf schlossen die **Mongolei und die Sowjetunion 1936** einen **militärischen Beistandspakt.** Im **Herbst 1938** kam es fast täglich zu immer mehr eskalierenden Grenz-zwischenfällen. In einer Gewaltaktion bauten die Sowjets ein Stichgleis von der Transsibirischen Eisenbahn bis nach Tschoibalsan, dem Zentrum des Dornod-Aimaks, die im Sommer 1939 fertiggestellt wurde. Die Rote Armee antwortete auf den Zusammenzug massiver Kräfte der Kwantung-Armee ihrerseits mit großen Truppenverlegungen in die Ostmongolei. **Mitte August 1939** standen auf einem Frontabschnitt von 30 km Länge 57.000 Rotarmisten und 80.000 mongolische Kavalleristen insgesamt 30.000 Japanern gegenüber. Die sowjetisch-mongolischen Verbände waren den Japanern nicht nur zahlenmäßig, sondern auch in Hinblick auf die Kampftechnik weit überlegen. Am **20. August** kam General *Schukow,* der die Operation leitete, den Japanern zuvor, die ihren Angriff für den gleichen Tag geplant hatten. Innerhalb von drei Tagen war die Zange um die japanischen Einheiten geschlossen, am **16.9.1939** wurde der Waffenstillstandsvertrag unterzeichnet. Insgesamt fielen in der Schlacht über 30.000 Soldaten; zwei Drittel davon waren Japaner. Die ernüchternde Niederlage in der **Schlacht am Chalchyn gol** ließ die Japaner von ihrer ursprünglichen, auf das asiatische Festland orientierten Kriegsplanung Abstand nehmen und sich dem pazifischen Raum zuwenden.

Der Beistandspakt mit der Sowjetunion zog die Mongolei automatisch mit in den **Zweiten Weltkrieg** hinein, ohne dass das Land selbst in Kampfhandlungen verwickelt worden wäre. Die Mongolei lieferte in den Kriegsjahren große Mengen Nahrungsmittel, Winterbekleidung und Reitpferde an die Rote Armee. Erst als der Weltkrieg in Europa zu Ende war und die Rote Armee innerhalb weniger Monate starke Verbände nach Nordostchina verlegte, um die zweite Front gegen Japan zu eröffnen, beteiligten sich auch mongolische Soldaten an Kampfhandlungen.

Formal unterstand die Mongolei nach dem Krieg unverändert der Suzeränität Chinas. **Ende 1945** strebte *Stalin* eine Änderung des für die Sowjetunion unbefriedigenden Status quo an und ließ mit Zustimmung Chinas in der Mongolischen Volksrepublik ein **Referendum** zur Frage durchführen, ob das Land lieber unabhängig werden oder weiter unter chinesischer Oberhoheit bleiben wolle. Nahezu 100 % der mongolischen Bevölkerung entschieden sich für die **Unabhängigkeit.**

In der **Nachkriegszeit** wurden verstärkte Anstrengungen unternommen, den **sozialistischen Aufbau** zu beschleunigen. Im Mittelpunkt stand im ländlichen Bereich die zweite Phase der **Kollektivierung** des Herdenviehbestandes und die Zusammenfassung der Nomaden in **Genossenschaften** sozialistischen Typs. Dieser Prozess war **Anfang der 1960er Jahre** im wesentlichen abgeschlossen. Parallel dazu wurde die **Industrialisierung des Landes** vorangetrieben. Im Ergebnis dessen entstanden zahlreiche Betriebe der Leicht- und Lebensmittelindustrie sowie der Baumaterialproduktion. An diesem industriellen Aufbau beteiligten sich neben der Sowjetunion zunehmend auch die nach dem Krieg in Osteuropa entstandenen sozialistischen Länder. Zur DDR nahm die Mongolei noch 1949, also bereits wenige Tage nach ihrer Gründung, diplomatische Beziehungen auf. **1962** wurde die Mongolei **Mitglied des RGW** *(Comecon)* und erhielt neben Kuba und Vietnam den Status eines besonders förderungswürdigen Landes. Befruchtend für den wirtschaftlichen Aufschwung in dieser Zeit wirkten sich auch die **guten Beziehungen zur Volksrepublik China** aus. Chinesische Bauarbeiter errichteten, bis sie mit dem Ausbruch der Kulturrevolution abgezogen wurden, zahlreiche Infrastruk-

130mo Foto: st

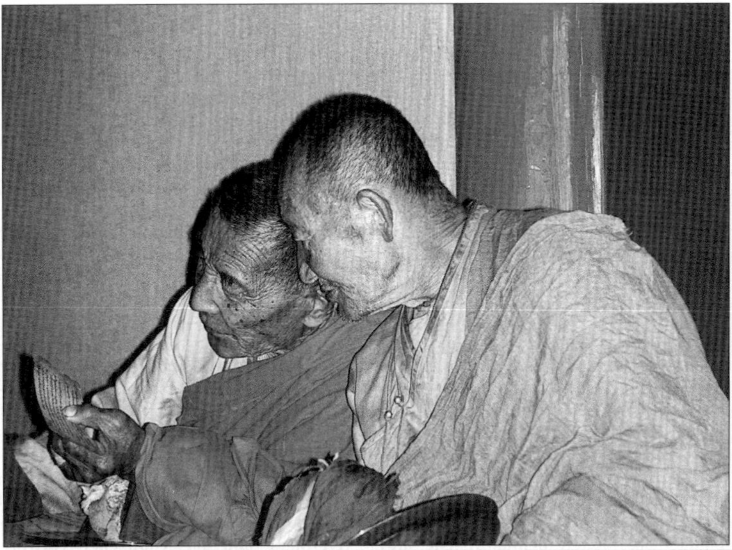

turobjekte; so wurde 1956 z.B. die Eisenbahnlinie Ulan Bator-Peking eingeweiht.

Der rasche Aufbau der Industrie führte zu tiefgreifenden **Umbrüchen in der mongolischen Gesellschaft.** Die Nomaden, die über Jahrtausende ungebunden in der Steppe lebten, wurden nun in sozialistischen Genossenschaften verwaltet. Massenhaft wurden aus den ländlichen Gebieten Arbeitskräfte abgezogen und in Industrie- und Verwaltungsberufen ausgebildet. Die *Comecon*-Länder wetteiferten regelrecht darum, die Mongolei mit Wohltaten zu überhäufen. Ob diese von den Menschen tatsächlich gewollt wurden, wurde nicht hinterfragt. Die *MRVP* als Staatspartei war schon lange zum reinen Erfüllungsgehilfen der Anordnungen aus Moskau degradiert. Trotz zahlreicher ideologischer Offensiven und der Anwendung eines breiten Instrumentariums der „Mobilisierung der Werktätigen" geriet das **wirtschaftliche Wachstum in die Stagnation** oder hing **am Tropf der Zuwendungen des Comecon.** Nach der Vergenossenschaftlichung stagnierte der Viehbestand über 30 Jahre lang und war trotz aufwändiger veterinärmedizinischer Betreuung, Zucht und Heubevorratung niedriger als vor der Kollektivierung. Die Industrie funktionierte nur solange, wie ausländische Facharbeiter und Ingenieure die Aufsicht ausübten und selbst an wichtigen Stellen massiv mit Hand anlegten. Der Ackerbau, der in den 1980er Jahren die Selbstversorgung mit Getreide garantierte und sogar einen Exportüberschuss erwirtschaftete, war ein teures Zuschussgeschäft.

Die Partei- und Staatsführung, die über 40 Jahre unter Führung des mit einer Russin verheirateten *Ju. Zedenbal* stand, beschränkte sich im wesentlichen darauf, hin und wieder rote Bänder durchzuschneiden, wenn eine neue Fabrik oder Schule übergeben wurde. Starrsinniger Dogmatismus, Selbstüberschät-

70 Jahre lang ein ungewöhnlicher Anblick in der Mongolei: rezitierende Mönche

zung und der Glaube an die eigene Unfehlbarkeit hatten der Parteiführung jeglichen realen Blick für die dringend zu lösenden Probleme abhanden kommen lassen. Deshalb fiel auch in der Mongolei die von *Gorbatschow* eingeleitete Politik von **Glasnost und Perestroika** auf einen für die Parteiführung überraschend fruchtbaren Boden. Die alte Führung sah sich gezwungen, auf das allerorts zu beobachtende Bröckeln in der Gesellschaft mit **halbherzigen Reformen** zu reagieren, die freilich in der täglichen Praxis von der trägen Verwaltung untergepflügt wurden.

Infolgedessen erwuchs aus dem anfänglichen Vertrauensverlust eine zunehmend energisch auftretende **Oppositionsbewegung,** die nicht mehr aus der Partei kam, sondern eine echte Bürgerbewegung war. In der **ersten Hälfte 1990** überschlugen sich dann die Ereignisse. Am **18. Februar** gründete sich die *Mongolisch Demokratische Partei* und beendete die fast 70 Jahre währende Einparteienherrschaft der *MRVP*. Kurz darauf bildeten sich weitere **demokratische, antikommunistische Parteien. Anfang März** fiel das alte Staatsgebilde wie ein Kartenhaus zusammen, das **Politbüro trat geschlossen zurück,** nachdem ein langandauernder **Hungerstreik** von namhaften Oppositionspolitikern auf dem Suchbaatar-Platz die politische Konfrontation auf den Höhepunkt getrieben hatte. Der große Volkshural, das „Jubelparlament" der *MRVP* löste sich auf. Der Generalsekretär der *MRVP, Sh. Batmunk,* konnte gerade noch verhindern, dass der orthodoxe Zweig der *MRVP* ein Blutbad unter den knapp 100.000 Demonstranten anrichtete, die auf dem Suchbaatar-Platz Freiheit und Demokratie forderten.

Die ersten Jahre der Transformation der Mongolei nach 1990

Am **29. Juni 1990** fanden erstmals in der Geschichte der Mongolei **freie Parlamentswahlen** statt. Schon seit dem Sturz des Politbüros war die junge Opposition über den Runden Tisch mit an der Machtausübung beteiligt. In den Wahlen gelang es der *MRVP*, die sich inzwischen vom Schock des massenhaften Aufbegehrens gegen sie erholt hatte, noch einmal die Mehrheit zu erringen. Die Opposition hatte vor allem in den ländlichen Regionen nicht genug Zeit, sich zu etablieren. Gebildet wurde eine **Regierung der großen Koalition,** die **bis 1992** zahlreiche energische Maßnahmen hin zu **Demokratie und Marktwirtschaft** einleitete.

Schwerpunkt im wirtschaftlichen Bereich war die Privatisierung des Herdenviehbestandes auf dem Land und kleinerer Dienstleistungs- und Produktionsbetriebe in den Städten. Die politische Bewegung fand im **Februar 1992** mit der Verabschiedung einer **demokratischen Verfassung** ihren vorläufigen Höhepunkt. Unmittelbar nach der politischen Wende öffnete sich das Land auch der Internationalen Gemeinschaft. Die Bundesrepublik trat 1990 die Rechtsnachfolge der DDR an und übernahm die Botschaft in Ulan Bator. **1991** wurde die Mongolei **Mitglied des Internationalen Währungsfonds, der Weltbank und der Asiatischen Entwicklungsbank.** Im gleichen Jahr berieten in Tokio erstmals Vertreter der Geberländer über ein umfassendes Hilfsprogramm für die Reformprozesse in der Mongolei.

Der radikale Umbau in allen Bereichen der Gesellschaft führte das wahre Ausmaß **kommunistischer Misswirtschaft** vor Augen. Die industrielle Produktion brach in kurzer Zeit zusammen, Massenarbeitslosigkeit und galoppierende Inflation stießen große Teile der Bevölkerung ins **Elend** (Einzelheiten siehe auch unter „Wirtschaft"). Die Regierung musste, um die Versorgung halbwegs zu gewährleisten, Lebensmittelkarten ausgeben. Dies führte zu **Unmut in der Bevölkerung** und vielfach auch zu der Überzeugung, dass es in der alten Zeit besser gewesen sei. Diese Grundstimmung machte sich die *MRVP* zunutze und konnte in den **Parlamentswahlen 1992,** begünstigt durch das Mehrheitswahlrecht, wieder 71 der 76 Parlamentssitze erringen und ihre **Einparteienherrschaft reaktivieren.**

In den folgenden vier Jahren verlor der Reformprozess deutlich an Schwung. Kernfragen, wie z.B. die entschlossenen **Fortset-**

zung der Privatisierung in Industrie und Landwirtschaft, wurden nur halbherzig in Angriff genommen. Die in viele kleine Parteien zersplitterte Opposition benötigte geraume Zeit, um sich von der für sie schockierenden Wahlniederlage zu erholen und wieder das politische Tagesgeschäft aufzunehmen. Zu den **Präsidentschaftswahlen** im Juni 1993 traten die beiden grossen Oppositionsparteien, die **Mongolische Nationale Demokratische Partei** *(MNDP)* und die **Mongolische Sozialdemokratische Partei** *(MSDP)* erstmals mit einem gemeinsamen Kandidaten an und demonstrierten so ihre neu gewonnene Geschlossenheit. Die Kompromissbereitschaft und der Machtwille gingen dabei sogar so weit, dass die beiden Parteien in Ermangelung eines Kandidaten aus den eigenen Reihen auf den als reformfreudig geltenden ehemaligen *MRVP*-Anhänger und amtieren Präsidenten, *P. Otschirbat,* zugingen und ihn als Kandidaten gewinnen konnten.

Der Gegenkandidat der *MRVP* musste sich bei den Wahlen dem amtierenden Präsidenten mit ca. 20 Prozentpunkten Unterschied deutlich geschlagen geben.

Ermuntert vom ersten prägnanten Erfolg bauten vor allem die beiden großen Oppositionsparteien in den Jahren bis zu den nächsten Parlamentswahlen ihre Parteiorganisationen deutlich aus.

Um die Wähler von einer politischen Alternative zur selbstgefälligen *MRVP* und zum anhaltenden Reformstau zu überzeugen, musste die Opposition in Ermangelung einer maßgeblichen Präsenz im Parlament weiterhin auf den **außerparlamentarischen Kampf** setzen, mit dem in den Wendemonaten 1989/1990 noch große Massen mobilisiert werden konnten. Im Parlament selbst hatten die fünf Oppositionsabgeordneten nicht einmal die Möglichkeit, eine Fraktion zu bilden.

Die **Wahlen vom 30.06.1996** endeten mit einem gewaltigen Paukenschlag. Nach 75 Jahren ununterbrochener Macht musste die *MRVP* mit nur noch 25 der 76 Abgeordnetensitze erstmals in ihrer Geschichte auf den harten Oppositionsbänken Platz nehmen. Das Konzept der *MNDP* und der *MSDP,* sich im Verbund mit zwei weiteren kleineren neuen Parteien als **Wahlbündnis „Demokratische Union"** *(DU)* zur Wahl zu stellen, ging voll auf. Herb enttäuscht von der *MRVP,* die nicht nur wenig für den wirtschaftlichen Aufschwung tat, sondern auch Mühe hatte, sich innerparteilich von dem ihr weiterhin anhängenden Image einer kommunistischen Partei zu trennen, war die große Zahl der Wähler im Sommer 1996 der Meinung, dass es nunmehr Zeit sei, den neuen, inzwischen auch nicht mehr ganz so blutjungen Kräften eine Chance zu geben.

Den Wahlausgang kommentierend, titelte eine grosse Tageszeitung: Die *DU* hätte sogar ein schwarzes, glatzköpfiges Schaf aufstellen können – es wäre trotzdem gewählt worden.

Aktuelle Politik

Dass die am Ende des letzten Abschnittes erwähnte Einschätzung einer Tageszeitung gar nicht so daneben lag, sollte sich erst später zeigen. Zunächst aber hatte die *DU,* die im Übrigen den Prognosen der Meinungsforscher ebenso wenig Glauben schenkte wie die *MRVP* und die folglich weder personell noch programmatisch auf eine tatsächliche Machtübernahme vorbereitet war, ganz andere Probleme.

Die Verfassung von 1992 forderte eine **strikte Gewaltenteilung,** die es u.a. Abgeordneten verbot, gleichzeitig Ministerämter zu bekleiden. Die Folge war, dass sowohl der Ministerpräsident wie auch alle seine Kabinettsmitglieder von außerhalb des Parlaments, d.h. de facto aus der zweiten oder gar dritten Reihe der *DU* rekrutiert werden mussten. Dennoch verlief die Kabinettsbildung noch relativ problemlos. Das vom neuen Kabinett vorgelegte Regierungsprogramm knüpfte, um einige populistische Zusagen gestutzt, an das Wahlkampfprogramm an. Die Lösung der wirtschaftlichen Probleme (vgl. auch Kapitel „Wirtschaft") und die daraus resultierende soziale Unzufriedenheit jedoch stellte eine kaum kurzfristig zu lösende Aufgabe dar.

Bei den **ersten demokratischen Kommunalwahlen** am 6.10.1996 rechnete sich die *DU* einen ähnlich grandiosen Erfolg aus, wie bei den Parlamentswahlen, errang jedoch nur etwas mehr als 40 % der Mandate. Einige unpopuläre Maßnahmen der Regierung ließen nicht wenige Wähler einen weiteren Sozialabbau und eine Fortsetzung der Teuerungsspirale fürchten und deshalb nach einem politischen Ausgleich zwischen den Parteien suchen.

Aber auch die *MRVP* hatte zunächst Schwierigkeiten, sich in ihrer neuen Rolle zurechtzufinden und demokratische Verhaltensmuster an den Tag zu legen. Immer wieder boykottierte sie die parlamentarischen Abläufe und das Gesetzgebungsverfahren.

Im Vorfeld der **Präsidentschaftswahlen** am 19.05.1997 wurde von ihr ferner der harte Sanierungskurs der *DU* scharf kritisiert und die soziale Angst erneut geschürt. Wiederum um einen Ausgleich im Machtgefüge bemüht, gaben die Wähler bereits im ersten Wahlgang 60,81 % aller gültigen Stimmen dem MRVP-Kandidaten *N. Bagabandi.* Sein Gegenkandidat, *P. Otschirbat,* der erneut kandidierte, wurde um weit über 30 % distanziert. Innerhalb von weniger als einem Jahr hatte die *DU*-Regierung damit erheblich an Rückhalt bei den Wählern verloren.

Aber auch von Seiten der Regierungskoalition selbst geriet das Kabinett *Enksajchan* alsbald unter Druck. Missbilligt wurde vor allem, dass die Regierung fundamentale Entscheidungen, etwa die kurzfristige Abschaffung aller Importzölle, selbstherrlich an Parteivorstand und Fraktion vorbei getroffen hatte. Im April 1998 erhielten *Enksajchan* und seine Minister schliesslich die rote Karte, nachdem bereits im Januar ein umstrittenes Gesetz verabschiedet worden war, das die gleichzeitige Ausübung von Parlamentsmandat und Ministeramt nun doch möglich machte.

Zum neuen **Ministerpräsidenten** wurde am 23.4.1998 der Vorsitzende des Seniorpartners der Regierungskoalition, *Z. Elbegdordsh,* gewählt. Die Berufung der Minister, die nunmehr alle aus dem Parlament kommen sollten, zog sich über einen Monat hin. Bereits eine der ersten wichtigen Entscheidungen der neuen Regierung, der Beschluss, eine angeblich vor dem Kollaps stehende staatliche Bank mit einer privaten zu fusionieren, sorgte für helle Entrüstung, nicht nur in den Reihen des politischen Gegners. Nach einem erfolgreichen **Misstrauensantrag** trat die Regierung *Elbegdordsh* nach nur drei Monaten Amtszeit am 24.7.1998 ab, regierte aber noch bis Dezember kommissarisch weiter.

Elf Nominierungen für das Amt des Ministerpräsidenten scheiterten am

Widerstand des Präsidenten und des Parlaments. Benannt wurde schliesslich **Dsh. Naranzazralt,** der erst im März 1997 mit grosser Mühe als Oberbürgermeister der Hauptstadt durchgesetzt werden konnte. Er wurde am 9.12.1998 mit überraschend großer Mehrheit zum 16. Ministerpräsidenten gewählt, nachdem die *DU* zugesagt hatte, das Amt des Oberbürgermeisters der Hauptstadt an die Opposition abzugeben.

Auch dem Kabinett *Naranzazralt,* das nun wieder aus Nichtparlamentariern bestand, war nur eine kurze Lebensdauer beschieden. Im Sommer 1999 wurde bekannt, dass *Naranzazralt* zu Beginn seiner Regierungsgeschäfte ein Papier unterzeichnet haben soll, das der Außenwirtschaft der Mongolei erheblichen Schaden zugefügt habe. Nachdem ihm daraufhin bis auf den Justizminister alle Minister die Loyalität aufgekündigt hatten, trat er am 22.7. 1999 zurück.

Bis zur Berufung des inzwischen vierten Ministerpräsidenten in der laufenden Legislaturperiode vergingen diesmal nur acht Tage. Mit überraschend deutlichem Votum und unter Verzicht auf das zuvor mehrfach ritualisierte Tauziehen zwischen Parlament und Präsident trat der MNDP-Abgeordnete **R. Amardshargal** am 30.7.1999 sein Amt an und legte dazu sein Mandat nieder. *Amardshargal* übernahm mit Ausnahme des Justizministers alle Kabinettsmitglieder und versuchte in den wenigen Monaten, die bis zur Parlamentswahl im Sommer 2000 verblieben waren, noch wesentliche Punkte des Regierungsprogramms umzusetzen und die *DU* auf die Wahlen vorzubereiten, scheiterte aber an der Fülle unerledigter Aufgaben.

Insgesamt stellte sich die Bilanz der selbsternannten demokratischen Parteien nach vier Jahren Alleinherrschaft ernüchternd dar. Das übergreifende Ziel, in den ersten beiden Jahren der Amtszeit der *DU* die Wirtschaft zu konsolidieren, um anschließend die Selbstversorgung mit Energie und Brennstoffen sowie den wichtigsten Lebensmitteln zu gewährleisten, war nicht erreicht worden.

Bis auf die **Gold- und die Alkoholproduktion** war in allen anderen Branchen, einschließlich des Exports, ein teilweise erheblicher Einbruch zu verzeichnen.

Immerhin wurde Ende 1999 eine Korrektur in der Berechnung der Rentenansprüche vorgenommen und auch das **Lohn- und Gehaltsniveau** angehoben. Damit konnte jedoch nur ca. 40 % des Preisanstiegs abfangen werden. Nur die kostenlose **Privatisierung des Wohnraumbestandes** kann als gelungen gelten. Von der anvisierten Halbierung der Zahl der Bürger, die unter dem Existenzminimum leben, ist das Land weit entfernt. Heute lebt **jeder 3. Mongole in Armut.**

Viel schlimmer noch als die Stagnation in der Wirtschaft wird von der Bevölkerung missbilligt, dass die drei Regierungswechsel in der laufenden Legislaturperiode die staatliche Ordnung ausgehöhlt hatten. Schwer wog der Vorwurf, dass unter den Abgeordneten der Regierungsfraktion und unter den Ministern zahlreiche Leute private und geschäftliche Interessen nicht von den Gesamtinteressen der Gesellschaft trennen wollten oder konnten, was zum Ausufern von **Korruption und Amtsmissbrauch** geführt hat. Die rechtskräftige Verurteilung dreier MNDP-Abgeordneter wegen Vorteilsnahme konnte dabei nur als Spitze des Eisbergs gelten.

Wie stark der Glaube der Bürger an die sich demokratisch nennenden Parteien erschüttert war, zeigte sich beim Ausgang der **Parlamentswahlen vom 2.7.2000.** Die *MRVP* konnte dank der Hebelwirkung des Mehrheitswahlrechts mit 51,6 % der gültigen Stimmen 72 der 76 zu vergebenden Mandate erringen und so ein überragendes Comeback feiern. Ihr kam entgegen, dass sich ihr vor vier Jahren noch geschlossen auftretender Widerpart heillos zerstritten hatte.

Das krasse Wahlergebnis wurde von der internationalen Öffentlichkeit mit großer Überraschung aufgenommen und mit Recht mochte das heftige Ausschlagen der Wählerentscheidung Verwunderung hervorrufen. Dem ist entgegenzuhalten, dass der Wähler, trotz der grossen Parteienvielfalt letztlich nur drei Alternativen hatte: Die Wiederwahl der **DU** und damit die Fortsetzung oder gar Verschlimmerung oben beschriebener Verhältnisse, die Entscheidung für Parteien, die sich in unterschiedlicher Schärfe nationalistische und isolatorische Ziele setzen oder der Entschluss, die inzwischen neu organisierte *MRVP* wieder in die Pflicht zu nehmen.

Das klare Mandat für die *MRVP* darf in keiner Weise, wie es in westlichen Kommentaren zum Wahlausgang hin und wieder anklang, als **Rückkehr zum Kommunismus** gewertet werden. Vielmehr erhielt die Altpartei das Vertrauen, weil sie insgesamt als die pragmatischste, am besten organisierte und loyalste Partei gilt. Der innerparteiliche Richtungsstreit wurde zu Gunsten der reformorientierten Kräfte entschieden.

In den zwei Jahren seit ihrer Wahl hat die *MRVP* bislang nur **bescheidene Erfolge bei der wirtschaftlichen Konsolidierung** und der Verlangsamung des Sozialabbaus erzielen können. Die Arbeitslosigkeit verharrt auf hohem Niveau, der Export und damit der Zustrom von Devisen ging 2001 um 17,4 % zurück, die Inflation lag wieder im zweistelligen Bereich und der Staatshaushalt wies trotz der Erhöhung der Einfuhrzölle eine gewaltige Deckungslücke auf. Kaum Bewegung gibt es in der Frage der Privatisierung von staatseigenen Großunternehmen, die den Haushalt entlasten und das Wirtschaftswachstum ankurbeln könnten. Stattdessen hat die Regierung sich überraschend für den Bau einer so genannten **Millenniumstraße** über ca. 2.500 km quer durch die Mongolei stark gemacht, was eher eine Bühne für spektakuläre Politikerauftritte denn ein ernsthaft durchkalkuliertes Projekt darstellt. Im Bereich der Außenpolitik ist eine weitere Normalisierung der Beziehungen zu den Nachbarländern zu beobachten. Innenpolitisch ist die Situation nach wie vor stabil.

Massenmedien

Vor der Wende

Vor der politischen Wende 1990 standen die Print- und elektronischen Medien unter strenger Kontrolle und Zensur durch den **Propagandaapparat** der *MRVP*. Es gab nur einen auf Mongolisch sendenden Fernsehkanal, eine Radiostation, die über Kabel in allen städtischen und über Kurzwellenempfänger in allen ländlichen Haushalten empfangen wurde. Wichtigste **Zeitung** war das Zentralorgan der *MRVP*, die *Unen*, an deren Meinung sich auch alle anderen Blätter zu orientieren hatten. Kritische Meinungsäußerungen zum System wurden über diese Medien nicht verbreitet. Erste **regimekritische Ansichten** fanden 1989 über Flugblätter und heimlich geklebte, kleine, z.T. von Hand geschriebene Plakate den Weg an die Öffentlichkeit.

Unter der Koalitionsregierung

Unter der Koalitionsregierung von 1990 bis 1992 kam es zur Entstehung zahlreicher **freier Zeitungsredaktionen.** Dominierende Themen der Blätter waren Politik und Unterhaltung; letztere spielte bis dahin in den Medien so gut wie keine Rolle und fand aus diesem Grund guten Absatz. Private Fernsehsender und Radiostationen entstanden zunächst noch nicht.

Nach 1992

Nach 1992 schlug die *MRVP*-Regierung im Medienbereich wieder eine **härtere Gangart** ein. Die staatsnahen Zeitungen *Dsasgijn Gadsryn Medee* (Regierungsnachrichten) und *Ardyn Erch* (Volksrecht) wurden ebenso wie das staatliche Fernsehen und das landesweit sendende *Mongolradio* weiter subventioniert. Anregungen, ein Gesetz über die Medien und den Status der Journalisten zu verabschieden, wurden durch das Parlament immer wieder hinausgezögert. Im durch die Subventionierung verschobenen Wettbewerb auf dem Medienmarkt konnten sich einige Zeitungen nicht dauerhaft behaupten. Dafür etablierten sich nach 1992 eine Reihe von **privaten UKW-Sendern** in Ulan Bator und anderen Städten, sowie **private Fernsehstationen.**

Radio und Fernsehen

Der wichtigste **private Nachrichtensender** ist das *Eagle-TV*, ein Unternehmen der CNN-Gruppe, das täglich 30 Minuten nationale und internationale Nachrichten in Mongolisch sendet. Innerhalb kurzer Zeit wurde auch das **Kabelnetz** in den Städten ausgebaut, an das inzwischen so gut wie alle Haushalte in Neubauwohnungen angeschlossen sind. Über Kabel können fast 30 Fernsehsender empfangen werden, darunter *Deutsche Welle, CNN* und *BBC-World News.*

In den **ländlichen Regionen** können bislang nach wie vor nur sehr wenige Haushalte Satelliten-Fernsehen empfangen. Den meisten Nomadenhaushalten fehlt ein Fernsehgerät. Selbst der Ausstattungsgrad mit Kurzwellenempfängern ist in den letzten Jahren rückläufig.

Mongol-TV sendet landesweit täglich von 18.00 bis 23.00 Uhr, an den Wochenenden auch tagsüber.

Mongolradio sendet auf dem 1. Kanal täglich 17 und auf dem 2. Kanal 8 Stunden. Neben Sendungen in Mongolisch gibt es auch ein Angebot in Englisch, Japanisch, Russisch und Chinesisch für ausländische Hörer.

Zeitungen und Zeitschriften

Eine Bestandsaufnahme des Presseinstituts ergab, dass Anfang 2000 **mehr als 170 Zeitungen und 37 Zeitschriften** regelmäßig erschienen. Die meisten davon sind Nischenprodukte, die Themen wie Sport, Horoskop und Unterhaltung abdecken oder von staatlichen oder privaten Einrichtungen als Betriebs- oder Branchenblatt herausgegeben werden. Eine weitere Gruppe machen die Anzeigenblätter und Fernsehzeitungen aus.

Wirkliche **überregionale Tageszeitungen** sind die *Dsuuny Medee* (Nachrichten des Jahrhunderts), die *Udrijn Sonin* (Tagesblatt) und die *Unöödur* (Heute), die an sechs Tagen der Woche in 16- bzw. 8-seitiger Ausgabe erscheinen.

Die beiden erstgenannten sind trotz der Verabschiedung eines Mediengesetzes im Herbst 1998, das die Überführung aller staatlichen Agenturen, elektronischen und Printmedien in den Status öffentlich-rechtlicher Einrichtungen vorsah, noch immer staatsnah. **Wirklich unabhängig** ist nur die *Unöödur.*

Als **Wochenzeitung in Englisch** erscheinen die *UB Post* und der *Mongol Messenger.* Beide Zeitungen kann man für ein Jahresabonnement von 78 US$ auch in Europa beziehen. Die *UB Post* (Fax 00976-1-314021, E-Mail: aragmag @magicnet.mn) ist eine Zusammenstellung der interessantesten Artikel der großen Zeitungen der Vorwoche. Der *Mongol Messenger* (Fax 00976-1-327857, E-Mail: montsame@magicnet.mn) recherchiert auch selbst und greift dabei auf das Mutterhaus, die Nachrichtenagentur *MONTSAME,* zurück.

Unter www.mol.mn/montsame kann man sich auch im **Internet** einen Überblick verschaffen. Die aktuellsten Mongolei-Nachrichten in Deutsch findet man auf der News-Seite von Mongolei Online unter www.mongolei.de

Wirtschaft

Überblick

Wirtschaftliche Entwicklung

Über Jahrhunderte bildete die extensive **Nomadenviehwirtschaft** die einzige wirtschaftliche Grundlage der Mongolei, wobei die Subsistenzwirtschaft dominierte und Produkte tierischen Ursprungs nur partiell als Handelsware dienten. **Ackerbau** wurde nur in verschwindend kleinem Umfang zumeist von Chinesen und anderen nichtmongolischen Minderheiten betrieben. **Handwerk** existierte im wesentlichen nur im Umfeld der buddhistischen Klöster.

Zu Beginn des 1920. Jahrhunderts existierte eine Reihe von Handelsniederlassungen und kleinen Verarbeitungsbetrieben (Wollwäschereien, Gerbereien, Ziegeleien usw.), die von Chinesen, Russen, Engländern, Amerikanern und Deutschen betrieben wurden. Diese Unternehmer wurden nach der Volksrevolution verjagt.

Erst in den **1930er Jahren** wurde unter starker sowjetrussischer Beteiligung damit begonnen, einfache Betriebe der **Leichtindustrie** und des Handwerks zur Verarbeitung tierischer Rohstoffe aufzubauen (siehe auch „Ulan Bator, Geschichte“).

Mit dem Beitritt der Mongolei zum **Comecon** im Jahr **1960** beteiligten sich im Rahmen eines **Sonderförderungsprogramms** nahezu alle europäischen RGW-Länder an der Errichtung weiterer industrieller Standorte. Neben Betrieben der Leicht- und Lebensmittelindustrie sowie Bergbaubetrieben (Kupfer/Molybdän, Flussspat, Phosphorit, Wolfram, Zinn, Zink, Gold), die stark exportorientiert waren, wurden auch die Baustoffindustrie und das Energiewesen soweit entwickelt, dass der nationale Bedarf weitestgehend gedeckt werden konnte.

Die **Industrie** konzentrierte sich dabei im wesentlichen auf die Standorte Ulan Bator, Darchan und Erdenet. Produkte der Landwirtschaft und Industrie wurden, soweit sie nicht auf dem nationalen Markt abgesetzt wurden, fast ausschließlich in die Länder des *RGW* und hierbei wiederum vor allem in die UdSSR exportiert. Handelsbeziehungen zu westlichen Industriestaaten existierten, von ganz wenigen Ausnahmen abgesehen, bis 1989 de facto nicht. Die gesamte Wirtschaft der Mongolei war und ist stark von Zulieferungen von Ersatz- und Verschleißteilen sowie Brenn- und Treibstoffen aus dem Ausland angewiesen. Inzwischen ist auch die **Selbstversorgungsrate** mit Getreide – neben Fleisch das wichtigste Nahrungsmittel – auf nur noch ca. 1/8 des nationalen Bedarfs gefallen. Diese Sachzwänge werden von der mongolischen Regierung als ernsthafte Probleme bei der Gewährleistung der nationalen Sicherheit und Unabhängigkeit gewertet, ohne dass eine diesbezügliche Lösung abzusehen wäre.

Inzwischen gibt es Anfänge des Aufbaus einer eigenen **petrochemischen Industrie.** Auf diesem Gebiet engagieren sich besonders amerikanische Unternehmen. Probleme der Mongolei, ihren finanziellen Beitrag zu diesen Gemeinschaftsprojekten zu leisten, haben die Zeitpläne ins Wanken geraten lassen. Insgesamt ist die industrielle **Infrastruktur** nur unzulänglich ausgebaut und technisch dringend modernisierungsbedürftig.

Probleme nach der Wende

Ende der 1980er, Anfang der 1990er Jahre gingen die ehemaligen Staatshandelsländer dazu über, erbrachte Lieferungen und Leistungen in frei konvertierbarer Währung zu verrechnen. Dies führte in der Mongolei, dem von allen sozialistischen Ländern trotz aller bis dahin erbrachten Förderung mit Abstand am wenigsten entwickelten Gebiet, alsbald zu massiven Problemen in allen Bereichen der Wirt-

Staatshaushalt in Mrd. Tugrik

	1997	1998	1999	2000
Einnahmen	147,3	240,0	266,5	351,1
Ausgaben	165,7	342,2	364,7	429,7

schaft, die sehr schnell auch auf den sozialen Bereich ausstrahlten.

1990/91 kam es zu einem **dramatischen Niedergang** der nationalen Industrie, der sich in abgeschwächter Form bis 1994 fortsetzte. Erst 1995 kam es wieder zu einem leichten Anstieg des Bruttosozialprodukts, von einem äußerst niedrigen Niveau aus.

Haushaltslage

Der Staatshaushalt litt in den Nachwendejahren unter einem **permanenten Defizit,** das trotz massiver Interventionen der Weltbank und des *IWF* nicht beseitigt werden konnte.

Auf Drängen der Geberländer wurde das **Steuersystem** grundlegend reformiert. Dennoch fällt es den Steuerbehörden schwer, besonders aus dem großen informellen, also halblegalen Sektor der Wirtschaft Steuern einzutreiben. Auch 2001 erreichte das Haushaltsdefizit wieder den bedenklichen Wert von 3,9 % des BIP.

Inflation

Im Jahre **1992** erreichte die Inflation mit 325,5 % p.a. ihren absoluten **Höhepunkt,** fiel 1993 auf 183 % und konnte dann schrittweise auf immer niedriger werdende zweistellige Werte zurückgefahren werden.

Der bisher **niedrigste Stand** wurde **1998** mit 6,0 % erreicht. 1999 stieg die Inflation wieder auf 10,0 % an, und die Statistik von 2001 wies erneut einen Preisanstieg von 17,6% aus. Dies und eine seit Jahren anhaltende **Deckungslücke im Staatshaushalt** von bis zu 30 %, die durch Kreditaufnahmen bei internationalen Gläubigern gedeckt werden muss, belastet und gefährdet das Verhältnis zu den bi- und multilateralen Gebern. Noch immer ist auch die Überwindung der **Krise des Bankwesens** nicht abzusehen. Dies zusammen hat in den letzten Jahren mehrfach dazu geführt, dass zugesagte Kredite der Asiatischen Entwicklungs- und der Weltbank eingefroren wurden.

Die Löhne und Gehälter hinken permanent hinter der Preisentwicklung hinterher. Dies führt zu einem **realen Kaufkraftverlust,** der ca. ein Drittel der mongolischen Bevölkerung in die Schicht der Armen und sehr Armen abgleiten ließ.

Die Kursentwicklung der nationalen Währung zum US-Dollar

Parallel zur Hyperinflation verlor der Tugrik seit 1991 kontinuierlich an Wert. Zwar wurde bis zum 1.1.1993 im offiziellen Geldverkehr an einem starren Kurs von 1 US$ zu 150 Tugrik festgehalten. Auf dem Schwarzmarkt lag der Kurs jedoch weit höher. Seit Ende 1993 hat sich der **Wertverfall** des Tu-

142mo Foto: st

griks abgeschwächt. Zum Mai 2003 erreichte er gegenüber dem US$ einen Kurs von 1:1120. Aber trotz des hohen Kurses muss die Währung als erheblich überbewertet eingestuft werden. Da das Land jedoch, anders als etwa die südostasiatischen Länder und Russland, nicht am internationalen Wertpapiermarkt teilnimmt, kann gegen die Währung kaum spekulativ vorgegangen werden.

Auslandsverschuldung

In den Jahren der Mitgliedschaft der Mongolei im *RGW* sind bei allen **Ostblockländern,** die Leistungen für die Mongolei erbracht haben, Kredite aufgelaufen, über deren Rückzahlung es oft keine genauen Vereinbarungen gab, solange es sich um Hilfen für ein „kleines Bruderland" handelte. Nach der politischen Wende unternahmen die Nachfolgeregierungen unterschiedlich energische Versuche, diese Kredite durch die Mongolei tilgen zu lassen. Allein die GUS machen als Rechtsnachfolger der UdSSR Zahlungsverpflichtungen der Mongolei in der **astronomischen Höhe** von rund 9 Mrd. US$ geltend. Die ursprünglich fast doppelt so hohe Forderung konnte erst während eines Besuches des damaligen russischen Außenministers *Primakow* gesenkt und ein Zahlungs-

Die Inflation lässt karge Gehälter gigantisch wirken

aufschub ausgehandelt werden. Ob der Kredit je getilgt werden kann, bleibt dennoch fraglich. Dazu müssten 10 Jahre lang Summen in Höhe des gesamten aktuellen Bruttoinlandprodukts transferiert werden.

Die Ausstände gegenüber **westlichen Gläubigern** konnten bis 1995 durch eine bewusste Reduzierung der Importe abgebaut und sogar ein gewisses Polster an Devisenguthaben geschaffen werden. 1996 rutschte die Außenhandelsbilanz allerdings wieder leicht in die roten Zahlen. Die Wirtschafts- und Finanzkrise in Südostasien und in Russland, der drastische Preisverfall für wichtige Exportprodukte wie Kupfer, Gold und Kaschmir führten 1998 zu deutlichen Einnahmeausfällen bei den Exporten. Gleichzeitig wurde der Import angesichts billiger Einkaufspreise deutlich erhöht.

Lag das **Außenhandelsdefizit** 1998 bei einem Außenhandelsumsatz von 848,5 Mio US$ bei 158,1 Mio US$, konnte es auch im Folgejahr trotz leicht gestiegenen Umsatzes nur unwesentlich auf 154,5 Mio abgebaut werden. Um sich eine Vorstellung von der Dimension zu machen: Die Steuereinnahmen beliefen sich 1999 auf lediglich 241,8 Mio US$. Kurzum, das Land lebt seit Jahren tüchtig über seinen Verhältnissen.

Nach 1990 hat sich die Mongolei mit 728 Mio US$ **neu verschuldet.** Das sind etwa 70 % des BIP (Stand 1999). Wesentlich höher, nämlich 1,2 Mrd. US$, liegen die Entwicklungshilfemittel, die die internationale Gemeinschaft im gleichen Zeitraum bereitgestellt hat. Die aufgenommenen Kredite sind in erster Linie Vorzugskredite der *Weltbank* und des *IWF*, der *Asiatischen Entwicklungsbank* sowie Kredite im Rahmen der bilateralen finanziellen Zusammenarbeit mit den Geberländern. Die Tilgungszeiträume und der Beginn der Rückzahlung sowie der Zinssatz sind äußerst kreditnehmerfreundlich. Dennoch kommen auf das Land am Anfang dieses Jahrtausends erhebliche Zahlungsverpflichtungen zu, deren Deckung fraglich ist.

Alljährlich finden unter Federführung der japanischen Regierung und der Weltbank in Tokio **Mongolei-Hilfskonferenzen** der Geberländer statt. Das Forum dient der Koordination der Aktivitäten der einzelnen Geber. Wurden die dort bewilligten Gelder zunächst überwiegend für sogenannte Feuerwehreinsätze, also die Finanzierung dringend benötigter Treibstoff-, Ersatzteil- und Lebensmittelimporte verwendet, traten später Bemühungen in den Vordergrund, die Mittel zur Schaffung günstiger Rahmenbedingungen für den Aufbau der Privatwirtschaft einzusetzen, also zur Finanzierung von Infrastrukturmaßnahmen. Die meisten Mittel fließen in den Energiesektor, den Eisenbahn- und Straßenbau sowie den Ausbau des Telekommunikationsnetzes.

Auch diese Plattenbauten wurden privatisiert

134mo Foto: st

Privatisierung

Fast unmittelbar nach der politischen Neuorientierung wurde auch mit der Privatisierung ehemaliger Staatsunternehmen in Industrie, Landwirtschaft und im Dienstleistungssektor begonnen. Innerhalb kurzer Zeit wurden über ein System von **Anteilscheinen,** man könnte auch Volksaktien sagen, viele kleine Geschäfte, Handwerksbetriebe, Dienstleistungseinrichtungen und auch der größte Teil des Viehbestandes der staatlich organisierten Genossenschaften in private Hand überführt.

Ungenügende gesetzliche Regelungen, die weit verbreitete **Vetternwirtschaft** und ein bewusst oder unbewusst hervorgerufenes Durcheinander in der Buchhaltung zum Zeitpunkt der Überführung der Unternehmen führten dazu, dass es einige wenige Gewinner aus der Wende gab, nicht wenige andere Volksaktionäre jedoch mehr oder weniger leer ausgingen oder auch später noch um ihren Anteil gebracht wurden. Selbst bei der Verteilung des Viehs an die ehemaligen Zwangsmitglieder der sogenannten Genossenschaften, einer Aktion, von der man meinen sollte, dass sie im Vergleich zur Privatisierung etwa eines großen Lagerhauses für die Betroffenen weitaus verständlicher ist, kam es landesweit zu **Willkürakten.** Einzelne Alt- und meist auch wieder Neufunktionäre bereicherten sich am Viehbestand und an den sonstigen Hinterlassenschaften der alten Betriebe. Viehhalter, die Ende der 1950er, Anfang der 1960er Jahre unter Zwang mit ihrer gesamten Herde in die Genossenschaften eintreten mussten, wurden in vielen Fällen mit weniger Tieren abgespeist, als sie einst eingebracht hatten. Die Klärung dieser Ungerechtigkeiten wurde von der bis 1996 regierenden ehemaligen kommunistischen Partei bewusst immer wieder hinausgeschoben und war mit einer der Hauptgründe für ihre deutliche Niederlage bei den Parlamentswahlen 1996.

Im Oktober 1996 verabschiedete das Parlament ein Gesetz über die **Privatisierung des staatlichen Wohnraums,** das von der Bevölkerung überraschend **negativ aufgenommen** wurde. Die Mieter erwarteten, dass ihnen ihr Wohnraum ohne Kosten überlassen werden würde. stattdessen wird nun eine einmalige Bearbeitungsgebühr in Höhe von 2,5 % des Taxwertes der Wohnung erhoben. Dieser gering erscheinende Betrag ist immer noch so hoch, dass er von vielen Mietern nicht aufgebracht werden konnte. Dennoch waren Anfang 2000 von den 83.731 zu privatisierenden Wohnungen 78.054 oder 93,2 % in das Eigentum der Bewohner übergegangen. Der Teil der urbanen Bevölkerung, der in Jurten wohnt, fühlt sich zum zweiten Mal benachteiligt: erst bei der Privatisierung des Viehs und nun bei den Wohnungen.

Die **Schlüsselindustrie,** vor allem die Hauptdevisenbringer Bergbau und Kaschmirverarbeitung, sind weiter in staatlicher Hand. Das Vorhaben der alten Regierung, angesichts des weiter oben erwähnten beachtlichen Haushaltslochs auch industrielle Großunternehmen, wie die Kupfermiene *Erdenet* und den Kaschmirverarbeiter *„Gobi AG"* sowie bedeutsame Infrastrukturobjekte, wie das landesweite Tankstellennetz, die Fluggesellschaft und den gesamten Energiebereich, zu privatisieren, scheiterten am massiven Widerstand der damaligen oppositionellen *MRVP*. Die neue, *MRVP*-geführte

Außenhandel der Mongolei in Mio. US$

	1990	1995	1997	1998	1999	2000	2001
Export	660,7	473,3	451,5	345,2	358,3	466,1	385,2
Import	924,0	415,3	468,3	503,3	512,8	614,5	554,8
Außenhandelsumsatz	1584,7	888,6	919,8	848,5	871,1	1080,6	940,0
Handelsbilanz	-263,3	58,0	-16,8	-158,1	-154,5	-148,4	-169,6

Regierung, dürfte sich ihre Zurückhaltung bewahren, weil sie die Kontrolle über die Wirtschaft zu verlieren fürchtet. Da Objekte dieser Größenordnung nicht von nationalen Investoren übernommen werden können, beschwört sie sogar die Verhinderung des **nationalen Ausverkaufs.** Dennoch wird die Regierung ihre Befangenheit schrittweise aufgeben müssen, wenn die im Wahlkampf gemachten sozialen Versprechen eingelöst werden sollen.

Außenhandel

Der Fall des Eisernen Vorhangs und der Zusammenbruch des Sowjetimperiums setzte die mongolische Wirtschaft plötzlich **dem internationalen Wettbewerb** aus, dem vor allem Fertigprodukte aus der Leichtindustrie **nicht gewachsen** waren. Selbst der Binnenmarkt sah sich einem plötzlichen aggressiven Verdrängungswettbewerb durch chinesische Waren minderer Qualität ausgesetzt.

Es kam erschwerend hinzu, dass die Nachfrage nach traditionellen Exportprodukten aus dem Bergbau (Kupfer- und Molybdänkonzentrat, Spat, Uran, andere Buntmetalle) ebenso wie nach Kaschmir, dem nach Kupfer zweitwichtigsten Exportprodukt, auf dem Weltmarkt rückläufig und im Preis schwankend ist. Während der **Asien- und Russlandkrise** 1998 brachen die Exporterlöse drastisch ein. Trotz inzwischen wieder besserer Weltmarktpreise für die klassischen Ausfuhrprodukte konnten 2000/2001 weder der Export noch die Außenhandelsbilanz signifikant verbessert werden. 2000/2001 setzte sich der Anstieg in dieser Branche weiter fort, wenn auch mit geringerer Dynamik.

Als einzige Branche verzeichnet die **Textilindustrie** überdurchschnittliche Steigerungsraten. So konnte der Export von Strickwaren 1999 gegenüber dem Vorjahr gleich um das 8,5-fache gesteigert werden, bei Konfektionswaren lag die Steigerung bei immerhin noch 28 %. Hinter den überraschenden Zahlen verbergen sich zumeist Unternehmer aus Südostasien, die mit vorgefertigtem importierten Material die Endfertigung in der Mongolei durchführen, um in den Genuss der **Meistbegünstigungsklausel für den US-Markt** zu gelangen, der in ihren Heimatländern schon längst ausgeschöpft ist. Die Textilindustrie ist nach dem Bergbau mit 35,5 % Anteil an den Ausfuhren 1999 zur zweitwichtigsten Exportbranche aufgerückt.

Nach den beiden Katastrophenwintern 1999 und 2000 ging dagegen der Export tierischer Produkte dramatisch zurück, bei Schaffellen z.B. von ca. 2,6 Mio auf nur noch 512.000. Leider macht die Exportstatistik keine Angaben zu den Verkaufserlösen der einzelnen Warengruppen, sondern gibt nur die Mengen an, die die Grenzen passierten.

Neue Exportprodukte sind kurzfristig nicht in Sicht. Die **Erdölförderung,** auf die Mitte der 90er Jahre große Hoffnungen gesetzt wurde,

Das Yak

Der sicherlich typischste Bewohner der Gebirgsregionen der Mongolei ist das Yak *(Bos grunniens)*. Ohne das Yak wäre die Besiedlung der vegetationsarmen unwirtlichen mongolischen Gebirgsregionen und des gesamten Himalajas, ein Areal von 1,4 Mio km², undenkbar gewesen.

Etwa 20 Prozent des gesamten **Rinderbestandes** der Mongolei (über 3 Mio) sind Yaks. Nach China hat die Mongolei damit den zweitgrößten Anteil an den weltweit lebenden ca. 15 Mio Yaks. Der Anteil der Yaks am Gesamtrinderbestand ist allerdings rückläufig. 1941 lag er noch bei über 30 %. Der wachsende Lebensstandard und die zunehmende Urbanisierung hat die Bereitschaft der Viehhalter sinken lassen, den Yakherden folgend in abgelegenen Bergregionen zu siedeln.

Yaks verteilen sich **geographisch** in der Mongolei zu 71 % auf das Changaj-Chuwsgul-Bergland und zu 28 % auf den Mogolischen Altai. In Höhen unter 1.800 m werden sie z.T. auch gehalten, fühlen sich aber nicht wohl. Die einzige nennenswerte Yakherde **außerhalb Zentralasiens** wird übrigens vom Bergsteiger und Publizisten *Reinhold Messner* in Südtirol in Sulden am Ortler gehalten.

Früheste Anzeichen der **Domestikation** sind für die Zeit um 2500 v.Chr. an der Nordseite des Himalaja nachgewiesen worden, also 4000 Jahre später als die des Hausrinds. **Wildyaks** leben nur noch in China in unwirtlichen Höhenlagen zwischen 4.000 und 6.000 m Höhe. Ihr Bestand wird auf 20.000 bis 40.000 Tiere geschätzt.

Die **Kreuzung aus Yak und mongolischem Rind** heißt *Chajnag*. Ist die Mutter eine Yakkuh, nennt man das Kalb Mond-Chajnag, ist die Konstellation andersherum, heißt das Kalb Sonnen-Chajnag. Nur die weiblichen Hybriden sind fruchtbar. Bullenkälber sind bei Rückzüchtung bis in die dritte Generation immer unfruchtbar. Mond-Chajnags sind sowohl reinrassigen Yaks als auch mongolischen Rinderrassen in allen Nutzungskategorien (Lebendgewicht, Milchleistung, Leder) überlegen. Vor allem Ochsen und männliche Bastarde der Mond-Chajnags sind sehr kräftig und ausdauernd und dem Men-

150mo Foto: st

schen gefügiger als die unberechenbaren Yakbullen und deshalb als Arbeitstier geschätzt. Sie vertragen auch den Aufenthalt in geringeren Höhen besser, als die reinrassigen Tiere.

Yakbullen erreichen ein Gewicht von 250 bis 550 kg, die **Kühe** sind deutlich kleiner und wiegen zwischen 180 und 350 kg. Sie geben in der Laktationsperiode 350–400 l **Milch.** Dies mag im Vergleich zu den viele Tausend Liter Milch gebenden Hochleistungs-Rindern wenig erscheinen. Dafür ist die Milch von einer herausragenden Qualität, denn die Yaks ernähren sich ausschließlich von Bergkräutern und leben in einer von Menschenhand kaum beeinflußten Natur. Die Milch hat mit 6,5 bis 7,5 % fast doppelt soviel Fett wie Kuhmilch.

1993 entstand in der Mongolei die erste kleine **ländliche Käserei,** die in den Sommermonaten sehr aromatische Halbhart- und Hartkäsesorten herstellt. Das Projekt geht auf deutsche und schweizerische Entwicklungshilfe zurück. Inzwischen sind eine ganze Reihe von ländlichen Käsereien entstanden. Die Betreiber sind ausschließlich Nomaden, die somit einen neuen „Berufsweg" eingeschlagen haben.

Wesentlich häufiger wird allerdings aus der Yakmilch **Butter** hergestellt, die aus technologischen Gründen gesalzen wird und für den europäischen Gaumen etwas gewöhnungsbedürftig ist. Ende der 80er Jahre erreichte die jährliche Butterproduktion 4.500 bis 5.000 t. Mit ihr wurden ca. 16.500 saisonale Arbeitsplätze geschaffen. Für die Yakbesitzer war die Ablieferung der Milch eine der wesentlichsten Einnahmequellen. 1992 drängte erstmals in bedarfsdeckender Größenordnung als „Nothilfe" **amerikanische Butter** auf den mongolischen Markt, die zu stark subventionierten Preisen verkauft wurde. Diese und zwei weitere Lieferungen in den Folgejahren entzogen der einheimischen Butterindustrie, die mit dem geschenkten Produkt natürlich nicht konkurrieren konnte, schlagartig die Existenzgrundlage – ein trauriges Beispiel für die bisweilen zerstörerische Wirkung von Lebensmittelgeschenken aus Industrieländern. Erst seit 1996 gibt es wieder bescheidene Bemühungen, die Butterproduktion zu reaktivieren.

Kreuzung aus Yak und mongolischem Rind: der Chajnag

Neben der Milch ist auch die **Yakwolle** ein interessanter Rohstoff. Der Flaum ist auf den ersten Blick kaum von Kaschmir zu unterscheiden, aber etwas langfasriger und stärker als der Flaum der Ziege, wodurch er sich leichter spinnen lässt. Die Fasern lassen sich leicht einfärben, allerdings lässt sich der graue Grundton nicht mehr aufhellen, so dass aus Yakwolle vor allem Schlafdecken oder auch Polstermaterial hergestellt werden

In den hohen Gebirgsregionen mit ihren steilen Hängen und langen rutschigen Geröllfeldern ist der Yak ein besseres, da ausdauernderes und trittsichereres **Reittier,** als das Pferd. Er durchschwimmt klaglos eisige, reißende Gebirgsflüsse und gerät auch in Sumpfgebieten nicht in Panik.

Bergsteigerexpeditionen schätzen die **Tragleistung** der Yaks. Ein dreijähriger Ochse kann mit einem Packgewicht von 65–80 kg im Hochgebirge eine Strecke von 25–30 km zurücklegen. Die Tiere können mehr als eine Woche durchmarschieren, wenn sie nachts gefüttert werden.

Am häufigsten werden Yaks zum Ziehen von einfachen **Holzkarren** eingesetzt. Die Wagen sehen mit ihren Holzrädern und der aus einem kräftigen Baumstamm bestehenden Starrachse sehr urtümlich aus. Die Ladefläche liegt direkt auf der Achse auf. Je mehr geladen wurde, desto stärker ist die Bremswirkung. Das ist bergauf mühevoll, wenn es bergab geht, fährt der Wagen den Tieren dafür aber nicht in die Hacken. Das könnte für den Führer wie für die anderen Tiere in der Karawane gefährlich werden, wenn sich die temperamentvollen Tiere erschrecken und durchgehen.

steckt noch immer in den Kinderschuhen. 2001 belief sich die Förderung auf lediglich 74.000 Barrel im Wert von 1,7 Mio Dollar. Das ist immerhin dreimal so viel wie 1999, in der Gesamtbilanz jedoch nur marginal.

Den **Import** dominierten 2001 mit 23,7 % Mineralölprodukte. Maschinen und Ausrüstungen, die über Jahre ca. ein Drittel der Einfuhren ausmachten, fielen mit nur noch 18,4 % auf den 2. Platz zurück. Auch der Import von Fahrzeugen und deren Ersatzteilen ging prozentual auf 11,8 % zurück. Dafür stieg der Import von Lebensmitteln in den letzten Jahren kontinuierlich an und machte 2001 mit 7,8 % den fünftgrößten Posten aus - ein deutliches Zeichen für den Niedergang der eigenen Landwirtschaft.

Die **Bundesrepublik Deutschland** war auch 2001 nach (in der Reihenfolge) China, Russland, den USA, Japan und Südkorea nur **der sechstgrößte Handelspartner** der Mongolei, wobei die Warenströme höchst einseitig verteilt sind. Importen aus Deutschland von 28,4 Mio US$ standen Ausfuhren von nur 2,3 Mio US$ gegenüber.

Landwirtschaft

Viehzucht

Die **Reprivatisierung** der Viehherden und der rückläufige Fleischbedarf, der sich aus dem Zusammenbruch des Fleischexports und der kaufkraftbedingten schwachen Nachfrage auf dem Binnenmarkt ergibt, haben den Herdenviehbestand der Mongolei sprunghaft anwachsen lassen. Dieser auf den ersten Blick positiven Tendenz stehen wachsende Probleme mit der **Überweidung** und **Bodenerosion, fehlende Brunnen** und der weitestgehende **Zusammenbruch der veterinärmedizinischen Betreuung** gegenüber. 1999 verfügten 269.950 Haushalte über 32,3 Mio Stück Vieh. Das war sowohl beim Gesamtbestand, als auch bei Rindern, Pferden, Ziegen und Schafen der historische Höchststand. Lediglich der Kamelbestand, der 1961 noch bei 751.700 lag, ging 1999 auf nur noch 355.600 Tiere bedenklich zurück.

Die **Verteilung der Herden** auf die einzelnen Haushalte ist jedoch höchst unterschiedlich. Über mehr als 200

Viehbestand der Mongolei in Tausend

	1990	1995	1998	1999	2000	2001
Gesamt	25.856,9	28.572,3	32.897,5	33.568,9	30.227,5	26.075,3
Kamele	537,5	367,5	356,5	335,6	322,9	285,2
Pferde	2.262,0	2.648,4	3.059,1	3.163,5	2.660,7	2.191,8
Rinder, Yaks	2.848,7	3.317,1	3.725,8	3.824,7	3.097,6	2.069,6
Schafe	15.083,0	13.718,6	14.694,2	15.191,3	13.876,4	11.937,3
Ziegen	5.125,7	8.520,7	11.061,9	11.033,9	10.269,8	9.591,3

Tiere und damit über eine halbwegs auskömmliche Lebensgrundlage verfügten nur 44.250 Haushalte, von denen nur 6.615 mehr als 500 Tiere besaßen und es damit glaubten „geschafft zu haben". Doch dann kamen zwei Katastrophenwinter hintereinander. Wie stark die Schneemassen in die Bestände eingriffen, verdeutlicht unten stehende Tabelle.

Die Mehrheit der Haushalte mit weniger als 100 Tieren sind keine Viehhalter im klassischen Sinne, sondern betreiben die Viehhaltung als **Nebenerwerb** oder hüten das Vieh anderer Leute auf der Grundlage bestimmter Abmachungen mit den Besitzern, die häufig verwandtschaftlich mit ihnen verbunden sind.

Die Zahl der **Viehzüchterhaushalte,** d.h. Haushalte, die außer den Einkommen aus der Viehzucht über keine anderen Einnahmequellen verfügen, belief sich 2001 auf 185.546. Viehhalterhaushalte mit weniger als 50 Tieren gelten als arm, solche mit 50–100 Tieren immer noch als ärmlich. Selbst eine Herdengröße von 200 Tieren reicht kaum aus, um die Existenz der Familie, die im Durchschnitt 4,6 Personen umfasst, zu gewährleisten und gleichzeitig die Herde wachsen zu lassen. Letzteres ist aber notwendig, um erwachsenen Kindern bei deren Eheschließung eine Mitgift in Form einer Herde als Lebensgrundlage übertragen zu können. Erst bei 300 Tieren und mehr kann eine Familie in halbwegs gesicherten Verhältnissen leben und sich die Herde schneller vergrößern, als sie durch Schlachtung wieder dezimiert wird.

Langfristig muss das Land **Alternativen zur nomadischen Viehhaltung** finden, denn das durch Erosion, Wassermangel, Versalzung, Urbanisierung und andere Faktoren immer knapper werdende Weideland kann nicht die weiter wachsenden Herden und eine stetig steigende Zahl von Familien ernähren. Ein zunehmender Teil der Landjugend wird sein Einkommen aus dem verarbeitenden Gewerbe erzielen müssen.

Produktion ausgewählter Ackerbauerzeugnisse (in 1000 t)

	1990	1995	1996	1997	1998	1999
Getreide	718,3	261,4	220,1	240,4	194,9	169,5
davon Weizen	596,2	256,7	215,3	237,7	191,8	166,7
ha-Ertrag						
Weizen in dt	11,2	7,4	6,6	7,6	6,4	6,1
Kartoffeln	131,1	52,0	46,0	54,2	65,2	63,8
ha-Ertrag						
Kartoffeln in dt	107,7	83,5	66,4	82,3	80,3	72,8
Freilandgemüse	41,7	27,3	23,8	34,0	45,7	39,0

Ackerbau

Der Ackerbau hat so gut wie **keine Tradition** in der Mongolei. Erst unter dem Einfluss der Sowjetunion und dem Druck der Neulandgewinnung in diesem Land wurden seit den **60er Jahren** große Kampagnen entfacht und weite Flächen in der Steppe, insbesondere in den Aimaks Bulgan, Tuw, Selenge und Chentij umgebrochen. Parallel dazu entstand eine eigene weiterverarbeitende Industrie. Angebaut werden vor allem Hartweizen, Kartoffeln, Kohlsorten und Rüben.

Nach 1989 ging die Gesamterzeugung von Ackerbauprodukten rapide zurück. Im gleichen Zeitraum wuchs die Bevölkerung aber von 2,04 Mio auf 2,45 Mio an. In der Perspektive wird der Ackerbau in dieser Form kaum wieder seine alte Bedeutung zurückerlangen. Bedingt durch die klimatischen Verhältnisse kann die Mongolei mit ihrer Getreideproduktion nicht gegen ihren südlichen Nachbarn konkurrieren, begibt sich aber mit dem **Verlust der Fähigkeit zur Eigenversorgung** der Bevölkerung mit Grundnahrungsmitteln in ein gefährliches Abhängigkeitsverhältnis.

Tourismus

In den letzten 10 Jahren **vor dem Beginn der Reformen** besuchten die Mongolei jährlich ca. 10.000 Touristen, die ausnahmslos vom damals staatlichen Reisebüro *Juulchin* empfangen und auf wenigen Standardrouten durch das Land geschleust wurden. Sie kamen zum allergrößten Teil aus den „Bruderländern". Der Staat nahm aus dem Tourismus jährlich 6–7 Mio US$ ein. Eine Erhöhung der Urlauberzahlen scheiterte u.a. daran, dass der Tourismus, insbesondere für Ausländer aus den entwickelten Ländern, mit der herrschenden Ideologie und Propaganda kollidierte.

Erst mit dem **politischen Wandel** kam auch in die Tourismusbranche Bewegung. **Neue Touristencamps** entstanden u.a. im Gebiet Gurwan-nuur, der Geburtsheimat *Tschingis-Khans*, im Chowd, Chentij und in der Ostgobi. In Ulan Bator wurden in kürzester Zeit zahlreiche **neue Hotels** errichtet. Inzwischen besteht bereits ein Überangebot an Hotelbetten.

Dennoch sind die **Besucherzahlen** in den Nachwendejahren **kaum gestiegen.** Vor allem die Zahl der Touristen aus den westlichen Industrieländern blieb weit unter den Erwartungen. 1998 gingen die Touristenzahlen mit 25 % sogar drastisch zurück. Das Statistische Jahrbuch 2001 spricht von nur noch 10.916 Personen, die beim Grenzübertritt als Reiseabsicht Tourismus angegeben hätten, wobei nicht klar wird, wie viele davon tatsächlich eine Touristenreise gebucht hatten und wie viele nur zu Freunden oder Verwandten zu Besuch kamen. Als Tourist gilt statistisch bereits jeder, der nur eine Nacht in einem Hotel, einem Camp oder auch in einer Privatunterkunft genächtigt hat.

Zwei von der EU und der japanischen Entwicklungshilfeorganisation *JAICA* durchgeführte **Studien** versuchten zu ergründen, warum der herbeigesehnte Ansturm noch immer ausbleibt. Ergebnis: Die befragten Japaner und Europäer waren vor allem von der **Natur,** von der **Jurtenkultur** und vom **Nomadenleben** beeindruckt. Sie kritisierten jedoch die **touristische Infrastruktur,** insbesondere fehlende Informationsmöglichkeiten und sanitäre Verhältnisse. Die Natur sei nur beschwerlich zu erreichen, den Städten fehle der Unterhaltungswert, etwa durch Shoppingmöglichkeiten, speziell für Touristen, und überhaupt mangele es an einem vielfältigen touristischem Angebot, das andere Länder auf engstem Raum böten. Auch das Preis-Leistungsverhältnis stimme nicht, und die unterschiedliche **Preisgestaltung** für Ausländer und für Einheimische ließe das Gefühl aufkommen, nicht willkommen zu sein. Die **Gastfreundschaft** auf dem Lande sei überwältigend, während man dem Besucher in den Städten eher desinteressiert bis ablehnend begegne.

Aus Sicht ausländischer Reisebüros bleibe der Verkauf einer Tour in die Mongolei eine **„Zitterpartie",** denn die einheimischen Veranstalter zeigten sich inflexibel und unzuverlässig, etwa bei der Einhaltung vereinbarter Leistungen, und sie forderten zudem extrem hohe Preise. Zugegeben: keine erfreuliche Bilanz, aber vielleicht ein Grund mehr dieses Buch gründlich zu lesen.

Mittelfristig wird der Tourismus sicher einen gewichtigeren Platz in der Wirtschaft des Landes einnehmen. Dennoch wird sich das Problem nicht ausräumen lassen, dass die klimatischen Verhältnisse dem Fremdenverkehr enge zeitliche Grenzen setzen.

q1 Foto: st

Menschen und Kultur

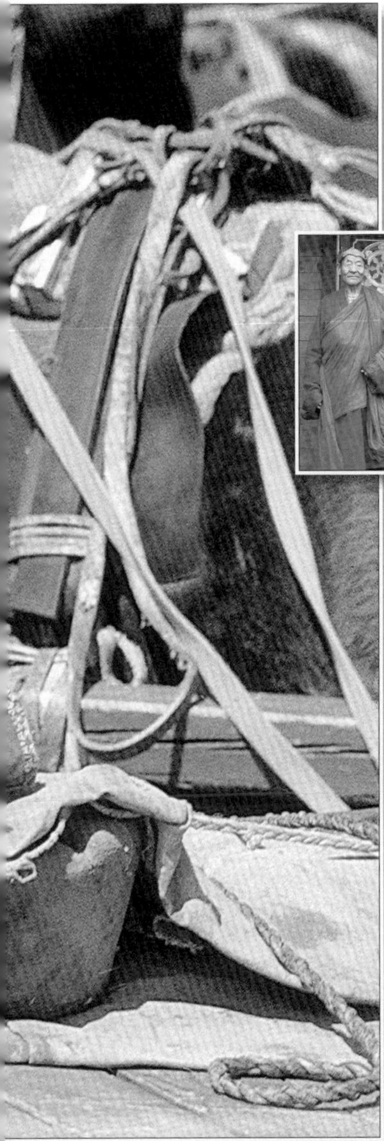

d8 Foto: st

011mo Foto: st

Händler auf dem Schwarzmarkt

Mönche im Kloster Mandschir

Festliche Kleidung, stolz präsentiert

Bevölkerung

Die Mongolei ist ein Land mit einer seit Jahrzehnten schnell wachsenden Bevölkerung. Der insbesondere in den 60er bis 80er Jahren zu beobachtende **Geburtenboom** klang nach der Wende rapide ab und findet erst in jüngster Zeit wieder einen leichten Anstieg. 2001 lag das Bevölkerungswachstum bei 1,5 %. Das rasche Wachstum führt dazu, dass 76 % der Bevölkerung jünger als 35 Jahre sind.

Die Industrialisierung der Mongloei führte in den 60er, 70er und 80er Jahren zu einer **raschen Urbanisierung** des Landes. Noch 1956 lebten 78,4 % aller Mongolen auf dem Land, wobei auch die Sum- und Aimakzentren hier nicht als Stadt verstanden werden. Die Stadtbevölkerung wuchs, insbesondere in den 60er Jahren, schneller als die Gesamtbevölkerung. 1989 wurde mit 42,9 % der bisher geringste Anteil der ländlichen Bevölkerung an der Gesamtbevölkerung erreicht. Danach stieg der Anteil der nicht in urbanen Zentren Lebenden wieder kontinuierlich an und liegt heute bei 48 %. Die Tendenzumkehr in der Verschiebung des Verhältnisses zwischen ländlicher und urbaner Bevölkerung ist daraus zu erklären, dass mit den politischen und ökonomischen Neuorientierungen nach 1990 in den Zentren in großem Umfang Arbeitsplätze abgebaut wurden, ohne dass die Betroffenen von sozialen Netzen aufgefangen wurden. Ein Teil dieser Menschen ging zurück auf das Land und lebt heute von der Viehzucht.

Bevölkerungswachstum

Jahr	Bevölkerung
1918	648.100
1925	484.000
1940	743.800
1950	772.400
1960	968.100
1970	1.265.400
1980	1.682.000
1985	1.900.600
1990	2.149.300
1995	2.317.500
1998	2.416.600
1999	2.373.500
2000	2.407.500
2001	2.442.500

Die **starken Unterschiede in den Lebensumständen** der Bevölkerung in den urbanen Zentren und der in den weitläufigen ländlichen Gebieten stellt ein generelles politisches und soziales Problem dar. Wer heute von der Mongolei spricht, assoziiert im Regelfall das, was wir auch mit diesem Buch zu vermitteln versuchen – Nomadentum und Steppenleben. In der gesellschaftlichen Praxis geht die Entwicklung aber zunehmend an den Steppennomaden vorbei.

Auf die **ethnische Zusammensetzung** der Bevölkerung wurde bereits im Zusammenhang mit der Sprache umfänglich eingegangen. Ethnische Konflikte bzw. augenscheinliche Benachteiligungen oder Diskriminierungen von Minderheiten gibt es nicht.

Eine gewisse **Sonderstellung** nehmen durch ihre andere Sprache, Religion und Kultur die **Kasachen** im äußersten Westen des Landes ein. Zwischen 1991 und 1993 nutzten insgesamt 10.380 Familien mit 54.539 Angehörigen die neuen Freiheiten und siedelten nach Kasachstan über. Das war etwa ein Viertel der gesamten Bevölkerung des Bajan-Ulgij-Aimaks. Etwa 10 % der übergesiedelten Familien hatten Probleme damit, in Kasachstan, das ebenfalls unter großen Transformationsschwierigkeiten leidet, Fuß zu fassen und sind inzwischen wieder in die Mongolei zurückgekehrt.

Sitten und Bräuche

Das Naadam

Auf das Naadam-Fest wurde bereits an mehreren Stellen des Buches eingegangen. Es ist zweifelsohne das aktionsgeladenste, die Nomadenkultur am deutlichsten zum Ausdruck bringende Fest der Mongolen, das zudem noch in der schönsten Jahreszeit stattfindet (11.–13. Juli.).

Seine Wurzeln gehen zurück bis in die Zeit der Alttürken oder gar Hunnen. Spätestens unter *Tschingis-Khan* und seinen Nachfolgern mutierte es dann zur kurzweiligen Wehrübung für die Krieger des Imperators. Seinerzeit fand es nicht zu einer bestimmten Zeit statt, sondern immer dann, wenn sich Gelegenheit dazu bot. Heute wird es in Erinnerung an die Revolution von 1921 am 11. und 12. Juli jeden Jahres als **Staatsnaadam** gefeiert. Parallel dazu bzw. um wenige Wochen zeitlich versetzt finden auch in allen Aimaks und, zu bestimmten Anlässen, in den Sums kleine Naadam-Feste statt, die für Besucher mitunter reizvoller sein können als die großen Veranstaltungen in Ulan Bator.

Im Kern besteht das Fest aus drei Veranstaltungen, dem Ringen, Reiten und Bogenschießen. Sie werden zum Staatsnaadam umrahmt von Fallschirmspringen, Motorsportvorführungen und viel Musik und Tanz.

Ringkampf

Am Ringen, das zum Staatsnaadam über 2 Tage läuft, nehmen 512 bzw. 1024 Kämpfer teil. Die eigenartige

153mo Foto: st

Ein kleiner Junge bereitet sich auf das Pferderennen vor

Menschen und Kultur

154mo Foto: st

Teilnehmerzahl kommt dadurch zustande, dass der Wettkampf streng nach dem K.O.-System abläuft, sich die Zahl der Ringer also mit jeder Runde halbiert, bis nur noch zwei zur Endrunde übrig bleiben. Die **Regeln** sind denkbar einfach: Verloren hat der, der mit einem anderen Körperteil als mit seinen Schuhsohlen die Erde berührt. Der Kampf ist zeitlich nicht begrenzt. Es hat wiederholt Fälle gegeben, dass der Endkampf sich über vier und mehr Stunden hinzog, so dass alle Termine der Zuschauer, ja selbst Staatsempfänge verschoben werden mussten.

Die **Wettkampfkleidung** sind aus sehr reißfestem Material gefertigte Slips und eine an der Brust offene Weste. Der Sage nach hatte die Weste früher einen geschlossenen Schnitt. Eines Tages soll aber ein bis dahin unbekannter Ringer angetreten sein, der alle namhaften Rivalen schlug. Wie sich herausstellte, soll dies eine beherzte Frau gewesen sein. Nach diesem peinlichen Vorfall sei die Westenform in der heute üblichen Weise verändert worden.

Ringen ist in der Mongolei unbestritten Nationalsport Nr. 1 und findet im kleineren Rahmen auch zu zahlrei-

Erfolgreiche Ringkämpfer gelten als Helden und genießen großes Ansehen

Das Pferderennen wird von 6-7-jährigen Mädchen und Jungen bestritten

chen anderen Anlässen statt. Anfang 1998 wurde eine großzügig bemessene **neue Ringerhalle** in Betrieb genommen, in der seither auch die Ringerliga stattfindet. Ihre Regeln unterscheiden sich von denen des klassischen Ringkampfes. Neu ist vor allem das Zeitlimit, in dem die Kämpfe entschieden werden. An Tagen, an denen ein Ringkampf läuft, sind die Straßen und Plätze wie leergefegt, weil alle mongolischen Männer und nicht wenige Frauen dem Ereignis am Bildschirm oder am Radioapparat folgen.

Die Mongolei kann im olympischen Ringkampf und anderen Kampfsportdisziplinen auf beachtenswerte Erfolge verweisen. Bei den Olympischen Spielen in Atlanta 1996 errang ein mongolischer Judoka eine Bronzemedaille.

Spitzen-Ringer genießen eine ungemeine Popularität. Um gute Ringer zu einer bestimmten Veranstaltung unter Vertrag zu nehmen, müssen die einladenden Firmen oder Organisationen sehr tief in die Spesenkasse greifen. In den letzten Jahren verstärkt sich die Tendenz, dass das Ringen zum Profi-Sport wird und damit viel von seinem volkstümlichen Charakter verlieren könnte.

Pferderennen

Auch das Pferderennen ist ein nicht weniger beeindruckendes Spektakel. Zum **Staatsnaadam** donnern bisweilen mehrere Hundert Pferde gleichzeitig über die Steppe. Auch die große Masse der Zuschauer geht natürlich nicht, wie es die ausländischen Besucher tun, zu Fuß, sondern verfolgt den Einlauf hoch zu Ross. Gestartet wird je nach Altersklasse der Pferde 12 bis 35 km Entfernung vom Ziel. Unterschieden werden die Altersklassen vom Zweijährigen bis Sechsjährigen. Tiere, die älter als sechs Jahre sind, starten in einer Gruppe. Den Höhepunkt bildet das Rennen der Hengste. Ansonsten werden nur Wallache geritten; Stuten starten nicht.

Die **Jockeys sind Kinder** zwischen 6 und 12 Jahren, darunter auch viele Mädchen. Oftmals benutzen sie nicht einmal einen Sattel. Der Ruhm des **Siegers** fällt allerdings in erster Linie auf den Züchter und auf das Pferd. Erfolgreiche Pferde werden, setzt man das Pro-Kopf-Einkommen in Relation, zu Traumpreisen gehandelt. Die Zucht und das Training der Tiere sind eine Wissenschaft für sich, in der sich die über Jahrhunderte gesammelten Erfahrungen der Nomaden und der Krieger erhalten haben. Da dies naturgemäß nur in den Weiten der Steppe, nicht aber in der Stadt passiert, ist das Pferderennen eine noch nicht zur Kommerzialisierung drängende Sportart. Ein erfolgreicher Züchter könnte unter Umständen vom Verkauf erlesener Renner sehr gut leben. Dennoch kann er sich nicht von seinem nomadischen Umfeld verabschieden und in der Stadt niederlassen, wenn er weiter erfolgreich sein will.

Sommertracht (l.) und Wintertracht (r.) der Chalcha-Männer

Bogenschießen

Das Bogenschießen steht ein bisschen im Schatten der beiden obigen Wettkämpfe und wird zu kleineren Veranstaltungen bisweilen gar nicht mehr in das Programm aufgenommen.

Verwendet werden traditionell aus Knochen, Sehnen, Schlangenhaut u.a. Materialien hergestellte Bögen sowie Holzpfeile mit abgerundeten Spitzen. Gezielt wird nicht auf Scheiben, sondern auf auf dem Boden stehende Ziele aus Leder in der Dimension einer Getränkedose. Sie stehen für Frauen und Männer in unterschiedlich großer Entfernung. Das Treffergebnis zeigen neben den Zielen stehende Kampfrichter an, indem sie in einer bestimmten Art zu hüpfen anfangen.

Wer es irgendwie einrichten kann, sollte seinen Besuch in der Mongolei terminlich so legen, dass er am großen Staatsnaadam oder einem Aimaknaadam teilnehmen kann. Ringer- und Reitwettkämpfe finden auch zu anderen Anlässen statt, ihnen fehlt dann aber die festliche Atmosphäre, die von der Veranstaltung insgesamt ausgeht.

Zagaan Sar – das Neumondfest

In der touristenschwachen Wintersaison findet das buddhistische Neumondfest statt, der Termin schwankt zwischen Mitte Januar und Anfang März und wird nach dem Mondkalender bestimmt. Das Zagaan Sar ist seinem Charakter nach eher ein Fest der Familie, in dem sich buddhistische und animistische Glaubensvorstellungen mischen. Es gilt als Geburtstag aller Mongolen.

Wer als Gast an einer solchen Feier teilnimmt, muss auf zwei Formen der **Höflichkeit** achten: Den **kulinarischen Mittelpunkt** bildet der *Uutz,* ein unzerteilter, möglichst großer, fetter, gekochter oder gedünsteter Hammelrücken. Dieser wird einschließlich seines Fettschwanzes als Blickfang auf dem Jurtentisch im *Chojmor* oder an entsprechend würdiger Stelle in der Wohnung platziert. Dem höchsten Gast kommt die Ehre zu, ihn anzuschneiden. Dazu wird der Körper mit dem Schwanz in die eigene Richtung gedreht und an den Flanken von vorn nach hinten wechselseitig jeweils dreimal dünn tranchiert und die Fleischstreifen im Uhrzeigersinn an die Anwesenden verteilt. Zuvor müssen jedoch, wenn in der Jurte ein Buddha aufgestellt ist, ihm zu Ehren von den beiden Hälften des Fettschwanzes und von beiden Flanken des Tieres jeweils zwei, also insgesamt acht sehr dünne Stücke abgetrennt werden, die in die Opferschale vor der Statuette gelegt werden. Andernfalls wird das Fleisch dem Feuergott gewidmet, indem man es in die Ofenöffnung wirft.

Am **Neujahrsmorgen,** dem *Schinij negen,* besuchen sich die Familien gegenseitig, wobei die Jüngeren sich zu den Älteren auf den Weg machen. Dort angekommen, **begrüßt** man sich – nur an diesem Tag – mit *Amar bajna uu?,* worauf der älteste Anwesende die jüngeren segnet. Dazu hält er seine Unterarme schräg vor den Körper. Die Jüngeren führen ihre Unterarme unter die des Ältesten. Gleichzeitig „beschnuppern" sich beide, wie die etwas unelegant klingende Übersetzung der Zeremonie heißen müsste. Gemeint damit ist ein gegenseitig ausgeführter Wangenkuss, bei dem nicht der Mund, sondern die Nase an die Wage des Partners geführt und deutlich hörbar eingeatmet wird. Man beginnt mit der linken Seite.

Wichtig dabei ist noch, dass jeder der Anwesenden zumindest für das Küssen eine Kopfbedeckung trägt, welche, ist nicht vorgeschrieben.

Sonstige Feiertage und Feste

Es wurde bereits erwähnt, dass Mongolen gern und viel und zu allen sich bietenden Anlässen feiern. Das Begehen von **Geburtstagen** hat in der Mongolei indes kaum eine Tradition und wird bestenfalls in den Städten von jungen Leuten gepflegt.

Hochzeiten sind natürlich auch hier ganz besondere Ereignisse im Leben zweier junger Menschen. Zu den Hochzeitsriten lassen sich schlecht generelle Aussagen treffen, da das Spektrum hierbei von einer Trauung ganz in Weiß im Hochzeitspalast von Ulan Bator bis zu einer „Verjurtung" und der Segnung durch einen Lama oder gar Schamanen, also dem Beziehen einer neuen Jurte, wie das Ereignis von den Nomaden genannt wird, reichen kann.

Eine besonders in den Städten beliebte Form, die Freizeit zu verbringen sind **Betriebsausflüge** an die frische Luft und **Jahrestage** aller Art. Betriebsausflüge laufen im Grunde immer auf das gleiche heraus. Einige Kilometer vor der Stadt wird ein Feuer entfacht, ein Schaf oder besser noch eine Ziege geschlachtet und hemmungslos getrunken, bis auch der letzte Gast die Hunde dreifach sieht, wie es in einer in der Mongolei verbreiteten Redewendung heißt.

Beerdigungen finden in der Mongolei nur montags, mittwochs und freitags statt. Dann sieht man in den frühen Vormittagsstunden langsamfahrende Fahrzeugkolonnen durch die Städte prozessieren. Das wichtigste Fahrzeug ist ein Lastwagen, auf dem der Sarg aufgebahrt ist. Im vorderen Teil der Ladefläche steht eine Gruppe von jungen Leuten, die das von einem hellblauen Trauerflor gezierte Porträt des Verstorbenen hält. Zwischen dem Todestag und dem Tag der Beerdigung vergehen mehrere Tage, in denen der Verstorbene an einem besonderen Platz – in einer Stadtwohnung kann das auch das Wohnzimmer sein – aufgebahrt wird. Die Angehörigen haben so Gelegenheit, Abschied zu nehmen. Da es bislang keine professionellen Bestattungsunternehmen gibt, müssen sich die Angehörigen des Verstorbenen um alle Einzelheiten einer standesgemäßen Beerdigung kümmern. Wenn der Verstorbene eine bekannte Persönlichkeit des öffentlichen Lebens war, kann die Familie auf dessen letzte Arbeitsstelle oder gar auf behördliche Hilfe zurückgreifen. Diese organisieren das Ausheben des Grabes, die Bereitstellung von Fahrzeugen, das Schalten von Anzeigen etc. In den Wintermonaten ist der Grabaushub eine langwierige Angelegenheit. Der gefrorene Boden muss scheibchenweise aufgetaut werden, indem über der Grabstätte ein Feuer entzündet wird. Dennoch kommt man nicht sehr tief ins Erdreich. Dies erklärt, warum über den Gräbern aufwändige Konstruktionen aus gegossenem Beton errichtet werden.

Für „einfache Leute" sind die Probleme weitaus größer. Nicht nur, dass Ihnen die nötigen finanziellen Mittel für eine standesgemäße Zeremonie fehlen, auch das Überwinden bürokratischer Hindernisse ist nicht einfach. Eine spezielle Sterbeversicherung ist nicht bekannt.

Auf dem Land wird, obwohl es behördlich nicht gestattet ist, bisweilen auch wieder **nach alter Sitte beerdigt.** Die Leiche wird, eingenäht in ein Leinentuch, an einem seit Generationen als Beerdigungsstätte genutzten Platz frei ausgelegt. Innerhalb weniger Tage ist von der fleischlichen Hülle des Verstorbenen nichts mehr übrig, und sein Geist hat den Weg in das Reich der Ahnen gefunden.

Religion

Die meisten Europäer verbinden mit Ostasien ganz automatisch die Vorstellung, dass der Buddhismus dort als Religion vorherrsche. Weiträumige Tempelanlagen, Mönche in gelben oder roten Kutten und die eintönige Litanei von meditativen Gesängen gehören zu den Bildern, die wir von

Die acht Inkarnationen des Bogd Dshawsandamba

Der *Dshawsandamba* oder auch *Bogd Gegeen* ist das Oberhaupt der mongloischen Buddhisten. In der Geschichte hat es insgesamt acht Inkarnationen gegeben. Nachdem der achte *Bogd Gegeen* 1924 gestorben war, haben die kommunistischen Machthaber die Auffindung einer neuen Inkarnation verhindert. (Nach tibetischer Tradition kann die Wiedergeburt eines hohen Lamas anhand bestimmter Zeichen erkannt werden, die teilweise von dessen letzter Inkarnation vor dem Tod vorhergesagt werden.)

Momentan übt der Abt des Gandanklosters, der Chamba-Lama *Tschojdshamz,* die Funktion des Oberhauptes der mongolischen Buddhisten aus. Der *Dalai Lama* besuchte nach der politischen Wende bereits mehrfach das Land. Inwieweit während der Besuche erörtert wurde, den neunten Bogd zu suchen, ist nicht bekannt.

1. Luwsandambijdshalzan

(1635–1723)

Er wurde 1639 auf einer Versammlung der Chalcha-Fürsten als fünfjähriger Sohn des *Tuscheet Khan Gombodordsh* zum Oberhaupt der mongolischen Buddhisten erklärt. Besser bekannt ist er unter dem Namen *Undur Gegeen Dsanabadsar.* Als Fünfzehnjähriger reiste er nach Lhasa und wurde Schüler des 5. *Dalai Lama.* Er war maßgeblich daran beteiligt, dass sich der Lamaismus Ende des 17., Anfang des 18. Jahrhunderts in der Mongolei schnell ausbreitete. Er wählte den Standort zahlreicher Klöster aus und überwachte die Bauarbeiten oft persönlich. Er galt nicht nur als herausragender Gelehrter, sondern auch als **talentierter Bildhauer.** Das Symbol, das die mongolische Nationalflagge schmückt, ist der erste Buchstabe der Sojombo-Schrift, die von *Dsanabadsar* geschaffen wurde. Seine Leistungen trugen ihm den Ehrentitel *Undur Gegeen,* der „Hohe Erleuchtete", ein.

2. Luwsandambijdonmi

(1724–1757)

Er war der Sohn des *Darchan Tschin Ban* des *Tuscheet Chan* der Chalcha und wurde im Alter von vier Jahren als Inkarnation entdeckt. Er war der letzte Bogd, der aus der Mongolei stammte. Die Qing-Kaiser befürchteten, dass der Bogd, der inzwischen eine sehr geachtete Stellung in der Gesellschaft einnahm, zur Symbolfigur einer mongolischen Unabhängigkeitsbewegung von den Mandschuren werden könnte. Deshalb waren alle folgenden Bogds Tibeter.

3. Ischdambijnjam

(1758–1773)

Er kam 1763 als Fünfjähriger in die Mongolei, verstarb aber im Alter von 15 Jahren.

4. Luwsantuwdenwantschig

(1775–1813)

Er war der Sohn von *Sodnomdsch,* Onkel des 7. *Dalai Lama.* Er kam erst 8 Jahre nach dem Ableben seines Vorgängers in die Mongolei.

5. Luwsantschultemdshigmid

(1815–1842)

Er war der Sohn eines hohen Lamas aus dem Budalin-Palast in Lhasa und kam 1820 in die Mongolei. Er hat sich besonders um die Festigung des Glaubens verdient gemacht und aus Tibet hohe Lamas als Berater zu sich gerufen.

6. Luwsantuwdentschojdshialzan

(1842–1848)

Zu seiner Amtseinführung kamen eigens 500 mongolische Gesandte nach Tibet. Er verstarb aber bereits 58 Tage nach seiner Berufung.

7. Agwaantschojd-shiwantschigperenlajdshamz

(1850–1868)

Er erreichte die Mongolei, ausgestattet mit dem Segen des Abtes des Galdan-Klosters in Tibet, im Jahre 1855. Bis zum 12. Lebensjahr widmete er sich dem Studium der buddhistischen Lehre, verfiel dann aber berauschenden Getränken und der Unzucht und verlor so das Ansehen seiner Untergebenen.

8. Agwaanluwsantschojdshinjam

(1870–1924)

Der seinerzeit amtierende *Dalai Lama* erkannte den Sohn eines engen Vertrauten als Inkarnation. Das Kind kam 1874 zusammen mit seinen Eltern in die Mongolei. Im Dezember 1911 bestieg er als Khan der Mongolei auch den Thron des weltlichen Herrschers der autonomen Mongolei. Nach dem Sieg der Volksrevolution musste er sich wieder auf rein geistliche Belange beschränken. Er verstarb im Mai 1924.

der Religiosität Asiens in uns tragen. Und tatsächlich gab und gibt es auch in der Mongolei den Buddhismus als Religionsform. Er ist aber nicht die ursprüngliche Religion der Mongolen, sondern dorthin „importiert" bzw. „exportiert" worden, je nachdem, welchen Standpunkt man vertritt.

Buddhismus

Die **erste Begegnung** der Mongolei mit dem Buddhismus war politischer Natur. Im Rahmen der Ausweitung des mongolischen Großreiches auf chinesisches und tibetisches Staatsgebiet **im 13. Jh.** kam die mongolische Führungsschicht zunächst am Hofe *Khublai Khans* in Datu – dem heutigen Peking – mit tibetischen Mönchen in Kontakt. Beeindruckt von deren Bildung und Fertigkeiten schickten sie diese auch ins Zentrum des mongolischen Reiches, nach Kara-Korum, wo sie wenige Jahrzehnte lang die Religiosität der Mongolen bestimmten. Eine nachhaltige Buddhisierung fand jedoch nicht statt, und die gelben Kutten der Mönche gerieten bald wieder vollends in Vergessenheit.

Erst **Mitte des 16. Jh.** kam es zu einer **zweiten Buddhisierungswelle** der Mongolei, diesmal allerdings mit einer weit nachhaltigeren Wirkung: Innerhalb von nur einer Generation wurden die alten Religionen der Mongolen weitestgehend verdrängt, und der Buddhismus avancierte zur wichtigsten Glaubensform.

Es war der aus Tibet stammende **Lamaismus,** auch Vajrayana-Buddhis-

160mo Foto: st

mus (Diamantfahrzeug) genannt, mit dem die Mongolen in Berührung kamen. Sein religiöses Oberhaupt ist der *Dalai Lama*. Der Titel *Dalai Lama* wurde vom südmongolischen Khan *Altan* gestiftet, als er Mitte des 16. Jahrhunderts von den verschiedenen Schulen der tibetischen Buddhisten das Oberhaupt der Gelbmützen-Schule in die Mongolei einlud. Der jetzige *Dalai Lama* gilt als vierzehnte menschliche Inkarnation des Bodhisattva Avalokiteshvara, der Verkörperung von Mitgefühl, Liebe und Barmherzigkeit.

Der **Vajrayana-Buddhismus,** die bislang letzte große Entwicklungsrichtung des Buddhismus, ist in der Hauptsache aus dem Mahayana-Buddhismus (Großes Fahrzeug) entstanden. Wie dieser betont er ein Ideal, in dem die Befreiung aus dem Leiden und das Erreichen von Erleuchtung nicht nur für sich selbst gesucht wird, sondern auch allen anderen Wesen dienen soll. Im Zuge seiner Ausbreitung von Indien aus über Tibet in die Mongolei wurden Ideen, Rituale und Gottheiten aus Hinduismus und Volksreligion und Schamanismus mit übernommen und integriert. Religiöse Verdienste, die der eigenen Erlösung dienen sollen, werden nicht nur durch tätiges Mitgefühl, sondern auch durch meditative Praktiken und Rituale erworben.

Da diese Handlungen auch von anderen für einen selbst ausgeführt werden können, erhielt das **Mönchswesen** ein enormes Prestige. Das führte schließlich dazu, dass Anfang des 20. Jahrhunderts jede mongolische Familie in der Regel einen Sohn als Mönch in ein Kloster schickte, um in Vertretung für sämtliche Angehörige „die Gebetstrommel zu rühren". Im Gegenzug versorgten die Angehörigen das Kloster mit Lebens- und Geldmitteln und erwarben sich dadurch religiöse Verdienste.

Ende der dreißiger Jahre wurden in einer landesweiten Aktion fast sämtliche Klöster zerstört, die Mönche nach Hause geschickt oder umgebracht. Nach einer über 50-jährigen Unterbrechung der buddhistischen Praktiken wird seit wenigen Jahren wieder an alte Tradition angeknüpft. Bestehende Klosterruinen werden restauriert und **neue Klöster** in großer Zahl errichtet. Inzwischen hat sich ihre Zahl auf ca. 200 erhöht. Einen alteingesessenen buddhistischen Klerus gibt es indes nicht mehr, und so sind die neuen Lamas der Mongolei entweder alte Männer, die als ganz kleine Jungen noch vor der sozialistischen Zeit ins Kloster eingetreten waren, aber nie praktiziert haben, oder es sind die kleinen Jungen von heute, die von der Familie bereits wieder in guter alter Tradition ins Kloster geschickt werden.

So ist es nicht verwunderlich, dass der Buddhismus in der Mongolei nunmehr ein **drittes Mal** seine wesentlichen Impulse von außen erfahren muss. Der *Dalai Lama* bereist seit einiger Zeit in regelmäßigen Abständen die Mongolei und hält Zeremonien im großen Sportstadion von Ulan Bator ab. In jüngster Zeit wurde ihm allerdings aus rein politischen Gründen von China und Russland der Transit verwehrt. Tibetische Mönche verbringen lange Monate in den neuen Klöstern und lernen die neuen Lamas an. Selbst ein französischer Rinpoche, eine hohe buddhistische Reinkarnation, bot der Mongolei religiöse Hilfestellung bei der **Rebuddhisierung.**

Der größte Botschafter für den Buddhismus im ausklingenden Sozialismus war in der Mongolei übrigens tatsächlich buchstäblich ein Botschafter: Indien schickte für lange Jahre eine hohe buddhistische Reinkarnation als Diplomaten nach Ulan Bator, wo seine große allgemeine Verehrung sicherlich nicht auf seiner politischen Funktion beruhte. Erst 1999 verließ der inzwischen weit über 80-jährige Mönch die Botschaft und kehrte nach Indien zurück.

Schamanismus

Der Buddhismus war, wie bereits erwähnt, nicht die ursprüngliche Religion der Mongolen. Vielmehr waren dies zum einen eine animistische Volksreligion, auf die wir gleich noch zu sprechen kommen werden, und zum anderen der Schamanismus. Ähnlich wie der buddhistische Mönch ist auch der Schamane (oder die Schamanin) der religiöse Spezialist seiner Gemeinde. Im Unterschied zum Bud-

Der Dalai Lama zu Besuch in der Mongolei (1994)

dhismus gibt es im Schamanismus jedoch keine Klöster und auch keine Gemeinschaft der Schamanen untereinander, sondern eine Konkurrenz, die sich sogar in psychorealen sogenannten Schamanenkämpfen manifestieren kann, bei denen nicht selten einer der beiden Schamanen stirbt.

Doch was nun ist genau Schamanismus im eigentlichen Sinn? Diese Frage ist wichtig, da der Begriff Schamane in den verschiedensten esoterischen Auslegungen Eingang in unser modernes Leben gefunden hat, die nichts mit dem eigentlichen Schamanentum mehr zu tun haben.

Das **schamanistische Weltbild** besteht ursprünglich aus einer diesseitigen Welt und einer jenseitigen Gegenwelt, zwischen denen der Schamane als Mittler auftritt. Er kann mit Hilfe von verschiedenen, ihm zu Gebote stehenden Ahnen- und Tiergeistern in Ekstase zwischen den Welten wechseln, also eine Jenseitsreise antreten. Wieso sollte er dies tun? Nach schamanistischem Glauben beruhen beispielsweise Krankheiten auf einer Verirrung, einem Verlorengehen der Seele. Der Schamane **heilt Menschen,** indem er seine eigene Seele auf **Jenseitsreise** schickt, um die Seele des Erkrankten wiederzufinden und zur Rückkehr zu bewegen. Diese seelischen Jenseitsreisen sind nicht ohne Gefahr und strengen den Schamanen körperlich ungemein an, und so ist ihnen selten ein langes Leben beschert.

Dies erklärt auch, weshalb Schamanen in der Regel **nicht freiwillig** zu Schamanen werden. Sie werden vielmehr zurzeit ihrer Pubertät zum Schamanen „berufen", was oft mit einer schweren Krankheit einhergeht, in deren Verlauf der oder die Berufene wider Willen eine erste, recht traumatische Jenseitsreise antreten muss. Dabei wird er von seinen späteren Hilfsgeistern zunächst getötet und kann erst dann wieder ins Leben zurückkehren, wenn die Berufung angenommen wird. Es folgt eine langjährige Ausbildung bei einem erfahrenen Schamanen, die mit der „Schamanenweihe" endet. Erst dann kann der junge Schamane seine Aufgabe als Heiler wahrnehmen.

Dies ist – wie gesagt – eine Beschreibung der reinen Form des Schamanismus, wie er ursprünglich in der Mongolei vorkam. Die **Buddhisierung im 16. Jh.** hat mit dem Schamanismus freilich gründlich aufgeräumt: Er wurde per Dekret verboten, die Schamanen mit Hundekot ausgeräuchert und die nach außen sichtbaren Teile des Schamanismus, wie etwa der Schamanentanz oder die Schamanentracht, in modifizierter und uminterpretierter Form in die mongolische Variante des Buddhismus **integriert.**

Ganz gelang die Ausrottung des Schamanismus jedoch nicht. Vor allem in der Taiga und der Gebirgswaldsteppe des undurchdringlichen Nordens der Mongolei **lebt** er in kleinen Nischen **bis heute fort.** Im Chuwsgul-Aimak praktiziert eine Handvoll alter Schamanen und Schamaninnen – und es gibt sogar schamanistischen Nachwuchs. Zwei – oder waren es drei – Jugendliche haben die Berufung zum

Schamanen angenommen und bereiten sich derzeit auf die Schamanenweihe vor.

Der Grund, warum wir so Genaues über ein so kleines und unzugängliches Phänomen wissen, ist einfach: Im Sommer 1995 bereiste eine junge **Schamanin aus Burjatien** (Sibirien) die Mongolei. Sie war - man höre und staune - von der burjatischen Union der Schamanen geschickt, um die wenigen Schamanen der Mongolei zu besuchen und in einen größeren Kontext einzubinden. Zwei Wochen lang hielt sie „Sprechstunden" in der Universität für Mongolische Sitten und Gebräuche in Ulan Bator und führte Wegezauber, Reinigungszeremonien und ähnliche Segens- und Heilhandlungen aus. Mit ihr reiste ein 15-jähriges Mädchen: eine junge Schamanin, die sich auf ihre Schamanenweihe vorbereitete.

Die Schlange der Wartenden vor dem kleinen Universitätshörsaal, in dem die Schamanin praktizierte, war lang. In schlechten Zeiten öffnet sich eben manch einer - auch in der Mongolei - den ungewöhnlichsten Wegen zur Besserung. Der großen Mehrheit der Mongolen ist der Schamanismus heute indes unheimlich. Für sie ist er gleichbedeutend mit Gefahr und Magie. Doch davor hätte sich keiner fürchten müssen, im Sommer 1995 in Ulan Bator. Denn für die burjatische Schamanin waren die Zeremonien und Zauber, die sie in Ulan Bator anbot, nur kleine, segensreiche Hilfestellungen. Die großen Jenseitsreisen, so meinte sie im Gespräch, könne sie nicht in der Stadt antreten. Wir seien aber herzlich eingeladen, sie am Baikalsee zu besuchen ... In der letzten Juni-Woche 1998 fand im Chuwsgul-Aimak das erste Weltschamanentreffen statt, an dem wir aber leider nicht teilnehmen konnten.

Volksreligion

Die Volksreligion der Mongolen ist die einzige Religionsform, die eine ungebrochene, jahrhundertealte Tradition aufweist. In ihr gibt es im Gegensatz zum Buddhismus und zum Schamanismus keine religiösen Spezialisten, wie etwa Mönche oder Heiler. Wohl aber gibt es Götter und Geister, die es zu verehren gilt und die die Menschen im Gegenzug beschützen können.

An oberster Stelle ist hier der **Ewige Himmel** *(Munk Tenger)* zu nennen, der als oberste Gottheit verehrt wird. Ihm folgen diverse **Berg- und andere Naturgottheiten,** die ebenfalls durch Zeremonien und Kulthandlungen besänftigt und den Menschen wohlgeneigt gestimmt werden können.

Weithin sichtbarstes Zeichen der Volksreligion sind die sogenannten **Owoos.** Das sind **Steinsetzungen,** die auf Bergen oder Passhöhen errichtet werden. Jeder sie Passierende hält an und fügt drei neue Steine hinzu, wobei er den Owoo dabei dreimal im Uhrzeigersinn umschreiten muss. Auch **Opfergaben** wie Münzen, Geldscheine, Butter, Fett, Tee und ähnliches finden sich häufig an Owoos; in neuester Zeit auch Wodkaflaschen und Bierbüchsen - leergetrunkene, wohlgemerkt. Selten geworden sind hingegen Pferdeköpfe als Opfergaben.

Owoos finden sich überall in der Mongolei, und auch Sie als Gast werden unweigerlich diese Verehrung der Berggottheiten hautnah miterleben, denn **an allen Ausfallstraßen** Ulan Bators befinden sich Owoos. Sie werden keinen mongolischen Reisebegleiter finden, der dort nicht anhält und seine drei Runden um die Steinsetzung dreht. Fotografieren ist hier erlaubt; das Entfernen von Opfergaben als Souvenir jedoch nicht. Eine einzige Ausnahme bilden hier Krücken, die von Geheilten an Owoos abgelegt werden und die, wer immer Krücken braucht, dort auch wegnehmen darf. Im Übrigen tun Sie nichts Falsches, wenn auch Sie bei diesem kurzen Halt, anstatt eine Zigarette zu rauchen, einen kleinen Gang um den Owoo machen. Sammeln Sie wie Ihre mongolischen Reisebegleiter drei Steine auf und werfen Sie diese, den Owoo umschreitend, auf den bereits vorhandenen Steinhaufen. Damit zeigen Sie Ihren Gastgebern nicht nur, dass sie sich in Ihren Augen nicht lächerlich machen. Manch einer Ihrer Begleiter wird die Weiterreise auch deutlich entspannter antreten, da die meisten Mongolen nach wie vor ein ungutes Gefühl mit auf die Reise nehmen, wenn einer der Mitreisenden dieses kleine Opfer belächelt und nicht mitmacht.

Wenn Sie Ulan Bator auf der Teerstraße Richtung Norden verlassen, können Sie wenige Kilometer nach dem eigentlichen Owoo rechterhand noch einen neuen, kleineren Owoo bemerken. Dies ist der sogenannte **Deutsche Owoo.** Hier verunglückten einige Ostdeutsche in den 1980er Jahren tödlich mit ihrem Auto: selbstredend nachdem sie opferlos am ersten Owoo vorbeigefahren waren.

Ein zweites kleines Ritual aus dem Bereich der Volksreligion können Sie unterdessen auch in jedem städtischen mongolischen Haushalt beobachten – und mitmachen. Wenn Ihnen ein Gastgeber ein Glas Wodka anbietet, so wird er eventuell nach seinem Trinkspruch mit dem Ringfinger der

165mo Foto: st

Auch der Highway No. 1 – die Hauptausfallstraße nach Norden – hat einen Owoo

Schlachten ist Männersache

rechten Hand ins Glas stippen und dreimal etwas Wodka in die Luft schnippsen. Nach oben (für den Ewigen Himmel); geradeaus (für die Steppe) und nach unten (für die Erde). Diese **Getränkeopfer** nennt man Libation. Sie werden damit vielleicht auch noch in einem Souvenirgeschäft in Berührung kommen. Dann nämlich, wenn Sie ratlos vor einem reich geschnitzten, quadratischen, flachen Holzlöffel mit neun Vertiefungen stehen. Diese Löffel wurden früher von Nomaden verwendet, um den abreisenden Angehörigen oder Gast mit einem Libationsopfer zu verabschieden. Der Löffel wurde in Milch getaucht und – ähnlich den Wodkatröpfchen – nicht in alle vier Himmelsrichtungen, sondern in alle drei Ebenen versprüht. Heute tut bei manch einem armen Nomaden der Blechlöffel oder die Aluminiumschöpfkelle den gleichen Dienst. Sollte also jemals einer Ihrer Gastgeber beim Abschied vor seiner Jurte mit einem Blechlöffel Milch versprühen, so lächeln Sie nicht darüber. Lächeln Sie höchstens aus Dankbarkeit, denn hier meint es jemand wirklich gut mit Ihnen.

Alltagsleben

Das Alltagsleben in den wenigen mongolischen **Städten** unterscheidet sich kaum von dem anderswo in der Welt. Das Leben der **Nomaden** hingegen wird stark von der Abfolge der Jahreszeiten und den Eigenheiten der Herdentiere bestimmt.

167mo Foto: st

Am stärksten beschäftigt ist die **Nomadenfrau.** Sie steht als erste auf und ist es auch, die abends, wenn sich alle in der Jurte auf dem Nachtlager ausgestreckt haben, das Licht löscht. Der Tag einer Nomadenfrau beginnt im Morgengrauen mit dem Anheizen des Jurtenofens. Wenn das Teewasser kocht, stehen auch der Mann und die Kinder langsam auf. Gefrühstückt werden zumeist kalte Fleischstückchen, die im Tee aufgewärmt werden, oder aufgewärmte Reste der abendlichen Mahlzeit. Wenn die Sonne langsam zu wärmen beginnt, melken die Frauen und großen Mädchen die Kühe und bisweilen auch die Schafe und Ziegen. In den Sommermonaten werden zudem in manchen Gegenden die Pferde und in der Gobi auch die Kamele gemolken. Nach dem Melken bringt die Frau die Jurte in Ordnung und beschäftigt sich mit der Verarbeitung der Milch.

Die **Männer** sind zuständig für die groben Dinge des Lebens. Dazu zählen das Einreiten von Pferden, das Schlachten und Zerlegen von Tieren, die Jagd, das Bauen und Instandhalten von Unterständen usw. Eine der langwierigsten und vor allem im Winter körperlich anstrengendsten Arbeiten für die Männer ist das **Hüten der langbeinigen Tierarten,** d.h. der Rinder bzw. Yaks, der Pferde und Kamele. All diese Tierarten bewegen sich nicht nur in unmittelbarer Nähe zur Jurte, sondern legen auf der Suche nach Futter täglich große Entfernungen zurück. Vor allem Kamelhengste entfernen sich in der Zeit, in der ihre Anwesenheit bei der Herde nicht erforderlich ist, d.h. die Kamelstuten nicht paarungsbereit sind, mehrere Tagesritte vom Lagerplatz weg. Die Männer sind oft Tage oder gar Wochen unterwegs, um sie wieder einzufangen.

Die Männer sind es auch, die die Familie nach außen repräsentieren. Sie nehmen an Versammlungen und anderen Veranstaltungen teil, sie unternehmen, um die Produkte ihrer Herden zu vermarkten, ausgedehnte Reisen oder begeben sich über Wochen auf die sogenannte Fernweide.

Die Frauen hingegen verlassen in ihrem Leben kaum die unmittelbare Umgebung ihrer Jurte. Die Hausarbeiten und die Kinderaufsicht beschäftigen sie nahezu rund um die Uhr.

Die **Kinder** helfen je nach Alter und Geschlecht ihren Eltern. Schon die ganz Kleinen werden, sobald sie laufen können, zum **Dungsammeln** herangezogen. Getrockneter Dung ist in vielen Gegenden das einzige verfügbare Brennmaterial für das Herdfeuer. Die Kinder haben dafür zu sorgen, dass immer eine ausreichende Menge trockenen Dungs vor der Jurte liegt, damit auch einige Regentage, an denen kein trockenes Brennmaterial gesammelt werden kann, überstanden werden. Wenn die Kinder größer werden, wird ihnen auch das **Wasserholen** übertragen. Die größeren Kinder sind ferner damit beschäftigt, die Herden der kurzbeinigen Tiere zu hüten. **Gespielt** wird, wenn überhaupt, draußen mit den Tieren, oder, wenn es das Wetter nicht zulässt, drinnen am Jurtenofen mit buntbemalten Knöchelchen. Die vielfach zu hörende Behauptung, mongolische Kinder könnten eher reiten als laufen, ist nicht ganz richtig, aber mit drei oder vier Jahren sitzen sie fest im Sattel, auch wenn sie noch nicht auf- und absteigen können.

Alte und gebrechliche Menschen bleiben bis zu ihrem Tod in der Obhut der Großfamilie. Sie leben entweder in ihrer eigenen Jurte im Lager des ältesten Sohnes oder aber, wenn sie pflegebedürftig sind, direkt in der Jurte eines ihrer Kinder.

Der Tag klingt aus mit dem gemeinsamen **Abendessen** der Nomadenfamilie, meist einer fetten Hammelsuppe mit selbstgemachten Teigstreifen. Tagsüber wird in der Regel nur dann gekocht, wenn Gäste zu Besuch sind. Das Licht erlischt in der Jurte schon sehr früh am Abend. Nur die wenigsten Familien verfügen über einen Generator, oder gar über ein Windrad oder einen Sonnenkollektor, die elektrischen Strom erzeugen. Nach wie vor spenden in den meisten Jurten Kerzen oder Öllämpchen ein spärliches Licht. In entlegenen Gebieten ist selbst das Mangelware, so dass sich manche Familien ganz ohne den Luxus künstlichen Lichts behelfen müssen. Auch Streichhölzer und Feuerzeuge sind nicht immer erhältlich, und so kann man in einsamen Regionen noch manchen Alten mit Flintstein und Zunder Feuer schlagen sehen.

Auch die meisten Bewohner der Verwaltungszentren und Städte leben nach wie vor in Jurten. Im Unterschied zu den Nomaden, deren einzige Einnahmequelle die Produkte der Viehhaltung sind, sind diese Menschen aber in der Regel in der Industrie oder dem öffentlichen Dienst beschäftigt. Dennoch verfügt der allergrößte Teil auch dieser Familien über eine kleine Herde, um sich selbst mit Milch und Fleisch versorgen zu können.

169mo Foto: st

Die Frau in der Gesellschaft

Die aus vielen asiatischen Gesellschaften bekannte Benachteiligung der Frau muss für die Mongolei, zumindest in Bezug auf die Nomadengesellschaft, relativiert werden. Die oben beschriebene **Arbeitsteilung** in der Nomadenfamilie bestimmt den Platz aller Familienangehörigen, darunter auch den der Frau und Mutter. Sicher, der Frau obliegt auch in der Mongolei der ganze Haushalt, das Melken, der Umgang mit den kurzbeinigen Tieren und der größte Teil der Kindererziehung. Dies wird von den Nomadenfrauen selbst jedoch nicht als gesellschaftliche Benachteiligung empfunden. Die mongolische Volkskunst bringt den Frauen und Müttern auf ihre eigene Art ihre Wertschätzung entgegen. Lieder, Gedichte und Lobpreisungen über die Mutter sind mindestens genauso häufig zu hören wie solche über Pferde und natürlich auch die Liebe. Keine gemütliche abendliche Runde in einer Jurte ist zu Ende, ohne dass jemand voller Rührung und Inbrunst ein Loblied auf die Mütter anstimmt. Während der Zeit des Sozialismus bekamen darüber hinaus Mütter mit vier oder mehr Kindern den Mütterorden und konnten vorzeitig in Rente gehen. Sicher stand hier auch der politische Wunsch dahinter, die Bevölkerung des Landes möglichst rasch zu mehren.

Aber auch **Randgruppen** wie Witwen und alleinstehende Mütter finden in der Regel wieder einen neuen Partner oder bleiben gleichberechtigt integriert in ihrer Großfamilie. Es ist in der Mongolei für junge Frauen kein Makel, vor der Ehe bereits ein Kind zu haben – im Gegenteil, eine Frau, die auf diese Art ihre Fruchtbarkeit bewiesen hat, ist für mongolische Männer als mögliche Ehepartnerin besonders interessant. Nur in der Gobiregion stößt man auf sehr viele Haushalte, denen **alleinstehende** Frauen vorstehen, die oft eine große Zahl von Kindern haben, d.h. zehn oder mehr, deren unterschiedlichstes Aussehen auf verschiedene Väter schließen lässt. Den Begriff Alimente kennt auch das mongolische Zivilrecht, Gebrauch gemacht wird davon indes kaum. Bigamie gibt es offiziell nicht.

Die Situation der Frauen **in den Städten und Siedlungen** hat sich in den Jahren nach der politischen Wende **zusehends verschlechtert.** Frauen werden als erste arbeitslos und haben das Problem, dass sie mit immer weniger Geld ihre Familien versorgen müssen. Verarmung, um sich greifender Alkoholismus und Gewalt führen zur Zerrüttung der städtischen Familien. Die von ihren Männern verlassenen Frauen bleiben mit ihren Kindern in wachsender Armut und Verelendung zurück. In den Nachwendejahren ist leider auch die massenhafte **Prostitution** immer jüngerer Frauen und Mädchen zum gesellschaftlichen Problem geworden. Frauen in Führungspositionen sind die Ausnahme. Erstmals in der Geschichte der Mongolei überschritt der Frauenanteil im 1996 gewählten Parlament die 10-%-Marke. 1999 und 2000 amtierte erstmals eine **Frau als Außenministerin.**

Architektur

Als Nomadenvolk waren die Mongolen historisch kaum am Aufbau urbaner Zentren interessiert. Bei der Beschreibung der Reiseziele ist eine Reihe von Relikten aus der Hunnen-, Kitan- und Alt-Türken-Zeit zu finden, die auf eine umfängliche Bautätigkeit hinweisen, die aber zumeist als **„importierte" Architektur** gelten muss. Das gleiche trifft auf die nicht erhalten gebliebenen Palastanlagen von **Kara-Korum** zu, mit deren Errichtung 1265 unter *Munk Khan* begonnen worden war. Auch hier waren es vielfach ausländische Baumeister aus zahlreichen Ländern, die von verschiedenen Kriegszügen der Mongolen mitgebracht worden waren, um den Herrschaftssitz am Orchon zu errichten. Das höchste Gebäude in Kara-Korum soll 90 m gemessen haben. Zwischen 1342 und 1346 wurde es gründlich re-

Das Dach dieses kleinen Art-Shops ist ein Kunstwerk für sich

170mo Foto: st

noviert. An das Ereignis erinnert ein in Kara-Korum gefundener Gedenkstein.

Neben immobilen Palästen nutzte der mongolische Hochadel im 13. Jahrhundert auch **Jurtenwagen.** Das waren übergroße, zweiachsige, hölzerne Gefährte, die von mehreren Dutzend Ochsen gezogen wurden und auf denen die Palastjurte des Herrschers fest montiert war. Ähnliche Wagen wurden bereits von den Skythen verwendet. Ein anschauliches Modell eines solchen Wagens befindet sich im ethnographischen Teil des Historischen Museums in der Hauptstadt. Ein Wagen in Originalgröße gehört zur Ausstattung des Restaurantkomplexes am Stadtrand von Ulan Bator.

Nach der Zerstörung von Kara-Korum 1371 wurde die Bautätigkeit über 300 Jahre fast gänzlich eingestellt. Die Hauptstadt hatte keinen festen Standort mehr, sondern nomadisierte. Als Paläste benutzten die Khans und Fürsten große Wanderjurten, die dem extremen Klima besser angepasst sind als feste Häuser.

Das erste nennenswerte Gebäude entstand erst wieder 1586 in Kara-Korum, wo unter der Aufsicht tibetischer Lamas der Aufbau des Klosters Erdenedsuu begann. Die gesamte **Klosterarchitektur des 17. bis 19. Jahrhunderts** steht unter deutlich chinesischem und tibetischem Einfluss. Das einzige größere Gebäude dieser Epoche mit nichtreligiöser Besimmung ist die „weiße Ruine" des Zogt Chun Taidsh (Цогт хун тайжийн цагаан балгас) bei Daschintschilen im südlichen Bulgan-Aimak.

Neben Chinesen waren es Russen und seit dem **Ende des 19. Jahrhunderts** auch andere Europäer, die insbesondere in der Hauptstadt Wohn- und Lagerhäuser aus Holz und aus gebrannten Ziegeln errichteten. Zeugnisse aus dieser Zeit findet man in Ulan Bator noch hinter dem ehemaligen Lenin-Museum (Чандманъ төвийн ар талын модон байшин), und nördlich des Lebensmittelmarktes des 13. Stadtbezirkes (13-р хороололын хүнсний захын хойд талд орших хуучин хийцтэй тоосгон байшин). Auch das Stadtmuseum von Ulan Bator (Улаанбаатар хотын музей) ist in einem hübschen Holzhaus russischen Stils untergebracht.

Die **Architektur des 20. Jahrhunderts** stand unter stark sowjetrussischem Einfluss. In der Planwirtschaft zählten nur die gebauten Quadratmeter Wohnfläche. Architektonische Feinheiten traten in den Hintergrund. Dennoch bemühten sich mongolische Architekten da und dort, eigene Stilelemente, z.B. an Balkonverkleidungen, Dachbegrenzungen oder Durchfahrten, einzubringen. Recht gut gelungen ist dies bei der Dachkonstruktion des Kulturkomplexes (Соёлын Төв Өргөө) an der Ostseite des *Suchbaatar*-Platzes, der 1989 als Geschenk der Sowjetunion an die Mongolei übergeben wurde. Auch dem Flughafengebäude ist dieses Bemühen anzusehen.

Seitdem sich russische Architekten und Bauarbeiter aus der Mongolei zurückgezogen haben, werden im Stadtbild von Ulan Bator immer mehr Gebäude errichtet, die eindeutig die Handschrift mongolischer Architekten tragen, darunter auch einige Eigenheime. Neu errichtete Bushaltestellen, kleine Pavillons oder auch nur nachträglich an bestehende Häuser angebaute Schleppdächer sind willkommene Farbtupfer im Stadtbild.

Dennoch werden die größten Bauaufträge noch immer von ausländischen Firmen ausgeführt. Chinesen sind überwiegend mit der Rekonstruktion bestehender Gebäude beschäftigt, Russen konzentrieren sich vor allem auf den Industriebau.

Die Jurte: Nomadenkultur in Vollendung

In vielen Veröffentlichungen über die Mongolei wird die Jurte (mong.: *ger*) der Steppennomaden auch als Filzzelt oder filzbedecktes Rundzelt bezeichnet. Diese Kategorisierung ist sicher nicht falsch, ignoriert aber die über viele Generationen erfolgte Entwicklungsarbeit, die in den heutigen Jurten steckt. Chinesische Quellen berichten zum ersten Mal im 6. Jh. n. Chr. über Jurten bei Nomaden. Es ist anzunehmen, dass die Jurte auf eine **über 2000-jährige Entwicklungsgeschichte** zurückblickt. Sie ist nicht nur die traditionelle Behausung der Mongolen, sondern auch der nomadisch lebenden Völker in Mittelasien, Südsibirien und nördlich der Großen Mauer. Jur-

Scherengitter und Dachstangen bilden das flexible Gerüst der Jurte

173mo Foto: st

ten bieten vor allem da, wo sie in malerischer Landschaft stehen, mit ihren weißen Leinenüberzügen einen sehr ästhetischen Anblick.

Konstruktion der Jurte

Die Konstruktion der Jurte ist ebenso einfach wie genial. Aus Weiden oder anderem biegsamem Holz gefertigte **Scherengitter** (mong.: *chana*), deren einzelne Streben nicht mit Nägeln, sondern mit Lederstreifen zusammengehalten werden, bilden die **Jurtenwand,** die in jüngster Zeit meist auf einem Holzfußboden (mong.: *schal*) sitzt. Der Durchmesser der Jurte richtet sich nach der Zahl der verwendeten Scherengitter. Die kleinsten Jurten, die zumeist als Vorratsraum oder als temporäre Behausung während der Fernweidewanderung benutzt werden, bestehen aus nur 4 Scherengittern. Am verbreitetsten sind 5-wandige Jurten, wobei hier zwischen großen und kleinen Fünfwändern unterschieden wird. Möglich, wenngleich in letzter Zeit kaum noch in Gebrauch, sind 6- bis 12-wandige Jurten. Letztere heißen dann nicht mehr Jurte, sondern *Urgöö,* was vielfach mit Palastjurte übersetzt wird. Die Stadt Ulan Bator hieß bis 1924 auch Urgöö. Der Name wird aber in der europäischen Mongolei-Literatur zu Urga verstümmelt.

Abhängig vom Durchmesser der Jurte erhebt sich genau in der Mitte der Jurte auf zwei etwa 2 bis 3 m hohen Säulen (mong.: *bagana*) der **Dachkranz** (mong.: *toono*). Sein Durchmesser beträgt 1 bis 2 m. Am äußeren Rand sind quadratische Öffnungen eingearbeitet. Im Zentrum des Dachkranzes ist ein Seil (mong. *tschagtaga*) befestigt, das nur von Bedeutung ist, wenn die Jurte bei Sturm einzustürzen droht. Dann wird an diesem Seil etwas Schweres, z.B. ein großer Stein, ein Sack Mehl, eine Holztruhe oder ähnliches, befestigt und der Jurte dadurch zusätzliche Stabilität verliehen.

Die Verbindung zwischen dem Scherengitter und dem Dachkranz bilden **Dachstangen** (mong.: *un'*). Sie werden bei der Montage oben in die Aufnahmeöffnungen des Dachkranzes geschoben und unten mit Lederriehmen mit dem Scherengitter verzurrt. Die Zahl der Dachstangen hängt von der Anzahl der Scherengitter ab. Eine große 5wändige Jurte verfügt z.B. über 81 Stangen. Der Steigungswinkel beträgt ca. 30°. Mittelalterliche Zeichnungen stellen die Jurten z.T. mit wesentlich steilerem Dachwinkel dar. Solche **Spitzdachjurten** haben sich bis heute bei den Kirgisen gehalten, sie trotzen aber dem Wind wesentlich schlechter als die flachen Jurten der Mongolen. Jede Jurte ist also ein Kompromiss zwischen dem Wunsch nach viel Wohnraum und der Notwendigkeit, dem Wind trotzen zu müssen. Die Regel ist einfach: je größer die Jurte wird, desto schwieriger ist sie zu stabilisieren und im Winter zu heizen.

Eingelassen in die Jurtenwand ist eine gerahmte **Holztür** (mong.: *chaalga),* die immer nach Süden schaut. Früher bildete die Türöffnung nur ein dickes Stück Filz. Auch auf dem Türrahmen liegen Dachstangen auf.

Über das auf diese Weise entstandene stabile und dennoch elastische Holzgerüst werden **Filzmatten** gespannt. Bisweilen wird auch erst, um den grauen Filz zu verdecken, dünner Leinenstoff darüber gezogen. Eine Lage Filz ist etwa 3 cm dick und hat die Isolierfähigkeit einer 6 cm dicken Ziegelwand. Im Winter werden über die Jurte 3 oder gar 4 Lagen Filz gespannt. Beim Filz unterscheidet man minderwertigen industriell gefertigten und hochwertigen handgefertigten Filz. Die Minderwertigkeit des industriell erzeugten Filzes rührt daher, dass große Mengen von nicht filzenden Deckhaaren aus den Abfällen der Spinnereien und Wollwäschereien mit unter die Wolle gemischt werden. Die Wolle ist zudem gewaschen und dadurch nicht mehr wasserabweisend, wie es ungewaschene, lanolinhaltige Wolle ist. Nach traditionellen Methoden hergestellter Filz besteht dagegen ganz aus ungewaschener Wolle, die gut verfilzt. Solche per Hand hergestellten Filze übertreffen die Lebensdauer von Fabrikprodukten um ein Vielfaches.

Im Sommer werden die Jurten nur mit einer Lage Filz belegt und die unteren Ränder hochgeschlagen, damit der Wind durch die Jurte streifen kann und so ein angenehmes Raumklima entsteht. Im Winter wird am unteren, äußeren Rand des mehrlagigen Filzüberzugs noch ein **zusätzlicher Abschluss** (mong. *chajaawtsch*) zur Erde aus Holz, Sackleinen oder anderen Materialien befestigt. Solange der Jurtenofen geheizt wird, herrscht in der Jurte eine angenehme Wärme, die freilich alsbald nachlässt, wenn das Feuer erlischt.

Die äußere Hülle der Jurte bilden heute **Leinenstoffe,** die ansonsten zur Herstellung von Zelten oder Lastwagenplanen dienen. Sie lassen sich leicht waschen und schützen den Filz zusätzlich vor Regen. Das Ganze wird außen mit aus Pferde- und Yakhaaren geflochtenen Seilen fest verzurrt. Über den Dachkranz wird ein weiteres in Leinen eingeschlagenes Filzstück (mong.: *urch*) gezogen, mit dem in der Nacht oder bei Regen die Dachöffnung geschlossen werden kann. Tagsüber wird der Bezug in Dreiecksform zurückgezogen. Mitunter werden die Jurten heute an der Innenseite der Wand auch noch einmal mit Stoff verkleidet, das die Scherengitter verdeckt.

Zwischen den beiden Stützen des Dachkranzes steht der **Jurtenofen,** dessen Schornstein durch den Dachkranz geschoben wird, ohne dass das Rohr das Holz oder den Filz berührt.

Eine Jurte kann von einer 4- bis 6-köpfigen Familie in deutlich weniger als einer Stunde **zerlegt** und auch wieder aufgebaut werden. Die Jurte selbst passt auf 2, das Mobiliar auf weitere 2–3 Kamele. Die Truhen und Betten sind so dimensioniert, dass sie bequem auf ein Kamel oder Yak geladen werden können.

Ältere Mongolen ziehen bis heute ein Leben in der Jurte dem in Steinhäusern vor. dass die Jurte auch in den Städten noch lange nicht ausgedient hat, beweist die Tatsache, dass über 61 Prozent der Mongolen nach wie vor in Jurten wohnen. Es ist anzunehmen, dass dieser Anteil in den nächsten Jahren weiter wachsen wird.

Literatur

Trotz oder vielmehr gerade wegen das Lebens in der Steppe haben die Mongolen, wie auch die anderen Völker der eurasischen Steppen, eine **reiche und vielfältige Literatur** hervorgebracht. Zeremonial- und Brauchtumsdichtung, volksreligiöse Beschwörungsriten, Gebete, Märchen, Schelmengeschichten, Lieder und Epen wurde über Jahrhunderte nicht schriftlich festgehalten, sondern mündlich tradiert. Diese Funktion übten umherziehende **Epensänger und Märchenerzähler** aus, die in jeder Jurte gern willkommen geheißen wurden. Lieder und Zeremonialdichtungen überliefert bis heute eine Generation an die andere. Reisende sind immer wieder überrascht, dass Mongolen Abend um Abend Lieder singend und Geschichten erzählend zubringen können, ohne dass sich ein Stück wiederholt.

Zur **schriftlich fixierten Literatur** gehören neben Familienchroniken und ersten Versuchen einer Nationalgeschichtsschreibung die Übersetzungsliteratur aus dem Chinesischen, dem Tibetischen, dem Sanskrit und den Sprachen der westlichen Nachbarvölker. Die Sitte, literarische Schöpfungen schriftlich festzuhalten und zu reproduzieren verbreitete sich erst mit dem Fußfassen des Buddhismus und der Vorstellung, dass das Abschreiben oder Vervielfältigen von Texten mittels Holzdruckstock als gute Tat gilt. Deshalb nimmt es nicht wunder, dass die übergroße Mehrheit der **zwischen Ende des 16. und Anfang des 19. Jh.**

entstandenen Büchern und Schriftsammlungen **religiösen Inhalts** ist.

Das Verfassen von **Prosaromanen** ist erst seit der Mitte des 19. Jahrhunderts bekannt und stand anfangs unter starkem chinesischen Einfluss. In diese Zeit fällt auch das Entstehen einer oft satirischen sozialkritischen Literatur, die den Verfall der Sitten geißelt. Mit der engen Bindung der Mongolei an die Sowjetunion fanden dann auch adaptierte Formen der vornehmlich Propagandazwecken dienenden **sozialistischen Literatur** Eingang in das mongolische Literaturschaffen.

Das überhaupt **erste Zeugnis** schriftlich fixierter mongolischer Literatur ist die schon oft erwähnte **Geheime Geschichte der Mongolen** aus dem Jahre **1240,** die nicht nur eine gewöhnliche Familienchronik des Herrscherhauses ist, sondern die Ereignisse in phantasievoller, bildhafter Prosa darzustellen weiß. Dieses **Denken in Bildern,** das wegen der engen Beziehung der Nomaden zur Natur bis heute typisch ist für ihre Sprachkultur, macht auch den poetischen Reiz der mongolischen Volksliteratur aus.

Übersetzungen mongolischer Literatur **in die deutsche Sprache** sind nicht zahlreich. Einige Empfehlungen dazu finden sich im Anhang.

Traditionell mongolische Messer haben oft alte, chinesische Silberbarren als Gürtelgehänge. Zu den Kuriositäten gehört zudem ein in die Messerscheide eingearbeiteter, silberner Zungenbelagschaber, dessen Griff auch als Salzlöffelchen dient

Kunsthandwerk

Das Leben als Nomaden bringt es mit sich, dass Mongolen nicht zum Anhäufen materieller Reichtümer neigen. Wer regelmäßig seine gesamten Besitztümer inklusive der eigenen Behausung auf Pferde und Kamele lädt, um zu einer neuen Weide zu wechseln, hat zwangsläufig wenig Interesse daran, Kunstgegenstände anzufertigen, die zwar schön anzusehen sind, aber keinen praktischen Nutzen haben. So beschränkt sich das mongolische Kunsthandwerk mit Ausnahme von **religiösen Gegenständen** im wesentlichen auf das **Ausschmücken und Verzieren von Gebrauchsgegenständen.** Filzteppiche und Wandbehänge werden durch Applikationen reich verziert, Stiefel in verschiedenen Farben und Mustern abgesteppt, Musikinstrumente bunt bemalt und reich beschnitzt.

Silberarbeiten

Die augenfälligsten Schätze der Nomadenkultur sind indes die Silberarbeiten. Das **Pferdegeschirr** ist prächtig geschmückt, der **Sattel** mit schweren Silberbeschlägen verziert, Frauen wie Männer tragen als **Schmuck** silberne Fingerringe und Armreifen, die mit Korallen, Türkisen und Malachit bestückt sind; es gibt Ohrgehänge, Gürtel, Ketten und Kopfschmuck aus Silber, Süßwasserperlen und Edelsteinen; scharfe **Messer in** silberbeschlagenen Scheiden. Stählerne **Feuerzeuge** mit silberverzierten Feu-

ertäschchen hängen an schweren Ketten vom Gürtel herab. Die Krönung bilden die individuell gestalteten, schweren **Silberschalen,** die in verschiedenen Größen und Qualitäten in jedem Haushalt vorhanden waren. Die komplette traditionelle Silberausstattung für einen Mann (Pferdegeschirr, Messergehänge, Feuerzeug und Silberschale) wiegt mehrere Kilogramm; die Ausstattung für eine Frau mag feiner, aber keineswegs leichter sein: Hier wiegt der Schmuck buchstäblich das auf, was die Größe des Messers nimmt.

Obwohl es einen Grundstock an beliebten Ornamenten und Formen gibt, bleiben viele der Schmuckstücke und Silberschalen letztlich **Unikate,** die nach dem persönlichen Geschmack und den Wünschen des Auftraggebers im engen Gespräch mit dem Silberschmied entstanden. Dieser führte stets nur einen Auftrag auf einmal aus, zog also von Jurte zu Jurte und lebte mit den jeweiligen Familien, bis deren Silberarbeiten erledigt waren.

Regionale Unterschiede gab es nur im Groben: Die Silberarbeiten aus den südlichen Aimaks gelten als die besten; hier sind in der Regel alle Teile geschmiedet – auch die kleinsten. In der übrigen Mongolei wurde viel mit getriebenem Silber und Silberdraht gearbeitet, was zu einem ziselierfreudigen Stil führte, der zwar feinere Arbeiten zuließ, aber der Wertschätzung von gewichtigen Schmuckstücken und

177mo Foto: st

Gebrauchsgegenständen nicht nachkam. In der Tat wurde in die Silberschalen bisweilen ein Bleifuß eingegossen, damit sie schwerer in der Hand wogen. Diese Wertschätzung des Gewichtes mag es im Übrigen sein, die dazu führte, dass in einigen westlichen Regionen Schmiedearbeiten aus Stahl denen aus Silber vorgezogen wurden.

Mit **Anbruch der sozialistischen Ära** in der Mongolei wurden die Silbersachen der Nomaden als dekadent verschrieen und ihr Besitz zeitweilig sogar unter Strafe gestellt. Viele Familien lieferten ihre Silberschätze ab, manche gaben sie in Museen, andere verkauften sie auf dem Markt an Ausländer. Manch einer aber versteckte sie auch und rettete sie so über 70 Jahre Sozialismus hinweg als das, was sie waren: Tradition und Familiensparstrumpf zugleich. Und so kam es, dass nach der politischen Wende die alten Silbersachen wieder auf dem Markt erschienen und so manch einer Familie durch ihren Verkauf das Überleben gesichert wurde.

Interessant war hier vor allem ein Umschwung ab ungefähr 1995. Davor boten die Nomaden auf dem Markt ihre alten Silberschalen, Messer und Schmuckgegenstände in erster Linie Ausländern feil; ab 1995 begannen sich aber auch immer mehr reiche Stadtmongolen für den Erwerb alter Silbersachen zu interessieren, und manch ein Nomade, der gerade für gutes Geld sein Vieh oder seine Wolle in der Stadt verkauft hatte, brachte seiner Frau vom Markt nunmehr eine handgeschmiedete alte Silberhaarspange mit und keinen glassteingeschmückten Ring aus der staatlichen Goldschmiede.

Im Straßenbild Ulan Bators ist Silberschmuck indessen fast verschwunden. Nur zum Naadam-Fest, wenn viele Nomaden das Stadtbild beleben, kann man erahnen, wie sehr der reiche und schwere Silberschmuck früher zum Aussehen der Mongolen beigetragen haben mag.

Malerei

Neben religiösen Malereien – in erster Linie ist hier die Herstellung von **buddhistischen Thankhas** (Rollbildern) zu nennen – wird jeder Tourist, der einen Souvenirladen betritt, mit mongolischer Malerei in Berührung kommen. Man kann zwei Bildtypen unterscheiden. Das eine sind **Aquarelle,** die zumeist Landschaften oder ein Idyll mit Jurte und Pferden bzw. Kamelen abbilden; zum anderen sind es **Bilder im naiven Stil,** die detailreich und teilweise extrem humoristisch das Nomadenleben darstellen.

Die nichtreligiöse Malerei hat in der Mongolei keine Tradition. Lediglich das Bemalen von Jurtenmobiliar und Musikinstrumenten ist ursprünglich mongolisch. Unter ausländischem Einfluß entstand Anfang des 20. Jahrhunderts eine eigene Schule **mongolischer Malerei.** Wichtigster Vertreter war *B. Sharav,* dessen Gemälde bis heute prägend für die einheimische Künstlerszene sind. An erster Stelle ist hier sein Monumentalwerk **Ein Tag im Leben der Mongolei** *(Monglyn neg udur)* zu nennen. Auf 135 x 170 cm Fläche tummeln sich über dreihundert Personengruppen, die all das vorführen, was das mongolische Nomadenleben an Tun und Treiben zu bieten hat: Den Aufbau einer Jurte, Filzherstellung, Zubereiten von Speisen, Viehwirtschaft, Jagd, und buchstäblich ganz am Rande des Gemäldes, Ackerbau. Die Menschen werden im Alltag gezeigt, man sieht Brautwerbung und Hochzeit, schließlich die schwangere Frau und ihre Niederkunft. Aber auch die diversen Weisen der „Schwangerwerdung" sind nicht ohne Humor und ziemlich offen dargestellt. Dies war einer der Gründe dafür, dass das Bild lange Zeit nicht ausgestellt wurde. Heute kann man es jedoch wieder im Museum der Schönen Künste in Ulan Bator betrachten, und hier lohnt es sich auch, die Museumsführung speziell um eine Erläuterung eben diesen Bildes zu bitten. Die verschiedenen Lebensweltzyklen und vor allen Dingen der Humor der untereinander verwobenen Darstellungen ist wirklich ein halbes Stündchen extra wert.

Interessant ist eine genaue Betrachtung dieses Bildes auch noch aus ei-

Mongolisches Pferdegeschirr ist reich mit Silber beschlagen und geschmückt

nem anderen Grund: Der aufmerksame Besucher wird forthin in den Souvenirläden erstaunt feststellen, dass fast alle der Bilder im mongolischen Stil Szenen aus eben diesem einen Bild kopieren. Entweder werden nur ein bis zwei Personengruppen herausgenommen und groß dargestellt, oder ganze Teilausschnitte werden mehr oder minder orginalgetreu wiedergegeben. Damit kommen wir auf ein weiteres Kennzeichen der mongolischen Malerei zu sprechen. Kreatives Malen ist hier nicht unbedingt gefragt; **Vorlagen möglichst genau zu kopieren,** hat eine weitaus ältere Tradition, und so sind auch wenige der Bilder namentlich signiert. Das Signieren ist vielmehr erst in den letzten Jahren in Mode gekommen.

Wer sich für andere Kunst interessiert, der sollte Kunstausstellungen besuchen, die Bilder junger Künstler, bzw. Diplomarbeiten von der Kunsthochschule ausstellen. Diese oft erstaunlichen Arbeiten sind für unsere Verhältnisse sehr preisgünstig zu erwerben. Beim Ausführen von Malerei gibt es bisher zudem keine Zollbeschränkungen. Ausnahme bilden hier lediglich antike Thankas.

Kleines, traditionell mongolisches Musikensemble

Musik und Theater

Musik

Die Nomadenkultur der Mongolen hat eine die Atmosphäre in der Steppe trefflich widerspiegelnde Musik hervorgebracht. Unterschieden wird zwischen sehr rhythmischen und langtonigen **Liedern.** Letztere sind für europäische Hörgewohnheiten recht ungewohnt und entfalten ihre Stimmung am besten, wenn die Vorführung in der Steppe selbst erfolgt. Die Lieder beschreiben die Schönheiten der Natur, die Liebe und Ehrerbietung für die Eltern, die Vorzüge einzelner Herdentierarten und natürlich auch das wohl weltweit wichtigste Thema – die Liebe. Für Besucher immer wieder bemerkenswert ist, dass eigentlich jeder Mongolen nicht nur singen kann, sondern auch über ein unerschöpfliches Repertoire an Liedern verfügt. Im Mittelalter und auch heute noch sorgten **Epensänger** an langen Winterabenden für Kurzweil in den Jurten.

Obertongesang

Eine besondere Eigenart der mongolischen Gesangskunst ist der sogenannte Obertongesang (mong. *chömij*). Die **Technik** des Obertongesanges (sonst nur noch in Tibet und im benachbarten Tuva verbreitet) stellt dabei höchste Ansprüche an Stimmbänder, Kehlkopf und Zwerchfell – das Ergebnis ist jedoch phänomenal: Neben einem schwingenden tieferen Grundton produziert ein einziger Sänger

180mo Foto: st

gleichzeitig eine **zweite Stimme,** meist in Form einer höheren Melodie, die **als Oberton** den Grundton überspielt. Für „Uneingeweihte" hört sich das so an, als verstecke der Sänger eine Art Pfeife im Mundraum – in Wirklichkeit singt er tatsächlich eine Melodie und seine eigene Begleitung gleichzeitig.

Es liegt auf der Hand, dass dies sehr anstrengend ist – der pfeifende, instrumentell anmutende Ton des Gesanges kann nur durch extrem hohen Druck erzeugt werden. Deshalb leben dem Volksmund nach Obertonsänger auch kürzer als andere Menschen. Angeblich erzeugt der hohe Druck im Kopf diverse Krankheiten, die zum frühen Tod führen, u.a. Schlaganfälle und Krebs. Um so mehr werden begabte Oberton-Sänger verehrt, und nur mit einem leisen Schaudern der Bewunderung geht die Sage von jungen Männern, die selbst im Galopp zu Pferde noch ihren Obertongesang erklingen lassen.

In der Mongolei ist der Obertongesang übrigens reine **Männersache** – ebenso, wie bestimmte Musikinstrumente nur von Frauen oder nur von Männern gespielt werden. Herausragendes Beispiel ist hier die Pferdekopfgeige, deren Entstehungsgeschichte dazu führte, dass ihr Spiel den Männern vorbehalten ist (siehe Exkurs auf der folgenden Seite).

Die mongolische Pferdekopfgeige

Die Pferdekopfgeige ist das vielleicht **typischste Instrument** der Mongolen. Es ist eine zweisaitige Kniegeige mit dunklem, vollem Klang, die nur von Männern gespielt wird. Das hat seinen Grund in der Entstehungsgeschichte dieses Instruments.

Einst lebte im fernen Osten der Mongolei ein junger Mann mit dem Namen *Chöchuu Namdshil,* der weit und breit als Sänger berühmt war. Als er eines Tages fernab seiner Heimat am Ufer eines Sees seine Pferde weidete und dabei sang, kam ein schönes junges Mädchen in einem grünen Gewand aus dem Wasser geritten und sprach ihn an. Sie überredet *Chöchuu Namdshil,* ihr zu ihren Eltern zu folgen, wo er mehrere Tage blieb und die Familie mit seinem Gesang erfreute. Schnell wurde die Hochzeit der schönen Unbekannten mit dem begabten Sänger beschlossen.

Doch obwohl er einige Zeit glücklich bei der Familie des Mädchens lebte, zog es ihn eines Tages zurück zu seiner eigenen Familie und seiner – man höre und staune – bisherigen geliebten Frau. Das schöne Mädchen im grünen Gewand willigte ein und gab *Chöchuu Namdshil* ein fahlgelbes Pferd zu Geschenk, von dem sie sagte, es könne ihn in einem Tag zu seiner Familie tragen und abends wieder zu ihr zurückfinden. Er müsse lediglich beachten, dass das Pferd eine Meile vor seiner eigenen Jurte angehalten werden müsse, damit es vor der Ankunft zu Atem kommen könne.

Ausgestattet mit diesem fahlgelben Zauberpferd ritt *Chöchuu Namdshil* also heim. Abends weidete er fortan die Pferde und kehrte auch immer erst im Morgengrauen zu seiner Frau zurück. Drei Jahre verbrachte er so: tagsüber bei seiner Familie, nachts bei der fernen Geliebten. Erst als er eines Tages vergaß, sein Zauberpferd rechtzeitig zu Atem kommen zu lassen, schöpfte seine Frau Verdacht und tötete das Pferd – ganz in Frauenmanier mit einer Schere.

Drei Monate lang nahm *Chöchuu Namdshil* in seiner Trauer daraufhin keine Nahrung zu sich – der Weg zurück zu seiner Geliebten war ihm für immer verwehrt. Schließlich schnitzte er aus den Knochen des Tieres dessen Kopf nach und baute sich eine Geige, die er mit Saiten aus Pferdehaar bespannt. Fortan begleitete er seine traurigen Lieder mit dieser Geige.

Selbst heute noch sind die Pferdekopfgeigen mit Saiten aus Pferdehaar bespannt, was ihnen tatsächlich einen besonderen Klang gibt. Gute Instrumente haben auch ein Stückchen Pferdeknochen in Form einer Blesse in dem sie zierenden Pferdekopf eingelassen – eine Erinnerung an das traurige Schicksal *Chöchuu Namshils* und seines Zauberpferdes. Von der Entstehungsgeschichte der Pferdekopfgeige gibt es ein langes Lied – schwermütig vorgetragen von einer tiefen Männerstimme, begleitet vom warmen Ton der *Morin chuur,* wie das Instrument auf Mongolisch heißt.

Theater und Oper

Eine klassische Theaterkunst entstand erst unter europäischem Einfluss im 20. Jahrhundert. Als **Nationaloper** gilt *„Drei traurige Hügel"*. Inzwischen gibt es aber auch eine Reihe weiterer Opern- bzw. Operettenstücke mit nationalen Themen, die alle schon durch ihre Farbenpracht in der Kulisse sehenswert sind. Das Staatstheater führt auch **klassische europäische Opern** auf, um die zu sehen man aber nicht unbedingt in die Mongolei kommen muss.

Neben der sehr vielfältigen und populären Volksmusik hat sich in den letzten 20 Jahren auch eine eigenständige **mongolische Rock- und Pop-Szene** herausgebildet. Wurden anfänglich zumeist nur westliche Ohrwürmer nachgesungen, hat sich im Laufe der Zeit eine eigene mongolische, inzwischen recht facettenreiche Stilrichtung entwickelt.

Auf einzelne, für Mongolei-Besucher **empfehlenswerte Kulturveranstaltungen** wird ausführlicher im Kapitel „Ulan Bator" eingegangen.

Bildungswesen

In der Mongolei gibt es eine **allgemeine Schulpflicht.** Der Unterricht ist kostenlos. Während die **Ausgaben für das Bildungswesen** zu Beginn der 90er Jahre mit ca. 23 % der mit Abstand größte Einzelposten im Staatshaushalt waren, gingen in der Folgezeit die Ausgaben für Bildung auf ca. 16 % der Staatsausgaben zurück.

Die Kinder werden mit sieben oder acht Jahren eingeschult und beenden in der Regel die **10. Klasse,** wobei ein vorzeitiger Abschluss in einer niedrigeren Klasse möglich ist. Der Abschluss der 10. Klasse gilt, ähnlich wie in den Staaten der GUS, gleichzeitig als Hochschulreife. Vor 1989 verfügte die Mongolei über eine bemerkenswerte **Alphabetisierungsrate** und einen beachtlichen Anteil von Bürgern mit Hoch - oder Fachschulabschluss.

Seit der Wende müssen die Eltern für Lehrmittel und – wenn erforderlich – die Internatsunterbringung ihrer Kinder aufkommen. Letzteres hat dazu geführt, dass insbesondere in den ländlichen Gebieten **immer weniger Kinder zur Schule** geschickt werden. Der Anteil der schulpflichtigen Kinder, die nicht mehr oder noch nie zur Schule gehen oder gegangen sind, erreicht lokal bisweilen schon beängstigende 50 %. Die Nomaden begründen diese Erscheinung oft damit, dass ihre Kinder in der staatlichen Schule nichts lernen würden, was sie als Viehzüchter wissen müssen. Tatsächlich liegt die wahre Ursache aber darin, dass die Eltern nicht für jedes ihrer Kinder eine komplette Schulausrüstung, Kleidung, Schuhe und die Internatsverpflegung finanzieren können. Zumindest ein Teil der Kinder wird auch als Arbeitskraft im Nomadenhaushalt benötigt.

1990 hat es auf dem Land noch 403 *Schulinternate* gegeben, in denen 64.342 Nomadenkinder untergebracht waren. Innerhalb von fünf Jahren war ihre Zahl auf 338 zurückgegangen. Sie beherbergten nur noch 18.867 Schüler.

Das System der **Berufsausbildung** ist nur schwach ausgebaut. Es dominiert, wenn überhaupt eine Ausbildung erfolgt, das direkte Anlernen nach dem System *learning by doing,* wobei die theoretische Unterweisung natürlich zu kurz kommt. Folglich **fehlt** der Wirtschaft in allen ihren Zweigen ein qualifizierter **Facharbeiterstamm.** Das berufliche Niveau droht immer weiter hinter dem internationalen Standard zurückzubleiben. Die langfristigen Gefahren, die analphabetische oder nicht beruflich ausgebildete Jugendliche für das Land darstellen,

345mo Foto: st

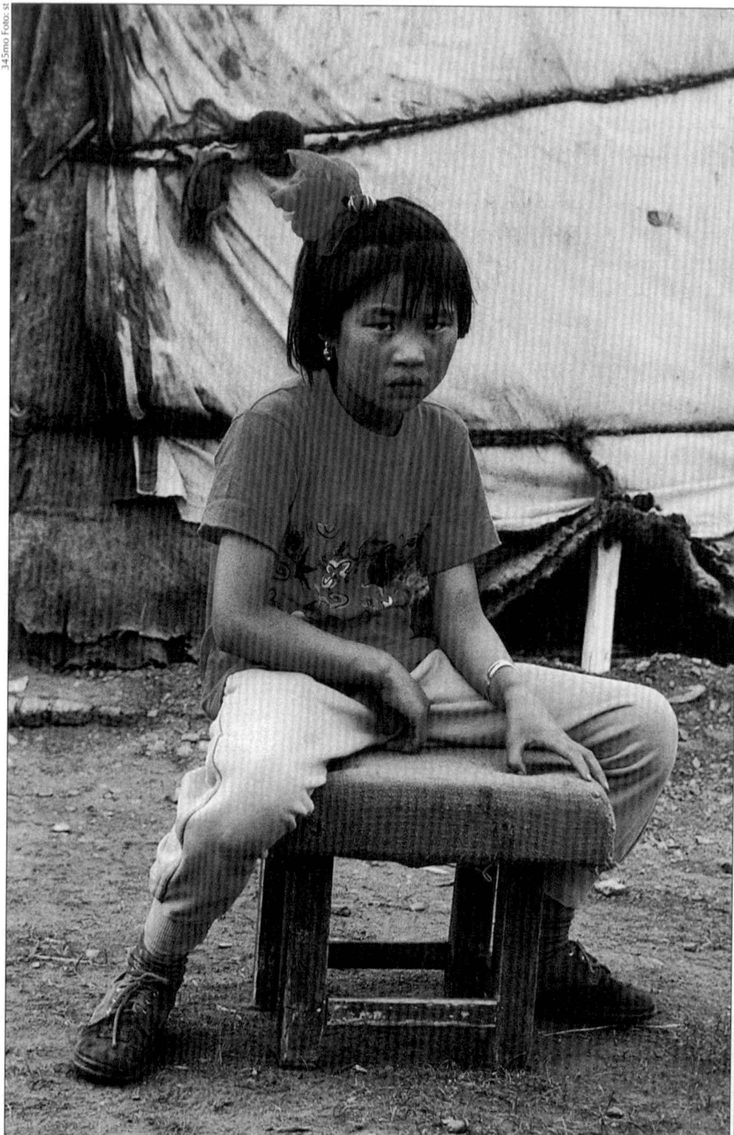

wurden bislang von der politischen Führung weitestgehend ignoriert.

Die **universitäre Ausbildung** hat stark unter den Problemen des Transformationsprozesses zu leiden. Die Haushaltslage der staatlichen Hochschulen ist sehr angespannt. Das Studienangebot und die Lehrinhalte zielen vielfach noch am realen Bedarf der potentiellen Arbeitgeber vorbei. Nicht wenige der nach 1990 entstandenen privaten Hochschulen erfüllen nicht die vom Bildungsministerium geforderten Qualitätskriterien für die Ausbildung. Zudem verschließen die hohen Studiengebühren, die leicht ein Halbjahreseinkommen eines mittleren Angestellten ausmachen können, vielen Schulabsolventen den Zugang zu höherer Bildung.

In jüngster Zeit formiert sich im Bereich der Bildung für Kinder und Jugendliche auch ein **informeller Sektor.** Insbesondere in den entlegenen Gebieten entstehen wieder sogenannte **Jurtenschulen,** in denen Kinder verschiedenen Alters von arbeitslos gewordenen Lehrern oder anderen Personen mit gehobener Bildung zumindest eine Grundausbildung erhalten. Diese Schulen sind reine Selbsthilfeeinrichtungen und werden staatlich nicht anerkannt. Andererseits ist der Staat immer weniger in der Lage, das Schulsystem zu finanzieren.

Der Anteil schulpflichtiger Kinder, die nicht zur Schule gehen, beträgt in manchen Gebieten 50 %

Das Gesundheitswesen der Mongolei galt **vor der Wende** als eines der **vorbildlichsten** Asiens. Mit 12,3 Krankenhausbetten und 29 Ärzten je 1000 Einwohner (1990) konnte das Land quantitativ sogar mit den Sozialstaaten des Westens konkurrieren. Die Ausgaben für das Gesundheitswesen sanken jedoch in der ersten Hälfte der 1990er Jahre von 12,4 % auf 12,0 % des Staatshaushaltes. Die finanziellen Engpässe der letzten Jahre, verbunden mit einer Kostenexplosion für Medikamente und klinische Geräte, haben im Gesundheitswesen zu einem noch heftigerem **Kahlschlag** geführt als im Bildungswesen. Das System der Krankenkassen befindet sich erst im Aufbau und kann die tatsächlich entstehenden Kosten nur partiell abdecken.

Die **tägliche Praxis** in den Krankenhäusern und sonstigen medizinischen Einrichtungen sieht so aus, dass der Patient, egal ob versichert oder nicht, seine Behandlung de facto selbst bezahlt. Die Ärzte verschreiben Medikamente, die die Patienten, bzw. deren Angehörige aus der Apotheke, öfter jedoch auf dem Schwarzmarkt erwerben müssen. Die Familie des Kranken kümmert sich auch um seine Ernährung und die Beschaffung sonst erforderlicher Heilmittel.

Besonders kritisch ist die Lage in den Bags und Sums, in denen vielfach die Infrastruktur weitestgehend zusammengebrochen ist.

199mo Foto: st

Ulan Bator

145mo Foto: st

007mo Foto: st

Der Suchbaatar-Platz –
der zentrale Punkt Ulan Bators

Das Parlamentsgebäude

Figur im Tschojdshin-Lamyn-Kloster

Ist Ulan Bator die Mongolei?

Ganz sicher nicht. Die Stadt unterscheidet sich in ihrer Architektur bis auf drei buddhistische Klosteranlagen und einige andere Gebäude in kaum einer Weise von sibirischen Großstädten und deren verhaltenem Charme.

Welche Errungenschaft sie dennoch für das Land darstellt, wird der ausländische Besucher noch nicht am Tag seiner Ankunft, wohl aber nachdem er einige Tage oder gar Wochen durch Wüste und Steppe gereist ist, zumindest erahnen.

Geschichte

Im Jahre **1639** setzte die Versammlung einflussreicher Chalch-Fürsten den 5-jährigen Sohn des *Tuscheet Khan Gombodordsh* namens *Daramdadsar* als Oberhaupt aller mongolischen Buddhisten ein und gab der **Nomadensiedlung,** in der sein **Kloster** stand, den Ehrennamen **Urgöö** (mong. Bezeichnung für Palastjurte, in der westlichen Literatur wird oft von Urga gesprochen, was einer entstellen Transliteration zuzuschreiben ist). In ihrer Geschichte **wechselte** die Stadt mehrfach ihren **Namen.** So hieß sie von 1639 bis 1706 *Urgöö (Urga)*, dann bis 1778 *Ich Churee* und von 1911 bis 1924 *Nijslel Churee.* In den ersten 140 Jahren ihrer Geschichte verlagerte sie auch wiederholt ihren Standort, vor allem dann, wenn klimatische Probleme die Ernährung der Ansammlung großer Viehherden nicht mehr garantierten.

Erst **1778** bezog die Stadt endgültig ihren **heutigen Platz** in der Tula-Aue, nördlich des Bogd-Uul-Gebirges. Der Standort war mit Bedacht gewählt, garantierte er einerseits genügend Wasser und lag andererseits windgeschützt, da von allen Seiten von hohen Bergen umgeben. Letzteres ist heute vor allem in den Wintermonaten ein Problem, wenn der ungefilterte Rauch der Kraftwerke und der Qualm aus unzähligen Jurtenöfen sich in der Stadt bodennah festsetzt und den Talkessel nur verlassen kann, wenn ein starker Wind weht. Die Stadt **entwickelte sich rasch** zum religiösen, wirtschaftlichen und administrativen **Zentrum des Landes.** In der Qing-Dynastie saß hier der mächtigste mandschurische Amban (Gouverneur).

Zu Beginn des 20. Jahrhunderts gab es in der Hauptstadt zwölf *Dazan,* das sind große **Tempelanlagen,** in denen entweder eine bestimmte Gottheit verehrt wird oder die sich mit einem bestimmten religiösen oder wissenschaftlichen Thema befassen. Bereits Mitte des 19. Jahrhunderts lebten etwa 10.000 Lamas in der Stadt.

1910 lebten in der Stadt erst 50.000 Menschen, davon ca. 13.000 Lamas, fast ausschließlich in Filzjurten. Die wenigen festen Häuser waren den staatlichen und religiösen Würdenträgern sowie einer Reihe von **Niederlassungen ausländischer Handels- und Produktionsfirmen** vorbehalten. Chinesen, Russen, Amerikaner und auch Deutsche kamen seit Mitte des 19. Jahrhunderts in die Mongolei und hatten jeweils ihr eigenes Viertel in der Stadt. Sie betrieben Handelsunternehmen und kleine Verarbeitungsbetriebe für tierische Rohstoffe. Das höchste Gebäude in dieser Zeit war mit 60 Ellen (19 m) der Tempel des *Dshanrajsig,* der heute in restaurierter Form im nordwestlichen Teil des Geländes des Gandan-Kloster bewundert werden kann.

Eine kommunale Infrastruktur war nur in Rudimenten entwickelt.

Den **heutigen Namen Ulan Bator** oder richtiger *Ulaanbaatar* (Roter Recke) erhielt die Stadt nach dem Sieg der **„Volksrevolution"** von der 1. Sitzung des Großen Volkshurals **1924,** der auch die Gründung der Mongolischen Volksrepublik proklamierte.

Die Stadt nahm anschließend eine **Schlüsselstellung** eines bis ins kleinste Detail streng **zentralisierten kommunistischen Verwaltungs- und Machtapparates** ein. Hier liefen alle Fäden zusammen, was auch heute noch auffällt, wenn man den Aufbau des Telefonnetzes beobachtet.

1934 bauten Russen in Ulan Bator das erste größere Werk zur Verarbeitung von Produkten tierischer Herkunft. Das erste, heute nicht mehr arbeitende Kohlekraftwerk der Stadt nahm 1939 den Betrieb auf. **1949** erreichte eine Stichbahn der Baikal-Amur-Magistrale Ulan Bator, **1956** war auch der Anschluss an das chinesische Schienennetz vollzogen. **1959** wurde begonnen, eine zentrale Kanalisation zu legen. Die **Wohnsiedlungen** um das Kaufhaus entstanden **zwischen 1958 und 1961** mit „finanzieller und materiell-technischer Hilfe der Sowjetunion", wie es in der damals üblichen Sprachregelung hieß.

Eine große Welle der **Industrialisierung** und eine damit einhergehende Bautätigkeit setzte **in den 1960er Jahren** ein. Entstanden sind in dieser Zeit vor allem Betriebe der Leichtindustrie, in der Regel aber immer nur ein Großbetrieb einer Branche, also eine Wollwäscherei, eine Spinnerei, eine Gerberei, ein Schlachthof usw. Daneben fallen viele, inzwischen ungenutzte oder als Verkaufsfläche umfunktionierte Kulturhäuser und Kulturpaläste sowie Ausstellungshallen auf.

Die **Plattenbausiedlungen** der Außenbezirke sind erst **Ende der 1970er** und **in den 1980er Jahren** entstanden und sind „Geschenke des sowjetischen Brudervolkes".

Der Charme Ulan Bators erschließt sich dem Fremden meist erst, wenn er nach einigen Tagen oder Wochen in der Steppe erschöpft zurückkehrt und allein die Existenz von fließendem kalten und warmen Wasser ausreichen, um in Entzücken auszubrechen.

Orientierung

Daran, dass sich in Ulan Bator Adressen **nur sehr schwer finden lassen,** muss man sich erst einmal gewöhnen. Grund ist, dass es **keinen Postzustelldienst** gibt – und es folglich nie einen Grund gab, Straßen und Hausnummern einzuführen. Die Anschriften, die die großen Hotels angeben, müssen offenbar extra erfunden werden, damit die ausländischen Reisebüros etwas haben, was sie in ihre Karteien schreiben können. Erst seit kurzer Zeit werden zumindest einige Hauptstraßen mit **Straßenschildern,** zum Teil zweisprachig, versehen.

In der Stadt werden **Ortsangaben** ganz anders gemacht. Man beschreibt einfach, wo das Gebäude steht, indem man es in den räumlichen Bezug zu einem allgemein bekannten Objekt setzt (z.B. „wir wohnen im nördlichsten der Neubauhäuser östlich der US-Botschaft"), oder man gibt die Nummer des Stadtbezirks, die Nummer des Hauses (nicht aber die Hausnummer, die zu einer Straße gehört), die Nummer des Eingangs, der Etage und der Wohnungstür an (z.B. 1. Wohnbezirk, 3. Haus, 6. Eingang, 4. Etage, Wohnung 199). Bei den Etagenangaben zählt das Erdgeschoss als 1. Etage.

Fragt man Mongolen, ob sie die Straße nennen können, in der sie wohnen, oder wo sich z.B. das Parlament befindet, kann zwar jeder den Weg dahin beschreiben, aber niemand kennt einen Straßennamen.

Weil das so ist, **verzichten wir auf** die ebenso umständliche wie sinnlose Angabe von **Postanschriften.** stattdessen finden sich an den entsprechenden Stellen im Buch einige erklärende Worte und Wegbeschreibungen in Mongolisch, die man ganz einfach seinem Taxifahrer oder Begleiter zeigen kann. Ein kurzer Text bedeutet dabei, dass das Ziel stadtbekannt ist, längere Anweisungen für den Fahrer beschreiben den Weg zu einer unbekannteren Örtlichkeit.

Die **Orientierung** in Ulan Bator ist trotzdem denkbar einfach. Nach spätestens zwei Spaziergängen kann man sich zumindest im Zentrum problemlos zurechtfinden. Auf der Hauptpost (Төв шуудан) und in den Buch- und Souvenir-Shops (номын дэлгүүр, бэлэг дурсгалын дэлгүүр) gibt es Stadtpläne (хотын схем) in unterschiedlichen Sprachen, auf denen alle wesentlichen Sehenswürdigkeiten und andere wichtige Anlaufstellen verzeichnet sind. Die wichtigsten Sehenswürdigkeiten sind im Stadtplan in der Umschlagklappe verzeichnet, Hotels, Restaurants und andere wichtige Adressen im Stadtplan zu diesem Kapitel.

Sehenswertes

Museen, Tempel und Klöster

Zentralmuseum

Das Zentralmuseum (Төв музей) zu besuchen, lohnt vor allem wegen seiner **völkerkundlich-historischen Abteilung,** die einen guten Eindruck vom Nomadentum und der mittelalterlichen Geschichte der Mongolen gibt.

Blickfänger sind ein Modell einer von Dutzenden von Ochsen gezogenen, wohnwagenähnlichen Jurte *Tschingis-Khans,* farbenprächtige Nationaltrachten der verschiedenen mongolischen Stämme und eine komplett eingerichtete Jurte.

Im **paläologischen Teil** imponiert ein ganzer Saal von **Saurierskeletten,** die alle aus der Gobi stammen. Hier beeindrucken nicht nur die großen Exponate, sondern auch verschiedene **Sauriereier,** die zum Teil in vollständigen Gelegen erhalten sind. Einzigartig in der Welt ist ferner ein Fundstück, das zwei im Todeskampf verbissene Saurier unterschiedlichen Typs zeigt. Kurioserweise muss man dieses so berühmte Stück zwischen staubigen Vitrinen etwas suchen. Die Saurierexponate des Zentralmuseums wurden bereits mehrfach in Sonderausstellungen im Ausland gezeigt.

Der Rundgang durch das Museum wird abgerundet durch einen **heimatkundlichen Teil,** in dem etwa die wesentlichen Wildtier- und Pflanzenarten zu finden sind.

Wie in allen anderen Museen in Ulan Bator sind die Erläuterungen zu den Exponaten bislang leider noch immer nicht vollständig in einer in Europa verbreiteten Sprache abgefasst.

Nationales Historisches Museum

Ein Teil der völkerkundlich-historischen Exponate des Zentralmuseums wurde ausgelagert in das Nationale Historische Museum der Mongolei (Үндэсний түүхийн музей, хуучин Хувьсгалын музей), das sich unmittelbar gegenüber dem Zentralmuseum direkt an der Westseite des Regierungspalasts befindet.

Bogd-Khan-Museum

Das so genannte Bogd-Khan-Museum (Богд хааны музей) bietet einen guten ersten Einblick in die Welt des mongolischen Buddhismus. *Bogd Khan* war der Titel des mongolischen Staatsoberhauptes zwischen 1911 und 1924. Der letzte *Bogd Khan* der Mongolei, dessen **Winterpalast** jetzt das Museum ist, vereinte in seiner Person das Amt des staatlichen und religiösen Führers *(Bogd Gegeen).* Nicht nur die Architektur des Museum ist ein Zeugnis des Buddhismus, auch die in seinen Räumlichkeiten befindlichen Exponaten gebem **Einblick in das religiöse Leben der Mongolen.**

Nennenswert ist hier neben einer Ausstellung persönlicher Gebrauchs- und **Zeremoniengegenstände** des 8. *Bogd Khan* auch die umfangreiche Sammlung von **Bodhisattva-Skulpturen.** Sie stammen aus der Schule des ersten *Bogd Gegeen Dsanabadsar,* der als begnadeter Bildhauer und Poet in die religiöse Geschichte des Landes einging. Einzelheiten zum Palast kann man während einer Führung erfahren oder Prospekten entnehmen, die an der Kasse ausliegen.

Tschojdshin-Lamyn-Klostermuseum

Nicht weniger imposant ist das 1904 erbaute Tschojdshin-Lamyn-Klostermuseum (Чойжин Ламын сүм музей), vor der Revolution Sitz von *Tschojdshin Lama Luwsanchajdaw,* „Trägers des

r4mo Foto: st

Staatsorakels" und Bruder des *Bogd Gegeen.* Seine Aufgabe bestand u.a. darin, aus den Rissen von ins Feuer geworfenen Hammelschulterblättern die Zukunft vorauszusagen, z.B. dann, wenn der Bogd eine größere Reise unternehmen wolte. In den **fünf Tempeln** wurden auch andere wichtige Zeremonien praktiziert, zu denen gewöhnliche Gläubige keinen Zugang hatten.

Einzigartig in der Tempelarchitektur des Buddhismus sind die an der Decke des Eingangs zum Haupttempel befindlichen umfassenden Darstellungen buddhistischer **Höllenqualen,** die sich auch im Tempelinnern aufs drastischste wiederholen. Äußerst sehenswert ist eine umfangreiche Präsentation **buddhistischer Tanzmasken,** darunter eine mit 7000 Korallenstückchen besetzte Maske des wilden Gottes *Dshamsran.*

Das Kloster gehört zu den wenigen, die den **Exzessen der 30er Jahre entgangen** sind. Angeblich hat der damalige mongolische Diktator *Tschojbalsan* es persönlich wieder von der Liste der zu vernichtenden Gebäude gestrichen. An der Bausubstanz wurden in den über 90 Jahren des Bestehens noch keine nennenswerten Reparaturen durchgeführt. Vor allem fehlt – wie generell in der mongolischen Denkmalpflege – das Wissen über die Zusammensetzung der Mineralfarben, die innen und außen zum Einsatz kamen. Repariert und rekonstruiert wurden nur einzelne Exponate der Ausstellungen.

Kloster Gandan

Obwohl es kein Museum ist, empfehlen wir unbedingt auch einen Besuch im **größten aktiven Kloster** Ulan Bators, dem Kloster Gandan (Гандантэгчилэн хийд). Es wurde 1838 gegründet. Das erste Kloster, das auf dem Gelände des Gandan stand, ein kleiner hölzerner Bau, der heute nicht mehr existiert, geht auf 1809 zurück.

Der **Baustil** der Tempelanlage lässt deutlich die tibetischen Wurzeln des mongolischen Buddhismus erkennen. Neben dem Haupttempel gibt es auch kleinere Anlagen, in denen das religiöse Leben pulsiert. Wer hier vor allen Dingen in den frühen Vormittagsstunden, zur Zeit der religiösen Zeremonien, herumschlendert, wird nicht nur junge und alte Lamas in ihren farbenprächtigen Gewändern bewundern können, sondern auch zahlreiche Laien bei der Ausübung ihres Glaubens erleben.

Unmittelbar nördlich des Gandan-Tempelkomplexes und östlich der buddhistischen Hochschule befindet sich ein weiterer **einzelstehender Tempel,** der eine **Statue des Megdshid Dshanrajsig** (Мэгжид Жанрайсиг, der Bodhisattva Avalokiteshvara, tibet. *Tschenresig,* Schutzherr Tibets, dessen Inkarnation der *Dalai Lama* ist),

An der Decke des Eingang ins Tschojdshin-Lamyn-Klosters schrecken Darstellungen buddhistischer Höllenqualen

192mo Foto: st

Das Gandan-Kloster ist einer der touristischen Höhepunkte

beherbergt. Mit der Errichtung der ursprünglichen Skulptur wurde am 20.7.1911 auf Geheiß des *Bogd Gegeen* begonnen. Am 13.8.1913 wurde sie geweiht. Die Skulptur symbolisierte die errungene Unabhängigkeit der Mongolei. Gleichzeitig waren mit ihr Wünsche verbunden, das nachlassende Augenlicht des Bogd möge sich wieder verbessern, wodurch er im Volksmund vielfach auch Buddha des Augenlichts genannt wird.

Im Zuge der antilamaistischen Ausschreitungen wurde der Buddha **1938** von Russen **demontiert** und an einen unbekannten Ort verschleppt. Vermutet wird, dass die Einzelteile in den Fundus der Eremitage gebracht wurden. Andere Zeitzeugen behaupten, der Buddha sei eingeschmolzen und

Das Kloster Gandantegtschinlen

Die **Gründung** des Klosters im Jahre 1838 und der Bau des ersten noch aus Holz und Lehm errichteten Tempels gehen auf die fünfte Inkarnation des *Bogd Gegeen* namens *Luwsantschultemdshigmid* (1815–1842) zurück. Der **Name** des Klosters bedeutet „Das Freudevolle". Ihm angegliedert waren ein **theologisches Seminar** und **Fakultäten für Astrologie und Medizin.** Bedingt durch seine Lage in der Hauptstadt entwickelte sich das Kloster alsbald zu einem der größten und bedeutendsten Zentren des Buddhismus in der Mongolei.

Seine **Grundarchitektur** lehnt sich an tibetische Vorstellungen an, die Pagodendächer sind typisch für die chinesische Baukunst. Dennoch haben sich die Erbauer bemüht, auch Stilelemente mongolischer Architektur einfließen zu lassen. Ungewöhnlich ist z.B. das goldbelegte Dach des östlichen Haupttempels.

Die **Tempelbibliothek** im Innenhof der weitläufigen Anlage beherbergt insgesamt 50.000 Bücher und Handschriften, darunter auch eine komplette, 108 Bände umfassende Ausgabe des *Gandshuur,* des Standardwerkes des tibetischen Buddhismus. Die Texte sind mit Goldfarbe auf schwarzem Papier verfasst.

Im **nordwestlichen Teil des Innenhofes** befindet sich eine übermannsgroße **Figurengruppe**. Die größte der Statuen stellt *Tsongkapa* (tib. *Tsong-kha-pa),* den Reformator des Buddhismus in Tibet und Begründers der Gelugspa-Sekte (tib. *dge-lugs-pa,* besser bekannt als Gelbmützensekte, das Wort bedeutet soviel wie „tugendhaft") dar. Ihn zum Motiv hat auch eine ca. 15 kg schwere **Silberstatue im Haupttempel,** die im 16. Jh. von westoiratischen Künstlern gegossen wurde.

In der Zeit **zwischen 1939 und 1944** musste das Kloster seine Arbeit einstellen. **Heute** sind in ihm wieder ca. 300 Lamas aktiv, davon etwa 100 als Lama-Schüler und 40 als Studenten der dem Kloster angegliederten buddhistischen Hochschule. Die Hochschule wurde 1970 gegründet. In der Geschichte ihres Bestehens absolvierten sie mehrere Hundert in- und ausländische Lama-Schüler.

Insgesamt gibt es nach Angaben des *Ich Chamba D. Tschojdshamz,* amtierendes Oberhaupt der mongolischen Buddhisten, wieder über 160 Klöster, in denen über 2.000 Lamas aktiv seien. Neben dem Wiederaufbau alter Anlagen werden aus Spendenmitteln auch neue Klöster gebaut.

das Material zur Waffenproduktion verwendet worden. Nachdem alle Bemühungen der mongolischen Seite, das Kunstwerk wieder zurückzuerhalten, Anfang der 90er Jahre gescheitert waren, beschloss man, eine **Kopie der Statue** anzufertigen. An der Finanzierung des Projekts, dessen Kosten sich auf ca. 500.000 € belaufen, waren alle Gläubigen der Mongolei und auch ausländische Geber beteiligt. Nach fünfjähriger Bauzeit wurde die Skulptur schließlich am 26. Oktober **1996** feierlich vom Staatspräsidenten und dem Chamba-Lama des Gandan **eingeweiht.** Sie ist 26,5 m hoch und über 90 t schwer. Verarbeitet worden sind u.a. 2100 Edelsteine, 8,6 kg Gold, 25 kg Silber, 20 t Kupfer, 27 t Stahl, 15 t Gips und 30 t Zement.

Museum der Schönen Künste

Das Museum der Schönen Künste (Дүрслэх урлагийн музей) bietet eine reichhaltige Auswahl **klassischer und moderner mongolischer Malerei** und des **Kunsthandwerks.** Zeitweilig sind in ihm auch befristete Sonderausstellungen untergebracht. Besuchermagnet ist das großformatige, im naiven Stil gehaltene Gemälde „Ein Tag aus dem Leben der Mongolei" (Монголын нэг өдөр), das in charmanter Weise einen Einblick in die Vielgestaltigkeit des Nomadenlebens gibt. Es hängt nach dem Treppenaufgang im rechten Saal an der hinteren Wand links.

Staatsbibliothek

Nur **auf Voranmeldung** kann man in einem speziellen Raum der Staatsbibliothek eine kleine **Ausstellung wertvoller Bücher** (Улсын номын сангийн эртний номын үзэсгэлэн) besichtigen, die einen großen Schatz mongolischer Nationalkultur repräsentieren.

Mongolische Bücher haben die so genannte **Ponti-Form,** d.h. sie bestehen aus einzelnen, im Querformat übereinandergelegten Blättern. Das Verhältnis Höhe zu Breite ist etwa 1:3. Diese Papierform geht offenbar auf altindische Palmblattmanuskripte zurück, die auch in diesem Verhältnis zugeschnitten wurden. Besonders bedeutsame Schriften wurden mit einer Tinte geschrieben, die die neun Kostbarkeiten des Lamaismus – Gold, Silber, Koralle, Türkis, Perle, Lasurit, Perlmutt, Kupfer und Stahl – enthält.

Die Bücher in der Ausstellung sind z.T. überdimensioniert oder winzig klein. Sie bestehen bisweilen aus ziseliertem Silberblech, das buddhistische Motive aufweist und zusätzlich mit feinstem Blattgold und Edelsteinen verziert ist.

Die **Staatsbibliothek selbst** wurde 1921 mit nur 2000 Bänden gegründet. Heute beherbergen ihre Archive über 3 Mio. Bücher und Handschriften. Das berühmteste Werk ist eine komplette, 108 Bände umfassende Ausgabe des *Gandshuur,* das klassische Lehrtexte des tibetischen Buddhismus enthält sowie eine 226 Bände umfassende Ausgabe des *Dandshuur,* einer Kommentarsammlung dazu.

Stadtmuseum

In einem kleinen, reich verzierten Blockhaus untergebracht ist das Stadtmuseum von Ulan Bator (Улаанбаатар хотын музей), das eine Reihe interessanter **Exponate und Fotos aus der vorrevolutionären Zeit** der damals noch *Ich Churee* heißenden Stadt enthält. Das Gebäude allein ist schon einen Besuch wert.

Jagdtrophäenmuseum

Für Interessierte sei auch das Jagdtrophäenmuseum (Ан олзворын музей, Гандангийн урд талд) am Fuße des Gandan-Klosters erwähnt, in dem man sich in einer knappen Stunde einen Überblick über die in der Mongolei jagbaren Tiere verschaffen kann.

Nazagdordsh-Museum

Nazagdordsh gilt als der **berühmteste Schriftsteller** der mongolischen Moderne und Autor des so genannten

Nationalgedichtes der Mongolen. Für deutschsprachige Besucher ist er besonders deshalb interessant, weil er als einer von rund 30 mongolischen Studenten bereits in den 1920er Jahren in Deutschland studiert hat. Das prowestliche, aufgeklärte Gedankengut, das er aus Deutschland mit in seine Heimat brachte, wurden ihm in den finsteren Jahren der stalinistischen Reinigungskampagnen, die auch unter den mongolischen Intellektuellen der dreißiger Jahren wüteten, zum Verhängnis. Er starb aus bis heute ungeklärten Ursachen. Das ihm gewidmete kleine Museum (Нацагдоржийн нэрэмжит музей) befindet sich neben dem Tschoijdshin-Lama-Museum.

Schukow-Museum

Marschall *Schukow* leitete im August 1939 eine in Europa weitgehend unbekannte, **große militärische Aktion,** in der im äußersten Osten sowjetrussische und mongolische Truppen mit der japanischen Kwantung-Armee, die im „Kaiserreich Mandschukuo" stationiert war, zusammenstießen. Der japanische Generalstab hatte zu diesem Zeitpunkt noch keine endgültige Entscheidung über die hauptsächliche Stoßrichtung der japanischen Aggressionen im 2. Weltkrieg getroffen. Die empfindliche Niederlage, die die infanterieschwachen Japaner am Chalchyn gol hinnehmen mussten, führte dazu, dass sie sich überwiegend auf den pazifischen Raum konzentrierten und nie das Risiko eingingen, eine sibirische Front gegen die Sowjetunion zu eröffnen.

Marschall *Schukow* ist den Deutschen besser bekannt als der Feldherr, der 1945 den Angriff der Roten Armee auf Berlin leitete.

Das ihm gewidmete Museum (Жуковын нэрэмжит музей) befindet sich etwas außerhalb des Zentrums an der Ausfallstraße nach Osten. Es ist leicht durch zwei das Haus flankierende Schützenpanzer zu erkennen.

Mongolisches Militärmuseum

Unweit nördlich des Schukow-Museums befindet sich das Mongolische Militärmuseum (Монгол Цэргийн музей). Es wurde erst 1996, zum 50. Jahrestag des Endes des 2. Weltkriegs, eingeweiht. Zu sehen sind Exponate aus allen Epochen der belebten **mongolischen Militärgeschichte,** schon früh beginnend mit der Neusteinzeit. Außerhalb des Museums selbst sind Kanonen, Panzer und anderes **militärisches Großgerät** der letzten 50 Jahre zu bestaunen.

Musik und Theater

Nationales Tanz- und Gesangsensemble, Nationaloper

Man sollte Ulan Bator keinesfalls verlassen, ohne zumindest eine Vorstellung eines nationalen *Tanz- und Gesangsensembles* (Tel. 323490, 323861; Монголын дуу бүжгийн чуулга) oder die *Nationaloper* (Учиртай гурван толгой) gesehen zu haben. Die faszinie-

Das Theater für Volkskunst

rende Farbenpracht der Kostüme, der Sänger und Tänzer sowie die Eigentümlichkeit der langtonigen Balladen und feurigen Reitergesänge hat bisher noch jeden Kulturmuffel in Begeisterung versetzt.

Theater für Volkskunst

Der wirklich bereichernde Besuch des *Theaters für Volkskunst* (дуурь бүжгийн улсын чуулга) kostet für Ausländer etwa 3 US$ Eintritt.

Oper

Bisweilen führt das *Opernhaus,* das 1943, also während des II. Weltkriegs gebaut wurde (Tel. 322854; Монгол улсын дуурь бүжгийн академик театр), auch klassische Opern auf. Die Aufführungen sind aber eher dazu gedacht, dem einheimischen Publikum die Weltkultur nahe zu bringen. Das Programm erfährt man am besten bei einem Bummel über den Suchbaatar-Platz. Gehen Sie einfach an der Oper vorbei, die linkerhand das große, rosarote Gebäude mit weißen Säulen ist, wenn Sie Richtung Berge schauen. Neben dem Eingang hängt eine Anzeigentafel aus: links auf Mongolisch, rechts auf Englisch. Karten vorzubestellen, ist außer bei Premieren nicht nötig. Auch finanziell kann sich dieses Vergnügen jeder leisten. Der Eintritt kostet kaum mehr als umgerechnet 0,50 €.

Varieté

Sehenswert sind auch Varieté-Veranstaltungen (Варьете), wie sie im zentra-

197mo Foto: st

len **Kulturpalast** (Tel. 329173; Соёлын Төв Өргөө) oder in der **Varieté-Halle** (Варьете чуулга) von Zeit zu Zeit aufgeführt werden. Die Programme sind nach dem Für-jeden-etwas-Prinzip gestaltet, bieten also ein buntes Spektrum zwischen Klassik und neuerdings auch Erotik. Die Eintrittspreise liegen zwischen 10 und 15 US$. Achten Sie auf entsprechende Aushänge in der Stadt oder Anzeigen in der Zeitung.

Unterhaltungsmusik

Für europäische Ohren durchaus eingängig ist auch die moderne mongolische Unterhaltungsmusik, wobei das Angebot zwischen Heavy Metal und Schlagern alles bietet. In den Sommermonaten finden **Konzerte** nicht nur in den großen Kulturhäusern, sondern oft auch open air im Stadtzentrum statt. Man ist auf Mund-zu-Mund-Propaganda oder öffentliche Aushänge angewiesen, um einen Veranstaltungstermin zu erfahren.

Die meisten Kulturveranstaltungen finden im Sommer nur unregelmäßig und in großen zeitlichen Abständen statt.

Mongolischer Staatszirkus

Die Künstler des mongolischen Staatszirkus (Tel. 320795; Улсын цирк) feierten in den letzten Jahren auf Gastspieltourneen durch mehrere europäische Länder Erfolge. Die Zahl äußerst talentierter Nachwuchsakrobaten scheint unbegrenzt zu sein. Überzeugen Sie sich bei einem Besuch des Zirkus selbst davon. Weltweit einzigartig sind unter anderem die Nummern mit dressierten Yaks und Kamelen. Vorstellungen finden häufig Samstag und Sonntag nachmittags gegen 17.00 Uhr statt. Die besten Vorstellungen bietet der Zirkus im Winter, wenn die Starensembles von Gastspielen aus aller Welt zurück sind. In den Sommermonaten greift man auf die jüngeren Talente zurück. Leider fielen aber in den letzten Jahren gerade in den Sommermonaten Veranstaltungen immer öfter aus.

Den Zirkus findet man leicht, wenn man vom Suchbaatar-Platz aus der Peace-Avenue nach Westen bis zum großen Kaufhaus folgt und sich dann nach Süden wendet. Der große Kuppelbau mit hellblauem Dach wird bis heute von einer roten Fahne geziert.

Parks und Plätze

Suchbaatar-Platz

Den zentralen Punkt Ulan Bators bildet der Suchbaatar-Platz (Сүхбаатарын талбай), in dessen Mitte das **Reiterdenkmal** des mongolischen Nationalhelden der modernen Geschichte steht. General *Suchbaatar* gilt als der Anführer der Partisanenverbände, die 1921 den Befreiungskampf gegen chinesische Okkupanten einleiteten. Der Platz wird im Norden vom **Parlamentsgebäude** (Засгийн газрын ордон) begrenzt, dem ein nicht zu besichtigendes **Mausoleum** der Revolutionshelden *Suchbaatar* und *Tschojbalsan* vorgelagert ist. Im Osten steht der **Zentrale Kulturpalast** (соёлын төв өргөө), das größte Gebäude der Stadt.

Er ist das letzte Geschenk der Sowjetunion an das damals noch brüderlich verbundene mongolische Volk. An die Schenkung erinnert eine Gedenktafel, die sich am Eingang der südlichen Flanke des Gebäudes befindet. Der zum Komplex gehörende, augenfällige „Elfenbeinturm" beherbergt Teile der **Akademie der Wissenschaften** und die meisten Künstlerverbände des Landes. Südlich daneben befindet sich das im klassizistischen Stil erbaute **Opernhaus** (s. o.) (дуурийн театр).

Die **Westflanke** des Platzes bilden Verwaltungsgebäude, darunter das **Haus des Oberbürgermeisters** (хотын захиргаа). Blickfang in dieser Häuserzeile ist das im russischen Zuckerbäckerbaustil gehaltene rosa und weißfarbene Gebäude der **Börse.** Bevor das Geld eine Rolle spielte, war das Haus das bestbesuchte Kinderkino.

Die **südliche Seite** des Platzes ist offen. Die Begrenzung bildet hier die Hauptmagistrale der Stadt, die **Peace-Avenue** (энх тайвны гудамж).

Nordöstlich des Regierungspalastes erhebt sich das imposante, halbrunde **Hauptgebäude der Mongolischen Nationalen Universität** (Монголын Үндэсний Их Сургууль). Vor dem Gebäude befindet sich noch immer das **Denkmal für Tschojbalsan.** Er gilt als der mongolische Handlanger *Stalins* und war in den dreißiger Jahren maßgeblich an den bereits an anderer Stelle erwähnten Vernichtungszügen gegen das eigene Volk beteiligt.

Das Denkmal war in den Wochen vor dem politischen Umbruch im März 1990 fast täglich Farbbeutelattacken ausgesetzt, die jeden Morgen wieder übertüncht wurden. Deshalb sind heute die Gesichtszüge des Diktators von einer dicken Schicht „Schminke" überdeckt.

Kinderpark

Unmittelbar gegenüber dem *Bajangol-Hotel* befindet sich der Eingang in den Kinderpark (хүүхэд залуучуудын парк). Wie der Name andeutet, bietet er vor allem Kindern Vergnügen. Im Sommer arbeiten **Karussells,** ein Riesenrad und andere Jahrmarktgeräte. Auf einem künstlich angelegten **Teich** kann man Tretboot fahren. Auf dem Gelände gibt es auch noch ein kleines **Trachtenmuseum, Jurten** mit Märchenerzählern und Balladensängern sowie verschiedene **Sportstätten.** Auch wenn man als Erwachsener keine Lust auf eine Karussellfahrt haben mag, lohnt sich ein Spaziergang durch den Kinderpark sicher, wenn man sich ein Bild von der Kinderliebe der Mongolen machen möchte.

Im Winter, wenn der Park naturgemäß kaum aufgesucht wird, kommen ganze Rudel von prächtigen **Maralhirschen** aus den Bergen herab in die Grünanlagen. Auch im Sommer lassen sich in der Nähe des Kinderparks vereinzelt Hirsche sehen. Da sie seit buchstäblich Jahrhunderten unter Naturschutz stehen, sind sie ganz zahm und haben keine Angst vor den Menschen. Schlendern Sie in der Abenddämmerung einmal durch den Park: Vielleicht entdecken Sie einen der riesigen 18-Ender.

200mo Foto: st

Aussichtspunkte

Ulan Bator wird von allen Seiten von hohen Bergen umgeben. Deshalb ist es relativ einfach, von einem erhöhten Standpunkt aus einen Überblick über die gesamte Stadt zu bekommen. Besonders gut geeignet, da auch mit dem Bus leicht zu erreichen, ist eine Kuppe **am südlichen Stadtrand,** auf der ein **Ehrenmal für russische Soldaten** (Зайсан толгой) thront. Bereits von der halben Höhe aus ist die gesamte Stadt auf spektakuläre Weise überschaubar.

Wer einen Geländewagen oder ein geländegängiges Taxi zur Verfügung hat, kann darüber hinaus auch weitere Berge in anderen Himmelsrichtungen erklimmen, etwa im Bereich des ehemaligen so genannten Schwarzmarktes (Дэнжийн мянгын барааны захын хажууд буй овоо), von wo aus man einen wirklich atemberaubenden Rundblick in alle Himmelsrichtungen hat, weit über die Stadt und die Berge hinaus in die Steppe. Hier lohnt sich die Mitnahme eines Picknickkorbes und das Genießen der Aussicht.

Schon allein die Anfahrt zum Stadt-Owoo im Jurtenviertel ist abenteuerlich. Wir sind noch immer in der Hauptstadt.

Unterkunft

Die politische Öffnung des Landes und seine Orientierung auf marktwirtschaftliche Verhältnisse haben gerade dem Hotel- und Gaststättenwesen - zumindest in der Hauptstadt - deutliche Impulse verliehen.

Neben den noch aus der Vorwendezeit stammenden, inzwischen aber gründlich renovierten beiden großen Hotels *Ulan Bator* und *Bajangol* haben sich in etwa dieser Preisklasse oder etwas darunter liegend eine Handvoll kleinerer privater Häuser auf dem Markt etabliert.

Hotels und Pensionen in international übliche **Kategorien** einzuordnen, ist schwierig, Anstelle von Sternen soll hier eine Einteilung in die Klassen „gehoben", „mittel" und „einfach" ausreichen.

Gästehauskomplex der Regierung

Ein Hotel der Sonderklasse, das außerhalb der Konkurrenz läuft, ist der **Gästehauskomplex der Regierung** (Их тэнгэрийн ам) (Tel. 322 061). Auf demselben Gelände befindet sich auch die Residenz des Staatspräsidenten. Ehemals schwer bewacht und nur hochoffiziellen Gästen zugänglich, wird der Kreis der als angemessen würdig empfundenen Nutzer inzwischen ewas lockerer gesehen. Die Unterbringung in einem der Gästehäuser muss immer von einem mongolischen Gastgeber, etwa einem Ministerium oder einer ähnlich hochrangigen Behörde organisiert werden. Der Komplex liegt am Rand eines großen Naturparks und gilt als angenehm ruhig und beschaulich.

Gehobene Klasse

● Chinggis-Khaan-Hotel
(Чингис-Хаан зочид буудал)
Tel. 313380, 313402
Fax 358067, 312788
www.chinggis-hotel.com

Hier steigen seit kurzem alle Staatsgäste der Mongolei ab. Ganz ohne Zweifel ist das Haus inzwischen die **erste Adresse.** Dabei sind die einfachen Einzelzimmer mit 79,10 US$ nicht viel teurer als die der kleinen Konkurrenten. Halbluxuszimmer kosten 113 bzw. 139 US$ bei Doppelbelegung. Ein Luxuszimmer mit zwei Schlafzimmern bekommt man für 169,50 US$. Ein Urteil über die Küche abzugeben, fällt schwer. Bisweilen werden ausländische Köche beschäftigt, die dann dem Niveau des Hauses Angemessenes auf den Tisch bringen. Von ihren mongolischen Kollegen kann man das leider noch nicht sagen. Das *Chinggis* ist das einzige Hotel im Land, das über einen großen **Stromgenerator** verfügt, der sich bei Netzausfall automatisch einschaltet - vorausgesetzt, er ist auch betankt.

● Hotel Ulan Bator
(Улаанбаатар зочид буудал)
Tel. 325081, 320237, 320620
Fax 324485
http://welcome.to/ubhotel

Das Haus - einst Quasimonopolist unter den Ausländerhotels - leidet zwar an der Konkurrenz der vielen Neueröffnungen, ist aber noch immer **eines der gediegensten Häuser.** Nicht mehr ganz so gediegen geht es allerdings auf dem südlichen Vorplatz des Hotels und in den sich anschließenden Parkanlagen zu. Wenn Sie dennoch hier absteigen wollen, weil Sie etwa die zentrale Lage schätzen, nehmen Sie sich ein Zimmer zur Nordseite. Die Preise beginnen bei 60 US$ für einen sehr kleinen Raum, ein normales Zimmer kostet 90 und eine Suite 120 US$. Alle Preise enthalten ein Frühstück. Alle Zimmer haben einen internationalen Telefonanschluss. Vom Business-Center aus lassen sich Faxe und E-mails verschicken oder empfangen und von hier aus können auch Nicht-Hotelgäste bequem internationale Telefonate führen. Die **Restaurants** sind auf Ausländer eingestellt. Das Essen ist nahrhaft, der Geschmack orientiert sich bei den meisten der wenigen und sehr selten wechselnden Gerichten an den ortsüblichen Vorstellungen. Das Hotel verfügt über den größten Ballsaal des ganzen Landes. Hier gab auch Roman Herzog während seines Staatsbesuches im September 1998 einen Empfang zu Ehren seines mongolischen Amtskollegen. Das Haus unterhält in Tereldsh übrigens eine Filia-

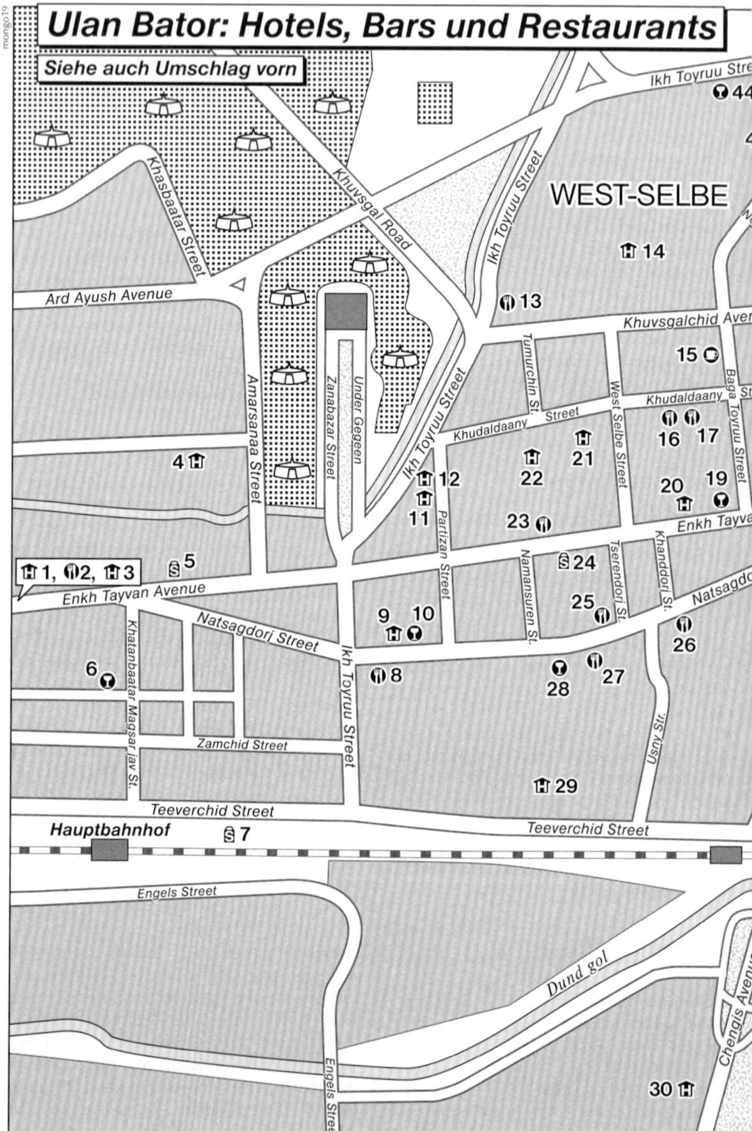
Ulan Bator: Hotels, Bars und Restaurants
Siehe auch Umschlag vorn
mongo19
Ikh Toyruu Stre
44
WEST-SELBE
Khasbaatar Street
Khuvsgal Road
Ikh Toyruu Street
14
Ard Ayush Avenue
13
Khuvsgalchid Aver
15
Amarsanaa Street
Zanabazar Street
Under Gegeen
Tumurchin St.
Khudaldaany Street
West Selbe Street
Khudaldaany St
Baga Toyruu Street
16 17
21
4
12
22
20 19
11
23
Enkh Tayva
Partizan Street
1, 2, 3
5
24
Tserendorj St.
Khanddorj St.
Namansuren St.
Enkh Tayvan Avenue
25
Natsagdo
Natsagdorj Street
9 10
26
6
Khatanbaatar Magsar jav St.
8
Ikh Toyruu Street
28
27
Zamchid Street
Usny Str.
29
Teeverchid Street
Hauptbahnhof
7
Teeverchid Street
Engels Street
Dund gol
Chengis Avenue
Engels Street
30

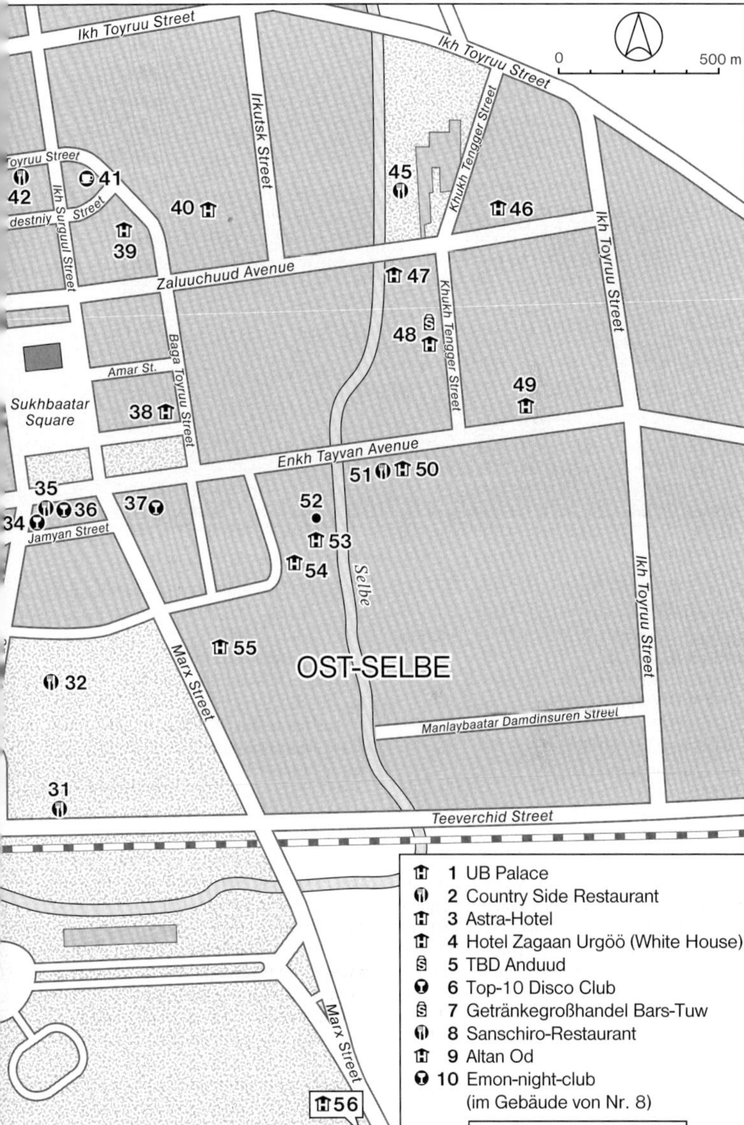
0
500 m
Ikh Toyruu Street
Ikh Toyruu Street
Irkutsk Street
Khukh Tengger Street
Toyruu Street
Ikh Surguul Street
destniy Street
Zaluuchuud Avenue
Khukh Tenger Street
Ikh Toyruu Street
Baga Toyruu Street
Amar St.
Sukhbaatar Square
Enkh Tayvan Avenue
Jamyan Street
Selbe
Ikh Toyruu Street
Marx Street
OST-SELBE
Manlaybaatar Damdinsuren Street
Teeverchid Street
Marx Street
31
32
34
35
36
37
38
39
40
41
42
45
46
47
48
49
50
51
52
53
54
55
56
1 UB Palace
2 Country Side Restaurant
3 Astra-Hotel
4 Hotel Zagaan Urgöö (White House)
5 TBD Anduud
6 Top-10 Disco Club
7 Getränkegroßhandel Bars-Tuw
8 Sanschiro-Restaurant
9 Altan Od
10 Emon-night-club
(im Gebäude von Nr. 8)
Fortsetzung: übernächste Seite

203mo Foto: st

le, die *Ulan Bator 2* heißt und im Service mit dem Mutterhaus gut mithalten kann. Zur Verfügung stehen hier 24 Zimmer und 15 Jurten.

• Hotel Bajangol
(Баянгол зочид буудал)
Tel. 326781, 388632, 326774
Fax 329068
E-Mail: bayangol@mongol.net
http://bayangolhotel.mn

Ein typisches Pauschalreisen-Hotel in zentraler Lage. Das Leistungsangebot und die Preise sind ähnlich wie im Ulan Bator. Der Hauptmangel des Hauses liegt in seiner Höhe. In den oberen Stockwerken kann im Sommer schon einmal das Wasser wegbleiben. Sollte der Strom ausfallen, hilft kein Generator aus der Klemme. Dann kann das Treppensteigen recht anstrengend werden, vor allem wenn man mit seinem Gepäck unterwegs ist. Der Service der Küche ist besser geworden. Zum Essen empfiehlt sich nicht das Hauptrestaurant im Erdgeschoss zwischen den beiden Türmen, sondern eins der kleineren Restaurants auf den unteren Etagen. An der Westseite des Komplexes liegt ein gut ausgestattetes Lebensmittel- und Souvenirgeschäft. Die Zimmerpreise liegen zwischen 70 und 160 US$ zzgl. 15 % MwSt.

• The Continental Hotel
(Чехийн элчин сайдын яамны урд талд)
Tel. 323829 Fax 329630
E-Mail: continental@magicnet.mn
www.ulaanbaatar.net/continentalhotel/home.html

Das Haus wurde erst 2002 fertig gestellt und macht einen gediegenen Eindruck. Die Resonanz der ersten Gäste ist positiv. Gut ist auch die Lage: noch im Zentrum, aber etwas abseits vom großen Verkehr. Mit Preisen zwischen 79 US$ für ein einfaches Zimmer bis zu 168 US$ für eine Suite bewegt es sich im Rahmen des Üblichen.

• Hotel Amarbayasgalant
(Амарбаясгалант зочид буудал,
1-р эмнэлэгийн зүүн талд байрладаг)
Tel. 312413, 312427, 312451
Fax 312 381

Das Haus unterscheidet sich äußerlich und auch in seiner Innengestaltung **angenehm** von dem sonstigen Einerlei der Hotelarchitektur. Der Name des Hotels geht auf eine gleichnamige Klosteranlage im Norden der Mongolei zurück. Das Haus liegt im Zentrum und dennoch etwas abseits von den Hauptmagistralen. Service und Ausstattung (Telefon für selbstgewählte Ferngespräche, TV und Minibar in jedem Raum, Sauna, Billard) sind so, wie man es von einem Hotel dieser Kategorie erwartet. Doch bleibt der Eindruck, dass dem Personal die Gäste lästig sind. Die Zimmerpreise sind Mai bis Sept. um 10 US$ höher. Je nach Ausstattung und Größe reicht der Preis von 40 bis 80 US$ bei Einzelbelegung, bei Doppelbelegung ist es 20 US$ teurer (Preise inkl. Frühstück).

● **Hotel Edelweiß**
(Эдельвайс зочид буудал,
1-р эмнэлэгийн зүүн талд байрладаг)
Tel. 312186, 320219, Fax 325252
www.dotmaker.mn/edelweiss/index.html

Das Haus liegt direkt östlich des *Amarbajasgalant*, verfügt also auch über den Vorteil einer **ruhigen Lage im Zentrum.** Dafür muss man aber einen Anfahrtsweg in Kauf nehmen, der an eine Teststrecke für Geländewagen erinnert. Ansonsten wäre gegen das Haus nichts zu sagen, lägen die Preise nicht sehr hoch. Das billigste Zimmer gibt es für 50, ein Doppelzimmer für 80 US$. Ein Luxuszimmer kostet 80 bzw. 120 US$, für eine Suite sind 120 bzw. 160 US$ zu berappen.

● **Hotel Marco Polo**
(хөгжим бүжгийн коллежийн ар талд орших шинэ буудал)
Tel. 310783, Fax 311273

Eine weitere aus der Reihe der neu errichteten, kleineren, privat geführten Pensionen. Das Haus hat 20 Zimmer und auch sonst alles, was in ein Hotel gehört (einschließlich Business-Center und Übersetzungsservice). Es liegt fast im unmittelbaren Zentrum der Stadt. Die Preise sind dennoch insgesamt un-

Die Architektur des Hotels Chinggis Khaan ist beieindruckend

- 11 Hotel Haraa
- 12 Hotel Genex
- 13 Hanamasa
- 14 Hotel Bischrelt
- 15 Sacher's Cafe
- 16 Millies-Café
- 17 Restaurant Douala la Capitale
- 18 Nasaan Boarding House
- 19 Dionysos Wein-Taverne
- 20 Chez Bernard
- 21 Ekhlel Hotel
- 22 Hotel Mandchaj
- 23 Pizza de la Casa
- 24 Verkaufsraum G&M
- 25 Bogd-Changaj-Restaurant
- 26 Jurtenrestaurant des Tschin Wan Chanddordsh
- 27 Ristorante Italiano
- 28 Nachtclub Marco Polo
- 29 Hotel Sarora
- 30 Palace Hotel
- 31 Green Horse
- 32 Seoul-Restaurant
- 33 Hotel Bajangol
- 34 Khan-Bräu
- 35 Marquis Restaurant
- 36 Hard-Rock-Café
- 37 River Sound
- 38 Hotel Ulan Bator
- 39 Hotel Dsaluutschuud
- 40 Hotel Marco Polo
- 41 Sissi's Cafe
- 42 Churchill's
- 43 Chinggis-Beer
- 44 Kaisers-Bar
- 45 Palastjurte des Fürsten Abtaj-Khan
- 46 Flower-Hotel
- 47 Chinggis-Khaan-Hotel
- 48 Sky Shopping Center und Chinggis-Khaan-Hotel
- 49 Hotel New Capital
- 50 Negdeltschin-Hotel
- 51 Nazara-Restaurant
- 52 DHL-Büro
- 53 Hotel Edelweiß
- 54 Hotel Amarbayasgalant
- 55 Continental Hotel
- 56 Gästehauskomplex der Regierung

angemessen. Die **Bar** arbeitet bis um 1.00 Uhr. Die Zimmerpreise reichen von 40 bis 60 US$, bei Doppelnutzung sind es jeweils 20 US$ mehr.

● **Hotel Zagaan Urgöö** oder **White House**
(Чоно компанийн Цагаан Өргөө зочид буудал, Од кинотеатрын урд талд)
Tel. 367872, Fax 365158

Das Haus gehört mit insgesamt nur 14 Zimmern ebenfalls zur Reihe der neu errichteten, kleineren, privaten Hotels. Geboten wird ein recht guter und umfangreicher Service. Die Gäste können Dolmetschervermittlung, Mietwagenverleih (mit Fahrer), einen Konferenzraum, Geldwechselservice und internationale Telekommunikationsmöglichkeiten nutzen. Das **Restaurant** öffnet für Hotelgäste um 7.00 Uhr. Der Öffentlichkeit steht es zwischen 11.00 Uhr und 1.00 Uhr zur Verfügung. Die Speisekarte bietet nicht nur mongolisches Einheitsmenü, sondern auch südostasiatische Spezialitäten. **Die Bar** arbeitet von 22.00 Uhr bis früh um 4.00 Uhr. Nachteilig ist, dass das Gebäude etwas außerhalb des Zentrums liegt, ca. 30 Fußminuten vom Suchbaatar-Platz entfernt. Die Kosten für Einzelbelegung/Doppelbelegung betragen für Luxuszimmer 70/90 US$, normale Zimmer 40/60 US$. Die Zimmerpreise verstehen sich inkl. Frühstück.

● **Palace Hotel**
(Хуучин Зүч зочид буудал)
Tel. 343565, Fax 343001
E-Mail: palace@mongol.net
www.palace.mn

Das Haus hieß bis 2001 *Zuchi,* wurde dann jedoch vom größten Tourismusunternehmen übernommen, gründlich renoviert und in *Palace-Hotel* umbenannt, wohl wegen seiner unmittelbaren Nachbarschaft zum Kaiserpalast. Das Hotel bietet alles, was man von einem Haus dieser Preisklasse erwarten darf. Die Zimmerpreise bewegen sich entsprechend im oberen Segment und beginnen bei 69 US$ (im Winter nur 59 US$). Die etwas größeren und besser ausgestatteten Räume kosten 89 US$ (Winter 76 US$). Für Doppelbelegung sind Aufschläge zu zahlen. Wenn man sich hier ein Zimmer nimmt, sollte es möglichst weit oben sein, damit man den Blick über die Stadt genießen kann.

Mittlere Klasse

● **Hotel Sarora**
(Сарора зочид буудал, циркийн баруун тал, далай ээж зах, орос ИИИ сургуулийн урд талд, таван давхар шинэ байшин)
Tel. 327831, 327217, Fax 313564
E-Mail: Sarora@magicmet.mn

Das Hotel ist ein Neubau in einer unscheinbaren Wohngegend, die noch zum Stadtzentrum gerechnet wird. Es steht erst seit 1996 für den Publikumsverkehr offen. Geboten wird alles, was die großen Häuser auch haben, einschließlich einer Geldwechselstelle und eines Business-Centres. Die Zimmer sind geräumig und ordentlich. Ein einfaches Zimmer bekommt man schon ab 25 US$, Halbluxuszimmer kosten 45 und Luxuszimmer 70 US$. Das **Restaurant** öffnet bereits um 7.00 Uhr, so dass man als Gast auch schon ein Frühstück bekommt, wenn das Flugzeug einmal etwas eher gehen sollte. Nach 21.00 Uhr darf man allerdings auch hier keinen Hunger mehr bekommen. Die Speisekarte enthält keine Überraschungen. Die **Bar** ist bis 4.00 Uhr geöffnet.

● **Flower-Hotel**
(хуучин Алтай, одоогийн Фловер зочид буудал)
Tel. 358330, Fax 358330
http://web.mol.mn/~flower

Ehemals unter der Bezeichnung *Altai-Hotel* als Schmuddelunterkunft mit ominöser Kundschaft verschrien, wurde das kasernenartige Gebäude, das nicht mehr ganz im Zentrum der Stadt liegt, von einem japanischen Investor und chinesischen Bauarbeitern einer bemerkenswerten Kur unterzogen. Der größte Fortschritt wurde sicher im sanitären Bereich erzielt. Anderen Details, etwa den Fenstern, merkt man die Eile an, mit der der Umbau vorangetrieben wurde. Angenehm hebt sich das **Bemühen des Personals** um die Gäste vom allgemeinen Niveau der Konkurrenz ab. Insgesamt erscheint die Preisliste für die Zimmer auch hier jedoch wieder überteuert; vor allem weil die Zimmer in den preiswert erscheinenden Kategorien C und D nur noch über eine Waschgelegenheit, aber kein eigenes Bad mehr im Zimmer verfügen. In den Klassen A und B bekommt man für das gleiche Geld in den Hotels im Zentrum Besseres geboten. Immerhin verfügen alle Zimmer über einen Fernseher, eine Minibar und Telefon mit Direktwahl ins Ausland. Die Restaurants haben japanisch perfekten Service und bieten japanische, chinesische und westliche Gerichte. Die Zimmerpreise liegen zwischen 78 und 120 US$.

● **Hotel Altan Od**
(Алтан Од зочид буудал, чихэр боовны үйлдвэрийн баруун талд)
Tel. 310773, Fax 312071

Ein sicher auch nicht gerade zur Kategorie „preiswert" zählendes, dafür aber allein durch seine Puppenstubengröße angenehm auffallendes Haus in zentraler Lage. Die Preise liegen bei 68 US$ für die besten und bei 56 US$ für die normalen Zimmer. Zwischen Einzel- und Doppelbelegung wird nicht unterschieden. Die **Bar** arbeitet unter dem Namen *Emon* bis 4.00 Uhr und gehört zu den Treffpunkten für Freunde moderner Musik mit einem starken Unterhaltungsbedarf. Aber gerade der Barbetrieb dürfte bei der geringen Größe des Hauses nicht unbedingt einen geruhsamen Schlaf versprechen.

● **Hotel Genex**
(Жэнэкс зочид буудал, бөмбөгөр хэмээх контейнерийн захын баруун урд талд)
Tel. 328755, Fax 324611

Das Haus ging 1998 in Betrieb und macht einen rundherum **ordentlichen Eindruck.** Bemerkenswert ist, dass das Hotel seine Gäste sogar vom Flughafen oder Bahnhof abholt und auch wieder zurückbringt. Letzteres ist bei Mitbewerbern nicht unbedingt selbstverständlich. Ferner kann man hier auch Eisenbahn- und Flugtickets ordern. Der Preis für ein einfaches Zimmer ist mit 28 US$ konkurrenzfähig. Die teuersten Zimmer kosten 60 US$, dazwischen gibt es auch noch welche für 40 US$.

● **Hotel Haraa**
(Хараа зочид буудал дээрхи Жэнэкс зочид буудал урд талд)
Tel. 313733, Fax 324450

Das Hotel ist ebenfalls ganz **neu,** kann aber mit dem *Genex* nicht mithalten. Dafür sind die Zimmerpreise etwas günstiger. Sie beginnen bei 25 US$ für einen einfachen Raum und enden bei 40 US$ für das beste Zimmer.

Einfache Klasse

● **Ekhlel Hotel**
(Эхлэл зочид буудал, их дэлгүүр, урт цагаан хоёрын хооронд)
Tel. 312419
Fax 322861
E-Mail: ekhlel@hostelmongolia.mn
www.hostelmongolia.mn

Das Haus bezeichnet sich selbst als Hotel für Rucksacktouristen, liegt noch im Zentrum und bietet das billigste Bett für 10 US$ an, das in einem 6-Mann-Schlafsaal steht. Wer einen Raum für sich möchte, zahlt 20 US$. Die besten Zimmer liegen bei 40 US$ und sind damit immer noch im Rahmen, zumal ein leichtes Frühstück eingerechnet ist. Da es sich um einen erst 2002 fertig gestellten Neubau handelt, ist das Haus noch in einem guten Zustand. Schön ist auch, dass es nachts nicht verbarrikadiert wird, wie von anderen Hotels gewohnt. Neben einem kostenlosen Pick-up-Service zum Bahnhof bietet das Haus noch einige Standard-Ausflüge an. Bis zum großen Kaufhaus sind es nur wenige Meter, bis zum nächsten Internet-Café bestenfalls 3–4 Minuten.

● **Gegee-Hotel**
(Гэгээ зочид буудал, 12-р хороололын үйлчилгээний төвийн баруун талын 5 давхар байшин)
Tel. 450775, 458885

Es handelt sich um ein als Pension umgebautes Wohnhaus, das auch vom Stadtzentrum aus noch **zu Fuß zu erreichen** ist. Je nachdem, ob man nur ein Zimmer oder eine ganze Wohnung möchte, liegen die Preise zwischen 15 und 30 US$. Für seine Preisklasse ist das Haus recht gut in Schuss. Die Küche bietet zu Tiefstpreisen ordentliche Hausmannskost.

● **Mandchaj-Hotel**
(Мандухай зочид буудал)
Tel. 322204, 324938, 326746

Das Hotel liegt verkehrsgünstig mitten im Zentrum und ist durch seine Nachbarschaft zum einzigen großen Kaufhaus der Stadt einfach zu finden, zählt allerdings zu den eher etwas anrüchig-schmuddeligen Herbergen. Die Preise sind jedoch moderat. Das billigste Bett kostet nur 6 US$, ein einfaches Vierbettzimmer 11 US$. Dafür müssen sich jedoch immer drei Zimmer eine Dusche und Toilette teilen. Wer 44 US$ ausgibt, bekommt ein Luxuszimmer mit Schlaf- und Aufenthaltsraum, Küche, Dusche, Toilette und Telefon. Ein Halbluxuszimmer kostet 27,50 US$. Das zum Hause gehörende **Restaurant** bietet chinesische Küche.

• Negdeltschin-Hotel
(Нэгдэлчин зочид буудал ХХААЯ-ны урд талд)
Tel. 455060, 453230, 453073

Das Haus wurde einst vor allem zur Unterbringung von Gästen des Landwirtschaftsministeriums genutzt, das genau gegenüber liegt. Vom Stadtzentrum aus ist es in etwa zehn Minuten zu Fuß zu erreichen. Die billigsten Zimmer kosten 12 US$. Sie sind sehr klein, aber recht sauber und ordentlich eingerichtet. Immer drei Zimmer teilen sich eine Toilette und ein Bad. Die Preise der größeren „Luxus"-Zimmer bewegen sich zwischen 25 und 32 US$, dafür bekommt man ein eigenes Bad und z.T. auch noch ein Wohnzimmer. Das **Restaurant** bietet mongolische Kost. Neuankömmlinge sollten sich zum Essen besser in eines der größeren Hotels begeben, wo das Essen nicht sehr viel mehr kostet, den Magen aber weniger strapaziert.

• Hotel Dsaluutschuud
(Залуучууд зочид буудал)
Tel. Empfang 324594,
Direktion 324231, 329149

Bereits der Name „Jugendhotel" deutet auf die ehemalige Bestimmung des Hauses hin. Hier wurden in unmittelbarer Nähe zur Nationalen Universität und zum Hauptquartier des kommunistischen Jugendverbandes in- und ausländische Schüler und Studenten zu Jubelfeiern aller Art untergebracht. Das Haus wurde 1997 einer Renovierung unterzogen, die allerdings nur oberflächlich durchgeführt wurde. In den Zimmern selbst hat sich kaum etwas verändert. Die Preise für ein kleines Einzelzimmer mit Waschgelegenheit, aber ohne Dusche, beginnen bei 15 US$. Die teuersten Luxuszimmer mit Badewanne, innerstädtisch arbeitendem Telefonanschluss und einem separaten Vorzimmer kosten 23 US$. Bevor man fest bucht, sollte man sich das **Zimmer** seiner Wahl **zeigen lassen** und prüfen, ob das Telefon, die Wasserhähne und das Türschloss funktionieren. In den Preisangaben ist das Frühstück nicht enthalten. Man sollte dazu auch besser in ein anderes Hotel der gehobenen Klasse gehen oder sich selbst versorgen und auf dem Zimmer essen.

• Nasaan Boarding House
(Насаан буудал, төв шуудангийн баруун талд)
Tel. 321078, Mobil 99197466

Das Haus liegt westlich der Hauptpost direkt neben der Türkischen Botschaft, also im unmittelbaren Zentrum. Ein Bett in einem 4-Mann-Zimmer kostet nur 4 US$, für 15 US$ gibt's ein Einzelzimmer und für 30 US$ ein sog. Appartement mit Küche und Bad.

Studentenwohnheime

In den Sommermonaten, wenn die jeweils zentral gelegenen **Studentenwohnheime der Nationalen Universität** (МУИС-ийн оюутны байр) und der **Pädagogischen Hochschule** (Багшийн Их Сургуулийн оюутны байр) überwiegend ungenutzt sind, werden bisweilen auch einzelne Zimmer oder Etagen für die Aufnahme von Ausländern hergerichtet. Konkrete Angaben zu machen, fällt indes schwer, weil sich das Angebot von Jahr zu Jahr ändert. Die Preise pro Bett sollten sich bei ca. 5 US$ bewegen, wobei oft auch Landeswährung akzeptiert wird. Geboten wird dafür dann nur noch die reine Unterkunft. Die Toiletten und Waschräume werden gemeinschaftlich genutzt. Ihr Pflegezustand hängt von der Lust des Personals ab. Wen man in ein solches Haus zieht, sollte man seine Sachen nicht unbeaufsichtigt im Zimmer zurücklassen.

Möblierte Zimmer, Wohnungen

Seitdem der Wohnungsmarkt liberalisiert und ein großer Teil der Stadtwohnungen privatisiert worden sind, findet man in den Anzeigen der englischsprachigen **Zeitungen,** natürlich auch in den mongolischen und bei **Immobilienfirmen** immer mehr Anzeigen, die Ausländern einzelne möblierte Zimmer oder ganze Wohnungen anbieten. Die Angebote sind, vor allem für diejenigen, die einen längeren Aufenthalt planen, eine überlegenswerte Alternative zu einem Hotelaufenthalt. Je nach Lage und Ausstattung der Wohnung kostet eine Übernachtung in einem Zimmer einer von der Vermieterfamilie mitgenutzten Wohnung zwischen 5 und 10 US$ am Tag. Am Ende genauso teuer kommt man, wenn man gleich eine ganze Wohnung nimmt. Der Preis ist jeweils Verhandlungssache. Als grobe Orientierung kann man 100–120 US$ je Zimmer ansetzen. Einraumwohnungen sind allerdings etwas teurer. Solche Abschlüsse machen die Vermieter natürlich besonders gern mit Gästen, die mehrere Monate bleiben wollen. Vorbestellungen kann man unter http://ulaanbaatar.net/apartments/rent.htm abgeben oder unter timesaver@mongol.net Angebote einholen.

Privatunterkünfte

Exemplarisch soll nur auf eine günstige Privatunterkunft hingewiesen werden, auf die wir durch eine Leserzuschrift aufmerksam wurden und die offenbar von dauerhafter Existenz zu sein scheint.

Das Familienunternehmen **Khongor Youth Guest House** bietet ab 4 US$ pro Person eine Übernachtung in einem Drei- und einem Vierbettzimmer. Die sanitären Anlagen sind sauber und vollständig ausgestattet. In der Küche kann mit vorhandenen Kochutensilien selbst gekocht werden. Die Zimmer verfügen mit Videorecorder, Fernsehapparat und Stereoanlage über Ausstattungsmerkmale, die nicht einmal in allen Hotelzimmern der gehobenen Klasse zu finden sind. Die Telefonate innerhalb der Stadt sind kostenlos und die Benutzung der Waschmaschine mit einem Dollar pro Ladung konkurrenzlos billig. Am wichtigsten aber ist die angenehme familiäre Betreuung durch das Team, das auch sonst in allen Lebenslagen zu helfen bereit ist und viele Tipps geben kann.

- **Khongor Youth Guest House**
Familie *Battur*
Tschingeltei Duureg, 1-r Horoo
Hudaldaanij Gudamj 35-r Bajr, 6 toot
Tel. 1329331, Fax 320464

Restaurants, Bars und Kneipen

Ein Jahrzehnt nach der Wende hat die mongolische Gastronomie deutlich zu internationalem Niveau aufgeschlossen, wobei es gerade die kleineren und neueren Restaurants und Kneipen sind, die kulinarische Maßstäbe setzen. Neben mongolischer Küche kann man sich auch von afrikanischer, bulgarischer, chinesischer, kubanischer, tschechischer, japanischer, koreanischer, französischer, mexikanischer, russischer, spanischer und türkischer Kochkunst überzeugen lassen. Die nachfolgenden Empfehlungen können nur eine kleine Auswahl bilden.

Hotel-Restaurants

- Fast allen Hotels ist ein Restaurant angeschlossen. Die Gaststätten dieser Kategorie, die von Nicht-Hotelgästen am häufigsten frequentiert werden, sind das Restaurant im **Hotel Bajangol** und das im *Hotel Ulan Bator*. Im **Hotel Ulan Bator** gibt es sowohl ein in Landeswährung zu bezahlendes Restaurant im Erdgeschoß, das sich auch für große Empfänge eignet, als Speisegaststätte in seiner Dimension aber etwas gewöhnungsbedürftig ist, als auch kleinere Restaurants auf verschiedenen Stockwerken, in denen man mit US$ bezahlen muss. Die Gerichte sind identisch, nur die Preise im Erdgeschoss sind entsprechend niedriger und die Wartezeiten manchmal etwas länger. Die Auswahl der Speisen ist gering, aber nicht unattraktiv. Wer ganz großen Hunger hat, bestellt Хуйцай, eine Suppe mit verschiedenen Sorten Fleisch, Fett und Gemüse, die schier über den Tellerrand quillt.
- Auf die gute Küche im **Flower-Hotel** wurde bereits im Hotel-Kapitel hingewiesen.

Restaurants

- Wer gerne im Ambiente einer der Zeit des mongolischen Großreichs nachempfundenen Umgebung speisen möchte, dem empfehlen wir den Besuch eines Jurtenrestaurants. Den stattlichsten Eindruck macht die

209mo Foto: st

Palastjurte (Оросын шинжлэх ухаан, соелын ордоны баруун талд, дунд голын зүүн эрэгт орших Баруун Өргөө) am Ufer des Dund-Gol – eines Nebenflusses der Tula –, zu Fuß etwa 5 min. vom Hotel *Tschingis Khan* entfernt. Die Jurte geht auf den Fürsten *Abtaj-Khan* (1554–1588), den Erbauer des Klosters Erdenedsuu, zurück. Sie ist 7,5 m hoch und misst im Durchmesser 23,5 m. Wie *Tschingis-Khan* persönlich kann man sich hier zwischen Silberschalen und Leopardenfellen verwöhnen lassen – allerdings nur auf Vorbestellung und sinnvollerweise in einer größeren Gruppe (die Palastjurte fasst 250 bis 300 Gäste). Das Erlebnis eines solchen Essens kann man noch erhöhen, indem man um eine Darbietung mongolischer Musik bittet. Man wird auf Ihren Wunsch hin sicherlich einen Pferdekopfgeigen-Spieler oder Obertonsänger einladen. Kleinere Gruppen, die sich in dem großen Raum verlieren würden, können zum Essen auch auf eine kleinere Jurte unmittelbar daneben ausweichen, Tel. 453118, 453129, Fax 358539.

- Ca. 25 km außerhalb von Ulan Bator befindet sich am Wege nach Dsuun Mod ein **Touristencamp,** das mit Kulissen aus einem Monumentalfilm über die Tschingis-Khan-Zeit ausgestattet ist. Im Zentrum steht eine als Restaurant dienende Palastjurte, die innen über und über mit Fellen von Raubtieren ausgekleidet ist. Bedient werden auch campfremde Gäste. Um den Weg dorthin nicht umsonst zu machen, sollte man sich unter Tel. 322079 voranmelden. Ansprechpartner in der Firma *Tsagaan Tschonchor* (Цагаан Чонхор компани) ist Herr *Naranbaatar.*
- Einen ähnlichen Service bietet das **Jurtenrestaurant,** das zwischen der russischen Botschaft und dem *Hotel Bajangol* (Есөн Эрдэнэ компани, залуу техникчдийн ордны зүүн талд орших Чин бан Ханддоржийн өргөө-ресторан) liegt. Seine eingeklemmte Lage zwischen neunetagigen Häusern und die deutlich geringere Größe lassen es zwar zunächst weniger attraktiv erscheinen. Sein Vorteil liegt jedoch gerade in der geringeren Dimension, die auch den einzelnen Gast nicht voll-

kommen verloren wirken lässt. Ein Menü ohne Getränke kostet zwischen 3,5 und 15 US$. Auch hier sind Vorbestellungen erwünscht, gegebenfalls mit der Bitte um folkloristische Darbietungen des hauseigenen Ensembles, Tel. 320763.

- Freunde **chinesischer Küche** können zwischen vier Restaurants wählen. Unangefochtener Spitzenreiter ist jedoch das **Beijing Roast Duck,** das erst im Herbst 1998 im *Holiday-Hotel* direkt neben dem *Astra-Hotel* öffnete. Das *Holidy-Hotel* werden sie in unserer Hotel-Liste umsonst suchen, denn es hat den verhaltenen Charme einer Garage. Das Restaurant wird direkt aus Peking mit frischem Material beliefert. Ganz anders als China-Restaurants in Deutschland, macht der Gastraum äußerlich nicht viel her. Paradepferd unter den Speisen ist natürlich die Peking-Ente, die man sich nicht entgehen lassen sollte. Für ca. 10 US$ können sich drei Personen gut an ihr und den obligatorischen Beilagen satt essen. Wem das nicht reicht, der kann auch einen „heißen Topf" ordern. Dazu kommt ein mit Brennstofftabletten beheizter Kupferkessel auf den Tisch und jeder Gast kann sich seine Lieblingsstücke aus der Suppe ziehen. Der kulinarische Höhepunkt wird nur etwas durch eine ohrenbetäubende Disco getrübt. Bei größeren Gruppen ist Vorbestellung sinnvoll, Tel. 369895.

Gut ist auch ein weiteres China-Restaurant, das **Hua Du,** das sich hinter der Meldestelle der Polizei (иргэний бүртгэл мэдээллийн улсын төв) im Jurtenviertel, im Gebäude eines ehemaligen Sägewerkes versteckt. Auch hier kann man sich für wenig Geld richtig den Bauch vollschlagen. Problematisch ist nur, dass es die Speisekarte nur in mongolisch und chinesisch gibt.

Der langjährige Marktführer, das **Bogd-Changaj-Restaurant,** kann dagegen nicht mehr als guter Tipp gelten, obwohl das Haus von außen einen guten Eindruck macht und auch schön zentral gelegen ist. Ebenso verhält es sich mit dem **China-Restaurant im Manduchaj-Hotel.**

Der Anbau des kleinen Jurtenrestaurants verliert sich zwischen den Hochhäusern

- Im Rahmen der Städtepartnerschaft zwischen Ulan Bator und Seoul entstand im Sommer 1996 das **Seoul-Restaurant** im Kinderpark (хүүхдийн парк дахь солонгос ресторан), Tel. 329709. Das Speisenangebot und die Art der Bedienung genügen auch gehobenen Ansprüchen. Das Haus macht insgesamt einen gediegenen Eindruck. Hierher kann man auch einen wichtigen Geschäftspartner einladen. Auf Wunsch kann man ein kleines Nebenzimmer bestellen, um sich ungestörter unterhalten zu können. Dann wird auch an den Tisch serviert, oder man brät sich seine Gerichte selbst.

Die leckersten gebratenen Hühnerbeine gibt es bei einem anderen **Koreaner,** dem **M.F.C.** Der große Gastraum lädt nicht unbedingt zum Verweilen ein, aber für den großen Hunger im Büro kann man sich das Gericht seiner Wahl auch einpacken lassen. Inzwischen gibt es noch zwei weitere Filialen in den Außenbezirken der Stadt.

- Seit einiger Zeit gibt es außerdem zwei neue **japanische Restaurants** in der Stadt. Das **Hanamasa** (Нарны титмийн баруун жигүүрт орших Ханамаса япон ресторан) ist 11.00–15.00 und 16.00– 22.00 Uhr geöffnet. Es gibt nur Selbstbedienung, man kann sich das Menü selbst an seinem elektrisch beheizbaren Tisch zubereiten. Wer sich über dem schweißtreibenden Braten noch eine ungestörte Unterhaltung wünscht, kann auch ein Séparée mieten, Tel. 327544. Ein Essen kostet pauschal zwischen 8 und 12 US$. Neuerdings gibt es im Erdgeschoss auch ein Fischrestaurant, mit dem Sie ihren mongolischen Bekannten aber keinen Gefallen tun können. Sie gehen nach wie vor lieber eine Etage höher, wo es Fleisch satt gibt.

Noch typischer japanisch ist das **Sanschiro,** das überwiegend Fischgerichte anbietet. Auch hier hält sich der Zustrom mongolischer Kunden in Grenzen, aber für Freunde von frischem Seafood ist es genau die richtige Adresse.

- Das **Country Side Restaurant** (Кантри сайд, хуучин нэрээр „Цамбагарав" зоогийн газар, I хороолол) ist die erste Gaststätte mit einem Investor aus Singapur. Der Qualitätssprung in Ausstattung und Service gegenüber den mongolischen Konkurrenten könnte augenfälliger nicht sein. Die Karte bietet eine reichhaltige Auswahl zünftiger Western-Menüs. Vorbestellungen für geschlossene Gesellschaften werden unter Tel. 681224 entgegengenommen. Geöffnet ist sonntags von 12.00 bis 20.00 Uhr, an allen anderen Tagen zwischen 12.00 und 22.00 Uhr.

• Wer es gerne scharf mag, sollte ins **Hazara North Indian Restaurant** gehen, das sich im *Negdeltschin-Hotel* befindet. Hier kann man in gediegener Atmosphäre einen netten Abend verbringen. Aber auch hier gilt, für den Geschmack Ihrer mongolischen Freunde greift der indische Koch einfach viel zu tief in die Curry-Dose. Tel. 455071

• Unter dem Einerlei der mongolischen Restaurants sticht **Millies-Café** hervor, das südamerikanisch angehauchte **Snacks** und leichte Kost für den kleinen Hunger bietet, Tel. 328264.

• Eine besonders exotische Karte hat auch das **Douala la Capitale,** das von einer Nordafrikanerin betrieben wird, die **französische und heimische Gerichte** zaubert, Tel. 99191849.

• Lange Zeit fehlte ein richtiger Italiener in der Stadt. Nun gibt es ein **Ristorante Italiano,** mit allem was man von ihm erwartet.

• Mit seiner Pizza zu verstecken, braucht sich aber auch das **Pizza de la Casa** auf der Friedens-Avenue nicht. Der Betreiber ist ein geschäftstüchtiger Mongole, der in Deutschland studiert hat und zwischendurch immer mal in einer Pizzeria jobbte. Da soll noch einer behaupten, dass Auslandsstipendien nichts bringen. Wer sich bei seinem ersten Besuch eine Speisekarte mitgeben lässt kann sich fortan die Pizza seiner Wahl auch von zu Hause aus zusammenstellen und anliefern lassen, Tel. 324114.

• Das **Marquis Restaurant** liegt schräg gegenüber der Hauptpost und bietet französische Leckereien, die mit Weinen abgerundet werden können. Das alles zu recht moderaten Preisen zwischen 1,50 und 5,50 US$, Tel. 318285, 99185750

• Die besten und größten **Steaks** gibt es im **El Toro,** das bisweilen seine Gäste nicht nur mit saftigen Rinderscheiben, sondern auch mit **Livemusik** erfreut. Passend dazu gibt es kühles Bier vom Fass. An schwülen Tagen kann man auch gemütlich auf der Terrasse sitzen. Und das alles zu erschwinglichen Preisen, Tel. 328517.

• Ein kräftiges **englisches Frühstück** mit frischem Brot und frisch gebrühtem Kaffee bekommt man bei **Churchill's.** Und das werktags schon ab 8.00 Uhr, also zu einer Zeit, wo man sonst noch bestenfalls in den Hotels ein trockenes Marmeladenbrot bekommt. Der Mittagstisch bietet dann gute alte britische Küche, was vielleicht nicht jedermanns Geschmack ist, Tel. 322770.

• **Sissi's Café** bietet, wie der Name schon verrät, **österreichisches Flair der Kaiserzeit**. Das ist besonders zu erwähnen, denn in den allermeisten anderen Restaurants gibt es Kaffee bestenfalls als Instant-Produkt. Das Cafè liegt auf der inneren Ringstraße nördlich vom Hotel Dsaluutschuud und ist von 8.00 Uhr bis 21.00 Uhr geöffnet. Unter http://ulaanbaatar.net/sissi kann man sich sogar die Speisekarte ansehen.

• **Chez Bernard** gehört einem jungen Belgier, den die Liebe in die Mongolei verschlagen hat. Er liebt aber auch die heimatliche Bäckereikunst. Ferner gibt es bei ihm frisches Brot, Brötchen und den einzigen wirklichen Espresso weit und breit. Für 1,50 bis 3,50 US$ gibt es etwas Anständiges zu essen, ein Getränk kostet max. 1,50 US$. Der kleine Laden liegt nur ein paar Schritte östlich des Kaufhauses auf der Peace Avenue. Er ist von 8.30 bis 20.00 Uhr geöffnet und ist in den Jahren seines Bestehens mehr und mehr zur inoffiziellen Anlaufstelle für Neuankömmlinge geworden, die neuste Infos suchen. Angesichts reger Nachfrage organisiert Bernard inzwischen auch Sightseeing-Touren und Tagesausflüge.
Tel. 324622, Mobil 99112686
E-Mail: bvdhaegen@advalvas.be

• Den besten Wein im Umkreis von 1000 km gibt es in **Dionysos Wein-Taverne.** Angeboten werden mehr als 50 gute Tropfen aus 6 Ländern Europas. Das Lokal liegt hinter dem Geschäft Nomin/Panasonic Electronik, ebenfalls auf der Peace Avenue. Die Preise liegen zwischen 2 und 15 US$ für das Glas, eine Flasche kann bis zu 55 US$ kosten. Geöffnet wird erst um 18.00 Uhr mit open end.
Tel. 326065

• Das **Sacher's Café** gehört einer gebürtigen Österreicherin. Folglich gibt es hier ab 8.30 Uhr bis 22.00 Uhr landestypisches Gebäck, frisches Brot und Brötchen sowie einen guten Kaffee. Das Café liegt unmittelbar nördlich von der Trade and Development Bank. Tel. 324734, 327752, 99146457

Straßencafés

Wer in den Sommermonaten gerne im Freien in Straßencafés sitzen möchte, dem bietet Ulan Bator unterdessen auch dazu Gelegenheit. Halten Sie einfach nach bunten Sonnenschirmen Ausschau, auch wenn Sie kein Gebäude sehen, das dazu gehört. Ihre Getränke werden in der Regel in einem kleinen Kiosk oder in einem Wohnhaus in der Nähe zubereitet und zu Ihnen gebracht. Die Straßencafés sind nicht an feste Örtlichkeiten gebunden und auch nicht an Öffnungszeiten. Im Stadtzentrum finden Sie sie jedoch ganz von alleine.

Bars und Kneipen

Als sich 1990 die Mongolei entschloss, sich fortan marktwirtschaftlich zu orientieren, gab es, abgesehen von zwei oder drei heruntergewirtschafteten Schuppen im *Ulan Bator* und im *Bajangol-Hotel,* keine Bars. Ja selbst das Wort verstand kaum einer, heißt es in Mongolisch doch eigentlich „Tiger". Und wenn man damals jemandem vorgeschlagen hätte: „Komm, wir gehen mal in den Tiger", hätte man die Lacher auf seiner Seite gehabt.

In den letzten beiden Jahren setzte jedoch ein förmlicher **Bar-Boom** ein. Wer heute durch die Straßen geht, wird kaum eine finden, in der es nicht eine oder mehrere Bars geben würde. Man findet sie in den Erdgeschossen der Wohnhäuser ebenso wie in Kellern, Werkstätten und natürlich auch in extra dafür errichteten Häusern. Im November 1998 will die Stadtverwaltung Ulan Bator insgesamt 360 Lokale gezählt haben. Dabei muss, wo „Bar" dran steht, nicht immer Bar drin sein, also das, was wir darunter verstehen. Auch viele Gaststätten nennen sich einfach „Bar", obwohl sie nachts gar nicht arbeiten. Tatsächlich ist es ungeheuer schwierig, wirklich gute Tipps zu geben. Generell ist zu sagen, dass Barbetrieb und Prostitution zwei Seiten einer Medaille sind. Wer also eine Bar betritt, muss sich im klaren darüber sein, dass er nicht nur als Cocktail-Trinker willkommen ist, sondern dass mehr von ihm erwartet wird. Wenn aus dem Deal dann nichts wird, kann es leicht einmal zu unschönen Szenen kommen.

Die folgende Auflistung gibt den den Stand vom Sommer 2002 wieder.

• Der bei In- und Ausländern beliebteste Nachtclub ist aktuell das **River Sound,** direkt südlich des Außenministeriums, d.h. genau gegenüber der Konsularabteilung. Live-Musik wechselt sich ab mit Hits aus der Konserve. Nur bei der Bedienung könnte das Personal noch etwas an Geschwindigkeit zulegen.

• Nicht mehr ganz im Zentrum, aber bei der einheimischen Jugend schwer im Trend ist der **UB Palace** im 10. Stadtbezirk.

• Ein Haus, dem immer die Fenster herauszufallen drohen, ist das **Hard-Rock-Café,** das übrigens den Kultursaal des ehemaligen *Lenin-Clubs* nutzt.

• Eine klassische **Striptease-Show** bietet die **Atilla Erotic Bar** direkt über dem **El Toro Steakhouse.** Der Eintritt kostet für Männer etwa 8 und für Ladies 5 Dollar. Tel. 317985.

• Noch **einen Zahn schärfer** geht es **im Nachtclub des Marco Polo** über dem gleichnamigen Restaurant zu. Die ganze Nacht läuft eine Striptease-Show nach der anderen und die Mädchen, die gerade nichts zu tun haben, gesellen sich in Arbeitskleidung bzw. in dem, was davon noch übrig ist, derweil zu den Gästen. Darauf, dass es dennoch immer sittsam bleibt, achtet im Hintergrund der italienische Inhaber.

• Etwas ruhiger geht es in den **Bars der Spitzenhotels** zu. Hier hat man auch einmal die Möglichkeit sich zu unterhalten.

• Die beiden besten Kneipen sind zweifelsohne das **Khan-Bräu** und das *Chinggis-Beer.* Die Fa. *Khan-Bräu,* die die erste deutsche Brauerei und die erste deutsche Kneipe in Ulan Bator einrichtete, hat inzwischen eine ganze Reihe von Filialen in der ganzen Stadt und betreibt im Sommer auch Gartenlokale. Wo die sich befinden, erklärt Ihnen gern der

Geschäftsführer, Herr *Klaus Baader,* unter 99112760 oder 458285. Inzwischen gibt es das Bier auch in Flaschen. Für Partys kann man sich ein 30-Liter-Fässchen nebst Zapfbesteck und auf Wunsch sogar mit einer jungen Dame für die Bedienung nach Hause kommen lassen.

● Das **Chinggis-Beer** hat nur ein eigenes Lokal, in dem man durch eine Glasscheibe in den Brauraum schauen kann. Das, was nicht im eigenen Lokal getrunken wird, geht an weitere Kneipen in der Stadt.

● Wer beide Biere vergleichen möchte, sollte ins **Kaisers** gehen. In dem kleinen Kellerlokal hört die Bedienung sogar, wenn man darum bittet, die Musik so leise zu drehen, dass man sich unterhalten kann. Auch um den Nachschub muss man sich nicht sorgen, sobald das Glas zur Neige geht, fragt der Kellner schon ob er ein frisches bringen soll - ein Service, der in anderen Häusern leider noch immer nicht üblich ist.

● Die sicher skurrilste **Bar** befindet sich **im Lenin-Museum** (хуучин Лениний музей, одоо Чандмань төв), direkt unter einer gewaltigen Büste des großen sowjetischen Vordenkers, die so schwer ist, dass zu ihrer Entfernung das gesamte Gebäude abgetragen werden müsste. Sie sollte allein schon wegen ihres Kusiositätswertes auf Ihrer persönlichen Hitliste nicht fehlen, ebenso wenig wie die **Bar im Friedens- und Freundschafts-Palast** (энх тайван найрамдлын ордон), in der es anstelle von Türen Vorhänge aus Röhren- und Gelenkknochen gibt.

Treffpunkte

Zu Zeiten, da es eine sehr überschaubare Zahl an Gaststätten und Bars gab, war es nichts Überraschendes, dass man immer wieder die gleichen Leute traf. Heute, da ein schieres Überangebot an Lokalen da ist, wird einem das nicht mehr so einfach gelingen. Jeder ist schließlich bemüht, halbwegs mit den Neueröffnungen mitzuhalten.

● Die Biertrinker findet man sicher am ehesten in einem der **Schankräume der Firma Khan-Bräu.** Sie verteilen sich inzwischen über die ganze Stadt. Ihr bestes Haus ist aber noch immer dank zentraler Lage das, schräg gegenüber der Hauptpost. Der deutsche Betreiber, der, bevor er in die Mongolei kam, vom Bierbrauen und von Kneipen überhaupt nichts verstand, ist immer bemüht, seinen Gästen etwas Neues zu bieten und sie so bei der Stange zu halten oder besser gesagt, mit der Hand am Glas.

● Nicht wenige Deutsche bevorzugen aber auch das oben bereits erwähnte **Chinggis-Beer,** vor allem deshalb, weil ihnen der herbere Geschmack des Gerstensaftes besser zusagt.

● Wer mehr den Kontakt zur internationalen Ausländergemeinschaft sucht, sollte in das **Steppe Inn** gehen, eine Art *Happy Hour,* die in einem, zum urgemütlichen Pub umgebauten Container auf dem Gelände der Britischen Botschaft (Английн Элчин Сайдын Яам) jeden Freitag von 18.00–19.30 Uhr stattfindet. Da der *Steppe Inn* im Verlaufe der Jahre jeweils ganz unterschiedlichen Personenkreisen offenstand, sollte man vorher bei der Britischen Botschaft anfragen (Tel. 458 133), ob derzeit Touristen als Gäste geladen sind, um zu verhindern, dass man vor dem Gelände steht und nicht eingelassen wird.

Öffentliche Verkehrsmittel

Taxi

Innerhalb der Hauptstadt ist man als Tourist mit einem Taxi sicher am schnellsten unterwegs. Mit etwa 0,25 US$/km ist das Vergnügen dazu auch noch erschwinglich. Wer ein Auto benötigt, kann sich jederzeit an den Straßenrand stellen und den Arm heben. Innerhalb kürzester Zeit wird ein **Privatwagen** anhalten und einen zum Ziel bringen. Wer dennoch auf Nummer sicher gehen will, weil er morgens zum Flughafen muss, den Wagen für eine längere Tour oder den ganzen Tag benötigt, kann sich an eines der folgenden **Taxiunternehmen** wenden.

212mo Foto: st

- **City Taxi:** Tel. 344499, neue gelb lackierte Hyundai-Kleinwagen mit Taxometer. Vorbestellungen sind rund um die Uhr möglich.
- **Taxi Ulaanbaatar:** Tel. 455355, ausschließlich *Wartburgs*.
- **Zendme 3:** Tel. 453103, verfügt über kleine und mittelgroße Busse.
- **MON-KOR:** Tel. 313450, 314299 koreanische *Hundai*-Limousinen.
- **KHUN:** Tel. 343319, Skoda-Kombi. (mit Golfmotor), 24-Stunden-Service.
- **Mongol Taxi:** Tel. 455355, 455322, meist *Moskwisch* oder *Wolga*.
- **Zag Korea:** Tel. 20360, 311539, 312270, alles koreanische Modelle.

Bus

Wer sich bereits etwas sicherer fühlt oder immer den gleichen Weg zurücklegt, kann auch das recht gut ausgebaute Busnetz benutzen. Fahrscheine erwirbt man nach dem Einsteigen bei einem „Konduktor". Deshalb wird grundsätzlich hinten ein- und zur mittleren oder vorderen Tür wieder ausgestiegen.

Die **Fahrpreise** sind aus westlicher Sicht kaum der Rede wert. Familien-, Wochenend-, Ausflugs- oder Monatsfahrscheine sind unbekannt. Bei jedem Umsteigen muss neu bezahlt werden.

Der größte Teil des Fuhrparks der Verkehrsbetriebe befindet sich in einem äußerst klapprigen Zustand. 1995/96 haben die großen Städte der Mongolei allerdings einen Teil ihres Busparks durch Fahrzeige aus Korea *(Hundai)*, Japan *(Nissan)* und Tschechien *(Karosa)* ersetzen können.

Der **Busverkehr** wird nur zwischen 7.00 und etwa 22.30 Uhr aufrechterhalten. Wer ganz sicher gehen will, sollte nicht auf den "Lumpensammler" spekulieren, sondern gegen 22.00 Uhr in Richtung Nachtquartier aufbrechen. In Stoßzeiten, d.h. kurz vor 9.00 Uhr und zwischen 16.00 und 18.00 Uhr sind die Busse immer recht überfüllt.

Dieser kesse Schlitten hat schon manchem unserer Freunde als Taxi gedient

Einkaufsmöglichkeiten

Es versteht sich sicher von selbst, dass man in einem Land, das überwiegend von der Viehzucht lebt und kaum über ein eigenes, nennenswertes verarbeitendes Gewerbe verfügt, **keine Einkaufstempel** erwarten kann. Da nahezu alle angebotenen **Waren Importprodukte** sind und beschwerlich über weite Entfernungen herbeigeschafft werden müssen, sind ihre Preise mitunter deutlich höher als zu Hause. Dennoch lohnt sich ein Blick in die Geschäfte durchaus.

Für den ersten Eindruck geht man am besten vom Suchbaatar-Platz aus in westlicher Richtung entlang der Peace Avenue ca. 700 m zum **Großen Kaufhaus** (Их дэлгүүр). Es vermittelt den besten Überblick über das Warenangebot, das den Mongolen feilgeboten wird. Für Touristen ist besonders das oberste Stockwerk von Interesse, in dem die oben erwähnten Kaschmirhersteller und Kürschnereibetriebe anbieten. Bezahlt werden muss hier in Dollar. Wir empfehlen, sich hier nur einen Überblick über Preis und Qualität der Artikel zu verschaffen und sie dann in Landeswährung in den unteren Etagen des gleichen Hauses oder aber in kleinen privaten Geschäften zu deutlich niedrigeren Preisen zu erwerben. Auch kunsthandwerkliche Souvenirs erhalten Sie in gleicher Qualität anderswo meist billiger. Seit geraumer Zeit steht das Kaufhaus auf der Privatisierungsliste der Regierung ganz oben, nur fand sich bislang niemand, der es haben wollte. Nunmehr sieht ein anderer Plan vor, das Haus in eine Aktiengesellschaft umzuwandeln und in kleinen Scheibchen zu verkaufen. Wir erwähnen das an dieser Stelle, weil wir glauben, dass sich das Erscheinungsbild des Kaufhauses alsbald ändern könnte - zum Positiven, wie wir hoffen.

Souvenirs

Um die großen Hotels und um den Suchbaatar-Platz herum haben sich zahlreiche, **Art-Shop** genannte Souvenirläden (бэлэг дурсгалын дэлгүүр) etabliert, die nette Mitbringsel für jeden Geldbeutel anbieten.

Kaschmir- und Lederwaren

Neben Artikeln des Kunsthandwerks - besonders hübsch sind u.a. die Silberschmiedearbeiten - werden Sie aus einheimischer Produktion Kaschmirprodukte und Lederwaren in reicher Auswahl finden. Achten Sie beim Kauf genau auf die Qualität. **Kaschmir** neigt bisweilen zum Fusseln, vor allem wenn es sich um Produkte der Staatsfirma *Gobi* handelt. Ferner stimmen die Größenangaben nicht mit den europäischen überein. Nehmen Sie das Kleidungsstück also unbedingt aus der Verpackung und in Augenschein. Beim **Nappaleder** haben die einzelnen Teilstücken u. U. eine andere Schattierung, und die Nähte sind nicht exakt. **Wildlederartikel** sind sehr oft durch Zeckennarben und durch Narben, die die Larven der Dasselfliege hinterlassen, gezeichnet. Sie heben sich hell vom Rest des Leders ab. Die Innenseiten von **Pelzmänteln** verlieren in den ersten Tagen des Tragens sehr viele Haare.

Unter Betrieben, die Kaschmir und Kamelhaar verarbeiten, hebt sich die Firma *Buyan* deutlich positiv ab. Ihre Produkte (Schals, Pullover, Jacken, Röcke, Leggings u. Ä.) werden jedes Jahr als neue Kollektion von französischen Designern entworfen, so dass sie in jeder Hinsicht topmodisch sind. Die Konkurrenzbetriebe bieten seit Jahren die gleichen zwei Standardmodelle in Standardfarben an, die den europäische Geschmack in der Regel nur eingeschränkt treffen. Die mit Abstand besten Ledersachen stellt die Firma *G&M* her. Das Unternehmen arbeitet mit modernsten deutschen Maschinen und wird von einem deutschen Gerber betreut. Es liefert viel in den europäischen Raum. In der Näherei selbst und auf der Südseite der Friedens-Avenue gibt es Verkaufsräume. Man kann sich auch selbst einige gegerbte Häute aussuchen und nach seinen Vorstellungen auf Maß für erstaunlich wenig Geld schneidern lassen. Die Direktion erreichen Sie unter Tel. 366409 oder Fax 365936.

Kleine Delguurs erkennt man oft nur an der Aufschrift an einer Hauswand

Mongolische Musik

Wenn Sie Gefallen an der mongolischen Volksmusik gefunden haben, sind Musikkasetten oder CDs ein nettes Mitbringsel. Hierbei sollte beachtet werden, dass nur diejenigen Musikkasetten, die es auch als CDs gibt, von guter Tonqualität sind. Die anderen zum Verkauf stehenden Kasetten stammen von bereits tausendmal überspielten Originalaufnahmen und sind entsprechend durch Rauschen gedämpft, was Ihnen aber auch das ganz typische Mongolei-Flair in Erinnerung rufen kann, wenn Sie erst einmal wieder zu Hause sind. Die reichhaltigste **Auswahl** finden Sie an einem Kiosk am Rande des Lebensmittelmarktes neben dem Zirkus. Er ist nicht zu überhören, da er den ganzen Vorplatz beschallt.

Postkarten und Bildbände

Wegen ihrer typisch mongolischen Motive lohnenswert sind auch Postkarten, die man am besten gleich auf der Hauptpost (төв шуудан) ersteht, oder verschiedene Bildbände, die in den Hotel-Shops und in Museen zum Verkauf angeboten werden.

Aquarelle und Ölbilder

Besondere Erwähnung sollte finden, dass man in Ulan Bator hervorragend Aquarelle und Ölbilder kaufen kann, zu Preisen, für die in Europa nicht einmal ein anständiges Poster zu bekommen ist. Das übliche Angebot umfasst in erster Linie sehr gegenständlich gemalte mongolische Landschaftsmotive. Anlaufstellen sind wiederum die *Art-Shops*. Ausserdem werden vor den großen Hotels, in der Hauptpost und vor Museen, vor allen Dingen vor dem Bogd-Khan-Museum (Богд хааны музей), Bilder von den Künstlern direkt zum Verkauf angeboten. Der Preis liegt hier in der Regel deutlich niedriger.

Ein ganz besonderer *Art-Shop* ist der, in dem die **Kunstakademie** Werke ihrer Studenten und Absolventen verkauft. Das Angebot unterscheidet sich deutlich von dem anderer Läden, man kann hier wirklich inspirier-

213mo Foto: st

te Arbeiten verschiedener Stilrichtungen erwerben. Zudem sind die Werke der jungen Künstler in der Regel billiger als die Bilder in den normalen Souvenirläden. Ein Aquarell im DIN A4-Format kostet etwa 15 US$; ein Ölbild in DIN A3 etwa 50 US$.

Kleine „Delguurs"

Im Rahmen der wirtschaftlichen Privatisierung versuchen neben den großen, staatlichen Kaufhäusern und Geschäften auch zunehmend Klein- und Kleinstunternehmer, sich durch die Eröffnung eines Ladens den Lebensunterhalt zu sichern. Diese **privaten Geschäfte** sind oft in Wohnhäusern, Heizungskellern oder ähnlichen Räumen untergebracht und bieten auf kleinstem Raum ein Sammelsurium an Waren an. Allein die Atmosphäre in solch einem *Delguur* lohnt den Besuch. Zu finden sind sie meist durch die mit großen Pinselstrichen auf eine Häuserwand oder über eine Haustür gemalte Aufschrift „Delguur" – „ДЭЛГҮҮР". Immer häufiger sind ähnlich unprofessionell ausgeführte Aufschriften „Shop".

Kioske

Seit einiger Zeit gibt es in eine Unmenge von Kiosken, die den Straßenrand säumen. Dort werden in der Regel Süßwaren, Zigaretten, Knabberzeug und Limonade verkauft. Alkoholika stehen nicht zum Verkauf. Manche dieser Kioske sind 24 Stunden geöffnet und arbeiten in der Nacht bei Kerzenschein.

In der Sommersaison gibt es auch **Pizza- und Hot-Dog-Stände,** vor allem um die Universitäten herum. Für den kleinen Hunger zwischendurch sind manche eine gute Alternative zu einem langwierigen Gaststättenaufenthalt. Da man direkt in die Küche schauen kann, kann man auch gut beurteilen, wie sauber es darin zugeht.

Manchmal werden auf der Straße private Lebensmittel verkauft. Hier bietet ein Nordmongole gefrorene Fische aus dem Kofferaum an.

Schwarzmarkt

Den legendären Schwarzmarkt am nördlichen Stadtrand gibt es leider nicht mehr. Im Spätsommer 1999 eröffnete am östlichen Rand des XIII. Stadtbezirks unmittelbar an der Eisenbahnlinie ein neues, allgemein als neuer Markt bezeichnetes **internationales Handelszentrum** namens *Narantuul* (Олон улсын худалдааны тъв Нарантуул). Für die Verbraucher brachte der Umzug sicher viele Vorteile. Die Marktfläche ist insgesamt größer geworden, die Verkehrsanbindung und die Parkmöglichkeiten sind viel besser und ausladende Schleppdächer garantieren, dass Handel und Wandel auch bei Regen nicht unterbrochen werden müssen.

Der **Eintritt** kostet 50 Tugrik, für ein Auto werden noch einmal 100 Tugrik Parkplatzgebühr fällig. Geöffnet ist außer dienstags täglich von 10.00 bis 18.00 Uhr. Wenn es an der Entscheidung der Stadt, den Markt zu verlagern, überhaupt etwas auszusetzen gibt, so nur, dass mit dem Umzug auch ein gutes Stück des an keiner anderen Stelle des Landes so konzentrierten alten Flairs abhanden gekommen ist.

Um den Markt begehen zu können, muss man sich eine spezielle Art von Bewegungstechnik aneignen. Wichtig ist, kräftig die Ellenbogen einzusetzen und zu versuchen, nicht aus der allgemeinen Strömung zu geraten, die 100.000 und mehr Menschen, die besonders an den Wochenenden den Markt bevölkern, ganz zwangsläufig auslösen.

Verkauft wird hier bis auf frische Lebensmittel und KFZ-Technik (für beides gibt es gesonderte Märkte) an ca. 2600 Ständen wirklich alles, was man sich nur vorstellen kann – vom rostigen Nagel über eine durchgebrannte Birne und Goldfische im Gurkenglas bis zum Designerkleid. In den letzten Jahren haben Industriewaren und lange lagerbare Lebensmittel aus China die einheimischen Produzenten komplett verdrängt. Waren mongolischen Ursprungs finden Sie nur noch bei Artikeln des Kunsthandwerks, nationaler Kleidung und Pelzartikeln.

Obwohl der Besuch auf dem Markt überaus spannend sein kann, empfehlen wir insbesondere Neuankömmlingen nicht, das umzäunte Gelände zu betreten. Die Gefahr, Opfer eines **Raubüberfalls** zu werden, in eine Schlägerei verwickelt zu werden oder sich im Gedrängel die Knöpfe vom Hemd reißen zu lassen, ist extrem hoch. Auf dem Markt gibt es eigentlich auch nichts, was es nicht anderswo auch geben würde, nur dass hier die Preise deutlich niedriger sind als in der Stadt, wo die Händler stolze Pacht für ihre Stände zahlen müssen. So ganz abgeschrieben scheint der alte Markt jedoch noch nicht zu sein, wobei die Stadt noch nicht endgültig entschieden hat, welcher Art die Neuverwendung sein soll.

Lebensmittel

Die Zeiten der absoluten **Lebensmittelknappheit,** als es Brot, Fleisch und Mehl nur auf Lebensmittelkarten gab, sind in der Mongolei vorbei. Unterdessen können Sie in einer Vielzahl von Geschäften, Märkten und Kiosken alles mögliche Ess- und Trinkbare kaufen. Jedes einzelne Geschäft aufzulisten, ist indes müßig, weshalb hier nur die Hauptanlaufstellen genannt sein sollen.

216mo Foto: st

Angebot

Lebensmittelfachgeschäfte wie Metzgereien, Milchgeschäfte oder Bäckerläden sind noch immer die Ausnahme. Supermärkte, also Geschäfte mit Einkaufskorb oder -wagen und Selbstbedienung, gibt es auch nur sehr wenige, die dann gleich richtig teuer sind.

Man kann sich heute, wenn man nicht ein ganz bestimmtes Produkt bevorzugt, aus dem **Sortiment,** das die Märkte bieten, gut ernähren. Bemerkenswert ist der hohe Anteil **europäischer Lebensmittel** – von Würstchen im Glas über Ketchup, Salatdressing, Tütensuppen bis zur *Schwartau*-Konfitüre. Beim Kauf sollte man darauf achten, dass die Ware nicht überlagert ist oder irgendwelche sichtbaren Schäden aufweist. Viele der Artikel stammen aus der Konkursmasse von europäischen Firmen oder werden aus verunfallten Lastwagen geborgen und billig nach Osteuropa weitergereicht.

Kartoffeln, Kohl, Rüben, Zwiebeln und ein bescheidenes Sortiment an Küchenkräutern kommen aus dem einheimischen Anbau oder aus China. **Obst** stammt bis auf Sanddorn auch aus China. Im Angebot sind verschiedene **Wurst- und Käsesorten,** letztere überwiegend aus Russland oder aus Europa.

Fleisch gibt es indes nur in großen Stücken oder für den Bedarf einer mongolischen Großfamilie dimensioniert als Keule, Schafshälfte oder als ganzes Tier.

- Wer eine spezielles Stück Fleisch oder Schinken kaufen möchte, wie er es von zu Hause kennt, muss sich direkt an die **Fleischerei Chatan Sujch** (Хатан сүйх хэмээх махны цех) wenden. Tel. 361271. Die Chefin, Frau *Uldsijbajar,* spricht gut deutsch. In dieser Metzgerei arbeitete vorübergehend ein Metzgermeister aus Berlin, der das mongolische Personal entsprechend ausgebildet hat.
- Als einziger Supermarkt verfügt die Firma *TBD Anduud* (ТБД Андууд, герман барааны дэлгүүр, Төмөр замын техникумын зүүн талд) über eine gut bestückte Fleischtheke. Da hier sehr viele Ausländer einkaufen, ist immer viel los. Man kann sogar Sonderwünsche anmelden und Vorbestellungen abgeben, was man auch machen sollte, wenn man seinen Proviant für eine große Expedition zusammenstellt.

Ulan Bator

●Gut am Markt etabliert hat sich auch eine weitere deutsche Metzgerei. **Werners Wurstwaren** gibt es im *Passage-Markt* (im gleichen Gebäudekomplex wie der *Mercury Markt,* südöstlicher Eingang) im linken hinteren Bereich. Bedient wird in Deutsch. Wer sich beim Anblick des reichhaltigen Fleisch-, Schinken- und Wurstwarenangebots nicht gleich entscheiden will, sollte vielleicht zunächst bei einem guten Kaffee und einem frischen Schinkenbrötchen in Ruhe überlegen. Bei Werner ist eigentlich fast nichts unmöglich. Sogar Met – für die meisten Mongolen der reine Graus – gibt es auf Vorbestellung. Abgerundet wird das Angebot durch Küchengewürze, die es anderswo kaum gibt, Fertiggerichte, Konserven und vor allem einen Vakuumservice. Wer eine **Expedition** plant und dabei nicht tagelang nur aus der Tüte leben möchte, für den führt an Werner eigentlich kein Weg vorbei.

Werner Klöfer Mobil 99118847

●Das **Getränkeangebot,** darunter die Auswahl an Bier, ist üppig, die Preise sind allerdings gepfeffert. Eine kleine Büchse *Carlsberg* oder *Becks* kostet umgerechnet 0,77 €. Auch eine No-Name-Cola bekommt man nicht unter 0,51 €. Das mongolische Bier ist, frisch und kalt serviert, sehr schmackhaft und billiger als die importierte Konkurrenz. Einen Getränkegroßhandel mit preiswerterem Bier, Spirituosen und Dauerbackwaren gibt es östlich des Hauptbahnhofs (Барс бөөний худалдааны төв, вокзалын зүүн талд).

Märkte

●Der wichtigste **Lebensmittelmarkt** befindet sich in der Nähe des Zirkus, wobei man vor dem Zirkus stehend lediglich dem Zustrom der Menge folgen muss, um ihn zu finden (далай ээж хүнсний зах). Er ist etwa 100 m entfernt, hinter einem Hausblock in einer großen Halle untergebracht. Im gleichen Gebäude befindet sich inzwischen noch ein zweiter Markt, *Merkurej* genannt. Zu diesem gelangt man duch den nördlichen Eingang. Sein Sortiment ist sogar besser als das des älteren Bruders. Hier gibt es die einzige Käsetheke, die halbharten Käse aus Yakmilch sowie gekörnten Quark, saure und süße Sahne, Mozzarella und Joghurt verkauft.

217mo Foto: st

●Für Autofahrer interessant ist der **Vier-Berge-Markt** (дөрвөн уул хүнсний зах), weil er über einen Kundenparkplatz verfügt. Das Angebot unterscheidet sich kaum von dem auf dem oben genannten Märkten.

●Auf dem so genannten **Chinesenmarkt** (урт загааны хажуу талын шар дэлгүүр) gibt es vor allem im Sommer ausgefallene **Kräuter, Gewürze und Früchte.**

●Recht neu, aber bereits gut etabliert bei der einheimischen wie ausländischen Kundschaft ist das **Sky Shopping Center** im Westflügel des Chinggis-Khaan-Hotels. Es handelt sich um den Ableger einer koreanischen Kette, was man auch am Lebensmittelangebot merkt. In zahlreichen Kühltruhen gibt es verpacktes Seafood, mit dem viele Mongolen nichts anzufangen wissen, aber es ist auch eine Fleischtheke vorhanden.

Gebrauchsgüter

Ein Fachhandel ist in der Mongolei erst im Entstehen begriffen. Bislang gibt es eigentlich nur **Fachgeschäfte** für Autoersatzteile, Baumaterial, Schreibwaren, Elektronik und Computer, Fotoarbeiten, Drogerieartikel und Möbel. Die meisten anderen Läden führen alles, von dem die Besitzer meinen, es würde gerade gut gehen. Wir haben sogar schon gesehen, dass in der Apotheke Motorkettensägen und in der Bücherei Spritzen zu haben waren. Wer also einen bestimmten Artikel benötigt, wird sich auf die Suche machen müssen, indem er die ganze Stadt durchstreift. Wenn das nichts bringt, hilft nur noch der Weg auf den **Markt.** Eine andere Möglichkeit, besteht schließlich darin, eine **Anzeige** in einem Anzeigenblatt, den großen Tageszeitungen, dem Rundfunk oder Fernsehen zu schalten. Eine Kleinanzeige kostet ca. 0,50 €, eine postkartengroße Annonce in den großen Blättern ungefähr 75 €. Eine Durchsage im TV mit mehrfacher Wiederholung gibt es für ca. 40 €.

Mongolen kaufen ihren Fleischvorrat in handlichen Stücken, die im Winter auf dem Balkon gelagert werden

Autos und Zubehör

Autozubehör gibt es an fast jeder Ecke. In einigen Geschäften kann man gegen Hinterlegung einer Kaution auch Teile für gängige japanische und koreanische Modelle bestellen, die dann innerhalb einer Woche eintreffen. *Toyota, Hyundai* sowie *BMW/Landrover* und *Mercedes-Benz* haben eigene Autohäuser.

Am spannendsten ist es immer noch auf dem **technischen Markt** (шар хадны техникийн зах), wo an den üblichen Markttagen alles angeboten wird, was man in oder an ein Auto ein- oder anbauen kann. **Öle, Fette und Frostschutzmittel** werden hier ohne Verpackung verkauft. Der Verkäufer füllt seine Ware direkt in das Fahrzeug des Käufers.

Neue oder gebrauchte Fahrzeuge sollte man indes nicht vom Markt kaufen. Die Preise liegen weit über denen für vergleichbare Wagen in Europa. Auch was neu aussieht, muss nicht neu sein. Wie wollen Sie als Käufer feststellen, ob das blitzende Getriebe von innen genauso gut aussieht?

Informationen zum **Kauf von Neuwagen** finden sich im Kapitel „Auf in die Steppe".

Post und Telekommunikation

In der Mongolei gibt es keinen **Postzustelldienst.** Wer sich also Post nach Ulan Bator kommen lassen möchte, muss sich auf der Hauptpost (Төв шуудан) oder einem anderen Amt (шуудангийн салбар) ein **Postfach** (шуудангийн хайрцаг) mieten oder das eines Bekannten angeben und von Zeit zu Zeit nachfragen, ob etwas angekommen ist.

Eine andere Methode ist, sich als **Selbstabholer** (өөрөө хүлээн авагч) deklarieren zu lassen. Man schreibt auf den Umschlag nur den Namen des Empfängers, Ulan Bator, Mongolia und darunter das in Klammern stehende mongolische Wort für Selbstabholer. Der Brief kommt dann auf der Hauptpost in einen großen Haufen und wird auf Nachfrage herausgesucht.

Siehe auch Kapitel „Praktische Reisetipps von A bis Z".

k5 Foto: st

Auf in die Steppe

e1 Foto: st

f8 Foto: st

In der Wüste Gobi lebten einst Dinosaurier

Karawane beim Zug durch die Steppe

Bestes Beförderungsmittel: das Pferd

Reisebüros und organisierte Reisen

Reiseveranstalter

Kaum eine andere Branche boomt so wie der Fremdenverkehr, obwohl die Anzahl der Touristen in den letzten Jahren keine großen Veränderungen aufweist. Mit der Verschärfung der Visabestimmungen, auf die weiter vorn schon eingegangen wurde, will die Regierung offenbar diejenigen einschränken, die Ihre Reise erst vor Ort organisieren. Dies ist aktuell nur noch dann möglich, wenn Sie eine private oder institutionelle Einladung vorweisen können.

Für alle anderen ist eine **Reisebuchung bereits vom Heimatland aus** die Voraussetzung, um einen Einreisestempel im Pass zu bekommen. Weil dem so ist, haben all diejenigen Unternehmen, die mit einem europäischen Partner zusammen arbeiten, sich auf Messen präsentieren und vor allem auch eine eigene aussagekräftige Web-Site unterhalten, die besten Chancen, auch in Zukunft die meisten Kunden zu bekommen.

In der folgenden Liste haben wir nur Unternehmen erfasst, die diese Voraussetzungen erfüllen, die schon längere Zeit erfolgreich aktiv sind und von denen uns **Resonanzen von zufriedenen Besuchern** vorliegen bzw. die etwas ganz Besonderes bieten. Nicht erfasst sind allerdings Veranstalter, die sich vornehmlich an außereuropäische Kunden wenden.

Nomads Tours & Expeditions

Als *Sean Hinton,* ein junger Engländer, 1988 die Mongolei betrat, um seine Dissertation über den Nasalgesang zu schreiben, ahnte er nicht, dass er nur wenige Jahre später das erste ausländische Konkurrenzunternehmen zum Staatsgiganten Juulchin gründen würde. Nach einem längeren Aufenthalt unter Nomadenfamilien im Westen der Mongolei fand er sich nicht nur um tiefe Einblicke in das Leben dieser Menschen bereichert, sondern auch um ihre Sprache und ihre Liebe zu diesem Land. 1993 gründete er Nomads Tours & Expeditions und fand 1995 in *Helge Reitz* einen deutschen Geschäftsführer, der seinen Glauben an das Potenzial und seine Liebe zu dem Land teilte. Mit Ausdauer, Vision und Teamgeist entwickelte Helge Reitz *Nomads* zu einem mittelständischen Unternehmen mit ca. 20 Festangestellten.

Regelmässige Schulungen der Saisonkräfte und Festangestellten, ein **kommunikationsstarkes Büro,** dass sich ganz **am Wunsch des Klienten orientiert** und ein beeindruckender **Fuhrpark von Offroad-LKW,** darunter auch zwei Unimogs mit eingebauten Küchen, erlauben es dem Team, nicht nur schwieriges Gelände zu erobern, sondern diese Abenteuer weit ab von jedem Jurtencamp mit einem **Maximum an Komfort und Sicherheit** zu bewältigen. Das Angebot von *Nomads* richtet sich sowohl an **Reiseveranstalter** als auch an **umwelt- und qualitätsbewusste Individualreisende,** die entweder in ein umfassendes Programm von Reisen einbuchen oder es sich individuell ausarbeiten lassen können. Im Programm findet man **Bergsteigen, Wandern, Reiten** (mit australischen Sätteln!), **kulturelle Rundreisen und Wüstenexpeditionen**. Bereist werden alle Landesteile.

Von *Nomads* **logistischem Know-How** profitieren nicht nur Touristen, sondern auch die Medien, wie u.a. die ARD, ARTE, GEO und BBC. Dass *Nomads* tatsächlich der führende Anbieter ist, meinten 1999 auch die Manager des Hollywood-Stars *Julia Roberts*, die die Mongolei zu Filmaufnahmen mit *Nomads* bereiste.

- **Nomads Tours & Expeditions**
Friedens- und Freundschafts-Palast, Büro 8, 9 Friedensstraße, Ulan Bator, Mongolei
Tel./Fax 00976 (11) 328146
info@nomadstours.com
www.nomadstours.com

Tsolmon Travel

Tsolmon Travel ist eines der privaten Unternehmen, die sich seit Jahren mit dem Tourismusgeschäft befassen und inzwischen deutlich expandiert haben. Dies ist die richtige Adresse, wenn man **internationale Reservierungen** benötigt, seien es Hotels, Flugscheine oder Fahrkarten. Direktor *Batdelger* und Frau *Nawtschaa* lösen schier unmöglich erscheinende Fälle. Aber auch ihr Tourenangebot kann sich sehen lassen und ist in der Gestaltung flexibel. Auf spezielle Wünsche wird gerne eingegangen. Das Unternehmen versucht seine Gäste auch dorthin zu führen, wo nicht alle anderen sind. Aber bestimmte Plätze sind eben ein Muss. Deswegen steht das erste eigene **70-Betten-Jurtencamp „Horgo"** von *Tsolmon Travel* auch am Terchijn Zagaan nuur im Archangaj-Aimak. Im Winter 1998/99 ist als weiteres **Camp „Buuveit"** mit 60 Betten in Tereldsh, nur 65 km entfernt von Ulan Bator, hinzugekommen, das mit Stromanschluss, eigenem Tiefbrunnen und einem Sanitärtrakt all das hat, was andere oft vermissen lassen. Das besondere am Camp ist, dass es auch im Winter in Betrieb bleibt. Dann kann man sich in einem Blockhaus in die Sauna setzen und anschließend im Schnee abkühlen. Von hier aus können Tagesreittouren, Wochenendtrips, Skilanglauftouren oder Business-Treffs an der frischen Luft organisiert werden. *Tsolmon Travel's* Engagement wurde bereits mehrfach von staatlicher Stelle anerkannt, so erhielten sie 2001 von der IHK den Titel des „Besten Tour-Operators".

- **Tsolmon Travel Co. Ltd.**
Ulaanbaatar 11, Chingis Khaan avenue, Gebäude der Staatsbibliothek, Raum 315
Tel. 322870, 99114913
Fax 310323, 312123
E-Mail: tsolmont@magicnet.mn
www.tsolmontravel.com

GOBIIN OGLOO Ecotourism & Travel Agency

Dieses Reisebüro hat sich neben einer begrenzten Anzahl **fester Reiserouten** insbesondere auf die **Vermittlung von Individualreisen** zu Fuß, zu Pferd, zu Kamel und mit dem Jeep spezialisiert und dies zu fairen Preisen. Die Einzelreisen werden je nach Vorgabe individuell kalkuliert, wer eine der festen Touren bucht, muss je nach

Gruppenstärke mit ungefähr 100 US$ pro Tag rechnen. Inbegriffen in den Preisen sind die Inlandsflüge, sämtliche Transfers, Unterkunft in Hotels und Jurten, Fahrzeuge, Fahrer, Dolmetscher und die Dienste eines Kochs für unterwegs sowie Kosten für Pferde und Kamelanmietungen und die gesamte Verpflegung.

Die angebotenen Touren sind wohldurchdacht und bilden das richtige Verhältnis in der Mischung zwischen Abenteuer und Ausruhen: Übernachtungen im Zelt wechseln mit Jurten und Hotels; die Tagesetappen bieten interessante Zwischenstops und viel Gelegenheit, Land und Leute kennen zu lernen. Insgesamt neun 1–3-wöchige Touren führen in Taiga, Steppe, Gebirge oder Gobi. Doch nicht nur die außergewöhnlich konzipierten Reiserouten, sondern vor allem auch das freundliche Personal zeichnen *GOBIIN OGLOO* aus. Hier ist man keine „Nummer", sondern der persönlich erwartete Gast, und man kann darauf zählen, dass einem entgegengekommen und geholfen wird. Außerdem kann man sich bei den Leuten von *GOBIIN OGLOO* darauf verlassen, dass nicht mehr versprochen wird, als gehalten werden kann – nicht immer eine Selbstverständlichkeit in der Mongolei. Unter der angegebenen Adresse gibt es aktuelle Infos und einen Farbprospekt mit den Angeboten.

● **GOBIIN OGLOO Eco & Adventure Tours**
Ulaanbaatar-13, P.O. Box-1014
Tel. 315552; 323394
Fax 323394; 459003
E-Mail: gobinogloo@magicnet.mn
www.mol.mn/gobinogloo

Nature Tours

Das Büro vermittelt Touren durch die **Natur** für Einzelpersonen und Gruppen. Das Programm kann flexibel gestaltet werden. Im Angebot sind Touren **zu Pferd oder zu Fuß.** Zu den Standard-Routen gehören Bus- oder Jeep-Fahrten nach Kara-Korum, Chugun Chaan (Touristencamp ca. 280 km von Ulan Bator in einer Sanddüne) und in das Camp der Südgobi. Viel Zuspruch finden die **Angeltouren.**

● Tel. 312392, 311801
Fax 00976 (1) 311979
E-Mail: Nattour@magicnet.mn
www. Mongolei.de/nature-tours

Juulchin

Juulchin ist der aus dem ehemaligen staatlichen Reisebüro hervorgegangene, nach wie vor **größte Tourismus-Anbieter** des Landes, wobei **Pauschalreisen** das Kerngeschäft ausmachen. Einzelreisende und Kurzentschlossene können sich problemlos nicht ganz voll gewordenen Gruppen anschließen. Eine weitere Säule des Geschäfts bildet die Jagd. Das Unternehmen hat die am besten ausgebaute Infrastruktur in Ulan Bator und in verschiedenen Regionen des Landes.

Eine *Juulchin*-Reise ist sicher etwas für all diejenigen, die die Schönheit der Mongolei genießen möchten, aber nicht mehr das ganz große Abenteuer suchen und vor allem nicht so sehr auf den Pfennig bzw.den Hundermarkschein achten müssen.

● **Juulchin**
Foreign Tourism Corp.,
Chingis Khaan Avenue 5 B,
Ulaanbaatar 210534
Tel. 328428, 312095, 322884

Fax 00976 (1) 320246
E-Mail: jlncorp@magicnet.mn
• **Repräsentanz für Europa**
Chausseestrasse 84,
10115 Berlin,
Tel. (030) 44057646
Fax (030) 44057645
E-Mail: jlcorp.repofficeuro@berlin.snafu.de
Internet www.mongoliaonline.mn/juulchin

Huvsgul Travel

Huvsgul Travel bietet Camps in allen Landesteilen. Das nach wie vor Beste ist allerdings ihr Camp am größten See der Mongolei. Wir waren im Sommer 1997 über eine Woche da und freuten uns über saubere Jurten und Bungalows, warmes Essen, heiße Duschen und elektrisches Licht.

• **Huvsgul Travel Co.**
P.O.Box 116
Ulaanbaatar 38, Mongolia
Tel. 457137, 236478, Fax 324620

Newmon Travel

Das Büro am Suchbaatar-Platz offeriert vor allem **Individualreisen** und Reisen für **kleine Gruppen,** die viel Einfluss auf die Gestaltung der Unternehmung haben möchten. Mit im Angebot sind Hubschrauberflüge, Reiten und Wandern.

• **Newmon Travel**
Sukhbaatar Square, Ulaanbaatar 210646
Tel. 00976 (1) 320728, 55323, 358128
Fax 00976 (1) 320728 oder 310612
Ansprechpartner: Fr. *Zezegdari,* Fr. *Ojungerel*

MIAT TOUR

Miat Tour ist eine Tochter der mongolischen Luftfahrtgesellschaft *MIAT.* Ihre erste große Bewährungsprobe bestand sie mit der reibungslosen Abwicklung der *Camel Trophy* 1997. Die Firma ist ein kompetenter Ansprechpartner, wenn es um **Flugreisen** geht.

• **MIAT TOUR**
Jumyan Gunij Gudamj -6
Ulaanbaatar 48, Mongolia
Tel. 312759, Fax 311129
E-Mail: miattour@magicnet.mn
Internet www.miattour.mn/
• **Repräsentanz in Berlin:**
Tel. (030) 60915300, Fax 60915301

Nomadic Expeditions

Ein **amerikanisch-mongolisches** Unternehmen spricht einerseits für Landeskenntnis und kulturelle Kompetenz, andererseits für gründliche Vorbereitung und guten Service. Im Team gibt es auch Leute, die Deutsch sprechen, und die Touren richten sich an unterschiedlichste Interessengruppe.

• **Nomadic Expeditions, LLC**
Peace & Friendship House, Peace Avenue 7
Tel. 313396, 325786, Fax. 320311
E-Mail: NomadicExp@magicnet.mn
Internet www.nomadicExp.com

Extratour

Extratour ist ein kleiner Reiseveranstalter, dessen Inhaber und Geschäftsführer der bereits erwähnte Deutsche *Vait Scholz* ist. Das Unternehmen ist bestrebt, schon bei der Planung im Heimatland individuell auf die Wünsche und Vorstellungen der Kunden einzugehen, um so den Urlaub optimal vorzubereiten und Ernüchterung bei der Anreise auszuschließen. Hier fließen die Erfahrungen ein, die der Firmeninhaber bei vielen eigenen Touren sammeln konnte. Entscheidend ist nicht, was im Programmvorschlag steht, sondern was die Kunden wirklich wollen, wobei sich die geplante

Reise neben der Mongolei auch auf die Nachbarländer erstrecken kann. Alle Touren sind nach dem **Baukastenprinzip** aufgebaut, d. h., es gibt die Möglichkeit, alles komplett zu buchen, oder viele Elemente selbst zu organisieren, wie z.B. An- und Abreise, Übernachtung usw.

Das Angebot von *Extratour* ist für den Individualtouristen genauso bestimmt wie für den Reiseveranstalter und umfasst u.a. **Jeeptouren, Reiten, Wandern und Motorradreisen**.

Ein weiterer Schwerpunkt der Aktivitäten von Extratour ist die Organisation von **Medien-Events.** Davon hat z. B. das deutsche Modehaus S. Oliver profitiert, das in Zusammenarbeit mit *Extratour* die Fotos für ihren Modekatalog erstellt hat.

Mit *Extratour* ist man unterwegs nicht allein. Zum Team gehören **erfahrene Dolmetscher, Fahrer und Bürokräfte**. *Extratour* kann auf einen Stamm von Mitarbeitern zurückgreifen, die die jeweilige Region bestens kennen und so manches ermöglichen, was normalerweise nicht geht.

- **Extratour**
P.O.Box 338
Ulaanbaatar 210613
Mongolia
Tel. 318832, 369410
Fax +49 (0) 1805 32326682539
Mobil 99260074, 99169834
E-Mail: extratour@extratour-erlebnisreisen.de
www.extratour-erlebnisreisen.de

045mo Foto: st

Off Road Kangaroo

Off Road Kangaroo (ORK) ist Spezialanbieter für **geführte Geländewagenreisen** auf vier Kontinenten. Dabei stehen kleine Gruppen und ein Höchstmaß an Individualität im Vordergrund. Schon 1998 wurde die erste Reise in der Mongolei organisiert. Damals lernten sich der Autor, *Fred Forkert,* und der Leiter von ORK, *Bernd Landau,* in Ulaanbaatar kennen. Ab 2004 werden *Fred Forkert* und ORK die 20 Jahre Erfahrung aus Geländewagenreisen und Mongoleikenntnissen vereint umsetzen. So können auch Selbstfahrer im Miet-4x4 mit Expertenführung eines der aufregendsten Länder der Erde „er-fahren". Wer mehr als zwei oder drei Wochen Zeit, eine Portion Abenteuerlust und einen Geländewagen besitzt, kann an der jährlich im Sommer stattfindenden **Expeditionsreise „Deutschland - Mongolei"** unter der Führung *Fred Forkert / ORK* teilnehmen. Diese Tour geht über 6 Wochen durch Russland, Kasachstan, Usbekistan, Tadschikistan und Kirgistan (eventuell auch durch China) in die Mongolei.

● **OFF ROAD KANGAROO**
Bernd Landau / Hans Rudolf Fahrni
Mühlenweg 37, D-22844 Norderstedt
Tel. (040) 52679634, Fax (040) 52679635
info@offroad-kangaroo.de
www.offroad-kangaroo.com

Fred Forkert in Aktion - 20 Jahre Offroad-Erfahrung

SSS Travel Co., Ltd.

Geboten wird die gesamte Palette von vorstellbaren Aktivitäten, wobei auch eine Reihe interessanter **Angebote speziell für Jugendliche** dabei ist. Besonders hervorzuheben ist die Zusammenarbeit mit einem **Projekt zur Armutsbekämpfung**. Interessenten erhalten die Möglichkeit, arme Familien in Ulan Bator zu besuchen und zielgerichtet zu helfen.

● **SSS Travel Co., Ltd.**
Herr M. Esunmunkh
Sukhbaatar district, Baga toirog 24
P.O. Box 161, Ulaanbaatar 210646
Tel. 328410
Mobil 99114742
Fax 311915
E-Mail: inbound@ssstravel.mn
www.ssstravel.mn

Legend Tours

Dieses Unternehmen empfehlen wir besonders, wenn Sie eine **Kombinationsreise** planen, die Russland und die Mongolei, evtl. aber auch noch China einschließen soll. Es wird geleitet von *Tatiana,* einer in Ulan Bator ansässigen Russin. Ihr Büro befindet sich auf der Südseite der russischen Botschaft im Gebäude mit der Aufschrift „Sant Asat trading Center" im 2. Stock, Zi. 202.

● **Legend Tours**
Tel./Fax 315158
Mobil 99193843
E-Mail: tatiana@magicnet.mn
info@legendtour.ru
www.legendtour.ru

Central Mongolia Airways

Wie aus der Firmenbezeichnung schon hervorgeht, reist man hier in der Luft, genauer gesagt mit einem von drei russischen **Großraumhubschraubern** vom Typ Mi-8. Das ist nicht eben ökologisch, bequem aber allemal. Unternommen werden mit den Fluggeräten Angeltouren und Fotosafaris an Plätzen, wo man sonst nur schwer hinkommt.

- **Central Mongolia Airways**
Tel. 318480
Fax 318480
E-Mail: cma@magicnet.mn
http://cma.mn

Auto Adventure Travel

Hier geht es richtig zur Sache mit **russischen Jeeps und Allradbussen.** Vieles, was Sie in diesem Buch beschrieben finden, werden Sie bei diesem Anbieter hautnah erleben können. Das Unternehmen verleiht auch Fahrzeuge oder lässt Sie mal ans Steuer. Die Wagen sind mit allem ausgerüstet, was man für die Kommunikation, die Orientierung und eine **anständige Schlammschlacht** so braucht.

- **Auto Adventure Travel**
Tel. 99199199
E-Mail: aatm@magicnet.mn
http://web.mol.mn/~aatm/

Arbeitskreis Natur und Reisen Mongolei

Im Juli 1999 schlossen sich 13 Reiseveranstalter und die Fluggesellschaft *MIAT* mit Unterstützung der *„Deutschen Gesellschaft für Technische Zusammenarbeit"* zum „Arbeitskreis Natur und Reisen Mongolei" zusammen, der sich für einen langfristig erlebnis- und erfolgreichen Tourismus einsetzt. Mit Hilfe internationaler Experten wurden Richtlinien für einen **umwelt- und sozialverträglichen Tourismus** erarbeitet, die die ökologischen und vor allem auch kulturellen Besonderheiten des Landes in noch nie dagewesener Weise berücksichtigen. Alle Mitglieder verpflichteten sich nach dem Motto **„Minimierung negativer und Maximierung positiver Auswirkungen",** die Vorgaben einzuhalten. Schwerpunkte des Pflichtenheftes sind:

- eine enge Zusammenarbeit mit den Nationalparkverwaltungen;
- verstärkte Nutzung alternativer Energiequellen;
- Verringerung nichtorganischer Abfälle, sowie die Einführung natur- und kulturgerechter Konzepte der Wassernutzung;
- besondere Sorgfalt bei der Auswahl der Vertragspartner nach Kriterien der Umwelt- und Sozialverträglichkeit;
- Erschliessung neuer und Verbesserung alter Tourismusziele in Zusammenarbeit mit der lokalen Bevölkerung sowie
- Eröffnung neuer regionaler Einkommesmöglichkeiten von Ortsansässigen durch die Bereitstellung qualifizierter Beschäftigungsfelder.

Was sich im Amtsdeutsch so kompliziert anhört, können wir nur voll unterstützen, geht es doch schlichter ausgedrückt nur darum, dass die lokale Bevölkerung auch etwas vom Tourismus haben soll, ohne dass ihr Lebensraum geschädigt oder gar zerstört wird.

Am Busbahnhof von Ulan Bator herrscht immer reges Treiben

Dolmetscher und Begleiter

Was auf den ersten Blick wie ein bezahlter Urlaub aussieht, ist für jeden Dolmetscher, der Reisende begleitet, harte Arbeit. Gute Sprachkenntnisse müssen sich paaren mit Organisationstalent, Gruppenmanagement und möglichst fundierten Landeskenntnissen. Alles auf einmal ist schwer zu bekommen. Im Niveau der sprachlichen Ausbildung von Studenten konnten die Hochschuleinrichtungen in letzter Zeit zulegen. Inzwischen gibt es sogar Studiengänge, die auf eine Arbeit in der Tourismusbranche ausgerichtet sind.

Wenn Sie nicht ohnehin schon vor ihrer Reise wissen, wer Sie begleiten wird, fragen Sie bei den aufgeführten Reisebüros und Hotels nach einer Reisebegleitung.

Öffentliche Verkehrsmittel

In den Städten kann man sich, wie im Kapitel „Ulan Bator" bereits erwähnt, recht gut mit öffentlichen Verkehrsmitteln bewegen. Auch in alle Vororte und Aimakzentren sowie die im Umkreis von 100 km um Ulan Bator gelegenen Ortschaften fahren regelmäßig **Linienbusse.** Die Preise sind kaum der Rede wert und stehen in keinem Verhältnis zu dem, was die einschlägigen Tourismusunternehmen für die gleiche Strecke verlangen. Hier lässt sich also einiges an Geld sparen. Sieht man einmal von Kara Korum ab, gibt es in den Zentren selbst allerdings kaum etwas Nennenswertes zu sehen. Man ist also darauf angewiesen, dass man von dort aus wieder ein Fahrzeug besorgt, um zu den umliegenden Sehenswürdig-

227mo Foto: st

Busse im Nahbereich

Aufgenommen wurden nur Fahrziele im Umkreis von ca. 250 km um Ulan Bator, die innerhalb von weniger als 10 Stunden erreicht werden sollten. Eine Rückfahrt ist bis auf die Strecken nach Nalajch und Dsuunmod am selben Tag nicht möglich.

Richtung	Tag	Abfahrtszeit	Preis in Tugrik
Darchan	tgl.	8.00	2600
Baruun Charaa	tgl	8.00	1839
Baganuur	Mo bis Fr tgl.	16.00	1720
Nalajch	alle 30 Minuten	8.00–22.00	400
Dsuunmod	stündlich	8.00–22.00	500
Erdenesant	Mo, Mi, Fr	7.30	2700
Lun	Mo, Mi, Fr	7.30	1600
Altanbulag	Mi, Sa, So	10.15	650
Bornuur	Mi, Fr, So	8.00	1300
Bajantschandmani	Mi, Fr, So	8.00	990
Dshargalant	Mo, Do, Sa	8.00	1685
Bajanzogt	Mo, Mi, Fr	8.00	1200
Ugtaal	Di, Do, Sa	8.00	1672
Atar	Di, Do, Sa	8.00	1366
Dsaamar	Mo, Do	8.00	2000
Nuchurlul	Di, Fr	8.00	1135
Oktjabr	Mi, Sa	7.30	1960
Dsaluutschuud	Di, Do	7.30	2100
Undurschireet	Mo, Mi, Sa	8.00	2068

keiten zu gelangen. Für diejenigen, die es trotzdem versuchen wollen, hier einige Tipps.

Busse

Überlandbusse in Ulan Bator fahren vom Busbahnhof, ca. 300 m östlich des Hauptbahnhofes (тээврийн товчоо) gelegen. Benutzt werden in der Regel Busse russischer Produktion (ПАЗ-автобус), die für 23 Fahrgäste ausgelegt sind, aber nie mit einer so lächerlichen Zuladung losfahren. Es wird erst gestartet, wenn auch der letzte Kubikzentimeter mit Kisten und Koffern gefüllt ist. Touren in die entlegendsten Aimaks sind selten.

Deutlich schneller, weitaus besser gefedert, mindestens aber genauso beladen sind die **russischen Kleinbusse** (Фургон), die offiziell 10 Sitzplätze haben. Sie fahren ebenfalls vom Busbahnhof, manche auch direkt vom Parkplatz des Narantuul-Marktes ab, vor allem am Nachmittag, wenn die Gäste aus den Provinzen mit ihren Einkäufen fertig sind und wieder in ihren Aimak wollen. Die Preise sind Verhandlungssache. Nach Kara Korum kommt man beispielsweise für weniger als 10 €.

Busse zu Aimakzentren sowieKara Korum und Chudshirt

Fahrziele, die mehr als 5000 Tugrik kosten, werden erst nachts, wenn nicht am nächsten Tag erreicht. Die Reise bis nach Dsawchan und den Gobi-Altai dauert mindestens drei Tage. Der Bus hält nur zum Tanken und zum Fahrerwechsel. Übernachtet wird nicht.

Richtung	Tag	Abfahrtszeit	Preis in Tugrik
Archangaj	Mo, Do	8.30	5600
Bulgan	Mo	8.30	3700
Chentij	Di, Fr	8.30	3800
Uwurchangaj	Mo bis Sa tgl.	8.30	4900
Kara Korum	Di, Do, Sa	8.30	4200
Chudshirt	Mo, Do	8.30	4820
Mittelgibi	Mo, Do	8.30	3000
Suchbaatar	Mo, Fr	8.30	6400
Dornod	Mo, Do	8.30	7400
Gobi-Altai	Mo, Fr	8.30	11200
Chuwsgul	Mo, Mi, Do, Fr	8.30	7600
Bajanchongor	Mo bis Sa tgl.	8.30	8500
Südgobi	Mo	8.30	6300
Dsawchan	Mo	8.30	11030

Zug

Eine Fahrt mit dem Zug kann ganz beschaulich sein, vor allem dann, wenn man die allerbilligste „Holzklasse“ nimmt, in der die Bänke tatsächlich noch aus Holz sind. Theoretisch kann man mit Vorortzügen **von der russischen bis an die chinesische Grenze** fahren und auch einen Abstecher nach Erdenet machen. Billig ist das Vergnügen außerdem.

Unter www.mtz.mn kann man den aktuell gültigen **Fahrplan** für Fern- und Nahverkehrszüge einsehen. Die Seite gibt es auch in Englisch, der Fahrplan selbst ist aber nur in Mongolisch verfügbar.

Das *Mongolian Railway's Tour Bureau* bietet in den Sommermonaten auch einen speziellen **Touristenzug** an, der die ganze Strecke von der Nordgrenze bis nach Erlian in China zurücklegt.

Tel. 944458, 943841
Fax 944453
E-Mail: mrt@magicnet.mn

Inland-Eisenbahnverkehr

Ziel	Abfahrt	Ankunft [1]
Erdenet[2]	tgl. 18.20	7.30
Darchan[3]	tgl. 15.50	6.30
Dsamyn-Uud[4]	tgl. 12.20	10.45

[1] Ankunft am nächsten Tag
[2] hält an jeder Station, Zug fährt nicht über Darchan
[3] hält an jeder Station
[4] über Tschojr

Inlandsflüge

MIAT

Die mongolische Fluggesellschaft *MIAT* betreibt theoretisch regelmäßige Inlandsflüge zu allen Aimakzentren. „Theoretisch" deshalb, weil zumindest die Charterflüge unter diesen **Flugverbindungen in der Regel sehr unzuverlässig** sind. So kann es beispielsweise bei Inlandsflügen nach wie vor passieren, dass man von Ulan Bator aus zwar einen Hinflug buchen kann, aber ein offenes Rückflugticket besitzt. Im Klartext heißt das: Wenn man abfliegt, weiß man nicht, ob und wann man zurückkommen wird. Möglicherweise ist der anvisierte Rückflug ausgebucht, wird verschoben oder findet gar nicht statt. Und selbst wenn man – einmal am Zielort angekommen – gleich eine Reservierung für den Rückflug bewerkstelligen konnte, heißt das nicht notwendigerweise, dass man mit einem gültigen Ticket auch tatsächlich fliegen kann. Vor allem **in den Sommermonaten,** wenn die Flugverbindungen aufs Land wochenweise zusammenbrechen und sich in den kleinen Provinzstädten zu viele Fluggäste mit gültigen Tickets aufgestaut haben, hilft oft nur der Spurt ins Flugzeug, vorbei an all den anderen spurtenden und drängenden Flugscheinbesitzern.

Blue Sky Aviation

Endlich gibt es in der Mongolei auch die Möglichkeit, ein **modernes westliches Flugzeug** zu chartern. Die Firma *Blue Sky Aviation* unterhält auf dem Flughafen in Ulan Bator eine ultramoderne Halle, in der eine Chessna Grand Caravan und bisweilen noch weitere Maschinen dieser Größe stehen. Die Chessna verfügt über 9 Sitzplätze. Alternativ kann sie ca. 1000 kg an Bord nehmen und 6 Stunden ununterbrochen in der Luft bleiben. Angeflogen werden alle möglichen Landeplätze in der Mongolei – das kann auch eine Wiese sein, wenn sie halbwegs eben und mindestens 600 m lang ist.

Technisch ist hier alles auf höchstem internationalen Standard. Gesteuert wird das Flugzeug von zwei finnischen Piloten mit viel Erfahrung aus Afrika.

- Tel. 312085 (Buchungen), 315772, 315771
Fax 322857
E-Mail: info@bsamongolia.com
www.bsamongolia.com

Weitere Transportmittel

Charterflüge mit Doppeldecker oder Hubschrauber

Selbstorganisierte Hubschrauber- oder Doppeldeckerflüge sind in der Mongolei eine sehr beliebte Art, das Wochenende zu gestalten – genügend Finanzkraft vorausgesetzt. Die Vorteile liegen auf der Hand: Mit dem „Heli" kommt man weiter als mit dem Auto und kann darüber hinaus überall landen. Der üblicherweise zum Einsatz kommende **Hubschrauber** vom Typ MI-8 kann etwa 15–17 Reisende transportieren, und ein Wochende kostet bei voller Belegung ca. 250 US$ pro

Route	Flug Nr.	Flugzeug	Flugtage
Ulan Bator – Undurchaan	OM 331	AN-24	4
Undurchaan – Baruun-Urt	OM 331		4
Baruun-Urt – Undurchaan	OM 332		4
Undurchaan – Ulan Bator	OM 332		4
Ulan Bator – Choibalsan	OM 333	AN-24	1 3 5
Choibalsan – Ulan Bator	OM 334		1 3 5
Ulan Bator – Dalanzadgad	OM 4471	AN-24	5
Dalanzadgad – Ulan Bator	OM 4472		5
Ulan Bator – Mandalgobi	OM 447	AN-24	2
Mandalgobi – Dalanzadgad	OM 447		2
Dalanzadgad – Mandalgobi	OM 448		2
Mandalgobi – Ulan Bator	OM 448		2
Ulan Bator – Bayanchongor	OM 553	AN-24	3 6
Bayanchongor – Ulan Bator	OM 554		3 6
Ulan Bator – Arwaicheer	OM 5531	AN-24	1
Arwaicheer – Bayankhongor	OM 5531		1
Bayankhongor – Arwaicheer	OM 5532		1
Arwaicheer – Ulan Bator	OM 5532		1
Ulan Bator – Murun	OM 577	AN-24	1 2 3 4 5 6
Murun – Ulan Bator	OM 578		1 2 3 4 5 6
Ulan Bator – Altai	OM 551	AN-24	2 4 6
Altai – Ulan Bator	OM 552		2 4 6
Ulan Bator – Uliastaj	OM 567	AN-24	1 3 5
Uliastaj – Ulan Bator	OM 568		1 3 5
Ulan Bator – Bulgan	OM 563	AN-24	6
Bulgan – Tosontsengel	OM 563		6
Tosontsengel – Bulgan	OM 564		6
Bulgan – Ulan Bator	OM 564		6
Ulan Bator – Kharkhorin	OM 443	AN-24	2 4 7
Kharkhorin – Ulan Bator	OM 440		2 4 7
Ulan Bator – Chowd	OM 571	AN-24	2 4 6
Chowd – Ulan Bator	OM 572		2 4 6
Ulan Bator – Chowd	OM 5711	AN-24	5
Chowd – Bulgan Sum-Chowd	OM 5711		5
Bulgan Sum-Chowd – Chowd	OM 5712		5
Chowd – Ulan Bator	OM 5712		5
Ulan Bator – Ulgij	OM 561	AN-24	2 4 6
Ulgij – Ulan Bator	OM 562		2 4 6
Ulan Bator – Ulaangom	OM 573	AN-24	1 3 5
Ulaangom – Ulan Bator	OM 574		1 3 5
Ulan Bator – Tsontsengel	OM 577	AN-24	3
Tsontsengel – Baruunturuun	OM 577		3
Baruunturuun – Tsontsengel	OM 578		3
Tsontsengel – Ulan Bator	OM 578		3
Ulan Bator – Ulaangom	OM 447	AN-24	tgl.
Ulaangom – Ulan Bator	OM 448		tgl.

Anmerkung: Die Zahlen unter „Flugtage" stehen für die Wochentage von Mo = 1 bis So = 7.

228mo Foto: st

Person. Eine Flugstunde kostet 1200 bis 1600 US$. Dies gilt für Flüge mit der *Tengerijn Ulaatsch GmbH* (Tel. 379765) wie für die Grenztruppen, die die gleiche Marke fliegen.

MIAT vermietet ebenfalls einen Helikopter; allerdings ist dieser wesentlich teurer.

Doppeldecker eignen sich vorrangig für **Rundflüge,** da sie nicht im freien Gelände landen können. Verglichen mit Helikoptern sind sie erheblich billiger anzumieten. Sie heben schon für 300 US$ die Stunde ab.

Doppeldecker des russischen Typs AN-2 vermietet die Privatfirma *TAS,* (Tel. 379657, Fax 379519) die sie zur Brandbekämpfung, zum Fallschirmspringen, zur Schädlingsbekämpfung, zur Viehzählung u. Ä. einsetzt. Rundflüge mit Touristen sind nur ein gelegentliches Zubrot. Entsprechend sporadisch ist die Innenausstattung. Sie erinnert stark an die Ladefläche eines Militärlasters.

Wer sich für eine Tour mit dem Helikopter oder Doppeldecker entscheidet, sollte unbedingt etwas mitnehmen, um sich die Ohren zu verstopfen. Die Fluggeräusche sind nervtötend laut. Auch ein Mittel gegen Übelkeit kann nicht schaden.

Flüge mit dem Doppeldecker sind spannend und sicher – und sie sind laut. Watte für die Ohren nicht vergessen!

229mo Foto: st

LKW

Eines der verbreitetsten Transportmittel in der Mongolei ist der LKW. Dies nicht ohne Grund, denn mit dem Laster kann man viele Leute auf einmal transportieren, und man kommt in schwerem Gelände häufig auch dann noch weiter, wenn alle anderen Fahrzeuge liegenbleiben.

Sollte man in Erwägung ziehen, eine Tour mit einem LKW zu planen, sollte man bedenken, dass man in diesem Fall **auf der offenen Ladefläche** reisen wird – die Fahrerkabine hat maximal drei Plätze. Viel schlechter läßt es sich in der Mongolei nicht mehr reisen. Man sitzt tage- und nächtelang auf einer steinharten Pritsche und muss Stunde um Stunde die durch nichts abgemilderten **Stöße des Fahrzeugs** ertragen. Man ist **Wind und Wetter** ungeschützt ausgesetzt, wird auch bei Flussdurchfahrten nicht selten klatschnass, und vor allen Dingen teilt man sich sich seine „Sitzfläche" nicht nur mit einer Vielzahl zweibeiniger Mitreisender, sondern in der Regel auch mit einer Handvoll total verängstigter **Tiere,** deren Exkremente beim nächsten Schlagloch garantiert in die eigene Richtung rutschen oder fließen.

Die Reise auf der Ladefläche eines LKW ist aus vielen Gründen nicht empfehlenswert.

Aber auch aus Sicherheitsgründen raten wir von einem solchen Abenteuer ab. Die **Atmosphäre** hinten auf einem Laster ist unter den Mitreisenden spätestens nach der ersten durchschüttelten Nacht **unfreundlich bis feindselig.** Der Alkohol, der die Stöße ins Kreuz abdämmen soll, trägt das seinige dazu bei, denn so fröhlich gröhlend die Betrunkenen sich eben noch haben durchrütteln lassen, so übellaunig reagiert ein verkaterter Kopf auf die nächsten 100 km Schlaglöcher.

Für solche, die es dennoch probieren wollen: Mitfahrgelegenheiten auf LKW findet man auf dem Busbahnhof in Ulan Bator. Sie werden auch auf dem Schwarzmarkt ausgerufen (falls man einen mongolischen Bekannten hat, der für einen übersetzt).

Motorrad

Zumindest in der warmen Jahreszeit kann eine Motorradtour durch die Mongolei **sehr reizvoll** sein. In technischer Hinsicht gilt generell das, was weiter unten zu den Jeeps gesagt wird. Mit den richtigen **Off-Road-Bikes** ist man sicherlich schneller und beweglicher als mit schweren Fahrzeugen. Probleme könnten nur an sehr tiefen Flussdurchfahrten auftreten. Zur Not kann man sich aber von einem Traktor oder Lastwagen übersetzen lassen. Deshalb empfehlen wir Motorradfans, bevorzugt südliche Routen zu wählen.

Bei sehr langen Reisen kann ferner die **Mitführung der gesamten Ausrüstung** und einer ausreichenden **Benzinreserve** schwierig werden. Man kann sich damit behelfen, ein **Begleitfahrzeug** zu chartern. Damit reduzieren sich jedoch deutlich die täglich zurücklegbaren Distanzen.

Mountainbike

Fahrradfahren ist in der Mongolei **vollkommen unüblich.** Wer Bilder von fahrradüberfüllten Straßen vor Augen hat, denkt an China. Falls man in Ulan Bator an einem Tag mehr als eine Handvoll Radfahrer sieht, ist das schon die Ausnahme. Außerhalb Ulan Bators sieht man Fahrräder so gut wie nie.

Das hat **gute Gründe.** Die wenigen Straßen, die es gibt, sind denkbar schlecht, und sobald man die Straße verlässt, wird die Orientierung problematisch. Bei den **weiten Entfernungen** in diesem Land ist eine große Radtour zudem nicht ganz ungefährlich. Sollte einem etwas zustoßen, wird man kaum gefunden werden und befindet sich möglicherweise auch Tagesmärsche von der nächsten Jurte oder Siedlung entfernt. Die **Hunde** der Nomaden gehen Radfahrer mindestens genauso entschlossen an, wie sie es mit Wölfen auch tun würden. Als Biker hat man kaum eine Chance, sich einer Jurte zu nähern, ohne seine Waden in Gefahr zu bringen.

In der Stadt kommt das Problem hinzu, dass man sein Fahrrad nicht einfach abschließen und stehenlassen

Einsame Fahrradfahrer – verloren in den Weiten einer straßenlosen Steppe

kann, während man beispielsweise eben mal schnell in die Post geht. Die Chance, dass man sein Fahrrad anschließend jemals wiedersieht, ist denkbar gering. Und Europäer mit geschultertem Fahrrad im 5. Stock des großen Kaufhauses beim Einkauf sind zwar für alle ein erheiternder Anblick, aber für die Betroffenen selbst meist nicht sehr angenehm.

Sollte man trotz all dem in der Mongolei radeln wollen, muss man sein **eigenes Fahrrad** mitbringen, denn einen Fahrradverleih gibt es in Ulan Bator nicht. Das gleiche gilt für sämtliches **Flickzeug und Ersatzteile,** die ebenfalls nicht zu finden sind.

Wenn man dann morgens sein Hotel mit unter den Arm geklemmtem Fahrrad verlässt (wenn man nicht gerade im *Bayangol*-Hotel abgestiegen ist, schläft das Fahrrad aus Sicherheitsgründen mit im Zimmer), kann man außer Erkundungsfahrten in die Stadt eigentlich nur **zwei sinnvolle Touren** nach Tereldsh und Mandshir machen, die unter „Tagesausflüge" in der Version fürs Auto beschrieben sind.

Wer Abenteuergeist besitzt, kann sich auch an eine **Tour in Richtung Sibirien** wagen. Die Strecke ist nicht zu verfehlen. Man fährt von Ulan Bator die einzig durchgängige Teerstraße nach Norden bis Altanbulag (ca. 400 km), der Grenzstadt auf mongolischer Seite. Es ist ein kleines, verschlafenes Nest, aber nicht ohne Flair, der wesentlich vom Blick auf eine russische

231mo Foto: st

Auf in die Steppe

Kathedrale direkt hinter dem dünnen Drahtzaun, der die Grenze markiert, geprägt ist. Von dort lässt es sich theoretisch auch nach Ulan Ude (weitere 250 km) oder den Baikalsee radeln, denn seit April 1995 ist dieser Grenzübergang auch für Staatsbürger von Drittländern geöffnet. Möglicherweise sind aber gerade Sie der erste, der diese Grenze mit dem Fahrrad passieren will, und Sie sollten sich sicherheitshalber zuvor in Ulan Bator bei der Russischen Botschaft erkundigen, ob Sie mit Schwierigkeiten rechnen müssen. Vergessen Sie auch nicht, sich ein entsprechendes Visum zu besorgen, und achten Sie bei einer solchen Reiseplanung darauf, dass Ihr mongolisches Visum auch für eine Wiedereinreise gültig ist.

Ganz etwas anderes ist es, wenn man sich einer von einem Reisebüro organisierten Reise anschließt, bei der Unterbringung und Verpflegung ebenso organisiert sind wie eventuelle Ausweichrouten oder Notprogramme. **Mountainbike-Touren** führen fast alle Veranstalter im Programm.

Informationen bekommt man auch auf der Homepage dieses Verlages (www.reise-know-how.de) unter: „Latest News/Mongolei" sowie, gegen einen kleinen Unkostenbeitrag, bei Herrn Andreas von Heßberg (Nobelstr. 21, 95444 Bayreuth), der selbst 3500 km in der Mongolei geradelt ist und Informationen von anderen Radfahrern bei sich bündelt.

Auf der Seite mit den Reiseberichten bei www.MongoleiOnline.de erzählen zwei junge Leute von einer 5000-km-Tour durch alle Landesteile und geben wichtige Tipps rund ums Fahrrad und geeignete Ausrüstungen. Außerdem werden erfolgreiche Verteidigungsstrategien gegen Hundeattacken angesprochen.

Kanu oder Kajak

Theoretisch wäre die Mongolei sicherlich ein Land für Wassersportbegeisterte. Aber wenn man nicht schon von Deutschland aus expeditionsmäßig eine entsprechende Reise planen und organisieren kann, raten wir von der Mitnahme von Kanus oder Kajaks ab. Unseres Wissens sind die im Reisebüro-Kapitel erwähnten Firmen *Nomads Tours & Expedition* sowie *Nomadic Expeditions* die einzigen, die nicht nur Kayak-Fahren anbieten, sondern es auch schon probiert haben. Bevorzugt wird aber auf stehenden Gewässern gefahren. Während der *Camel-Trophy* waren Boote im Einsatz, aber auch hier wurde nicht im wirklich wilden Wasser gefahren.

Mit dem Kamel

Sich auf dem Kamel durch die Mongolei bewegen zu wollen, hat im Vergleich zu den bisher genannten eher unüblichen Reiseformen den Vorteil, dass man sich erst vor Ort entscheiden muss, ob man dies nun will oder nicht, denn ein Kamel wird man ja nicht von zu Hause mitbringen.

Außerhalb der **Gobi** gibt es nur sehr wenige Kamele. Sollte man eine Reise zu Kamel planen, müsste diese in der

Gobi durchgeführt werden. Wenn man nicht selbst über ausreichende Orts- und Sprachkenntnisse verfügt, wird man einen größeren Ausflug nur mit entsprechender Hilfe durch einen Reiseveranstalter in Ulan Bator organisieren können (Adressen siehe unter „Reisebüros"). Plant man sowieso eine Reise mit dem Geländewagen in die Gobi, wird sich sicherlich von alleine die Gelegenheit ergeben, einmal auf einem Kamel zu sitzen und eine kleine Runde zu reiten.

Zu Pferd

Sinngemäß gilt das für Kameltouren gesagte auch für Reittouren zu Pferd. Nur, dass Sie hier geographisch nicht so eingeschränkt sind und auch leichter jemanden finden werden, der eine solche Tour für Sie organisiert.

Beachten Sie bitte, dass Mongolen in engen, hochgeschnittenen **Holzsätteln** reiten, die für unsereins extrem unbequem und spätestens ab dem zweiten Tag extrem schmerzhaft sind. Bitten Sie also Ihren Reiseveranstalter, darauf zu achten, dass Sie ein Pferd mit **russischem Sattel** bekommen.

Auf Schusters Rappen

Wanderferien in der Mongolei sind aus vielen Gründen **wenig empfehlenswert.** Sie kommen in diesen unendlichen Weiten an einem einzigen Tag nicht eben sehr weit, viel Gepäck werden Sie auch nicht tragen können, und außerdem sind Sie zu Fuß einfach der schwächste Punkt in der Reihe aller sich fortbewegenden Lebewesen. Sie sind angriffslustigen und kompromisslos zuschnappenden Hunden der Nomaden ebenso wehrlos ausgeliefert wie einem ausnahmsweise vielleicht einmal nicht freundlichen Reiter, und in Notfällen bewegen Sie sich viel zu langsam in diesem dünnbesiedelten Land, als dass Sie darauf hoffen könnten, rechtzeitig Hilfe holen zu können.

Wer gerne wandert, sollte sich dennoch nicht entmutigen lassen und seine Wanderstiefel ruhig mitbringen. Schon am Ortsrand von Ulan Bator gibt es Möglichkeiten, kleine **Tageswanderungen** zu unternehmen. Die klassischste Variante wäre hier eine Besteigung der umliegenden Berge, die sich vom Stadtzentrum aus selbst zu Fuß erreichen lassen. Man kann sich aber auch mit dem Taxi an den Stadtrand fahren lassen und von dort den Aufstieg nach Lust und Laune beginnen. Angelegte Wanderwege gibt es nicht, man muss sich schon selbst orientieren, um den Rückweg zu finden. Der Aufstieg belohnt den Wanderer mit einem herrlichen Blick über Ulan Bator und eine spektakuläre freie Sicht in alle Himmelsrichtungen.

Weitere Wanderungen kann man auf jeder Reise mit dem Geländewagen einplanen. Rasten Sie einfach einen Tag, wo immer es Ihnen gefällt, lassen Sie Ihren mongolischen Begleiter beim Wagen (er wird es Ihnen danken), und machen Sie sich auf den Weg. Planen Sie jedoch immer genug Zeit für den Rückweg ein, denn die Entfernungen täuschen oft.

Kamele

In der Mongolei lebt der weltweit größte Bestand zweihöckriger (bactrianischer) Kamele, oft aus als **Trampeltiere** bezeichnet. **Bactrianische Kamele** kommen sonst noch in Mittelasien, Nordchina und auf der Krim vor. Insgesamt machen bactrianische Kamele jedoch nur etwa 10 % des gesamten Kamelbestandes auf der Welt aus; 90 % sind die einhöckrigen Dromedare.

Ein lebendes Kamel kann man in der **Gobi** mit einigem händlerischen Geschick bereits für 200 bis 300 US$ erstehen. Die Aimaks mit dem höchsten Kamelbestand waren 2001: Südgobi (82.300), Gobi-Altai (28.300), Bajanchongor (28.200), Ostgobi (28.100) und Chowd (19.600).

Wann die Domestizierung aus **Wildkamelen,** die zierlicher im Körperbau sind und auch deutlich kleinere Höcker haben, begann, ist wissenschaftlich nicht eindeutig belegbar. Wildkamele kommen heute weltweit nur noch in kleinen Herden in der Wüste Gobi vor und stehen unter strengem Schutz.

Bis vor wenigen Jahrzehnten waren **Kamelkarawanen** in der Mongolei die einzige Methode, Güter über längere Strecken und durch wasserlose Gebiete zu transportieren. Mit ihren paarhufigen, breitflächigen, federnden Schwielensohlen bewegen sich die Tiere auch im lockeren Flugsand, in dem z.B. Ochsen und Pferde, aber auch alle Arten von Wagen Probleme bekommen, noch sicher vorwärts. Sie legen mit maximal 280 kg Gepäck etwa 40 km am Tag zurück. Sie können, je nach Belastung, bis zu 10 Tage ohne Wasseraufnahme auskommen, indem sie ihre Verdunstung stark einschränken, dadurch dass sie z.B. nur achtmal in der Minute atmen. Nach einer langen Durststrecke saufen sie dann bis zu 100 l, sonst ca. 40 l auf einmal. Sie sind zudem nicht wählerisch in der Nahrung. Als Wiederkäuer mit einem einfachen Magen können sie sich sogar von holzigem Gestrüpp ernähren, das sie mit ihrer gespaltenen Oberlippe abzupfen.

Ihr im Winter eierkohlenartiger, sehr fester **Mist** wird von den Wüstennomaden als das beste, da kaum Rauch entwickelnde und lange die Glut haltende **Brennmaterial** geschätzt. 100 kg Mist sollen den gleichen Brennwert haben wie 82 kg trockenen Saksaul-Holzes.

Im Sommer geben die Stuten 8–12 l **Milch** am Tag. In den Wintermonaten geht die Milchleistung zurück. Die Kamelhalter melken dann nur noch wenige Stuten. Die Laktationsperiode beträgt durchschnittlich 16 Monate. Die Kamelmilch wird bisher nur nach traditionellen Methoden der Nomaden zu getrocknetem Quark und Milchschnaps verarbeitet oder als Teezugabe benutzt. Industriell wird sie nicht verwendet.

Im Herbst wächst den Kamelen ein buschiges **Winterfell,** das sie bestens vor der großen Kälte schützt. Im Frühsommer verlieren die Tiere das Haar in großen Stücken und sehen dann recht zerzaust aus. Im Sommer sind sie ähnlich nackt wie die arabischen Dromedare. Ein Kamel gibt, je nach Größe, 5 bis 18 kg Wolle. Besonders gefragt und teuer ist das sehr feinfaserige Haar der Fohlen. Allerdings erwachte das kommerzielle Interesse der Mongolei an der Gewinnung und Verarbeitung von **Kamelhaar** erst Ende der 70er Jahre. 1977 entstand mit einem japanischen Regierungskredit ein Textilbetrieb, der überwiegend aus Kaschmir, daneben aber auch aus Kamelwolle hochwertige Obertrikotagen und Schlafdecken herstellt.

Das **Reiten auf Kamelen** ist gewöhnungsbedürftig. In etwa zwei Metern Höhe macht sich der Passgang der Tiere als erhebliche seitliche Schaukelei bemerkbar. Wer zudem ohne Sattel reitet, also direkt auf der Wirbelsäule sitzt, wird es als Ungeübter kaum länger als eine halbe Stunde aushalten.

Mit der Motorisierung ging die **Bedeutung der Kamele als Transporttier** immer weiter zurück. Ihr Bestand hat sich seit 1954 mehr als halbiert. Erst die Viehzählung 1995 erbrachte eine Trendwende. Erstmals ist der Gesamtbestand wieder leicht angestiegen. Ursache für den Rückgang war neben dem erwähnten Wegfall der Ferntransporte in den Zeiten sozialistischer Planwirtschaft vor allem das Desintresse der mit der Haltung beauftragten Genossenschaftsmitglieder.

Der **Umgang mit Kamelen** ist körperlich harte Arbeit und erfordert weitaus mehr Sachverstand als etwa für die Haltung von Schafen benötigt wird. Zwischen November und April, wenn die Hengste in der **Brunft** sind, sind sie sehr aggressiv und versuchen, jeden, der sich ihren Stuten zuwendet, zu überrennen, zu treten oder schmerzhaft zu beißen. Der Höhepunkt der Brunft wird im Januar erreicht. In dieser Zeit ist der Kopf der Hengste über und über mit schaumigem, weißen Speichel bedeckt. Mit dem Schwanz spritzen sie ihren eigenen Urin gegen die Rückseite des hinteren Höckers, wo er zu Eisklumpen erstarrt. Ein Hengst deckt 20 bis 30 Stuten.

Kamelstuten tragen ihre **Fohlen** 13 Monate aus. Sie können dann erst wieder im nächsten Jahr trächtig werden. Zwillingsgeburten sind selten. In ihrerm Leben gebirt eine Stute 8–11 Fohlen. Sie sind bei der Geburt ca. 35 kg schwer, nach 18 Monaten erreichen sie 250 kg.

Kamele werden zwischen 35 und 40 Jahre alt. Man bestimmt ihr **Alter** nach dem Abnutzungsgrad der Zähne. Sie erreichen ein **Lebendgewicht** zwischen 400 und maximal 800 kg. Die Höcker enthalten 29–33 kg reinen Fetts.

232mo Foto: st

Jeep mit Fahrer

Wer eine ganz individuelle Reise plant und sich nicht in die Hand eines mongolischen Reiseveranstalters begeben will, hat die Möglichkeit, auch auf eigene Faust in die Steppe hinaus zu ziehen. Allerdings gilt es hier, einiges zu beachten, was die Wahl des Fahrers und des Wagens betrifft.

Inzwischen kann man im Internet unter **www.extratour-erlebnisreisen.de** auf eine Seite zugreifen, die sich Fahrzeugbörse nennt, de facto aber eine Fahrzeugreservierung für Selbstfahrer ist. Betrieben wird sie vom bereits erwähnten *Vait Scholz,* der eine ausgeprägte Affinität zu Fahrzeugen aller Art hegt. Die Seite befindet sich noch im Aufbau und die angebotenen Fahrzeuge, vornehmlich russische Jeeps, aber auch Isuzu und Suzuki, gehören Privatpersonen, die offenbar mutig genug sind, ihren Wagen gegen Entgelt aus der Hand zu geben. Inwieweit sich das Konzept durchsetzt, bleibt abzuwarten.

Im Grunde löst man damit ein Problem jedoch immer noch nicht: Trotz GPS-Navigation sollte man nicht darauf verzichten, einen Landeskundigen mitzunehmen. Am besten eignet sich dafür nach unseren Erfahrungen jemand, der professionell Touren aufs Land unternimmt. Preislich besteht im Übrigen kein erkennbarer Unterschied zwischen einem Auto mit und ohne Fahrer.

Treffpunkt für zur **Vermietung freistehende Geländewagen** ist der Busbahnhof, an dem auch die Überlandbusse abfahren (тээврийн товчоо). Nehmen Sie sich ruhig Zeit und beobachten Sie Fahrer und Wagen eine Zeit lang, bevor Sie auf jemanden zugehen. Beide sind maßgebend für den Verlauf Ihrer Reise und vor allem auch für Ihre gesunde Wiederkehr.

Was die **Wahl des Fahrers** betrifft, so sollte er nach Möglichkeit aus der Gegend stammen, in die Sie fahren wollen, oder zumindest bereits mehrere Male dort gewesen sein. Das ist nicht nur wichtig, damit er die Strecke kennt bzw. überhaupt findet, es ist auch wichtig, weil er dann auf der Route bei den Ortsansässigen und den Fernfahrern bereits bekannt ist und im Falle von Problemen leichter Unterstützung bekommen kann. Dies ist vor allem von Bedeutung, wenn Sie in entlegenere Gegenden fahren wollen. Hier kann es ungemein hilfreich sein, wenn Ihr Fahrer an der Strecke Leute kennt und im Bedarfsfall mal eben einen Cousin oder Onkel anfahren kann, der Ihnen weiterhilft. In diesem Sinne sollten Sie auch bedenken, dass Stadtmongolen in entlegenen Gegenden nicht immer ein gutes Ansehen haben. Hier kann es Ihnen in Ausnahmefällen sogar passieren, dass Ihnen Hilfe verweigert wird, wenn Ihr Fahrzeug ein Nummernschild aus Ulan Bator (УБ) hat.

Bedeutsam für den Verlauf ihrer Reise wird sein, wie geschickt sich der Fahrer anstellt. Gehen Sie ruhig von Ihrem eigenen Eindruck aus. Wirkt der Fahrer ruhig, gelassen, souverän und eine Spur bescheiden, dann haben Sie eine gute Wahl getroffen. Ist er laut,

hektisch und ungeduldig, so werden Sie vermutlich keine Freude auf Ihrer Fahrt haben. Das gleiche gilt, wenn der potentielle Fahrer auf Sie einen zu alkoholfreudigen Eindruck macht.

Lassen Sie sich im Übrigen nicht dazu verleiten, den Fahrer anzumieten, der das modernste **Auto** hat. Gerade die neuesten westlichen Modelle machen auf der Fahrt oft Probleme, weil sie nach Ausfällen, die bei Flussdurchfahrten und ähnlichem immer wieder vorkommen, nicht so einfach repariert werden können. Auch werden Sie für solche Modelle unterwegs keine Ersatzteile kaufen oder „ausborgen" können. Wählen Sie hingegen den guten alten „Russenjeep" (УАЗ 469), dessen Baujahr allerdings jüngeren Datums sein darf, können sie nicht nur davon ausgehen, dass Ihr Fahrer den Motor selbst in kürzester Frist in sämtliche Einzelteile zerlegen und wieder zusammenflicken kann; Sie haben auch eine weit größere Chance, dass einer der vorbeifahrenden anderen Wagen Ihnen die eine kleine Schraube überlassen kann, die Ihnen gerade fehlt.

Bevor Sie jemanden für eine mehrwöchige Tour anheuern, sollten Sie außerdem eine kleine **Probefahrt** ma-

Die Wahl des Fahrers ist fast noch wichtiger als die Wahl des Fahrzeugs

chen. Lassen Sie sich dabei nicht davon beeindrucken, wie gut ein Fahrer in der Stadt fährt. Gleich hinter den Stadtgrenzen ist dies vollkommen irrelevant. Bestehen Sie also darauf, etwas aus der Stadt heraus zu fahren und beurteilen Sie die Fahrkünste, denen in den nächsten Wochen ihre Bandscheiben anvertraut sind, auf einer echten Schlaglöcherpiste! Lassen Sie den Fahrer nach Möglichkeit auch ein Stück auf einer ungeteerten Strecke probefahren. Diese Probefahrt kann ja in Form eines Halbtagesausfluges stattfinden, so dass Ihr Fahrer nicht „für umsonst" fährt.

Schließlich sollten Sie sich auch noch die **Reservekanister** zeigen lassen. Sind keine vorhanden, ist die Wahl schon schlecht. Sind Reservekanister vorhanden, so prüfen Sie unbedingt, wie dicht sie schließen! Nichts ist schlimmer, als unterwegs festzustellen, dass die nächsten Wochen im wesentlichen durch ständigen Benzingeruch im Auto gekennzeichnet sein werden!

Noch etwas: Sollten Sie im Geheimen darauf hoffen, dass Sie, die Stadtgrenzen erst mal hinter sich, auch einmal das Steuer übernehmen können, dazu werden Sie sehr viel Überredungskunst benötigen. Die allermeisten Fahrer lassen Fremde nur äußerst ungern an den Volant.

Jeeps sind in der Mongolei häufig mit Teppichen ausgekleidet. Das hilft ausgezeichnet gegen die Kälte

Mit dem eigenen Jeep durch die Steppe

In aller Regel führt, egal was man auch im Einzelnen vorhat, kein Weg daran vorbei, sich in Geländefahrzeugen fortzubewegen. Die Mongolei hat im statistischen Durchschnitt 0,00008 km feste Straßen je km². Und selbst diese sind derartig mit Schlaglöchern übersät, dass ein normaler PKW sehr schnell an die Grenze seiner Belastbarkeit stößt. Stellenweise fehlt der Asphalt völlig, etwa durch Frostaufbrüche oder durch die letzte Schneeschmelze oder den letzten heftigen Regenguss. Kaum außerhalb der Stadtgrenzen von Ulan Bator, muss man die Straße ohnehin verlassen, um an sein Ziel zu gelangen.

Transport in die Mongolei

Wer eine Mongoleireise mit dem eigenen Geländefahrzeug vorhat, wird sich gründlich darauf vorbereiten. Das beginnt mit der Frage des Transportes: Wie soll der Wagen überhaupt in die Mongolei kommen?

Ein **Containertransport** ist denkbar, jedoch nicht ganz billig, langwierig und umständlich bei der Auslösung auf dem Containerbahnhof. Die Behörden werden von der Annahme ausgehen, dass der Wagen als Verkaufsgut gedacht ist und entsprechend Zoll und Mehrwertsteuer erheben. Anschließend muss der Wagen polizeilich umgemeldet werden, d.h., er bekommt eine mongolische Nummer. Der Verkauf des Fahrzeugs nach

238mo Foto: st

Abschluss der Expedition ist ohnehin eine überlegenswerte Variante, um wenigstens die Kosten des Rücktransports zu sparen. **Gebrauchtwagen** westlicher Bauart erreichen in Ulan Bator selbst im Greisenalter und nach langen, strapaziösen Geländeritten noch Traumpreise. Die Frage ist allerdings, ob man genug Zeit hat, sein Fahrzeug auf dem Automarkt von Ulan Bator zu verkaufen. Ohne mongolische Bekannte, die dabei helfen, wird der Eigentümerwechsel nicht ganz einfach sein.

Hin und wieder kommen auch Jeeps **auf eigenen Rädern** entlang der **Seidenstraße** oder auf weiter südlich gelegenen Routen **über China** bis in die Mongolei. Die behördlichen Formalitäten dafür sind in den letzten Jahren auf beiden Seiten der Grenze etwas gelockert worden. Dennoch sollten die Botschaften beider Länder zu den aktuell geltenden Bestimmungen befragt werden.

Die sicher mit Abstand größten Erfahrungen mit der **Fahrzeugüberführung** von Europa über Russland bis in die Mongolei hat der Deutsche *Vait Scholz*. Auf seiner übersichtlichen Site www.extratour-erlebnisreisen.de finden Sie alle nur erdenklichen Tipps für eine Anreise durch die GUS-Staaten. Auf Wunsch fährt er Ihren Wagen auch bis in die Mongolei, wo Sie dann entspannt einsteigen können.

Kauf in der Mongolei

Wer einen russischen Jeep oder Allrad-Kleinbus kaufen möchte, wendet sich am besten an den Fachhandel. Der **Hauptimporteur für Fahrzeuge** des russischen Herstellers *UAS* (УАЗ) ist die Firma *Ich Gun* (Tel. 633145), die 6 Monate oder 10.000 km Garantie bietet. Durchsichten sind sehr preiswert. Am besten fragt man nach dem Werkstattmeister *Biraasuren*.

Ein Jeep der **Marke UAS** kostete im Sommer 2002 in der einfachsten Ausführung (Typ 31512, Softtop, unverstellbare Stahlrohrsitze, ungeregelter Vergaser) 5000 US$, in der besten Ausführung (Typ 31514-031, Hardtop, Polstersitze, verstellbar, elektronisch geregelter Vergaser, Portalachsen mit 31 cm Bodenfreiheit und halbautomatischer Differentialsperre an beiden Achsen) 6500 US$. Angeboten werden auch Kleinbusse und Transporter.

Für Reisende, die einen mehrmonatigen Aufenthalt in der Mongolei planen und viel unterwegs sein wollen, lohnt sich evtl. die **Anschaffung** eines solchen Wagens eher, als auf Mietwagen angewiesen zu sein, von denen man nie weiß, wann sie endgültig auseinanderfallen. Auch unter wirtschaftlichen Gesichtspunkten kann die Rechnung aufgehen. Ein Mietwagenkilometer mit einem Jeep kostete 2002 bei Fahrten außerhalb von Ulan Bator zwischen 0,40 und 0,50 US$. Ein Wagen, der ca 20.000 km gelaufen ist, lässt sich mit einem Abschlag von 1500 bis 2000 US$ vom Neupreis weiterverkaufen.

Geeignete Wagentypen

Wer sich eigens für eine solche Fahrt in Europa einen Geländewagen zulegt oder einen vorhandenen Wagen aufrüstet, sollte die folgenden Hinweise ins Kalkül ziehen.

In den letzten Jahren ist das Fahren eines Jeeps für viele Leute zum **Statussymbol** geworden. Die Hersteller reagierten entsprechend und machten aus dem klassischen Jeep mit eher leistungsschwachen Motoren, bretthar-ten Blattfedern, Starrachsen, Kastenrahmen, Kübelaufbau und einem schmucklosen, funktionalen Innenraum nach dem Vorbild der legendären Jeeps *CJ 5/7* oder *Wrangler* spritzige und an Komfort Limousinen der gehobenen Preisklasse kaum nachstehende High-tech-Ungetüme mit Motoren von oft weit über 100 PS und auf die vorwiegende Nutzung auf guten Straßen abgestimmten Fahrwerken. In Europa kann man mit einem solchen Fahrzeug eine gute Figur machen. Bei Schnee und Eis oder beim Manövrieren auf dem Zeltplatz oder im Wald sind Allrad und Untersetzung sogar recht nützlich.

Wer mit einem solchen Wagen – gedacht wird hierbei an die Typen und Baureihen *Mitsubishi Pajero, Nissan Patrol* oder *Terrano, Opel Frontera* oder *Monterey, Daihatsu-Trooper, Suzuki-Vitra* oder *Samurai, Toyota Land Cruiser, Hilux* oder *4-Runner, Cherokee-Jeep, Landrover* oder *Mercedes G-Reihe* – in der Mongolei fahren möchte, sollte allerdings Folgendes bedenken. **Je archaischer und klassischer** das

Fahrzeug in der Konstruktion ist, **desto besser.** Jedes zusätzliche Teil, insbesondere jedes elektrische oder elektronische, erhöht nur die Menge der potenziellen Störquellen.

Im schlimmsten Fall muss man mit einem Totalausfall des Wagens rechnen. Die klassischste Methode, sich von seinem Fahrzeug zu verabschieden, ist es, es im Wasser oder im Sumpf zu versenken, was sehr schnell gehen kann. Nach 3000 km Gelände mongolischen Zuschnitts sieht jeder Wagen aus, als sei er mindestens zehnmal so alt. In Europa ist er so kaum noch zu verkaufen.

Empfehlenswert ist daher, wenn nicht schon ein eigener Geländewagen vorhanden ist, die **Anschaffung eines Gebrauchtwagens,** vorzugsweise mittlerer Laufleistung und ohne Geländeerfahrung.

Ausrüstung des Fahrzeugs

Kurze Radstände sind im Gelände wegen der besseren Bauchfreiheit und kürzerer Überhänge besser als lange. Sie neigen allerdings dazu, sich in Querrinnen hochzuschaukeln. In die Langversionen passt außerdem wesentlich mehr Ausrüstung.

Motoren mit wenig Hubraum genügen. Auf den Pisten übersteigt die maximale Durchschnittsgeschwindigkeit kaum 40 km/h. Für Wintertouren sind **Dieselmotoren** ungünstig; ab minus 25 °C helfen auch keine Tricks mehr, es sei denn der Wagen verfügt über eine eingebaute Vorheizanlage, die auch das Leitungssystem einschließt. Als Nachrüstsatz oder vom Hersteller direkt angeboten werden so genannte Sibirien-Pakete. Saugdiesel sind weniger störanfällig als Turbo- oder gar Intercooler-Motoren.

Bei **Benzinern** muss es kein Einspritzer sein. Besser sind klassische Vergasermotoren mit niedriger Verdichtung, weil Superbenzin nur schwer beschaffbar ist. Außerdem gibt es an nur wenigen ausgewählten Tankstellen bleifreies Benzin (95 Oktan). Deshalb ist ein **Katalysator** wenig nutzbringend. Wer einen in seinem Fahrzeug hat, hat die Wahl, ihn einfach zu vergessen oder ihn vor Antritt der Fahrt ausbauen zu lassen. Letzteres ist nicht ganz preiswert und natürlich nur sinnvoll, wenn der Wagen wieder zurückgeführt werden soll. In der Mongolei werden auf absehbare Zeit weiterhin überwiegend Fahrzeuge ohne schadstoffreduzierende Bauteile eingesetzt werden. Ein durch verbleites Benzin zerstörter Katalysator stellt somit beim Verkauf kein preissenkendes Hindernis dar.

Moderne Fahrwerke haben vorn Einzelradaufhängung, Schraubenfedern mit Drehstabunterstützung, sensible, oft sogar in der Härte verstellbare Stoßdämpfer, aufwändige Stabilisatoren und butterweiche, schlauchlose Reifen mit Straßenprofil. Besser für Geländefahrten in der Mongolei ist in allem genau das Gegenteil.

In die **Reifen** sollten immer Schläuche eingezogen werden. Übermäßig breite Reifen bringen keinen Traktionsgewinn, dafür laufen sie aber hartnäckig jeder Spurrille nach. Es reicht, wenn das Verhältnis von Reifenhöhe

240mo Foto: st

zu Reifenbreite einem Verhältnis von etwa 70:100 entspricht. Diese Angabe befindet sich auf der Flanke jeden Reifens. Lautet die Kennzeichnung etwa 215/75 R 15 hat der Reifen von Flanke zu Flanke eine Breite von 215 mm, das Verhältnis Höhe zu Breite beträgt 75:100, das R steht für Radialreifen (Gürtelreifen), und die 15 gibt den Felgendurchmesser in Zoll an. Geländewagen fahren in der Regel Felgengrößen ab 15 Zoll. Niedrige Reifen verringern nicht nur die Bodenfreiheit, auch der Federungskomfort nimmt deutlich ab. Sind die Reifen zu hoch, rutschen sie schon mal von der Felge oder schneiden sich auf morastigem Untergrund schnell tief in den Boden ein. Wichtiger als überzogen breite Laufflächen ist ein selbstreinigendes, hochstolliges Geländeprofil für Matsch und Schlamm. Auf Schnee und lockerem Sand gerät ein so bereifter Wagen allerdings schnell aus der Spur, weil das traktorenähnliche Profil nur schlechte Seitenführungskräfte aufweist. Entgegen der landläufigen Ansicht ist das Fahren in der Mongolei nicht von trockenen Sand- und Schotterpisten gekennzeichnet, sondern

Im Gegensatz zur landläufigen Meinung besteht die Hauptschwierigkeit beim Fahren im Durchqueren von Matsch und Modder – selbst auf dem Weg in die Wüste

selbst auf dem Weg in die Gobi vor allem nach der Schneeschmelze oder nach Regenschauern immer wieder durch schwierige Schlammpassagen und Matschdurchfahrten erschwert.

Das Gehäuse des vorderen Differentials und alle anderen **an der Fahrzeugunterseite montierten Teile** schweben bei Geländefahrten permanent in der Gefahr einer Kollision mit einem Hindernis. Solange es nur der sandige, von Lastwagen ausgefahrene Mittelstreifen zwischen den Spuren oder ein Maulwurfshügel ist, ist die Gefahr für diese essentiellen Bauteile noch gering. Zerstörerisch für das vordere Differential kann dagegen die Berührung mit einem Stein sein, vor allem dann, wenn er tief in der Erde verankert ist und bei einer Berührung überhaupt nicht nachgibt.

Wagen mit **Einzelradaufhängung vorn** haben die Eigenschaft, beim Bremsen und auch durch die Unebenheiten des Weges ihr Vorderdifferential mit abzusenken. **Starrachsen** garantieren dagegen eine gleichbleibende Bodenfreiheit, für die man beim Fahren allmählich einen Blick bekommt. Wer noch kein Auge dafür hat, kann, bevor er den ersten Crash riskiert, auch mit übereinander gestapelten Büchsen oder kleinen Steinchen auf sonst glattem Untergrund üben.

Da das vordere Differentialgehäuse zumeist versetzt von der Fahrzeugmitte liegt, kann man die **Bodenfreiheit** durch eine entsprechende Fahrweise steigern, indem man sichtbare Hindernisse, wenn sie nicht mehr umfahrbar sind, zumindest mit der Fahrzeughälfte überfährt, die das Differential nicht trägt.

Blattfedern stellen sicher insgesamt die zuverlässigste, da einfachste Lösung des Federungsproblems dar und können im Fall eines Bruchs auch unter Expeditionsbedingungen provisorisch geflickt werden, indem man beispielsweise notdürftig eine LKW-Federlage einzieht. Bei einer gebrochenen Schraubenfeder ist dagegen kaum noch etwas zu machen. Je mehr und dünnere Lagen eine Blattfeder hat, desto gefühlvoller federt sie Unebenheiten weg. Allerdings erhöht sich mit jeder Lage das Fahrzeuggewicht, so dass meist weniglagige, dicke Federn eingebaut werden.

Der Zubehörhandel bietet preiswerte **Höherlegungssätze** für Blatt- und auch für Schraubenfedern an. Durch die Verlängerung der Blattfederschäkel kann der gesamte Fahrzeugaufbau um 4–6 cm angehoben werden, ohne dass Veränderungen am Kardan oder an den Stoßdämpfern vorgenommen werden müssen. An der Bodenfreiheit ändert das freilich nichts, wohl aber an der **Watfähigkeit.** Schon einige Zentimeter mehr Aufbauhöhe können darüber entscheiden, ob ein Fluss noch passiert werden kann oder nicht. Wie solche Höherlegungen die Fahreigenschaften verändern, sollte man ausprobieren, bevor man sich damit ins Gelände begibt.

So genannte **Traction-Bars,** die das Springen und Trampeln der Hinterachse bei starker Beschleunigung einschränken und so die Bodenhaftung verbessern sollen, können nicht schaden, sollten aber vielleicht der Verwendung im Motorsport vorbehalten werden. Ein ausbrechendes Heck sollte dem Fahrer einfach das Signal sein, wieder etwas gemütlicher zur Sache zu gehen.

Bei den **Stoßdämpfern** sollte man sich beim Händler die härteste verfügbare (Rallye-) Ausgabe geben lassen. Eine elektrisch verstellbare Härtenregulierung ist dagegen absout sinnlos. Gasdruckdämpfer sind in der Regel etwas teurer als ölgefüllte. Bei niedrigen Temperaturen braucht das Öl immer eine gewisse Zeit, bis es richtig in die Gänge kommt.

Alle **unter dem Fahrzeugboden liegenden Bauteile** (insbesondere Getriebe und Tanks) sollten, wenn es nicht bereits werksseitig getan wurde, durch starke Bleche oder Gummimatten vor Schlägen geschützt werden. Insbesondere **Tanks,** die hinter der Hinterachse angebracht sind, setzen an Abhängen und Böschungen vor allem bei langen Überhängen leicht auf. Eine andere gängige Art, seinen Tank aufzuschlitzen oder zumindest einzubeulen, besteht darin, über nicht tragendes Eis zu fahren. Wenn das Heck einbricht, liegt das gesamte Fahrzeuggewicht auf dem Tank, was er kaum übersteht.

Zwei kleine Tanks links und rechts unter den Türholmen (wie es bei Geländewagen aus russischer Produktion üblich ist) sind wesentlich besser als ein großer Tank im Heck. Wenn einer doch einmal ein Loch bekommt, was bei einem in der Fahrzeugmitte angebrachten relativ selten vorkommen dürfte, kann man den beschädigten Tank ablassen und verliert so wenigstens nicht permanent Treibstoff.

Solange der Untergrund locker oder schlammig ist, bringt ein **Antiblockiersystem** (ABS), soweit es in ihrem Wagen eingebaut sein sollte, keinen Vorteil, sondern verlängert im Gegenteil den Bremsweg deutlich, weil sich vor den Rädern kein Keil aufbauen kann, wie es bei blockierenden Bremsen der Fall ist. Gönnen Sie ihrem ABS also während des Aufenthalts im Gelände eine Verschnaufpause, indem Sie es abschalten. Hat der Hersteller dies nicht vorgesehen, ziehen Sie einfach die betreffende Sicherung.

Nützliche Zusatzausrüstungen

Zusatzbeleuchtung

Rallye-Fahrzeuge imponieren durch zahlreiche, vor dem Kühler oder auf dem Dach montierte Fern-, Nebel- und Suchscheinwerfer, Breitstrahler oder gar Flutlichtkanonen. Ferner können auch die serienmäßigen Biluxbirnen 55/60 W durch solche mit 80/100 W oder gar 90/130 W Leistung ausgetauscht werden. Dies darf freilich erst außerhalb des Geltungsbereiches der deutschen StVZO geschehen. Ebenso gibt es einschränkende Bestimmungen für die Dachmontage. Es versteht sich von selbst, dass bei der Installation zusätzlicher Verbraucher – neben stromfressenden Lampen können das auch elektrische Seilwinden oder Kühlaggregate sein – die maximale Leistung der Lichtmaschine und die Kabeldurchmesser berücksichtigt werden müssen.

In der Rangfolge haben **Fernscheinwerfer** Priorität vor Nebelleuchten. Wenn es neblig ist, was in der Mongolei sehr selten vorkommt, nutzen, wenn man den Weg nicht ganz genau kennt, auch die schönsten Scheinwerfer eher wenig. Dann muss man einfach warten, bis es wieder aufklärt. Sehr sinnvoll ist dagegen ein **Suchscheinwerfer.** Einige Modelle lassen sich auch von innen an der Scheibe befestigen und zapfen ihren Strom aus dem Zigarettenanzünder, so dass keine aufwändigen Installationen erforderlich sind. Wichtig ist, dass das Kabel lang genug ist, um auch bis hinter oder unter den Wagen zu reichen, wenn nachts etwas repariert werden muss.

Zu beachten ist, dass die zusätzlichen Beleuchtungseinrichtungen so an der Stoßstange, dem Rammschutz oder dem Dachbügel befestigt werden, dass sie auch **extreme Erschütterungen über längere Strecken** ertragen. Große und schwere Teile rütteln sich leicht los, oder es brechen einfach die Haltebügel. Gern lösen sich auch die Streuscheiben vom Lampengehäuse. dass er gerade ein Anbauteil verloren hat, merkt der Fahrer entweder gar nicht oder an einem heftigen Poltern unter dem Wagenboden, obwohl gar kein Hindernis auf dem Weg erkennbar war. Schutzgitter oder Abdeckungen für die Serienbeleuchtung und die zusätzlichen Aufbauten können deshalb in keinem Fall von Schaden sein.

Bergungsgerät

Vollbeladen wiegen Geländewagen leicht 2 t und mehr. Wie schwer das eigentlich ist, merken Sie spätestens dann, wenn Ihr Wagen seine 4-Wheel-Eigenschaften dadurch demonstriert, dass alle vier Räder fröhlich durchdrehen, ohne dass das Fahrzeug auch nur einen Zentimeter in der Waagerechten vorankommt. Jede Radumdrehung lässt das Fahrzeug nur noch tiefer versinken und somit die Bergung weiter erschweren. Solange Sie nur im Schnee sitzen, hilft es oft schon, den oberflächlichen Harsch unter dem Wagen mit einem Spaten zu zerschneiden, um den Rädern wieder zur Traktion zu verhelfen.

Weitaus hartnäckiger sind Schlamm, Sumpf und gebrochenes Eis. Wenn Sie nicht vorhaben, stundenlang im knietiefen Matsch oder im eiskalten Wasser zu posieren, ohne dass sich die Hoffnung auf eine baldige Fortbewegung wesentlich verbessert, führt kein Weg an schwerem Bergegerät vorbei.

Hydraulische Wagenheber mit einer Auflagefläche, die nicht einmal die Größe einer Postkarte erreicht und die Sie in der Regel in der Serienausrüstung Ihres Wagens finden, brauchen Sie erst gar nicht einzupacken. Die Hubhöhe erreicht nur wenige Zentimeter, und die Standfläche ist so klein, dass sie in dem weichen Untergrund, in dem Sie gerade stecken, keinen Halt findet. Vor allem aber werden Sie sich vor die Frage gestellt sehen, wie Sie das Gerät unter das Auto, also unter die gerade im Matsch oder im Wasser steckenden Hebepunkte bekommen und dann noch pumpen sollen. Als Lösung dieses Problems bietet der Fachhandel so genannte **Hi-Lift-Wagenheber** an, die in einem Zug 120–150 cm ausheben. Das ist keineswegs übertrieben viel, wenn man bedenkt, dass das Gerät zunächst selbst ein gehöriges Stück einsinken wird, bevor es auf tragfähigen Grund trifft. Hinzu kommt, dass als Ansatzpunkt oft nur noch der Schlepphaken oder der Rammschutz in Betracht kommen.

Um ein Absinken des Hebegeräts zu verhindern und den eingesunkenen Rädern wieder zu festem Halt zu verhelfen, sind **Sand- oder Schlammbleche** sehr nützlich. Es gibt sie im Fachhandel in verschiedenen Längen und Breiten, z. T auch gebraucht aus Armeebeständen. Natürlich kann man sich auch mit einfachen Brettern und Steinen als Unterlage behelfen.

Wenn Sie im Konvoi unterwegs sind, reicht es oft auch, sich von einem anderen Wagen, der noch auf festem Grund steht, herausschleppen zu lassen. Hierzu sind **Bergegurte** besser geeignet als Stahlseile, da sie sich bis zu einem gewissem Grade dehnen und somit einen „Schnippgummieffekt" besitzen. Bei der Verwendung von Stahlseilen kommt man entweder heraus, oder es reißt etwas; wenn nicht das Seil selbst, dann der Bergehaken oder sogar gleich die ganze Stoßstange. Herumfliegende Seilenden oder abgerissene Autoteile können sehr gefährlich werden. Man kann sich in gewissem Maße davor schützen, indem man zwischen die Seilenden einen alten Reifen spannt, der zum gleichen Effekt führt wie bei Bergegurten. Nur liegt nicht neben jedem Schlammloch gerade einer bereit.

Hinsichtlich der Dimensionierung der Stahlseile bzw. Gurte gilt die einfache Regel, je länger und hochtonnagiger, desto besser. Ein langer Gurt erhöht die Wahrscheinlichkeit, dass das bergende Fahrzeug noch auf halbwegs festem Grund steht. Mit einer überdimensioniert erscheinenden Bruchlast von 6 oder besser gleich 10 Tonnen können Sie ruhig einmal etwas derber zur Sache gehen und den Gurt richtig schnippen lassen. Achten Sie dann aber darauf, dass schleppendes und geschlepptes Fahrzeug möglichst genau in einer Richtung stehen, um nicht zu riskieren, dass sich der Rahmen verzieht. Eine **hohe Reißfestigkeit** des Abschleppseils macht sich auch dann bezahlt, wenn als Retter in der Not ein Lastwagen vorbeikommt, dessen Fahrer mehr Erfahrungen im Anfahren mit schweren Anhängern hat, denn mit der Bergung von „Kleinwagen", deren Existenz hinter dem Laster kaum zu merken ist. Denken Sie auch an **stabile Schäkel** für die Gurte. Wenn sie zu leicht sind, verziehen sich die Ösen, und Sie bekommen den Bolzen nie wieder aus dem zum Ei verformten Gewinde heraus. Wenn das auf der Seite des Lastwagens passiert, können Sie den Gurt nur noch abschneiden oder ihn samt Schäkel dem freundlichen Helfer als Souvenir überlassen.

Weniger spektakulär, dafür aber in aller Regel zum Erfolg führend sind **mechanische, nicht fest am Fahr-**

zeug installierte Seilwinden. Ihnen soll hier gegenüber den fest an der Stoßstange oder dem Rammschutz installierten, elektrisch oder mechanisch über den schweren Nebenantrieb des Getriebes betriebenen Winden eindeutig der Vorzug gegeben werden. Fest montierte Winden sind, wenn sie nicht nur als Dekoration für die Frontpartie des Wagens dienen, sondern wirklich eine hohe Zugkraft aufbringen sollen, nicht nur unverhältnismäßig teuer, sie versanden und verrosten auch leicht, das Seil ist zu kurz und verheddert sich beim Aufspulen gern. Der Hauptgrund aber, sich eher für einen externen Seilzug zu entscheiden, besteht darin, dass die eingebaute Winde just in der Situation, wo kein anderes Mittel mehr weiterhilft, nicht eingesetzt werden kann, weil der Motor auch nicht mehr anspringt, weil er unter Wasser steht oder der Windenmotor selbst einen Kurzschluss bekommt, sobald er zugeschaltet wird. Und was macht man, wenn der einzige Baum weit und breit ausgerechnet hinter dem festsitzenden Wagen steht?

Für **handbetriebene Seilzüge** spricht neben dem zivilen Preis ihr geringes Gewicht, die einfache und hoffentlich auch robuste Mechanik und die vielfältigere Verwendbarkeit. Zur Not kann man mit dem Teil z.B. einen Motor herausnehmen oder den Fahrzeugaufbau insgesamt anheben, wenn ein Federbruch zu reparieren ist. Auf alle Fälle benötigen Sie in der baumarmen Mongolei zur Befestigung aller Windentypen einen **Erdanker.** Auch hier gilt wieder die Regel: Lieber klotzen als kleckern, also gleich den für leichte Lastwagen bestellen. Wer keinen Erdanker kaufen möchte, kann sich auch damit behelfen sein Ersatzrad ca. 1 m tief zu vergraben und daran den Zughaken zu befestigen, was zugegeben recht mühevoll ist, vor allem, wenn der Untergrund steinig ist, oder man die Aktion gleich mehrfach am Tag üben darf.

In den Regalen für Bergungsgerät findet man auch farbenfrohe **Bergeballons,** deren Reklame suggeriert, einen festgefahrenen Wagen gleichsam von Geisterhand geführt zum Schweben zu bringen und so aus dem Loch zu manövrieren. In der Praxis machen diese nicht gerade preiswerten Spielsachen aber eher eine jämmerliche Figur. Ob sich die Hersteller Gedanken darüber machen, wie schwer sich Grasnabe, Schlamm oder Eis mit einem Spaten hinlänglich weit entfernen lassen, dass der Ballon unter den Wagen geschoben werden kann, und ob sie wissen, dass Jeeps an ihrer Unterseite stärker zerklüftet sind als etwa Schützenpanzer? Wir jedenfalls haben die zunächst monströs anschwellende Kraft der bunten Beutel schon in mehreren Fällen nach lautem Knall oder leisem Zischen kläglich in sich zusammensinken sehen.

Die Philosophie des **Spatens** ist wiederum sehr simpel: Je länger der Stiel, desto weniger schmerzt der Rücken oder desto weniger muss der Schaufelnde mit Armen, Bauch und Beinen in die weiche Masse steigen. Klappspaten, selbst die Original-Spaten der

Bundeswehr, geraten oft dann schon an die Grenzen ihrer Stabilität, wenn es nur darum geht, eine kleine Abfallgrube auszuheben.

Für den Fall, dass die Bremsanlage ausfällt, kann der Wagen nur noch mit einer festen Verbindung geschleppt werden. Die eleganteste Lösung bilden hier **Teleskop-Abschleppstangen,** die zusammenlegbar sind und das Gepäck kaum vergrößern.

Werkzeuge und sonstiges Zubehör

Beim Erwerb und der Mitführung von Werkzeugen, Ersatz- und Verschleißteilen sowie diversen sonstigen nützlichen Kleinigkeiten muss jeder für sich entscheiden, wie viel Geld er für wie viel zusätzliches Gewicht auszugeben für sinnvoll und erforderlich hält. Die nachstehenden Tipps sollen deshalb nicht als Checkliste verstanden werden, sondern nur unsere Erfahrungen darstellen, und auf Selbstverständlichkeiten wie Öl, Keilriemen, Ersatzsicherungen und Ersatzbirnen wollen wir an dieser Stelle nicht eingehen.

Da die Serienausrüstung moderner Wagen aus kaum mehr als einem Wagenheber, einem Radschlüssel, einem Schraubenzieher und einigen Maulschlüsseln besteht, gehört ganz weit nach oben auf die Liste sicher ein **umfangreicher Werkzeugkasten,** der nicht gerade *Made in China* sein sollte, da das im Reich der Mitte produzierte Werkzeug in der Regel schweren Belastungen nicht standhält.

Da Ihre Radialreifen, wie weiter oben bereits empfohlen, Schläuche einge-

249mo Foto: st

zogen haben sollten, benötigen Sie kein teures und in der Handhabung schwer verständliches Reparatursortiment für schlauchlose Reifen; es genügt ein kleines Kästchen mit einigen **Schlauchflicken** unterschiedlicher Größe, etwas Kleber und Gerätschaften zum Aufrauen der Klebestelle und zum Andrücken des Flickens. Wie ein Schlauch geflickt wird, haben Sie sicher als Kind bereits an ihrem Fahrrad geübt. Vergessen Sie nicht, dem Kästchen noch einige Ventile und vor allem eine Ventilkappe zum Herausschrauben des Ventils beizulegen!

Schließlich müssen Sie sich für eine Variante entscheiden, wieder Luft in den geflickten Reifen zu bekommen. Dies kann über eine Hand- oder Fußpumpe geschehen; wer ungern aus der Puste kommt, kann auch einen kleinen **Kompressor** mitführen. In der Regel haben Pumpen heute ein eingebautes Manometer, so dass ein spezieller Reifendruckprüfer nicht mehr erforderlich ist. Wichtig ist bei allen Teilen, dass der Schlauch lang genug ist, auch an das Ventil zu reichen, wenn es am stehenden Auto gerade oben steht, und dass das Mundstück auf gar keinen Fall einen Spannhebel aus Plastik haben darf. Dieser hält meistens genau einmal!

Bevor Sie aber überhaupt soweit sind, müssen Sie den platten Reifen erst einmal von der Felge trennen und nach erfolgter Reparatur auch wieder

Je länger der Spatenstil, desto weniger schmerzt der Rücken

über die Wulst ziehen. Beides erfordert einige Kraft und Erfahrung. Zum Lösen von selbst extrem an der Felge klebenden Reifen eignen sich **Reifentreiber,** deren Handhabung man sich beim Erwerb am besten im Geschäft vorführen lässt. Natürlich kann man einfach den platten Reifen durch ein Ersatzrad ersetzen und dann mit dem wieder flotten Fahrzeug dieselbe Prozedur vom Fahrzeugeigengewicht erledigen lassen. Dazu kurbelt der Fahrer seine Scheibe herunter, lehnt sich aus dem Seitenfenster und fährt mit seinem linken Vorderrad (möglichst langsam mit Allrad und Untersetzung) über den defekten Reifen, den ein Helfer genau so vor dem Rad postiert hat, dass das Fahrzeug zwar die Karkasse, nicht aber die Felge überfährt.

Bei der Montage helfen solche Tricks nicht weiter. Man benötigt zwei, besser drei **Montiereisen** (auch Reifenheber genannt), um den Reifen wieder aufzuziehen. Achten Sie darauf, dass keine Verunreinigungen im Reifeninneren zurückgeblieben sind und dass der Nagel, der der Auslöser für die Panne war, entfernt wurde. Bewährt hat sich, das Reifeninnere einmal mit dem Handrücken auf spitze Gegenstände hin abzutasten.

Zu den **nützlichen Kleinigkeiten** gehören ferner eine Rolle stabilen Klebebandes, ein Satz Schlauchbinden, einige Meter Kabel, eine Ersatzwindschutzscheibe aus Folie und eine Tube Silikonkleber.

Ein **Feuerlöscher** (Pulverlöscher sind zweckmäßiger als mit Flüssigkeiten gefüllte) kann, wenn er an einer leicht zugänglichen Stelle – etwa unter dem Fahrersitz – angebracht ist, unter Umständen das letzte Mittel sein, einen Brand am Fahrzeug zu löschen. Neben elektrischen Schmorbränden, die nach zahlreichen Flussdurchfahrten nicht auszuschließen sind, kann sich auch trockenes Gras am Auspuff verfangen und anfangen zu brennen.

Die Zweckmäßigkeit der Mitnahme eines gut ausgestatteten **Verbandskastens** bedarf keiner Erklärung.

Es versteht sich von selbst, dass die gesamte Ladung – auch die im Innenraum – mittels **Gummibändern oder Spannriemen** anständig verzurrt werden muss. Wenn das Gepäck aus Platzmangel nicht im Wageninneren mitgeführt werden kann, sollte man einem **Dachgepäckträger** den Vorzug vor einem Einachsanhänger geben. Auf das Dach gehören leichte, sperrige Gegenstände, also etwa die Kiste mit den Schlafsäcken, nicht aber Benzin- oder Wasserkanister, die den kopflastigen Wagen leicht gefährlich ins Schlingern bringen können.

Anhänger verschlechtern die Geländeeigenschaften eines Jeeps erheblich. Ist der Hänger zu leicht beladen, springt er und droht, sich bei höheren Geschwindigkeiten zu überschlagen. Ist er zu schwer, stößt und schiebt er die Zugmaschine.

Inwieweit die Anschaffung folgender, im Zubehörhandel angebotener, Gerätschaften sinnvoll ist, muss jeder selbst entscheiden.

Über das Bordnetz betriebene **Kühlboxen** funktionieren nur so lange, wie der Motor läuft. Die Batterie wird es sich nicht viele Tage lang gefallen lassen, wenn über Stunden permanent 40 bis 70 W Leistung abgezogen werden. Getränke lassen sich selbst im heißesten Sommer auch gut in Flusswasser kühlen. Fleisch kann man sich in regelmäßigen Abständen frisch von Nomaden besorgen. Wer also ohnehin schon eine Box besitzt, braucht sie nicht zu Hause zu lassen, eine Neuanschaffung ist nicht zwingend erforderlich.

Vollkommen entbehrlich sind nachrüstbare **Neigungswinkelmesser.** Weder der Fahrer noch einer der Mitinsassen wird in dem Moment, wo das Fahrzeug bedrohlich in die Schieflage gerät und zu kippen droht, auch nur einen Blick auf die erreichte Neigungszahl blicken, um festzustellen, dass bis zum Überschlag theoretisch noch 5 Grad Spielraum sind.

Ob der Wagen beim Ausklappen des Dachzelts auch wirklich gerade steht, merkt man am besten, indem man sich einfach mal zur Probe hinlegt.

Außen am Fahrzeug montierbare **Kanisterhalter** reißen schon nach wenigen hundert Kilometern aus den Haltepunkten.

Zusätzlich eingebaute **Drucklufthörner** oder **Mehrklangfanfaren,** die den Druck extra über einen Kompressor erzeugen müssen, klingen immer dann besonders süffisant, wenn der Wagen gerade zuvor ein Wasserhindernis passiert hat. Feuchtigkeit, die sich in den Hörnern gesammelt hat, sollte durch gelegentliches Hupen herausgepumpt werden, bevor es an den Membranen Heiserkeit verursacht.

Fahrtechniken

Die Anforderungen an einen Fahrzeugführer sind bei Off-Road-Touren mit schweren, bis an die Grenze der Nutzlast beladenen Fahrzeugen gänzlich andere als in einem gut ausgebauten, vielbefahrenen Verkehrsnetz. Um Staus, verpaßte Autobahnabfahrten und Parkplatzmangel brauchen Sie sich in der Mongolei keine Sorgen zu machen. Die Probleme liegen in ganz anderen Bereichen und sollen hier kurz skizziert werden.

Navigation in der Steppe

Wer das erste Mal in der Mongolei in der Steppe oder gar in der Gobi unterwegs ist, wird sich wundern, mit welcher Zielsicherheit die mongolischen Fahrer selbst bei Nacht noch ans Ziel gelangen. Die Landbevölkerung orientiert sich nicht nach Wegweisern und Straßennummern, sondern nach **markanten Geländepunkten,** also Bergen und Flußläufen. Recht nützlich sind auch **Telegrafen- oder Stromleitungen.** Verwirrend ist – in der Gobi noch weitaus mehr als in den Steppengebieten – die **große Zahl von Fahrspuren.** Die meisten davon führen in die gleiche Richtung, die jeweils am weitesten links oder rechts gelegenen können aber auch ebenso gut die Hauptrichtung verlassen. In Gegenden mit steilen Bergen gibt es ferner noch spezielle Lastwagenspuren, die die Hänge, die die schweren Wagen nicht bewältigen können, weiträumig umfahren. Ferner werden **Sommer- und Winterwege** unterschieden. Im Winter kann man auch Moorgebiete überfahren, die man im Sommer tunlichst meiden sollte.

Die beste Navigation ist also ein Fahrer, der die Strecke schon mindestens einmal öfter gefahren ist als Sie.

Es geht aber auch anders. Wer halbwegs geübt ist im Umgang mit Karte und Kompass, sollte **auch ohne Wegkundigen** zumindest die großen Ortschaften und vielbefahrenen Stellen finden. Wenn Sie einen Dolmetscher dabei haben, sollten Sie ihn hin und wieder einen **anderen Fahrer,** etwa den eines entgegenkommenden Fahrzeugs **fragen** lassen, ob Sie sich noch auf der richtigen Fährte befinden. Am kompetentesten sind Lastwagenfahrer und unter ihnen wieder die älteren Jahrgänge. Fahrer von Privatwagen fahren dagegen nicht selten ebenso kopflos in der Gegend herum. Wer sich im Gelände auskennt, ist übrigens auch am Fahrstil bestimmbar. Darauf kommen wir gleich weiter unten noch.

Natürlich können Sie auch einen Reiter oder einen Motorradfahrer ansprechen, bzw. eine Jurte anfahren. Letzteres hat oft zur angenehmen Folge, dass man neben einer Auskunft auch noch einen Tee oder eine Schale Stutenmilch bekommt. Bei den Ortsansässigen sollten Sie sich ebenfalls wieder auf die **Auskunft** von älteren Männern verlassen. Sie sind mit Sicherheit viel weiter herumgekommen als Frauen oder Kinder. Fragen Sie besser immer, ob der beschriebene Weg heute auch mit dem Fahrzeug, in dem Sie gerade sitzen, passierbar sein dürfte. Passierbar meint z.B., dass Brücken vorhanden und auch befahrbar oder Furten auch für kleine Fahrzeuge überwindbar sind. Uns ist es schon passiert, dass uns Nomaden schnurstracks in einen Sumpf oder über einen mit Autos völlig unpassierbaren Pass schicken wollten, weil sie offensichtlich noch nie in einem Jeep gesessen haben und sich nicht vorstellen können, dass sich ein Motorfahrzeug anders verhält als ein Pferd.

Solange Sie noch weit weg von Ihrem Zielort sind, bleiben Sie am besten **auf vielbefahrenen Wegen,** etwa denen zwischen den Aimakzentren. Vielbefahren heißt hier, dass Ihnen spätestens nach einem halben Tag wenigstens wieder ein Wagen begegnen dürfte, wobei die Fahrzeugdichte mit zunehmender Entfernung von der Hauptstadt immer spärlicher wird. Entlang dieser Pisten verläuft in der Regel auch eine **Telegrafenleitung. Stromleitungen** findet man dagegen im wesentlichen nur im nördlichen und westlichen Teil des Landes. Viele Telefondrähte oder hochvoltige Stromleitungen deuten an, dass Sie sich auf eine große, bedeutsame Ortschaft zubewegen.

Sumzentren haben oft schon Dutzende Kilometer außerhalb der Ortschaft eine Tafel, die man Ortseingangsschild nennen könnte. Aimakzentren verfügen fast immer über ein monumentales Denkmal, das zwischen 10 und 30 km vor der Ortschaft steht. Zumeist werden von da an auch die Wege wieder besser oder sind sogar asphaltiert.

Darüber hinaus deuten auch **Richtfunkstationen,** die auf den höchsten Bergen der Umgebung stehen, auf die Annäherung an eine Ortschaft hin.

Ein Kapitel für sich sind **Ortsdurchfahrten.** In ein Verwaltungszentrum hinein findet man immer, wenn man es erst einmal am Horizont ausgemacht hat. Ungleich schwieriger ist es, auch wieder den Weg heraus zu finden, der zum nächsten Zwischenziel führt. Hier ist auch der Kompass nicht sonderlich zweckdienlich. Am besten ist es deshalb, einen Ortsansässigen zu fragen. Ein günstiger Anlaufpunkt dafür ist die **Tankstelle** des Ortes, vor allem dann, wenn dort Betrieb ist. Vielleicht steht ja ein Wagen an der Säule, der gerade aus der Richtung kam, in die Sie wollen und kann Sie auf die Tücken der nächsten Kilometer hinweisen.

Nachts sollten Sie, wenn Sie sich des Weges nicht völlig sicher sind, nicht fahren. Wenn Sie sich für heute ein größeres Stück vorgenommen haben, ist es immer sinnvoll, möglichst zeitig loszufahren, auch wenn Ihre mongolischen Begleiter dafür nicht viel Verständnis und Begeisterung aufbringen. Auch von Fahrten bei **Nebel** oder **Schneetreiben** ist dringend abzuraten.

Die beste Navigationshilfe ist ein mongolischer Fahrer. Er kann ortskundige Nomaden nach dem Weg fragen.

252mo Foto: st

Kompass und GPS-Geräte

Ein guter Kompass, möglichst mit Ausgleichung der Ablenkung durch das Fahrzeug selbst, ist zur sicheren Navigation in der weglosen Steppe nötig. Darüber hinaus ist die Mitnahme eines **Satelliten-Navigationsgerätes** sehr sinnvoll, denn nur mit Kompass und Karte allein lässt sich in merkmalslosem Gelände die eigene Position nicht bestimmen. Stets den genauen eigenen Standort festzustellen und damit die genaue Richtung und Entfernung eines geplanten Ziels berechnen zu können, ist in kritischen Fällen sicherlich mehr als Geld wert. Zudem sind die Preise, auch für gute Geräte, inzwischen sehr gesunken. Beim Kauf sollte darauf geachtet werden, dass das Gerät auch aus dem Fahrzeug ausgebaut funktionsfähig bleibt!

Nach reiflicher Überlegung haben wir auch in dieser Ausgabe bewusst darauf verzichtet, in den laufenden Text GPS-Koordinaten einzufügen. Eine **Sammlung von Waypoints** finden Sie unter www.mongolingua.de/Mongolei%20Informationen.htm.

Wir möchten alle Leser aufrufen, uns ihre mitgeschnittenen Routen und gesammelten Punkte zu überspielen, damit wir daraus eine für alle frei zugängliche große Mongolei-Datenbank zusammenstellen können.

Straßenzustand

Die Überschrift ist gut gemeint. Der typische Verkehrsweg in der Mongolei ist nicht die Asphalt- oder Betonstraße, sondern die ausschließlich von Autoreifen und Regenwasser geformte **Piste.**

Schotterstrecken

Dazwischen liegen in der Qualität die so genannten verbesserten Straßen. Das sind aus Schotter aufgeschüttete Spuren, die in der Regel durch Sumpfgebiete führen und deren Vorteil ein Blick aus dem Seitenfenster verrät. Zum Teil handelt es sich aber auch um Passagen, die asphaltiert werden sollten und wo nun das Geld zur Fertigstellung des Projekts fehlt. Das Fahren auf ihnen bringt in erster Linie Lastwagen Vorteile. Ihre großen Räder und die langen Radstände federn die Unzahl kleiner Vertiefungen, die das Regenwasser unter der Massage von Reifen in die Oberfläche gefressen hat, recht gut weg. Kleine Räder geben die Stöße furchtbar direkt an die Fahrzeuginsassen weiter. Auf solchen Straßen kann man ein **Stundenmittel** von 40, maximal 50 km/h einplanen.

Feste Straßen

Aber auch feste Straßen sollten Sie nicht dazu verleiten lassen, ihren Wagen voll „auszureizen". Dem stehen zunächst in erster Linie die **Schlag-**

256mo Foto: st

löcher entgegen, die es in den Dimensionen klein bis „Bombenkrater" in allen Abstufungen auf ausnahmslos allen Strecken reichlich gibt. Die Krönung bilden **fehlende Kanaldeckel,** was jedoch eher ein auf Ulan Bator und die anderen größeren Städte beschränktes Problem darstellt. Hinzu kommt, dass sich auf der Fahrbahn nicht selten weitere **Hindernisse** wie etwa Teile der Ladung oder der Aufbauten eines Vorausfahrenden, große Felsbrocken, die einem abgestellten Laster als „Handbremse" dienten, oder auch **Tiere** befinden. Besonders dickfellig sind Rinder, die sich auch von Hupkonzerten nicht aus der Ruhe bringen lassen. Pferde erschrecken sich bei der Annäherung eines Wagens und preschen eventuell in der Richtung davon, in die gerade der Kopf zeigt. Auf Asphalt oder kiesigem Untergrund können Pferde leicht ausrutschen und sich, hemmungslos überschlagend, auf ihr Auto zubewegen. Bei Schaf- und Ziegenherden muss man ohnehin warten, bis der Strom vorbei ist.

Mit einem gut motorisierten Wagen können Sie auf festen Straßen von einer **mittleren Geschwindigkeit** von nicht mehr als 80 km/h ausgehen. Geländefahrzeuge aus russischer Produktion bleiben aufgrund ihrer schwachen Triebwerke deutlich darunter.

Auch die wenigen asphaltierten Strecken haben ihre Tücken

Pisten

Solange Sie sich auf einer unbefestigten, „natürlich" entstandenen Piste befinden, werden Sie ohnehin immer vom Schlimmsten ausgehen. Das schwerwiegendste Problem bilden hier **Erosionsfurchen,** die entweder die Fahrspur selbst oft über einen Meter tief weggefressen haben oder plötzlich den Weg seitlich kreuzen. Ein Kontakt der Räder mit solchen Furchen endet entweder in einem Überschlag des Wagens oder mit erheblichen Verformungen an Fahrgestell, Radaufhängung und Lenkung.

Typisch für Pisten ist, dass sich zwischen beiden Spuren durch den Druck der Lastwagen eine **Wulst** gebildet hat, deren Höhe vielfach die Bodenfreiheit kleinerer Fahrzeuge erreicht oder überschreitet. Dann hilft es nur, mit einem Rad auf der Wulst zu fahren, um sich nicht mit einem Ruck von seinem Differential zu trennen. In Kurven bleibt man dabei natürlich auf der Außenbahn, das heißt, die Seite, die auf der Wulst läuft, bildet die Kurveninnenseite.

Im Sommer sind diese gewölbten Mittelstreifen zwischen den Rädern mit Gras bewachsen, was die Entscheidung, ob eine Gefahr für den Unterboden besteht oder nicht, weiter erschwert. Am besten ist, man geht einfach davon aus, dass das Gras einen hohen Stein verdecken könnte und bleibt auf der Wulst. Das ganze funktioniert so lange recht gut, wie tatsächlich kein Stein unter dem Gras verborgen ist oder kein Murmeltier den Ausgang seines Baus auf die Straße verlegt hat. Das passiert übrigens nicht selten. Offenbar schätzen die Tiere den hohen Verdichtungsgrad des Bodens im Bereich des Weges. Dadurch fallen die Ausgänge nicht so schnell zusammen. Ein **Murmeltierloch** ist jedoch gut an den großen Mengen ausgeworfenen Bodens zu erkennen.

In der Nähe von und in Ortschaften werden Sie oft **Asche** und andere **Abfälle** auf der Fahrbahn finden. Vermeiden Sie, dort hindurchzufahren. Die Gefahr, einen Nagel aufzugabeln, ist mindestens genauso hoch wie beim Überfahren eines auf der Straße liegenden Bretts.

Diese und die weiter unten beschriebenen Probleme führen dazu, dass man bei Pistenfahrten eine **durchschnittliche Geschwindigkeit** von kaum 40 km/h erreicht. Lastwagen, vor allem beladene, kommen kaum auf 30 km/h.

Abseits von Pisten

Es gibt also genügend Gründe, beim Fahren auf der Piste keinen Augenblick das Terrain, das vor einem liegt, aus dem Auge zu lassen. Viel stärker noch gilt das, wenn Sie sich gänzlich abseits der Wege frei in der Steppe bewegen. Im Sommer ist die Vegetation in der Steppe – zumindest da, wo noch keine Überweidung stattfindet – kniehoch und verdeckt somit zuverlässig alle Steine, Rillen, Löcher und sonstige Hindernisse.

257mo Foto: st

Liliengewächse zeigen immer sumpfigen und morastigen Untergrund an

Hochmoor, Sumpf und Morast

Wer in der trockenen Jahreszeit auf den Pisten der Mongolei unterwegs ist, wird hin und wieder auf Stellen stoßen, an denen auffällig viele zerrissene Stahlseile, Karkassen und Baumstämme liegen. Passiert man in den feuchten Monaten dieselbe Stelle, haben sich nicht selten schon eine oder mehrere Fahrzeugbesatzungen auf eine Übernachtung dort vorbereitet. Sie stehen am Rand eines klassischen **Sumpfes.** Je nach geographischer Beschaffenheit kann das eine großflächige, sattgrüne Wiese oder nur ein wenige Meter breiter Streifen sein, der sich auf beiden Ufern eines kaum oder gar nicht mehr erkennbaren Rinnsals hinzieht. Wer öfter längere Zeit an solchen Stellen verweilen durfte, gewöhnt sich an den Anblick der typischerweise dort wachsenden Pflanzenarten. Dominierend sind Liliengewächse und Sumpfgrasarten.

Bevor Sie in den Sumpf hineinfahren und sich mit großer Wahrscheinlichkeit zu den anderen auf Rettung Wartenden gesellen, sollten Sie aussteigen und die Bodenbeschaffenheit prüfen, am besten mit nackten Füßen. Wie tief ist es, bis man auf festen Boden stößt? Ist die Grasdecke fest genug, den Wagen zu tragen? Könnte ich auf der Durchfahrt auf einen Stein oder einen Balken stoßen, den andere dort zurückgelassen haben? Gibt es an der tiefsten Stelle einen Wasserlauf, der deutlich tiefer ist als das umliegende Gelände? Sind die Prüfungen optimistisch ausgefallen, kann man die **Durchfahrt** wagen. Die Entscheidung fällt leichter, wenn sich noch ein anderes Fahrzeug in der Nähe befindet und genügend Meter Abschleppseil dabei hat. In diesem Fall sollte zunächst das leichtere von beiden passieren. Sollte das schwerere Fahrzeug stehenbleiben, hat das leichtere bei der Bergung Mühe. Stimmen Sie alle Eventualitäten mit ihren Mitfahrern und – wenn vorhanden – mit dem Begleitfahrzeug ab. Das erspart Ärger, wenn die Durchfahrt unvollständig verläuft. Jedes Kilogramm weniger Fahrzeugmasse erhöht die Wahrscheinlichkeit, es zu schaffen. Deshalb sollten die Mitfahrer besser aussteigen. Da Sie nur einen Versuch haben, ziehen Sie alle Register, also Allrad (Schließen der Freilaufnaben nicht vergessen), Untersetzung und Sperre(n), bevor Sie losfahren. Schließen Sie die Fenster und schalten Sie evtl. die Scheibenwischer ein. Je länger das zu passierende Stück ist, desto mehr Schwung sollten Sie haben. Aber Vorsicht, dass Sie nicht zu hart auf die Ufer des zumeist in der Mitte der Fläche liegenden Flüsschens prallen. In der Regel ist der 2. untersetzte Gang gerade richtig.

Wenn es dennoch passiert ist und der Wagen stehenblieb, bevor er wieder festen Grund unter die Räder bekam, hat es keinen Sinn zu versuchen, durch hektisches Durchdrehenlassen der Räder wieder in Bewegung zu gelangen. **Wer einmal steht, hat keine Chance, aus eigener Kraft weiterzufahren.** Er wird nur Zentimeter für Zentimeter weiter absinken, bis schließlich der Fahrzeugboden aufsetzt. Je tiefer man sich einbuddelt, desto länger wird man im Morast verweilen. Wenn Ihnen kein Bergungsfahrzeug und keine Seilwinde zur Verfügung steht, werden Sie einige Zeit einplanen müssen, den Wagen wieder frei zu bekommen. Begnügen Sie sich beim Ausbuddeln nicht mit halbherzigen Erfolgen. Ein paar kleine Steinchen oder Äste und einige Millimeter Höhengewinn nutzen nichts. Der Wagen muss mindestens auf die Höhe gebracht werden, die das Gelände hat und einige Meter Spur gelegt bekommen, um wieder richtig in Schwung zu geraten.

Die Gefahr, gar in ein **Hochmoor** zu fallen, besteht nur dann, wenn Sie abseits der bestehenden Fahrspuren im Chentij oder Changaj unterwegs sind. Ein Hochmoor ist eine Art Teich, der mit einem rostbraunen Federgras gänzlich überwachsen ist. Leichte Fahrzeuge trägt die Grasdecke einige Meter, bis sie zerschnitten wird, schwerere kippen gleich mit der Nase bis auf den Grund weg. Unser längster Aufenthalt an solch einem Plätzchen dauerte vier Tage und endete erst damit, dass unser bis auf die Höhe der Ladefläche abgesunkene, 4 Tonnen schwere Allradlaster von einem 35 Tonnen schweren Bergepanzer mit Mühe und Not befreit werden konnte.

Flussdurchfahrten

Die sicher gefährlichste Tücke beim Fahren abseits fester Straßen sind die Flussdurchfahrten. Wer in der niederschlagsarmen Jahreszeit durch die Mongolei reist, wird mit Verwundern bemerken, dass sich selbst in der Gobi, mehr aber noch in der Gebirgssteppenregion z.T. Dutzende von Metern breite Erosionstäler auftun, in denen große Baumstämme und Feldsteine von den gewaltigen Kräften zeugen, mit denen hier Wassermassen ins Tal geschossen sein müssen. Der Regen, der in den Sommermonaten fällt, hat selten die Form des z.B. für England typischen Nieselregens. Vielmehr stürzen oft urplötzlich – eben war es noch wunderschön sonnig – **Sturzbäche vom Himmel,** so viel, dass die Scheibenwischer es auch in der letzten Stufe nicht mehr zu bewältigen vermögen. Es dauert kaum 10 Minuten, bis das Regenwasser sein zerstörerisches Werk beginnt und überall dort den Boden „anknabbert", wo sich die Gelegenheit dazu bietet. Nach ein bis zwei Stunden haben sich kleine Rinnsale, die sonst nur 20 cm tief und 50 cm breit sind, in tobende, riesige, Geröllmassen mitführende Ungeheuer verwandelt, plötzlich ein bis zwei Meter tief und 200 m breit. Wenn solche Urgewalten toben, wird natürlich niemand auf die Idee kommen, über den betreffenden Fluss setzen zu wollen. Es kann passieren, dass sich eine Wasserfront auch dort zu Tal bewegt, wo es bislang keine Anzeichen auf einen Flusslauf gegeben hat. Im Juli/August, wenn es in kurzen Abständen zu solchen Ergüssen kommt oder es bisweilen auch einmal mehrere Tage hintereinander etwas gemäßigter geregnet hat, führen die Flüsse regelmäßig **„gelbes Hochwasser"** (шар үер бууx), wie die Mongolen sagen, obwohl die Brühe eher bräunlich-schwarz ist.

Da solide Brücken in der Mongolei nicht sehr häufig vorkommen, werden Sie sich– sicher auch von Ihrem Zeitplan getrieben – überlegen müssen, ob Sie eine Durchfahrt wagen und sich im schlimmsten Fall von Ihrem Fahrzeug samt Inhalt verabschieden und Gefahren für Leib und Leben in Kauf nehmen wollen, oder einen **bisweilen tagelangen Umweg über eine noch erhaltene Brücke** fahren wollen. Uns ist es sogar schon passiert, dass wir nach 800 km Fahrt und nur noch 60 km vor unserem Ziel unverrichteter Dinge nach Ulan Bator zurückkehren mussten, weil der Umweg drei Tage gedauert hätte.

Wenn Ihnen aber **keine andere Wahl** bleibt – Sie stehen unter Zeitdruck, weil der Rückflug nicht wartet, oder Sie haben nicht mehr genug

259mo Foto: st

Treibstoff für lange Umwege - sollten sie **umsichtig und planmäßig vorgehen.** Fragen Sie Einheimische - die sicher ganz in der Nahe des Flusses siedeln, denn die Sommerlager der Nomaden liegen in der Regel an Flussläufen und mit Vorliebe da, wo auch Furten sind -, ob in den letzten Stunden ein anderer Wagen und wenn ja welchen Typs (d.h. welcher Aufbauhöhe) die Fuhrt passiert hat. Ist der Wasserspiegel seither gestiegen oder gleich geblieben? Oder bitten Sie Kinder, die mit Interesse das Geschehen von ihren Pferden herab beobachten, doch einmal durchzureiten, um sich ein Bild von der Tiefe zu machen. Ein Bonbon oder Kaugummi als Entgelt wird sich sicher finden. Wenn das Pferd über den Bauch hinweg versinkt, wird es kritisch. Noch besser ist, sich auszuziehen und selber mit den Füßen den Untergrund des Flusses auf die all gemeine Beschaffenheit und Hindernisse abzutasten. Dabei sollten Sie sich unbedingt sichern, um nicht von der Strömung mitgerissen zu werden.

Schnelle Gebirgsflüsse haben einen steinigen Untergrund, wobei die Größe der Steine von der Fließgeschwindigkeit abhängt. Mit Abnahme der Geschwindigkeit werden die Steine zu kleinem Geröll, zu Kies und schließlich in den Ebenen zu Schlamm aus abge-

Flussdurchfahrten werden Ihnen nicht erspart bleiben

setzten Humuspartikeln. Letztere haben eine überraschende „Saugwirkung“. Durchfahrten durch derartige **verschlammte Flüsse** enden meistens genau in der Mitte. Selbst schwere Allradlaster haben kaum eine Chance. Der Schlamm ist weitaus tiefer, als die Bodenfreiheit es hergibt.

An **vielbefahrenen Stellen** dürfte der Untergrund jedoch recht fest sein, und das Problem beschränkt sich auf die Tiefe und Geschwindigkeit des Wassers. Die Hersteller von Geländewagen geben in den Bedienungsanleitungen die **maximale Wattiefe** an, die in der Regel bei 35 bis 50 oder 60 cm liegt, was also Waden- bis Kniehöhe bedeutet. In der Praxis kommen moderne Geländewagen aber auch problemlos durch Wassertiefen, die bis über die Stoßstange oder bis über die Radoberkante reichen. Wenn es noch tiefer wird, gerät der **Lüfterpropeller** ins Wasser. Die Flügel sind nicht dafür ausgelegt, Wasser umzurühren, und brechen alsbald ab. Die Propellerteile bohren sich dann gerne in den Kühler. Wenn Bruchstücke zwischen Keilriemen und Keilriemenscheibe geraten, kann das zu Folgeschäden an der Lichtmaschine, der Servopumpe usw. führen. Ohne Lüfter kann die Fahrt dann nur noch in kurzen Etappen fortgesetzt werden. Jede Etappe ist nur so lang, wie die Kühlflüssigkeit nicht kocht.

Bei **Fahrzeugen russischer Produktion** sind die Lüfterblätter aus Blech, so dass leichte Verformungen per Hand wieder korrigiert werden können. Außerdem sorgt eine Schnellspannvorrichtung an der Lichtmaschine dafür, dass der Keilriemen mit einigen wenigen Handgriffen heruntergenommen werden kann. Der Motor arbeitet dann auf Batteriebetrieb, was für den Augenblick der Flussüberquerung kein Problem darstellt. Deckt man dann noch die Verteilerkappe mit einer Plastiktüte gegen Spritzwasser ab, kann ein ganzes Stück tiefer „getaucht“ werden. Tiefer als bis an die Windschutzscheibe sollte es aber nicht gehen. In solchen Situationen verliert der Wagen sehr schnell die Bodenhaftung und fängt an zu schwimmen.

Bei **Wagen aus westlicher Produktion** ist das Herunternehmen des Keilriemens sicher auch möglich, wenngleich mit einiger Fummelei verbunden. Aus Rücksicht auf die elektronischen Bauteile sollte man sich aber besser an den Haken nehmen und bei abgestelltem Motor von einem anderen Fahrzeug zügig **durch den Fluss ziehen lassen.** Zügig deshalb, weil vermieden werden sollte, dass Wasser in die Kabine eindringt. Solange nur die Auslegware feucht wird, hält sich das Kümmernis noch in Grenzen, was aber, wenn der Wasserspiegel die Sitze, den Zigarettenanzünder, das Radio usw. erreicht?

Natürlich sollte man, wenn das Gelände es hergibt, den Fluss **mit der Strömung,** zumindest jedoch nicht dagegen durchqueren, um dem Wagen nicht noch zusätzlich das Überwinden des ganz erheblichen Strömungswiderstandes zuzumuten. Wer einmal durch einen nur knietiefen Gebirgsbach gewatet ist, weiß, welche Kraft das Wasser allein schon auf die Beine ausübt.

Wenig zweckdienlich, ja geradezu gefährlich ist es, das Auto vor dem Passieren der Fuhrt mit Klebestreifen und Plastiktüten (Ausnahme: Zündverteiler) **abdichten** zu wollen. Das Wasser findet trotzdem seinen Weg in den Motor- und Innenraum. Das dauert jedoch ein Weilchen. In der Zwischenzeit dümpelt der Wagen ohne Bodenhaftung auf den Wellen, bis er schließlich doch volläuft und an einer garantiert noch tieferen Stelle „auf Grund setzt". Wenn dann die Türen nicht mehr aufgehen, weil sie zugeklebt sind, und die Fenster nicht mehr bewegbar sind, weil die Elektrik ausgefallen ist, müssen die Insassen nicht nur um ihren Wagen und seinen Inhalt, sondern um das nackte Leben fürchten.

Besser ist es deshalb, das ohnehin unvermeidliche schon bei der Einfahrt in das Wasser zu vollziehen und die **Türen auf beiden Seiten zu öffnen,** damit die Strömung freie Bahn durch den Wagen hat. Hier kommt auch dem Beifahrer eine wichtige Rolle zu.

Alles, was sich retten und ausbauen lässt, sollte man natürlich am anderen Ufer zurücklassen und es dann entweder zu Fuß, zu Pferde oder mit einem größeren Wagen übersetzen lassen. Besonders unangenehm ist es, wenn Schlafsäcke und Zeltutensilien ein Bad nehmen.

Sollte Ihr Wagen dennoch **mitten im Fluss stehen bleiben,** müssen Sie **vermeiden, dass der Motor ausgeht.** In archaischen Modellen gibt es für solche Situationen einen Handgashebel. Geht der Motor aus, springt er natürlich nicht wieder an saugt zudem in der Regel über den Auspuff Wasser an, das sich mit dem Öl in der Ölwanne vermischt. Ein Motor, der im Wasser stehend ausgegangen ist, sollte erst dann wieder gestartet werden, wenn man sich überzeugt hat, dass das Öl nicht mit Wasser vermischt ist. Zur Not hilft nur noch ein kompletter Ölwechsel. In der regenreichen Zeit sollte man deshalb immer reichlich Öl mitführen.

Ein paar Worte zu Brücken

Nach allem, was Sie an wenig anheimelnd klingenden Dingen im Kapitel „Wasserdurchfahrten" gelesen haben, werden Sie sich fragen, warum man nicht einfach über eine Brücke fahren kann. Wenn eine in erträglicher Entfernung liegt, sollten Sie sie natürlich – und sei es um den Preis eines kleineren oder größeren Umwegs – benutzen. Der **technische Zustand** der zum allergrößten Teil aus Holzbalken und dicken Bohlen gebauten Konstruktionen ist allerdings in vielen Fällen **wenig vertrauenseinflößend.** Die die Fahrbahn bildende oberste Bretterschicht ist oft locker, ganze Passagen fehlen gar und erlauben so einen Blick auf die Fluten unter der Brücke. Die Nägel, die die fehlenden Bretter hielten, halten aber noch die Stellung und warten auf den nächsten Reifen. Die Übergänge zwischen der Fahrbahn und der Brücke sind meist beachtlich. Bisweilen wird auf die Bretterfahrbahn

262mo Foto: st

auch noch Kies geschüttet, der dann aber bei Regen durch die Bretter sickert und auf der Brücke tiefe Furchen und Löcher hinterlässt.

Manchmal ist auch ein 2 bis 3 Meter langes Teilstück der Brücke teilweise oder gänzlich durchgebrochen. Betonbrücken, die Sie an den großen Strömen und in Ortschaften finden, sind dagegen meist recht gut in Schuss.

In jedem Fall sollten Holzbrücken vor der Überquerung gründlich geprüft werden. Einen guten Fahrer erkennen Sie hier an der Sorgfalt, mit der er eine genauer Route über das Konstrukt plant. Je nach Ergebnis der Prüfung sollten Sie den Wagen entladen und ggf. den Fahrer das Gefährt allein übersetzen lassen.

Ob Sie der gerade vor Ihnen liegenden Brücke trauen, müssen Sie letztlich selbst entscheiden. **Orientieren Sie sich daran, was die Einheimischen machen.** Wenn Sie die Brücke meiden und daneben durch den Fluss fahren, sollten Sie es auch tun.

Lava, Stein, Geröll, Waschbretter

Die klassischen Steppenpisten werden je nach der Region, in der Sie sich gerade bewegen, von ausgedehnten Lavafeldern, Gesteinsaufwerfungen aus vulkanischen Bruchspalten oder Geröllstrecken unterbrochen. Solange Sie auf der ausgefahrenen Fahrspur bleiben, werden Sie damit keine übermäßigen Probleme bekommen. Wagen mit Straßenbereifung wird freilich des Öfteren die Luft wegbleiben, **Geländereifen** kommen damit gut zurecht, wenn nicht gerade die Flanken aufgerissen werden.

Mit einigem fahrerischen Geschick kommt man auch noch durch **Steinfelder,** wo die Durchschnittsgröße der Brocken der einer liegenden Kuh entspricht. Dann können einige hundert Meter bisweilen aber eine ganze Stunde Arbeit und einige Millimeter Kupplungsbelag kosten. Aber vielleicht hat man ja hinter einem solchen Streifen aus großen Gesteinsbrocken einen romantischen Platz entdeckt, der zum Zelten einlädt. Dann lohnt es sich, sich vom Beifahrer einweisen zu lassen und Zentimeter um Zentimeter über die Brocken zu turnen.

Die dabei angebrachten Fahrtechniken ausführlich zu erläutern, führte in diesem Buch zu weit. Erwähnt sei nur, dass ein Stein, der größer ist, als die Bodenfreiheit des Wagens es hergibt und der auch nicht umfahren werden kann, weil daneben noch viel größere liegen, mit beiden Rädern überfahren werden muss. Im Laufe der Zeit bekommt man einen Blick für die Linie, die der Wagen durch das Gesteinsfeld nehmen kann, ohne aufzusetzen.

Überaus nervend können so genannte **Waschbretter** sein, die Sie überwiegend im südlichen Landesteil antreffen werden. Ähnlich wie auf Kopfsteinpflaster gibt es Geschwindigkeiten, die zu Resonanzen im ganzen Wagen führen und ihn schier auseinander zu reißen drohen. Wird man etwas schneller, schaffen es die Räder nicht mehr, in jede Rille einzutauchen und hüpfen förmlich von Kuppe zu Kuppe. Bei dieser Geschwindigkeit wird das Auto wieder etwas ruhiger. Allerdings haben die springenden Räder kaum noch Bodenkontakt, so dass der Wagen leicht ausbrechen kann. Von der Wirkung auf die Stoßdämpfer, Radaufhängungen usw. sei hier gar nicht gesprochen.

Gebirge

Für Off-Road-Begeisterte stellt das Fahren im Gebirge ganz sicher eine besondere Herausforderung dar. Die Ansprüche an die Fahrkünste nehmen in der Reihenfolge Chentij, Changaj, Gobi-Altai zu.

Der relativ flache **Chentij** ist bekannt für seine ausgedehnten Sumpffelder und Moore. Auch in Flussdurchfahrten kann man sich reichlich üben. In den Wäldern stößt man oft auf über dem Weg liegende umgestürzte Bäume. Auf wirklich gefährliche Serpentinen stoßen Sie aber erst im **Changaj,** und so richtig wild wird es im **Gobi-Altai.** Bisweilen bleibt Ihnen kein anderer Weg, als kilometerweit einem Flussbett zu folgen, das sich in hoch aufragende Felswände eingeschnitten hat. Die Steigungen können extrem werden, irgendwann merkt man, dass die Luft nicht nur den Insassen, sondern auch dem Motor zu dünn zu werden scheint.

Bevor Sie sich auf ein solches Abenteuer einlassen, sollten Sie unbedingt **Einheimische** nach der Befahrbarkeit befragen oder am besten bitten, ein Stück mitzukommen, um den Weg zu zeigen. Die Gefahr, dass Sie in ein falsches Tal abbiegen, wo Sie dann keiner vermutet und findet, ist einfach zu hoch. Auf eine Orientierung allein nach Karte und Kompass können Sie hier nicht unbedingt bauen.

Ganz besondere Aufmerksamkeit wird vom Fahrer gefordert, wenn es im Gebirge geregnet oder geschneit hat.

Regen

Verglichen mit den in Europa üblichen Niederschlagsmengen mögen mongolische Verhältnisse im statistischen Durchschnitt trocken erscheinen. Der größte Teil davon fällt aber in den Sommermonaten. Das Fahren **auf regennassen Wegen** erfordert besondere Umsicht. Für alle drei Fahrbahntypen gilt, dass es sehr schwer abzuschätzen ist, wie tief das Loch ist, in dem eine **Pfütze** steht, und was außer Wasser noch darin sein mag.

Die **Oberfläche von Pisten** verwandelt sich nach wenigen Regenminuten in eine schlammig glitschige Masse, auf der Fahrzeuge sehr leicht aus der Kontrolle geraten können. Schon bei leichter Seitenneigung der Fahrbahn von ca. 15 % kann es dann passieren, dass das Heck des Wagens in Richtung Abhang ausbricht und das Fahrzeug sich selbst bei eingelegtem Allrad und Sperren nur noch krabbenartig seitlich zur Fahrtrichtung bewegt. Bereits vor dem Passieren von großen Pfützen oder vor der Begegnung mit anderen Fahrzeugen sollten Sie den Scheibenwischer auf volle Kraft stellen, um nicht plötzlich im Dunkeln zu stehen, wenn der Schwall über Sie hereinbricht.

Schnee, Hagel und Eis

Denken Sie nicht, das Thema brauche Sie nicht zu interessieren, weil Sie ohnehin nicht vorhaben, im Winter in die Mongolei zu kommen. Extreme Witterungsverhältnisse können auch zu anderen Zeiten im Jahr auftreten.

Im Winter frieren selbst große Flüsse bis auf den Grund zu. Der teilweise mehrere Meter dicke **Eispanzer** beginnt erst im späten Frühjahr zu schmelzen und hält sich, je höher man kommt, **bis in den Sommer hinein.** Besonders kritisch sind die Monate April und Mai, wenn das Eis noch nicht geschmolzen ist, aber auch nicht mehr zuverlässig trägt. Setzt man über solche Flüsse, kann man böse einbrechen und sich schwere Blessuren an der Fahrzeugunterseite zufügen. Besonders empfindlich reagieren die Tanks auf harte Stöße. Das Bergen eines im Eis eingebrochenen Wagens ist wahrlich kein Vergnügen. Sie müssen ihn – selbst im eiskalten Wasser stehend – Stück für Stück freihacken und vor allem das Eis unter dem Fahrzeug systematisch zerkleinern. Das kann dauern, vor allem, wenn man keine Brechstange dabei hat.

Im Herbst passiert das Umgekehrte. Sie fahren z.B. im Chentij morgens problemlos über ein leicht angefrorenes Feuchtgebiet. Am Abend, wenn die Sonne das Eis dahingerafft hat, kommen Sie nur noch wenige Meter, bis der Boden nachgibt.

Bei **Flüssen** ist es schwer zu sagen, ob das Eis schon trägt oder man lieber durch viele Vor- und Rückwärtsbewegungen mit den Vorderrädern in der Manier eines Eisbrechers eine Schneise brechen sollte.

Hagel ist eine in der Mongolei weit verbreitete Erscheinung. Besonders bekannt dafür ist die Gegend um Kara-Korum, wo alljährlich große Schäden an der Ernte verursacht werden. Die Hagelkörner können dabei eine ganz respektable Größe erreichen, die ausreicht, um Lämmer zu erschlagen, Scheiben splittern zu lassen oder deutliche Blessuren am Autolack zu hinterlassen. So ein Naturschauspiel dauert aber nur wenige Minuten, und man hält, solange die Naturgewalten toben, am besten an.

Schnee kann auch noch **im Juli** oder schon wieder **Ende August** fallen, wobei größere Höhen immer auch eine größere Schneegefahr bedeuten. Unbedingt vermeiden sollte man, bei

Schneesturm zu fahren, wenn alles zu einem einheitlichen Weißgrau verschwimmt, in dem eine Orientierung kaum mehr möglich ist.

Im Frühjahr hat der Schnee in der Ebene eine mehrere Millimeter dicke, eisähnlich verharschte Oberfläche. Darunter verbirgt sich sehr trockener, lockerer Schnee, der an Kunstdünger erinnert. Sobald die Scheehöhe die Bodenfreiheit des Wagens auch nur leicht übersteigt, bleibt man unweigerlich darin stecken. Gelegentliche Schneefälle im Sommer verwandeln sich alsbald in Schmelzwasser und wirken deshalb auf die Fahrbahn kaum anders als Regen.

Bei Nacht und Nebel

Von **Nachtfahrten** haben wir bereits weiter oben abgeraten. Als weiteres Argument dafür sei erwähnt, dass die Beleuchtungseinrichtung an mongolischen Fahrzeugen so gut wie immer unvollständig ist oder gar völlig fehlt. Letzteres gilt besonders für Anhänger, die ganz plötzlich wie eine Wand aus dem Dunkeln auftauchen können. Scheinwerfer funktionieren oft nur auf einer Seite und vermitteln den Eindruck, einem Motorrad zu begegnen. Wenn sie aber funktionieren, werden sie nur sehr selten auf Abblendlicht umgeschaltet. Dies gilt auch für den innerstädtischen Verkehr in Ulan Bator und anderen Städten, wo jede Nacht regelrechte Lichtschlachten toben, ohne dass die Polizei dagegen einschreiten würde.

Nebel dagegen ist in der Mongolei eine eher seltene Erscheinung. Wer dann den Weg nicht genau kennt, muss warten, bis es sich wieder aufklärt.

Ein Thema für sich: Die Gobi

Eine Fahrt durch die Gobi birgt **besondere Gefahrenmomente.** Die Gobi umfasst eine Fläche, die größer ist als die Territorien der Bundesrepublik, der Schweiz und Österreichs zusammengenommen. Ein Blick auf die Karte verrät, dass die **Siedlungsdichte** um ein Vielfaches geringer ist als die in den Steppen- und Gebirgssteppenregionen. Über Hunderte von Kilometern werden Sie kaum nennenswerte Veränderungen in der Landschaft beobachten können. Deshalb ist die **Orientierung** auch so **problematisch** – es fehlen bei einem Gewirr von Wegen und Pfaden die hilfreichen markanten Geländepunkte. Einfach ist es natürlich, wenn man nach Tschojr oder nach Dalandsadgad unterwegs ist. Dann braucht man im wesentlichen nur der mongolisch-chinesischen Eisenbahn bzw. der Telegrafenleitung zu folgen, die über Mandalgobi weiter in das Zentrum der Südgobi führt.

Beängstigend kann es werden, wenn Sie die **Orientierung verloren** haben und sich die Tankanzeige bedrohlich gegen Null neigt oder Ihr Fahrzeug einen Defekt hat und stunden- oder gar tagelang kein Auto vorbeikommt und über hundert Kilometer auch keine Jurte zu erspähen ist.

Wenn sie also vorhaben, tief in die Gobi einzudringen, wird das immer mehrere Tage dauern. Deshalb sollten Sie unbedingt mehr als **ausreichend**

Treibstoff, genügend Wasser, Nahrungsmittel, einen Kocher und eine gute Zeltausrüstung mitführen und mit einem **gut ausgerüsteten Fahrzeug** unterwegs sein. Hinsichtlich der Zeit sollten Sie möglichst flexibel sein. Immer wenn sich die Gelegenheit dazu bietet, sollten Sie **nachtanken** – es ist irgendwie schöner, die Orientierung mit vollem Tank zu verlieren als mit leerem.

Fahrtechnisch stellt die Gobi sicher geringere Ansprüche als das Gebirge. Dennoch können Sie auch hier auf ausgespülte Wegestücke, tiefe Rinnen, unendliche Geröllfelder und auch sumpfige Stellen stoßen. **Im Frühjahr** verwandelt sich die Wüste während der Schneeschmelze regelmäßig für einige Tage in ein **unüberwindliches Schlammeer.**

Auf **Brunnen** werden Sie nur sehr selten treffen. Ob der Brunnen noch in Betrieb ist, erkennt man sehr leicht an der Ansammlung von großen Viehherden. Leider hat sich die Wasserversorgung in den Jahren nach der politischen Neuorientierung der Mongolei dramatisch verschlechtert. Der übergroße Prozentsatz der einst mit großem Aufwand installiert und gewarteten Brunnen mit mechanisch betriebenen Unterflurpumpen arbeitet heute nicht mehr. Die Nomaden sind deshalb gezwungen, sich um die immer weniger werdenden Brunnen anzusiedeln, was zu einer Konzentration riesiger Viehbestände auf einer relativ klei-

266mo Foto: st

nen Fläche und damit zu einer gnadenlosen Überweidung in diesem Bereich führt. Hier liegt auch der Grund dafür, dass ausgedehnte Gebiete bar jeden Viehs und jeder menschlichen Siedlung sind. Hinzu kommt, dass die **Wasserqualität** angesichts eines hohen Anteils an Magnesium und Kalzium, bisweilen auch an Jod und Brom auf die Dauer zu einer **Schädigung der Verdauungsorgane** führt. Wenn es sich vermeiden lässt, sollten Sie also das Wasser aus Brunnen nicht trinken. Das gleiche gilt natürlich erst recht für Oberflächenwasser, soweit sie überhaupt darauf stoßen.

Hin und wieder kommt es in der Gobi zu **Staubstürmen,** die sich über mehrere Tage hinziehen können. Bei solchem Wetter kann man weder fahren noch sonst etwas unternehmen.

Aber auch sonst **staubt** es gewaltig. Fährt man im Konvoi, müssen die einzelnen Fahrzeuge einen, wenn nicht zwei oder drei Kilometer Abstand voneinander halten. Das vorausfahrende Fahrzeug hat kaum eine Chance, die Nachfolgenden im Rückspiegel durch die aufgewirbelte Staubfahne hindurch zu erkennen. Deshalb ist es bei Kolonnenfahrten sehr zweckmäßig, wenn das erste und das letzte Fahrzeug mit **Sprechfunkgeräten** ausgerüstet sind, um sich gegenseitig über besondere Fahrbahnsituationen oder aufgetretene Pannen zu unterrichten oder sich einfach hin und wieder mitzuteilen, dass sie noch da sind. Die Fahrer sollten bei jeder Rast einen Blick auf die Luftfilter werfen und sie gründlich ausklopfen.

Im Grunde gibt es jedoch keinen vernünftigen Grund, sich mutwillig den Strapazen, Gefahren und der tagelangen Tristesse einer Fahrt in die Gobi auszusetzen. Alles, was für die Gobi steht, also spärliche Vegetation, Sanddünen, Kamele und Fata Morganen (зэргэлээ), kann man auch in anderen Gebieten schon ganz in der Nähe von Ulan Bator oder im Rahmen einer „gemischten Tour" Richtung Westen erleben. Die schönsten Ausgrabungsstätten von Sauriern gibt es aber tatsächlich tief in der Südgobi.

Verkehrsverhältnisse

Die **Verkehrsdichte** ist, wie bereits mehrfach angedeutet, außerordentlich gering. Das wird man am deutlichsten spätestens dann merken, wenn der eigene Wagen sich – aus welchen Gründen auch immer – nicht mehr weiterbewegt und Hilfe Fremder benötigt wird. Auf der anderen Seite sind Begegnungen mit anderen oder das Überholen Vorausfahrender **besondere Gefahrenmomente,** wenn Sie außerhalb der Städte unterwegs sind.

Beim **Überholen** müssen Sie davon ausgehen, dass der Vorausfahrende entweder keinen Rückspiegel hat oder ihn auf das hübsche Mädchen eingestellt hat, das hinter ihm sitzt. Auf Pisten ist das kein Problem. Sie wählen einfach rechtzeitig eine andere Spur,

Sedimentformation in der Südgobi, eines der berühmtesten Saurierfelder

die genügend Sicherheitsabstand gewährleistet. Wenn man die Wahl hat, wird man sich natürlich für eine auf der Windseite liegende Spur entscheiden, um nicht von der Staubfahne des anderen erstickt zu werden. Auf festen und verbesserten Straßen dagegen sollten Sie so lange hinter dem Wagen bleiben, bis sie gesehen worden sind oder Ihr Hupen bemerkt worden ist. Dabei sollten Sie freilich außerhalb des Schussfeldes von durch das Reifenprofil aufgewirbelten Steinen bleiben, um nicht einen Schlag auf die Windschutzscheibe zu riskieren. Diese Vorsichtsmaßnahme ist erforderlich, weil jeder mongolische Fahrer immer um die beste Schlangenlinie durch die Schlaglöcher bemüht ist und deshalb durchaus ganz plötzlich voll auf die linke Straßenseite wechseln kann. Das gleiche gilt sinngemäß zunehmend auch für den innerstädischen Verkehr, wobei der „Spielraum" aber in der Regel nicht auf die Gegenfahrbahn ausgedehnt wird. Die Bedeutung von Fahrbahnmarkierungen, etwa Zebrastreifen, Halte- oder Spurlinien ist in der gesamten Mongolei unbekannt.

Es hat sich als zweckmäßig erwiesen, beim Überholen das linke Vorderrad des zu Überholenden und mögliche vor ihm liegende Hindernisse, die Anlass für ein Manöver nach links sein könnten, im Auge zu behalten.

Wer plant, in einer Jurte zu übernachten, sollte dennoch Schlafsack und Isomatte dabei haben – und Geschenke für die Gastgeber

Entgegenkommende Fahrzeuge, insbesondere Lastwagen, benehmen sich außerhalb der Ortschaften oft so, als seien sie allein auf der Straße. Andere haben voll damit zu tun, ihren uralten und in der Lenkung extrem ausgeschlagenen LKW überhaupt halbwegs in der Spur zu halten. Ein Lenkradspiel von einer halben Umdrehung ist in der Mongolei kein Grund, ein Fahrzeug aus dem Verkehr zu ziehen. Seien Sie also bei jeder Begegnung entsprechend vorbereitet.

Eine besonders gefährliche Gruppe unter den Truckern sind tags wie nachts die Tankwagenfahrer. Unsere Erlebnisse mit ihnen zu erzählen, böte Stoff für viele Abende am Lagerfeuer.

Übernachten in der Steppe

Jede Reise in die Steppe, die eine Gesamtstrecke von 300 km überschreitet, wird zwangsläufig dazu führen, dass Sie irgendwo in der Steppe übernachten müssen. Dafür bieten sich, wenn wir an dieser Stelle die Zwangsübernachtung aufgrund einer Panne im oder auf dem Fahrzeug einmal ausschließen, folgende drei Varianten an.

Im Zelt

Zelten ist zumindest in den Sommermonaten die aus unserer Sicht **empfehlenswerteste Methode,** die Nacht zu verbringen, sofern Sie sich nicht absolut sicher sind, dass Sie am Zielort eine Jurte oder ein wohl präpa-

riertes Hotelzimmer erwartet. Als **Zeltplatz** eignen sich vor allem Flussufer mit Windschutz durch Felsen oder Uferbewuchs. An einem Fluss kann man sich gut waschen, Getränke kühlen und den Abwasch machen. Bei Wind können zusätzlich auch die Fahrzeuge wagenburgähnlich um die Zelte gruppiert werden. Ein Zelt sollte man zur Not sowieso immer dabei haben, denn woher will man sicher sein, dass man jeden Tag das angestrebte Etappenziel tatsächlich erreicht. Wenn man zu dicht in der Nähe von Jurten oder Ortschaften zeltet, kann man sicher sein, dass man schon die ersten Schaulustigen um sich hat, bevor das Lager steht.

In Hinblick auf den **Zelttyp** haben wir keine besonderen Empfehlungen. Alles, was **wasser- und winddicht** ist, ist geeignet. Zelte ohne Boden gibt es heute ohnehin nicht mehr.

Am elegantesten, da auch im feuchten Gelände einsetzbar und in allerkürzester Zeit aufgebaut, sind **Dachzelte.** Hoch oben können sich auch die Ängstlichen sicher fühlen vor allerlei Getier. Die Anschaffung eines Dachzeltes ist allerdings teuer und lohnt sich nur, wenn man es regelmäßig benutzt. Die Nachteile eines Dachzeltes liegen darin, dass es im bergigen Gelände einige Mühe bereitet, einen ebenen Standort für das das Zelt tragende Fahrzeug zu finden.

Außerdem lässt sich ein solch hohes Zelt schlechter vor Wind schützen.

Karavans oder **Wohnwagen** haben wir in der Mongolei erst selten gesehen. Die allergrößte Mehrheit der handelsüblichen Modelle dürfte auch für einen harten Geländeeinsatz vollkommen ungeeignet sein.

In der Jurte

In Jurten wird man vor allem dann übernachten, wenn man **mit mongolischen Freunden unterwegs** ist, die ihre Verwandten auf dem Land besuchen. Wenn ein solcher Typ Reise geplant ist, sollten Sie wenigstens Ihre **Isomatte oder Luftmatratze** und einen eigenen **Schlafsack** mitbringen, denn es kann nicht erwartet werden, dass der Gastgeber genügend Matratzen und Bettzeug zur Verfügung hat. Beim Schlafengehen machen Sie einfach das, was die anderen machen. Meistens strecken sich die Mongolen irgendwo ungewaschen aus. Achten Sie darauf, dass sie nicht zu dicht am Ofen liegen, damit ihr Schlafsack nicht beschädigt wird. Morgens stehen Sie erst auf, wenn der Tee bereit ist, damit die Hausherrin genug Zeit hat, sich anzuziehen und Ordnung in der Jurte zu schaffen.

In Hotels

Außerhalb von Ulan Bator, Darchan und Erdenet in einem Hotel zu übernachten, ist die denkbar **schlechteste, teuerste und unsicherste Übernachtungsvariante.**

Funktionierende Hotels, die halbwegs dem entsprechen, was man sich unter diesem Begriff vorstellt, gibt es neben Ulan Bator im Grunde nur noch in den großen Städten Darchan und Erdenet. Ganz vernünftige Neubauten haben wir in Zezerleg, Arwajcheer und in Tschojbalsan entdeckt.

Die noch aus der Vorwendezeit stammenden **Hotels in den Aimakzentren** sind entweder gar nicht mehr in Betrieb oder in einem total heruntergekommenen Zustand. Schlösser schließen oft nicht, die Bäder und Toiletten sind unbenutzbar, oder es gibt gar kein Wasser; auch Strom ist oft nicht vorhanden. Empfehlenswert ist, auch in die Hotels einen eigenen Schlafsack mitzunehmen, den man der hauseigenen Bettwäsche vorziehen dürfte. Die Liste der Unzumutbarkeiten, für die man 20–30 US$, wenn nicht noch mehr bezahlen soll, könnte beliebig fortgesetzt werden. Hinzu kommt, dass sich in diesen Häusern merkwürdige Gestalten herumzudrücken pflegen und in irgendeinem der Nachbarzimmer garantiert eine Orgie abgeht, die nicht vor dem Morgengrauen zu Ende ist.

In den Sumzentren gibt es inzwischen kaum noch Hotels und selbst wenn, dann ist die Frau, die den Schlüssel haben soll, mit Sicherheit gerade nicht auffindbar. Kurz, es ist in jedem Fall besser, irgendwo in malerischer Landschaft zu zelten und sich selbst zu verpflegen, als sich am Ende eines anstrengenden Tages auf ein Abenteuer mit unbestimmtem Ausgang einzulassen.

Neben dem Ärger mit den Hotels selbst kommt potenzierend hinzu, dass man in einer Ortschaft auch Mühe hat, sein Fahrzeug sicher unterzubringen. Die Abfahrt am nächsten Morgen verzögert sich meist uferlos, weil das Hotelpersonal die Rechnung nicht fertig bekommt, sich Leute an ihrem Wagen drängeln, die unbedingt mitfahren wollen oder der Dorfpolizist beschlossen hat, sich heute den ganzen Vormittag für Sie freizunehmen. Aus diesen Gründen haben wir in unsereren Routenvorschlägen **bewusst darauf verzichtet, Hinweise auf Hotels zu geben.**

Eine qualitativ in der Regel bessere Anlaufstelle sind die **Touristencamps** für Ausländer. Aber auch hier kann man sich nicht sicher sein, ob man auch tatsächlich unterkommt. Eine Nacht in einem solchen Camp kostet selten weniger als 50 US$.

Verpflegung unterwegs

Sobald man in der Mongolei die Hauptstadt verlässt und über Land weiterreist, ist die **Verpflegung,** abgesehen von dem, was man selbst mit sich führt, **sehr unsicher.** Man kann sich im wesentlichen nicht darauf verlassen, unterwegs ausreichend Lebensmittel zukaufen zu können, zumal die Lokalitäten, wo man für Geld tatsächlich etwas bekommen kann, sehr dünn gestreut sind. Dennoch gibt es einige beschränkte Möglichkeiten, sich en route Nahrung oder Vorräte zu besorgen bzw. essen zu gehen.

Essen am Straßenrand

Entlang der großen Ausfallstraßen in unmittelbarer Nähe Ulan Bators und an einigen wenigen häufig befahrenen Steppenpisten gibt es schäbig aussehende Jurten, Wohnwagen oder hölzerne Kioske, die durch ein Schild mit der Aufschrift „гуанз“ als Imbiss *(Guands)* zu erkennen sind. Entsprechend dem Äußeren des jeweiligen Imbisses kann man Rückschlüsse auf die Hygiene bei der Zubereitung der Speisen bzw. auf die Sauberkeit der Essgeschirre ziehen. Besonders interessant ist die Frage, wo das Restaurant das Wasser zum Kochen herbekommt. Lassen Sie also ihren Blick schweifen, um zu erkunden, ob es in der Nähe einen Brunnen gibt oder nur ein schlammiger Tümpel zu sehen ist. Es empfiehlt sich, hier nur einzukehren, wenn man es besonders eilig hat.

Die **Auswahl der Speisen** beschränkt sich in der Regel auf *Labtschaa* – die gute alte Hammelsuppe (гурилтай хоол) – und *Buuds,* gedämpfte Teigtaschen, mit gehacktem Hammelfleisch gefüllt (бууз), die dann als besonders lecker gelten, wenn das heiße Fett nur so aus ihnen heraustrieft. Beliebt sind auch *Chuuschuur* (хуушуур), das ist die in Fett gebackene, flachgedrückte Variante der *Buuds.*

Abgesehen davon gibt es heißen **Milchtee,** der gesalzen ist und eventuell mit etwas geschmolzener Butter noch nahrhafter gemacht wurde.

Manche dieser *Guands* verkaufen außerdem lebendige **Schafe zum Selberschlachten,** eine Verpflegungs-

273mo Foto: st

möglichkeit, von der vor allem Gruppen von Mongolen, die auf der Ladefläche eines Lasters reisen, gerne Gebrauch machen.

Zu Gast in der Jurte

Der Vorteil, in einer Jurte als Gast geladen zu sein, besteht darin, dass die **Hygiene** in familiärer Umgebung im Vergleich zu der in den *Guands* zweifelsfrei besser ist. Als nachteilig mag es hingegen manch einer empfinden, dass man aus Gründen der Gastfreundschaft in einer Jurte vielleicht das eine oder andere verköstigen muss, das weder schmackhaft aussieht noch gut riecht. Vor allem die im Sommer so häufig angebotenen verschiedenen Milchprodukte sind **europäischen Mägen nicht immer zuträglich.** In einer Jurte zu Gast zu sein, verlangt neben einem strapazierfähigen Magen auch eine gewisse Sensibilität für das richtige Benehmen. Mehr dazu lesen Sie bitte im entsprechenden Abschnitt nach.

Man schlachte mir ein Schaf

Die meisten Nomaden lassen sich für Bargeld gerne ein Schaf abkaufen und schlachten es mal eben schnell für Sie. Erwarten Sie aber nicht, dass das Schaf auf europäische Weise zerteilt wird und Sie mit Vorräten an Kotletten, Filetstücken und ähnlichem weiterreisen. Vielmehr gilt hier die Regel, dass ein Schaf dann gut zerteilt ist, wenn jedes Stück auch etwas Knochen enthält. In den meisten Monaten wird sich die Mitnahme von ungekochtem Fleisch auf die Weiterreise aus Gründen der Haltbarkeit nicht sonderlich empfehlen.

Eine Möglichkeit wäre hier, einen Einheimischen zu bitten, das **Schaf in der Milchkanne** zuzubereiten (хонины хорхог). Dazu begibt man sich an einen Fluss, sucht glatte Steine heraus, erhitzt diese in einem Lagerfeuer und gart anschließend das in Stücke geteilte Schaf in einer großen 40-l-Milchkanne mithilfe der heißen Steine. Das Fleisch wird zart und schmackhaft und gilt auch unter Mongolen als besonderer Leckerbissen. Laden Sie alle Helfer zum Mitessen ein. Es wird immer noch genügend gekochtes Fleisch übrig bleiben, dass Sie zur Weiterreise mitnehmen können.

Im Übrigen zeigen Sie sich besonders großzügig, wenn Sie **Innereien, Fettsteiß, Schafskopf und Fell beim Verkäufer zurücklassen.** Sie sind im Verkaufspreis inbegriffen, werden Ihnen aber bei Transport und Zubereitung nur Schwierigkeiten machen.

Eine weitere typische Variante der Ernährung besteht darin, sich eine **Ziege schlachten** zu lassen. Sie ist im Preis, wenn sie auf das Fell verzichten, meist billiger, und das Fleisch ist, solange es heiß ist, sehr aromatisch. Auch die Ziege eignet sich zur Zubereitung **in der Milchkanne** (ямааны хорхог). Nur noch wenige Mongolen beherrschen die Kunst, eine Ziege so zuzubereiten, dass sie anstelle in der Milchkanne **in ihrem eigenen Fell** (ямааны боодог) gegart werden kann. Um eine Ziege auf eine solche Art zubereiten zu lassen, müssen sie mindestens eine halben Tag Zeit mitbringen.

Selbst ist der Koch

Kocher

Den größten Teil der Reise über Land wird man sich selbst verpflegen müssen und vornehmlich abends **über dem offenen Feuer** kochen. Schneller, sauberer und bei Regen auch zuverlässiger kocht man indes mit einem **Gaskocher,** den man in Ulan Bator für umgerechnet ca. 15 € erstehen kann. Eine Gaspatrone brennt ca. drei Stunden und kostet ca. 1,30 € (Achtung: Gaskartuschen dürfen nicht im Flugzeug transportiert werden). Unsere eigenen Erfahrungen mit **Benzin- oder Dieselkochern,** egal welchen Herstellers oder welcher Preisklasse, sind durchweg negativ. Nach einigen Tagen der Benutzung setzen sich die Düsen zu, so dass der Kocher nur noch extrem rußend und später gar nicht mehr brennt. Düsenreinigungen und -wechsel sind eine sehr schmutzige Angelegenheit. Es gibt jedoch auch robustere, leicht zu reinigende und auch mit unterschiedlichen Brennstoffqualitäten betreibbare Kocher.

Raststätten *(Guands)* am Straßenrand tragen immer eine entsprechende Aufschrift. Hier einzukehren ist etwas für Abenteuerlustige mit gutem Magen und einem unerschütterlichen Glauben an die eigene Gesundheit.

Das Murmeltier – ein Leckerbissen

Murmeltiere zählen zu den am häufigsten in der Mongolei vorkommenden Nagern. Ihr Verbreitungsgebiet erstreckt sich über die gesamte Steppen- und Gebirgsregion, wobei die Bestandsdichte sehr unterschiedlich sein kann. Ihren Bau errichten Murmeltiere mit Vorliebe in Gegenden mit festen Erdschichten oder starkem Durchsatz mit Pflanzenwurzeln, die ihn vor dem Einsturz schützen. Auf die Weide begeben sie sich vor allem in den frühen Morgenstunden oder gegen Abend. In den kurzen Sommermonaten, in denen die Weibchen 5–12 Junge zur Welt bringen, sind sie ausschließlich damit befasst, möglichst viel zu fressen, um Fett für den Winterschlaf anzusetzen. Ende September erreicht ihr Körpergewicht 4 bis 5 kg, 1,5 kg davon sind reines Fett. Im Oktober begeben sie sich in ihren Bau, verschließen den Eingang von innen und halten Winterschlaf, indem sie ihre Herzfrequenz und Körpertemperatur deutlich absenken. Den Bau verlassen sie erst wieder im nächsten Frühjahr mit der einsetzenden Schneeschmelze. Der Bau ist 1,5 bis 3 m tief und erreicht eine Länge von 15 bis 20 m. Neben dem eigentlichen Bau haben die Tiere oft noch kleinere Unterstände, in denen sie bei drohender Gefahr kurzfristig verschwinden können, und so genannte Sommerlöcher, die in ihren Ausmaßen etwa denen des Winterbaus entsprechen.

Jährlich werden in der Mongolei etwa eine Million Murmeltiere erlegt. Ein guter **Jäger** kann an einem Tag weit über 20 Murmeltiere schießen. Zur Jagd trägt er möglichst helle Kleidung. Die Neugier der Tiere wird zusätzlich dadurch geweckt, dass der Jäger eine Mütze mit Schlappohren, Vogelfedern oder anderen auffallenden Details oder einen weißen Yakschwanz oder auch einfach einen weißen Besen trägt. Die Familie eines erfolgreichen Jägers kann die täglich anfallenden Fleischmengen nicht mehr verzehren. Sogar die nimmersatten Jurtenhunde der Schützen würdigen in der Jagdsaison selbst den besten Happen keines Blickes mehr.

Das **Fell** der Tiere wird, besonders dann, wenn es im August oder September geschossen wurde, als Rohmaterial für die Herstellung von Kragenbesatz sowie Pelzmützen und -jacken geschätzt. Besonders hohe Preise erzielen Felle aus dem Altai-Gebirge, weil die Tiere hier am größten werden und den dichtesten und weichsten Pelz aufweisen. Die Farbe des Fells schwankt zwischen hell sandfarben und dunkelbraun, fast schwarz.

Neben dem Fell findet auch das ausgelassene **Fett** der Tiere einen bedingten Absatz. Es dient als Ausgangsstoff zur Herstellung von Gelenk- und Schmerzmitteln, die besonders im süddeutschen Raum sowie in Österreich und der Schweiz traditionell verwendet werden.

Murmeltierfleisch gehört für Mongolen zu den besonderen Delikatessen, vor allem dann, wenn es nach traditioneller Art im eigenen Fell zubereitet wurde. Es ist vielleicht

Lebensmittel

Wenn Sie mongolische Begleiter dabei haben, werden diese vermutlich **Trockenfleisch** mit sich führen und daraus Suppen kochen. Sie selbst können sich in Ulan Bator mit sehr preiswerten **chinesischen Instantsuppen,** die es in diversen Geschmacksrichtungen gibt, eindecken. Sie sind schnell zubereitet und machen satt. Wer fürs Frühstück Süßes möchte, sollte aus Ulan Bator Marmelade oder Ähnliches mitnehmen, das heißt, wenn Sie optimistisch genug sind, unterwegs ir-

am ehesten mit Kaninchenfleisch vergleichbar, jedoch weitaus fetter. Der Verzehr der rohen Leber soll die Manneskraft stärken. Die **Zubereitung von Murmeltieren** erfolgt auf eine ganz besondere Art. Die Tiere werden im Balg ausgenommen und entbeint, und anschließend werden die Leber und die Nieren mit wilden Zwiebeln umwickelt und zusammen mit dem Fleisch, Kräutern und heißen Steinen wieder in den Balg gefüllt. Am Hals wird dieser dann mit einem Draht verschlossen und das Murmeltier als Ganzes gegart. Das so zubereitete Fleisch ist extrem lecker und eine äußerst schmackhafte Abwechslung auf dem Speiseplan. Zudem wird es immer unter freiem Himmel zubereitet und auch verspeist. Wer also die Chance hat, es zu probieren, sollte unbedingt zugreifen und auch von der starken Brühe, die das Fleisch abgibt, ein Schälchen probieren. Das Fleisch ist zugegebenermaßen recht fett, aber mit einem Schlückchen Wodka, der immer dazu gereicht wird, ist es leicht genug zu verdauen. Selbstredend macht man eine besonders gute Figur, wenn man selber eine Flasche Wodka aus dem Gepäck ziehen und der Runde anbieten kann.

Das Murmeltier wird mit heißen Steinen gefüllt und gart von selbst

gendwo **Brot** zu finden. Außerhalb der großen Städte kann man bis auf Fleisch und im späten Sommer hier und da auch Gemüse **kaum frische Lebensmittel** erstehen, so dass man genügend **Konserven**, Kaffee, Tee, Gewürze usw. mitführen muss.

Jäger und Sammler

Abgesehen von den wenigen Lebensmitteln, die Sie unterwegs kaufen können, gibt es natürlich auch die Möglichkeit, hier und da etwas zu sammeln oder zu „jagen", was die Natur hergibt. An erster Stelle seien hier

Pilze und Kräuter sowie **wilde Zwiebeln** und **Rhabarber** genannt. Außerdem lieben die Mongolen es, Pinienkerne zu knabbern, und vor allem im August/September werden Sie die Möglichkeit haben, hier den einen oder anderen naturnahen Snack zu genießen.

Neben den domestizierten Tieren gibt es in der Mongolei auch jagd- und essbare **Wildtiere.** Ihre Reisebegleiter werden die Fahrt, wo sich Gelegenheit bietet, gerne zu einer kleinen Jagd unterbrechen, um den Speisezettel aufzubessern. Auch **Fische** können so im Topf oder am Grillstöckchen enden: Große Raubfische wie etwa Lachse werden von Mongolen schon mal gejagt, das heißt geschossen statt geangelt. Sollten Sie selbst jagen oder angeln wollen, sollten Sie sich vorher nach den notwendigen Genehmigungen erkundigen, um unliebsamen Überraschungen vorzubeugen.

Verhalten unterwegs

Die Erwartungen an den ausländischen Gast

Ein mongolisches Sprichwort heißt: **Wessen Wasser du trinkst, dessen Sitten befolge.**

Dies beschreibt eigentlich sehr treffend, was Mongolen von Ausländern erwarten. Kleine, ganz offensichtlich unabsichtliche Verletzungen der mongolischen Sitten werden nicht nachgetragen. Übel nehmen wird man es je-

276mo Foto: st

doch jedem Besucher, wenn er sich ganz bewusst abfällig oder überheblich über die realen Gegebenheiten auf dem Lande äußert.

Versuchen Sie also, sich so zu verhalten, als wären Sie selbst in der Mongolei aufgewachsen oder versuchen Sie zumindest, es sich vorzustellen.

Der Umgang mit mongolischen Begleitern

Für jeden Ausflug aus Ulan Bator heraus benötigen Sie, sofern Sie nicht Mongolisch sprechen, sich in der Landschaft auskennen und gewisse Erfahrungen im Umgang mit Fahrzeugen haben, einen **Stab von Leuten,** die Sie begleiten. Dabei wird es sich fast immer um Mongolen handeln, die diesen Job nur nebenbei machen und entsprechend **unprofessionell** zu Werke gehen. Das muss nicht in jedem Fall schlecht sein, sondern erhöht vielmehr den Realitätsgehalt ihrer weiteren Reiseerlebnisse. Nichts ist aus unserer Sicht schlimmer, als an einer sterilen, seit Jahrzehnten immer im gleichen Stil ablaufenden Gruppenreise eines Reisebüros teilzunehmen, bei der man in der Steppe den Wein zwar fachgerecht serviert, vom Land aber einen höchst verzerrten Eindruck suggeriert bekommt.

Neben einem **Dolmetscher** benötigen Sie einen **Fahrer** und eventuell noch einen **Orts- oder Sachkundigen.** Bei größeren Gruppen kann auch die Mitnahme eines **Kochs** ganz nützlich sein. Bei der Auswahl des Personals können Ihnen vielleicht andere Ausländer, die sich bereits längere Zeit in der Mongolei aufhalten, behilflich sein.

So viele Leute dazu zu bringen, zu einer bestimmten Zeit mit einer kompletten Ausrüstung an einem bestimmten Sammelpunkt zu erscheinen, hat in den vielen Jahren unseres Aufenthalts in der Mongolei noch nie jemand geschafft. Über **Verspätungen** von weniger als einer Stunde redet man nicht. Die Faustregel lautet, dass man sich um 9.00 Uhr verabredet, um 10.00 Uhr alle da sind und man um 16.00 Uhr aus der Stadt heraus ist. In den dazwischen liegenden 6 bis 7 Stunden wird all das erledigt, was die Begleitmannschaft eigentlich an den Vortagen hätte machen sollen. Dem Auto fehlt Benzin, die verborgten Kanister müssen noch zurückgeholt werden vom anderen Ende der Stadt, der Ersatzreifen ist nur Makulatur, Öl gibt es erst an der 3. Tankstelle usw.

Analog dazu hat jeder andere Mitreisende auch seine Besorgungen zu machen, und Lebensmittel werden ohnehin erst kurz vor der Abfahrt beschafft. Wenn Sie einen solchen Start vermeiden wollen, müssen Sie mit der Vorbereitung zeitig beginnen und **jede noch so kleine Kleinigkeit selbst überwachen und kontrollieren.**

Oft kommt es auch vor, dass man kurz vor der Abfahrt versucht, noch **weitere,** mit der Expedition in keinem

Besonders im Frühjahr droht bei offenem Feuer ein Steppenbrand. Dagegen hilft ein Eisring.

Zusammenhang stehende **Leute** mit in die Autos zu setzen, nach dem Motto: „Meine Oma wollte schon immer mal an den Chuwsgul. Das werden Sie doch verstehen und sie macht sich auch ganz klein und leicht." Sicher werden Sie die Oma in einem solchen Fall auf Ihre nächste Reise im nächsten Jahr vertrösten.

Analoges passiert mit Sicherheit auch auf der Rückreise, wenn einige der Besuchten plötzlich Lust bekommen, mal einen Einkaufsbummel in Ulan Bator zu machen oder den lieben Verwandten in der Stadt bergeweise Milchspeisen, überschwappende Milchkannen oder lebende Schafe mitgeben wollen. Im Auto verschüttete Milch riecht man noch nach zwei Jahren, und auch ein lebendes Schaf weiß sich selten zu benehmen.

Kaum aus der Stadt heraus, erlangen Zeit und Raum für Ihre Begleiter plötzlich eine ganz andere Dimension. **Reiseroute und Zeitplan** können, wie wir weiter oben aus verschiedenen Zusammenhängen heraus erläutert haben, kein Dogma sein. Dennoch sollten Sie von Anfang an **deutlich zu erkennen geben, dass Sie diese Reise bezahlen** und deshalb auch verlangen können, dass jeder das macht, wofür er angeheuert wurde. Anderenfalls – das haben wir zur Genüge erlebt – kommt der Fahrer plötzlich auf die Idee, mal eben seinen Bruder zu besuchen, der 150 km abseits der vorgesehenen Route wohnt, ein anderer verlangt, an jeder Milchkanne anzuhalten, um Airag zu trinken. Den Weg kreuzende Murmeltiere oder anderes jagbare Getier lassen alle Dämme der Selbstkontrolle brechen. Nun ist es, wenn Sie erst einmal in der Steppe sind, nicht mehr sehr ergiebig, Personalentscheidungen zu überdenken. In Grundsatzdiskussionen haben sie immer dann gute Karten, wenn Sie die **Reise erst dann bezahlen, wenn Sie wieder in Ulan Bator sind.** Lassen Sie sich auf keinen Fall darauf ein, den gesamten Reisepreis im Voraus zu bezahlen. Ein **kleiner Vorschuss** geht in Ordnung, weil die Mannschaft sonst buchstäblich ohne Hosenknopf in der Tasche und die Autos nur mit einem Gurkenglas voller Benzin losfahren.

An den Abenden gibt es in der Steppe eigentlich nur eine Art der Beschäftigung für Mongolen – es wird **hemmungslos getrunken,** solange der Vorrat reicht. Wenn der Vorschuss nicht zu üppig war, wird der Vorrat klein sein. Um zu vermeiden, dass der Fahrer sich, wenn die eigenen Flaschen leer sind, im unkontrollierten Zustand auf den Weg macht, um aus der nächsten Jurte Nachschub zu besorgen, kann man sich ja den Zündschlüssel in die Tasche stecken.

Die Atmosphäre in der Gruppe

Selbst die besten organisatorischen und technischen Vorbereitungen können nicht garantieren, dass die geplante Expedition zu einem vollen Erfolg wird. Viel hängt, neben dem Wetter, auch von der Atmosphäre in der Gruppe selbst ab. Wir wollen an dieser Stelle nicht versuchen, den Psychologen den Rang abzulaufen. Bemerkenswert ist es jedoch, wie unter-

278mo Foto: st

Eine Büchse Bier hält nicht nur die Begleiter bei Laune, sondern unterstützt auch die Hilfsbereitschaft Dritter

schiedlich Leute auf gleiche Dinge reagieren können. So kann der Aufenthalt in den Weiten der Steppe schiere Euphorie, aber auch phlegmatische Verzweifelung auslösen. Verwundern muss dabei, dass die Reisenden in der Regel ja wussten, worauf sie sich einlassen. Und dennoch scheint der eine oder andere Teilnehmer erst unterwegs tatsächlich zu begreifen, dass **Wüste oder Steppe nicht Disneyland** sind. Sicher nicht ganz fair ist es, wenn der Rest der Gruppe einen Unglücklichen oder Tolpatschigen noch zusätzlich hänselt. So kann die Geschichte vom bösen Wolf - an die man ja seit seiner Kindheit nicht mehr zu glauben meinte - doch plötzlich wieder denkbar erscheinen, wenn man nachts allein in seinem Zelt liegt. Auch überzogene Prognosen über die Strapazen, die noch bevorstehen, sind keine Massage für die angeschlagene Seele. Der einzige Weg, sich nicht zum Michel in der Gruppe machen zu lassen, besteht darin, seine Schwächen nicht zu Markte zu tragen.

Harte Spiele

Bisweilen trifft man in den Jurten unterwegs auf Mongolen, die den Europäern gerne einmal zeigen würden, **was ein richtiger Mann ist und verträgt.** Unter dem in solch einer Situation scheinheiligen Hinweis, man dürfe den Gastgeber nicht beleidigen und müsse die Gastfreundschaft zu würdigen wissen, werden dem Gast immer neue Getränke dargebracht. Besonders heimtückisch sind der selbstgemachte Milchschnaps und selbstgemischter Alkohol, dessen Rohstoff nicht selten technischer Alkohol ist. In einer solchen Situation sollte man nicht unbedingt den Ehrgeiz haben, gewinnen zu wollen.

Das Benehmen in der Jurte

Wer sich gründlich auf seine Mongolei-Reise vorbereitet, wird sicher auch das eine oder andere völkerkundliche Buch über die Steppennomaden zur Hand nehmen und dort ausgiebige Abhandlungen über die Sitten und Gebräuche der Mongolen finden (siehe auch Literaturhinweise im Anhang).

Wer heute als weißhäutiger Ausländer eine Jurte betritt (gemeint sind hier natürlich nicht die Jurten, die in Touristencamps stehen), ist in den Augen der Nomaden das, was sie als **gehörnten Hasen** bezeichnen. Das soll heißen, dass man, soweit man sich in den Grenzen des weltweit gepflegten guten Benehmens und der zwischenmenschlichen Beziehungen bewegt, mindestens die **Narrenfreiheit** besitzt, die man Kleinkindern zubilligt. Ein Tourist, der zu deutlich zu erkennen gibt, dass er aus der Großstadt kommt, hat bestimmt für die Einheimischen, vor allem für die Kinder natürlich, einen großen Unterhaltungswert.

Annäherung an die Jurte

Dennoch kann es sicher nicht schaden, sich nach den gängigsten Gepflogenheiten im Jurtenlager zu richten. Zu einer anständigen Jurte gehören große **Hunde,** die nicht nur gehalten werden, um die Küchenabfälle zu fressen, sondern deren Hauptbeschäftigung im Kampf gegen die Wölfe und im Schutz der Jurte vor Eindringlingen besteht. Diese Aufgaben erfüllen sie mit großem Nachdruck. Ein Wagen, der sich der Jurte nähert, wird bereits aus 200 m Entfernung attackiert. Schlecht beraten sind in einer solchen Situation Radfahrer, es sei denn, sie benutzen ein Hochrad. Auch Pferde reagieren auf derartige Attacken nervös. Die Wahrscheinlichkeit, dass man sich durch einen Hundebiss die Tollwut zuzieht, ist eher gering, dennoch kann ein anständiger Biss das vorzeitige Ende der Reise bedeuten. Wer will schon das Risiko einer Infektion eingehen. Warten Sie deshalb in der Nähe der Jurte, bis die Hunde angebunden sind oder von Kindern festgehalten werden. Vermeiden Sie es, bei der Annäherung an die Jurte von hinten, also von Norden zu kommen oder über auf dem Boden liegende Peitschen, Fangstangen oder Bindestricke für die Jungtiere zu fahren. All das wird von den Nomaden als schlechtes Omen bewertet. Parken Sie nicht unmittelbar vor der Jurtenür, sondern in 20–30 m Abstand.

281mo Foto: st

Das Innere der Jurten auf dem Land unterscheidet sich deutlich von denen im Touristencamp. Manch einer mag sich hier ein Herz fassen müssen.

Eintritt und Begrüßung

Beim Eintritt in die Jurte – Vorsicht, die Tür ist sehr niedrig – sollte man **nicht auf die Schwelle treten.** Auch dies wird als schlechtes Zeichen, das vom Gast ausgeht, gewertet. In der Regel weist der Hausherr oder die Hausherrin den Gästen, zumindest den als maßgeblich erscheinenden (am maßgeblichsten erscheinen die Älteren und die Dicken!) **Plätze** zu, indem sie extrem niedrige Hocker bereitstellt. Die **Rangordnung** innerhalb der Gäste bestimmt im klassischen Verständnis der Mongolen auch, wie sie untereinander in der Jurte Platz nehmen. Derjenige, der an weitesten im *Chojmor,* dem Ehrenplatz genau gegenüber der Eingangstür, Platz nimmt, wird mit Sicherheit als der Boss angesehen. Gäste nehmen immer auf der Westseite des Jurteninneren Platz. Die Westeite ist die linke Seite, weil die Eingangstür traditionell nach Süden zeigt. Rangniedere Gäste bleiben im Bereich der Tür. Wir wollen damit andeuten, dass Sie, wenn Sie in einer Gruppe unterwegs sind, in der Art, wie sie sich platzieren, automatisch ihre Rangordnung untereinander verdeutlichen. Schwierig ist die **Einordnung von Frauen.** Die Damenwelt gehört eigentlich in den östlichen, d.h. rechten Teil der Jurte. Das hat offenbar den praktischen Grund, dass die Ofenöffnung auch nach rechts zeigt. Gerade am Ofen, der in der einschlägigen Literatur als absolutes Kultobjekt beschrieben wird, wird jedoch deutlich, dass es mit den jahrtausendealten Traditionen nicht mehr überall weit her ist. Im Uwurchangaj-Aimak z.B. wird man nur schwerlich auf eine Jurte stoßen, wo die Ofenöffnung nicht nach links zeigt und damit eigentlich schwer traditionswidrig gehandelt wird. In der Regel jedoch sitzt der höchste Gast leicht links von der Diagonalen zwischen Jurtentür und dem *Chojmor*; der Gastgeber ihm gegenüber leicht rechts davon, also schon auf der Frauen- oder Küchenseite.

Bevor ein Gespräch in Gang kommt, haben die Gäste meist schon eine **Schale Tee,** in den Sommermonaten je nach Region auch eine **Schale Airag** in der Hand. Teegefäße, wie überhaupt alle Gegenstände, die einem gereicht werden, nimmt man mit der rechten Hand entgegen, wobei der Unterarm bedeckt sein sollte (lange Ärmel) und im Bereich des Ellenbogens von der linken Hand gestützt wird. Mongolen krempeln ihren Deel, wenn ihnen etwas gereicht wird, demonstrativ weit nach unten. **Beleidigend ist es, wenn Sie die gebotene Schale Tee oder angebotene Speisen ablehnen.** Man wird Sie nicht zwingen, etwas zu essen oder zu trinken, aber man erwartet, dass sie die Speisen zumindest probieren, sei es auch nur durch das Führen an die Lippen. Wenn eine Schale leer ist, wird die aufmerksame Hausfrau sie gleich wieder füllen. Dies setzt sich so lange fort, bis der Gast seine Schale nicht mehr austrinkt. Etwas stehen zu lassen, gilt also nicht als unhöflich – im Gegenteil; es erfüllt die Gastgeber mit Stolz, wenn sie den Gästen mehr bieten konnten, als diese zu verputzen vermochten.

Zwischen dem Begrüßungstee und dem Essen, das vielfach zu einem Besuch in einer Jurte gehört, entfaltet sich dann die **Unterhaltung.** Der Tradition nach werden dabei zunächst Informationen über das Woher und Wohin der Reisenden ausgetauscht. Der Gastgeber erwartet, dass er nach seinem Gesundheitszustand, dem seiner Familie und der Lage in der Herde gefragt wird. In den Begrüßungsfloskeln wird man **nie eine schlechte Antwort geben.** Selbst wer seinen Kopf schon unter dem Arm trägt, wird immer antworten, dass es ihm körperlich hervorragend geht.

Die Nomaden sind **selten sehr gesprächig** und **antworten eher ausweichend.** Sie empfinden es als befremdlich, wenn der gerade Angekommene eigenartige, die Privatsphäre oder den Haushalt betreffende Fragen stellt, die sich aus Sicht des Befragten von selbst beantworten oder den Fragenden nichts angehen. Diese Eigenart der Nomaden erschwert es z.B. Studenten oder Wissenschaftlern, empirische Daten zu sammeln. Beliebt ist, wenn schon geantwortet werden muss, das Wort „etwa". So erfährt man, dass die Familie etwa 10 Kinder und etwa 300 Tiere hat. Etwa 10 können ebenso 8 wie 12 Kinder sein.

Besonders bei den Alten sehr beliebt ist das **Schnupfen von Tabak.** Aus edlem Material hergestellte und reich verzierte Schnupftabakflaschen sind das, was die Rolex am Handgelenk des bewunderungssüchtigen Europäers darstellt. Der Hausherr überreicht seinem vermeindlich höchsten Gast, also dem, der ihm am nächsten sitzt, die leicht entkorkte Flasche, indem er sie im Ballen seiner rechten Hand führt. Der Daumen liegt dabei am Korkenknopf, der zumeist aus Koralle besteht. Der zum Schnupfen aufgeforderte Gast nimmt die so dargereichte Flasche in gleicher Weise entgegen, d.h. er bedeckt seinen rechten Unterarm oder zieht demonstrativ den Ärmel noch weiter hinunter, als er schon ist und nimmt die Flasche ebenfalls mit dem Handballen entgegen, wobei der Daumen an den Korkenknopf geführt wird. Anschließend zieht man den Korken gänzlich heraus. Im Korken steckt ein Löffelchen, an dem Spuren des Schnupftabaks kleben. Diese Krümel sollten für den „Nichtschnupfer" als Geste ausreichend sein. Es reicht auch, einfach am leicht aus der Flasche gezogenen Korken zu riechen. Wer eine richtige Prise probieren möchte, muss unter Schütteln der Flasche mit dem Löffelchen versuchen, mehr herauszubekommen. Das Pulver legt man entweder auf den Daumennagel oder in die Maus der linken Hand und führt diese dann an die Nase. Nachdem man hoffentlich nicht durch lautes Niesen für einen Lacherfolg gesorgt hat, gibt man die Flasche in analoger Weise wieder an den Gastgeber zurück. Wichtig ist, dass der Korken nur leicht verschlossen wird. Um zu vermeiden, dass er zu tief hereinrutscht, stützt man ihn mit dem Daumen. Zu fest verschlossen überreichte Flaschen deuten auf „harte Zeiten", auf Missgunst oder gar Feindseligkeiten hin.

282mo Foto: st

Die eben beschriebene Zeremonie ist im Grunde nur die Aushilfsvariante für den Fall, dass Sie ihrerseits keine Schnupftabakflasche dabei haben. Mongolen tauschen ihre Flaschen, indem sie sie geschickt in den Handballen aneinander vorbeischieben. Sind mehrere Männer anwesend, werden sie ihre Flaschen nach und nach ebenfalls zücken und Ihnen anbieten.

Essen

Auf einen gut gedeckten mongolischen Jurtentisch gehört auch eine Sammlung **weißer Speisen,** das sind Stückchen getrockneten Quarks, Rahmscheiben und Zuckerzeug, die auf einem großen Tablett von der Hausfrau herumgereicht werden. Die Sitte gebietet es auch hier, **zumindest ein Stückchen zu kosten.** Die Quarkstückchen sind an der Sonne getrocknet und deshalb extrem hart. Wer sich ein zu großes Stück zumutet, kann sich damit stundenlang beschäftigen und muss vorsichtig sein, sich nicht die Zähne auszubeißen. Vom Rahm können sie bedenkenlos kosten. Alle Milchprodukte sind pasteurisiert, deshalb besteht keine Gefahr, sich über den Genuss frischer Milch mit Brucellose zu infizieren.

Die **Esskultur** der Nomaden ist sehr einfach. Zum Essen bleibt man an dem

„Etwa drei" mag ein Nomade auf die Frage antworten, wie viele Kinder er hat. In Wirklichkeit mögen es zwei oder vier oder fünf sein

Platz sitzen, den man gerade inne hat, wer im *Chojmor* sitzt, kann den dort befindlichen niedrigen Tisch nutzen, um die Schale abzustellen, im Türbereich Sitzenden bleibt nur der Fußboden. Wenn es **Suppe** gibt, türmt die Hausfrau das Fleisch und die Nudeln pyramidenartig über den Rand der Schale, was die ersten Happen etwas problematisch macht. Wenn es gekochtes **Fleisch** gibt, kommt die Schüssel mit den Stücken auf den Tisch am *Chojmor,* und jeder kann sich selbst bedienen. Einige Knochen haben eine kultische Bedeutung. So wird das **Schulterblatt** vornehmlich dem Hausherren oder dem Ehrengast überlassen. Dieser wiederum muss allen Anwesenden symbolisch ein Stück davon abgeben. Eine große Ehre ist es, wenn man das Fleischstück des Schulterblattes sogar in den Mund geschoben bekommt. Nachdem das Schulterblatt säuberlich abgeputzt ist, wird es mit dem Messer in der Mitte gelocht. Dies soll den bösen Geistern die Möglichkeit geben, sich fortzubewegen. Wer den **Unterschenkelknochen** des Schafes oder der Ziege erwischt hat, muss nach dem Essen seine Manneskraft beweisen, indem er versucht, mit dem Druck des Daumens das Sprunggelenkknöchelchen vom Röhrenknochen zu trennen. Die Wahrscheinlichkeit, dass Sie das schaffen, ist allerdings eher gering.

Alkohol

Oft schon vor oder während des Essens wird begonnen, zu Ehren des Gastes Schnaps zu reichen. Besonders geehrt können Sie sich fühlen, wenn die Hausfrau oder der Gastgeber eigens dazu eine lange gelagerte Flasche ganz unten aus der *Chojmor*-Truhe holt. In den Sommer- und Herbstmonaten wird vielfach auch **selbstgebrannter Milchschnaps** angeboten. Traditionell wird nur eine Schale, möglichst aus Silber, benutzt, aus der alle Anwesenden reihum trinken. Der Gastgeber schenkt ein und reicht die Schale dem höchsten Gast. Dieser muss sie, auch wenn er nicht trinken will, symbolisch zum Mund führen. Mongolen tauchen vor dem Trinken oft ihren rechten Ringfinger in die Schale und spritzen Tropfen der Flüssigkeit in die Luft. Damit sollen die die Jurte beschützenden Geister am Trunk beteiligt werden. Nach dem Trinken gibt man die Schale dem Gastgeber zurück, worauf er sie wieder füllt; selbst wenn gar nicht getrunken wurde, gibt er zumindest einige Tropfen hinzu. Auf diese Weise werden auch die anderen Anwesenden bedient.

Der Milchschnaps wird von den Mongolen auch als „hinterlistiger Schnaps“ bezeichnet. Sein Alkoholgehalt hängt davon ab, wie geschickt die Hausfrau bei seiner Herstellung vorging. Die Prozentzahlen von Korn oder Wodka werden jedoch nie erreicht. Beim Trinken überdeckt ein leicht säuerlicher Milchgeruch den Geschmack des Alkohols. Es brennt weder auf der Zunge noch im Hals. Wer aber nach dem Genuss mehreren Schalen davon aufsteht, wird plötzlich das Gefühl bekommen, man ziehe ihm die Beine weg.

Wenn Sie nach so viel Gutem „nach den Pferden schauen" müssen, wie die Mongolen das Austreten nett umschreiben, dann begeben Sie sich ein gehöriges Stück von der Jurte weg, aber nicht auf ein Gewässer zu.

Vergewissern Sie sich, dass der Hund immer noch angebunden ist.

Übernachtung

Sollten Sie, aus welchen Gründen auch immer, in die Verlegenheit kommen, in einer Jurte übernachten zu wollen oder zu müssen, folgen Sie am besten den Hinweisen des Gastgebers. Er wird versuchen, es Ihnen so bequem wie möglich zu machen. In der Regel tritt die Familie den Gästen sogar die Betten ab und schläft selbst auf der Erde. Am Morgen sollte man erst aufstehen, wenn die Hausfrau aufgestanden ist und Feuer gemacht hat. Man steht in der Regel erst auf, wenn die Sonne schon ein Weilchen aufgegangen ist und es draußen langsam warm zu werden beginnt.

Das Benehmen in Klöstern und an Kultstätten

Für das Benehmen in Klöstern und Kultstätten gibt es eine Reihe von Regeln und Konventionen, die die Einheimischen achten und die auch der Gast **unbedingt respektieren** sollte. Klimatisch bedingt wird man in der Mongolei selten in der Verlegenheit sein, in Badeschlappen und Shorts vor einem Sakralbau zu stehen und nun festzustellen, dass lange Hosen und Ärmel eine **angemessene Kleidung** für den Rundgang durch das Kloster gewesen wären. Als Faustregel sollte man sich folgende Verhaltensweisen als **minimales Schicklichkeitsprogramm** zu eigen machen: gesenkte Stimme, kein lautes Lachen, unaufdringliches Gebaren, zurückhaltender Gebrauch von Foto- und Videokamera, kein Verzehr von Getränken und Speisen und vielleicht auch kein Umherlaufen mit aufgesetztem Walkman. Dies gilt sowohl für den Aufenthalt in Gebäuden als auch für den Benimm an Kultstätten unter freiem Himmel.

Bei solchen oft an pittoresken Flecken gelegenen Stätten sind Ausländer oft versucht, auch gleich ein kleines **Picknick** abzuhalten. Dies ist verständlich genug, aber die tausend Jahre alte Grabplatte eines türkischen Prinzen sollte vielleicht auch dann nicht zu einer Ablage für Würstchen und Bierdosen missbraucht werden, wenn sie Dutzende Kilometer von der nächsten Siedlung oder Straße entfernt liegt und weit und breit keine Aufsichtsperson, ja nicht einmal ein weiterer Besucher zu sehen sind, vor dem man sich benehmen müsste. Dass man dann bei der Weiterfahrt seine Picknickreste und Getränkedosen nicht einfach in die Steppe wirft, nur weil es weit und breit keine Abfallkörbe gibt, dürfte sich von selbst verstehen. Selbstverständlich ist auch, dass von den **Owoos,** das sind Steinsetzungen auf Berggipfeln und -pässen zu Ehren der lokalen Berg- und Wegegeister, keine Geldscheine oder andere Opfergaben als Souvenir mitgenommen werden dürfen.

287mo Foto: st

Schließlich gibt es eine Reihe von **kultischen Handlungen und Festen,** die touristisch attraktiv sind. So etwa das alle zwei Jahre stattfindende **Fest am Altan-owoo** im Südlichen Suchbaatar-Aimak. Der Altan-owoo ist eine monumentales Denkmal auf einem erloschenen Vulkan, das weithin sichtbar ist. Am Tag des Festes erklimmen kurz nach Sonnenaufgang die Männer den Vulkan. Die Frauen dagegen umrunden ihn einmal an seinem Fuße. Beide Gruppen führen ihre Kulthandlungen wie Steinsetzungen, Tee- und Butteropfer also jeweils geschlechtsspezifisch getrennt durch. Bei allem Verständnis für europäisches Gedankengut zum Thema Gleichstellung von Mann und Frau sollte es eine Selbstverständlichkeit sein, dass der ausländische Gast an einem solchen Fest nur im Rahmen seiner eigenen Geschlechtsgruppe teilnimmt. Ein europäischer Mann hat bei der Vulkanumrundung ebenso wenig zu suchen wie eine Frau bei der Vulkanbesteigung, auch nicht, um nur mal eben ein einziges Foto zu schießen und auch nicht, obwohl man so tun könnte, als ob man von alledem nichts wüsste.

Die Tatsache, dass an vielen Kultstätten kein Zaun und kein Gebäude den Eingang regelt, gibt einem noch lange nicht das Recht, überall hinzuspazieren, wohin es einem gefällt.

Beim Altan-Owoo-Fest führen Männer und Frauen getrennt Kulthandlungen aus

Geschenke

Es wird nicht unbedingt erwartet, dass eine gastgebende Familie beschenkt wird, dennoch sollte zumindest eine **kleine Aufmerksamkeit zum Ende des Besuchs** überreicht werden. Das Überreichen von Geschenken am Anfang des Besuches in der Jurte ist unüblich. Am gebräuchlichsten als Geschenk sind **Bonbons oder Schokolade.** Sie dürfen, wenngleich in erster Linie für die Kinder bestimmt, nicht an den Nachwuchs der Famile direkt, sondern sollten an die Mutter überreicht werden. Sie wird sie zu gegebener Zeit austeilen. Der Hausherr freut sich sicher über ein **Taschen- oder Jagdmesser.** Auch **Ferngläser** sind sehr begehrt. **Für Frauen** sind Brokatborten oder Seidenstoffe, Seifen und Duftwässerchen beliebte Mitbringsel.

Höflichkeiten

Das raue, stark von der Natur geprägte Nomadenleben hat besondere Formen der Höflichkeit hervorgebracht. Viel davon wird über die Sprache zum Ausdruck gebracht und bleibt dem Ausländer in der Regel verschlossen.

Philologisch bemerkenswert ist, dass es im Mongolischen **so gut wie keine Schimpfwörter** gibt und auch sarkastische Sprüche die Ausnahme bleiben.

Zu den **rituellen Höflichkeiten** zählt das weiter oben beschriebene Austauschen von Schnupftabakdosen ebenso wie die Art und Weise der Zunahme von Getränken und Speisen. Der **ehrerbietigste Ritus** ist das Überreichen einer mit Milch gefüllten Silberschale auf einem *Chadag,* einem ungefähr 2 m langen, hellblauen Seidenschal. Der den *Chadag* Überreichende hat ihn über den linken, leicht ausgestreckten Unterarm gelegt und über seine rechte Hand geführt, in der er auch die Milchschale hält. Der die Ehrung Empfangende nimmt die Schale (ausnahmsweise) mit der linken Hand entgegen, indem er gleichzeitig den *Chadag* über seinen rechten Unterarm legen lässt. Anschließend führt er seine rechte Hand unter seine die Schale haltende linke und trinkt aus der Schale. Den *Chadag* kann der Beschenkte behalten, oft sogar auch noch die Schale.

Unter Nomaden kommt es auch vor, dass sie als Zeichen der Freundschaft ihre **Gürtel tauschen.**

Zum besonderen **Verhalten am Neujahrsfest:** siehe unter „Sitten und Bräuche".

Besondere Fürsorge empfangen auch in der Mongolei **Ältere. Frauen** dagegen werden von der Männerwelt deutlich weniger hofiert. Überhaupt werden **Emotionen nicht öffentlich zur Schau** gestellt. Bis vor wenigen Jahren war es selbst in Ulan Bator verpönt, dass sich Paare in der Öffentlichkeit an den Händen hielten oder gar küssten.

Das **Verschenken von Blumen** ist nicht nur nicht üblich, es gilt sogar als frevelhaft. In den Städten gelten freilich andere Sitten. In Ulan Bator gibt es sogar zwei Blumenläden (цэцгийн дэлгүүрүүд: Худалдааны гудамж, Шар дэлгүүрийн ард, Астра дэлгүүр буюу Дөчин мянгатын аптекийн зүүн талд, Сонор дэлгүүр Тел. 325423 одер 313894 „Кактус“ компани). Das größte und am besten ausgestattete Geschäft befindet sich im Eckgebäude der Seitenstraße hinter der türkischen Botschaft.

Übung im **Händeschütteln** haben nur Funktionäre aller Art. Die Nomaden geben sich zur Begrüßung nicht die Hand. Wenn sie allerdings auf einen Ausländer stoßen, werden sie sich an russische Filme erinnern, in denen sich die „Langnasen" durch Handschlag begrüßen, und ihrerseits versuchen, besonders höflich zu Ihnen zu sein. Auch Hand- oder Wangenküsse (mit Ausnahme des Neumondfestes) sind nicht bekannt.

Wichtig ist in diesem Zusammenhang noch der **Hut.** Wenn man sich schon durch Handschlag begrüßt, dann bitte mit Kopfbedeckung, ansonsten neutralisiert das Beleidigende der Barhäuptigkeit die Ehrerbietung durch den Gruß.

Zwingend notwendig ist ein **leichter Handschlag** jedoch dann, wenn man jemandem **auf die Füße getreten** ist.

Wenn man der Hausfrau eine Freude machen möchte, sollte man sie weniger mit Komplimenten ehren, sondern **beim Essen möglichst laut schlürfen und schmatzen** und so zeigen, dass die Mahlzeit köstlich ist. Auch Rülpser sind erlaubt.

Nicht erlaubt ist es dagegen, tagsüber in der Jurte seine **Schuhe auszuziehen** und seine Socken zu lüften.

In **öffentlichen Verkehrsmitteln** wird hemmungslos gedrängelt. Die Grundregel lautet hier, dass zuerst eingestiegen und dann ausgestiegen wird. Gleiches gilt auch für öffentliche Gebäude. Vorrang haben die Eintretenden. Wo sich an einem Stand eine Schlange bildet, muss man energisch darauf achten, nicht auf ewig der Letzte zu bleiben.

Die Benutzung von **Taschentüchern** ist nicht üblich, vielmehr wird geschneuzt, indem ein Nasenloch mit dem Daumen zugehalten und durch das andere kräftig ausgeatmet wird. Die Ergebnisse dieser Aktion sind unterschiedlich. Zur Not wird mit den Fingern nachgebessert und das Produkt irgendwie entsorgt.

Beleidigendes

Es stößt bei den Nomadenfamilien auf eine gewisse Befremdung, wenn als Geschenk **Arbeitsgegenstände oder getragene Textilien** überreicht werden. Dies sollte man nur tun, wenn man die betreffende Familie schon länger kennt.

Gegen das **Fotografieren** an sich hat niemand etwas, allerdings möchten die Menschen **nicht überraschend** und **in einer vielleicht unwürdigen Situation** geknipst werden. Auch **Schmuddelecken** – also der Teil der Jurte, in der neben allerlei Krimskrams vielleicht auch der durchgesessene alte Sattel liegt – sollten nicht auf den Film gehören. Ein klassisches Foto ist nach mongolischer Vorstellung ein Gruppenbild, auf dem die ganze Familie oder einzelne Personen festlich gekleidet und ernst schauend vor einem

Pferd oder vor der Jurte abgelichtet werden.

Es ist **nicht üblich,** dass sich der Gast allzu einseitig mit den **Kindern** der besuchten Familie beschäftigt und darüber die Ehre, die ihm der Gastgeber erweist, nicht recht zu würdigen weiß. Auch sollte man sich **nicht übertrieben neugierig** zeigen und alle möglichen Gegenstände in der Jurte oder außerhalb ausgiebig untersuchen.

Die Nomaden werden kein Verständnis aufbringen, wenn sie von allzu sehr von ihrem Zeitplan geplagten Gästen besucht werden. Wenn man schon einmal in eine Jurte geht, sollte man auch mindestens drei Stunden **Zeit mitbringen.**

Geschenke müssen unbedingt **angenommen werden,** auch wenn man sie selbst nicht gebrauchen kann und sich vorstellt, dass das Geschenk andererseits für die Familie ein großes materielles Opfer bedeutet. Üblich ist es, den Reisenden große Mengen an schlecht verpackten Milchprodukten mitzugeben. Anstelle von Milch kann auch ein gekochtes Murmeltier oder anderes Fleisch eingepackt werden. Solange es sich beim Geschenk um getrockneten Quark handelt, sind die Sorgen damit gering, unangenehm sind flüssige Milchprodukte, die garantiert bereits in der ersten Bodenwelle das Raumklima im Fahrzeug nachhaltig beeinflussen und das dann weitere zwei Jahre lang tun.

Besondere Ehre erweisen die Nomaden einem Reisenden, indem sie ihm beim Verlassen des Lagers **Milch mit einem eigens dafür geformten Löffel hinterherspritzen.** Solange das Gefährt ein Vierbeiner ist, gibt es damit keine Probleme. Von Autoscheiben und -lack geht getrocknete Milch jedoch nur mit größter Mühe wieder ab. Natürlich dürfen Sie sich dennoch der Zeremonie nicht damit entziehen, dass sie einen Blitzstart machen.

Tabus

Das **Herdfeuer** nimmt im Glauben der Mongolen eine wichtige Stellung ein. Mit ihm verbinden sich Gedanken an den Schöpfungsakt ebenso wie an den Schutzgott der Jurte. Eine neue Jurte, die für ein frisch vermähltes Paar errichtet wird, gilt erst als bezugsfertig, wenn in ihr Feuer mit der Glut aus dem Herd der Schwiegereltern entfacht worden ist. Folgerichtig ist es ein Tabu, das Herdfeuer mit Abfällen zu verunreinigen oder hineinzuspucken.

Auch seine Füße sollte man nicht in Richtung Feuerstelle ausstrecken oder mit einem Messer oder einem anderen spitzen Gegenstand in Richtung auf den Ofen zeigen. Andererseits kann es sein, dass dem Herdfeuergott vor dem Essen ein Stückchen Fleisch oder etwas Butter geopfert wird.

Ebenso ist es verpönt, in **Gewässer** zu urinieren oder in ihnen Blut abzuspülen.

Messer werden grundsätzlich so überreicht, dass der Griff zum Nehmenden zeigt.

Andere Tabus verbinden sich mit der Verwendung oder Nichtverwendung von Begriffen, worauf hier jedoch nicht eingegangen zu werden braucht.

f2 Foto: st

Quer durch die Aimaks

b1 Foto: st

e13 Foto: st

Naadam-Fest (Ringkampf) auf dem Lande

In einer Jurte sind Gäste willkommen

Junger Nomade

Vorschläge für Reiserouten

Schon im Umkreis von weniger als 100 km um Ulan Bator, d.h., in einer Entfernung, die ohne Eile an einem Tag zurückgelegt werden kann, gibt es bereits ausreichend Möglichkeiten, zahlreiche Facetten der Schönheit der Natur, der Lebensweise der Nomaden und der alten und neuen Kultur des Landes kennen zu lernen.

Mit dem Bus durch Ulan Bator

Äußerst interessant und dabei ausnehmend preiswert können auch Fahrten mit der Stadtlinie in Ulan Bator selbst sein. Die Stadt ist weitaus größer, als man im ersten Moment den Eindruck hat. Nicht einmal die Hälfte der Einwohner der Stadt lebt in festen Häusern. Die Innenstadt umschließt ein z.T. mehrere Kilometer breiter Ring aus Privatgehöften. Im Sommer leben die Menschen in selbstgebauten Holz- oder Ziegelhäuschen, um ihre Filzjurten vor dem zerstörerischen Werk des Regens zu bewahren. Im Winter werden die **Jurten** auch heute noch benutzt, weil sie wesentlich leichter heizbar und behaglicher sind als feste Behausungen.

Alle Buslinien – die Oberleitungsbusse ausgenommen – fahren fast bis an das äußere Ende der Jurtenviertel. Nach 30 Minuten Fußmarsch hat man die Stadt dann hinter sich gelassen. Wer eine Linie in nördliche Richtung gewählt hat, kann von der Endhalte-

294mo Foto: st

stelle aus zu Fuß problemlos einen **Berg erklimmen,** der ihm zu einem imposanten Panoramablick über die Stadt verhilft.

Die Rückfahrt ist kein Problem, solange man nicht später als 21.00 Uhr an der Endhaltestelle wieder einsteigt.

Tagesausflüge ab Ulan Bator

Tereldsh

Das Gebiet wird unter „Der Zentral-Aimak" ausführlich beschrieben. Zu erwähnen bleibt, dass man auf dem Weg nach Tereldsh in der Nähe der Bergarbeitersiedlung Nalajch auf einen **Friedhof** stößt, auf dem Kasachen beerdigt sind. Die Kasachen sind als Arbeitskräfte für das im Moment nicht mehr arbeitende Kohlebergwerk aus dem äußersten Westen der Mongolei nach Ulan Bator geholt worden. Entlang der Straße sind die **Bewohner auf Touristen eingestellt** und offerieren z.B. Kamele oder Yaks, auf die man sich setzen und sich fotografieren lassen kann.

Tereldsh ist ein Gebiet für Gäste, die wenig Zeit haben und doch mal etwas anderes von der Mongolei sehen möchten als die Hauptstadt, aber ohne Überraschungen zu erleben.

Klosterruine Mandsuschir

Auch über diese Sehenswürdigkeit erfahren Sie Details unter „Der Zentral-Aimak". Fälschlicherweise wird das Ausflugsziel vielfach als *Mandschir* oder *Maschir* bezeichnet. Hier kann man auch hinfahren, wenn das Wetter einmal nicht so gut ist, so dass man sich nicht längere Zeit draußen aufhalten möchte. Die Anfahrt ist kürzer, aber auch weniger reizvoll als nach Tereldsh. Der Eintritt in das Gelände ist kostenpflichtig.

Auf dem Weg nach Tereldsh liegt linker Hand der berühmte Schildkrötenfelsen. Dieses Naturmonument ist auf jeden Fall einen Ausflug wert

Ein türkischer Prinz in der mongolischen Steppe

Wie es dazu kam, dass ein Türke sein Grab in der Mongolei fand, wird im Geschichtskapitel erläutert.

Zur **Stele des Tonjukuk** zu finden, ist nicht ganz einfach, da sie in einer Mulde in hügeligem Gelände liegt. Hier ist man auf die Beschreibung durch Einheimische angewiesen, die den Platz, wie wir erfahren mussten, vielfach aber auch nicht kennen. Die beiden Bilder auf der folgenden Seite sollen die Orientierung erleichtern. Die Anfahrt bietet landschaftlich weniger als die zu den beiden oben beschriebenen Ausflugszielen. Dafür können Sie ziemlich sicher sein, dort nicht auf andere Touristen zu stoßen. Die Reise zur Stele ist, evtl. in Verbindung mit der Besichtigung des Kasachenfriedhofes, eher etwas für historisch und völkerkundlich Interessierte.

Blumenmeere, Wiesenchampignons und Waldfrüchte

Nur wenige Kilometer **nördlich von Ulan Bator** beginnt ein **ausgedehntes Waldgebiet,** durchsetzt von zahlreichen Flussauen, Feuchtgebieten und

295mo Foto: st

baumfreien Hochebenen, die in den Sommermonaten phantastisch schön sind. Es gibt satte Blumenwiesen mit hüfthohem Bewuchs, in den Wäldern findet man diverse Beeren- und Pilzsorten, im offenen Steppengelände gedeihen Wiesenchampignons.

Wohin Sie genau fahren, ist eigentlich egal, solange Sie sich nur nördlich orientieren. Am empfehlenswertesten ist, sich zunächst in **Richtung Chandgajt** (Хандгайт) zu halten. Chandgajt ist eigentlich als Wintersportgebiet bekannt, hat aber auch im Sommer seine Reize. Zunächst gibt es bis ca. 10 km nach dem nördlichen Stadtrand noch eine Teerstraße, die dann in einen Schotterweg übergeht. Verlassen Sie diesen Weg, sofern Sie einen Geländewagen benutzen, und fahren Sie einfach in eines der **Seitentäler.**

Alternativ kann man auch die allen Bewohnern von Ulan Bator bekannten Orte **Bajangol** (Баянгол зуслан), **Ba-**

Anfahrt zur Stele des Tonjukuk: Halten Sie in Richtung auf die Bergkette zu. Durch die erste Hügelreihe fahren Sie hindurch.

Hinter der Hügelkette halten Sie Ausschau nach diesem prägnanten Berg mit der Felsnase. Etwas rechts in der Talmulde davor liegt die Grabstätte. Mit dem Fernglas können Sie zur Orientierung nach der viereckigen Einzäunung Ausschau halten.

296mo Foto: st

jan Chuschuu (Баян Хушуу), **Dambadardshaa** (Дамбадаржаа), oder **Gatschuurt** (Гачуурт тосгон) anfahren und dann am Ende der Straße wie oben verfahren.

Das Eindringen in das **Naturschutzgebiet Bogd chaan uul** empfehlen wir dagegen nicht. Dazu benötigt man eine **Sondergenehmigung** des Umweltschutzministeriums, die zu besorgen wahrscheinlich länger dauert als der ganze geplante Ausflug.

Picknick an der Tula

Für ein anständiges **Picknick** benötigt man nach mongolischen Vorstellungen ein schattiges Plätzchen unter Bäumen, Feuerholz und einen Fluss, in dem man abgerundete, saubere Steine findet und seine Getränke kühlen kann. Auch wer nicht unbedingt auf eine Ziege in der Milchkanne Appetit hat, findet an der Tula oberhalb von Ulan Bator zahlreiche gemütliche Plätzchen zum Ausspannen. Am besten fährt man nach Osten Richtung **Nalajch** (Налайх) aus der Stadt heraus, überquert die **Tula-Brücke** (Туул голын гүүр) und passiert den **Polizeikontrollpunkt** (ШНБ) um kurz danach die Betonstraße nach Norden zu verlassen. Nach wenigen hundert Metern erreicht man so das Ostufer der Tula, dem man folgt, bis man auf eine nette, menschenleere Stelle gestoßen ist. Hin und wieder kann es vorkommen, dass ein Seitenarm der Tula durchfahren werden muss.

Mehrtägige Touren

Wer nicht viel Zeit mitbringt, in den drei kalten Jahreszeiten die Mongolei besucht oder nicht unbedingt Freude am Camping findet, kann eine „Städtereise“ unternehmen und grundsätzlich Hotelübernachtungen einplanen. Das reduziert den Aufwand an Ausrüstung erheblich, birgt jedoch auf der anderen Seite immer die Gefahr, vor verschlossenen Türen zu stehen oder kein Zimmer mehr zu bekommen.

Im Folgenden werden einige Anregungen gegeben, was an Reisen in drei bis vier Tagen machbar ist.

Kara-Korum – Der Klassiker

Ein Ausflug nach Kara-Korum (Хар Хорин) ist bequem an einem **verlängerten Wochenende** zu schaffen. Zahlreiche mongolische **Reisebüros** bieten die Reise auch kurzfristig und zu moderaten Preisen an. Die gesamten 365 km bis Kara-Korum sind seit 1999 geteert, wodurch ein Besuch in der alten Hauptstadt deutlich entspannter ablaufen kann.

Die Nutzung eines **Allradfahrzeugs** ist bei gutem Wetter **nicht zwingend notwendig.** Die Sehenswürdigkeiten der Stadt selbst werden unter „Der Uwurchangaj-Aimak“ beschrieben. Lohnenswert ist während der Hin- oder Rückfahrt ein **Zwischenstopp im Elsen Tasarchaj** (Элсэн тасархай), in dem sich auch ein Touristencamp befindet (vgl. „Der Uwurchangaj-Aimak“). **Unterkunftsmöglichkeiten in Kara-Korum** selbst gibt es in einem Jurtencamp etwas außerhalb der Stadt am Ostufer des Orchon oder im ehemaligen Erholungsheim der mongolischen Staatssicherheit – einem Holzhaus unmittelbar südlich der Betonbrücke über den Orchon. Das Hotel am zentralen Platz der Gemeinde sollte man sich nur im Notfall zumuten. Sehr empfohlen werden kann dagegen das *Bayan-Burd-Hotel,* das eine Übernachtung schon für 3 bis 6 US$ anbietet und sogar eine heiße Dusche verspricht. Es handelt sich um einen blau getünchten Neubau ca. 200 m von der Tankstelle Richtung Ortsmitte, Tel. 2315.

298mo Foto: st

Klostergebäude Erdene Dsu, Kara-Korum

299mo Foto: st

Alternativ zu Zufahrten über die Teerstraße nach Kara-Korum kann man kurz hinter **Lun** (Лун) (128 km von Ulan Bator) und nach dem Überqueren der **Tula-Brücke** (Туул голын гүүр) die feste Straße genau nach Westen **Richtung Bajannuur** (Баяннуур) verlassen. Der weitere, landschaftlich reizvollere Weg führt über die Zentren der Sum **Daschintschilen** (Дашинчилэн), **Gurwanbulag** (Гурванбулаг) und **Chaschaat** (Хашаат). Der Entfernung nach unterscheiden sich beide Anfahrtsvarianten kaum, der Weg über Daschintschilen ist allerdings zeitaufwändiger, da er zum größten Teil über Pisten führt.

Der Orchon-Wasserfall ist zu Recht berühmt

Der Orchon-Wasserfall

Wer bereit ist, sich auf mindestens täglich 10 Stunden Autofahrt im Gelände einzulassen, kann seinen Ausflug nach Kara-Korum noch durch einen **Abstecher an den Orchon Wasserfall** (Орхоны хүрхрээ), (vgl. „Der Uwurchangaj-Aimak"), erweitern. Besser, da weniger anstrengend, ist es sicherlich, gleich vier Tage einzuplanen. Dieser Ausflug ist **nur mit einem Allradfahrzeug** zu bewältigen.

Nachdem man sich am **ersten Tag Kara-Korum** angesehen und dort übernachtet hat, reist man am **zweiten Tag** weiter nach Süden, sich immer auf dem Ostufer des Orchon haltend. Stellenweise gerät der Fluss auf dem Weg nach **Chudshirt** (Хужирт) (60 km oder knapp zwei Autostunden) aus dem Blickfeld. Von Chudshirt aus sind es noch 65 km oder weitere zwei Autostunden bis zum Wasserfall, der sich schon auf dem Territorium des Bat-Uldsij-Sum (Бат-Өлзий сум) befindet.

Wer **in Chudshirt übernachten** möchte, sollte schon auf der Hinfahrt zum Wasserfall seine Ankunft anmelden. Wer ein Zelt dabei hat, kann sich auch am Wasserfall selbst niederlassen. Für die **Rückfahrt am 3. Tag** gibt es verschiedene Varianten. Am sichersten und schnellsten ist es, so zurückzufahren, wie man gekommen ist. Reizvoller ist es sicher, nach der Besichtigung des Wasserfalls am Abend des 2. Tages noch ein Stück nach Süden oder Südosten über **Bat-Uldsij** in **Richtung Dsuunbajan-Ulaan** (Зуунбаян-Улаан) oder gar **Ujanga** (Уянга) zu fahren und in den **östlichen Ausläufern des Changaj** zu übernachten. Bevor man sich entschließt, in das Gebirge hineinzufahren, sollte man sich in Bat-Uldsij unbedingt nach der Befahrbarkeit der Pässe erkundigen und am besten einen Ortskundigen mitnehmen. Sollte es regnen oder in den Tagen vor der Reise stark geregnet haben, empfehlen wir die Überquerung des Gebirges nicht. Der weitere Weg führt dann von Ujanga oder Dsuunbajan-Ulaan aus nach **Arwajcheer** (Арвайхээр), dem Zentrum des Uwurchangaj-Aimaks. Dort beginnt die Teerstraße, auf der man nach 430 km oder 6–7 Std. in Ulan Bator eintrifft.

Zum Wochenend-Angeln an den Ugij-nuur

Angelmöglichkeiten bieten sich in der Mongolei überall dort, wo es größere Flüsse gibt. Einen fischreichen See zu finden, ist indes von Ulan Bator aus weniger einfach. Der Ugij-nuur (Өгий нуур) (vgl. „Der Archangaj-Aimak") ist bekannt für seinen Fischreichtum und zählt nicht mehr zu den typischen Ausflugszielen für Touristen. Da Mongolen kaum Gefallen an Fisch finden, werden Sie auch kaum auf angelnde Einheimische stoßen.

Die **Anfahrt** ist problemlos und erfolgt ähnlich wie nach Kara-Korum über die Stationen **Lun** (Лун), **Bajannuur** (Баяннуур) und **Daschintschilen** (Дашинчилэн). Kurz hinter Daschintschilen gabelt sich der Weg hinter der **Brücke über den Charbuchan-Fluss** an der **Charbuchany balgas** (Харбухын балгас), einer Klosterruine. In südwestliche Richtung geht es nach Gurwanbulag und weiter nach Kara-Korum, der Weg genau **nach Westen** führt zum Ugij-nuur.

Der See selbst ist nicht von Bäumen umstanden. Dennoch bieten sich vor allem auf dem Ostufer günstige Lagerplätze an. Wer vom See aus nicht den gleichen Weg wieder zurückfahren möchte, kann auch über Kara-Korum fahren. Empfehlenswert ist, in der Nähe des nach dem See benannten Sum-Zentrums den Orchon über eine **Holzbrücke** zu überqueren und ihm dann auf seinem Westufer bis nach Kara-Korum zu folgen. Für diese Reise sollten drei bis vier Tage eingeplant werden.

Naiman Nuur – Die acht Seen auf dem Rücken des Changaj

Reisen zum Naiman nuur (Найман нуур) (vgl. „Der Uwurchangaj-Aimak“) gehören nicht mehr zu den Standard-Angeboten der Tourismusunternehmen. Mit einem guten Geländewagen kann man die Seen an einem Tag erreichen. Wer es gemütlicher angehen will, kann einen Zwischenstopp in Kara-Korum, Chudshirt oder Arwajcheer einlegen. Der **nördliche Anfahrtsweg,** der aufgrund von Lavafeldern, in die ausgedehnte Sumpfgebiete eingelagert sind, sehr anspruchsvoll ist und der nur mit Hilfe eines Ortskundigen gefunden werden kann, führt vom Orchon-Wasserfall aus ca. 70 km weiter in südwestliche Richtung. Einfacher, wenngleich auch nicht ganz einfach zu bewältigen, ist dagegen eine **Anfahrt von Süden** über den **Ujanga-Sum** (ca. 550 km). Es ist nicht möglich, mit einem Jeep an den Ufern der acht Seen entlangzufahren. Dies bedeutet, dass egal, ob man sich von Norden oder Süden kommend den Seen genähert hat, man die gleiche Strecke wieder zurückfahren muss.

Entlohnt werden die Strapazen der Anreise durch einen märchenhaften Blick auf die Seen und die umliegenden erhabenen Gebirgszüge.

300mo Foto: st

Nach Norden – Das Kloster Amarbajasgalant

Ein Besuch des unter „Der Selenge-Aimak“ beschriebenen Klosters Amarbajasgalant chijd (Амарбаясгалантын хийд), das ca. 360 km von Ulan Bator entfernt liegt, ist bequem in drei Tagen zu schaffen, ohne dass Übernachtungen im Zelt erforderlich werden. Am **1. Tag** fährt man bis **Darchan** (Дархан хот) (220 km) und übernachtet dort in einem der neu entstandenen Hotels rund um den Busbahnhof. Wer genügend Zeit hat, kann auf der Hinfahrt einen **Abstecher zum imposanten Geier-Felsmassiv** (ёлын хад;) unternehmen. Dazu zweigt man nach 135 km links von der Teerstraße ab. Die Abfahrt ist ausgeschildert. Von der Abfahrt sind es bis zum Geierfelsen ca. 15 km.

Die acht Seen liegen in einem nur schwer zugänglichen Hochtal inmitten von zerklüftetem Lavagestein – doch die mühevolle Reise lohnt!

Am **2. Tag** fährt man von Darchan aus auf der gut ausgebauten Verbindungsstraße nach Erdenet bis zur **Orchon-Brücke** (Орхон голын гүүр) und folgt dann dem Orchon auf dem Westufer bis **kurz vor Sant** (Сант). Dort zweigt ein stark befahrener **Weg in nordwestliche Richtung** ab, der einem kleinen Fluss folgt. Von Sant aus sind es bis zum Kloster ca. 35 km. Wenn nicht in der Steppe in einem Zelt übernachtet werden soll, muss am gleichen Tag wieder nach Darchan zurückgefahren werden.

Wer Zeit hat, kann sich auf dem Hinweg zum Kloster in der **Bergarbeiterstadt Chutul** (Хөтөл) erkundigen, ob eine **Unterkunftsmöglichkeit** besteht. In diesem Fall könnte man am 2. Tag in Chutul übernachten und von dort aus, ohne wieder nach Darchan zurückfahren zu müssen, der **Charaa** (Хараа гол) auf dem Westufer folgend über **Baruuncharaa** (Баруунхараа) nach **Ulan Bator** zurückfahren.

Ein Besuch im Kloster bietet sich natürlich auch als Tagesetappe an, wenn man eine größere Reise in den Nordwesten, etwa den Chuwsgul-Aimak vorhat.

Die große Expedition

Die meisten Reisewünsche in der Mongolei werden sich nur über die Organisation einer zwei- bis dreiwöchigen Expedition befriedigen lassen. Nach unseren Erfahrungen sollte man sich, vor allem dann, wenn Mongolei-Neulinge mit im Team sind, **kei-**

301mo Foto: st

ne zu großen Tagesstrecken vornehmen. Mehr als 300 km sind als eine Tagesetappe nur dann zu schaffen, wenn entweder eine befestigte Straße existiert oder die Teilnehmer bereit sind, auf Pistenstrecken 10 Stunden oder mehr durchzufahren. Für die Kalkulation ist es eher realistisch, von 200 km oder weniger pro Tag auszugehen. Mehr als 30 km sind in einer Stunde im normalen Gelände kaum zu schaffen. Eine Reise in den Chowd- oder Uws-Aimak würde nach dieser Rechnung z.B. fast drei Wochen in Anspruch nehmen.

Bei der Größe des Landes, der Vielzahl der Sehenswürdigkeiten unterwegs und schließlich auch der jeweiligen äußeren Rahmenbedingungen können die nachstehenden **Expeditionsvorschläge nur eine sehr grobe Orientierung** darstellen. Auf die Angabe von Tagesetappen wird bewusst verzichtet.

Bei der Routenbeschreibung gehen wir davon aus, dass intakte **Geländewagen** benutzt werden, die von **Fahrern mit Geländeerfahrung** bewegt werden.

Der verhaltene Charme der Taiga – Der Chuwsgul-See

Ein Besuch im Chuwsgul-Aimak lohnt sich in jeder Jahreszeit. Die bekannteste Sehenswürdigkeit des Aimaks sind zweifelsohne der Chuwsgul-See (vgl. „Der Chuwsgul-Aimak") und das umliegende Bergland.

Zunehmender Beliebtheit erfreuen sich auch **Besuche bei dem Zaatan,** einem kleinem, nur noch etwas mehr als 30 Familien umfassenden tuwinischen Stamm, der ausschließlich von der Haltung von Rentieren und der Pelztierjagd lebt und den äußersten Nordwesten des Aimaks besiedelt. Weitere Zaatan leben nördlich der Staatsgrenze im Gebiet Tuwa. Die Zufahrt zum Gebiet der Zaatan ist mit Radfahrzeugen nur im Winter und auch dann nur über das zugefrorene Flusssystem unter großer Mühe möglich. **Im Sommer,** wenn der Permafrostboden der Tundra an der Oberfläche angetaut ist und sich für wenige Wochen eine üppig blühende Natur zeigt, bleibt als Transportmittel nur das **Pferd** oder das **Rentier. Fahrzeuge** kommen nur bis zum **Zagaannuur-Sum** (Цагааннуур сум). Wer von da aus zu den Zaatan will, muss sich auf eine 80 bis 100 km lange Reittour gefasst machen, auf der es mehrmals gilt, reißende, eiskalte Gebirgsflüsse zu durchschwimmen. Wer einen Besuch bei den Zaatan vorhat, sollte drei Wochen Zeit, eine gute Ausrüstung und einen trainierten, abgehärteten Körper mitbringen.

Eine gute, aber sehr teure Alternative zur Fortbewegung auf dem Boden ist die durch die Luft. Mit einem Hubschrauber braucht man von Ulan Bator aus zu den Zaatan sechs bis sieben Stunden.

Das Kloster Amarbajasgalant liegt fernab jeder Siedlung in einem unendlich weiten Tal und ist auch im Winter gut zu besuchen – dann ist man allerdings vermutlich allein dort.

Besuch bei den Zaatan

Etwas Geheimnisvolles haftet ihnen an, den letzten Zaatan, **Rentierzüchtern** im hohen Norden der Mongolei. Glaubt man, mit einem Besuch der Söhne *Tschingis Khans* bereits ein ultimatives Reiseziel gefunden zu haben, so wird man in Ulan Bator erstaunt feststellen, dass es offensichtlich noch „ultimativer" geht: undurchdringliche Taiga, die Anreise schon fast nicht mehr machbar, nach beschwerlicher, tagelanger Fahrt der Weiterritt zu Pferd (oder gar zu Rentier!), mongolische Freunde warnen und berichten mit leisem Schauder von schwarzer Magie und finsteren Schamanen – kurz: Um die Zaatan rankt sich ein Nimbus, der fast jeden fesselt, der noch vom großen Abenteuer träumt.

Immer häufiger nun bieten **Reiseveranstalter** in ihrem Programm die Erfüllung dieses Traumes vom „Last Explorer" an: ein verlängertes Wochenende **mit dem Hubschrauber** zu den Zaatan.

Die Zaatan hat natürlich keiner gefragt. Man stelle sich also vor, zwischen Flechten, Moosen und Schneeresten steht eine kleine Gruppe von armseligen Zelten, bestehend aus lose aneinander gebundenen Birkenstämmen, mehr schlecht als recht bedeckt mit rissigen Rentierfellen. Plötzlich knattern Sie – vollkommen uneingeladen – mit ihren mongolischen Reiseführern im Hubschrauber an. Bei Ihrer Landung erleidet ein Rentierkalb einen Herzinfarkt und stirbt (das kommt tatsächlich vor!). Sie bemerken das alles nicht, springen elastisch aus dem Heli, in bunten Survival-Klamotten, mit dem letzten Schrei von einer Sonnenbrille, in der einen Hand den Fotoapparat, in der anderen die Schokolade, die Sie freundlich unter den armen Zaatan zu verteilen gedenken (sind die Kinder nicht süß?). – Wir glauben gerne, dass Sie das so nicht vorhatten, aber spätestens wenn der erste der Touristen die Kamera zückt – und diesen ersten gibt es immer – haben plötzlich alle hemmungslos ihre Apparate zur Hand und knipsen drauf los.

So brechen Sie also für ein paar Stunden ungefragt in das Leben der Zaatan ein. Manch junger Bursche wird auf seinem Rentier verschwinden, so schnell er kann – zurück bleiben buchstäblich wehrlos die Kinder, Frauen und Alten. Und denen rücken Sie – ermuntert von ihren mongolischen Reiseführern – nun ungeniert auf die Pelle. Sie laufen die paar schneefreien Schritte zwischen den Zelten auf und ab, gucken überall hin, erschrecken die Rentiere, nötigen durch ihre pure Anwesenheit den Zaatan Gastfreundschaft auf, werden also zum Teetrinken gebeten, machen erneut Fotos – und irgendwann klatscht jemand in die Hände: Hopphopp in den Heli, es geht weiter. Zurück bleibt von Ihnen lediglich das tote Rentierkalb. Ihr Geld, das haben ganz andere verdient. Übrigens auch das Geld des japanischen Filmteams, das unweit der wenigen Zelte mit knalligen Zelten und riesigen Teleobjektiven seit Tagen auf Lauer liegt.

Die Zaatan: ein aussterbendes Völkchen – nichts wie hin?

Die **Anreise** zum Chuwsgul-Aimak erfolgt in der Regel über **Bulgan chot** (Булган хот) (vgl. „Der Bulgan-Aimak"). Die Stadt ist mit dem Auto bequem an einem Tag zu erreichen. Als Unterkunft empfehlen wir ein **Waldhotel** 7 km außerhalb der Stadt, etwas abseits der Straße in den Chuwsgul-Aimak. 70 km nordwestlich von Bulgan chot trifft man unmittelbar an der Straße auf die **Vulkane Tulga, Togoo und Dshalawtsch** (Тулга, Тогоо, Далавч галт уул). Die gesamte Strecke zwischen Bulgan chot und Murun chot (Мөрөн хот) (340 km) ist landschaftlich sehr reizvoll. Kurz vor **Chutag-Undur** (Хутаг-Өндөр сум) überquert man die **Selenge.** Die Stadt **Murun** selbst hat kaum Sehenswürdigkeiten zu bieten. Allerdings hat man inzwischen die Wahl zwischen drei **Hotels.** Von Murun aus sind es bis **Chatgal** (Хатгал), der Ortschaft an der Südspitze des Sees, ca. 100 km. Die Stadt erfährt ihren Reiz durch das Vorherrschen von Blockhäusern und die für die Mongolei sonst ungewöhnliche Hafenatmosphäre. Leider sind z.Z. keine Bootsrundfahrten auf dem See möglich.

Wer noch mehr vom See sehen und tiefer in das Bergland um den See eindringen möchte, sollte von Chatgal aus das ehemalige **Geologenlager Tschanchaj** (Чанхай) ansteuern, das heute ein gut geführtes **Touristencamp** ist. Von hier aus oder von einem ca. 7 km weiter nördlich davon, am Ufer gelegenen, deutlich besser ausgestatteten Camp aus lassen sich dann weitere Expeditionen zu Fuß, zu Pferde oder per Auto starten. Die Zufahrt zum Camp ist atemberaubend. Es geht durch Flussbetten, schroffe Felsformationen und über steile Bergpässe.

Eine **alternative Anreisemöglichkeit** in den Chuwsgul-Aimak wäre z.B. die Route Ulan Bator – Darchan – Amarbajasgalant chijd – Erdenet – Bulgan.

Da es zwischen Murun chot und Chutag-Undur keine Brücke über die Selenge gibt, ist eine Zufahrt in den Aimak **von Süden kommend** praktisch unmöglich. Südlich von Tosonzengel (Тосонцэнгэл сум) arbeitet manchmal eine Fähre. Wir haben vor einiger Zeit erfolglos versucht, die Fähre zu benutzen. Sie war am Tag zuvor vom Hochwasser abgetrieben worden.

Eine weitere Möglichkeit, **vom Archangaj-Aimak kommend** nach Chuwsgul zu fahren, besteht in der Überwindung des Gebirgsmassivs zwischen dem Dashargalant-Sum (Архангайн Жаргалант сум) und dem Galt-Sum (Хөвсгөлийн Галт сум), wie die Autoren es in beiden Richtungen zu unterschiedlichen Jahreszeiten bereits dreimal praktiziert haben. Die lichte Entfernung beträgt nur ca. 60 km. Die Fahrt dauert dennoch 12 Stunden oder mehr und kostet 30–50 l Treibstoff pro Fahrzeug.

Relativ einfach ist es, Murun chot **von Westen** kommend zu erreichen.

Fischen im Kratersee – Unterwegs im Archangaj

Eines der am stärksten besuchten **Naturschutzgebiete** der Mongolei ist der **Tariat Sum** (Архангайн Тариат сум) mit dem **Chorgo-Vulkan** (Хорго) und dem **Terchijn Zagaan nuur** (Тэрхийн цагаан нуур) (vgl. „Der Archangaj-Aimak").

Mögliche Anreisevarianten:

- Ulan Bator – Kara-Korum – Zezerleg – Ich Tamir – Tariat (УБ – Хар Хорин – Цэцэрлэг, Их тамир – Тариат) oder:
- Ulan Bator – Lun – Bajannur – Daschintschilen – Ugijnuur – Zencher – Zezerleg – Ich Tamir – Tariat (УБ – Лун – Баяннуур – Дашинчилэн – Өгийнуур – Цэнхэр – Цэцэрлэг – Их тамир – Тариат).

305mo Foto: st

Von Westen kommend erfolgt die Anfahrt immer über Tosonzengel (Завханы Тосонцэнгэл). Der Weg führt über einige recht anspruchsvolle Pässe, die vor allem bei Regen zum Problem werden können.

Denkbar ist auch die Anfahrt **von Süden** aus Bajanchongor kommend nach Zezerleg und dann weiter wie beschrieben. Wer diese Route wählt, muss sich darüber im klaren sein, dass man dabei den Rücken des Changaj überquert, mindestens einen ganzen Tag unterwegs ist und Dutzende Flüsse und Pässe zu überwinden hat.

Auch die Zufahrt **von Norden** aus dem Dshargalant-Sum des Chuwsgul Aimaks (Хөвсгөлийн Жаргалант сум) ist möglich, doch recht anspruchsvoll.

Nähert man sich **Zezerleg** von Kara-Korum kommend, erreicht man ca. 30 km vor der Stadt den Zencher-Sum. Wer von dort aus in westliche Richtung von der Hauptstraße abweicht erreicht nach ca. 30 km ein **Badehaus** mit Swimmingpool. Fragen Sie im Dorf nach dem Weg Цэнхэрийн халуун ус. Das Erlebnis kostet mit Übernachtung und Essen 50 US$. Das Angebot ist nach einigen staubigen Tagen in der Steppe vielleicht doch überlegenswert. Ansprechpartner in Ulan Bator ist Herr *D. Batbaatar,* Tel. 458005.

Zwischen Undur-Ulaan und Tariat stößt die recht gut ausgebaute Piste auf den **Tschuluut gol** (Чулуут гол). Linkerhand der Straße befindet sich an der Stelle, wo sie dem Fluss am nächsten kommt, ein heiliger, reichlich mit schamanistischen und buddhistischen Symbolen geschmückter Baum. Wer ein Fahrzeug mit guter Bodenfreiheit hat, kann von hier aus die Straße verlassen und dem Tschuluut gol flussaufwärts folgen. Nach ca. 30 km vereinigt er sich mit dem aus dem Terchijn zagaan nuur entspringenden **Sumyn gol** (Сумын гол). Beide Flüsse haben tiefe Schluchten in das Vulkangestein geschnitten. Der **Zusammenfluss beider Flüsse** eignet sich hervorragend als Rastplatz für die Nacht. Die Weiterfahrt zum See ist reizvoller, wenn man nicht zurück auf die Straße fährt, sondern dem Sumyn gol auf seinem Nordufer folgt.

In **Tariat** muss zum Betreten des **Schutzgebietes** eine Gebühr entrichtet werden. Im Sommer ist die im Sumzentrum über den Sumyn gol führende Brücke von einem Aufseher besetzt, der die Gebühr erhebt. Ein **Aufstieg auf den Vulkan** lohnt sich in jedem Fall. Gezeltet werden kann an verschiedenen Stellen des Nordufers des Sees. Gefischt werden kann sowohl am See als auch im Sumyn gol, der auch in Regenzeiten, wenn die meisten anderen Flüsse braunes Wasser führen, klar bleibt.

Um **das Gebiet zu verlassen,** muss man nicht wieder zurück nach Tariat. Man kann auch auf dem Nordufer des Sees direkt weiter nach Westen in Richtung Tosonzengel weiterfahren.

Der Chorgo-Vulkan ist in seiner Unberührtheit einzigartig

Im Tal der Dinosaurier – Die Gobi

Im Kapitel „Auf in die Steppe“ haben wir schon auf die Gefahren und Strapazen einer Reise in die Gobi hingewiesen. Die **wesentlichen Sehenswürdigkeiten,** die seit Jahren touristisch voll erschlossen sind, bilden die **Geierschlucht** (Ёлын ам), die **Sanddüne Chongor els** (Хонгор элс) und die **Saurierausgrabungsstätten** in der Sanddüne von Gurwan tesijn chooloj (Гурван тэсийн хоолой) (vgl. „Der Südgobi-Aimak“). Sinnvoll ist es, sich in einem der **Touristencamps** nordwestlich von Dalandsadgad (Даланзадгад хот) oder in der Stadt selbst einzuquartieren und von dort aus Tagesausflüge zu unternehmen. Unter Umständen kann man sich einer Touristengruppe anschließen.

Wer kein eigenes Fahrzeug zur Verfügung hat, kann auch von Ulan Bator aus versuchen, sich an eine von den verschiedenen Reisebüros (siehe unter „Auf in die Steppe“) organisierte **Reisegruppe** anzuschließen.

Ein Besuch in der Gobi ist auch als Abschluss einer großen Expedition, die z.B. die Aimaks Bulgan, Chuwsgul, Dsawchan, Uws, Chowd, Gobi-Altai und Bajanchongor einschließt, ein schönes Erlebnis. Vielfach praktiziert wird die **Anreise vom Orog nuur** kommend.

Auf den Spuren Tschingis-Khans – Reise in den Chentij-Aimak

In der *„Geheimen Geschichte der Mongolen“* finden sich recht konkrete Hinweise auf den **Geburtsort Tschin-**

gis-Khans. Er soll am **Berg Deluun Boldog** im Gebiet des heutigen Chentij-Aimak gelegen haben. Über den genauen Ort des letzten Ruheplatzes der Herrschers weiß das Werk nichts zu berichten. Generationen von Wissenschaftlern aus der Mongolei und dem Ausland versuchen seit Jahrzehnten, Geburts- und Beerdigungsort *Tschingis-Khans* genau zu lokalisieren – bisher ohne Erfolg. Nicht einmal die genaue Bestimmung des Berges Deluun Boldog ist bisher zweifelsfrei gelungen. Angenommen wird, dass es sich um einen 1231 m hohen Berg in der Nähe des Zentrums des Binder-Sum handelt. Anfang der 90er Jahre hat eine mongolische-japanische Expedition mit riesigem technischen Aufwand versucht, durch weitflächige Untersuchungen der Bodenbeschaffenheit das Herrschergrab zu finden. Die Expedition wurde schließlich abgebrochen – nicht zuletzt deshalb, weil sie innerhalb der mongolischen Bevölkerung auf breite Ablehnung stieß. Befürchtet wurde, dass der Leichnam des großen Herrschers, sollte er denn einmal gefunden werden, irgendwo im Ausland in einem Laboratorium oder einem Museum verschwände und über die Mongolei angesichts diesen Frevels großes Unheil hereinbrechen könnte.

Auch wenn die vielerorts anzutreffenden Gedenksteine demnach eher Vermutungen als historisch belegbare Tatsachen widerspiegeln, ist eine **Reise in den Chentij** lohnenswert. Besonders reizvoll ist nach unserer Erfahrung die **Route entlang des Ostrandes des Chentij** mit den Stationen Ulan Bator, Erdene, Baganuur, Zenchermandal, Dshargaltchaan, Umnudelger, Gurwanbajan, Binder und Dadal (Улаанбаатар, Эрдэнэ, Багануур, Цэнхэрмандал, Жаргалтхаан, Өмнөдэлгэр, Гурванбаян, Биндэр, Дадал) bis hinauf an die russische Grenze. Die Strecke ist besonders in der regenreichen Zeit anspruchsvoll. Besonders problematisch sind die vielen Flussdurchfahrten zwischen Binder und Dadal.

Tschingis-Khan als Mann des Krieges in einer chinesischen Darstellung

Dsuunmod chot, Zentrum des Zentral-Aimaks

Antilopen, so weit das Auge reicht: in den Osten

Wer sich einen Eindruck von den typischen Landschaftsformen der Mongolei verschaffen möchte, sollte in den äußersten Osten (Дорнод аймаг) oder Südosten (Сүхбаатар аймаг) reisen. Von der **Meningijn-Steppe** (vgl. „Der Dornod-Aimak") sagt man, dass die Anwohner schon am Morgen sehen könnten, wer am Abend zu Besuch kommt.

Schon kurz hinter **Undurchaan** (Өндөрхаан хот), der Provinzhauptstadt des Chentij-Aimaks, stößt man auf riesige Herden von **Mongolei-Gazellen,** die versuchen, mit dem Fahrzeug in einen sportlichen Wettbewerb zu treten. In der flachen Steppe galoppierende Gazellenherden vermitteln den Eindruck eines wogenden Meeres.

309 Foto: st

Zentral-Aimak

(Төв аймаг)

- 74.400 km² Fläche
- 98.300 Ew.
- 1,67 Mio Stück Vieh, davon ca. 900.000 Schafe. Der Aimak hat mit 192.700 Stück den höchsten Pferdebestand aller Provinzen.
- Zentrum: **Dsuunmod chot** (Зуунмод хот) in 1529 m Höhe
- Entfernung bis Ulan Bator 43 km
- Jahresdurchschittstemperatur in Dsuunmod: -1,8 °C, im Januar: -20,5 °C, im Juli: +15,4 °C
- Jährlicher Niederschlag: 270,8 mm;
- Luftdruckmittel im Juli: 842 mm.
- In den nördlichen und westlichen Sum Ackerbau. Eines der Hauptanbaugebiete der Mongolei.

Wichtige Sehenswürdigkeiten

Bogd chaan uul

(Богд хаан уул)

Südwestlichster **Ausläufer des Chentij-Gebirges,** der sich unmittelbar südlich der Hauptstadt Ulan Bator erhebt. Höchste Erhebung ist der Zezee gun (2257 m). Das 40,8 km² umfassende Massiv ist seit 1778 geschützt und wird als eines der ältesten **Naturschutzgebiete** der Welt angesehen. Viele Schluchten und Täler tragen Felszeichnungen aus verschiedenen historischen Epochen. Schon vor dem Eindringen des Buddhismus barg das Gebirge wichtige religiöse Wallfahrtsorte. In den späten 30er Jahren des 20. Jahrhunderts wurden hier bedeutsame Schätze aus dem Besitz buddhistischer Klöster vor der Vernichtung durch das stalinistisch-kommunistische Regime in Sicherheit gebracht. Etwa die Hälfte des Schutzgebietes ist bewaldet. Anzutreffen sind überwiegend Lärchen, aber auch Espen, Kiefern, Birken, Ulmen und Zedern sowie verschiedene Straucharten. Insgesamt sind über **220 Pflanzenarten** registriert. Die Wälder bieten u.a. Maralhirschen, Rehen, Moschustieren, Wildschweinen und Steinböcken sowie einer reichen Vogelwelt (darunter Bussarde, Spechte und Störche) Lebensraum. Besonders in den Wintermonaten kommen Maralhirsche aus den Bergen herab und bis unmittelbar in das Zentrum von Ulan Bator herein.

Klosterruine Mandsuschir

(Манзушир хийд)

Nur 51 km von Ulan Bator entfernt gehört der Besuch in der Ruine des 1758 erbauten und in den späten 30er Jahren im Rahmen der „Lösung der Lama-Frage" auf Befehl der stalinistisch-kommunistischen Führung geschleiften buddhistischen Klosters zu den beliebtesten Tagesausflugszielen. Der Weg kann auch von Wagen ohne Allrad problemlos bewältigt werden und führt entlang der Pferderennstrecke zum nationalen Naadam-Fest und durch Dsuunmod, dem Zentrum des Zentral-Aimaks. Das Kloster liegt auf 1800 m in einem lärchenbewachsenen, nach Süden zeigenden Tal des Bogd chaan uul. Vom alten Kloster sind nur noch die mächtigen Grundmauern aus Lehm und ein ausgetrockneter künstlicher Teich sowie die Fundamente weiterer Tempel, Wirtschafts- und Wohngebäude der Lamas zu sehen. Unmittelbar neben der Ruine wurde ein zweistöckiges, als **Museum** dienendes Kloster aus Holz errichtet. Darüber befinden sich einige großflächige Felszeichnungen mit buddhistischen Motiven. Zu den Attraktionen zählt ein 1726 gegossener, 1800 l fassender, 2 t schwerer Bronzetopf, in dem 2 Rinder oder 10 Schafe gleichzeitig als Essen für 1000 Lamas zubereitet worden sein sollen.

Der Komplex wird aufgrund seiner Lage auch vielfach als **Natur-Museum** bezeichnet. Im engeren Sinne ist das Natur-Museum ein kleines, aus Feldsteinen errichtetes Haus, das neben ausschließlich aus Naturmaterialien gefertigten Phantasiegegenständen eines ortsansässigen Künstlers auch ausgestopfte Exemplare der wichtigsten Tierarten der Gegend zeigt. Originell ist, dass über ein fest in die Museumswand eingebautes Scherenfernrohr ein direkt auf die Klosterruine projiziertes Modell seines Originalzustands betrachtet werden kann, dem im Wind flatternde Fähnchen Echtheit geben.

Tereldsh

(Тэрэлж)

Das Wort steht wahlweise für einen mitsamt seiner Aue unter Schutz gestellten, dem Chentij entspringenden und nach 70 km in die Tula mündenden **Fluss** oder ein 70 km nordöstlich von Ulan Bator an seinem Ufer gelegenes, über eine Teerstraße erreichbares **Touristencamp** (Tel. in Ulan Bator: 324978, 322869, Ansprechpartner: Herr *D. Bjambasuren*). Gleich dahinter liegt das Ulan Bator 2. Vorbestellungen nimmt das Mutterhaus in Ulan Bator entgegen. Auf dem Weg dorthin überquert man die Tula über eine hölzerne Brücke, lässt beidseitig bizarr aufragende Felsformationen hinter sich und trifft schließlich auf den **Schildkröten-Felsen,** der seinen Namen seiner Form verdankt. Unmittelbar daneben befindet sich ein etwas skurril wirkender **Saurierpark** aus Stahl und Zement.

Das **Touristencamp,** das aus einer Reihe von für Ausländer hergerichteten Jurten und einem Versorgungsgebäude besteht, bildet das Ende der Straße. Weiter nach Norden in den Chentij hinein gelangt man nur noch zu Fuß, zu Pferde oder mit einem guten Geländewagen und ortskundigem Fahrer. Wer auf der Anfahrt nach Tereldsh die Teerstraße meiden und eine Geländetour unternehmen möchte, kann der Tula über Gatschuurt, einem Vorort von UB, auf ihrem Nordufer folgen und erst an der Holzbrücke auf die Straße stoßen.

313mo Foto: st

Die Stele an der Grabstätte des Tonjukuk trägt alttürkische Inschriften

Gundshijn sum

(Гүнжийн сүм)

Buddhistisches Kloster in malerischer Lage am Baruun-bajan-gol, einem Nebenfluss der Tula, 30 km nordöstlich vom Camp Tereldsh entfernt, das nur mit Geländewagen erreichbar ist. Das Kloster wurde aus Anlass der Hochzeit des *Efu Dondowdordsh,* Enkel des *Tuscheet-Khan* der Chalch Tschachundordsh, mit der 6. Prinzessin des mandshurischen Qing-Kaiers *Kangxi* errichtet.

Stele des Tonjukuk

(Тонъюкукийн хөшөө)

Sie befindet sich 16 km südöstlich von Nalajch, Vorort von Ulan Bator, und wurde 744 zu Ehren dieses weisen alttürkischen Ministers errichtet.

Heilquelle Dshantschiwlan

(Жанчивлангийн рашаан)

Ca. 85 km südöstlich von Ulan Bator auf 1600 m gelegenes **Sanatorium,** in dem vor allem chronische Magen- und Darmleiden sowie Leber- und Gallenerkrankungen behandelt werden. 15 km südöstlich von der Quelle erhebt sich der **Nagalchaan uul** (1970 m). Er bildet den südlichsten lärchenbewaldeten Ausläufer des Chentij. Seit 1957 stehen 30 km² um den Berg herum unter **Naturschutz.**

Tuul gol, Tula

(Туул гол)

Mit 819 km ist er einer der längsten **Flüsse** der Mongolei. Er entspringt dem Chentij ca. 20 km nördlich vom Mungunmorit-Sum und ergießt sich bei Orchontuul (Bulgan) in den Orchon. Der Fluss, an dem auch Ulan Bator liegt, ist reich an Stören, Lachsen, Weißfischen, Welsen, Aalen, Äschen, Hechten und Forellen. In seinen Auen trifft man u.a. auf Störche, Löffelreiher und Wildenten.

Tawangijn els

(Тавангийн элс)

Sanddüne, die sich von Ulan Bator aus auf kurzem und einfachem Wege erreichen lässt. Der Weg führt zunächst 102 km auf der Teerstraße nach Westen und dann an der Abzweigung Awdrant (Wegweiser ist ein großer, beschrifteter Stein am südlichen Straßenrand!) ca. 30 km nach Süden. Die Düne ist bereits von der Teerstraße aus zu sehen.

Chustajn nuruu

(Хустайн нуруу)

Bis 1842 m hoher **Bergrücken** im Altanbulag-Sum, der von der Straße nach Arwajcheer aus nach 90 km Fahrt aus Ulan Bator heraus sichtbar wird. Ungewöhnlich für den Breitengrad seiner Lage ist sein **Birkenbewuchs.** Südlich des Gebirgszuges befindet sich auf dem nördlichen Ufer der Tula ein 900 km² großes **Naturschutzgebiet,** in dem seit 1992 ein holländisches Projekt zur **Wiederansiedlung von Przewalskipferden** (Taхи) erfolgreich läuft.

Duutyn bitschigt chad

(Дуутын бичигт хад)

Felsen im Delgerchaan-Sum, in den *Zogt-Tajdsh,* einer der Nationalhelden der Mongolei, 1626 ein über 30 Zeilen umfassendes **Gedicht** einmeißeln ließ. Seinen Namen „der klingende beschriebene Felsen" verdankt er der Tatsache, dass er bei einem Schlag auf das Gestein wie ein gusseiserner Kessel klingt. Die Schrift ist noch sehr gut zu erkennen.

Archangaj-Aimak

(Архангай аймаг)

- 55.300 km² Fläche
- 98.300 Ew.
- 1,84 Mio Stück Vieh, davon 216.700 Pferde, 277.300 Rinder und 831.600 Schafe
- Zentrum: **Zezerleg chot** (Цэцэрлэг хот) in 1691 m Höhe
- 463 km bis Ulan Bator
- Mehrere Berge über 3000 m
- Jahresdurchschittstemperatur in Zezerleg: +0,1 °C, im Januar: –15,6 °C, im Juli: +14,7 °C
- Mit 344 mm Niederschlag ist Zezerleg die Aimakhauptstadt mit der größten jährlichen Niederschlagsmenge
- Luftdruckmittel im Juli: 827 mm

Wichtige Sehenswürdigkeiten

Ugij-nuur

(Өгий нуур)

See im gleichnamigen Sum, 1387 m, 25 km², **fischreich,** u.a. Hechte, Welse, Barscharten. Jährlich werden 50 bis 80 t Fisch gefangen. **Reiche Vogelwelt.** Das am Nordufer stehende Fischerhaus ist Baujahr 1938.

Ruine des Klosters Tschilijn chijd

(Чилийн хийдийн балагс)

Die Reste des einst aus Stein erbauten **Klosters** liegen in der Orchonsenke westlich des Ugij-nuur.

Bulgan uul

(Булган уул)

Gebirgszug, der die Stadt Zezerleg von Norden umschließt. Das imposante, stark zerklüftete, wild- und vogelreiche, 18 km² große Gebirge steht seit 1985 unter **Naturschutz.** Die nördlichen, östlichen und westlichen Täler sind überwiegend mit **Lärchen** bewaldet. Die höchste Erhebung ist 1980 m. Man durchfährt das Gebirge, wenn man Zezerleg auf den Weg in die Westaimaks verlässt und über den serpentinenreichen Zagaan-Dawaa-Pass fährt. Im Arzatyn am (Арцатын ам), einem Tal nördlich des Passes, befinden sich **Hirschsteinskulpturen** und **Felsmalereien.**

Tajchar tschuluu

(Тайхар чулуу)

Grobkörniger, ca. 10 m hoher, mit mineralfarbigen **Felszeichnungen** versehener Granitfelsen am Ufer des Tamir, auf dem Weg von Zezerleg in den Ich-Tamir-Sum.

Auf dem Territorium dieses Sums befinden sich ferner bronzezeitliche **Hirschsteine** mit Pferdemotiven, die auf quadratischen Gräbern stehen.

Tamir gol

(Тамир гол)

280 km langer, im Angarchaj-Gebirge entspringender und sich in nordöstlicher Richtung in den Orchon er-

Hirschsteine

Die Hirschsteine genannten Steinstehlen verdanken den Namen ihrer **Gravur,** die zumeist Hirschmotive zeigt. Die Hirsche sind mit überlangem Hals, hohem Widerrist, ausladenden Lenden, kurzen Schwänzen und langen, dünnen Beinen dargestellt. Das Maul kann die Form eines Vogelschnabels haben, das Geweih ist übertrieben groß und vielfach verästelt und scheint auf dem Rücken aufzuliegen. Anstelle von Hirschen finden sich bisweilen auch Abbildungen von Pferden, Antilopen, Steinböcken, Vögeln, Schweinen oder Leoparden. Im oberen Teil der Steine befinden sich Darstellungen von Sonne und Mond.

Hirschsteine wurden in der **ausklingenden Bronzezeit** und **frühen Eisenzeit** angefertigt. Insgesamt gibt es in der Mongolei über 500 solcher Steine. Ähnliche Stehlen kommen auch in der Republik Tuwa, im Gebiet um den Baikalsee, in Kasachstan und im russischen Altai vor. Hirschsteine können einzeln oder in Gruppen in der freien Steppe oder am Fuße von Bergen stehen. Sie markieren den **Begräbnisplatz** einer hochrangigen Person, mitunter sind die Gräber selbst als quadratische Anlage erkennbar.

gießender **Gebirgsfluss.** Im Batzengel-Sum vereinigen sich der Nördliche und der Südliche Tamir zum Tamir. Das Einzugsgebiet des Tamir und seiner Quellflüsse wird mit 13.100 km² angegeben. Das Bett des Tamir erreicht stellenweise eine Breite von 70 m und eine Tiefe von bis zu 2 m. Im Winter friert der Tamir bis auf den Grund zu. Beliebt ist unter den Einheimischen eine mongolische Art des Eisstockschießens.

Chanuj gol

(Хануй гол)

421 km langer, im Changaj entspringender, sich in nordöstlicher Richtung in die Selenge ergießender **Fluss.**

Tschuluut gol

(Чулуут гол)

Am Egijn-dawaa-Pass des Changaj entspringender, 415 km langer **Fluss,** der sich mit dem Ider und dem Delger zur Selenge vereint. Der reizvollste Abschnitt beginnt am Zufluss des Teelijn gol und reicht bis 50 km fluss- abwärts in nördliche Richtung. Bis zu 50 m tief schneidet sich der Fluss durch Lavamassen, die aus dem Chorgo-Vulkan und seinen Nebenkratern stammen.

Chorgo-Vulkangebiet

(Хорго)

12 km nördlich des Zentrums des Tariat-Sum gelegener, vor ca. 8000 Jahren erloschener **Vulkan** mit Nebenkratern. Unmittelbar westlich davon liegt der Terchijn Tzsagaan nuur (siehe unten), ein See, der entstand, als die Lava den Fluss am Fuße des Vulkans abriegelte. Das gesamte Gebiet, einschließlich des Sees (zusammen 28 km²), steht seit 1965 unter **Naturschutz.**

Die Lavaoberfläche ist noch gut erkennbar, an einigen Stellen am Südhang erreichen erkaltete **Lavablasen** Höhen bis zu 1,70 m. Die Einheimischen nennen sie „Steinerne Jurten". Der höchste Krater ist 2240 m hoch, am Mund 200 m breit und über 100 m tief. Auf der Nordseite des Vulkans und am Kraterrand dominieren Lärchen, vielfach findet man auch Zirbel-

318mo Foto: st

Zezerleg hat Charme

Die Schlucht des Tschuluut-gol

315mo Foto: st

kiefern und andere Nadelgehölze. Das Gebiet soll reich an **Halbedel- und Edelsteinen** sein. Das Massiv bildet die Heimat für große Bestände an Hirschen, Wildschweinen, Rehen und Wildschafen. Am See nisten viele Wasservögel, darunter Mandarinenten und Kormorane.

Terchijn Tzagaan nuur

(Тэрхийн цагаан нуур)

Im Zusammenhang mit Ausbrüchen des Chorgo-Vulkans entstand dieser See in 2060 m Höhe: Länge 16 km, Breite 4–10 km, Tiefe über 20 m. Er ist reich an Hechten, Lachsen und Forellen. Den See verlässt der Suman gol, ein sich nach ca. 50 km in den Tschuluut gol ergießender, durch ca. 20 m tiefe Einschnitte in den Basalt dahinschießender Fluss. Da der Fluss dem See entspringt, ist das Wasser auch in der regenreichen Sommerzeit, in der andere Flüsse mehr oder weniger durch Schlamm verunreinigt sind, so klar, dass man erfolgreich Forellen und Lachse angeln kann.

Tschojdogijn-Borgio-Wasserfall

(Чойдогийн боргио)

Er liegt unweit unterhalb der Mündung des Suman gol in den Tschuluut gol und ist nur 2 m hoch. Interessant ist die Stelle besonders im Frühjahr, wenn die Lachse auf dem Weg zu ihren Laichplätzen sich vor dem Hindernis sammeln und versuchen, es „mit Anlauf" zu überspringen.

Bajanchongor-Aimak
(Баянхонгор аймаг)

- 116.000 km²
- 85.700 Ew.
- Fast 1,58 Mio Stück Vieh, davon 556.500 Schafe. Mit 802.700 Tieren hat der Aimak einen besonders hohen Ziegenbestand.
- Zentrum: **Bajanchongor chot** (Баянхонгор хот) am Ufer des Tujn gol in 1859 m Höhe
- 630 km bis Ulan Bator
- Der Aimak, der sich im Norden bis in die höchsten Lagen des Changaj und im Süden durch die Gobi bis an die chinesische Grenze erstreckt, zeichnet sich durch einen reichhaltigen Wechsel der Landschaftsformen auf relativ kurzer Entfernung aus.
- Die Jahresdurchschittstemperatur in Bajanchongor chot: −0,7 °C, im Januar: −18,4 °C, im Juli: +15,0 °C
- Jahresniederschlag: 216 mm
- Luftdruckmittel im Juli: 810 mm
- Ackerbau ist kaum entwickelt.

Wichtige Sehenswürdigkeiten

Heilbad Schargaldshuut
(Шаргалжуутын рашаан)

Erholungskomplex, 58 km nordöstlich von Bajanchongor chot im Schine Dshinst Sum, der sich auf **über 100** chemisch verschieden zusammengesetzten, kalten und bis zu 90 °C heißen **Quellen** gründet, die aus einem Gebirgsmassiv zu Tal drängen. Das Bad liegt auf 1492 m Höhe und ist das gesamte Jahr über, besonders aber im Winter, von Dampfschwaden eingehüllt, die verschiedene, vor allem aber schweflige Gerüche verbreiten. Behandelt werden hier Rheumatismus, Hautallergien sowie Erkrankungen der Gelenke, der Verdauungsorgane und des Uterus. In nordwestlicher Richtung vom Sanatorium verläuft die südliche Grenze des Dauerfrostbodens.

Voranmeldungen zum Aufenthalt im Sanatorium: Post-Vermittlung des Schine Dshinst Sum beim Direktor, Herrn *E. Suchbat,* Tel. 2062 oder 2020.

Tujn gol
(Түйн гол)

243 langer, im Changaj entspringender **Fluss,** der das Aimakzentrum streift und sich in den Orog-nuur ergießt. An der Mündung des Schargaldshuut-Flusses in den Tujn gol befindet sich die **Ruine eines steinernen buddhistischen Klosters** aus dem 1. Jahrhundert.

Orog-nuur
(Орог нуур)

15 km nördlich vom Bogd-Sum liegt in 1198 m Höhe am Rande einer Sanddüne dieser abflusslose, 140 km² große und bis zu 5 m tiefer **Salzsee.** Der fischreiche See bildet ein Paradies für selten gewordenen **Vogelarten.** Anzutreffen sind u.a. Krauskopfpelikane, Höckerschwäne, Schwanengänse, Streifengänse und Brachvogelarten. Der See wird hauptsächlich vom aus dem Changaj kommenden Tujn gol gespeist, das Einzugsgebiet des Sees erreicht eine Gesamtfläche von 10.500 km². Die Wasserfläche kann in trockenen Jahren erheblich zurückge-

hen. Der See friert Ende Oktober/Anfang November zu und wird erst im April wieder eisfrei. Das Eis kann eine Mächtigkeit von 2 m und mehr erreichen. In den umliegenden **Sanddünen** wachsen zahlreiche Heilpflanzen, darunter viel Süßholz. Von Ulan Bator bis zum See sind es 690 km. Die Zufahrt ist relativ einfach über den Bajanchongor-Aimak und den Bogd-Sum möglich.

Cholboolsdh nuur

(Холбоолж нуур)

20 km südöstlich vom Dshinst-Sum gelegener roter Salzsee mit reicher Vogelwelt und Fundstätten ausgestorbener Tierarten.

Ich-Bogd-Uul

(Их Богд уул)

Der mit 3957 m höchste **Berg** des Aimaks befindet sich ca. 55 km Luftlinie vom Bogd-Sum entfernt. Im Jahre 1957 kam es hier zu einem Erdbeben der Stärke 11. Die **große Kluft** (Газрын хагархай) entstand im Ergebnis des Erdbebens von 1957 und zieht sich fast liniear über 270 km von der Südseite des Orog-nuur in westlicher Richtung bis an den Fuß des Bajan-Tzagaan-uul. Man tangiert sie z.B. ca. 45 km nordöstlich vom Bajanzagaan-Sum auf dem Weg zum Böön-Tzagaan-nuur.

Argalant-uul

(Аргалант уул)

In diesem Bergmassiv gibt es noch viele **Wildschafe und Steinböcke.** Man findet es ca. 75 km westlich vom Baatzagaan-Sum und westlich vom Böön-Tzagaan-nuur.

Böön-Tzagaan-nuur

(Бөөн цагаан нуур)

Der **See** liegt in 1336 m Höhe und ist mit 240 km² Fläche der größte der 5 Gobi-Seen. Er ist fischreich und bildet ebenso ein Paradies für seltene **Vogelarten.**

Bajdrag gol

(Байдраг гол)

Der aus dem Changaj kommende, sich 310 km in südlicher Richtung bewegende **Fluss** mündet in den Böön-Tzagaan-nuur.

Oase von Dsuun-Mod

(Зуун модны баян бүрд)

Südlich des Zentrums des Schindshist-Sum erstreckt sich über mehr als 100 km eine für den Süd-Altai typische, flach abgestufte **Gobilandschaft** mit zahlreichen Quellen und Brunnen und abwechslungsreicher Vegetation. Nach zwei Stunden Fahrt durch Wüstengebiet stößt man auf eine Landschaft, die mit ihrem Bestand an Pappeln und Ulmen und einem kleinen See an den Changaj erinnert. In den Ebenen grasen große Herden von **Kropfgazellen.** Der freie Blick wird durch Luftspiegelungen erschwert. Im südlichen Teil des Gebiets trifft man auf **Fundstätten aus der frühen Eisenzeit.** Die geographischen Bezeichnungen der Gegend deuten mit dem Wort *„Tumur"* für Eisen vielfach auf das Vorkommen und die Nutzung dieses Erzes hin.

Nogoon zaw

(Ногоон цав)

Etwa 130 km südlich des Schindshist-Sum, aber nördlich des Schilijn nuruu zieht sich über etwa 8–10 km Länge eine Abbruchkante, die aus ca. 20 m hohen, grünlichen, rötlichen und gelblichen Schichten besteht. Hier wurden versteinerte Überreste kreidezeitlicher **Dinosaurier und Riesenschildkröten** geborgen.

Von den Höhen des Schilijn nuruu ist 90 km in südlicher Richtung der blau schimmernde, deutlich aus der Landschaft aufragende Zagaan-Bogd-Uul (2095 m) zu erkennen. Von dort sind es bis zur chinesischen Grenze nur noch 30 km.

Oase von Echijn gol

(Эхийн голын баян бүрд)

Echijn gol ist kein Fluss, wie es der Name vermuten lässt, sondern eine **kleine Siedlung** ca. 160 km südlich vom Schindshist-Sum. Auf einer Fläche von 17 mal 5 km werden **zahlreiche Quellen,** darunter drei mächtige, aus dem Grundwasser gespeist.

Das Wasser ließ einen schier urwaldähnlich undurchdringlichen Wald aus Saksaul, Pappeln und Tamarisken entstehen. Die Gräser wachsen hier kniehoch. Die Oase bildet so einen eigentümlichen Kontrast zu den umliegenden nackten Felsformationen. Im Sommer wurden hier bereits +42,2 °C gemessen. Damit zählt das Gebiet zu den heißesten und mit nur 13,4 mm Niederschlag im Jahr zugleich auch zu den trockensten Gegenden der gesamten Mongolei.

Galuutyn chawzal

(Галуутын хавцал)

Diese Felsspalte befindet sich ca. 20 km südlich vom Galuut-Sum am Olgoj-nuur. Auf 2 km Länge durchschießt ein dem See nach Norden entspringender Fluss in 100 bis 150 m Tiefe die nur 1 bis 10 m breite **Schlucht,** deren Wände fast senkrecht abfallen. Auf kleinen Felsvorsprüngen nisten im Frühsommer Entenpärchen inmitten der tobenden Wassergewalten. Ihre Gelege erscheinen von oben nur noch so groß wie Reiskörnchen.

Bajan-Ulgij-Aimak
(Баян-Өлгий аймаг)

- 45.700 km² Fläche, dominiert vom Altai-Gebirge
- 96.900 Ew. überwiegend Kasachen
- 1,36 Mio Stück Vieh, davon 592.400 Schafe und 546.900 Ziegen
- Zentrum: **Ulgij chot** (Өлгий хот) in 1710 m Höhe
- 1640 km bis Ulan Bator
- Jahresdurchschnittstemperatur in Ulgij chot: –0,2 °C, im Januar: –17,8 °C, im Juli: +14,5 C
- Jahresniederschlag: 107 mm
- Luftdruckmittel im Juli: 824 mm
- Kaum Ackerbau. In den Tälern des Chowd-gol ist Gemüseanbau verbreitet.

Wichtige Sehenswürdigkeiten

Mongolischer Altai

(Монгол Алтай)

Sich über 900 km von der äußersten Westgrenze der Mongolei nach Süd-

Der mongolische Schneeleopard

Bis 1963 gehörte der Schneeleopard (lat.: *Panthera uncia,* mong.: *Irwes)* in der Mongolei noch zu den frei jagbaren Tieren. Ein gutes Fell erreichte damals kaum einen Preis von 50 Tugrik. Dafür bekam man seinerzeit zwei oder drei Flaschen Wodka. Heute ist der Bestand nicht nur in der Mongolei, sondern **weltweit gefährdet.** Die Felle erreichen auf dem Schwarzmarkt Preise bis zu 10.000 US$. Dies hat sich leider auch unter den Gobibewohnern herumgesprochen, die Schneeleoparden töten, um die Felle Touristen zu einem weit niedrigeren Preis anzubieten. Hinzu kommt, dass Schneeleopardenfleisch in der traditionellen asiatischen Heilkunst für die Behandlung vieler Krankheiten geschätzt wird, verbindet man mit dem Lepoarden doch Kraft, Ausdauer und Gewandheit. Dies gefährdet den Bestand zusätzlich. Nach aktuellen Schätzungen beläuft sich der Bestand in der Mongolei noch auf 1000 bis 1200 Tiere. Eine Zucht von mongolischen Schneeleoparden in Gefangenschaft ist bisher nicht gelungen.

Schneeleoparden halten sich überwiegend in großen, zusammenhängenden Bergmassiven auf und sind nachtaktiv. Jäger berichten, dass sie sehr misstrauisch, dazu aber stolz und furchtlos sind. Sie fressen kein Aas, sondern erlegen immer frisches Fleisch. Ihre Jagdopfer sind Steinböcke und Wildschafe sowie Murmeltiere, Hasen, andere Kleinsäuger und Vögel. Sie machen aber auch nicht halt vor versprengten domestizierten Schafen oder Ziegen. Vielfach spezialisieren sich die Schneeleoparden auf eine bestimmte Tierart, die sie bevorzugt reißen. Wenn sie ihre Opfer verspeisen, sollen Schneeleoparden sich am frischen Blut regelrecht berauschen und dann kaum noch darauf achten, was um sie herum geschieht. An Felsen und Steinen setzen sie mit ihrem Urin Duftmarken, die offenbar für die Paarung wichtig sind.

Mongolische Schneeleoparden haben ein auffällig gelbes Fell mit deutlich konturierter Zeichnung. Das Körpergewicht erreicht ca. 40 kg. Der größte jemals in der Mongolei erlegte Schneeleopard soll von der Schnauze bis zur Schwanzspitze 2,40 m gemessen haben.

Die Tiere sind Einzelgänger und treffen sich nur zur Paarungszeit. Die Weibchen werfen selten mehr als vier Junge. Nach einem Jahr verlassen sie die Mutter und gehen ihrer eigenen Wege. Das Revier eines Schneeleoparden erreicht eine Ausdehnung von 50 bis 75 km². Allerdings kommt es auch vor, dass sich Schneeleoparden auf die „Wanderschaft" machten und neue Reviere erschließen.

osten erstreckendes **Gebirge,** das im Gobi-Altai-Aimak in den Gobi-Altai übergeht. Seine sich in Russland fortsetzenden Ausläufer heißen Russischer Altai. Der **höchste Gipfel der Mongolei** überhaupt ist mit 4374 m der **Chujten uul** (Хүйтэн уул) unmittelbar am Dreiländerdreieck zu China und Russland. Der Mongolische Altai verfügt neben ihm noch über sechs weitere mit ewigem Eis bedeckte Gipfel von über 4000 m.

Im äußersten Westen des Mongolischen Altai wurde 1995 ein 5900 km² großes Gebiet unter **Naturschutz** gestellt, das u.a. die Berge Uwtschuu und Jolt sowie die Gebirgsketten Choton, Chorgon und Dajan nuruu einschließt. Teile des Massivs sind lärchenbestanden. Ein gutes, noch relativ problemlos erreichbares Beispiel für einen Lärchenwald befindet sich westlich des Zentrums des Tsengel-Somos im Tal des Chowd gol.

Tzagaan gol

(Цагаан гол)

Kleiner **Gletscherfluss,** der von Westen kommend, 9 km nördlich vom Zentrum des Tsengel-Sum in den Chowd gol fließt. Bemerkenswert ist, dass sich bis zu 500 m nach dem Zusammenfluss beider Flüsse das Wasser des Tzagaan gol deutlich weiß vom bläulichen des Chowd gol abhebt.

Tolbo nuur

(Толбо нуур)

185 km² großer, ca. 10 m tiefer **Salzsee** auf 2080 m Höhe im gleichnamigen Sum an der Verbindungsstraße zwischen Chowd chot und Ulgij chot.

Chuch Serchijn nuruu

(Хөх Сэрхийн нуруу)

659 km² umfassendes **Naturschutzgebiet,** das aus dem Gebirgsmassiv besteht, das westlich von Chowd chot als nördlicher Ausläufer des mongolischen Altai die natürliche Grenze zum Bajan-Ulgij-Aimak bildet. Es besteht bereits seit 1977. Anlass für die Deklarierung zum Schutzgebiet war der überaus reiche Bestand an Steinböcken und Argali-Schafen, Mardern, Schneeleoparden, Luchsen und zahlreichen Raubvogelarten.

Teilruine eines Verteidigungswalles aus der Zeit der Kitan (10.Jh.)

Bulgan-Aimak
(Булган аймаг)

- 48.800 km² Fläche
- Hüglige Steppen- und Waldsteppenlandschaft, unterbrochen von den Auen der Selenge und des Orchon sowie zahllosen weiteren Wasserläufen und Seen
- 63.300 Ew.
- Über 1,6 Mio Stück Vieh, davon 745.600 Schafe und 160.000 Rinder
- Zentrum: **Bulgan chot** (Булган хот) (1208 m)
- 320 km bis Ulan Bator
- Jahresdurchschnittstemperatur in Bulgan chot: −1,6 °C, im Januar: −21,3 °C, im Juli: +16,3 °C
- Jahresniederschlag: 344,2 mm, damit eines der niederschlagsreichsten Gebiete
- Luftdruckmittel im Juli: 880 mm
- Der Ackerbau ist recht stark entwickelt. Der Aimak verfügt über die größten Wasserkraftreserven der Mongolei. Geplant ist der Bau eines großen Kraftwerks am Egijn gol, einem nördlichen Nebenfluss der Selenge.

Bergbaustadt Erdenet

Auf dem Aimakterritorium liegt Erdenet, die **drittgrößte Stadt** der Mongolei (65.700 Ew.). Im Mai 1994 wurden ihr zwei umliegende Sum angegliedert und das Gebiet in **Orchon-Aimak** umbenannt. Damit vergrößerte sich das Territorium auf 80.000 ha, die Einwohnerzahl allerdings nur auf 76.500. Bis Ulan Bator sind es 371 km, bis Bulgan chot 68 km. Die Stadt lebt vom Abbau und der Aufbereitung von **kupfer- und molybdänhaltigem Erz,** das seit 1978 über die Eisenbahn überwiegend nach Russland exportiert wird. Der Erzexport ist die mit Abstand **größte Deviseneinnahmequelle der Mongolei.** 1995 wurde ein Umsatz von 545,2 Mio US$ erwirtschaftet, das waren ca. 70 % des gesamten Außenhandelsumsatzes und 58 % des Exporterlöses der Mongolei. Die Steuereinnahmen und die Gewinnausschüttung der im Staatsbesitz befindlichen Mine machten 60 % der direkten Staatsausgaben aus. In den Folgejahren gingen die Erlöse trotz stetig steigender Produktionszahlen aufgrund des sinkenden Weltmartpreises für Kupfer, aber auch verschuldet durch **Missmanagement** deutlich zurück. 1998/1999 wurde sogar die **Schließung des Werkes** in Erwägung gezogen, aus eher politischen Gründen dann aber verworfen, weil dies eine Reihe weiterer Branchen wie die Eisenbahn, die Energieerzeugung und den staatseigenen Mineralölkonzern ins Trudeln gebracht hätte. Im Sommer 2000 war die Verlustphase noch nicht abgeschlossen, die Talsohle aber durchschritten. In jüngster Zeit arbeitet das Werk dank interner Kostensenkungsmaßnahmen und neuerlich gestiegener Preise wieder profitabel. Bei einem jährlichen Abbau von 15 Mio t Erz reichen die Reserven noch 80–100 Jahre.

Wichtige Sehenswürdigkeiten

Charbuchany balgas

(Харбухын балгас)

Die auch **Chun-tajdshijn-balgas** genannte **Klosterruine** steht östlich der Brücke über den Charbuchan-Fluss, westlich von Daschintschilen. Im 10 Jh. befand sich hier ein Kitan-Siedlung. Im 17. Jh. errichteten Mongolen aus Basaltblöcken und Schiefergestein ein Kloster, von dem heute nur noch einige Wände und eine Stupa erhalten sind.

Tschin-tolgojn-cherem

(Чин толгойн хэрэм)

Der **Verteidigungswall einer Kitanstadt** befindet sich ca. 20 km nordöstlich von obiger Ruine. Im 17. Jh. nutzte *Zogt-Tajdsh,* ein bedeutender mongolischer Adliger seiner Zeit, die Anlage als Lager für seine Armee. Gut erhalten sind die deutlich aus dem Erdreich aufragenden Fundamente der Wachtürme.

328mo Foto: st

Zogt-tajdshijn-tzagaan-bajschin

(Цогт тайжийн цагаан байшин)

Die Reste eines weißen Palastes der *Madaj-Tajgal-chatan,* Mutter des *Zogt-Tajdsh,* stehen 20 km weiter in nordöstliche Richtung bis zur Tula-Aue.

Selenge murun

(Сэлэнгэ мөрөн)

Der **wasserreichste Fluss** der Mongolei beginnt im Chuwsgul-Aimak am Zusammenfluss des Ider, der dem Changaj entspringt und des Delgermurun, der aus den Bergen des Chuwsgul kommt. Die Selenge mündet in den Baikal-See. Sie ist im Sommer sehr hochwassergefährdet und äußerst fischreich. Schifffahrt ist von Russland aus bis in den Selenge-Sum des Bulgan-Aimaks möglich. Die Täler der Selenge bilden das wichtigste Ackerbaugebiet der Mongolei.

Vulkane Tulga, Togoo und Dshalawtsch

(Тулга, Тогоо, жалавч галт уул)

Die Krater der drei **erloschenen Vulkane** stehen eng beieinander 70 km nordwestlich von Bulgan chot an der Straße nach Chuwsgul. An ihren Nordhängen sind sie bewaldet.

Chudöö Aral: Hier erinnert eine Stele an die „Geheime Geschichte der Mongolei“

Chentij-Aimak

(Хэнтий аймаг)

- 482.000 km² Fläche
- 71.900 Ew.
- 1,36 Mio Stück Vieh, davon 648.000 Schafe und 377.700 Ziegen
- Zentrum: **Undurchaan chot** (Өндөрхаан хот) in 1027 m Höhe
- 331 km bis Ulan Bator
- Jahresdurchschnittstemperatur in Undurchaan chot: −0,9 °C, im Januar: −23,2 °C, im Juli: +18,8 °C
- Jahresniederschlag: 254 mm
- Luftdruckmittel im Juli: 890 mm
- Im nördl. Teil des Aimaks Ackerbau

329mo Foto: st

Wichtige Sehenswürdigkeiten

Cherlen gol

(Хэрлэн гол)

Der Cherlen gol ist ein 1090 km langer, dem Chentij entspringender und in den in China gelegenen Dalaj nuur mündender **Fluss.** In ihm leben Welse, Lachse, Forellen, Karpfen, Aale, Hechte und andere Fischarten.

Chudöö Aral

(Хөдөө арал)

Dieses etwa 20 x 30 km große, flache Steppengebiet liegt in ca. 1300 m Höhe nördlich vom Knie des Cherlen, südwestlich des Delgerchaan-Sum. Hier soll die „Geheime Geschichte der Mongolen" fertiggestellt worden sein. Daran erinnert ein 1990 am Awarga gol aufgestellter Gedenkstein.

Geburtsort Tschingis-Khans

(Чингис хааны орд)

Er soll nahe des Zentrums des Binder-Sum in südwestlicher Richtung an einem 1231 m hohen Berg liegen, der in der *„Geheimen Geschichte"* als **Deluun Boldog** bezeichnet wird.

Onon gol

(Онон гол)

296 km langer, dem Nord-Chentij entspringender, wasserreicher und in Sibirien in die Schilka mündender **Fluss.** Er wird bevölkert von Stören, Hechten, Forellen, Lachsen, Weißäschen, Kaulbarschen, Welsen, Karpfen, Aalen u.a.m. Die Flussaue gilt als besonders stark mit dem Leben *Tschingis-Khans* verbunden.

Gurwan nuuryn raschaan

(Гурван нуурын рашаан)

Kurort, der von drei dicht beieinander liegenden, von Kiefernwäldern gesäumten Seen gesäumt wird. Das Sanatorium behandelt Herz-Kreislauferkrankungen ebenso wie Hautkrankheiten und Probleme der Verdauungsorgane. Hier wurde 1962 das erste an *Tschingis-Khan* erinnernde Denkmal errichtet.

Chowd-Aimak

(Ховд аймаг)

- 76.100 km² Fläche
- Dominierende Landschaftsformen sind der mongolische Altai und Wüstengebiete, durchsetzt von zahlreichen Wasserläufen sowie Salz- und Süßwasserseen
- 88.700 Ew.
- 1,51 Mio Stück Vieh, davon 629.700 Schafe und 689.100 Ziegen
- Zentrum: **Chowd chot** (Ховд хот) (1405 m). Die Stadt hatte bereits im Mittelalter große regionale Bedeutung. In der Zeit der mandschurischen Ching-Dynastie war Chowd chot eine große chinesische Garnisonsstadt und Sitz eines mandschurischen Statthalters.
- 1425 km bis Ulan Bator.
- Jahresdurchschnittstemperatur in Chowd chot: +0,3 °C, im Januar: –25,4 °C, im Juli: +18,9 °C
- Jahresniederschlag: 119 mm
- Luftdruckmittel im Juli: 860 mm
- Gemüseanbau ist verbreitet

Wichtige Sehenswürdigkeiten

Chowd gol

(Ховд гол)

516 km langer **Fluss,** der seine Quelle in den Gletscherwassern des Tawan bogd uul im äußersten Westen der Mongolei im Bajan-Ulgij-Aimak hat. Auf seinem Weg nach Osten nimmt er zahlreiche weitere wasserreiche Gebirgsflüsse des mongolischen Altais in sich auf und mündet schließlich in den Char us nuur. Die Ufer des Chowd gol sind – insbesondere im Grenzbereich zwischen dem Bajan-Ulgij- und dem Chowd-Aimak – stark mit Dickicht und Strauchwerk bewachsen, darunter auch mit Sanddorn. In einem Nebenfluss des Chowd gol, dem Bujant gol, der an der Aimakhauptstadt vorbeifließt, wurden Anstrengungen unternommen, im Oberlauf Biber anzusiedeln. In beiden Flüssen sind auch Bisamratten zu Hause.

Char us nuur

(Хар ус нуур)

Die Ufer des **drittgrößten Sees** der Mongolei (1852 km^2) sind schilfbewachsen, der See selber sehr **fischreich.** Anzutreffen sind u.a. Gelbfisch und Kaulbarsch.

Am Tschono charajch gol, der den Char us nuur mit dem westlich von ihm gelegenen Char nuur (575 km^2) verbindet, wird die Errichtung eines Wasserkraftwerkes erwogen, das die drei Westaimaks versorgen soll.

Porträt einer jungen Nomadin

Zambagaraw uul

(Цамбагарав уул)

Der mit 4165 m **vierthöchste Berg** des mongolischen Altai und der Mongolei liegt an der Grenze zwischen dem Bajan-Ulgij und dem Chowd-Aimak. 1991 sollen hier, so berichten mongolische Zeitungen, Yetis gesehen worden sein. Im Gebiet des Berges lebt die **Minderheit der Ööld.**

Manchany tal

(Манханы тал)

Auf der Linie der Zentren der Sum Darwi, Dsereg und Manchan erstreckt sich diese **Senke.** Im Zentrum befinden sich ausgedehnte **Salzpfannen.** In dem 3168 km^2 großen Gebiet, das seit 1993 unter Schutz steht, kommen die sonst selten gewordenen **Saiga-Antilopen** vor.

Zencherijn aguj

(Цэнхэрийн агуй)

Ca. 20 m hohe, geräumige **Felsenhöhle** 25 km westlich des Zentrums des Manchan-Sum, auf dem Nordufer des Chojd Zenchrijn gol. Der Eingang liegt hoch über dem Fluss in nordwestlicher Richtung und ist nicht einfach zu erklimmen. Im Innern befinden sich zahlreiche **steinzeitliche Zeichnungen** von Steinböcken, Straußen und Vögeln. In der Nähe der Höhle befinden sich **Hunnengräber.**

Munk Chajrchan uul

(Мөнх Хайрхан уул)

Zweithöchster Berg (4204 m) der Mongolei im Süden des gleichnamigen Sum. Die Gipfel des Massivs sind

mit **Gletschern** bedeckt, die insgesamt eine Fläche von mehr als 200 km² ausmachen.

Ulaan dawaa

(Улаан даваа)

Aus zwei Stufen (2845 und 2945 m) bestehender Pass, über den das Munk-Chajrchan-Massiv östlich umfahren werden kann. Er ist der **höchste Pass** des Landes. In südliche Richtung fahrend, erreicht man den Uentsch-Sum und damit den Südrand des mongolischen Altais.

Charuul Owoo

(Харуул овоо)

Ca. 25 m hoher **Owoo** in 1941 m Höhe, den man auf dem Weg von Uentsch in den Bulgan-Sum passiert. Das Monument wurde von den hier ansässigen Torguten auf einem ca. 100 m hohen Felsen aus flachen Steinen, Lehm und Balken errichtet. Entlang des Bulgan gol befinden sich weitere 12 Owoos dieser Art.

Bulgan gol

(Булган гол)

Dem mongolischen Altai im nördlichen Teil des Munk-Charchan-Massivs entspringt dieser ca. 250 km lange **Fluss.** Zunächst aus den Bajan-Ulgij-Aimak kommend, bewegt er sich in südliche Richtung über den Bulgan-Sum dieses Aimaks in den Bulgan-Sum des Chowd-Aimaks, wo er sich nach Westen wendend in viele Nebenflüsse verästelt und dann die Grenze nach China überschreitet. Teile des Flusslaufes zwischen der Grenze und dem Sumzentrum wurden 1965 zum **Biberschutzgebiet** erklärt. Hier leben auch Kropfantilopen, Steinböcke und Wildschafe, im Uferdickicht nisten u.a. Störche, Pelikane und Kormorane.

Uentsch gol

(Уенч гол)

Im südlichen Teil des Munk-Chairchan-Massivs entspringt dieser ca. 180 km lange, sich nach Süden wendende **Fluss,** der in der Baruun chuuraj chonchor, der „westlichen Trockensenke" in **Salzpfannen** versickert.

Fast parallel zu ihm fließt in 20–50 km Abstand weiter östlich der **Bodontsch gol.** Auch er passiert im Oberlauf tiefe Schluchten und versickert in der Trockensenke.

Chuwsgul-Aimak

(Хөвсгөл аймаг)

- 7109.000 km² Fläche
- Überwiegend bergige Waldsteppenlandschaft, im Norden in die Tajga übergehend
- 120.900 Ew.
- 1,77 Mio Stück Vieh, davon 747.300 Schafe und 236.500 Rinder
- Zentrum: **Murun chot** (Мөрөн хот) in 1283 m Höhe
- 680 km bis Ulan Bator
- Jahresdurchschnittstemperatur in Murun chot: −1,8 °C, im Januar: −23,8 °C, im Juli: +16,9 °C
- Jahresniederschlag: 234 mm
- Zahlreiche fließende und stehende Gewässer
- Luftdruckmittel im Juli 870 mm
- Wenig Ackerbau.

Wichtige Sehenswürdigkeiten

Zusammenfluss von Ider, Delger und Bugsej

Ab dem Zusammenfluss etwa 40 km südöstlich vom Zentrum des Tosonzengel-Sum heißt dieser Wasserlauf Selenge murun und gilt als der wasserreichste Fluss der Mongolei.

Hirschstein von Chungee

(Хүнгээгийн буган хөшөө)

Auf diesem guterhaltenen Hirschstein sind acht Pferdekörper dargestellt. Er befindet sich im gleichnamigen Gebiet zwischen den Sumzentren von Schine-Ider und Galt.

Der Flughafen von Murun chot

Museum des größten Mongolen

Im Zentrum des Dshargalant-Sum erinnert eine **kleine Gedenkstätte** an den mit 2,64 cm größten Mongolen aller Zeiten.

Sangijn dalaj nuur

(Сангийн далай нуур)

166 km² großer, 32 km langer und bis zu 13 km breiter, 30 m tiefer, abflussloser **Salzsee** in 1888 m Höhe an der Grenze zwischen dem Chuwsgul- und dem Dsawchan-Aimak. Der See erreichte seine jetzige Größe im Ergebnis eines Erdbebens im Jahre 1905. Interessant ist, dass der See geographisch dem Einzugsgebiet des Nördlichen Eismeeres zuzuordnen ist, die in ihm vorkommenden Fischarten aber typisch für die Seen der abflusslosen zentralasiatischen Senke sind.

Schawar turuu

(Шавар түрүү)

Weitläufiger **Talkessel** südwestlich des Sangijn dalaj nuur, der den Oberlauf des Tesijn gol bildet und ein unberührtes, geschlossenes **Lärchenwaldgebiet** einschließt.

Uschiryn churchree

(Уширын хүрхрээ)

Etwa 4 m hoher, wasserreicher **Wasserfall des Beltes gol** in der Nähe des Zentrums des Bjandsurch-Sum.

Ulijn dawaa

(Өлийн даваа)

Wegen seiner bei Nässe und Schneefall schlechten Passierbarkeit berüchtigter **Pass** ca. 15 km vor dem

338mo Foto: st

Zentrum des Ulaan-uul-Sum, der allerdings die einzige Zufahrt zu den nördlich davon gelegenen Sum Retschinlchumbe und Zagaannuur und dem Gebiet der Zaatan, der Rentiernomaden bildet.

Choridol Saridag uul

(Хорьдол Сарьдаг уул)

Bis zu 3100 m hoher, aus schroff abfallenden Kreidefelsen bestehender **Gebirgszug** westlich des Chuwsgul Sees und östlich des Seen- und Sumpfgebietes zwischen den Zentren des Ulaan uul- und des Rentschinlchumbe-Sum. Das Gebirge ist **so gut wie unzugänglich,** so dass hier sibirische Elche, Rentiere, Steinböcke, Hirsche, Rehe, Wildschweine, Moschustiere, Fischottern, Schneeleoparden, Seeadler, Schwarzstörche und andere seltene Vogelarten ungestört leben. Dem Gebirge entspringt in nördliche Richtung der Arsajn gol, der sich an einer allerdings kaum erreichbaren Stelle über 70 m in die Tiefe gießt. Der Wasserfall ist der höchste der Mongolei.

Darchadyn chotgor

(Дархадын хотгор)

Sich über mehr als 100 km in nord-südlicher Richtung erstreckende **Senke** zwischen den Sumzentren Ulaan uul und Zagaannuur, die viele Seen, Flüsse, Bäche und Sumpfgebiete umfasst und im Sommer nur schwer befahrbar ist. Das Gebiet bildet **eine der Quellen des Jenissei,** des fünftgröß-

Rentiere

Rentiere kommen in der Mongolei in den Ausläufern der sibirischen Taiga **im äußersten Norden** vor, hauptsächlich im Gebiet nordöstlich des Chuwsgul-Sees.

Die mongolischen Bestände an wilden Rentieren sind staatlich geschützt. Die domestizierten Herden bilden die Lebensgrundlage des Stammes der Zaatan, der nordwestlich des Sees siedelt.

Die **Tiere** sind kleiner als Rothirsche. Beide Geschlechter tragen weit auslaufende, stark verästelte Geweihe, die mit einem flauschigen Überzug versehen sind. Im Sommer halten sich die Rentiere jenseits der Baumgrenze auf. Im Winter steigen sie bis an den oberen Rand der Birkenwälder herab. Im Sommer ernähren sie sich von mehrjährigen Pflanzen, Flechten und Moosen, im Winter von Flechten und Strauchwerk. Die weiblichen Tiere werfen zwischen Mai und Juni ihre Jungen. Zwillingsgeburten sind selten. Die Rentierkühe verlieren im Mai/Juni ihr Geweih, die männlichen Tiere erst im September/Oktober.

Die Rentierkühe geben in der Laktationsperiode 30–40 l **Milch** mit einem Fettgehalt von 17 %. Sie ist damit ca. viermal fetter als Kuhmilch. Die daraus hergestellten weißen Speisen sind von exzellentem Geschmack. Ein ausgewachsenes Tier ergibt im Herbst ca. 60 kg **Fleisch.** Das **Fell** wird als Stiefelleder und zur Winterbekleidung für Extremeinsätze geschätzt.

Rentiere werden auch als **Reittiere** genutzt, was jedoch etwas Geschick erfordert, da die Geweihe bis weit über die Schulter reichen können. Sie können Lasten bis zu 70 kg tragen. Die Sättel sind so konstruiert, dass der Reiter auch an steilen Hängen nicht ins Rutschen kommt.

ten russischen Flusses. Die Senke verlässt als einziger Fluss der wasserreiche Schischig gol, der nördlich vom Zentrum des Zagaan nuur-Sum den Dood nuur in strikt westliche Richtung verlässt und sich auf dem Weg zur russischen Grenze, ab der er als „Kleiner Jenissei" bezeichnet wird, durch Taigawälder und tiefe Schluchten windet.

Das gesamte Gebiet wird von den **Darchad,** Mitglieder eines mongolischen Stamms, und die sich nördlich und westlich anschließende Taiga von den **Zaatan,** einem sich selbst als Tuwiner vom Geschlecht der Sojon Urianchaj verstehenden, nur noch aus ca. 30 Familien bestehenden Stamm von Rentiernomaden, bewohnt. Ein Zugang zu ihnen ist jedoch nur per Hubschrauber, ca. 80 bis 100 km zu Pferd, auf dem Rücken von Rentieren oder im tiefen Winter mit schweren Geländefahrzeugen über die zugefrorenen Flüsse und Sümpfe möglich (siehe auch den Exkurs).

Chuwsgul nuur

(Хөвсгөл нуур)

Der mit 2620 km² **zweitgrößte See** der Mongolei liegt in 1624 m Höhe. Der See ist 134 km lang und bis zu 39 km breit. In ihm gibt es vier bewaldete Inseln, die größte ist ca. 9 km lang und 6 km² groß. In den See münden 46

Gemischte Wohnweisen: sibirische Blockhütten und mongolische Jurten

größere und kleinere Flüsse, verlassen wird er jedoch nur vom Egijn gol, einem mächtigen Nebenfluss der Selenge. Mit 262 m ist der See **der tiefste in Zentralasien.** Die in ihm gespeicherten Süßwasserreserven belaufen sich auf 317,5 Kubikkilometer. Das **Wasser** des Sees ist extrem **klar und fischreich.** Bei gutem Licht kann man bis zu 24 Meter in die Tiefe schauen. Insbesondere im Bereich der Flussmündungen lassen sich große Schwärme von Fischen beobachten. 1956/57 wurde vom Russen *M. M. Koshow* Laich des im Baikal-See vorkommenden Omul-Fisches *(Coregonus autumnalis)* eingesetzt. Der Fisch ist sehr schmackhaft und kann bis zu 2,6 kg schwer werden.

Der See ist umgeben von lärchenbewaldeten, an den Spitzen felsigen Bergen. Ein ehemaliges Geologencamp, 30 km nördlich von Chatgal auf dem Westufer des Sees, dient heute als **Erholungsheim „Tschanchaj"** (Чанхай). Die hier geplante Förderung von Phosphorit wurde aus Umweltschutzgründen eingestellt. Schiffsverkehr auf dem See gibt es seit 1913, inzwischen findet jedoch nur noch selten ein Transport statt.

Der See beginnt im November zuzufrieren. Das Eis erreicht eine Stärke von 1 m bis 1,50 m. In den Wintermonaten verkehren über den See Lastwagenkolonnen, die Handelsgüter, darunter viel Treibstoff, aus dem angrenzenden Tuwa transportieren.

Freunde ...

Dornod-Aimak
(Дорнод аймаг)

- 123.600 km² Fläche
- 74.500 Ew.
- 794.100 Stück Vieh, davon 425.700 Schafe und 100.000 Rinder
- Zentrum: **Tschojbalsan chot** (Чойбалсан хот) in 747 m Höhe
- 655 km bis Ulan Bator
- Jahresdurchschnittstemperatur in Tschojbalsan chot: +0,4 °C, im Januar: −21,3 °C, im Juli: +19,9 °C
- Jahresniederschlag: 246 mm
- Luftdruckmittel im Juli: 919 mm
- Ackerbau stark entwickelt
- Das Aimakzentrum hat eine gut ausgebaute Infrastruktur (Eisenbahnanschluss an die Baikal-Amur-Magistrale, eigenes Heizkraftwerk) und einige Betriebe der Leicht- und Lebensmittelindustrie.

341mo Foto: st

Wichtige Sehenswürdigkeiten

Mongolei-Gazellen

(Цагаан зээр)

Auf beiden Seiten des Cherlen bevölkern riesige Herden dieser Tiere die Steppe. Mitunter ist der Bestand so dicht, dass man mit dem Auto nur noch sehr langsam vorankommt. Große Herden in Bewegung sehen aus wie wogendes Wasser. Der Gesamtbestand der Tiere wird auf 400.000 Stück geschätzt.

Fläche zwischen den Flüssen Degee und Numrug

Ca. 420 km südöstlich von Tschojbalsan chot und 80 km südlich vom Zentrum des Chalch-gol-Sum befindet sich dieses 3112 km² umfassende Gebiet, das 1992 **unter Schutz** gestellt wurde.

Anzutreffen sind in dem abgeschiedenen Gebiet u.a. Päonien, sibirische Lilien, Schwertlilien, ussurische Faulbaume, Wildzwiebeln und viele andere, selten gewordene Arten. An Tieren kommen Trappen, Kraniche, Fasane und Rebhühner ebenso vor wie Elche und Fischotter.

Menengijn tal

(Мэнэнгийн тал)

1992 unter Schutz gestellte, insgesamt 5704 km² umfassende, trockene **Steppenlandschaft** westlich des Bujr nuur 240 km von Tschojbalsan, die bislang weitestgehend unberührt vom menschlichen Einfluss geblieben ist. Hier wachsen ca. 10 % aller in der Roten Liste vorkommenden Pflanzen und finden zahlreiche seltene Vogelarten ein Zuhause.

Bujr nuur

(Буйр нуур)

615 km² großer, in 583 m Höhe gelegener **See,** der mit seinem Nordwestufer die Grenze zu China bildet. In ihn mündet der Chalch gol. Ihn bewohnen Karpfen, Lachse, Forellen, sibirische Kaulbarsche, sibirische Hechte, Weißäschen, Welse, Aale, u.a. Jährlich werden 300 t Fisch verarbeitet. Der wichtigste Sportfisch ist der Karpfen. Am Ufer nisten u.a. Schwarzstörche und Löffelreiher.

Chalch gol

(Халх гол)

Dem großen Chingan (Mandschurei) entspringender, nach 233 km in den Bujr nuur mündender **Fluss.** Der **Fischbestand** ist der gleiche wie im See. Aus der Flussaue wurden bei Ausgrabungen **Gegenstände aus der Kitan Zeit** und der Steinzeit gefunden. International bekannt wurde der Fluss im Sommer 1939 durch eine militärische Auseinandersetzung zwischen Japanern und russisch-mongolischen Truppen.

Cherlen bars chot

(Хэрлэн барс)

Die Reste dreier **Kitan-Städte** sind ca. 60 km westlich von Tschojbalsan chot am Nordufer des Cherlen zu finden. Die Verbindungsstraße zwischen Undurchaan chot und Tschojbalsan, die immer dem Cherlen nördlich folgt, führt direkt daran vorbei. Bereits von weitem ist ein turmartiges Gebäude zu sehen, das aus der sonst sehr flachen Landschaft herausragt.

Sangijn Dalaj nuur

(Сангийн далай нуур)

7,5 km² großer **Salzsee** im Zentrum der Menengijn tal. Hier wird manuell Speisesalz abgebaut. Die Wahrscheinlichkeit, hier auf große **Gazellenherden** und sie begleitende **Wolfsrudel** zu stoßen, ist sehr groß.

Chuche nuur, auch Khöke nuur

(Хөх нуур)

95 km² umfassender **See** in 532 m Höhe. Der See bildet den absolut **tiefsten Punkt der Mongolei.** Er liegt ca. 200 km nördlich von Tschojbalsan chot auf der Ostseite der Eisenbahn nach Russland. In diesem Bereich gibt es noch viele weitere kleinere Seen mit ebenfalls **reicher Vogelwelt**. Auch hier ist das Fahren insbesondere in den Sommermonaten nicht ganz unproblematisch.

Ulds gol

(Улз гол)

Dem Chentij entspringender und sich über 428 km in westliche Richtung bewegender, in den (bereits auf russischem Gebiet liegenden) Tari nuur mündender **Gebirgsfluss.** Die Flussaue ist auf weiten Strecken sehr sumpfig, teilweise haben sich kleine Seen gebildet. Die Unbefahrbarkeit des Gebietes hat eine **reichhaltige Vogelwelt** bewahrt. Anzutreffen sind u.a. die in der Roten Liste stehenden Schwarzkraniche und Nonnenkraniche. Besonders ausgeprägt ist die Vogelwelt im Sumpfgebiet im Bereich der Einmündung des von Norden kommenden Dutsch gol und am Chajtschijn zagaan nuur. Eine 1030 km² große Fläche, die neben dem Unterlauf des Ulds gol auch den Jamalach und den südlichen Teil des Baruun-tari-Gebirges einschließt, wurden schon vor einigen Jahren unter **Schutz** gestellt. Später kam es zwischen Naturschutz-Vertretern der Mongolei, Russlands und Chinas zu einer Absprache, auch die angrenzenden Territorien in China und Russland zu schützen.

Dsawchan-Aimak

(Завхан аймаг)

- 82.500 km² Fläche.
- Dominiert wird die Landschaft vom westlichen Teil des Changaj-Gebirges, weiter nach Westen geht sie in Halbwüsten über.
- 86.800 Ew.
- 1,49 Mio Stück Vieh, davon 757.900 Schafe und 530.300 Ziegen
- Zentrum: **Uliastaj chot** (Улиастай хот) auf 1760 m Höhe im Tal des Bogd-Flusses
- 984 km bis Ulan Bator
- Jahresdurchschnittstemperatur in Uliastaj chot: −2,8 °C, im Januar: −23,1 °C, im Juli: +15,4 °C. In der Stadt wurden bereits Temperaturen von −52,9 °C gemessen.
- Jahresniederschlag: 234 mm
- Luftdruckmittel im Juli: 820 mm
- Fast kein Ackerbau. Als Standort der holzverarbeitenden Industrie hat die Stadt Tosonzengel am Ufer des Ider gol regionale Bedeutung.

Wichtige Sehenswürdigkeiten

Otgon Tenger uul

(Отгонтэнгэр уул)

Mit 4021 m **höchster Berg des Changaj-Gebirges**. Bei 3752 m beginnt das ewige Eis. Unmittelbar unter der Gletschergrenze liegt ein kleiner, dunkelblau schimmernder, von bizarren Felsen umgebener **See,** der Badar Chundaga (Бадар хундага нуур). Der Berg gehörte seit jeher zu den von den Mongolen am meisten verehrten **Kultstätten.** Der an seinen Hängen wachsende Wacholder wird im ganzen Land als besonders gut duftender Weihrauch geschätzt. Beheimatet sind hier u.a. Steinböcke, Maralhirsche und Moschustiere. Murmeltiere kommen in großer Zahl vor. Der Berg liegt im gleichnamigen Sum, ca. 100 km östlich des Aimakzentrums. Wenn man von Uliastaj chot aus dem Bogdyn gol in Richtung des Berges folgt, erreicht man nach 78 km ein Erholungsheim. Hier befindet sich die 55 °C heiße **Otgontenger-Heilquelle** (Отгонтэнгэрийн рашаан) in 2510 m Höhe. Der Schnee liegt hier in manchen Jahren bis in den August hinein.

Um die Hochgebirgsvegetation zu erhalten, ist ein 955 km² großes Gebiet um den Gipfel **unter Schutz** gestellt.

Altan els

(Алтан элс)

Kleine **Sanddüne,** die sich an der Flanke eines Berges angesammelt hat. Dem Sand wird von den Einheimischen **Heilkraft** bei Beschwerden der Verdauungsorgane zugemessen. Die Düne liegt auf der rechten Seite des Bujant gol, wenn man ihm vom Zentrum des Otgon-Sum nach Norden in Richtung Bujant-Bag und von dort noch etwas weiter flussaufwärts folgt.

Borchyn els

(Борхын элс)

Sanddünengebiet an den Ufern des Schireegijn gol, der südlich am Zentrum des Tzagaanchajrchan-Sum vorbeifließt. Die Düne ist die östlichste der zahlreichen Sanddünen, die in der Senke des Dsawchan-Flusses, in den der Schireegijn gol mündet, anzutreffen sind.

Dsawchan gol

(Завхан гол)

Die **Gobi-Gebiete** des Aimaks nördlich des Flusses lassen sich von Uliastaj chot aus gut auf der kreisförmigen Route über die Zentren der Sum Aldarchaan, Durwuldshin, Urgamal, Dsawchanmandal und Erdenechajrchan erkunden. Auf dem Weg nach Durwuldshin lassen sich auch die auf dem Südufer des Flusses liegenden großen Sanddünen erkennen, ohne über den Fluss setzen zu müssen. Siehe auch unter Gobi-Altai-Aimak.

Ojgon nuur

(Ойгон нуур)

62 km² großer **Salzsee** auf einem Hochplateau des nördlichen Changaj. Unmittelbar nördlich davon zieht sich in strikter Ost-West-Ausrichtung eine tiefe, **fast 400 km lange Bruchspalte** hin, die 1905 durch ein Erdbeben ent-

standen ist und damals an manchen Stellen eine Tiefe von 60 m und eine Breite von 10 m erreicht hatte. Heute ist sie noch zu erkennen, jedoch weitestgehend erodiert.

Bor chjaryn els

(Бор хярын элс)

180 km langes und ca. 15 km breites **Dünengebiet,** das sich auf dem Nordufer des Chunguj gol zwischen den Zentren der Sum Dsawchanmandal und Urgamal erstreckt.

Bajannuur

(Баяннуур)

Süßwassersee ohne Abfluss am Nordrand o. g. Sanddüne am Dsawchan gol mit reicher **Vogelwelt.**

Cholboo nuur

(Холбоо нуур)

5 km² großer See unmittelbar westlich des Zentrums des Santmargatz-Sum, der eine beliebte **Sammelstelle für Zugvögel** ist.

Gandantegtschilen Chijdijn balgas

(Гандантэгчилэн хийдийн балгас)

Steinerne **Klosterruine,** die den gleichen Namen wie das größte Kloster in Ulan Bator trägt. Sie liegt auf einer Felseninsel im Tesijn gol im Bajantes-Sum.

Dsagastajn dawaa

(Загастайн даваа)

Mit über 2500 m einer der höchstgelegenen **Pässe** des Changaj, den man auf den Weg zwischen Tosonzengel chot und Uliastaj chot passiert. Die Verbindungsstraße führt über weite Strecken am Iderijn gol, dem wichtigsten Quellfluss der Selenge, entlang und ist von sehr abwechslungsreichem Geländeprofil charakterisiert.

Telmen nuur

(Тэлмэн нуур)

Einer der größten abflusslosen **Salzseen** (194 km²) auf dem nördlichen Hochplateau des Changaj.

Gobi-Altai-Aimak

(Говь-Алтай аймаг)

- 141.000 km² Fläche.
- Die Landschaft wird geprägt durch das Gobi-Altai-Gebirge, das den Aimak in eine nördliche und eine südliche Hälfte unterteilt und weit über 3000 m hoch aufragt. Der Süden bilden die transaltaiischen Wüstengebiete.
- 64.200 Ew.
- 1,71 Mio Stück Vieh, davon 692.700 Schafe und 878.800 Ziegen
- Zentrum: **Altai chot** (Алтай хот) in 2181 m Höhe, damit das am höchsten gelegene Aimakzentrum
- 1001 km bis Ulan Bator
- Jahresdurchschnittstemperatur in Altai chot: –1,8 °C, im Januar: –18,9 °C, im Juli: +14,0 °C
- Jahresniederschlag: 177 mm
- Luftdruckmittel im Juli: 780 mm
- Kaum Ackerbau. In einigen Oasen Gemüse- und Baumwollanbau.
- Der Gobi-Altai bietet zahlreichen seltenen und geschützten Tierarten eine Heimstatt.

Wichtige Sehenswürdigkeiten

Schargyn Gobi

(Шаргын говь)

Ca. 120 km lange und 90 km breite **Senke,** die sich nördlich parallel zum Gobi-Altai hinzieht. Im Zentrum liegt der Scharga-Sum, eine **typische Gobilandschaft,** die in zahlreichen Volksliedern der Mongolen ob ihrer Schönheit besungen wird. Etwa 20 km westlich des Sumzentrums liegt in nur 963 m Höhe der Schargyn zagaan nuur. In niederschlagsarmen Jahren verlaufen einige ihn speisende Flüsse im Sand. In der Nähe des Sees wächst ein kleiner Saksaul-Wald.

Eedsh-Chajrchan

(Ээж хайрхан)

70 km südwestlich des Zentrums des Zogt-Sum gelegenes **Sandsteinmassiv** (2275 m), das sich deutlich aus der flachen Gobilandschaft abhebt. Durch **Winderosion** sind in den weichen Felswänden bizarr geformte Aushöhlungen entstanden. An einer Stelle ergießt sich ein Wasserfall in einen etwa 2 m tiefen „Topf". Das überlaufende Wasser ergießt sich in acht weitere, stufenweise untereinanderliegende, 2–4 m tiefe „Töpfe". Im Massiv lebt der sehr selten gewordene **Gobibär.** Das Gebiet steht seit 1992 unter **Naturschutz.**

Biger-Senke

(Бигэрийн хонхор)

Große Senke ca. 110 km südöstlich von Altai chot. Ihren Mittelpunkt bildet das Zentrum des gleichnamigen Sum. Etwa 10 km nördlich des Sumzentrums liegt der salzige **Biger-See.** In der Senke gibt es **Ausgrabungsstätten** von Sauriern. Hier leben u.a. Saiga-Antilopen und Wildesel, in den umliegenden Bergen trifft man auf Wildschafe und Bergziegen.

Oase von Dsachuj

(Захуйн баянбүрд)

Нур wenige Kilometer westlich des Eedsh-Chajrchan, bewachsen mit Saksaul und Pappeln.

Basaltsäulen von Tajschir

(Тайширийн хүрмэн)

Nur einen Kilometer vom Zentrum des gleichnamigen Sum befinden sich auf dem Nordufer des Dsawchan-Flusses einige sechseckig geformte, eng zusammen stehende, etwa 2 m hohe Basaltsäulen. Eine ähnliche Erscheinung befindet sich 1 km weiter flussabwärts auf dem Südufer des Flusses. Der Durchmesser der Steine schwankt zwischen 10 und 50 cm.

Dsawchan-Fluss

(Завхан гол)

Der 808 km lange **Fluss** entspringt im Otgon-Sum des Dsawchan-Aimaks und mündet in den Airag-nuur, einen kleinen Ableger des Chjargas-nuur, im Uws-Aimak. Zunächst zwängt er sich auf seinem Weg nach Süden durch enge Felsschluchten des Changaj, um dann im Guulin-Sum des Gobi-Altai-Aimaks nach Nordwesten abzubiegen und sich durch flache Wüsten- und Wüstensteppengebiete zu bewegen. Im Dshargalant-Sum verzweigt sich

349mo Foto: st

der Fluss in zahlreiche, durch Sandgebiete führende Nebenarme.

Die mongolische Regierung plant, über eine **Pipeline** Flusswasser nach Altai chot zu transportieren, um die bedenkliche Wasserversorgung der Aimakmetropole zu verbessern. Erwogen wird ferner die Errichtung eines **Wasserkraftwerks** am Oberlauf des Flusses.

Chasagt-Chajchan-uul

(Хасагт хайрхан уул)

274 km² großes **Naturschutzgebiet** mit dem gleichnamigen, stark zerklüfteten Bergmassiv (3579 m) im Zentrum, ca. 70 km nordwestlich von Altai chot. Werden die unteren Bereiche des Berges noch von Wüstenvegetation geprägt, geht sie mit zunehmender Höhe in Steppenvegetation über. Von 2200 bis 3000 m trifft man auf Gebirgssteppe. Zwischen 2500 und 2800 m ist ein Waldgürtel eingebettet. Die Vegetationsgrenze liegt bei 3000 m. Innerhalb weniger Kilometer lässt sich somit die **Abfolge aller Vegetationszonen** gut nachvollziehen.

Mongol els

(Монгол элс)

Sich über 330 km erstreckendes **Dünengebiet** im äußersten Norden des Aimaks. Seinen nördlichen Rand bildet der Dsawchan-Fluss. Das Dünengebiet zählt mit 2724 km² Fläche zu den weitläufigsten der Mongolei. Am besten nähert man sich ihm über den Chuchmorit-Sum.

Chuisijn-Gobi

(Хүйсийн говь)

Sich über 150 km erstreckende **klassische Wüstenlandschaft** im südlichen Teil des Chuchmorit-Sum. Das Gelände ist hier nur schwach hüglig und 1200–1300 m hoch.

Sutaj-uul

(Сутай уул)

4090 m hoher, **gletscherbedeckter Berg,** 45 km nordwestlich des Zentrums des Tonchil-Sum. Vom Sumzentrum aus ist der Berg gut zu sehen. Der Sum wurde nach dem Fluss benannt, der sich aus dem Schmelzwasser der Gletscher speist und am Sumzentrum vorbei in den Tonchil-nuur mündet.

Bugatyn chawzal

(Бугатын хавцал)

Enge Felsschlucht, die man auf dem Weg vom Tugrug in den Bugat-Sum unbedingt durchfahren muss, um den Altai überhaupt mit einem Fahrzeug überqueren zu können. Die Schlucht ist so eng, dass zwei Fahrzeuge nicht aneinander vorbeikommen.

Auf der Jagd

Mittelgobi-Aimak

(Дундговь аймаг)

- 74.700 km² Fläche
- Der Aimak ist relativ flach. Die höchste Erhebung, der Delger-Changaj-uul, liegt in lediglich 1926 m Höhe. Von Norden nach Süden lösen sich Steppe, Wüstensteppe und Gobi ab.
- 51.300 Ew.
- Fast 1,4 Mio Stück Vieh, davon 685.000 Schafe und 550.900 Ziegen
- Zentrum: **Mandalgobi chot** (Мандалговь хот) (1393 m)
- 260 km bis Ulan Bator
- Jahresdurchschnittstemperatur in Mandalgobi chot: +1,1 °C, im Januar: −18,0 °C, im Juli: +18,8 °C
- Jahresniederschlag: 164 mm
- Luftdruckmittel im Juli: 850 mm

Wichtige Sehenswürdigkeiten

Sum Chuch Burd

(Сүм хөх бүрд)

Malerische **Oase** im Adaazag-Sum. Der Quellsee ist ein Paradies für **Wasservögel.**

Baga Gadsryn Tschuluu

(Бага газрын чулуу)

Ansehnliche **Granitformation** (bis 1768 m) zwischen den Zentren der Sum Adaazag und Delgerzogt, der zahlreiche Quellen entspringen.

Tewschijn nuursnij uurchaj

(Тэвшийн нуурсний уурхай)

Braunkohletagebau, rund 30 km nordwestl. von Mandalgobi chot. Das Flöz erreicht eine Stärke bis zu 200 m.

354mo Foto: st

Delgerchangaj uul

(Дэлгэрхангай уул)

Gebirge (1926 m) im gleichnamigen Sum.

Zagaan Suwrag

(Цагаан суврага)

30 m hohe und ca. 100 m lange **Felsklippe** zwischen den Zentren der Sum Uldsijt und Chuld. Die Bezeichnung geht auf die von weitem wie eine weiße Stupa aussehende Form zurück.

Jurten kauern sich in den Schutz der Granitfelder

Ostgobi-Aimak

(Дорноговь аймаг)

Wichtige Sehenswürdigkeiten

Chamryn chijd

(Хамрын хийд)

Anfang des 19. Jahrhunderts errichtetes **Kloster** südlich von Sajnschand chot. Zahlreiche Sutrentexte, Buddhafiguren und andere Einrichtungsgegenstände konnten von den Lamas vor der Vernichtung des Klosters in den 30er Jahren in Sicherheit gebracht werden. 1990 wurde mit dem **Wiederaufbau** begonnen. Heute ist das Kloster wieder eine gut besuchte **Pilgerstätte.**

- 115.000 km² Fläche
- Überwiegend hügelige Wüstenlandschaft. Keine nennenswerten fließenden Gewässer, aber zahlreiche Quellen und kleine Seen, die auf große Grundwasserreserven schließen lassen.
- 51.500 Ew.
- 838.300 Stück Vieh, davon 365.600 Schafe und 318.800 Ziegen
- Zentrum: **Sajnschand chot** (Сайншанд хот) in 938 m Höhe. Letzter großer Bahnhof der transmongolischen Eisenbahn vor der chinesischen Grenze.
- 463 km bis Ulan Bator
- Neben der Aimakhauptstadt hat die Stadt **Tschojr** (seit 1994 Gobi-Sumber-Aimak) als Bahnhof und Garnisonsstadt regionale Bedeutung.
- Jahresdurchschnittstemperatur in Sajnschand chot: +3,4 °C, im Januar: −18,4 °C, im Juli: +23,2 °C
- Jahresniederschlag: 116,2 mm
- Luftdruckmittel im Juli: 898 mm
- Kein Ackerbau.
- Große Bestände an Gazellen

Dsuunbajan

(Зүүн баян)

Ortschaft 50 km südlich vom Aimakzentrum, das durch **Erdölvorkommen** Bekanntheit erlangte. Von 1950 bis 1969 wurde hier mit sowjetischer Hilfe Erdöl gefördert. Seit 1993 versuchen amerikanische, australische und kanadische Unternehmen, die Förderung wieder aufzunehmen.

Ergelijn Dsoo

(Эргэлийн зоо)

Steil abfallende **Felsenschlucht** ca. 30 km nordwestlich des Zentrums des Chatanbulag-Sum, in der über 40 Mio Jahre alte, gut erhaltene **Tierskelette** gefunden wurden.

Steinerner Wald von Sujchent

(Сүйнхэнтийн чулуужсан ой)

100 km nordwestlich von Chatanbulag auf dem Territorium des Mandal-Sum liegt ein etwa 500 mal 80 m großes Areal mit **versteinerten Bäumen.** Die aus der Jurazeit stammenden Bäume erreichen bis zu 20 m Länge und bis zu 1,5 m Durchmesser, teilweise sind die Jahresringe noch deutlich zu erkennen. Eine ähnliche Fundstätte gibt es in 40 km Entfernung in nördlicher Richtung (Zagaan Zawd). Die auf 100 Mio Jahre geschätzten Bäume beweisen, dass zu dieser Zeit in der Mongolei ein feuchtwarmes Klima geherrscht hat. Das Areal senkte sich allmählich ab und versank im salzhaltigen Schlamm eines Sees. Das Gebiet wurde 1996 unter Schutz gestellt.

Südgobi-Aimak
(Өмнөговь аймаг)

Wichtige Sehenswürdigkeiten

Gobi gurwan sajchan

(Говь гурван сайхан)

Ca. 150 km langer **Ausläufer des Gobi-Altais.** Höchste Erhebung ist der Dsuun sajchan uul (2815 m) südlich von Dalandsadgad chot. Das Gebirge ist Lebensraum für zahlreiche Tierarten, darunter Steinböcke und Wildschafe. Das Gebiet steht seit 1994 unter Schutz.

358mo Foto: st

Jolyn am oder Geierschlucht

(Ёлын ам)

Die Geierschlucht befindet sich im östlichen Teil des Gobi gurwan sajchan, 62 km von Dalandsadgad chot. Das ca. 70 km^2 große Gebiet steht seit 1965 unter **Schutz.** Es gehört zu den nahezu von jedem Mongolei-Touristen besuchten Attraktionen. Ein Fluss schlängelt sich durch eine bis zu 200 m hohe, sich immer weiter verengende **Schlucht** und fließt alsbald unter sich mehrere Kilometer hinziehenden **Eismassen** entlang, die auch im Sommer nicht vollständig abtauen. Je nach den im Jahr gefallenen Niederschlägen ergießen sich vier und mehr **Wasserfälle** von den Felsen in die Tiefe. Im Winter erstarren sie zu Eis.

- 165.400 km^2, der Fläche nach der größte aller Aimaks. Das gesamte Territorium zählt zur Gobizone.
- 47.300 Ew.
- 1,21 Mio Stück Vieh, davon 736.800 Ziegen und 312.400 Schafe. Mit 82.300 Tieren hat der Aimak den höchsten Kamelbestand aller Provinzen.
- Zentrum: **Dalandsadgad chot** (Даланзадгад хот) (1406 m)
- 553 km bis Ulan Bator
- Jahresdurchschnittstemperatur in Dalandsadgad chot: +3,9 °C, im Januar: −15,4 °C, im Juli: +21,2 °C
- Jahresniederschlag: 132 mm
- Luftdruckmittel im Juli: 850 mm

Dinosaurierfeld in der Südgobi

Nojon uul

(Ноён уул)

2397 m hoher **erloschener Vulkan** ca. 20 km westlich vom Nojon-Sum, der zum Gobi-Altai gehört.

Gurwan tesijn chooloj

(Гурван тэсийн хоолой)

Sich weit über 100 km erstreckendes **Dünengebiet** zwischen dem Nujon uul und dem nördlich davon gelegenen Sewree uul. Nordwestlich davon schließen sich der Nemegt uul und der Altan uul an. In diesem Gebiet wurden **Eier und Skelette von Sauriern** ausgegraben.

Mädchen in der Südgobi

Chongor els

(Хонгор элс)

Etwa 180 km lange und 3–15 km breite, vegetationslose **Dünenkette** nördlich von Sewree uul. Die Dünen können eine Höhe von bis zu 30 m erreichen. Der Sand ist auch bei scheinbarer Windstille in ständiger Bewegung. Das Erklimmen der Dünen durch den lockeren Sand ist nicht ganz einfach.

Tawan tolgoj

(Таван толгой)

20 km südlich vom Zogtzezij-Sum gelegene, größte, bisher kaum genutzte **Steinkohlelagerstätte** der Mongolei. Die Reserven werden auf etwa 10 Mrd. t geschätzt.

Selenge-Aimak
(Сэлэнгэ аймаг)

- 41.200 km^2 Fläche.
- Überwiegend hügelige Steppen- und Waldsteppenlandschaft, unterbrochen von zahllosen Flüssen und Seen
- 101.700 Ew.
- 645.400 Stück Vieh, davon 314.000 Schafe
- Zentrum: **Suchbaatar chot** (Сүхбаатар хот) in 626 m Höhe, damit das am tiefsten gelegene Aimakzentrum des Landes. Der Ort befindet sich 20 km vor der russischen Grenze am Zusammenfluss von Selenge und Orchon.
- 311 km bis Ulan Bator.
- Jahresdurchschnittstemperatur in Suchbaatar chot: –1,9 °C, im Januar: –20,3 °C, im Juli: +19,1 °C
- Jahresniederschlag: 304 mm
- Luftdruckmittel im Juli: 933 mm
- Bedeutendstes Ackerbaugebiet der Mongolei, das ca. 40 % der Gesamtproduktion erbringt.

Darchan

Die Stadt Darchan (seit der Verwaltungsreform 1994 umbenannt in Darchan-Uul-Aimak, 220 km bis Ulan Bator, 700 m Höhe) ist mit ca. 86.000 Ew. die **zweitgrößte Stadt der Mongolei** und ein bedeutendes Zentrum der Leicht-, Lebensmittel- und Baumaterialindustrie. Die Grundsteinlegung erfolgte am 17. Oktober 1961. Darchan erbringt etwa 14 % der Industrieproduktion des Landes. Hier befindet sich die einzige Schwarzmetallhütte der Mongolei mit einer Kapazität von 100.000 t Gusseisen im Jahr.

Wichtige Sehenswürdigkeiten

Tudshijn nars
(Тужийн нарс)

Ausgedehnter **Kiefernwaldbestand** auf der Ostseite der Orchon-Aue zwischen den Sumzentren von Dulaanchaan und Schaamar. Durch den Wald führt auch die Asphaltstraße zwischen Darchan chot und Suchbaatar chot. Teile des Waldgebietes fielen 1996 **Bränden** zum Opfer und werden nunmehr mit Mitteln der Vereinten Nationen aufgeforstet. Im nördlichen Teil des Waldes liegt das **Sanatorium Chondyn amralt,** das Behandlungen mit Quellwasser durchführt.

Kloster Amarbajasgalant
(Амарбаясгалантын хийд)

Umfängliche, inzwischen in großen Teilen **rekonstruierte Klosteranlage** im Tal des Ijwen-Flusses, ca. 40 km nordwestlich des Zentrums des Sant-Sum, einsam in malerischer Landschaft gelegen. Die Anlage unterscheidet sich von den meistbesuchten Klöstern in Ulan Bator und Kara-Korum nicht nur durch ihre abgeschiedene Lage, sondern auch dadurch, dass alle Einzelgebäude in einem einheitlichen, chinesischen Stil errichtet wurden und ein in sich geschlossenes, harmonisches Gesamtbild abgeben. Bereits bei der Anfahrt fallen die braun und

Der Selenge-Aimak ist zum Teil geprägt von Ackerbau

grün glasierten Ziegeldächer ins Auge. Der Bau geht auf den ersten *Bogd Gegeen Dsanabadsar* zurück und wurde in den Jahren 1717–1736 ausgeführt. Das Kloster überdauerte als eine der wenigen buddhistischen Stätten die stalinistischen Ausschreitungen der 30er Jahre nur leicht beschädigt. Seit 1993 finden hier wieder offiziell Zeremonien statt. Für Touristen werden Führungen veranstaltet. Der Eintritt, Fotografieren und Filmen sind für Ausländer kostenpflichtig.

Altanbulag

(Алтан булаг)

Sumzentrum an der russischen Grenze. Der Ort gilt als **Wiege der mongolischen Volksrevolution,** weil von hier aus 1921 der Siegeszug einer gemeinsamen Armee aus mongolischen Partisanen und russischen Rotarmisten auf die alte mongolische Hauptstadt seinen Anfang nahm. Diesem Ereignis zu Ehren wurde ein monumentales **Revolutionsmuseum** errichtet, das alle anderen Häuser der Siedlung um ein Vielfaches überragt. Wenige Kilometer nördlich davon funkeln auf der russischen Seite der Grenze die Dächer einer russisch-orthodoxen Kirche in der Sonne.

Chutul chot

(Хөтөл хот)

Kleinstadt auf dem Ostufer des Orchon, unmittelbar an der Verbindungsstraße zwischen Darchan chot und Erdenet chot. Der größte Arbeitgeber der Stadt ist ein Zementwerk.

364mo Foto: st

Jeröö-gol

(Ерөө гол)

328 km langer, von Osten kommend in den Orchon mündender, wasserreicher, im Sommer zur Hochwasserbildung neigender, schnellfließender **Gebirgsfluss.** Er wird von Angelfreunden wegen seines vielfältigen Fischbestandes geschätzt. Im gleichnamigen Sum leben mongolische **Buriaten.**

Scharyn gol

(Шарын гол)

Kohletagebau, benannt nach dem gleichnamigen Sum 70 km südöstlich von Darchan chot. Jährlich werden ca. 2 Mio t Steinkohle gefördert.

Nojon uul

(Ноён уул)

1722 m hoher **Berg,** etwa 15 km westlich vom Zentrum des Tunchel-Sum, der in die wissenschaftliche Literatur Eingang gefunden hat durch die Ausgrabung von sechs **Hunnengräbern** durch den russischen Archäologen *P. K. Koslow* im Jahre 1924.

Suchbaatar-Aimak

(Сүхбаатар аймаг)

- 82.300 km² Fläche.
- Überwiegend hügelige Steppenlandschaft.
- 56.000 Ew.
- 1,43 Mio Stück Vieh, davon 708.000 Schafe und 388.200 Ziegen
- Zentrum: **Baruun urt chot** (Баруун урт хот) (981 m)
- 560 km bis Ulan Bator
- Jahresdurchschnittstemperatur in Baruun urt chot: +0,4 °C, im Januar: –21,3 °C, im Juli: +19,9 °C
- Jahresniederschlag: 192 mm
- Luftdruckmittel im Juli: 900 mm
- Wenig Ackerbau im äußersten Norden
- Große Bestände an Mongolei-Gazellen

367mo Foto: st

Am Fuße des Altan Owoo (erloschener Vulkan im Hintergrund) finden sich uralte Kultfiguren aus Granit

Wichtige Sehenswürdigkeiten

Tuchumijn tal

(Төхөмийн тал)

Den gesamten Aimak von Osten nach Westen durchziehende, sich in der Ostgobi fortsetzende **Senke** auf ca. 800 m Höhe. Das Aimakzentrum liegt an ihrem Nordrand. Typische Steppenlandschaft, weitflächig, sehr sumpfig.

Chatawtschijn chawzal

(Хатавчийн хавцал)

3 km lange, 30–100 m breite und 15–16 m tiefe **Sandsteinschlucht** in der Nähe des Zentrums des Chaldsan-Sum. An ihrem südwestlichen Auslauf befindet sich eine **klare Quelle** (Bajanbulag).

Ongon els, auch Schar burdijn els

(Онгон элс)

127 km² großes Dünengebiet östlich des Zentrums des Ongon-Sum.

Ich bulag

(Их булаг)

In der Nähe des Zentrums des Ongon-Sum entspringt diese klare Quelle einem erloschenen Vulkan. Ihr Wasser wird von den Einheimischen ob seines Geschmacks sehr geschätzt.

Molzog els

(Молцог элс)

Im südlichen Teil der Sum Ongon und Dariganga gelegenes, 248 km² großes **Dünengebiet,** das an seinen Rändern von Strauchwerk bewachsen ist und so in Position gehalten wird. Das Gebiet ist von zahlreichen **kleineren Seen** umgeben, die insbesondere auf ihrer Nordseite als **Erholungsgebiet** genutzt werden.

Der bekannteste von ihnen ist der **Ganga-See** (11 km südöstlich vom Zentrum des Dariganga-Sum), der insbesondere im Herbst ein prächtiges Schauspiel bietet, wenn sich Tausende von **Kranichen** hier vor ihrer Reise nach Süden sammeln. Nach ihm ist auch das 228 km² große **Naturschutzgebiet** benannt, das die gesamte Düne mit einschließt.

Altan-Owoo, auch Dari-Owoo

(Алтан овоо)

Einer der verloschenen **Vulkane** des Aimaks unmittelbar westlich des Zentrums des Dariganga-Sum (1354 m). Der Berg wird von den **Dariganga,** einer in den südlichen sechs Sum des Aimaks lebenden mongolischen Minderheit, **als heilig verehrt.** Er darf dem Glauben nach von Frauen nicht bestiegen werden, für sie ist eine südwestlich des Vulkans liegende Kuppe vorbehalten. Vom Gipfel des Berges hat man einen tollen Blick über die sonst weitestgehend flache Landschaft.

An seinem südöstlichen Fuß befinden sich **drei Stelen** in Menschengestalt, die von den Einheimischen als Khan, Königin und Prinz verehrt werden. Interessant ist, dass sie aus Granitgestein gefertigt sind, das in der Gegend nicht vorkommt.

Insgesamt sind im Aimak fast 60 dieser Granitstelen bekannt, die meisten davon liegen im Dariganga-Sum im Bereich des Molzog-Dünengebietes.

Vulkanhöhle Bajandulaan

(Баяндулааны агуй)

Der gleichnamige Vulkan (1749 m) liegt auf der Grenze zwischen den Sum Dariganga und Naran unmittelbar vor der Grenze zu China. Die Höhle befindet sich an seinem südwestlichen Abhang. Der schmale Zugang ist erst aus unmittelbarer Nähe zu erkennen. Nach einem kurzen Stück, dass man abwärts kriechend zurücklegen muss, erreicht man eine ca. 20 m lange Höhle, die vollkommen aus Basalt besteht und in der man aufrecht stehen kann. An der gegenüberliegenden Höhlenseite führt ein kaminartiger Tunnel tiefer in den Berg hinein, der nach wenigen Metern für Menschen zu eng wird.

Talyn aguj

(Талын агуй)

Etwa 100.000 Kubikmeter fassende, mehr als 200 m lange **Lavahöhle,** die nicht nur die größte ihrer Art ist, sondern auch zu den schönsten und faszinierendsten der über 200 bekannten Höhlen der Mongolei zählt. Sie liegt 14 km nordwestlich des Schilijn-Bogd-Uul inmitten der Steppe und ist nur schwierig zu finden. Der Zugang führt zunächst steil in die Tiefe, bis sich eine bizarr geformte Gesteinswelt auftut.

Schilijn-Bogd-Uul

(Шилийн Богд уул)

Ein weiterer der zahlreichen **Vulkane** des Gebietes (1778 m; 60 km nordöstlich vom Zentrum des Dariganga-Sum), der über 400 m über das Gelände herausragt und so bereits aus 60 km Entfernung als kegelförmige Erhebung zu sehen ist, egal, aus welcher Richtung man sich nähert. Sein Krater hat im nordwestlichen Teil einen ca. 2 km breiten und 300 m tiefen Ausfluss. Vom Kraterrand aus kann man mit einem Fernglas etwa 180 km weit nach China hineinblicken. In nordöstlicher Richtung sind viele der weit über 200 Vulkankrater zu sehen, die im Aimak liegen.

Latschinwandad uul

(Лачинвандад уул)

Seit 1965 unter **Naturschutz** stehendes, 588 km² großes Gebiet (75 km südöstlich vom Zentrum des Erdenezagaan-Sum). Ungewöhnlich für dieses baumlose, leicht hügelige Areal sind ein großer Bestand an Maralhirschen sowie das reichhaltige Vorkommen weiterer geschützter Tiere wie des Dachses.

Uws-Aimak

(Увс аймаг)

Wichtige Sehenswürdigkeiten

Uws nuur

(Увс нуур)

Flächengrößter See der Mongolei (3350 km² in 743 m), abflusslos und salzhaltig. Die Senke des Sees gehört zur Gobizone. Ein 7716 km² großes Gebiet um den See wurde wegen der noch weitgehend intakten Natur 1993 unter Schutz gestellt.

- 69.600 km² Fläche.
- Dominierend sind Berg-, Wald- und Wüstensteppengebiete
- 85.800 Ew., überwiegend von den Stämmen der Durwud und Bajad
- 1,58 Mio Stück Vieh, davon 831.000 Schafe und 570.900 Ziegen
- Zentrum: **Ulaangom chot** (Улаангом хот) in 939 m Höhe
- 1340 km bis Ulan Bator
- Jahresdurchschnittstemperatur in Ulaangom chot: –3,8 °C, im Januar: –23,0 °C, im Juli: +19,2 °C
- Jahresniederschlag: 135 mm
- Luftdruckmittel im Juli: 924 mm. In Ulaangom wurden bereits 1055 mm Luftdruck gemessen.
- Kaum Ackerbau

Tesijn gol

(Тэсийн гол)

Im Chuwsgul Aimak entspringender, 430 km langer, sich in westliche Richtung bewegender und von Nordosten kommend in den Uws nuur ergießender **Fluss.** Im Delta des Tesijn gol wachsen 30 % der kommerziell genutzten **Sanddornsträucher** der Mongolei. Das Delta wurde 1994 zum **Vogelschutzgebiet** erklärt.

Böörugijn els

(Бөөрөгийн элс)

Sich vom Ostufer des Uws nuur in östliche Richtung erstreckendes 180 km langes, bis zu 50 km breites **Dünengebiet** mit bis zu 30 m hohen Dünen, das flächengrößte der Mongolei. Die Winter im südlich der Sandfläche gelegenen Dsuungobi-Sum sind sehr kalt, so dass sich in den Wintermonaten zahlreiche Nomadenfamilien in die Dünen zurückziehen.

Der Westrand der Düne gehört mit zum Naturschutzgebiet um den Uws nuur.

Tschandmani uul

(Чандмань уул)

Berg in der Nähe von Ulaangom chot, an dessen Flanken ca. **50 Gräber** aus dem 7.und 8. Jh. liegen. Der Aimak ist insgesamt außergewöhnlich stark bestückt mit Gräbern aus der Türken- und Uigurenzeit sowie mit Felszeichnungen aus verschiedenen Epochen.

Chan Chuchijn uul

(Хан Хөхийн уул)

Sich in Ost-West-Richtung zwischen Ulaangom chot und der Grenze zum Dsawchan-Aimak erstreckender **Gebirgszug,** der den nordwestlichsten Ausläufer des Changaj bildet. Die Hauptverbindungsstraße zwischen Ulaangom chot und den Aimaks Dsawchan und Chuwsgul führt nördlich am Gebirgszug vorbei. Drei Gipfel erreichen mehr als 2500 m. Das Gebirge ist bewaldet und von zahlreichen Flüssen und Bächen durchzogen.

Interessant ist eine sich von der höchsten Erhebung des Gebirges, dem Duulga uul (2928 m), in Ost-West-Ausrichtung hinziehende, fast **400 km lange Bruchspalte,** die 1905 durch ein Erdbeben entstanden ist und damals an manchen Stellen eine Tiefe von 60 m und eine Breite von 10 m erreicht hatte. Heute ist sie noch zu erkennen, jedoch weitgehend erodiert.

370mo Foto: st

Chjargas nuur
(Хяргас нуур)

1407 km² großer, in 1028 m Höhe gelegener, bis zu 80 m tiefer, abflussloser **Salzsee** südlich des Chan Chuchijn uul. Sein wichtigster Zufluss ist eine unterirdische Verbindung mit dem Airag nuur, der wiederum durch die beiden aus dem Westchangaj kommenden Flüssen Dsawchan gol und Chungij gol gespeist wird.

Char us nuur
(Хар ус нуур)

Auf einem Hochplateau in 1597 m Höhe, wenige Kilometer nördlich vom Zentrum des Ulgij-Sum gelegener **kleiner Salzsee,** der vom Orlogyn gol gespeist wird und der seine Quelle an den Gletschern des 4073 m hohen Charchiraa uul hat. Die Hauptverbindungsstraße zwischen Ulaangom chot und Chowd chot führt unmittelbar am See vorbei. Bitte nicht verwechseln mit dem gleichnamigen großen Süßwassersee im Chowd-Aimak.

Schaadsgaj nuur
(Шаазгай нуур)

Ein weiterer **kleiner Salzsee** auf der Hälfte des Weges zwischen den Zentren der Sum Chowd und Umnugobi. Er wird wie der Char us nuur aus Gletscherwasser des Charchiraa uul gespeist. Der sich in ihn ergießende Schiwer gol hat am Mittellauf einen malerischen Wasserfall.

Atschit nuur
(Ачит нуур)

297 km² großer, an Fläche zunehmender **Süßwassersee** in der Senke zwischen dem Charchiraa-Massiv und dem nördlichen Teil des mongolischen Altai in 1464 m Höhe. Der See fließt ab in den Chowd gol.

Uureg nuur
(Үүрэг нуур)

237 km² großer, bis 42 m tiefer **Salzsee** zwischen dem Charchiraa-Massiv und dem nördlich gelegenen Zagaan schuwuut uul in 1426 m Höhe. Die Senke trägt Gobi-Charakter.

Ulaan dawaa
(Улаан даваа)

Pass zwischen Ulaangom chot und dem Uureg nuur, der auf der westlichen Hauptverbindungsstraße nach Ulgij chot zu überqueren ist. Das Passieren der Überfahrt ist insbesondere zur Schneeschmelze und in den Sommermonaten nicht ungefährlich.

Uwurchangaj-Aimak
(Өвөрхангай аймаг)

- 63.000 km² Fläche
- 114.000 Ew.
- 1,87 Mio Stück Vieh, davon 911.100 Schafe und 703.000 Ziegen. 296.000 Rinder (meist Yaks). Damit ist der Aimak der viehreichste der Mongolei.
- Zentrum: **Arwajcheer chot** (Арвайхээр хот) (1913 m)
- 430 km auf der Teerstraße bis UB
- Jahresdurchschnittstemperatur in Arwajcheer: +0,4 °C, im Januar: −15,6 °C, im Juli +15,4 °C
- Jährliche Niederschlagsmenge: 254 mm
- Luftdruckmittel im Juli: 811 mm

Wichtige Sehenswürdigkeiten

Elsen Tasarchaj

(Элсэн тасархай)

Sich in nordsüdlicher Richtung jeweils ca. 40 km von der Teerstraße nach Arwajcheer hinziehendes, von Weidenbüschen bewachsenes **Sandgebiet** (ca. 270 km von UB). Hier gedeiht die Kornelkirsche, deren Holz als Material für besonders hochwertige Peitschen geschätzt wird. Der Kreuzungspunkt der Straße mit dem Dünengebiet liegt noch auf dem Gebiet des Bulgan-Aimaks (Raschaant-Sum), soll hier aber dem Uwurchangaj zugeordnet werden. Unmittelbar nach dem Passieren des Gebietes zweigt rechts von der Hauptstraße der Zubringer nach Kara-Korum ab. Folgt man der Düne in südlicher Richtung, erreicht man ca. 14 km von der Teerstraße das Touristencamp Bajangobi.

Batchaan uul

(Батхаан уул)

Über 30 km unmittelbar entlang der Grenze zwischen dem Zentral- und dem Uwurchangaj-Aimak (ca. 30 km westlich vom Erdenesant-Sum) erhebt sich dieser **Gebirgszug** (höchste Erhebung 2178 m). Es ist ein typisches Beispiel für eine auf Schwarzerde gedeihende **Waldsteppe.** Am häufigsten sind Birken und Lärchen, durchsetzt von Weiden und Strauchwerk. Zu den mehr als zehn dem Gebirge entspringenden **Flüssen** zählt auch der Ar Dshargalant gol, der sich westlich der Sanddüne Elsen Tasarchaj seinen Weg nach Norden durch Ulmenwälder bahnt. Das 218 km² große Gebiet steht seit 1974 unter **Naturschutz.**

Kara-Korum oder Charchorin

(Хар хорин)

Diese Stadt ist **eine der Hauptattraktionen der Mongolei** (s. a. Kapitel „Vorschläge für Reiserouten"). Sie wurde auf Erlass *Tschingis-Khans* 1220 gegründet. 1235 ließ sich *Ögödei-Khan* hier einen Palast errichten. 1371 wurde sie von einem großen chinesischen Heer im dritten Jahr der Ming-Dynastie (1368–1644) ausgelöscht, nachdem 1368 *Togoontumur-Khan* als letzter Yuan-Kaiser Peking verlassen und sich ins mongolische Stammland zurückziehen musste. 32 Jahre lang war sie die **Hauptstadt des mongolischen Großreiches.** Sie liegt unmittelbar am Ufer des Orchon in einem weitauslaufenden Tal – eine für den Aufenthalt großer Reiterscharen bestens geeignete Stelle.

Wilhelm von Rubruk, ein Flame, der als Franziskanermönch mit Förderung des Franzosen-Königs *Ludwig IX.* mit missionarischen Absichten Asien bereiste, hielt sich im Jahre 1253/54 etwa sechs Monate am Hof *Möngke-Khans* auf und hat ein gutes Bild vom Leben in der mongolischen Hauptstadt dieser Zeit überliefert. Unter anderem enthält sein Reisebericht auch die erste Nachricht über den Buddhismus, die nach Europa gelangte.

1948/49 gab es erstmalig **Ausgrabungen** in den Ruinen der Stadt. Gefunden wurden u.a. Stempel mit Inschriften in Quadratschrift, Naben von Ochsenkarren, Pflugscharen, gusseiserne dreifüßige Kessel, Fischkäscher, zahlreiche versilberte oder glasierte Trinkgefäße sowie einige hundert Münzen aus verschiedenen Ländern Asiens und Europas, mit denen das Reich Handelsbeziehungen unterhielt.

Aus diesen Funden und den Beschreibungen von Zeitzeugen lässt sich **rekonstruieren,** dass die Stadt von einer quadratischen **Schutzmauer** aus ungebrannten Ziegeln umgeben war, die auf jeder Seite ein Tor besaß. Diese Bauform war auch für chinesische Hauptstädte typisch. Die vier **Stadttore** waren durch breite Straßen miteinander verbunden. Entlang dieser Straßen arbeiteten Schmieden, Töpfereien und Handelshäuser. In der Stadt gab es Gebetshäuser für alle drei Weltreligionen sowie viele Verwaltungsgebäude. Am Aufbau der Stadt waren neben mongolischen Bauleuten auch Handwerker aus den von den Mongolen unterworfenen Ländern beteiligt.

Der **Palast Ögödei-Khans** – eine Residenz für offizielle Anlässe, flankiert von Wohn- und Wirtschaftsgebäuden – lag im südwestlichen Teil der Stadt an einem künstlichen See, der über einen Stichkanal mit Wasser des Orchon gespeist wurde. Die Anlage war von einer weiteren Mauer umgeben. Unter dem Fußboden des Hauses verlief ein ausgeklügeltes Heizsystem.

Das mit glasierten roten und grünen Ziegeln gedeckte Dach der Residenz ruhte auf 64 mit Schnitzereien verzierten, lackierten Säulen. Die 64 großen kubischen Granitsockel, auf denen die Säulen ruhten, sind noch weitgehend erhalten. Das Gebäude maß demnach 55 mal 45 m. Ihm schloss sich südlich eine aus sorgfältig behauenen Granitplatten bestehende Treppe zum Innenhof an. In dem Innenhof der Anlage soll nach *Wilhelm von Rubruk* ein Silberbaum gestanden haben, auf dem ein Trompete blasender Engel thronte. Der Stamm war von drachenköpfigen Schlangen umwunden. Am Fuße des Baumes saßen vier Löwenfiguren, aus deren silbernen Mäulern zu festlichen Anlässen vier verschiedene berauschende Getränke geflossen sein sollen. Der Springbrunnen wird dem französischen Kunstschmied *Wilhelm Boucher* zugeschrieben, der als Gefangener am Hofe des Großkhans *Möngke* lebte. Aus chinesischen Quellen geht hervor, dass *Möngke* großen Wert auf eine repräsentative Hauptstadt legte. Ende 1252 sollen fünfhundert Handwerkerfamilien verschiedener Berufe am Ausbau der Residenz beteiligt gewesen sein.

Nachdem *Khubilai-Khan* die Hauptstadt der Yuan-Dynastie 1260 nach Peking verlegt hatte, schwand der Glanz Kara-Korums, und es verkümmerte zu einem abgelegenen Provinzzentrum.

Sieht man einmal von einer vagen Lokalisierung des Palastes durch russische Forscher 1948 und einigen halbherzigen mongolischen Grabungen in den 1970er Jahren ab, ist Kara-Korum über 500 Jahre lang von der Hand des Menschen verschont geblieben, obwohl sich die Trümmer der Stadt nur ca. 150 cm unter Flugsand und einer dünnen Humusschicht verbergen. 1990 erklärte die UNESCO das Palastgelände zum **Weltkulturerbe,** worauf lange nur ein steinerne Schildkröte und ein Zaun hindeuteten. Erst im September 1998 unterzeichneten mongolische Forscher und Experten vom Institut für Vor- und Frühgeschichte der Universität Bonn zusammen mit Spezialisten vom Deutschen Archäologischen Institut ein Abkommen über die Durchführung einer **Mongolisch-Deutschen-Karakorum-Expedition** (MDKE). Seit 1999 gräbt nun ein gemischtes Team aus deutschen und mongolischen Wissenschaftlern und Studenten allsommerlich an diesem geschichtsträchtigen Platz. Einige Aussagen in der Mongolei-Literatur mussten seither korrigiert oder konnten konkretisiert werden. So soll die Zerstörung der Stadt erst 1280 erfolgt sein. Ausgegraben hat man u.a. zwei gut erhaltene Ziegelbrennöfen, in denen Bauschmuck, Dach- und Mauerziegel sowie Bodenplatten gebrannt wurden. Bisher spektakulärster Fund ist jedoch ein bronzenes Amtssiegel in Quadratschrift. Das Siegel gehörte dem Finanzminister des mongolischen Großkhans *Ayushiridara* und stammt aus dem Jahre 1271. Damit konnte zum ersten Mal in der Mongolei in einer archäologischen Schicht eine historische Quelle aufgefunden werden. Einen reich bebilderten Bericht über den bisherigen Verlauf der Ausgrabungen finden Sie in der Zeitschrift GEO 02/2002.

Heute ist Kara-Korum ein überdurchschnittlich großes Sumzentrum im Uwurchangaj-Aimak, das neben der Viehzucht auch vom Getreideanbau und seiner Verarbeitung lebt.

Die Stadt selbst wäre als Ausflugsziel nicht erwähnenswert, gäbe es dort nicht das **Kloster Erdenedsuu** (auch: Erdeni-zuu). Es wurde 1586 auf Initiative des Chalch-Fürsten *Abtaj-Khan* (mong.: *Awdaj Sajn Chan;* 1554–1588) aus den Trümmern der zerstörten Hauptstadt als **erstes großes lamaistisches Kloster der Mongolei** errichtet. Bereits im 7. Jahrhundert stand an seiner Stelle ein Kloster, das auf den Uiguren-Khan *Bogotschur* zurückgeht. *Abtai-Khan* suchte im Jahr des Baubeginns des Klosters den *III. Dalai Lama* in Lhasa auf und bat um dessen Segen für das Projekt. Er brachte aus Tibet zwei hochrangige lamaistische Würdenträger mit, die beim Aufbau des Klosters helfen sollten. Im Kloster sollen bis zu 10.000 Lamas gelebt haben. Im 17. Jahrhundert wurden die Anlagen im Verlaufe von kriegerischen Auseinandersetzungen mit den mandschurischen Besatzern schwer beschädigt. In den Jahren 1760 bis 1796 sowie 1808 bis 1814 wurde es repariert und rekonstruiert. Zwischen 1941 und 1990 war der Klosterbetrieb eingestellt, es fungierte als nationales Museum. Bemühungen, die Substanz zu rekonstruieren, halten sich in Grenzen. Es fehlt neben den Geldmitteln - das Kloster nimmt als Museum jährlich nur 10.000 bis 12.000 US$ ein - auch an sachverständigem Personal.

Zam-Tänze

Zam-Tänze (tib. *tsham*) sind **kultische Mysterientänze** und wurden ursprünglich anlässlich des Neumondfestes aufgeführt. Die Tänze kamen erst seit Ende des 18. Jahrhunderts auch in der Mongolei zur Aufführung. Zunächst wurden sie **nur in Erdene-dsuu,** seit 1811 auch in Ich Churee aufgeführt. Nach und nach übernahmen dann auch andere große Klöster diese Sitte. Die Tänzer tragen große Masken lamaistischer Gottheiten. Von schriller Musik begleitet, vernichten sie während der Tänze symbolisch das Unheil des endenden Jahres und symbolisieren den Sieg des Buddhismus. Darüber hinaus finden sich aber auch possenhafte Passagen im Tanz, die der Belustigung der Zuschauer dienen.

Eine Ausstellung von **Tanzmasken** befindet sich im Tschojdshin-Lamyn-Museum (unmittelbar östlich der Staatsbibliothek) in Ulan Bator. Dort gibt es auch ein Foto von der letzten Zam-Aufführung in Ulan Bator Ende der 1930er Jahre.

Heute werden in der Mongolei Zam-Tänze wieder aufgeführt. Nicht immer dienen sie religiösen Zeremonien. Einige Tanzgruppen treten auch für Touristen auf. Anfang der 90er Jahre machte ein mongolisches Zam-Tanz-Ensemble eine sehr erfolgreiche Gastspielreise durch sechs große deutsche Städte.

Die quadratische **Anlage** ist an jeder Seite 420 m lang. Die Klostermauer wird von insgesamt 108 Stupas geziert. 1938 standen auf dem Klostergelände über 60 Einzelgebäude, in denen 1.500 Lamas ihren Beschäftigungen nachgingen. 1938 setzte auch hier das zerstörerische Treiben kommunistischer Eiferer ein. Allein die Verbrennung der umfänglichen Bestände der Klosterbibliothek soll nach Augenzeugenberichten über einen Monat in Anspruch genommen haben. Erhalten geblieben sind nur noch drei große Tempel, eine Stupa und einige Nebengebäude. In einem im chinesisch-tibetischen Mischstil errichteten Tempel finden wieder regelmäßig Gottesdienste statt, die von 46 Lamas gestaltet werden. Die anderen beiden großen Gebäude im chinesischen Stil beherbergen Ausstellungen von Werken buddhistischer Meister des 16.-19. Jahrhunderts.

An die Zeit *Tschingis-Khans* erinnern in und um Kara-Korum nur noch wenige Trümmerstücke und **zwei große steinerne Schildkröten,** die eine etwas außerhalb der Klostermauern, die andere auf einem Hügel unweit des Klosters. Die Schildkröten sind auf dem Rücken quadratisch ausgehöhlt und sollen den Stützen des Dachkranzes der Palastjurte als Fundament gedient haben.

Ein besonders skurriles Kleinod und Besuchermagnet unmittelbar am Fuße des Berges, der die zweite Schildkröte trägt, ist ein ca. 80 cm langer **steinerner Penis,** dessen Kopf in Richtung eines Bergeinschnitts zeigt, der - gewis-

378mo Foto: st

se Phantasie vorausgesetzt - seinem weiblichen Gegenstück ähnlich sieht. Leider ist das Werk, das der Sage nach dazu diente, die Traumphantasien der im Zölibat lebenden Lamas abzukühlen, inzwischen in der Mitte durchgebrochen und wird heute von einem Eisenzaum umgeben.

Chudshirt

(Хужирт)

Bis zu 55 °C warme **Heilquelle** am Ufer des Orchon in 1748 m Höhe. Behandelt werden Glieder- und Gelenkschmerzen, Kreislauferkrankungen und Probleme mit den Verdauungsorganen. Bekannter ist jedoch die gleichnamige Touristen-Basis in unmittelbarer Nähe. Bis nach Kara-Korum sind es 55 km, bis Arwajcheer auf der kürzesten Route 84 km.

Orchon gol

(Орхон гол)

Mit 1124 km einer der längsten **Flüsse.** Er entspringt dem Changaj und ergießt sich bei Suchbaatar (Stadt im Selenge-Aimak kurz vor der russischen Grenze) in die Selenge. In ihm leben Forellen, Hechte, Welse, Lachse, Störe,

Stolz präsentieren sich zwei Nomaden vor dem Orchon-Wasserfall

Weißfische, Karpfen, Barsche, verschiedene Kaulbarscharten, Äschen, Rotaugenfische, u.a.m. Die Täler am Unterlauf des Orchon zählen zu den wichtigsten Ackerbaugebieten der Mongolei.

Orchon-Wasserfall

(Орхоны хүрхрээ)

65 km südwestlich von Chudshirt ergießt sich auf dem rechten Orchon-Ufer der Ulaan gol ca. 20 m tief in den Orchon, der sich an dieser Stelle durch eine beidseitig aufragende **Basaltfelsenschlucht** drängt. Im Laufe der Zeit haben die Wasser des Ulaan gol die Felskanten so weit abgeschliffen, dass der Wasserfall inzwischen etwa 100 m vom Orchon selbst entfernt liegt. Auf seinem weiteren Weg durchschneidet der Orchon bis nach Kara-Korum zahlreiche weitere Basaltformationen.

Kloster Tuwchunij chijd

(Төвхөний хийд)

Klosteranlage unweit des Wasserfalls in nordöstlicher Richtung auf dem Tuwchun uul. Bekannt geworden ist die von Mongolen aus Stein errichtete Anlage dadurch, dass der erste Bogd *Undur Gegeen Dsanabadsar* hier tätig war.

Char balgas

(Хар балгас)

Ruinen der Hauptstadt des Uiguren-Reiches (9. Jh.), ca. 46 km nordwestlich von Kara-Korum auf dem Ostufer des Orchon. Das Relikt vermittelt dank seines **guten Erhaltungszustands** den besten Eindruck von der Bautätigkeit in der Uiguren-Zeit. Hauptsächlich verwendete Baumaterialien sind behauene Feldsteine und rohe Lehmziegel. Char Balgas war eines der größten und bedeutsamsten urbanen Zentren des Fernen Ostens im frühen Mittelalter.

Chuschöö zajdam

(Хөшөө цайдам)

3,30 m hohe und 1,30 m breite **Stele aus dem Jahre 732,** ca. 20 km östlich von Char balgas. Sie ist die bekannteste von insgesamt über 40 Stelen, die an die Zeit des Türken-Khanats (6.–8. Jh.) erinnern und würdigt in 68 Zeilen *Bilge-Khan* und seinen Bruder, General *Kultegin.*

Najman nuur

(Найман нуур)

Acht Seen vulkanischen Ursprungs, in 2200 m Höhe im Changaj gelegen. Von Arwajcheer sind es 116, vom Ujanga-Sum etwa 50 km bis zu den Seen. Die Anfahrt ist sehr beschwerlich und nur bei trockenem Wetter mit Geländewagen zu empfehlen. Der Weg führt entlang der Flüsse Ongi und Schurang über den Pass Schireetijn dawaa (2500 m), von dem aus der größte der Seen, der Schireet nuur, zu sehen ist. Selbst an freundlichen Sommertagen kann es hier sehr windig sein oder gar Schnee fallen. Die die Seen einschließenden Berge sind 300 bis 400 m höher als der Wasserspiegel und im oberen Teil nicht mehr bewaldet. Im unteren Teil dominieren Lärchenwälder. Das Gelände steht seit 1992 unter Schutz.

Taazyn zagaan nuur

(Таацын цагаан нуур)

Gobisee in unmittelbarer Nähe zum Zentrum des Baruunbajan-Ulaan-Sum. Die Anfahrt führt durch typische Wüstensteppengebiete. Der See hat eine veränderliche Größe, die sich nach der Stärke der Verdunstung richtet. An seinen Ufern befindet sich eine schöne **Sanddüne.** In ca. 35 km Entfernung in südlicher Richtung erhebt sich der Baga Bogd uul (3590 m), der für seinen Steinbockbestand bekannt ist.

Arz Bogd uul

(Арц Богд уул)

Ausläufer des Gobi-Altais südlich des Zentrums des Bogd-Sum, der deutlich aus dem sonst sehr flachen Gelände aufragt. Ca. 40 km südöstlich vom Sumzentrum befindet sich eine 8 x 12 km große **neusteinzeitliche Ausgrabungsstätte.**

l7 Foto: st

Anhang

m1 Foto: st

b3 Foto: st

„Eiszeit" im Norden der Mongolei

Kristallklare Seen locken zum Verweilen

Kleines Nomadenkind

Literaturhinweise

Einstimmung und Vorbereitung

- **Saruul, Agwaandorjiin:** *Demokratisierungschancen in der Mongolei,* Tectum Verlag, 1999. Eines der wenigen auf Deutsch erhältlichen Sachbücher einer mongolischen Autorin, die den politischen Transformationsprozess von einer kommunistischen in eine demokratische Gesellschaft beschreibt. Das Buch ist nur etwas für Politik-Interessierte.

- **Prohl, Werner und Staisch, Peter:** *Dschingis Khan lächelt. Die Mongolei auf dem Weg zur Demokratie,* Bonn 1998. Auch ein politisches Buch über den Transitionsprozess, aber sehr unterhaltsam und kenntnisreich geschrieben. Leider spielen die Personen, die darin vorkommen, heute in der Staatsführung kaum noch eine Rolle.

- **Franz, Margarete:** *Mongolei, nicht nur ein Reiseland,* Herdecke 2000. Die Autorin schildert in narrativ-erzählender Form ihre persönlichen Eindrücke bei ihren Mongolei-Besuchen, darunter auch bei Lamas, die die altmongolische Medizin betreiben. Manches erscheint allerdings zu aufgesetzt und zu oberflächlich betrachtet.

- **Schenk, Amelie und Haase, Udo:** *Mongolei,* München 1994. Ein sehr kenntnisreich geschriebenes Buch, vor allem auch für ethnologisch und historisch interessierte Mongolei-Liebhaber. An Informationen, die die Planung einer eigenen Reise betreffen, wird man in diesem Buch jedoch wenig konkretes finden.

- **Günther, Arno:** *Mongolisch für Globetrotter,* Kauderwelsch, Bielefeld 1993 (mit Tonkassette). Der **Sprachführer** im Taschenbuchformat gibt interessante linguistische Informationen und leistet gute Hilfestellungen beim Kauderwelschen in Mongolisch, für den Fall, dass man keine Zeit hat, sich langfristig mit dem Erlernen der Sprache zu beschäftigen.

- **Raith, Victoria und Naundorf, Cathleen:** *Steppen, Tempel und Nomaden. Zwei Frauen entdecken die Mongolei,* München 1994. Ein Reisebericht von zwei Frauen, die nicht nur zu reisen, sondern auch zu schreiben verstehen. Kenntnisreich, informativ und zugleich unterhaltsam geschrieben erhält der Leser hier Einblick in das Leben der heutigen Nomaden und den Reisealltag europäischer Besucher. Eine unbedingt empfehlenswerte Vorablektüre.

- **Schenk, Amelie:** *Die Mongolei: Weite Heimat der Nomaden,* Dortmund 1994. Das Buch bietet kleine landeskundliche Essays und Impressionen aus der Mongolei. Besonders interessant sind die über 100 Farbabbildungen.

- **Goldstein, Melvyn C. und Beall, Cynthia M.:** *Die Nomaden der Mongolei. Eine Hirtenkultur zwischen Tradition und Moderne,* Nürnberg 1994. Dieses brillante Buch des amerikanischen Ethnologenpaares beschreibt das Leben der Nomaden im Altai-Gebirge und ist mit unvergesslich faszinierenden Farbfotos bebildert. Auf der Grundlage von mehrmonatigen Feldforschungen in der Zeit von 1990 bis 1992 berichten sie von der Lebensweise der Nomaden und spüren dabei auch den Veränderungen durch die Einführung der Marktwirtschaft nach (im engl. Original heißt das Buch deshalb entsprechend *The Changing World of Mongolia's Nomads*).

Informatives in anderen Sprachen

- **Becker, Jasper:** *The Lost Country. Mongolia Revealed.* London 1992. Diesem kundigen Buch eines Journalisten gelingt es, die Geschichte der Mongolei im 20. Jahrhundert spannend und kurz zu erzählen. Einzigartig ist das Kapitel „Ulan Bator 1989", welches einen guten Eindruck von den letzten revolutionären Wirren in der Mongolei vermittelt.

- **Middleton, Nick:** *The Last Disco in Outer Mongolia,* London 1992. Ein absolutes Muss für alle, die sich positiv auf das Land einstellen wollen. Zum einen ist dies der einzige Reisebericht von einem Westler, der Erlebnisse aus der Zeit vor dem politischen Umbruch beschreibt, zum anderen hat der britische Geograph *Nick Middleton* wirklich die seltene Gabe, vergnüglich zu schreiben.

• **Stewart, Stanley:** *In the Empire of Genghis Khan,* London 2001. Der britische Reiseschriftsteller Stewart berichtet von einem mehr als 1000 km langen Ritt zu Pferde durch die Mongolei Ende der 90er Jahre. Er stößt dabei nicht nur auf Hunderte von Nomadenfamilien, sondern erlebt auch, wie sich ein Schamane mittels Wodka in Ekstase versetzt.

• **Thevenet, Jacqueline:** *Les Mongols. De Genghis Khan et d'aujourd'hui,* Paris 1986. Das Erscheinungsdatum kündigt es bereits an: Dies ist ebenfalls ein Buch, dass vor dem politischen Umbruch der Mongolei geschrieben wurde. Es dürfte vor allem diejenigen interessieren, die sich gerade für das mongolische Alltagsleben der frühen achtziger Jahre interessieren.

Historische und völkerkundliche Sachbücher

• **Plano Carpini, Johannes von und Schmieder, Felicitas:** *Kunde von den Mongolen 1245–1247,* Jan Thorbecke Verlag, Stuttgart 1997. Der Klassiker unter den Geschichtsbüchern. Berichtet wird von der Reise des Franziskanermönchs Johannes von Plano Carpini, der im Auftrag des Papstes 1245 nach Zentralasien reist, um Näheres über das Reitervolk in Erfahrung zu bringen, das 1241 Teile Europas in Angst und Schrecken versetzt hat.

• **Bawden, C.R.:** *The Modern History of Mongolia,* London und New York 1989. Der englischsprachige Klassiker zur modernen Geschichte der Mongolei.

• **Marshall, Robert:** *Sturm aus dem Osten. Von Dschingis Khan bis Khubilai Khan,* München 1996. Eine sachkundige und interessant zu lesende Darstellung der Ereignisse dieser Epoche, die sich anlehnt an die fünfteilige BBC-Dokumentarfernsehserie „Der Mongolensturm" (s.u. „Filme").

• **Tucci, Guiseppe und Heissig, Walter:** *Die Religionen Tibets und der Mongolei,* Stuttgart 1970. Eine tief in Detail führende Einführung für alle, die sich ganz besonders für den Lamaismus interessieren.

• **Heissig, Walther und Müller, Claudius C.:** *Die Mongolen,* Frankfurt/M. 1989. Eines der klassischen Werke der Mongolistik. Der reich illustrierte Ausstellungsband enthält 59 wisenschafliche Beiträge anerkannter Mongoleiforscher zu dem Themenkreisen Geschichte, Ethnographie, Kunst und Literatur, Kultur, Sitten und Gebräuchen bis hin zur traditionellen mongolischen Medizin.

• **Heissig, Walther:** *Die Mongolen. Ein Volk sucht seine Geschichte,* Bindlach 1989. Ein anschaulich und unterhaltsam geschriebener zusammenhängender Bericht über die bisherigen Ergebnisse der Mongolei-Forschung vom großen deutschen Mongolistik-Professor *W. Heissig.*

• **Weiers, Michael (Hrsg.):** *Die Mongolen. Beiträge zu ihrer Geschichte und Kultur,* Darmstadt, 1986. Das Buch enthält das Standardwissen über die Mongolei und besteht aus Beiträgen der Bonner Mongolisten aus der Schule *Prof. Heissigs.*

• **Eggebrecht; Arne (Hrsg.):** *Die Mongolen und ihr Weltreich,* Mainz 1989. Auch dieses Buch fasst mongolistisches Standardwissen zusammen, geht aber in die Geschichte der Nomadenkultur zurück bis in die Skythenzeit und verfügt im Anhang über eine gute Zusammenstellung von die Mongolei berührenden mittelalterlichen Reiseberichten von Johannes des *Plano Carpini* bis *Marco Polo.*

• **von Rubruk, Wilhelm:** *Reisen zum Großkhan der Mongolen. Von Konstantinopel nach Karakorum 1253–1255,* Stuttgart 1984. Die Lektüre dieses Buches empfiehlt sich, wenn der Leser noch mehr über die Erlebnisses dieses Reisenden wissen möchte, als in den Auszügen im Buch *Arne Eggebrechts* zu erfahren sind.

●**Taube, Erika und Manfred:** *Schamanen und Rhapsoden. Die geistige Kultur der alten Mongolei,* Wien 1983. Auch diese reichlich bebilderte Buch gibt eine gute Einführung in das kulturelle Erbe und die künstlerischen Traditionen der Mongolen.

●**Barkmann, U. B.:** *Geschichte der Mongolei,* Bonn 1999. Das im *Bouvier-Verlag* erschienene Buch verarbeitet neue, bisher nicht zugängliche Archivmaterialien und vermittelt einen detailreichen und umfassenden Überblick über die Geschichte der Mongolen, wobei die Mandschu-Zeit und die Ereignisse des 20. Jahrhunderts den Schwerpunkt bilden. Leider endet die Darstellung weit vor 1990, so dass der gesellschaftliche Umbruch der 90er Jahre nicht beleuchtet wird.

Literarisches

●**Tschinag, Galsan:**
- *Der siebzehnte Tag,* Erzählungen, München 1994.
- *Das Ende des Liedes,* München 1994.
- *Der blaue Himmel,* Frankfurt/M. 1994.
- *Zwanzig und ein Tag,* Roman, Frankfurt/M. 1995.
- *Eine tuwinische Geschichte und neue Erzählungen,* München 1995.
- *Der weiße Berg,* Roman, Frankfurt/M. 2002
- *Im Land der zornigen Winde,* Zürich 2002

Galsan Tschinag ist ein mongolischer Schriftsteller der besonderen Art, denn er schreibt seine Bücher auf Deutsch. Er studierte 1962–1968 in Leipzig Germanistik und ist seit 1991 als freier Schriftsteller tätig. 1992 wurde *Galsan* von der Bayerischen Akademie der Schönen Künste mit dem Adelbert-von-Chamisso-Preis geehrt, einem Literaturpreis, der jährlich an Ausländer vergeben wird, die auf Deutsch schreiben.

Seine Büchern entführen den Leser in die Welt der Steppennomaden und erzählen in lyrischer Weise von ihren alten Sitten und Gebräuchen sowie neuen Lebensweisen.

●**Mühlenweg, Fritz:**
- *Kleine mongolische Heimlichkeiten,* Bottighofen (CH), 1992.
- *Fremde auf dem Pfad der Nachdenklichkeit,* Bottighofen (CH), 2001.
- *In geheimer Mission durch die Wüste Gobi,* Bottighofen (CH), 1994.

Fritz Mühlenweg, Konstanzer Apotheker und Weggefährte *Sven Hedins,* beschreibt seine Reiseerlebnisse in einer poetischen Dichte, die sie zu einem literarischen Hochgenuss machen. Gerade die „Kleinen mongolischen Heimlichkeiten" sollte man einstecken als Einstimmung auf ein Land, in dem Zeit so relativ ist, dass auch vor Jahren geschriebenes noch heute literarisch aktuell ist.

●*Mongolische Erzählungen: Helden-, Höllenfahrts- und Schelmengeschichten.* (Übersetzung und Vorwort von **W. Heissig**), Stuttgart 1986. *Mongolische Märchen* (Übersetzung und Nachweis von **W. Heissig**), München 1993.

Beide Bände mongolischer Volkskunst sind von *Prof. Heissig* einfühlsam übersetzt und vermitteln ein gutes Bild der geistigen Kultur der Mongolen.

Bildbände

Ein mongolisches Sprichwort lautet: *„Einmal gesehen ist besser, als tausendmal gehört".* Für die Beschreibung eines Landes, das so einzigartig ist, wie die Mongolei, gilt dies doppelt und dreifach. Im folgenden also einige Bildbände, die mehr an Eindruck vermitteln, als tausend Worte sagen können.

●**Dehau, Etienne:** *Die Mongolei,* Daniele Amez Verlag, 1994. Ein künstlerisch wertvoller Bildband eines französischen Fotografen mit phantastischen Landschafts- und Porträtaufnahmen, die kenntnisreich kommentiert werden.

●**Burchert, Ulrich und Enchbat, Roozongijn:** *Mongolia. Country of Contrasts,* Ulaanbaatar 1993. Bilder, die den mongolischen Alltag in vielen Facetten festhalten.

●**Burchert, Ulrich:** *In the Grassland,* Ulaanbaatar 1994. Ein Bildbändchen mit Schwarzweißfotos.

●**Ottinger, Ulrike:** *Taiga: Eine Reise ins nördliche Land der Mongolen,* Berlin 1993. Ein tolles Buch mit tollem Text. Die großartigen Fotos der deutschen Filmemacherin mit Neigung zur Ethnographie beschreiben eindrucksvoll das Leben zweier nomadischer Volksgruppen im nördl. Chuwsgul-Aimak.

●**Hagensen Boyer, Martha, Boyer, Martha und Nicolaisen, Ida:** *Mongol Jewelry: Jewelry Collected by the First and Second Danish Central Asian Expeditions (The Carlsberg Foundation's Nomad Research Project),* Kopenhagen 1995. Der liebevoll zusammen gestellte Band zeigt ca. 150 Fotografien von Schmucksachen, die in den 30er Jahren von den im Titel bezeichneten Expeditionen in der Mongolei zusammengetragen wurden. Erklärt werden die verschiedenen Stilrichtungen der Silberschmiedearbeiten und ihre historische Herkunft.

Filme

●**Ulrike Ottingers** oben erwähntes Buch ist sicherlich auch deswegen so eindrucksvoll, weil wir es hier mit einer Filmemacherin zu tun haben, die sich seit Jahren mit der Mongolei beschäftigt und mehrere Filme über Land und Leute gedreht hat. Einer davon hat den gleichen Titel, wie obengenannter Bildband, also *Taiga* und dauert genau 501 Minuten – belohnt den ausdauernden Betrachter jedoch in jeder Hinsicht.

Ein anderer, *Johanna d'Arc of Mongolia* (1988), sprengt die Grenzen von Fiktion und Dokument und dauert nicht einmal drei Stunden. Dabei begegnen vier Frauen in der Transsibirischen Eisenbahn exzentrischen Herren und werden in der Mongolei von einer Nomaden-Prinzessin entführt.

●Der Dokumentarfilm *Shambhala* (*Komplett Video,* 1994, 2 mal 45 min) von **Susanne Aernecken** und **Michael Goerden** portraitiert den jungen mongolischen Lama Zagdsuren auf der Suche nach dem Königreich „Shambhala". Die Pilgerreise des buddhistischen Mönchs führt dabei von Ulan Bator, wo sein Volk gerade die neue Freiheit erlangt hat und er selbst fremd wirkt, in die Wüste Gobi, nach Tibet und Indien.

●Auch auf Video erhältlich ist eine fünfteilige **Dokumentarserie** *Der Mongolensturm* (*Komplett Video,* 1993, Originaltitel: *„Storm from the East"*), die von der *BBC* in Kooperation mit dem japanischen Fernsehen 1990–1992 gedreht wurde und anschaulich die Geschichte und das Heute der Mongolen darstellt.

●Ein Film der besonderen Klasse ist **Nikita Michalkovs** *Urga.* Dieser 1991 mehrfach preisgekrönte, eindrückliche Film mit atemberaubenden Landschaftsaufnahmen der Steppe hat einen ganz eigenen, verhaltenen Charme. Freilich sollte man im Hinterkopf behalten, dass er in der „Inneren Mongolei", also der Volksrepublik China, spielt und daher auch typisch chinesisch-mongolische Probleme thematisiert. Die einzige Stadt, die in dem Film zu sehen ist, ist dann auch Huhehot, und nicht etwa Ulan Bator.

●**ZDF-Reiselust Mongolei:** In dem 30-minütigen Dokumentarfilm entdecken sie vieles von dem wieder, was im vorliegenden Buch beschrieben wurde: Die unendliche Steppe unter dem ewig blauen Himmel, der andere Umgang ihrer Bewohner mit Raum und Zeit sowie die Einsamkeit und Ruhe, die den Besucher erwarten.

●**Camel Trophy 1997 – Mongolia:** Hier geht es 60 Minuten lang richtig zur Sache. Nicht nur das Material leidet – schon nach wenigen Etappen verabschieden sich einige der Landrover – auch die Teilnehmer müssen ihre körperliche Fitness bei verschiedenen Wertungsprüfungen unter Beweis stellen.

Musik

●Der Film **Urga** war ein Kinohit in ganz Europa. Unterdessen ist die **Filmmusik** auf CD zu haben. Obwohl die Musik jedoch gut in die mongolische Landschaft passt, ist sie zum großen Teil nicht authentisch.

• **Mongolian Folk Musik,** Doppel-CD, Hungaroton HCD 18013-14, SLPX 18013-14. Die CDs sind von 1990, die Aufnahmen von 1967. Ein Potpourrie der mongolischen Musik, der alles enthält, was die Mongolei an musikalischen Schätzen zu bieten hat.

• **Mongolian Songs,** World Music Library KICC 5133;
- **Mongolian Instrumental Music,** World Music Library KICC 5134;
- **Mongolian Morin Khuur,** World Music Library KICC 5135;
- **Mongolian Epic Songs,** World Music Library KICC 5136.

Eine japanische Produktion, die zwar umfassend und perfekt ist, aber beim Zuhören ermüdet.

• **Enchanting Mongolia,** LC 6464. Gut abgemischte CD mit traditioneller mongolischer Musik. Falls im Musikhandel nicht erhältlich, kann man den Copyrightinhaber anschreiben: *Stefan Körbel,* PF 106, 10266 Berlin.

• **Mongolia.** *The Mandukhai Ensemble,* Playasound PS 65115. Das Mandukhai Ensemble tourt in letzter Zeit in Europa und bietet ebenfalls Kostproben aus allen Genres der traditionellen mongolischen Musik.

• **Dreaming in Gobi,** MCB 93-6868. Die einzige mongolische Schlager-CD. Vom Tenor her extrem verträumt und dem westlichen Ohr nicht unbedingt zugänglich. Aber eben das, was Mongolen lieben.

• **Mongolie. Chamanes et Lamas,** Ocora C 560059. Die von *Radio Prance* aufgezeichnete CD enthält zwei jeweils fast 20 Minuten laufende Schamanengesänge und je einen Mitschnitt von Lamamusik aus dem Klöstern Erdenedsuu und Gandan.

• **Folk Music from Mongolia,** aus der Reihe *Living Musical Traditions* der Museum Edition Hamburg (Museum für Völkerkunde 1993). Eine gute Zusammenstellung typisch mongolischer Volksmusik.

• **Sounds of Mongolia.** *Egschiglen,* Arc Music 2001, B00005IBZZ. Egschiglen ist eines der bekanntesten Volksmusikensembles der Mongolei und noch mit einer Reihe weiterer Titel auf dem internationalen Markt vertreten.

Kleine Sprachhilfe

Nach unseren Erfahrungen fällt es Europäern äußerst schwer, sich in Mongolisch auszudrücken. Vielfach stellt bereits die Entzifferung der Schrift ein Problem dar. Neben der stark übungsbedürftigen **Aussprache** sind der Satzaufbau und die Wortbildung so **kompliziert,** dass es den Rahmen dieses Buches weit übersteigen würde, auch nur Grundkenntnisse zu vermitteln. Vielmehr haben wir uns bemüht, in der folgenden Liste wirklich oft vorkommende Wendungen und Wörter aufzunehmen. Eine ganze Reihe weiterer wichtiger mongolischer Begriffe und Ortsangaben finden sich im laufenden Text.

Zur besseren Verständigung unterwegs kann der **Kauderwelsch-Sprechführer** Mongolisch beitragen, der im gleichen Verlag erschienen ist. Er ist besonders auf reisepraktische Ausdrücke und Redewendungen hin konzipiert und vermittelt eine Grundübersicht der Grammatik.

Aussprache und Umschrift

Mongolisch wird heute hauptsächlich in **kyrillischer Schrift** geschrieben, wobei es zusätzlich die Sonderzeichen Ө und Y gibt. Im Buch wird eine einfache Umschrift verwendet, die deutschen Sprechgewohnheiten möglichst entgegenkommt.

Selbstlaute werden stets kurz ausgesprochen, bei Verdopplung lang. Kurze Selbstlaute am Wortende werden in der Regel nicht gesprochen. Zwielaute (Diphtonge) wie *aj, uj* oder *ua* werden zusammengezogen. *Aj* und *ej* werden am Wortende eher wie ein langes deutsches *ä* gesprochen.

Zeichen	Umschrift	Aussprache
А, а	a	normales *a,* als kurzer Vokal und im Auslaut verschluckt
Б, б	b	normales *b*
В, в	w	wie normales *w*
Г, г	g	wie *g,* aber in hintervokalischen Wörtern weit hinten im Gaumen gesprochen
Д, д	d	normales *d*
Е, е	je	in mongolischen Wörtern selten, wie *je* in *je*doch
Ё, ё	jo	mit offnem *o* gesprochenes *jo* wie in *Jo*ppe
Ж, ж	dsh	stimmhaftes *dsch* wie in *Dsch*ungel
З, з	ds	stimmhaftes *ds*
И, и	i	normales kurzes *i,* wirkt erweichend auf dem Vokal der vorherigen Silbe
Й, й	j	schwaches *j,* dient der Doppellautbildung und der Verlängerung des i
К, к	k	normales *k*
Л, л	l	normales *l*
М, м	m	normales *m*
Н, н	n	normales *n,* am Wortende leicht nasaliert wie in e*ng*
О, о	o	offenes *o,* wie in *o*ffen
Ө, ө	ö,uu	schwer auszusprechen, *u* mit schwach mitklingendem *ö,* als langer Vokal mit *uu* transkribiert, stärkerer u-Klang
П, п	p	normales *p,* fast nur in Fremdwörtern
Р, р	r	„slawisches", mit der Zungenspitze gerolltes *r*
С, с	s	stimmloses *s* wie in wa*s*
Т, т	t	normales *t,* bei doppeltem *t* getrennt gesprochen
У, у	u	normales *o* wie in *o*hne
Ү, ү	u	normales *u* wie in *U*fer
Ф, ф	f	normales *f,* nur in Fremdwörtern
Х, х	h, ch	im Gaumen zu rollender Kehllaut, stärker als in Fa*ch*
Ц, ц	ts, z	normales *z* mit t-Vorschlag, wie in Gazelle
Ч, ч	tsch	stimmloses *tsch* wie in Qua*tsch*
Ш, ш	sch	stimmloses *sch* wie in *Sch*ule
Щ, щ	schtsch	stimmloses *schtsch,* nur in Fremdwörtern
Ъ, ъ		Härtezeichen, nur grammatikalische Bedeutung, nicht gesprochen
Ы, ы	y	genau wie *ij* als langes *i* gesprochen, wie in Sch*i*ene
Ь, ь		Weichheitszeichen, bewirkt wie das kurze *i* die „weiche" Aussprache des Vokals in der vorhergehenden Silbe
З, з	e	offenes e wie in *E*nte
Ю, ю	ju	normales *ju* wie in *Ju*te
Я, я	ja	normales *ja* wie in *Ja*gd

Floskeln und Fragen

Guten Tag (gerichtet an eine Person)	Sajm bajn uu?	Сайн байна уу?
Guten Tag (gerichtet an mehrere Personen)	Sajm bajzgaa nuu?	Сайн байцгаана уу?
Wie geht es Ihnen?	Tanij bie sajn uu	Таны бие сайн уу?
Haben Sie sich gut erholt? (Standardfrage bei jeder Begegnung)	sajchan amarsan uu	Сайхан амарсан уу?

Auf Wiedersehen!	bajartaj	Баяртай.
Entschuldigung!	uutschlaaraj	Уучлаарай.
Danke	bajarlalaa	Баярлалаа.
Mein Name ist ...	namajg ... gedeg	Намайг ... гэдэг.
Wie heißen Sie?	tanyg chen gedeg we?	Таныг хэн гэдэг вэ?
Wo kommen Sie her?	ta chaanaas irsen be?	Та хаанаас ирсэн бэ?
Ich komme aus ...	bi ... -aas irsen	Би ... -аас ирсэн.
Gute Reise!	dsamdaa sajn jawaaraj	Замдаа сайн яваарай!
Darf ich?	boloch uu?	Болох уу?
Können Sie mir helfen?	ta nadad tusaldsh tschadach uu?	Та надад тусалж чадах уу?
Warten Sie auf mich.	ta namajg chuleegeerej	Та намайг хүлээгээрэй!
Wo und wann treffen wir uns?	bid nar chaan chedsee uuldsach we?	Бид нар хаана хэзээ уулзах вэ?
Abgemacht! (wörtl. lass es uns so machen)	Dsa tegij	За тэгъе!

Verben und Adjektive

fahren	jawach	явах
kommen	irech	ирэх
hineingehen	oroch	орох
herauskommen	garach	гарах
essen	idech	идэх
trinken	uuch	уух
schlafen	untach	унтах
sich erholen	amrach	амрах
lesen	unschich	унших
machen	chijch	хийх
kochen	tschadach	чанах
reparieren	dsasach	засах
einladen	urich	урих
fragen	asuuch	асуух
sprechen	jarich	ярих
telefonieren	utasdach	утасдах
vergessen	martach	мартах
gut	sajn	сайн
schlecht	muu	муу
warm	chaluun	халуун
kalt	chujten	хүйтэн
hart	chatuu	хатуу
weich	dsöölun	зөөлөн
hoch	undur	өндөр
niedrig	namchan	намхан
süß	tschicherleg	чихэрлэг
bitter	gaschuun	гашуун
sauer	isgelen	исгэлэн
schmackhaft	amttaj	амттай
ein bisschen	dshaachan	жаахан
nah	ojrchon	ойрхон
fern	chol	хол

sonnig	nartaj	нартай
regnerisch	borootoj	бороотой
nass	nojton	нойтон
trocken	chuuraj	хуурай

Geographische Bezeichnungen

Wo ist ...?	... chaan bajdag we?	... хаана байдаг вэ?
Fluss	gol	гол
Berg	uul	уул
Straße	dsam	зам
Tal	chundij	хөндий
Brücke	guur	гүүр
Wald	oj mod	ой мод
Pass	dawaa	даваа
Stadt	chot	хот
Aimakzentrum	ajmgijn tuw	аймгийн төв
Sumzentrum	cumyn tuw	сумын төв

Verkehrsmittel — teewrijn cheregsel — тээврийн хэрэгсэл

Auto	maschin	машин
Geländewagen	mosttoj maschin	мосттой машин
Autobus	awtobus	автобус
Lastwagen	atschaany maschin	ачааны машин
geländegängiger Lastwagen	mosttoj atschaany maschin	мосттой ачааны машин
Eisenbahn	galt tereg	галт тэрэг
Flugzeug	nisech ongotz	нисэх онгоц
Fahrer	dsholootsch	жолооч
Reifen	duguj	дугуй
Bremse	toormos	тоормос
Benzin	bendsin	бензин
Motoröl	motoryn maslo	моторын масло
Flickzeug	dugujn nuchöös	дугуйн нөхөөс
Wagenheber	damkrat	дамкрат
Tank	bank	банк
Licht	gerel	гэрэл
Abschleppseil	tross	тросс

Einkauf, Essen — jum chudaldan awach — юм худалдан авах

Ich möchte ... kaufen.	bi ... abmaar bajn	Би ... авмаар байна.
Wie viel kostet das?	En jamar untej we?	Энэ ямар үнэтэй вэ?
Tugrik (Landeswährung)	tugrug	төгрөг
Lebensmittelgeschäft	chunsnij delguur	хүнсний дэлгүүр
Kaufhaus	ich delguur	их дэлгүүр
Landkarten	gadsryn dsurag	газрын зураг
Souvenirs	beleg dursgalyn dsujl	бэлэг дурсгалын зүйл
Buch	nom	ном
Bild	dsurag	зураг
Brot	talch	талх
Fleisch	mach	мах

Rindfleisch	uchrijn mach	үхрийн мах
Hammelfleisch	choniny mach	хонины мах
Ziegenfleisch	jamaany mach	ямааны мах
Hühnerfleisch	tachiany mach	тахианы мах
Schweinefleisch	gachajn mach	гахайн мах
Fisch	dsagas	загас
Butter	maslo	масло
Konserven	laads	лааз
Zucker	elsen tschicher	элсэн чихэр
Mehl	guril	гурил
Reis	tzagaan budaa	цагаан будаа
Salz	daws	давс
Pflanzenöl	urgamalyn tos	ургамлын тос
Nudeln	gojmon	гоймон
Kartoffeln	tums	төмс
Zwiebeln	songino	сонгино
Möhren	ulaan luuwan	улаан лууван
Kohl	bajtzaa	байцаа
Speisewürze	tzuu	цуу
Limonade	undaa	ундаа
Bier	piwo, schar ajrag	пиво, шар айраг
Tee	tzaj	цай
Wodka	archi	архи
Schlafsack	ajany chundshil	аяны хөнжил
Gummistiefel	usny gutil	усны гутал
feste Schuhe	ajany gutil	аяны гутал
Schuhcreme	gutlyn tos	гутлын тос
Besteck	chalbag seree	халбага сэрээ
Schüssel	tumpen	түмпэн
Eimer	chuwin	хувин
Wasserkanne	biton	битон
Fotoapparat	dsurgijn apparat	зургийн аппарат
Fotofilm	pljonk	плёнка
Film entwickeln	pljonkaa ugaalgach	плёнкаа угаалгах

Gesundheit — eruul mend — эрүүл мэнд

Mir geht es schlecht.	minij bie muu bajn	Миний бие муу байна.
Ich bin krank.	bi uwtschtej bajn	Би өвчтэй байна.
Ich habe Fieber.	bi chaluuntaj bajn	Би халуунтай байна.
Ich habe Durchfall.	bi schingen aldadsh bajn	Би шингэн алдаж байна.
Ich habe mir etwas gebrochen.	bi bertsen bajn	Би бэртсэн байна.
Ich habe Zahnschmerzen.	minij schud uwdudsh bajn	Миний шүд өвдөж байна.
Ich muss mich übergeben.	bi bööldshidsh bajn	Би бөөлжиж байна.
Kopf	tolgoj	толгой
Auge	nud	нүд
Ohr	tschich	чих
Mund	am	ам
Zunge	chel	хэл
Zahn	schud	шүд
Knochen	jas	яс

Rippe	chawirag	хавирга
Arm	gar	гар
Bein	chul	хөл
Knie	uwdug	өвдөг
Knöchel	schagaj	шагай
Sehne zerren	schurmus tatach	шөрмөс татах
Magen	chodood	ходоод
Leber	eleg	элэг
Lunge	uuschig	уушиг
Blinddarm	muchar olgoj	мухар олгой
Niere	böör	бөөр
Gedärm	gedes	гэдэс
Herz	dsurch	зүрх
Blutdruck	tzusny daralt	цусны даралт
Vergiftung	chordlog	хордлого
Pflaster	naadag lent	наадаг лент
Verband	maaral	марль
Medikament	em	эм
Brille	nudnij schil	нүдний шил
Sonnenbrille	narny schil	нарны шил
Arzt	emtsch	эмч
Krankenhaus	emneleg	эмнэлэг
Operation	mes dsasal	мэс засал
Bett	or	ор
Fieberthermometer	chaluuny schil	халууны шил
fiebersenkendes Mittel	chaluun namdaach em	халуун намдаах эм
Apotheke	emijn san	эмийн сан
Einreibemittel	turchdeg em	түрхдэг эм
Watte	chuwun	хөвөн
Jod	jod	иод
Tropfen	dusal	дусал
einreiben	turchech	түрхэх
einnehmen	em uuch	эм уух

Zahlen	too	тоо
1	neg	нэг
2	chojor	хоёр
3	guraw	гурав
4	duruw	дөрөв
5	taw	тав
6	dsurgaa	зургаа
7	doloo	долоо
8	najm	найм
9	jus	ес
10	araw	арав
11	arwan neg	арван нэг
20	chori	хорь
30	gutsch	гуч

40	dutsch	дөч
50	tawi	тавь
60	dshar	жар
70	dal	дал
80	naj	ная
90	jer	ер
100	dsuu	зуу
101	dsuun neg	зуун нэг
111	dsuun arwan neg	зуун арван нэг
1000	mjanga	мянга
1111	mjanga neg dsuun arwan neg	мянга нэг зуун арван нэг
10000	arwan mjanga	арван мянга

HILFE!

Dieses Reisehandbuch ist gespickt mit unzähligen Adressen, Preisen, Tipps und Infos. Nur vor Ort kann überprüft werden, was noch stimmt, was sich verändert hat, ob Preise gestiegen oder gefallen sind, ob ein Hotel, ein Restaurant immer noch empfehlenswert ist oder nicht mehr, ob ein Ziel noch oder jetzt erreichbar ist, ob es eine lohnende Alternative gibt usw.

Unsere Autoren sind zwar stetig unterwegs und versuchen, alle zwei Jahre eine komplette Aktualisierung zu erstellen, aber auf die Mithilfe von Reisenden können sie nicht verzichten.

Darum: Schreiben Sie uns, was sich geändert hat, was besser sein könnte, was gestrichen bzw. ergänzt werden soll. Nur so bleibt dieses Buch immer aktuell und zuverlässig. Wenn sich die Infos direkt auf das Buch beziehen, würde die Seitenangabe uns die Arbeit sehr erleichtern. Gut verwertbare Informationen belohnt der Verlag mit einem Sprechführer Ihrer Wahl aus der über 160 Bände umfassenden Reihe „Kauderwelsch" (siehe unten).

Bitte schreiben Sie an:

REISE KNOW-HOW Verlag Peter Rump GmbH, Osnabrücker Str. 79
D-33649 Bielefeld, oder per e-mail an: info@reise-know-how.de

Danke!

Kauderwelsch-Sprechführer – sprechen und verstehen rund um den Globus

Afrikaans • Albanisch • Amerikanisch - *American Slang, More American Slang,* Amerikanisch oder Britisch? • Amharisch • Arabisch - Hocharabisch, für Ägypten, Algerien, Golfstaaten, Irak, Jemen, Marokko, • Palästina & Syrien, Sudan, Tunesien • Armenisch • *Bairisch* • Balinesisch • Baskisch • Bengali • *Berlinerisch* • Brasilianisch • Bulgarisch • Burmesisch • Cebuano • Chinesisch - Hochchinesisch, kulinarisch • Dänisch • Deutsch - *Allemand, Almanca, Duits, German, Nemjetzkii, Tedesco* • *Elsässisch* • Englisch - *British Slang, Australian Slang, Canadian Slang, Neuseeland Slang,* für Australien, für Indien • Färöisch • Esperanto • Estnisch • Finnisch • Französisch - für Restaurant & Supermarkt, für den Senegal, für Tunesien, *Französisch Slang, Franko-Kanadisch* • Galicisch • Georgisch • Griechisch • Guarani • Gujarati • Hausa • Hebräisch • Hieroglyphisch • Hindi • Indonesisch • Irisch-Gälisch • Isländisch • Italienisch - *Italienisch Slang,* für Opernfans, kulinarisch • Japanisch • Javanisch • Jiddisch • Kantonesisch • Kasachisch • Katalanisch • Khmer • Kirgisisch • Kisuaheli • Kinyarwanda • *Kölsch* • Koreanisch • Kreol für Trinidad & Tobago • Kroatisch • Kurdisch • Laotisch • Lettisch • Lëtzebuergesch • Lingala • Litauisch • Madagassisch • Mazedonisch • Malaiisch • Mallorquinisch • Maltesisch • Mandinka • Marathi • Mongolisch • Nepali • Niederländisch - *Niederländisch Slang,* Flämisch • Norwegisch • Paschto • Patois • Persisch • Pidgin-English • *Plattdüütsch* • Polnisch • Portugiesisch • Punjabi • Quechua • *Ruhrdeutsch* • Rumänisch • Russisch • *Sächsisch* • *Schwäbisch* • Schwedisch • *Schwiizertüütsch* • *Scots* • Serbisch • Singhalesisch • Sizilianisch • Slowakisch • Slowenisch • Spanisch - *Spanisch Slang,* für Lateinamerika, für Argentinien, Chile, Costa Rica, Cuba, Dominikanische Republik, Ecuador, Guatemala, Honduras, Mexiko, Nicaragua, Panama, Peru, Venezuela, kulinarisch • Tadschikisch • Tagalog • Tamil • Tatarisch • Thai • Tibetisch • Tschechisch • Türkisch • Twi • Ukrainisch • Ungarisch • Urdu • Usbekisch • Vietnamesisch • Walisisch • Weißrussisch • *Wienerisch* • Wolof • Xhosa

Reise-Gesundheits-Information Mongolei

Stand: 15.5.2003
© Centrum für Reisemedizin 2003

Die nachstehenden Angaben dienen der raschen Orientierung, was für eine geplante Reise in das Land an Gesundheitsvorsorgemaßnahmen zu berücksichtigen sind. Die Informationen wurden uns freundlicherweise vom *Centrum für Reisemedizin* zur Verfügung gestellt. Auf der Homepage: **www.Travelmed.de** werden diese Informationen stetig aktualisiert. Es lohnt sich, dort noch einmal nachzuschauen.

Klima: Kontinentales Steppenklima; durchschnittliche Temperatur in Ulan Bator im Januar -26 °C, im Juli 16 °C.

EINREISE-IMPFVORSCHRIFTEN
keine

EMPFOHLENER IMPFSCHUTZ
Generell: Tetanus, Diphtherie, Hepatitis A, Polio

Je nach Reisestil und Aufenthaltsbedingungen im Lande sind außerdem zu erwägen:

Impfschutz	Reisebedingung 1*	Reisebedingung 2**	Reisebedingung 3
Hepatitis A	x		
Hepatitis B (1)	x		
Tollwut (2)	x		

(1) vor allem bei Langzeitaufenthalten und engerem Kontakt zur einheimischen Bevölkerung.
(2) bei vorhersehbarem Umgang mit Tieren

*Reisebedingung 1:

Reise durch das Landesinnere unter einfachen Bedingungen (Rucksack- /Trecking- /Individualreise) mit einfachen Quartieren/Hotels; Camping-Reisen, Langzeitaufenthalte, praktische Tätigkeit im Gesundheits- o. Sozialwesen, enger Kontakt zur einheimischen Bevölkerung wahrscheinlich;

**Reisebedingung 2:
Aufenthalt in Städten oder touristischen Zentren mit (organisierten) Ausflügen ins Landesinnere (Pauschalreise, Unterkunft und Verpflegung in Hotels bzw. Restaurants mittleren bis gehobenen Standards);

Reisebedingung 3:
Aufenthalt ausschließlich in Großstädten oder Touristikzentren (Unterkunft und Verpflegung in Hotels bzw. Restaurants gehobenen bzw. europäischen Standards);

Wichtiger Hinweis

Welche Impfungen letztendlich vorzunehmen sind, ist abhängig vom aktuellen Infektionsrisiko vor Ort, von der Art und Dauer der geplanten Reise, vom Gesundheitszustand sowie dem eventuell noch vorhandenen Impfschutz des Reisenden.

Da im Einzelfall unterschiedlichste Aspekte zu berücksichtigen sind, empfiehlt es sich immer, rechtzeitig (etwa 4 bis 6 Wochen) vor der Reise eine persönliche Reise-Gesundheits-Beratung bei einem reisemedizinisch erfahrenen Arzt oder Apotheker in Anspruch zu nehmen (Anschriften qualifizierter Beratungsstellen, siehe unten).

Malaria

Das Land ist malariafrei.

Aktuelle Meldungen

SARS: Die neue, mit schweren Lungenentzündungen belastete Viruskrankheit, ist in mehreren Fällen auch in Ulaanbaatar aufgetreten und örtlich übertragen worden. Die Infektion erfolgt in der Regel über Tröpfcheninfektion bei engem Kontakt mit Erkrankten. Dies ist zu meiden. Mit verstärkten Kontrollen im Reiseverkehr ist zu rechnen. Zu Einzelheiten informieren Sie sich im Internet unter www.crm.de/aktuell/ und bei Ihrem Arzt. Bei Auftreten verdächtiger Symptome ist sofort ein Arzt aufzusuchen.

HIV-Test: Ausländische Studenten werden bei Einreise und eventuell erneut nach einigen Monaten auf HIV untersucht. Mitführen eigenen Spritzenmaterials für den Test ist gestattet und zu empfehlen.

Unter www.travelmed.de finden Sie Adressen von

- Apotheken mit qualifizierter Reise-Gesundheits-Beratung (nach Postleitzahlgebieten).
- Impfstellen und Ärzte mit Spezialsprechstunde Reisemedizin (nach Postleitzahlgebieten).
- Abruf eines persönlichen Gesundheitsvorsorge-Briefes für die geplante Reise.
- Kurze Beschreibung aller hier erwähnten Krankheiten

Praxis – die neuen handlichen Ratgeber

Wer seine Freizeit aktiv verbringt, in die Ferne schweift, moderne Abenteuer sucht, braucht spezielle Informationen und Wissen, das in keiner Schule gelehrt wird. REISE KNOW-HOW beantwortet die vielen Fragen rund um Freizeit, Urlaub und Reisen in einer neuen, praktischen Ratgeberreihe: „Praxis".

Die Themenpalette reicht von Basiswissen wie beispielsweise „Wildnis-Ausrüstung" über Outdoor-Aktivitäten und Fun-Freizeitsportarten bis hin zu den Geheimnissen asiatischer Märkte.

So vielfältig die Themen auch sind, gemeinsam sind allen Büchern die anschaulichen und allgemeinverständlichen Texte.

Dr. Dürfeld, Prof. Rickels:
Selbstdiagnose und Behandlung auf Reisen
Alexander Maier:
Höhlen erkunden
Rainer Höh:
GPS Outdoor-Navigation
Pia Thauwald:
Transsib – von Moskau nach Peking
Erich Witschi:
Clever buchen – besser fliegen
Wolfram Schwieder:
Richtig Kartenlesen
Rainer Höh:
Outdoor-Ausrüstung
Gunter Schramm:
Internet für die Reise

Weitere Titel siehe Programmübersicht

Jeder Titel: 144-160 Seiten, handliches Taschenformat 10,5 x 17 cm, robuste Fadenheftung, praktische Umschlagklappen, Glossar, Register und Griffmarken zur schnellen Orientierung

Reise Know-How Verlag, Bielefeld

Know-How auf einen Blick

Taiwan
Tansania, Sansibar
Teneriffa
Thailand
Thailand – Tauch- und Strandführer
Thailands Süden
Thüringer Wald
Tokyo
Toscana
Transsib
Trinidad und Tobago
Tschechien
Tunesien
Tunesiens Küste

Umbrien
USA/Canada
USA, Gastschüler
USA, Nordosten
USA – der Westen
USA – der Süden
USA – Südwesten, Natur u. Wandern
USA SW, Kalifornien, Baja California
Usedom

Venedig
Venezuela
Vereinigte Arabische Emirate
Vietnam

Westafrika – Sahel
Westafrika – Küste
Wien
Wo es keinen Arzt gibt

Edition RKH

Burma, Land der Pagoden
Durchgedreht – 7 Jahre im Sattel
Finca auf Mallorca
Geschichten aus d. anderen Mallorca
Goldene Insel
Mallorquinische Reise
Please wait to be seated!
Salzkarawane, Die
Schönen Urlaub!
Südwärts Lateinamerika
Traumstr. Panamerikana
Unlimited Mileage

Praxis

Aktiv Algarve
Aktiv frz. Atlantikküste
Aktiv Gran Canaria
Aktiv Marokko
Aktiv Polen
All Inclusive?
Als Frau allein unterwegs
Bordbuch Südeuropa
Canyoning
Clever buchen/fliegen
Clever kuren
Daoismus erleben
Drogen in Reiseländern
Dschungelwandern
Essbare Früchte Asiens
Fernreisen a. eigene Faust
Fernreisen, Fahrzeug
Fliegen ohne Angst
Fun u. Sport im Schnee
GPS f. Auto, Motorrad
GPS Outdoor
Heilige Stätten Indiens
Hinduismus erleben
Höhlen erkunden
Inline-Skaten Bodensee
Inline Skating
Internet für die Reise
Islam erleben
Kanu-Handbuch
Kommunikation unterw.
Kreuzfahrt-Handbuch
Küstensegeln
Maya-Kultur erleben
Mountain Biking
Orientierung mit Kompass und GPS
Paragliding-Handbuch
Pferdetrekking
Reisefotografie
Reisefotografie digital
Reisen und Schreiben
Respektvoll reisen
Richtig Kartenlesen
Safari-Handbuch Afrika
Schutz v. Gewalt/Kriminalität
Schwanger reisen
Selbstdiagnose u. Behandlung unterwegs
Sicherheit/Bärengeb.
Sicherheit/Meer
Sonne, Wind und Reisewetter
Survival-Handbuch, Naturkatastrophen
Tauchen kalte Gewässer
Tauchen warme Gewässer
Transsib, Moskau–Peking
Trekking-Handbuch
Tropenreisen
Verreisen mit Hund
Vulkane besteigen
Wandern im Watt
Wann wohin reisen?
Was kriecht u. krabbelt in den Tropen
Wein-Reiseführer Dtschl.
Wein-Reiseführer Italien
Wildnis-Ausrüstung
Wildnis-Backpacking
Wildnis-Küche
Winterwandern
Wohnmobil-Ausrüstung
Wohnmobil/Indien
Wohnmobil-Reisen
Wracktauchen weltweit

KulturSchock

Afghanistan
Ägypten
Brasilien
China VR/Taiwan
Golf-Emirate, Oman
Indien
Iran
Islam
Japan
Jemen
KulturSchock – Mit anderen Augen sehen
Marokko
Mexiko
Pakistan
Russland
Spanien
Thailand
Türkei
Vietnam

Wo man unsere Reiseliteratur bekommt:

Jede Buchhandlung der BRD, der Schweiz, Österreichs und der Benelux-Staaten kann unsere Bücher beziehen.
Wer sie dort nicht findet, kann alle Bücher über unseren Internet-Shop unter **www.reise-know-how.de** oder **www.reisebuch.de** bestellen.

Ortsverzeichnis Deutsch–Mongolisch

Die Tabellen listen alle Sum-Zentren der Aimaks auf. Die Atlas-Angaben verweisen auf Seite und Planquadrat im Farbkartenatlas. Die geographischen Koordinaten sind nach WGS 84 angegeben.

Archangaj-Aimak		Atlas	östl. Länge			nördl. Breite		
Batzengel	Батцэнгэл	XIII E2	101	59	14000	47	48	16400
Bulgan	Булган	XII E2	101	6	45200	47	18	93800
Chajrchan	Хайрхан	XIII E1	101	57	13300	48	36	69200
Changaj	Хангай	XII C2	99	26	2200	47	51	57800
Chaschaat	Хашаат	XIII G2	103	8	88900	47	26	81300
Chotont	Хотонт	XIII F2	102	28	2900	47	22	26100
Dshargalant	Жаргалант	V F4	100	45	1800	48	43	65700
Erdenemandal	Эрдэнэмандал	XIII E1	101	22	15100	48	32	27600
Ich-Tamir	Их Тамир	XIII E2	101	12	61600	47	35	78100
Tariat	Тариат	XII C1	99	54	48000	48	9	33200
Tschuluut	Чулуут	XII D2	100	13	4700	47	32	86800
Tuwschruulech	Түвшрүүлэх	XIII E2	101	56	5700	47	22	26100
Ugijnuur	Өгийнуур	XIII F2	102	32	83200	47	40	37900
Uldsijt	Өлзийт	XIII F1	102	32	54500	48	5	64500
Undur-Ulaan	Өндөр-Улаан	XII D1	100	30	39400	48	2	73100
Zencher	Цэнхэр	XIII E2	101	46	59500	47	25	81200
Zezerleg	Цэцэрлэг	XIII E2	101	14	12200	48	53	26300

Bajan-Ulgij-Aimak		Atlas	östl. Länge			nördl. Breite		
Altaj	Алтай	II C3	89	31	3900	48	17	98200
Altanzugz	Алтанцөгц	II D2	90	25	80600	49	2	77700
Bajannuur	Баяннуур	II E3	91	9	46200	48	56	44900
Bugat	Бугат	II C3	90	0	28700	48	57	17800
Bujant	Буянт	II C3	89	33	76300	48	35	5300
Bulgan	Булган	X B3	91	4	51600	46	55	67500
Deluun	Дэлүүн	II D4	90	44	8600	47	51	53300
Nogoonnuur	Ногооннуур	II D2	90	13	62000	49	36	92000
Sagsaj	Сагсай	II C3	89	39	28300	48	54	76500
Tolbo	Толбо	II D3	90	16	34400	48	24	58300
Ulaanchus	Улаанхус	II C2	89	27	9700	49	2	45800
Zagaannuur	Цагааннуур	II C2	89	46	73800	49	31	50200
Zengel	Цэнгэл	II C3	89	9	31900	48	57	13200

Bajanchongor-Aimak		Atlas	östl. Länge			nördl. Breite		
Baazagaan	Баацагаан	XII C4	99	26	66700	45	33	82400
Bajanbulag	Баянбулаг	XII B3	98	3	94300	46	48	61900
Bajangobi	Баянговь	XX C1	100	23	22600	44	44	24900
Bajanlig	Баянлиг	XX C1	100	49	74900	44	32	23100
Bajan-Owoo	Баян-Овоо	XII D3	100	26	9300	46	17	2600
Bajan-Undur	Баян-Өндөр	XX A1	98	38	49500	44	48	7300
Bajanzagaan	Баянцагаан	XX A1B1	98	56	12900	45	0	27300
Bogd	Богд	XII D4	100	46	23700	45	11	56300
Bumbugur	Бөмбөгөр	XII C3	99	37	13300	46	12	24600

Buuzagaan	Бууцагаан	XII B3	98	41	7500	46	10	6100
Chureemaral	Хүрээмарал	XII B3	98	15	69900	46	24	35500
Dsag	Заги	XII C3	99	9	82100	46	56	22200
Dshargalant	Жаргалант	XII C2	99	30	10800	47	1	50200
Dshint	Жинт	XII D4	100	34	5000	45	24	90100
Erdenezogt	Эрдэнэцогт	XII D3	100	49	17600	46	25	17500
Galuut	Галуут	XII D3	100	7	24000	46	42	20000
Gurwanbulag	Гурванбулаг	XII B2	98	34	40900	47	13	20200
Schinedshinst	Шинэжинст	XX B1	99	17	34800	44	32	91400
Uldsijt	Өлзийт	XII D3	100	48	45900	46	3	68700

Bulgan-Aimak		**Atlas**	**östl. Länge**			**nördl. Breite**		
Bajan-Agt	Баян-Агт	V H3	102	3	22600	49	2	32200
Bugat	Бугат	VI A2	103	40	35800	49	2	86800
Buregchangaj	Бүрэгхангай	VI A3	103	53	54800	48	14	43100
Changal		VI B2	104	22	50900	49	18	93800
Chischig-Undur	Хишиг-Өндөр	VI A3	103	27	16800	48	17	52700
Chutag-Undur	Хутаг-Өндөр	V H3	102	41	36200	49	23	3500
Dschintschilen	Дшинчилэн	XIII H2	104	1	72000	47	50	98600
Dshargalant	Жаргалант	VI B2	104	23	58400	49	3	64200
Gurwanbulag	Гурванбулаг	XIII G2	103	30	17900	47	44	47600
Mogod		VI A3	102	59	42700	48	16	29700
Orchon	Орхон	VI A3	103	32	40100	48	37	96700
Sajchan	Сайхан	XIII F1	102	37	77800	48	39	46900
Selenge	Сэлэнгэ	VI B2	103	59	6800	49	26	63100
Teschig	Тэшиг	V H3	102	35	77100	49	57	63300

Chentij-Aimak		**Atlas**	**östl. Länge**			**nördl. Breite**		
Bajan-Adraga		VIII B3	111	5	44800	48	33	50500
Bajanchutag		XV F2	110	48	96100	47	9	83300
Bajanmunk		XV E3	109	46	45200	46	53	94500
Bajan-Owoo		VIII B4	112	5	80600	47	47	29900
Batnorow		VIII B4	111	30	17900	47	56	85900
Batschireet		VII H3	110	10	17900	48	41	83600
Berch		XV G2	111	9	74900	47	46	93500
Binder		VII H3	110	36	27200	48	37	10200
Bor-Undur		XV E3	109	26	81000	46	10	74400
Burenchaan		VIII B3	111	43	29700	48	53	58100
Chadshuu-Ulaan		XV E3	109	52	40100	46	14	52200
Cherlen		XV F2	110	40	35800	47	19	75700
Cherlenbajan-Ulaan		XV D2	108	44	8600	47	12	29100
Dadal		VIII B2	111	39	35500	49	1	36600
Darchan		XV E3	109	24	94600	46	37	10200
Delgerchaan		XV E2	109	11	32600	47	10	19700
Dshargaltchaan		XV E2	109	29	17600	47	29	31700
Galschar		XV F3	110	50	46600	46	13	29300
Gurwanbajan		XV F1	110	8	53000	48	7	10200
Murun		XV F2	110	16	77400	47	22	67100
Norowlin		VIII B3C3	111	59	57000	48	41	51700
Uldsijt		XV F2	110	10	3600	47	30	27300

Chowd-Aimak		Atlas	östl. Länge			nördl. Breite		
Altaj	Алтай	X C4	92	15	34100	45	49	21100
Bujant	Буянт	X B1	91	48	53000	48	9	51400
Bulgan	Булган	X B3	91	32	54500	46	5	28100
Chowd	Ховд	X B1	91	23	15400	48	6	96500
Darwi	Дарви	X D3	93	37	99300	46	56	26700
Dsereg	Зэрэг	X C2	92	50	96800	47	6	900
Duut		X B2	91	37	92100	47	31	22900
Erdeneburen	Эрдэнэбүрэн	X B1	91	26	88200	48	30	13700
Manchan	Манхан	X C2	92	12	61600	47	24	58300
Mjangat	Мянгад	III E3	91	56	98900	48	14	20300
Munkchajrchan	Мөнххайрхан	X B2	91	52	61600	47	2	50400
Must	Мөст	X C3	92	47	81400	46	41	70000
Tschandmani	Чандмань	X C2	92	48	53000	47	39	10500
Ujentsch	Үенч	X C3	92	0	64500	46	4	9700
Zezeg	Цэцэг	X D3	93	15	84200	46	35	46300

Chuwsgul-Aimak		Atlas	östl. Länge			nördl. Breite		
Alag-Erdene		V F2	100	1	400	50	6	69200
Arbulag	Арбулаг	V E3	99	26	59500	49	54	99200
Bajandsurch	Баянзүрх	IV D2	98	58	35100	50	11	10800
Burentogtoch		V E3	99	35	84200	49	36	10000
Chanch	Ханх	V F1	100	40	7200	51	30	54600
Chatgal	Хатгал	V F2	100	8	67400	50	26	85900
Dshargalant	Жаргалант	V E4	99	20	35800	48	34	59800
Erdenebulgan	Эрдэнэбулган	V G2	101	35	55600	50	6	78300
Galt	Галт	V E4	99	52	33000	48	46	20600
Ich-Uul	Их уул	V G3	101	28	10000	49	26	40400
Raschaant	Рашаант	V G3	101	25	73500	49	7	51100
Rentschinlchumbe	Рэнчинлхүмбэ	V E1	99	41	93500	51	6	41900
Schine-Ider	Шинэ-Идэр	V E4	99	32	18600	48	57	13200
Tarialan	Тариалан	V H3	101	59	92800	49	37	5600
Tosonzengel	Тосонцэнгэл	V F3	100	53	4700	49	28	63400
Tschandamani-Undur	Чандмань-Өндөр	V F2	100	55	84200	50	29	31700
Tumurbulag	Төмөрбулаг	V F3	100	13	83500	49	17	61800
Tunel	Түнэл	V F3	100	36	77400	49	51	98800
Ulaan-Uul	Улаан-Уул	V E2	99	13	97800	50	40	65300
Zagaannuur	Цагааннуур	V E1	99	21	43400	51	21	25900
Zagaan-Uul	Цагаан уул	IV D3	98	41	79200	49	36	32800
Zagaan-Üür		V G2	101	32	11500	50	32	14000
Zezerleg	Цэцэрлэг	IV C3	97	46	9300	49	32	9400

Dornod-Aimak		Atlas	östl. Länge			nördl. Breite		
Bajandun	Баяндун	VIII D2	113	23	8200	49	14	52200
Bajantumen	Баянтүмэн	VIII E3	114	20	14300	48	3	32300
Bajan-Uul	Баян-Уул	VIII C2	112	39	64200	49	6	82900
Bulgan	Булган	XVI B1B2	112	58	69200	47	56	16300
Chalchgol	Халхгол	XVII G2	118	5	73500	47	59	54500
Chulenbujr		VIII C4	112	57	56300	47	55	35700
Daschbalbar		VIII E2	114	23	8200	49	33	5000
Ereen	Эрээн	VIII C2	112	29	31900	49	16	61600

Gurwandshargal	Гурванзагал	XI E2	114	51	75600	49	8	64900
Matad	Матад	XVI D3	115	17	56300	46	57	22300
Sergelen	Сэргэлэн	VIII E3	114	1	91900	48	30	72700
Sumber	Сүмбэр	XVII G2	118	35	48400	47	37	5600
Tschojbalsan	Чойбалсан	IX E3	114	51	54100	48	26	63100
Zagaan-Owoo	Цагаан-Овоо	VIII D3	113	13	54800	48	33	82400
Dsawchan-Aimak		**Atlas**	**östl. Länge**			**nördl. Breite**		
Aldarchaan	Алдархаан	XI G2	96	31	25400	47	38	5800
Bajanchajrchan	Баянхайрхан	IV B3	96	20	50200	49	18	84700
Bajantes	Баянтэс	IV B3	96	22	700	49	42	20000
Dsawchanmandal	Завханмандал	XI F1	95	6	81000	48	18	80100
Durwuldshin		XI F2	94	59	6800	47	39	78800
Erdenechajrchan	Эрдэнэхайрхан	XI F1	95	44	22900	48	7	14700
Ich-Uul	Их уул	IV D4	98	47	59900	48	43	29300
Ider	Идэр	XI H1	97	23	29700	48	13	47500
Jaruu	яруу	XI G1	96	45	95000	48	7	37500
Numrug	Нөмрөг	IV B4	96	58	6500	48	52	76200
Otgon	Отгон	XI H2	97	37	41900	47	11	97300
Santmargaz	Сантмаргац	XI F1	95	27	31200	48	35	23500
Schiluustej	Шилүүстэй	XI H3	97	11	32600	46	48	20900
Songino	Сонгино	IV A3	95	57	84900	49	1	9300
Telmen	Тэлмэн	IV C4	97	36	77400	48	38	87700
Tes	Тэс	IV A3	95	49	10400	49	38	87700
Tudewtej	Түдэвтэй	IV B3B4	96	32	33000	48	59	31700
Urgamal	Ургамал	XI E1	94	16	5700	48	30	77400
Zagaanchajrchan	Цагаанхайрхан	XI G2	96	47	88500	47	29	31700
Zagaantschuluut	Цагаанчулуут	XI G2	96	39	57000	47	6	51000
Zezen-Uul		IV B4	95	59	78500	48	44	38500
Gobi-Altaj-Aimak		**Atlas**	**östl. Länge**			**nördl. Breite**		
Altaj	Алтай	XVIII C2	94	54	98200	44	37	10200
Bajan-Uul	Баян уул	XI F2F3	95	11	82800	46	59	4400
Biger	Бигэр	XI H4	97	10	46600	45	42	65600
Bugat	Бугат	XI E4	94	20	50200	45	33	46000
Chaliun	Халиун	XI G4	96	9	10400	45	55	85700
Chuchmorit	Хөхморьт	XI E2	94	30	46600	47	21	21400
Darwi	Дарви	XI E3	94	5	23300	46	28	36100
Delger	Дэлгэр	XI H3	97	22	700	46	21	16800
Dshargalan	Жаргалан	XI F2	95	56	63100	46	58	36100
Erdene	Эрдэнэ	XIX F1	97	46	23700	45	7	92100
Guulin	Гуулин	XI H3	97	17	77800	46	34	32500
Scharga	Шарга	XI F3	95	17	13300	46	16	57100
Tajschir	Тайшир	XI G3	96	29	53400	46	42	65600
Tonchil		X D3	93	55	48400	46	19	16500
Tschanmani	Чандмань	XIX F1G1	97	59	85700	45	19	93900
Tugrug	Төгрөг	XI E4	94	48	31500	45	49	93900
Zeel	Цээл	XI F4	95	51	32600	45	33	27800
Zogt	Цогт	XI G4	96	37	13300	45	20	80400

Mittelgobi-Aimak		Atlas	östl. Länge			nördl. Breite		
Adaazag	Адаацаг	XIVA3	105	44	80300	46	23	12600
Bajandshargalan	Баянжаргалан	XIV C4D4	107	59	85700	45	45	66000
Chuld	Хулд	XIV A4	105	34	26500	45	13	38400
Delgerchangaj	Дэлгэрхангай	XIII H4	104	47	74200	45	14	29400
Delgerzogt	Дэлгэрцогт	XIV B3	106	22	7900	46	6	96500
Deren	Дэрэн	XIV B3	106	42	43700	46	12	29100
Erdenedalaj	Эрдэнэдалай	XIII H3	104	55	77100	46	0	9100
Gobi-Ugtaal	Говь-Угтаал	XIV C3	107	30	53800	46	1	86600
Gurwansajchan	Гурвансайхан	XIV C4	107	2	7900	45	31	41100
Luus	Луус	XIV A4	105	46	23700	45	30	45500
Sajchan-Owoo	Сайхан-Овоо	XIII G4	103	55	55600	45	27	81500
Sajnzagaan	Сайнцагаан	XIV B4	106	16	27200	45	47	34400
Uldsijt	Өлзийт	XXII C2	106	19	21100	44	56	49500
Undurschil	Өндөршил	XIV D4	108	15	26900	45	13	52000
Zagaandelger	Цагаандэлгэр	XIV C3	107	39	64200	46	24	12700

Ostgobi-Aimak		Atlas	östl. Länge			nördl. Breite		
Ajrag	Айраг	XV E4	109	19	49800	45	48	25500
Altanschiree	Алтанширээ	XV F4	110	27	24000	45	32	9400
Chatanbulag	Хатанбулаг	XXIII F3	109	8	74600	43	8	78600
Chuwsgul	Хөвсгөл	XXIII F3	109	39	6800	43	36	46400
Dalandshargalan	Даланжаргалан	XV E4	109	4	65900	45	55	85700
Delgerech	Дэлгэрэх	XV G4	111	12	97500	45	48	7300
Dsamyn-Uud	Замын-Үүд	XXIII H3	111	54	69500	43	42	56400
Dsuunbajan	Зүүнбаян	XXIII G2	110	2	7900	44	29	86300
Erdene	Эрдэнэ	XXIII H2	111	5	1800	44	26	54000
Ichchet	Иххэт	XV F3	110	8	60200	46	14	84100
Mandach	Мандах	XXII E2	108	13	83500	44	24	12700
Sajchandulaan	Сайхандулаан	XXIII F2	109	1	64900	44	41	38100
Sajnschand	Сайншанд	XXIII G2	110	7	16800	44	54	12700
Tschojr	ЧОЙР	XIV D3	108	21	50500	46	22	17000
Ulaanbadrach	Улаанбадрах	XXIII G3	110	24	73100	43	52	62500
Urgun		XXIII G2	110	46	38000	44	44	11200

Selenge-Aimak		Atlas	östl. Länge			nördl. Breite		
Altanbulag	Алтанбулаг	VI D1	106	28	67400	50	18	25500
Baruunburen		VI B2	104	48	67400	49	9	78800
Bugant	Бугант	VII E2	107	17	20400	49	25	17500
Chongor	Хонгор	VI C2	105	57	20400	49	18	25500
Chuder	Хүдэр	VII E2	107	31	25400	49	47	16200
Chutul		VI C2	105	34	81013	49	5	54990
Dshawchlant		VI D2	106	18	28000	49	44	15800
Dsuunburen	Зүүнбүрэн	VI C1	105	54	33700	50	3	55100
Dulaanchaan	Дулаанхаан	VI D2	106	10	17900	49	55	26600
Jeröö		VI D2	106	39	78500	49	44	43100
Mandal	Мандал	VI D3	106	30	53800	48	48	71000
Orchon	Орхон	VI C2	105	24	87500	49	8	55800
Orchon	Орхон	VI D2	106	7	95700	49	49	57500
Orchontuul	Орхонтуул	VI B3	104	49	89200	48	49	16500
Sajchan	Сайхан	VI C2	105	41	36200	49	11	42600

Sant	Сант	VI C2	105	23	44100	49	14	52200
Schaamar	Шаамар	VI D1	106	10	46600	50	5	73600
Scharyngol	Шарынгол	VI D2	106	25	16100	49	14	70400
Tunchel		VI D3	106	45	66300	48	39	1400
Tuschig	Түшиг	VI B/C 1	105	2	65200	50	18	89200
Zagaannuur	Цагааннуур	VI C1	105	26	16500	50	5	82700

Suchbaatar-Aimak		**Atlas**	**östl. Länge**			**nördl. Breite**		
Asgat	Асгат	XVI B3	113	35	77100	46	21	71500
Bajandelger	Баяндэлгэр	XV H4	112	20	86000	45	44	11200
Burenzogt	Бүрэнцогт	XV G3	111	42	29400	46	44	20300
Chaldsan	Халзан	XVI A3	112	57	20400	46	9	97000
Dariganga	Дарьганга	XVI B4	113	52	54500	45	18	98300
Erdenezagaan	Эрдэнэцагаан	XVI D4	115	22	15100	45	54	8200
Munkchaan	Мөнххаан	XV H3	112	2	36600	46	58	40700
Naran	Наран	XVI B4	113	42	7900	45	7	92100
Ongon	Онгон	XVI B4	113	8	38700	45	21	48700
Suchbaatar	Сүхбаатар	XVI B3	113	53	62000	46	46	25200
Tumenzogt	Түмэнцогт	XV H2	112	21	43400	47	34	23400
Tuwschinschiree		XV G3	111	49	74900	46	12	6400
Uulbajan	Уулбаян	XV H3	112	19	71300	46	29	54500

Südgobi-Aimak		**Atlas**	**östl. Länge**			**nördl. Breite**		
Bajandalaj	Баяндалай	XXI F2	103	30	82400	43	27	45100
Bajan-Owoo	Баян-Овоо	XXII C3	106	6	95300	42	58	49800
Bulgan	Булган	XXI F1	103	32	54500	44	5	23500
Chanbogd	Ханбогд	XXII D3	107	12	4300	43	12	10900
Chanchongor		XXI G2	104	28	17200	43	46	75300
Churmen	Хүрмэн	XXI G2	104	3	15400	43	18	7300
Gurwantes		XX D2	101	3	44100	43	13	70300
Mandal-Owoo	Мандал-Овоо	XXI G1	104	2	93900	44	38	96800
Manlaj	Манлай	XXII C2	106	51	82800	44	4	50700
Nujon	Ноён	XXI E2	102	5	66300	43	8	96800
Nomgon	Номгон	XXII A4B4	105	9	24700	42	50	16700
Sewrej	Сэврэй	XXI E2	102	10	10800	43	35	59900
Zogt-Owoo	Цогт-Овоо	XXII B2	105	19	21100	44	24	76500
Zogtzezij	Цогтцэций	XXII B3	105	35	26900	43	43	38400

Uws-Aimak		**Atlas**	**östl. Länge**			**nördl. Breite**		
Baruunturuun	Баруунтуруун	III H2	94	23	8200	49	38	60400
Buchmurun		II D2	90	16	55900	49	39	83300
Chjargas	Хяргас	III G2	93	46	88200	49	39	42300
Chowd	Ховд	II D2	90	54	76700	49	16	66200
Dawst	Давст	III F1	92	23	87100	50	36	92000
Dsawchan	Завхан	III G3	93	6	16500	48	49	39300
Dsuunchangaj	Зүүнхангай	IV A3	95	27	31200	49	17	89100
Dsuungobi	Зүүнговь	III G2	93	48	60200	49	54	12700
Maltschin	Малчин	III G2	93	16	41600	49	44	20300
Naranbulag		III F2	92	34	26500	49	23	8000
Sagil	Сагил	III E1	91	37	56300	50	20	71300
Tarialan	Тариалан	III E2	91	54	12200	49	46	88900

Tes	Тэс	III G1	93	37	20400	50	28	54300
Turgen		III E1	91	41	57700	50	6	10000
Ulgij	Өлгий	III F2	92	0	21500	49	1	36600
Umnugobi	Өмнөговь	III E2	91	44	15800	49	6	10000
Undurchangaj		III H2	94	51	18300	49	15	93300
Zagaanchajrchan	Цагаанхайрхан	III H2	94	13	47700	49	24	21900

Uwurchangaj-Aimak		**Atlas**	**östl. Länge**			**nördl. Breite**		
Bajangol	Баянгол	XIII G4	103	26	81000	45	48	57400
Bajanteeg	Баянтээг	XIII E4	101	34	98200	45	41	79100
Bajan-Undur	Баян-Өндөр	XIII H3	104	5	37600	46	30	31900
Baruunbajan-Ulaan	Баруунбаян-Улаан	XIII E4	101	26	2200	45	10	15200
Bat-Uldsij	Бат-Өлзий	XIII F3	102	13	97800	46	49	7400
Bogd	Богд	XXI E1	102	8	81700	44	40	1500
Burd	Бүрд	XIII G3	103	47	16800	46	58	90700
Chajrchandulaan	ХайрханДулаан	XIII F4	102	2	65200	45	57	90600
Charchorin	Хархорин	XIII F2	102	49	17600	47	11	74500
Chudshirt	Хужирт	XIII F3	102	45	95000	46	53	85400
Dsujl	Зүйл	XIII G3	103	30	60900	46	45	38700
Dsuunbajan-Ulaan	Зүүнбаян-Улаан	XIII F3	102	35	5400	46	31	27500
Gutschin-Us	Гучин Ус	XIII F4	102	23	79900	45	27	76900
Narijnteel	Нарийнтээл	XIII E4	101	27	9700	45	57	49600
Sant	Сант	XIII G3	103	51	47000	46	5	37200
Targat	Тарагт	XIII F3	102	27	88500	46	17	84500
Tugrug	Төгрөг	XIII G4	102	59	57000	45	32	50400
Ujanga	Уянга	XIII F3	102	16	63100	46	27	31400
Uldsijt	Өлзийт	XIII G3	103	18	92500	46	39	15000

Zentralaimak		**Atlas**	**östl. Länge**			**nördl. Breite**		
Altanbulag	Алтанбулаг	XIV B2	106	24	22900	47	41	47200
Archust	Архуст	XIV C2	107	56	84600	47	31	27500
Argalant	Аргалант	XIV A2	105	53	26200	47	56	63100
Baganuur	Багануур	XIV D2	108	22	24789	47	46	30607
Bajan	Баян	XIV C2	107	34	12200	47	14	70400
Bajanchangaj	Баянхангай	XIV A2	105	33	62000	47	57	4100
Bajandelger	Баяндэлгэр	XIV D2	108	5	23300	47	43	97600
Bajandshargalan	Баянжаргалан	XIV D2	108	14	48000	47	10	60700
Bajantschandamani	Баянчандмань	XIV B1	106	17	6100	48	13	24700
Bajan-Undshuul	Баян-Өнжүүл	XIV A3	105	56	63100	46	52	89800
Bajanzagaan	Баянцагаан	XIV C3	107	8	60200	46	45	88800
Bajanzogt	Баянцогт	XVI A1	105	50	17900	48	6	96500
Batsumber	Батсүмбэр	XIV B1	106	44	1400	48	22	12400
Bornuur	Борнуур	VI D3	106	15	41200	48	27	63300
Buren	Бүрэн	XIV A3	105	3	36900	46	54	62800
Delgerchaan	Дэлгэрхаан	XIII H3	104	33	4700	46	37	19300
Dsaamar	Заамар	VI B3	104	46	52300	48	11	79100
Dshargalant	Жаргалант	VI C3	105	53	19000	48	30	77400
Erdene	Эрдэнэ	XIV C2	107	49	3200	47	43	42900
Erdenesant	Эрдэнэсант	XIII H2	104	28	81700	47	19	12000
Lun		XIV A2	105	15	55600	47	51	71500
Mungunmorit	Мөнгөнморьт	XIV D1	108	27	24000	48	12	15500

Nalajch	Налайх	XIV C2	107	18	35100	47	45	11400
Partidsan	Партизан	XIV B1	106	38	49500	48	7	19300
Sergelen	Сэргэлэн	XIV C2	107	2	22200	47	36	23700
Sumber	Сүмбэр	VI C3	105	56	5700	48	47	57200
Ugtaalzajdam	Угтаалцайдам	XVI A1	105	25	52000	48	14	75000
Undurschireet	Өндөрширээт	XIII H2	104	53	26200	47	28	27000

Register

Römische Zahlen verweisen auf die Seite im Farbkartenatlas, der nachfolgende Code (z.B. E5) auf das jeweilige Planquadrat auf der Karte.

A

B

E

F

N

O

P

R

S

T

Die Autoren

Fred Forkert, Jahrgang '61 ist diplomierter Mongolist und lebt seit 1985 mit kurzen Unterbrechungen in der Mongolei. 1987 schloss er sein Studium der mongolischen Geschichte, Sprache und Literatur an der mongolischen Staatsuniversität ab und trat im Anschluss daran in den diplomatischen Dienst der ehemaligen DDR ein. Bis zur deutschen Wiedervereinigung war er Kulturattaché und Dolmetscher an der Botschaft in Ulan Bator. Nach 1990 war er zunächst für ein deutsches Consulting-Unternehmen in der Mongolei beschäftigt. Von 1993 bis Juli 2000 war er Projektmitareiter der Konrad-Adenauer-Stiftung in Ulan Bator. Das Projekt befasste sich mit der Förderung von Selbsthilfeeinrichtungen unter Nomaden und führte ihn wiederholt durch alle Provinzen des Landes. Nach dessen Auslaufen wechselte er zur Generalvertretung der DaimlerChrysler AG in der Mongolei.

Seit 2002 lebt Fred Forkert wieder in Berlin, wo seine Tochter inzwischen in den Kindergarten geht. Sein besonderes Interesse gehört der mongolischen Sprache und Gesellschaft, mit denen er sich auch als Dolmetscher und Übersetzer beruflich beschäftigt. Seine Landeskenntnisse werden von verschiedenen Auftraggebern geschätzt, so dass er auch weiterhin Reisen nach Ulan Bator und von dort aus in die Steppe unternimmt.
fred.forkert@t-online.de

Barbara Stelling, Jahrgang '63, studierte Sinologie, Ethnologie und Deutsch als Fremdsprache in München und Taibei (Taiwan). Nach ihrer Promotion zog es sie in die Mongolei, wo sie von 1992 bis 1995 als DAAD-Lektorin an der Universität für Geisteswissenschaften in Ulan Bator arbeitete. Während dieser Zeit unternahm sie lange Reisen in Steppe, Taiga und Wüste, war mit dem eigenen Jeep ebenso unterwegs wie mit dem LKW, dem Helikopter und dem Doppeldecker. Ausflüge zu Pferd und zu Kamel, gelungene und misslungene Flussdurchfahrten, lange Abende in einsamen Jurten und kurzweilige Tage im bunten Treiben nomadischer Festivitäten; dies alles fand Eingang in das vorliegende Buch.

Wer sich einmal auf die Mongolei eingelassen hat, kommt von diesem Land so schnell nicht mehr los – geschweige denn von seinen Menschen. Mongolische Freunde hat man für ein ganzes Leben. Und so hat auch Barbara Stelling nach wie vor beruflich wie privat mit der Mongolei zu tun.

a1mo Foto: ff

a2mo Foto: ff

Farbkarten-Atlas Mongolei

Zeichenerklärung

Teer- bzw. Betonstraße
befestigte Straße
Piste
Eisenbahn
Weg
Nationalpark
Salzsee

3000 m
2000 m
1000 m
500 m

Sehenswürdigkeit ★
Flugplatz

0 — 100 km

Maßstab 1 : 2 750 000

RUSSLAND
Chatgal
Ulgij
ULAN BATOR
Tschojbalsan
Altaj
Zezerleg
Sajnschand
Dalandsadgad
VR CHINA
VR CHINA
RUSSISCHE
AUT. REP. ALTAY
Ak-Dovurak
Teeli
Gora Chureg- 3061
Chibit
Chaganuzun
Chuya
Kosh-Agach
Khindiktig-Khol
Mugur Aksy
ZAGAAN SCHIWEET UUL NATURE RESERVE
TÜRGEN
Tashanta
Buchmurun
Zagaannuur
Nogoonnuur
Achit Nuur
Bayan Uul
Chowd
Ulaanchus
Altanzugz
Ulgij
Bugat
Zengel
Sagsaj
Bajannu
BAJAN-ULGIJ
Choton Nuur
Bujant
Tolbo Nuur
Churgan Nuur
Dajan Nuur
Altaj
Tolbo
Duröö Nuur
Tal Nuur
ALTAI GEBIRGE
CHUCH SERCH NATURE RESERVE
Altay
Deluun
OSTTURKESTAN
0
50 km
A
B
C
D
88°
89°
90°
91°
1
2
3
4
51°
50°
49°
48°

FÖDERATION
AUT. REP. TUWA
Khovu-Aksy
Balgazyn
2386
Chandagajty
Dawst
Samagaltay
Tes
Tes Gol
UWS NUUR NATURE RESERVE
Uws Nuur
Narijn Gol
1610
Sagil
Erzin
ALTAN ELS NATURE RESERVE
Tere-Khol'
Turgen
Ulaangom
Dsuungobi
Tarialan
Maltschin
Baruunturuun
Turgen Uul 4116
UWS
Chjargas
Baruun Turuun Gol
Zagaanchajrchan
Naranbulag
Chaanchuchij Uul
Undurchangaj
Chjargas Nuur
Ulgij Nuur
Umnugobi
Ulgij
Airag Nuur
Dsawchan
Chowd Gol
Chunchij Gol
Urgamal
Bajan Nuur
Erdeneburen
Durgun
Mjangad
Bujant
VOGEL RESERVE
DSAWCHAN
Char Nuur
Chowd
Har Us Nuur
CHOWD
Dshargalant Chajrchan 3797
Tschandaman'
Duröö Nuur
Dsawchan Gol
Durwuldshin
Duut
92°
93°
94°
95°
51°
50°
49°
48°
E
F
G
H
1
2
3
4
IV
XI

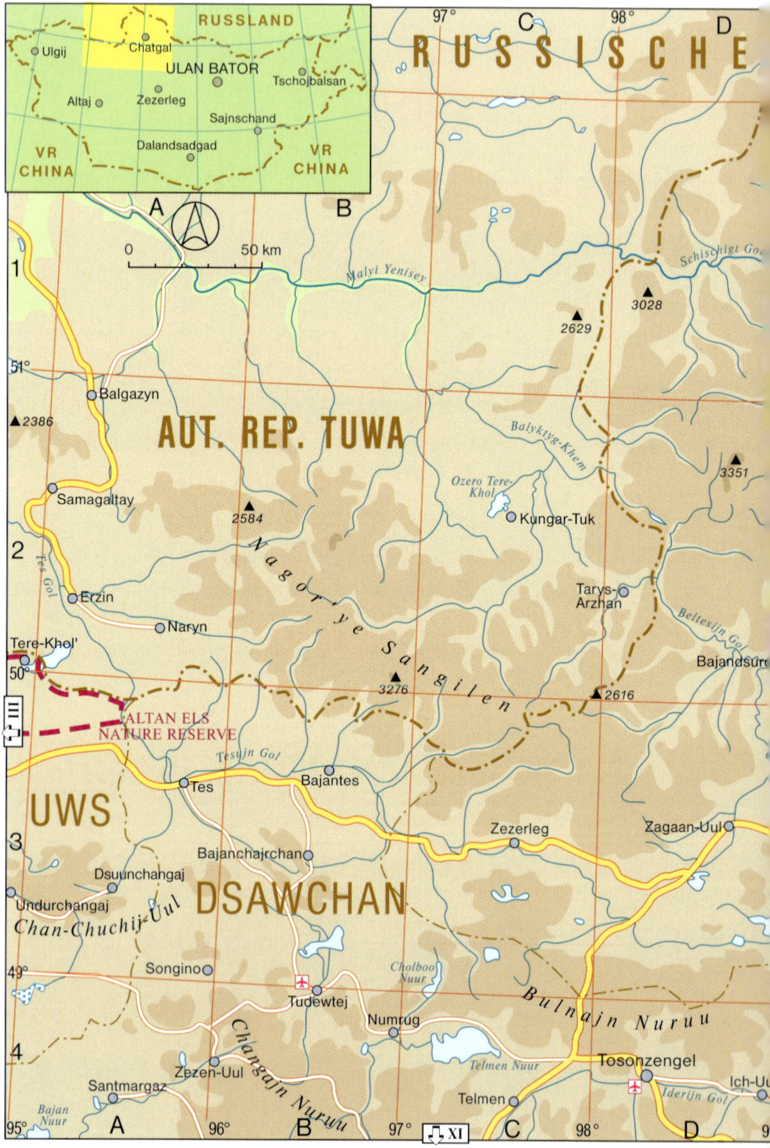
RUSSLAND
Ulgij
Chatgal
ULAN BATOR
Tschojbalsan
Altaj
Zezerleg
Sajnschand
Dalandsadgad
VR CHINA
VR CHINA
RUSSISCHE
97°
98°
A
B
C
D
0
50 km
1
2
3
4
51°
50°
49°
95°
96°
Malyi Yenisey
Schischigt Gol
3028
2629
Balgazyn
2386
AUT. REP. TUWA
Balyktyg-Khem
3351
Ozero Tere-Khol
Kungar-Tuk
Samagaltay
2584
Nagorye Sangilen
Tes Gol
Erzin
Tarys-Arzhan
Naryn
Beltesijn Gol
Tere-Khol'
Bajandsur
3276
2616
III
ALTAN ELS
NATURE RESERVE
Tesijn Gol
Bajantes
Tes
UWS
Zezerleg
Zagaan-Uul
Bajanchajrchan
Dsuunchangaj
Undurchangaj
DSAWCHAN
Chan-Chuchij-Uul
Songino
Cholboo Nuur
Tudewtej
Bulnajn Nuruu
Numrug
Changajn Nuruu
Telmen Nuur
Tosonzengel
Zezen-Uul
Ich-Uul
Santmargaz
Telmen
Iderijn Gol
Bajan Nuur
XI

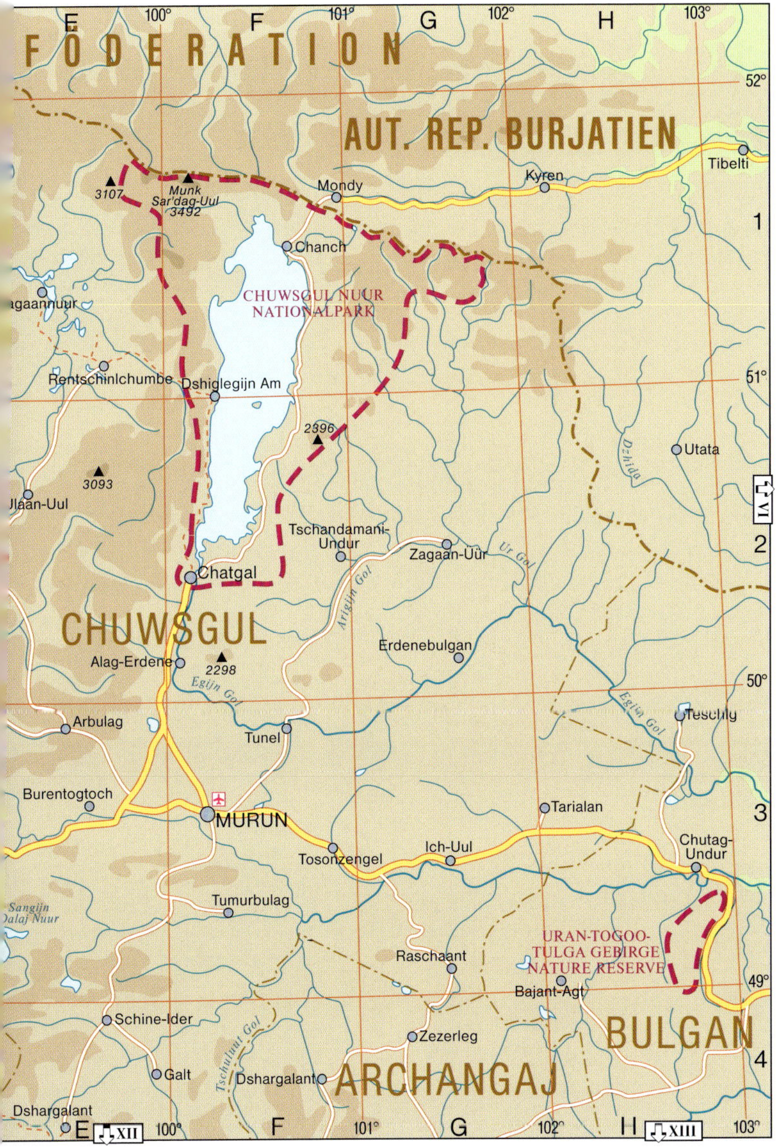
FÖDERATION
AUT. REP. BURJATIEN
CHUWSGUL NUUR NATIONALPARK
CHUWSGUL
ARCHANGAJ
BULGAN
URAN-TOGOO-TULGA GEBIRGE NATURE RESERVE
Tibelti
Kyren
Mondy
Chanch
Munk Sar'dag-Uul 3492
3107
Rentschinlchumbe
Dshiglegijn Am
2396
3093
Utata
Tschandamani-Undur
Zagaan-Uür
Chatgal
Alag-Erdene
2298
Erdenebulgan
Arbulag
Tunel
Teschig
Burentogtoch
MURUN
Tarialan
Tosonzengel
Ich-Uul
Chutag-Undur
Tumurbulag
Raschaant
Bajant-Agt
Schine-Ider
Zezerleg
Galt
Dshargalant
Dshargalant
Egijn Gol
Arigijn Gol
Ur Gol
Dzhida
Tschuluut Gol
Sangijn Dalaj Nuur
E
F
G
H
100°
101°
102°
103°
52°
51°
50°
49°
1
2
3
4
VI
XII
XIII

RUSSLAND
Ulgij
Chatgal
ULAN BATOR
Tschojbalsan
Altaj
Zezerleg
Sajnschand
Dalandsadgad
VR CHINA
VR CHINA
A
B
C
D
105°
106°
Ulan-Ude
Gusinooze
Gusinoe See
Gusinoye Ozero
Novoseleno
Temnik
0
50 km
Selenduma
Dzhida
Nomto
Petropavlovka
AUT. REP. BURJATIEN
1
Ulekchin
Torey
Ust'-Kyakht
Zakamensk
Kjach
Kholtoson
Tuschig
Altanbu
Suchbaatar
V
Zagaannuur
Dsuunburen
Schaamar
50°
Teschig
Dulaanchaan
Orchon
BULGAN
Jeröö
Orchon Gol
Dshawchlant
Selenge Murun
2
Egiin Gol
SELENG
Amarbajasgalant
Selenge
Chutag-Undur
DARCHAN
Changal
Chongor
Baruunburen
Sant
URAN-TOGOO-TULGA GEBIRGE NATURE RESERVE
Sajchan
Salchit
Scharyngol
Dshargalant
Orchon
Chutul
49°
Bugat
Erdenet
Baruuncharaa
Dsuuncharaa
Bulgan
Sumber
Orchontuul
Mandal
Orchon
Tunche
3
Orchon Gol
Dshargalant
XIII
Orgil
Bornuur
Tuul Gol
Batsumber
Chischig-Undur
Bajantschandmani
Mogod
Buregchangaj
Dsaamar
Ugtaalzajdam
Dshargalant
ZENTRALAIMAK
48°
Bajanchangaj
Argalant
Charuuchijn Gol
Daschintschilen
4
Lun
CHUSTAJN UUL NATURE RESERVE
Bajan-Nuur
Ugij Nuur
Gurwanbulag
Altanbulag
103°
104°
105°
106°
XIII
XIV

RUSSISCHE FÖDERATION
CHITINSKAYA OBLAST
ZENTRALAIMAK
CHENTIJ
HAN HENTEYN NATURE RESERVE
GORCHI-TERELDSH NATURE RESERVE
Chentiin Nuruu
Chijdijn Sar'dag Uul 2665
Gero Bystrinskiy Golets 2523
Petrovsk-Zabaykal'skiy
Novopavlovka
Balyaga
Bil'chir
Mukhorshibir
Maleta
Khilok
Yamarovka
Bichura
Malyy Kunaley
Krasnyy Chukoy
Chitanga
Kudara-Somon
Verkhniy Shergol'dzhin
Urluk
Gutay
Chikoy
Altan
Semlozer'ye
Chuder
Dakituy
Sunduyka
Menza
Bugant
Bal'dzhikan
Batschireet
Binder
Mungunmorit
Tereldsh
ULAANBAATAR
Umnudelger
Nalajch
Baganuur
Zenchermandal
Bajandelger
Dsuunmod
107° 108° 109° 110° 111°
51° 50° 49° 48°
E F G H
1 2 3 4
VIII
XV

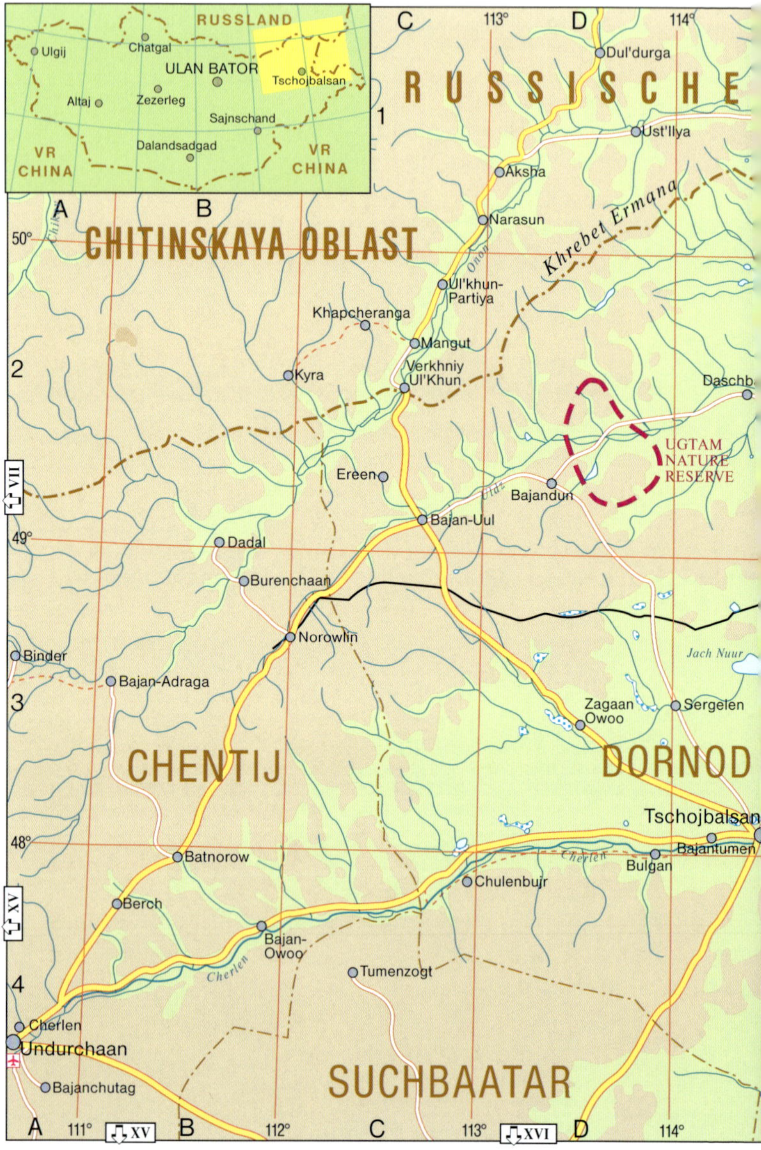
RUSSLAND
Ulgij
Chatgal
ULAN BATOR
Tschojbalsan
Altaj
Zezerleg
Sajnschand
Dalandsadgad
VR CHINA
VR CHINA
RUSSISCHE
CHITINSKAYA OBLAST
Dul'durga
Ust'Ilya
Aksha
Narasun
Khrebet Ermana
Onon
Ul'khun-Partiya
Khapcheranga
Mangut
Kyra
Verkhniy Ul'Khun
Daschb
UGTAM NATURE RESERVE
Ereen
Bajandun
Uldz
Bajan-Uul
Dadal
Burenchaan
Norowlin
Binder
Bajan-Adraga
Jach Nuur
Zagaan Owoo
Sergelen
CHENTIJ
DORNOD
Tschojbalsan
Bajantumen
Bulgan
Cherlen
Batnorow
Chulenbujr
Berch
Bajan-Owoo
Cherlen
Tumenzogt
Cherlen
Undurchaan
Bajanchutag
SUCHBAATAR
50°
49°
48°
111°
112°
113°
114°
VII
XV
XVI

115°
F
116°
G
117°
Akuray
H
118°
I
Byrka
51°
Sherlovaya Gora
Nizhniy Tsasuehey
Klichka
Borzya
1
Barun-Torey See
FÖDERATION
Zun-Torey See
Oktyabr'skiy
Kharanor
Krasnokamensk
50°
Solov'yevsk
Ereenzaw
Dauriya
NGOL
RIGANGA
TURE RESERVEN
Zabaybal'sk
2
Abagaytuy
Manzhouli
Chuch Nuur
Mauer des Dschingis Khan
Hailar
Qagan
Hargant
Gurwandshargal
49°
Har Nuden
Hulun Nur
Altan Emel
(Xin Barag Youqi)
Orxon Gol
3
CHINA
Tschojbalsan
Herlen He
Amgalang
(Xin Barag Zuoqi)
Bayan tal
48°
Asar
Chalchgol
Bujr Nuur
Sumber
4
0
50 km
115°
F
116°
G
117°
H
118°
I

XVII

II
III
A
B
C
D
1
2
3
4
90°
91°
92°
93°
48°
47°
46°
45°
Tolbo Nuur
Tolbo
Erdeneburen
Chowd Gol
Durgun
Duröö Nuur
Mjangad
Chowd
Bujant
VOGEL-RESERVAT
Tal Nuur
Char Nuur
CHOWD
CHUCH SERCH NATURE RESERVE
Char Us Nuur
Bujant Gol
Deluun
Dshargalant Chajrchan 3797
Tschandmani
Duröö Nuur
BAJAN-ULGIJ
Duut
Manchan
3797
Dsereg
MANCHAN NATURE RESERVE
Munk Chajrchan Uul 4231
Munkchajrchan
3966
Darwi
Bulgan
ALTAI GEBIRGE
Must
Qinghe
Zezeg
4090
Koküyo
CHOWD
XINJIANG UYGUR ZIZHIQU (OSTTURKESTAN)
BULGAN GOL NATURE RESERVE
Bulgan Gol
3472
Bulgan
Ertai
Ujentsch
Bodontschijn Gol
Altaj
Barlag Gol
RUSSLAND
Ulgij
Chatgal
ULAN BATOR
Tschojbalsan
Altaj
Zezerleg
Sajnschand
Dalandsadgad
VR CHINA
VR CHINA
Baytik-Shan
Altan Owoo 3479
DSUUNGARYN GOBI NATURE RESERVE
0
50 km

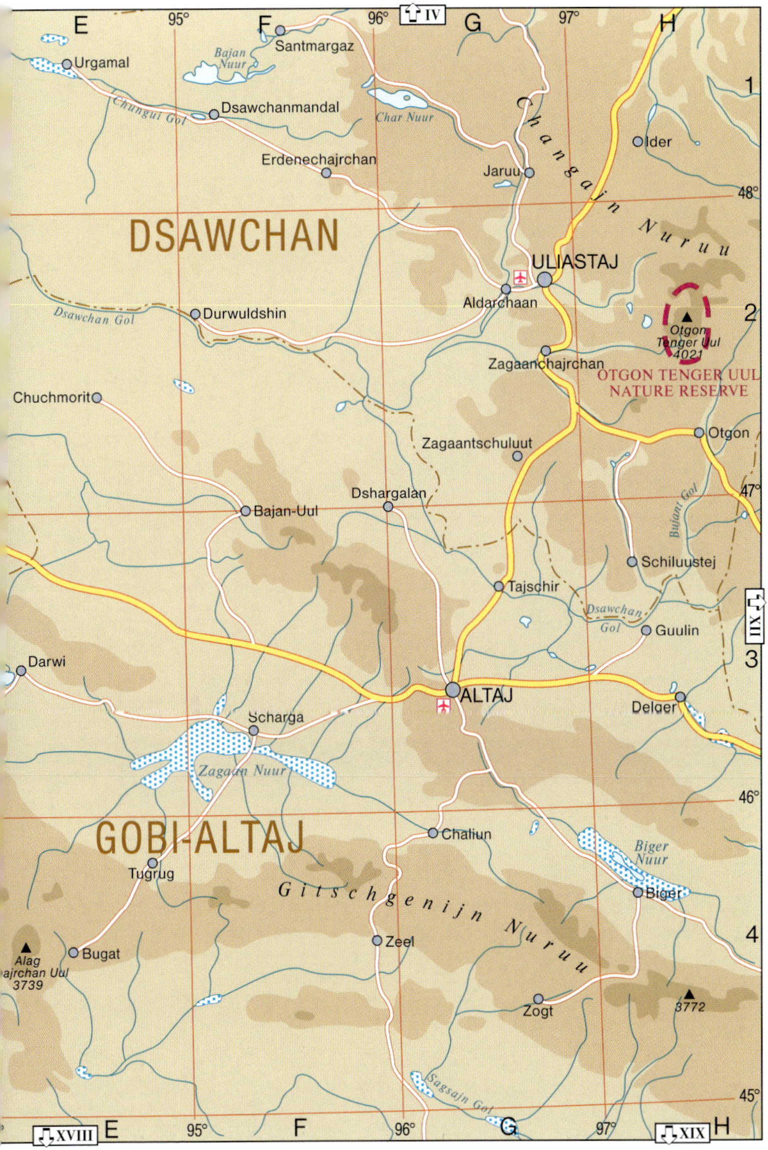

IV
E
F
G
H
95°
96°
97°
1
2
3
4
48°
47°
46°
45°
Urgamal
Santmargaz
Bajan Nuur
Chungui Gol
Dsawchanmandal
Char Nuur
Changajn Nuruu
Ider
Erdenechajrchan
Jaruu
DSAWCHAN
ULIASTAJ
Aldarchaan
Otgon Tenger Uul 4021
Durwuldshin
Dsawchan Gol
Zagaanchajrchan
OTGON TENGER UUL NATURE RESERVE
Chuchmorit
Otgon
Zagaantschuluut
Dshargalan
Bulgant Gol
Bajan-Uul
Schiluustej
Tajschir
Dsawchan Gol
Guulin
XII
Darwi
ALTAJ
Delger
Scharga
Zagaan Nuur
Chaliun
GOBI-ALTAJ
Biger Nuur
Tugrug
Gitschgenijn Nuruu
Biger
Alag Chajrchan Uul 3739
Bugat
Zeel
Zogt
3772
Sagsajn Gol
XVIII
XIX

IV
98°
99°
100°
A
B
C
D
1
2
3
4
47°
46°
45°
IX
XX
DSAWCHAN
CHUWSGUL
ARCHANGA
BAJANCHONGOR
GOBI-
ALTAJ
RUSSLAND
Ulgij
Chatgal
ULAN BATOR
Tschojbalsan
Altaj
Zezerleg
Sajnschand
Dalandsadgad
VR CHINA
VR CHINA
Telmen
Ich-Uul
Dshargalant
Tariat
Terchijn Zagaan Nuur
CHORGO-TERCHIJN ZAGAAN NUUR NATURE RESERVE
Undur Ulaan
Changaj
OTGON TENGER UUL NATURE RESERVE
Otgon Tenger Uul 4021
Chuch Nuur
Changajn Nuruu
Tschuluut
Otgon
Schar Us Gol
Gurwanbulag
Dshargalant
Bajdrag Gol
Dsag
Buiant Gol
Schiluustej
Bajanbulag
Galuut
Guulin
Delger
Chureemaral
Erdenezogt
Bajan-Owoo
Bumbugur
Buuzagaan
BAJANCHONGOR
Bajdrag Gol
Biger Nuur
Böön Zagaan Nuur
Adgijn Zagaan Nuur
Baazagaan
Dshinst
3772
Tschandmani
Gitschgenij Nuruu
Bogd
Orog Nuur
Bajanzagaan
Ideriin Gol
Tschuluut Gol

BULGAN
ZENTRALAIMAK
UWURCHANGAJ
MITTELGOBI
ZEZERLEG
ARWAJCHEER
Char Chorin
(Kara Korum)
Orchon
Sajchan
Chajrchan
Erdenemandal
Chischig-Undur
Mogod
Buregchangaj
Dsaamar
Uldsijt
Dschintschilen
Bajan-Nuur
Batzengel
Gurwanbulag
Ugijnuur
Tamir
Undurschireet
Zencher
Chotont
Chaschaat
Erdenesant
Tuwschruulech
Burd
Buren
Chudshirt
Orchon Wasserfall
Bat-Uldsij
Dsujl
Uldsijt
3019
Dsuunbajan-Ulaan
Delgerchaan
Bajan-Undur
Ujanga
CHUJSIJN NAJMAN NUUR NATURE RESERVE
Heilquellen von Schargald
Targat
Dulgöön
Sant
Erdenedalaj
Narijn-Teel
Chajrchandulaan
Bajangol
Bajanteeg
Tugrug
Sajchan-Owoo
Gutschin-Us
Delgerchangaj
Baruunbajan-Ulaan
Orchon Gol
Tuul Gol
Charuuchijn Gol
Ugij Nuur
Tamiryn Gol
Ongijn Gol
0
50 km
102°
103°
104°
105°
48°
47°
46°
45°
E
F
G
H
1
2
3
4
V
VI
XIV
XXI

VI
XIII
XXII
A
B
C
D
1
2
3
4
105°
106°
107°
108°
48°
47°
46°
Dsaamar
Ugtaalzajdam
Batsumber
Bajantschandmani
Chandgajt
Chentij Gebirge
GORCH-TERELDSH NATURE RESERVE
Mungunm
Partidsan
Bajanzogt
Bajanchangaj
Argalant
Terelsdh
Ulaanbaatar
Lun
Nucht
Nalajch
CHUSTAJN UUL NATURE RESERVE
Altanbulag
Dsuunmod
Erdene
Baganuur
Bajandelger
Undurschireet
Archust
Sergelen
Tuul Gol
ZENTRALAIMAK
Trans-Mongolei Bahn
Bajan
Bajandshargalan
Buren
Bajan-Undshuul
Bajanzagaan
Adaazag
Zagaandelger
Tschojr
Deren
Delgerzogt
Erdenedalaj
Gobi-Ugtaal
Dal
Sajnzagaan
Mandalgobi
Bajandshargalan
Gurwansajchan
Luus
MITTELGOBI
Chuld
Undurschil
0
50 km
RUSSLAND
Ulgij
Chatgal
ULAN BATOR
Tschojbalsan
Altaj
Zezerleg
Sajnschand
Dalandsadgad
VR CHINA
VR CHINA

CHENTIJ
SUCHBAATAR
OSTGOBII
CHINA
DORNOD
Gurwanbajan
Umnudelger
Zenchermandal
Dshargaltchaan
Uldsijt
Murun
Cherlen
Undurchaan
Bajanchutag
Batnorow
Berch
Baian-Owoo
Tumenzogt
Cherlen
Cherlenbajan-Ulaan
Delgerchaan
Cherlen Gol
Bajanmunk
Munkchaan
Burenzogt
Uulbajan
Darchan
Ichchet
Galschar
Chadshuu-Ulaan
Bor-Undur
Tuwschinschiree
Ajrag
Delgerech
Bajandelger
Altanschiree
Trans-Mongolei Bahn
Ar-Sajnschand
Sajnschand
Urgun
Sajchandulaan
VII
VIII
XVI
XXIII
48°
47°
46°
45°
109°
110°
111°
112°

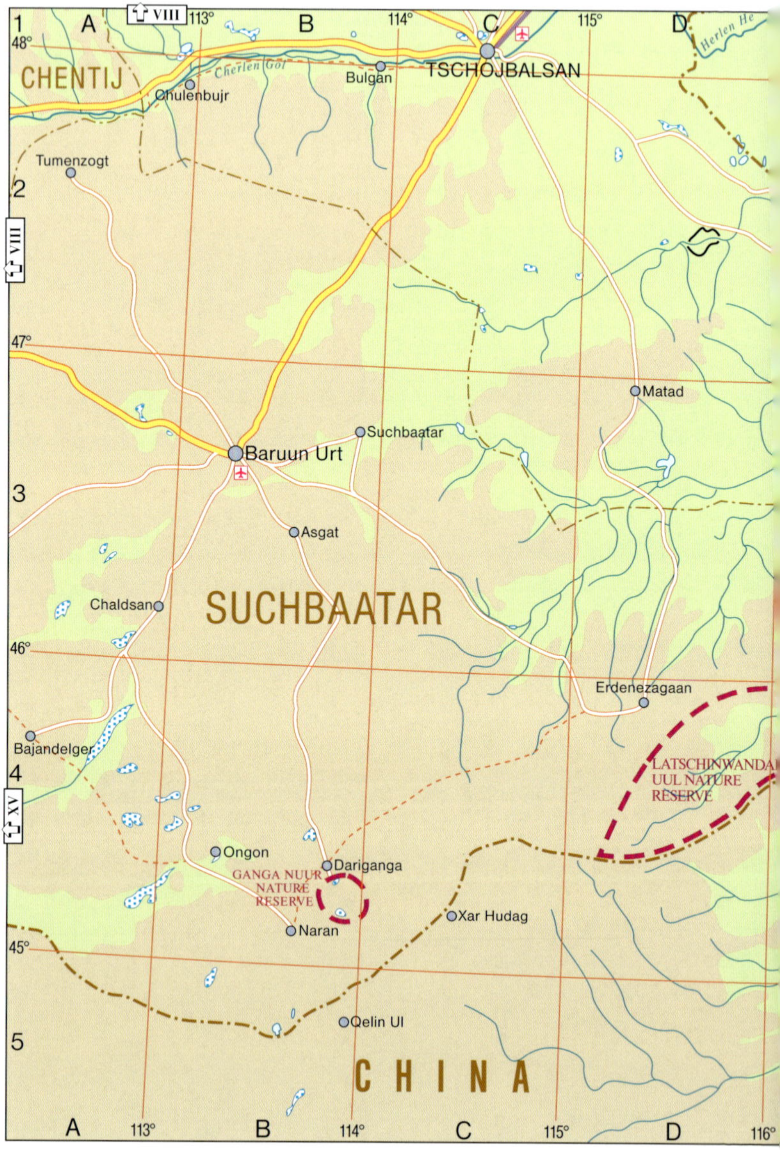
VIII
113°
114°
115°
116°
48°
47°
46°
45°
A
B
C
D
1
2
3
4
5
CHENTIJ
Cherlen Gol
Herlen He
Chulenbujr
Bulgan
TSCHOJBALSAN
Tumenzogt
Matad
Suchbaatar
Baruun Urt
Asgat
Chaldsan
SUCHBAATAR
Erdenezagaan
Bajandelger
LATSCHINWANDA
UUL NATURE
RESERVE
XV
Ongon
Dariganga
GANGA NUUR
NATURE
RESERVE
Xar Hudag
Naran
Qelin Ul
CHINA

IX
E
F
G
H
117°
118°
119°
120°
1
2
3
4
5
48°
47°
46°
Amgalang (Xin Barag Zuoqi)
Bajantal
Asar
Chalchgol
CHINA
Bujr Nuur
Chalchyn Gol
Sumber
Yirxie
Arxan
DORNOD
NUMRUG NATURE RESERVE
Luhin Sum
OSTMONGOLEI NATURE RESERVE
CHINA
Nungnain Sum
Ulgain Gol
Jun Bulen
Alte Mauer
Uliastai (Dong Ujimqin Qi)
0
50 km
Qog Ul
Bayan Ul Hot (Xi Ujimqin Qi)
RUSSLAND
Ulgij
Chatgal
ULAN BATOR
Tschojbalsan
Altaj
Zezerleg
Sajnschand
Dalandsadgad
VR CHINA
VR CHINA

X
XI
A
B
C
D
93°
94°
95°
1
2
3
4
45°
44°
43°
Bor-Udsuur
Bodontschijn Gol
Barlag Gol
Tugrug
Gitshgenijn
Bugat
Alag Chajrchan Uul 3739
DSUUNGARYN GOBI NATURE RESERVE
GOBI-ALTAJ
Alag Nuur
Aj Bogd Uul
3802
Altaj
Santanghu
XINJIANG UYGUR ZIZHIQU (OSTTURKESTAN)
Nom
3963
Barkol Hu
Barkol
Küysu
4266
Koumenzi
Yanchi
Liaodun
Yiwu
Liaodunzhan
Nanshankou
Liushuquan
4925
Erpu
Hami
Daquanwan
0
50 km
RUSSLAND
Ulgij
Chatgal
ULAN BATOR
Tschojbalsan
Altaj
Zezerleg
Sajnschand
Dalandsadgad
VR CHINA
VR CHINA

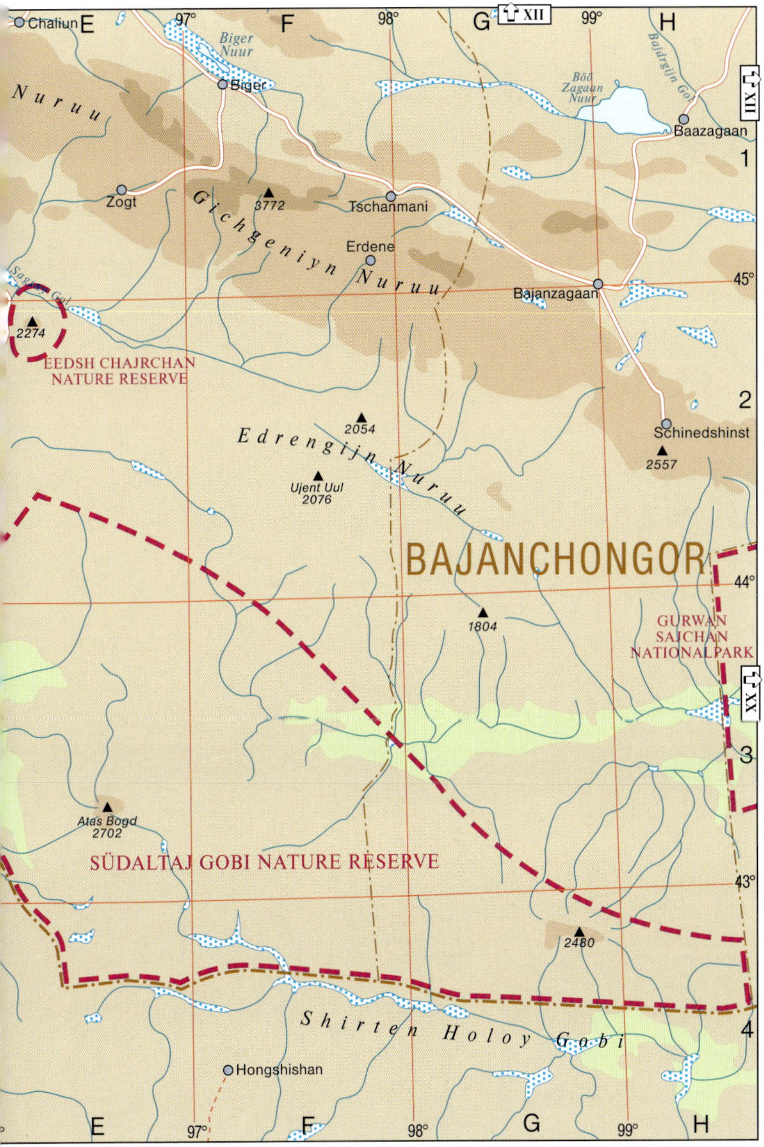

Chaliun
E
97°
F
98°
G
XII
99°
H
Biger Nuur
Biger
Böö Zagaan Nuur
Bajdrgijn Gol
Baazagaan
XII
1
Nuruu
Zogt
3772
Tschanmani
Gichgeniyn Nuruu
Erdene
Bajanzagaan
45°
2274
EEDSH CHAJRCHAN NATURE RESERVE
2
2054
Schinedshinst
2557
Edrengijn Nuruu
Ujent Uul 2076
BAJANCHONGOR
44°
1804
GURWAN SAJCHAN NATIONALPARK
XX
3
Atas Bogd 2702
SÜDALTAJ GOBI NATURE RESERVE
43°
2480
4
Shirten Holoy Gobi
Hongshishan
E
97°
F
98°
G
99°
H

XII
XIX
98°
99°
100°
101°
45°
44°
43°
A
B
C
1
2
3
4
Gitschgenijn Nuruu
GOBI-ALTAJ
Bajanzagaan
Bajan-Undur
2054
Schinedshinst
2557
Bogd
Baruun
Orog Nuur
3951
Ich Bogd Uul
Bajangobi
Bajanlig
BAJANCHONGOR
1804
GURWAN SAJCHAN
Gurwante
SÜDALTAI GOBI
NATURE RESERVE
2480
Shirten Holoy Gobi
Gaxun Nur
Ih Gol
Qeh
CHINA
Saihan Toroi
Dalain Hob
Xi He
Dong He
Laoximiao
RUSSLAND
Ulgij
Chatgal
ULAN BATOR
Tschojbalsan
Altaj
Zezerleg
Sajnschand
Dalandsadgad
VR CHINA
VR CHINA

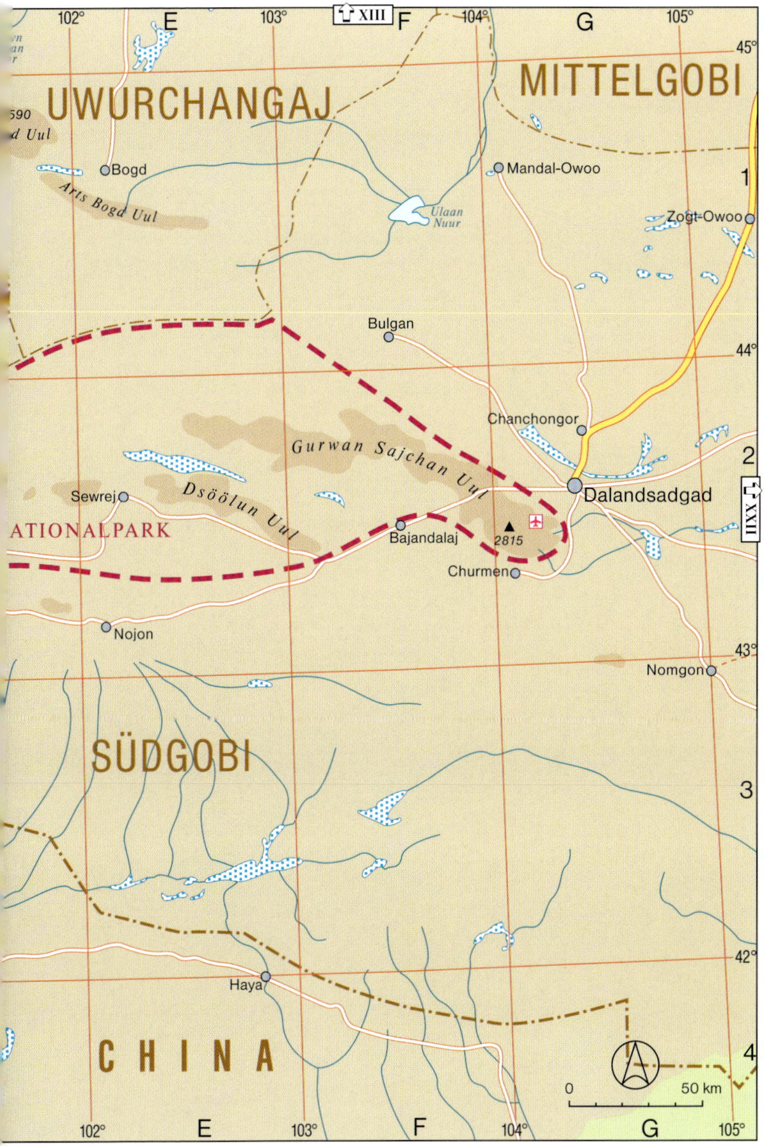
102°
E
103°
XIII
F
104°
G
105°
45°
MITTELGOBI
UWURCHANGAJ
590
Bogd
Arts Bogd Uul
Ulaan Nuur
Mandal-Owoo
Zogt-Owoo
1
Bulgan
44°
Chanchongor
Gurwan Sajchan Uul
2
Sewrej
Dsöölun Uul
Dalandsadgad
XXII
ATIONALPARK
Bajandalaj
2815
Churmen
Nojon
43°
Nomgon
SÜDGOBI
3
42°
Haya
CHINA
4
0
50 km
102°
E
103°
F
104°
G
105°

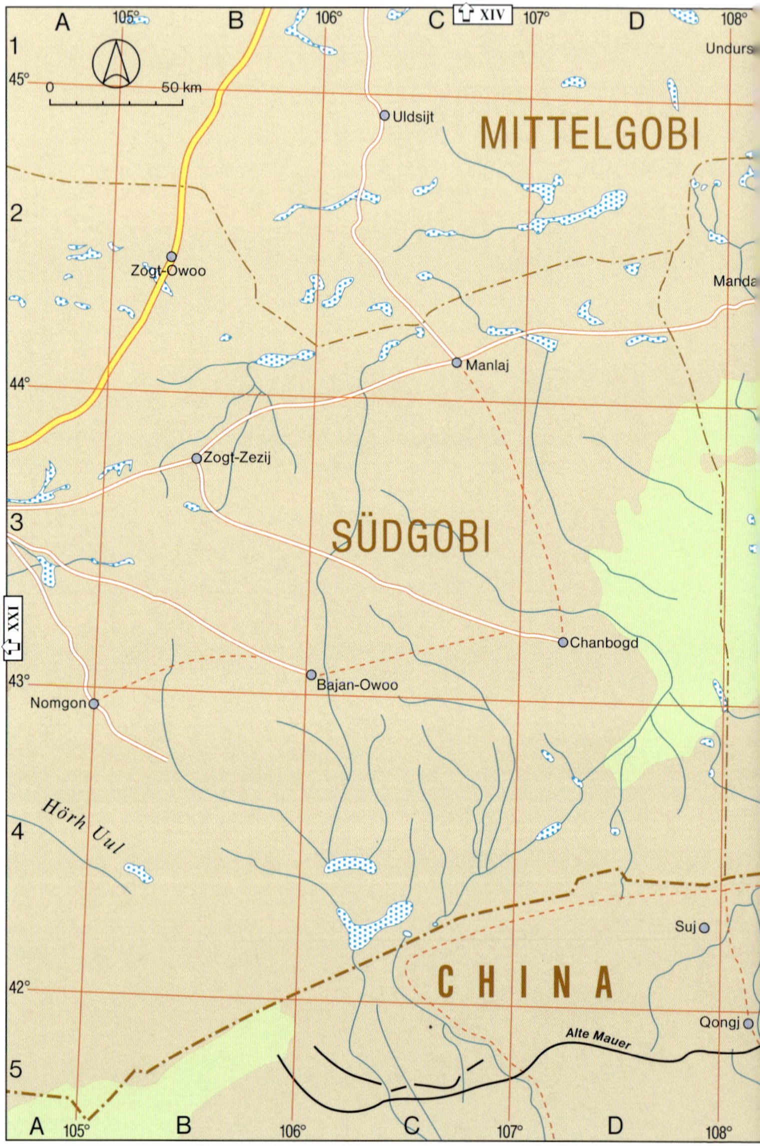
XIV
XXI
A
B
C
D
1
2
3
4
5
105°
106°
107°
108°
45°
44°
43°
42°
0
50 km
MITTELGOBI
SÜDGOBI
CHINA
Undurs
Uldsijt
Zogt-Owoo
Manda
Manlaj
Zogt-Zezij
Chanbogd
Bajan-Owoo
Nomgon
Hörh Uul
Suj
Qongj
Alte Mauer

XV
E
F
G
H
109°
110°
111°
112°
1
2
3
4
5
45°
44°
43°
Ar Sajnschand
Sajnshand
Urgun
Trans-Mongolei Bahn
Sajchandulaan
Dsuunbajan
Erdene
CHINA
Qagan Obo
Argalant
Ulaanbadrach
OSTGOBI
Dsamyn Uud
Ereen Chot
Chuwsgul
Chatanbulag
Aigin Sum
CHINA
Bayan Obo Kuangqu
RUSSLAND
Ulgij
Chatgal
ULAN BATOR
Tschojbalsan
Altaj
Zezerleg
Sajnschand
Dalandsadgad
VR CHINA
VR CHINA

II
IV
X
XII
XVIII
XX
RUSSISCHE FÖDERATION
AUT. REP. ALTAY
AUT. REP. TUWA
Gora Chureg-Tag 3061
ZAGAAN SCHIWEET UUL N. R.
UWS NUUR NATURE RESERVE
Uws Nuur
Tes
Ulaangom
TÜRGEN UUL NAT. RES.
ALTAN ELS NAT. RES.
Kungar-Tuk
Zagaannuur
Nogoonnuur
Tere-Khol'
3276
Nagor'ye Sangilen
Bayan Ul
Turgen Uul 4116
UWS
Ulgij
Zengel
Bugat
Tes
Zagaanchajrchan
Chaanchuchij Uul
BAJAN-ULGIJ
Ulgij
Dsawchan
Altaj
Tudewtej
Numrug
Bulnaj
Altay
OSTTURKESTAN
Erdeneburen
CHUCH SERCH NAT. RES.
Mjangad
Chowd
Santmargaz
Tosonzeng
Deluun
Char Us Nuur
Dsawchanmandal
Changajn
Dshargalant Chajrchan 3797
Tschandmani
DSAWCHAN
ULIASTAJ
ALTAJ GEBIRGE
MANCHAN NAT. RES.
Zagaanchajrchan
4021
OTGON TENGER UUL N. R.
Chuchmorit
CHOWD
Dshargalan
Gurwanbu
BULGAN GOL NAT. RES.
Zezeg
Darwi
Schiluustej
Tonchil
Ujentsch
ALTAJ
GOBI-ALTAJ
Delger
Baytik-Shan
Altan Owoo 3479
Alag Chajrchan Uul 3739
Bugat
Gitschgenijn Nuruu
DSUUNGARYN GOBI N. R.
Erdene
3802
2274
Bajanzaga
Aj Bogd
Altaj
EEDSH CHAJRCHAN NAT. RES.
Edrengijn Nuruu
Ujent Uul 2076
XINJHANG UYGUR ZIZHIQU (OSTTURKESTAN)
SÜDALTAJ GOBI NATURE RESERVE
50°
47,5°
45°
42,5°
90°
95°